Vom Geist der Maschine

Martin Burckhardt

Vom Geist der Maschine

Eine Geschichte
kultureller Umbrüche

Campus Verlag
Frankfurt/New York

Die Deutsche Bibliothek - CIP-Einheitsaufnahme

Burckhardt, Martin:
Vom Geist der Maschine: Eine Geschichte kultureller Umbrüche / Martin Burckhardt
Frankfurt/Main ; New York : Campus Verlag 1999
ISBN 3-593-36275-9

Das Werk einschließlich aller seiner Teile ist urheberrechtlich geschützt. Jede
Verwertung ist ohne Zustimmung des Verlages unzulässig. Das gilt insbesondere
für Vervielfältigungen, Übersetzungen, Mikroverfilmungen und die
Einspeicherung und Verarbeitung in elektronischen Systemen.
Copyright © 1999 bei Campus Verlag GmbH, Frankfurt/Main
Umschlaggestaltung: Readymade, Berlin (nach einem Photo von Christoph Sanders)
Druck und Bindung: Druckhaus Beltz, Hemsbach
Gedruckt auf säurefreiem und chlorfrei gebleichtem Papier
Printed in Germany

Inhalt

Einleitung 7

KAPITEL 1
Das Geld und der Tod 30

KAPITEL 2
Im Labyrinth der Zeichen 60

KAPITEL 3
Muttergottes Weltmaschine 118

KAPITEL 4
Phantomschmerz 142

KAPITEL 5
Preis der Macht. Preis des Menschen 154

KAPITEL 6
Der König ist tot 200

KAPITEL 7
Unter Strom 220

KAPITEL 8
Der Traum der Maschine 246

KAPITEL 9
Die schwarze Sonne 270

KAPITEL 10
Das Testament des Dr. Turing 296

KAPITEL 11
Goldene Schrift auf gläsernem Sarg 316

Epilog 340

Bildnachweise 348

Anmerkungen 349

Einleitung

Wenn ich mir ein Buch vorstellte, das nicht aus Lettern, Zeilen und Umbrüchen bestünde, sondern, wie eine Art Spur, den Prozeß des Schreibens und den in Gedanken durchmessenen Raum abbildete, so würde es aus mehr Leerraum bestehen denn Text. Dieser Leerraum wäre nicht weiß, sondern schwarz, oder genauer: von einer luftigen, unregelmäßigen Dunkelheit. Als ob das Blatt sich wieder zurückgebildet hätte zur anfänglichen Bedeutung des Wortes, ›pagus‹ – Dorf, Land, Feld, ›paganus‹ – der Ungebildete, Bauer, Heide. Und doch hätte diese pagane Dunkelheit, diese dunkle Seite der Seite nichts Dumpfes und Furchterregendes an sich – sowenig, wie sich die Spur meiner Gedanken in eine feuchte, schwarze Erde einschreiben würde (als hätte sie auf nichts anderes gewartet als auf einen solchen hoheitlichen Schreibakt). Wenn von einer Dunkelheit die Rede ist, so wäre sie nicht eigens gesucht, sondern ganz einfach da. Sie wäre dem Blick verwandt, den man während eines nächtlichen Flugs aus dem Fenster wirft. Da wären vielleicht noch die Geräusche der Kabine, die ans Ohr dringen, ein rhythmisches Flirren aus einem Kopfhörer, das Klappern von Geschirr – bis irgendwann das Klanggeschehen, vom Wummern der Triebwerke neutralisiert, in ein Gefühl des unpersönlichen Versorgtseins überginge. Ich könnte auf diesen Knopf dort drücken und jemand, den ich nicht kenne, würde auftauchen, sich über mich beugen und fragen, was ist. Es ist nichts, wirklich nichts – oder wenn doch, so liegt der EMERGENCY STATE *auf der Innenseite meines Kopfes: als nichtaufhörenwollende Bewußtheit einer Abgründigkeit, ein Loch, das keine Entsprechung in der Außenwelt findet.*

Das Gesicht am Fenster könnte ich sehen, wie der Passagierraum langsam verschwindet – wie eine Folie, die sich von der Scheibe ablösen läßt. Und plötzlich wäre da das Verwundern darüber, daß dort, nur einen Fingerbreit von meiner Gesichtshaut entfernt, eine eisige Kälte herrscht. Dort draußen, so nah und doch so unendlich fern, liegt die Nacht, eine dunkle Massigkeit, in der die Scheidelinie zwischen Himmel und Erde sich aufgelöst hat, wo jede erdenkliche Entfernung entfernt und dem Gefühl einer umfassenden Raumlosigkeit gewichen ist. Wie tief geht es hinab? Und mit dieser Frage gibt es plötzlich nichts mehr als diesen Blick, der aus den Augenhöhlen heraustritt, durch den Kunststoff hindurchgeht und die Dunkelheit dieser Nacht in sich aufsaugt. Irgendwann in dieser Landschaft, die sich wie eine randlose Seite unter mir ausbreiten würde, würde ein Leuchtpunkt auftauchen, der festen Grund verspricht, eine kleine, in Abständen sich verlängernde Linie, Siedlungen schließlich, das Gefühl, daß dort unten Menschen sein müssen. Da wäre eine ferne Wolke aus Licht, die hinter einer Gebirgskette heraufdämmert und sich schließlich zu einem großflächigen Lichtnetz auswächst. Und im Überfliegen dieser aufstrahlenden Lichterstadt würde sich ein Gefühl für die Schönheit dieser Ordnung einstellen, für die Geradlinigkeit der Straßen, die Rhythmen des Lichts und der Form. Ich würde dem Lauf einer nächtlichen Autobahn folgen, die sich als gleißendes Band durch die Stadt zieht und irgendwann, weit draußen, wieder in der Schwärze versinkt – und da wäre plötzlich die Gewißheit: Das, was du hier siehst, ist ein Spiegel, in dem sich deine Gedanken abzeichnen. Das Kopfinnere, in die Welt hinausprojiziert. Oder umgekehrt. Die Außenwelt, die sich dir in den Kopf hineinschreibt: Gedanken im Flug, ein zitterndes, pulsierendes Lichtergefüge. Mag sein, daß der Tagesanblick dieser Landschaft sehr viel banaler wäre, daß er die Erinnerung an einen großen Spielzeugkasten auf den Plan rufen würde – und wer weiß, vielleicht würde ich gelangweilt oder bloß unempfindlich für das Besondere dieses Blicks zur Zeitung greifen oder zum Bildschirm hinüberschauen, auf dem die Position des Flugzeugs verzeichnet ist, Flugdauer, Geschwindigkeit, Außentemperatur. Aber tatsächlich wäre diese Banalisierung nur die Wiederholung jener Säuberungsaktion, die den ›pagus‹, den schwarzen, ländlichen Grund der Schrift, grundiert und zu einer blanken, nichtssagenden Weiße ausgeleert hat. Vom Bild zum Bildschirm überzugehen (in dem sich meine Gegenwart in Daten aufgelöst hat) ändert doch nichts daran, daß ich im Innern der Flugmaschine bin.

Anders gesagt: Es ist sinnlos, im Flug aussteigen zu wollen. Ein Federtier ohne Federn, bin ich selbst – und durchaus willentlich – ein Passagier dieses Gefährts. Und sitze, ein Passagier unter anderen, der Logik und den Genüssen des Zeichentricks auf. Nur daß ich, angezogen von einer Art Schwindel, immer wieder hinabschauen muß – dorthin, wo nicht eigentlich die Wirklichkeit sichtbar wird, sondern ihre andere, verdunkelte Seite. Dieser Blick geht (wie man von den Zeichentrickfiguren gelernt hat) einher mit dem Schrecken der Abstraktion: ein Spaziergänger, der auf einer erkaltenden Säule aus Luft sich bewegt – und in die Tiefe stürzt, im Augenblick des Begreifens. (Was, wenn es denn ein Triebwerk des Schreibens gäbe, vielleicht der größte Antrieb sein mag: Schwindel, Fallsucht, die Lust, sich auf eine symbolische Weise in die Tiefe zu stürzen). Es ist die Möglichkeit dieses Sturzes, die kundtut, daß es im Innern der Flugmaschine kein gründliches Lesen, bloß ein abgründiges Lesen geben kann, daß es also die Luft zwischen den Zeilen ist, die dem Text seine Tragfähigkeit und seine Fallhöhe verleiht. In diesem Sinn sind die wohlgesetzten, uniform voranmarschierenden Buchstabenkolonnen der Bücher Täuschungsmanöver, von der nämlichen Art wie die Sicherheitshinweise des Flugpersonals: »Setzen Sie die Atemmaske auf, atmen Sie ruhig.« Die Abgründigkeit der Situation aus dem Denken zu evakuieren, fällt in eins mit der Leugnung jener Triebkräfte, die sich ins Triebwerk hineingeschrieben haben, in jene Apparatur also, die mich in der Schwebe hält und den Fall suspendiert. Hier liegt jene verdrängte Dunkelheit, deren Symptom die Makellosigkeit der Schrift selber ist. In diesem Sinn markiert Schrift nicht nur die Buchhaltung des Wirklichen, sondern stellt das Register der Derealisierung dar (so daß strenggenommen von einer »Buchwerdung der Wirklichkeit« die Rede sein müßte). Vielleicht ist es dieser Konflikt, der mir vorgeschwebt hat: die Luft zwischen den Zeilen, das Drama der fliegenden Blätter und der überflogenen Seiten – daß der Schrieb selbst eine Flugapparatur ist und jede Lektüre, in dem Maß, in dem sie den Abgrund spürt, flüchtig bleiben muß. Auf dem Boden der Tatsachen zu stehen heißt vor allem, ihre Bodenlosigkeit ins Auge zu fassen. Wenn der Philosoph sagt: »Die Welt ist alles, was der Fall ist«, so ist dies, unter den Bedingungen des Flugverkehrs, eine Drohung; denn wenn es um meinen eigenen Fall gehen sollte, so wird es das Gewicht des eigenen Körpers sein, an dem ich zerschelle.

»Gehen Sie in einen näher bezeichneten Raum. In diesem Raum wird ein Kassettenrecorder stehen, mit einer aufnahmebereiten Kassette und einem Mikrophon. Drücken Sie auf die RECORD PLAY-Taste. Bleiben Sie zehn Minuten in diesem Raum. Sie müssen nichts sagen. Wenn Sie wollen, schweigen Sie. Nach Ablauf der zehn Minuten drücken Sie auf die

STOP-Taste und verlassen den Raum. Wenn Sie sich damit einverstanden erklären, daß das aufgenommene Material einer Analysegruppe zur Verfügung gestellt wird, wird dieser Akt als eine »performative Klausur« bewertet und mit einem Leistungsschein honoriert.«

Als ich diesen Versuch, vor mehr als zehn Jahren, das erste Mal durchführte, in einer Arbeit mit jungen Schauspielern (und noch ohne das Versprechen des Leistungsscheins), gab es nur die Neugierde darauf, was passieren würde. Was tatsächlich passierte, überraschte mich selbst über die Maßen. Als ich das Band zum Anfang zurückspulte und die PLAY-Taste drückte, gab es einen Moment atemloser Neugierde. Man hörte das Klicken, die Geräusche eines Körpers, der Platz nimmt, ein tiefes Durchatmen, dann ein Zögern, ein Räuspern, und dann begann jemand zu sprechen. Und nicht nur dieser eine sprach, alle sprachen sie. Stockend, auf der Suche nach irgend etwas, mit einer gewissen Aufgeregtheit. Niemand, der geschwiegen hätte. Ein junger Mann, so erinnere ich, begann damit, daß er, unendlich langsam, den Vorgang selbst in Worte faßte: wie seine Stimme auf die Membran des Mikrophons treffe, wie sie sich zu Elektrizität wandele und dieser Impuls vom Tonkopf auf das Magnetband geschrieben werde, wie irgendwann jemand anderer dieses Band in einen Recorder einlegen werde, wie der Lesekopf des Recorders das Signal in einen Verstärker einspeise, wie dieser es zu Schallwellen wandeln und dem Ohr des Hörers übertragen werde, und dann, ganz unvermittelt, fügte er hinzu, es sei wie damals, als er in den Beichtstuhl getreten sei und durch das Sprechgitter hindurch die kleinen schwarzen Haare im Ohr des Priesters gesehen habe. – Und als ich (unter einem Kopfhörer sitzend) dieser Stimme lauschte, begriff ich, daß diese Beschreibung das Experiment selbst zusammenfaßte. Die Stimmen *beichteten*, vielleicht nicht ausdrücklich, sie beichteten ihre Aufgeregtheit und ihr Nichtwissen, sie redeten von Zahnschmerzen, Menstruationsbeschwerden und davon, warum da plötzlich ein Kloß im Hals stecke und die Fingerkuppen sich feucht anfühlten, und doch hatte diese Beichte weder Ursache noch einen Adressaten. Im Versuch, die Absurdität der Situation in Worte zu fassen, suchten sich die Sprecher der Wirklichkeit des Raumes zu vergewissern, zählten auf, was da war, aber über diese Selbstvergewisserung verwandelten sich die Dinge in Fremdkörper, die Wände begannen auf den Sprecher zuzurücken und die Zeit dehnte sich ins Endlose aus, noch fünf Minuten, vier Minuten... Je langsamer der Zähler der Apparatur voranrückte, desto mehr schien der Augenblick in sich zusammenzufallen, war da schließlich nichts mehr als eine Stimme, ein Körper aus Luft, und darunter das leise Surren, das Eigengeräusch der Apparatur. Und während ich verfolgte, wie sich dieser Akt von Sprecher zu Sprecher, ein ums andere Mal wiederholte, trat die Präsenz des Apparates hervor. Daß dieses kleine Ding, das so geduldig und unbarmherzig zugleich zugehört hatte, keine bloße Aufnahmeapparatur war, sondern die Rolle eines Analytikers eingenommen hatte. Oder genauer: daß der Analytiker in dieser Maschine gleichsam verschwunden war, so unkenntlich wie der Priester hinter dem Sprechgitter: ein großes, gesichtsloses Ohr.

Die Frage, die mich beschäftigte, war überaus simpel: Was bringt einen Menschen dazu, einer Maschine etwas anzuvertrauen, was er einem anderen Menschen nicht anvertrauen würde? Worauf gründet sich jenes Mehr an Vertrauenswürdigkeit? Vor allem, was treibt ihn an, überhaupt etwas zu tun, versprach die Versuchsanordnung doch auch das Nichtstun als Leistung zu honorieren? Um diesen eigentlich widersinnigen Antrieb ging es mir, und weil in diesem Zusammenhang der Maschine die entscheidende Rolle zukam, schien es mir notwendig, das psychologische Terrain zu verlassen und die Frage in einer anderen Richtung zuzuspitzen: *Was ist die Triebkraft der Maschine?* – Es war diese Frage, die den Ausgangspunkt einer langen Suchbewegung markierte – und sich zunächst in einem Buch niederschlug, das den Titel *Metamorphosen von Raum und Zeit* trug und im Untertitel *Eine Geschichte der Wahrnehmung* versprach. In gewisser Hinsicht war hier nur die Hälfte der Ursprungsfrage angegangen, ging es doch zunächst einmal darum, die Maschine aus ihrer Genealogie heraus zu verstehen. Aber schon dieser Versuch war überaus kompliziert. Denn die Genealogie der Maschine ist geradezu überwuchert von irrationalen, ins Zauberische ausgreifenden Vorstellungen. Vor den Erlösungshoffnungen, wie sie etwa die Proselyten der Künstlichen Intelligenz in die Welt setzten, muß eine bloß technikgeschichtliche Betrachtung kapitulieren, geht sie doch an dem verläßlichsten Begleiter der Maschine vorbei: dem Phantasma. Warum beginnt meine Stimme heiser zu werden, wieso spüre ich, daß meine

Handinnenflächen zu schwitzen beginnen, da das Zeichen AUFNAHME erscheint? Die Nervosität aber ist nur das Symptom einer sehr viel tiefer liegenden Frage: Wie kann man einer Maschine eine Autorität übertragen, die sie doch keineswegs selbst in sich trägt? Mit dieser Frage ist der Ort einer *apparativen Verfehlung* bezeichnet. Denn im Widerspruch zu der leichtfertigen Annahme, daß die Maschine nichts sei als die blanke Rationalität, beweist meine Aufgeregtheit, daß hier eine phantasmatische Beziehung waltet.

Der Mechanismus dieser apparativen Verfehlung ist leicht aufzuzeichnen. Ich übertrage der Maschine eine Autorität, die sie selbst nicht in sich trägt. Damit hört die Maschine auf, ein bloß positives Artefakt zu sein, sondern stellt von nun an eine *übertragene Bedeutung* dar, die über das hinausgeht, was sie von ihrer Beschaffenheit und ihrer Funktion her zu bewirken vermag. Die Maschine wird selbst zur Metapher, und eben dies ist der Wortsinn der *metaphora*: Übertragung. Dieser *übertragene Sinn* (der nicht deckungsgleich ist mit dem, was die Maschine funktional in sich trägt) wirkt als metaphorische Batterie, und dies um so wirkungsvoller, als die Maschine (im Gegensatz zu den bloßen Gedankengespinsten) eine handgreifliche, unmittelbare Evidenz besitzt – also das, was gemeint ist, wenn es heißt, daß etwas *für sich spricht*. Tatsächlich jedoch spricht kein Ding *für sich*, und wenn es dennoch so scheint, so deswegen, weil sich eine Art anonymer Instanz, ein Inkognito in die Dinge gesetzt hat, das *für mich* spricht (oder auch: gegen mich). Wenn also die Betätigung der Aufnahmetaste Nervosität erzeugt, so rührt dies daher, daß sich das soziale Aufnahmeritual (und seine Ausschlußdrohung) in die Apparatur eingeschrieben und zugleich unkenntlich gemacht hat. Verkörpert die Maschine eine metaphorischen Batterie, so lassen sich mit ihr Denkfiguren ersinnen, die nach ihrem Bild geformt sind, Denkfiguren, in denen sich das Handgreifliche ins Begriffliche überträgt.[1] Dies aber betrifft nicht nur Sekundärbildungen ihrer tatsächlichen Funktion, sondern auch des übertragenen Phantasmas. Im Aufnameakt beggene ich nicht mehr der Gesellschaft als solcher, sondern dem, was ich für die Gesellschaft halte (oder was, als abstrakte Idealität, an ihre Stelle getreten ist), geht es nicht mehr darum, wie ich tatsächlich aufgenommen werde, sondern wie ich mir wünsche, aufgenommen zu werden. Weil das, was für sich spricht, mir nicht mehr antwortet, weil die Entscheidung (werde ich aufgenommen oder ausgeschlossen) sich suspendiert hat, kommt es zum Umschlag ins Phantasmatische. Tatsächlich liegt hier ein Spaltungsmoment; man hat es im Grunde mit einer *phantasmatischen* und einer *realen Maschine* zu tun. Die phantasmatische Maschine, oder um es präziser zu sagen: die Wunschmaschine trägt die *reale Maschine* in sich – aber ebenso trägt sie jenen *übertragenen Sinn* in sich, der nicht von der realen Maschine gedeckt wird (warum sonst werde ich nervös?).[2]

An diesem Punkt freilich interessierte mich nicht bloß die phantasmatische Struktur, sondern zunächst einmal die Frage, warum eine Maschine wie der Computer ein solches Faszinosum darstellt, worin seine metaphernstiftende Energie besteht und ob und inwieweit dies mit dem Spezifikum der Maschine selbst zusammenhängt. Diese Frage erschien mir um so bedeutsamer, als die metaphorische Energie des Computers, wie sie sich im Phantasma der Künstlichen Intelligenz artikulierte, nicht bloß in den Köpfen einzelner herumspukte, sondern eine kollektive Dimension markiert. So daß meine Frage sich dahingehend ergänzte: Wie ist die Maschine beschaffen, der etwas übertragen wird, was sie selbst nicht in sich trägt? – wobei dieser Frage die Annahme zugrunde lag, daß der Maschine, die empfänglich für derartige Wunschgedanken ist, eine Besonderheit innewohnt, die sie aus dem Tableau der Alltagsdinge herauslöst. Eine Antwort auf die metaphorische Sprengkraft des Computers ist, daß er sich nicht in einer bestimmten Funktion erschöpft, sondern daß er als *universale Maschine*[3] gelten kann, weniger ein Werkzeug als eine *Werkstatt*. In diesem Sinn ist er nicht Medium, sondern spannt vielmehr einen geistigen Raum auf. Das aber hat wesentliche Auswirkungen auf die Art und Weise, wie man sich ihm denkend zu nähern sucht. Suggeriert die Idee des Werkzeugs, daß man es im Griff haben kann (wobei hier stets die Vorstellung des Machtphantasmas vorwaltet), so markiert das *Im-Raum-Sein* ein anderes Verhältnis, ein Verhältnis, das weder auf der Ebene der Individualpsychologie noch im Sinne einer geschichtlichen Abgeschlossenheit zu sehen ist. Die universale Maschine ist (als Wahrnehmungsapparatur) Vergangenheit, Gegenwart und Zukunft zugleich, sie ist etwas, was das Leben des einzelnen übersteigt. Mehr noch: insofern dieser Raum sich ständig ausdehnt und, als ein generatives Feld, stets neue Maschinengenerationen und Möglichkeitsräume entbindet, hat man es, im Wortsinn, mit einem *transzendierenden* Feld zu tun.

Von diesen Gedanken ausgehend, stellte sich mir die Frage, welche Maschine (geschichtlich betrachtet) dem Computer an die Seite zu stellen wäre. Von hier war es nur ein kleiner Schritt, die Verbindungslinie zum Räderwerkautomaten des Mittelalters zu ziehen. So wie der Computer ist auch der Räderwerkautomat *semantisch leer*, kann zu diesem oder zu jenem Zweck genutzt werden. In diesem Sinn stellt auch der Räderwerkautomat dar, was man heutzutage (und paradoxerweise in Abgrenzung zum starren Systembegriff der Mechanik) ein *offenes System* nennt. Die Offenheit dieses Systems aber existiert nur scheinbar. Denn mit dem Räderwerkautomaten unterwirft sich das Mittelalter dem Diktat jener Zeitlichkeit, wie sie der Räderwerkautomat in Gestalt der mechanischen Uhr produziert. Bemerkenswert ist dabei nicht, daß man hier einem »deterministischen« System gegenübersteht. Erstaunlich ist vielmehr die Tatsache, daß dieser Determinismus, der dem Nachgeborenen doch so ins Auge sticht, den Zeitgenossen hat unsichtbar werden können – so sehr, daß das kleine »t« (in dem sich doch der materielle Räderwerkautomat verbirgt) zum blinden Fleck des neuzeitlichen Denkgebäudes wird. Mein Verdacht war nun, daß man es im Falle des Computers mit genau dem gleichen Mechanismus zu tun hat. Die Geschichte des Räderwerkautomaten als einen historischen *Echoraum* zu lesen (oder, je nachdem, als geschichtliche Präfiguration des Computers) war insoweit erhellend, als die historische Distanz es gestattete, große Linien sehr viel deutlicher zu sehen.

Mit der Erwähnung eines transzendierenden Raumes ist eine gleichsam theologische Dimension ins Spiel gebracht. Tatsächlich zeigt die Geschichte des Räderwerkautomaten, oder präziser: zeigt die Geschichte der Uhrwerk*metapher*, daß man es mit einem *transzendentalen Ding* zu tun hat. Und zwar nicht *sui generis,* sondern allein deswegen, weil diesem Ding jene transzendentale Energie übertragen wird, die es als Artefakt nicht in sich trägt. So schickt sich das 14. Jahrhundert an, Gott zu einem Uhrmacher umzuschulen, wird die Maschine auf diese Weise in ein metaphysisches Ornat gekleidet.

Wie bemerkenswert die Bereitschaft des Abendlandes ist, die Maschine in den Himmel hinaufzukatapultieren, zeigt der Vergleich mit

China. Als der Jesuit Matteo Ricci im Jahr 1600 nach China kam und einen Astrolab, mechanisches Gerät und eine Uhr mitbrachte, hatten diese Mitbringsel eine staatsgefährdende Dimension – und nicht von ungefähr, zog doch der chinesische Kaiser, als *Sohn des Himmels*, seine Legitimation aus der Herrschaft über die Zeit. Um dieser hypostasierten Drohung zu entgehen, wurde Matteo Ricci zum kaiserlichen Kalendermacher promoviert, die Uhr im kaiserlichen Herrschaftsschrein eingeschlossen. China, dem die Technikhistoriker gern die Urheberschaft aller erdenklichen Erfindungen zusprechen, fiel dort, wo es mit der Zeit-Raum-Maschine des Abendlandes konfrontiert wurde, in eine Technikabstinenz, ja eine regelrechte Idiosynkrasie zurück.[4] Nun ist dieses Beispiel nicht nur ein machtvoller Beleg dafür, daß der technische Fortschritt als solcher Evidenzcharakter hat, die Idiosynkrasie des chinesischen Kaisers bezeugt darüber hinaus, wie sehr die Maschine, insofern sie den Geist einer Gesellschaft trifft, selbst ein geistiges Gebilde ist, Techno*logos* mithin. In diesem Sinn (und das ist der Sinn des ontologischen Gottesbeweises) übernimmt die Maschine eine ursprünglich theologische Funktion. Vor diesem Hintergrund ist verständlich, daß die Gedankenfigur bei Descartes (über die vermeintliche »Natur« des Automaten), spätestens aber in den Mechanikerhirnen der Aufklärung zum Apriori ihres Gegenteils umgemünzt werden kann: zum Beweis nämlich der Nichtexistenz Gottes oder der Seele.[5] Damit ist der Aspekt der Transzendenz keineswegs aus der Welt geschafft, vielmehr wird die Maschine zum *transzendentalen Ding* schlechthin – was in Anbetracht ihrer erwiesenen Effizienz leicht aus dem Blick geraten mag. Diese Deutungslinie steht im deutlichen Widerspruch zur berühmten, wenn auch längst stereotypisierten Formel von der »Entzauberung der Welt«, oder wie man es mit einer gewissen »philosophischen« Sobrietät zu sagen beliebt, daß die mittelalterliche *Transzendenz* der neuzeitlichen *Immanenz* gewichen sei.[6] Demgegenüber wäre mein Befund, daß die mittelalterliche Transzendenz sich lediglich verschoben und, als *Geist in der Maschine*, in der Immanenz eingeschlossen hat. Um es zuzuspitzen: Die Maschine wäre demnach eine Art Gottesprogramm, die Verschiebung und Verdinglichung einer transzendentalen Energie.[7] Vor diesem Hintergrund sind die phantasmatischen Besetzungen, wie sie der Computer in vielfältiger Form erzeugt hat, keineswegs Überspanntheiten, sondern in gewisser Hinsicht Zwangsläufigkeiten, macht sich in ihnen doch die Realität des Phantasmas bemerkbar.

Wenn es einen klassischen Fall der apparativen Verfehlung gibt, so ist es Descartes, der als der Begründer der neuzeitlichen Philosophie gilt. Analysiert man das cartesianische Denken, so entdeckt man in seinem Zentrum den Räderwerkautomaten, freilich nicht in seiner tatsächlichen, sondern in seiner phantasmatischen Gestalt. Descartes, so könnte man sagen, beschreibt den historischen Augenblick, da die Maschine dem Denken zu Kopf steigt. Denn wenn er suggeriert, es läge in der Natur der Uhr, die Zeit anzugeben,[8] wie auch die Schwalben, wenn sie des Frühlings wiederkehren, wie Uhren funktionierten, so dreht er die historische Logik um, werden die vom Räderwerkautomaten abgeleiteten Gedankengebilde nicht als Ableitungen, sondern als Urbild erklärt. Der Vorteil dieser Operation liegt auf der Hand: läßt sich doch nun von einer Natur der Maschine und infolgedessen von Tieren als *natürlichen automata* sprechen. Die phantasmatische Maschine macht der realen Maschine den Prozeß. Damit aber handelt sich das cartesianische Denken so etwas wie ein Unbewußtes ein. Denn die nachträgliche Naturalisierung des geschichtlichen, von Menschenhand verfertigten Artefakts zwingt dazu, sein Gewordensein zu verleugnen, den peinlichen Umstand mithin, daß es eine Zeit gab, in der der Gedanke an eine solche »Natur«, in Ermangelung des Gedankengeräts, schlechterdings ein *Unding* gewesen wäre. Auch die Metaphorisierung der konkreten Apparatur liegt ganz auf dieser Linie der Spurenverwischung. Mit der Blaupause der reinen Idee begabt, entkommt man den Gebrechen und Unvollkommenheiten der physischen Apparatur, läßt sich doch, da man in den Besitz der vorzeitigen Offenbarung gelangt ist, das Weltende durchaus abwarten. Und so ist die andere Seite der »Natur« tatsächlich eine Art technischer Chiliasmus, eine Suspension des Weltendes.

Zunehmend – und das war das merkwürdige Resultat – erschienen mir die Dinge wie Traumgebilde, und zugleich: als der eigentlich reale, wirkende und wirklichkeitsstiftende Kern. Auf jeden Fall hatte sich der Ort des Denkens nachhaltig verrückt, vom Tagewerk des einzelnen zu den

Nachtgespinsten der Kultur, ihren kollektiven Metaphern. An diesem Ort war die Vorstellung des Philosophenkönigs, war überhaupt die Idee der gloriosen Singularität nichts, was als Punkt auf eine Tagesordnung hätte gesetzt werden können. In dieser Ablösung lag etwas ungemein Befreiendes. Das cartesianische *cogito* nicht mehr als einen heroischen Selbstzeugungsakt, sondern vielmehr als Spätfolge des mittelalterlichen Räderwerkautomaten denken zu können, im Philosophen also nicht den einsamen Vorläufer, sondern den Zuspätgekommenen zu sehen – diese Ironie der Geschichte versetzte mich in einen Zustand der Leichtigkeit, als ob ich, der ich gerade noch niedergedrückt vor den endlosen Bücherreihen der Staatsbibliothek, dem Gewicht all des Ungelesenen und Niemals-zu-Lesenden gestanden hatte, plötzlich beflügelt durch ein Loch in der Decke ins Freie hinauskatapultiert würde.

Was ist eine Maschine? Das ist eine Frage, die um so dunkler wird, je länger sie im Raum steht.[9] Auf eine merkwürdige Art und Weise ist der Maschine stets etwas Dinghaftes assoziiert, gibt es einen sonderbaren Widerstand, etwas bloß Gedankliches als Maschine aufzufassen. Jedoch ist fraglich, ob diese unterstellte Dinghaftigkeit angemessen ist. Denn einer jeglichen Maschine geht eine Blaupause, ein Bauplan voraus. Entsprechend könnte man die Maschine als einen *Denkzwang* auffassen, der lediglich die Form einer Sache angenommen hat. In der Versachlichung hat sich der Denkzwang zum *Sachzwang* gewandelt – und damit zu dem, was wir im engeren Sinne »Maschine« nennen. Ein solcher Denkzwang muß sich nicht notwendig in Form eines materiellen Automaten artikulieren, er kann sich ebensogut in einer sozialen Organisationsform niederschlagen, oder er kann die Form eines Zeichensystems, einer bloß *symbolischen* Maschine annehmen. Sucht man nach dem Schnittpunkt all dieser Erscheinungsformen, so ist es wohl das Moment einer intrinsischen Zwangsläufigkeit[10], welches den Eindruck vermittelt, daß man es mit einer Maschine zu tun hat. – Mit dieser Formel ausgerüstet (die zur Initiale meiner Arbeit wurde), dehnte sich mir das Feld der Maschine sehr viel weiter aus, als es das landläufige, auf die sachgewordenen Denkzwänge fixierte Denken wohl zugestanden hätte. So war es vor diesem Hintergrund durchaus sinnvoll, im Falle der Zentralperspektive von einer Bildverarbeitungsmaschine zu sprechen, ebenso wie es sinnvoll war, Geld, insofern es Teil einer wohlkonzipierten Währungsmaschinerie ist, als Maschine aufzufassen.[11] Ein solch dematerialisierter Maschinenbegriff mag mit dem zusammengehen, was man heutzutage *Software* nennt – er ist jedoch keine Folgeerscheinung. Bereits das Alphabet (das doch allen so bezeichneten Maschinen vorausgeht) ist eine *symbolische Maschine*. Eine Vorrichtung, aus einer begrenzten Zahl von Einzelteilen zusammengesetzt, wandelt diese Maschine jedes gesprochene Wort in ein Set von Buchstaben – so wie sie eine Sequenz von Buchstaben wieder in Laute zurückübersetzt. Die Funktion dieser Schreibmaschine erschöpft sich jedoch keineswegs darin, die Sprache in alphabetische Zeichen zu zerlegen und vice versa – sie entbindet vielmehr (als eine Art logisches Kraftwerk) allerlei geistige Werkzeuge, nicht zuletzt das Modell der Zwangsläufigkeit selbst. Denn nur wer das ABC als eine sinnvolle Reihe erlebt, versteht diesen Satz: *Wer A sagt, muß auch B sagen.*

Eine derartige Vergeistigung des Maschinenbegriffs, so ließe sich einwenden, droht die Bedeutung der Maschine ins Unverbindliche aufzulösen. Die Formel von der intrinsischen Zwangsläufigkeit aber bezieht sich keineswegs auf die Eigentümlichkeiten sämtlicher Zwangsneurotiker, sondern hat es auf eine kollektiv geteilte Zwangsläufigkeit abgesehen. In der Tat findet genau dieser Mechanismus überall dort Anwendung, wo die Berufung auf einen *Sachzwang* auf Seiten des sachkundigen Gegenübers auf eine unmittelbare Evidenz rechnen kann. Insofern diese Argumentation an eine *Natur der Sache* appelliert, verleugnet sie, daß man es mit einem sachgewordenen Denkzwang zu tun hat, sie macht jedoch klar, daß dieser Zwang ein dem Individuum Äußerliches ist und keineswegs dem individuellen Belieben überantwortet sein kann. Insofern markiert die Maschine einen überindividuellen Zwang, trägt sie eine Autorität in sich.

Von hier aus wird die Bereitwilligkeit plausibler, sich *der Sache*, und das heißt: der Maschine zu unterwerfen. Indes: Was ist das für eine Souveränität, die in der Maschine ihren höchsten Ausdruck findet? Schon diese Frage macht deutlich, daß eine bloß technische Betrachtungsweise an der Problematik vorbeigeht. Aber auch die Rede vom Sachzwang, als *ultima ratio* verstanden, führt in die Irre. Strenggenommen versteht keine Sache sich selbst, sondern ist es stets das Selbstverständnis der Menschen, das, in eine Sache hineingelegt, auf dem Spiel steht. In diesem Sinn ist, was auf Anhieb selbstverständlich und einleuchtend scheint, nichts, was bloß *für sich spricht,* sondern etwas, das für alle spricht. Wenn also von der Maschine ein Sachzwang ausgeht, der unmittelbar und kollektiv einsichtig ist, so könnte man sagen, daß man es mit einem *Aggregat des kollektiven Selbstverständnisses* zu tun hat.

Diese Definition hat zweifellos den Vorteil, daß sie denjenigen, der die Maschine benutzt, nicht einfach aussperrt, gleichwohl wäre sie doch immer noch viel zu weit gefaßt: Ein jedes Wort, das beim Gegenüber auf Verständnis trifft, könnte als *semantische Maschine* aufgefaßt werden. An dieser Stelle nun kommt die ursprüngliche griechische Lesart ins Spiel. Das griechische *mechane,* das den Grund für all unsere Maschinen und Mechanismen gelegt hat, wird ursprünglich als »Betrug an der Natur« übersetzt. Mit der Antinomie von Natur und Maschine kommt eine Differenz ins Spiel, an der sich der Maschinenbegriff fassen läßt, aber ebenso jenes *Selbstverständnis,* das sich als Sachzwang (als eine *Natur der Sache*) in der Sache selbst versteckt. Die Maschine betrügt die Natur, aber sie vermag dies nur deshalb, weil sie selbst als eine Art *künstlicher Natur* zu wirken vermag: ein Zeichenkreislauf, der aus sich selbst heraus einen Mehrwert gebiert, der also, in symbolischer Form, Gebilde nach seinem Bild in die Welt entläßt.[12] Anders als die piktogrammatischen Schriften stellt das Alphabet einen *geschlossenen Kreislauf* dar, eine semantische *black box,* in die die Welt eingespeist werden kann, die aber nicht Teil dieser Welt ist. Genau hier liegt die tiefe historische Beziehung, die das Alphabet mit dem Räderwerkautomaten des Mittelalters, aber auch mit dem Computer verbindet. So wie das Räderwerk, wie der Regelkreislauf, stellt das Alphabet einen Kreislauf, ein semiotisches Typenrad dar. Und so ist eine, und nicht die geringste Funktion dieses Kreislaufes, daß er in einem symbolischen Sinne als *gebärfähig* gedacht wird – was schließlich ein Charakteristikum der universalen Maschine selbst ist. Eine symbolische, aber an sich leere Ganzheit, vermag sie Natur und Welt als Ganzes abzubilden. Weltmaschine: *machina mundi.*[13]

Weil sich in der universalen Maschine die Ganzheit darstellt, kann sich das Gottes- und Vaterphantasma daran heften; umgekehrt fungiert die Göttlichkeit wiederum als Batterie, welche das Ding mit einer jenseitigen, überindividuellen Autorität auflädt. So ist es bezeichnend, daß die großen universalen Maschinen keinen wirklichen Urheber kennen.[14] Denn das Kollektiv muß, um in der Maschine *gemeinsame Sache* machen zu können, eine blanke Fläche vor sich finden. Es ist der allseits geteilte, gesichtslose Zwang, der die Maschine zum Aggregat des Kollektivs und zu seinem Spiegel macht. Jedoch verdeckt der Verweis auf den *Zwang*, dem man sich in der Sache unterwirft, einen wesentlichen Teil, belegt doch die Unterwerfungsbereitschaft, daß der Maschine etwas Wunderbares innewohnen muß, daß sie vor allem *Wunschmaschine* ist. Fetisch. Devotionalie.

Wäre der Begriff nicht einschlägig besetzt, könnte man von einem »psychischen Apparat« sprechen – und dies mit einer gewissen Berechtigung. Wenn man der Maschine etwas überträgt, was man einem anderen Menschen nicht überträgt, so läßt sich daraus schlußfolgern, daß die Maschine die Funktion einer überpersönlichen Instanz innehat. Auf das Freudsche Denken bezogen könnte man sagen, daß sie den Platz des *toten Vaters* einnimmt (was für den Räderwerkautomaten, der sich an die Stelle des christlichen Gottes setzt, eine überaus präzise Beschreibung ist). In diesem Register artikuliert sich Technik nicht als leere Rationalität, die sich nach Belieben einsetzen läßt, vielmehr begegnet man ihr wie jene Schauspielschüler, die sich in der Konfrontation mit der Aufnahmesituation einem *psychischen Apparat* gegenübersehen. Mag der Begriff in diesem Zusammenhang zwar unmittelbar einleuchten, so ist seine unbeschwerte Verwendung durch die Freudsche Lehre verstellt. Denn bei Freud bezieht sich der psychische Apparat nicht auf ein entäußertes Inneres, das den psychischen Raum strukturiert, sondern meint den psychischen Raum selbst, und zwar insofern dieser als Apparat, als Maschine aufgefaßt wird (was vielleicht das größte Rätsel der Freudschen Lehre darstellt – eine Frage, die später wieder auftauchen wird). Im Grunde kann es außerhalb dieses psychischen Apparates keine anderen psychischen Apparate geben, oder wenn, so werden diese lediglich als Symptome und Sekundärformen gelesen, Ausbildungen von bereits in diversen *Urszenen* präfigurierten Phantasmen. Damit aber ist der psychische Apparat, wie ihn Freud konzipiert, *die Maschine aller Maschinen* – eine übergeschichtliche, zeit- und raumlose Apparatur.

Im Freudschen Triebwerk des *Unbewußten,* als eines schlechthin Uneinsichtigen, lag eine radikale Gegenposition zu all dem, was mir vorschwebte. Dabei ging es mir keineswegs um irgendeine ideologische Idiosynkrasie noch darum, in einer erneuten Reprise der Anti-Ödipus-Revolte der subversiven Wunschmaschine[15] zu ihrem Recht zu verhelfen. Vielmehr erschien mir, gerade was das Lesen des historischen Materials anging, die Freudsche Lehre so unergiebig wie irreführend – ein Gedankenfilter, der, anstatt den Blick auf die kulturelle Fremdheit, auf das Jenseits unserer Zeitgrenzen zu eröffnen, nur das immergleiche Modell reproduziert, ein Modell, dessen Fetisch das Unbewußte selbst ist. Denn das Sonderbare an der cartesianischen Operation liegt keineswegs darin, daß der Gedanke immer schon Wunschgedanke ist; merkwürdig ist vielmehr, wie etwas, das den Konstrukteuren der Maschine bewußt war, durch eine nachträgliche Operation ins Unterbewußte zurückfällt. Dieser *nachträglichen Verdunkelung* aber ist nicht mit der Behauptung beizukommen, hier habe immer schon Dunkelheit gewaltet. Die Differenz zwischen der realen und der phantasmatischen Maschine ist durchaus beschreibbar. Keineswegs aber ist sie nach dem Freudschen Modell verfaßt, bei der die Botschaften des Unbewußten (also der phantasmatischen Maschine) in einer Geheimschrift verfaßt sind, der man sich nur über das *Symptom*, also traumdeutenderweise nähern kann.

Anders gesagt: der psychische Apparat wäre nicht eine dem Menschen innewohnende Libido-Natur, sondern lesbar über die Dinge und Symbole, die sich Menschen ersinnen – und eben diese Dinge und Sinne können (da sie sich nicht auf ihre Funktionalität eingrenzen lassen) stets als psychische Apparate erscheinen. In gewisser Hinsicht, könnte man sagen, ist die Topographie der Psyche nicht als Innenwelt lesbar, sondern sie stellt sich heraus, entäußert sich, schreibt sich in die Dinge und in die Außenwelt ein. So lassen sich die dinghaften Apparaturen als »Topographie der Psyche« auffassen.[16] Anders als in der psychoanalytischen Schule, welche die Apparaturen als ein Symptom der Psyche (ihrer ewig und unwandelbar ödipalen Verfaßtheit) deutet, kommt nun die Psyche als *Symptom der Apparaturen* in Betracht. Das ist alles andere als ein Sophismus. Denn löst man sich von der Idee eines unwandelbaren psychischen Apparates, einer mentalen Grundausstattung (in der sich, wie man leicht sehen kann, stets eine *Natur des Menschen* versteckt), so läßt sich nicht mehr von *der Psyche* als solcher sprechen. Vor diesem Hintergrund aber ist die Einführung eines »psychischen Apparates« immer an die Frage gekoppelt, welche historische Wirklichkeit einem solchen Apparat denn soufliert – und genau diese Frage ist es, die auf die Freudsche Begründung des Unbewußten zurückgewendet werden kann. Jener stumpfgelaufene Mechanismus, der eine atavistische Urhorde (die nach Freud die autochthone Bürgerschaft des Unbewußten darstellt[17]) voraussetzt und den jeweiligen Kulturprozeß als eine nachträgliche Kostümierung und Camouflage ursprünglicher Intentionen auffaßt, wäre dispensiert. Nicht mehr ginge es darum, in den verschiedenen historischen Kostümen den immer gleichen Wilden aufzustöbern, jene ursprüngliche Nacktheit des Triebs zu decouvrieren, sondern andersherum: im historischen Kostüm ein bestimmtes Set von Strebungen, eine bestimmte Form von Wissen und von Unbewußtheit festzuhalten.

Diese Historisierung des Unbewußten bedeutet eine wesentliche Umdeutung, oder gar: einen Rückfall in jene Zeiten, da man das Unbewußte noch als *Unter*bewußtes oder (wie Freud selbst) als ein Unbewußtsein, als einen Modus des Nichtwissens begriff.[18] Von einem Unterbewußten zu sprechen, impliziert mithin, daß man dieses ins Unterbewußte zurückgefallene Wissen durchaus wiederzufinden vermag, daß also ein Abstieg in die Katakomben des Denkens keineswegs eine Unmöglichkeit darstellen muß. Wo aber ist der Ort des Unterbewußten? In der Freudschen Lesart, die sich des Unterbewußten (des »Realitätszeichens«) entledigt, kann dieser Ort nur die Psyche des einzelnen selbst sein. Nimmt man aber an, daß sich jene Übertragung so abspielt, wie der Versuch mit meinen Schauspielern zeigt, so mögen die Zeichen und Dinge selbst zu den Speichern des Unbewußten werden.

Wenn Wirklichkeit sich dort konstituiert, wo etwas *wirkt*, so hat man es mit einem kollektiv wirkenden Unterbewußtsein zu tun, einem Unterbewußtsein, das ein Teil der Wirklichkeit selbst ist, das sich in seine Institutionen, Werkzeuge, Symbole einschreibt. Diese Verlagerung, oder wenn man so will: diese *Dezentrierung* des Psychischen in die dinglichen oder zeichenhaften Äußerungen einer Kultur öffnet einen Raum, der Freud selbst versperrt zu sein schien: den Raum des *kollektiven Unbewußten* – oder, wie ich sagen würde: eines kollektiven Unterbewußten. Nun mag diese Auslagerung des Unterbewußten in die Realität irritieren, jedoch zeigt sich, daß der platte Realismus, der auf dem Boden der Tatsachen zu stehen vermeint, selbst eine unhaltbare Position darstellt. Denn die Realität zeigt sich genau dort, wo sie am wirksamsten und effizientesten arbeitet, in Gestalt der phantasmatischen Maschine. Dies betrifft nicht nur die Zeit der mechanischen Uhr, sondern läßt sich auch an einem anderen Medium studieren, das seinerseits die Übertragungsfunktion par excellence darstellt, dem Geld. Mehr noch: Gerade die Frage des Geldes erweist, daß das Zurückfallen ins Unterbewußte tatsächlich eine Grundlage der sozialen Architektur ist. Denn die Übertragung des Geldzeichens gelingt nur unter der Voraussetzung dessen, was die Ökonomen die *Geldillusion* nennen – dem merkwürdigen Umstand mithin, daß eine Ökumene sich auf ein und dasselbe Zeichen einigt, ein Zeichen, das durch nichts anderes gestützt wird als durch die gemeinschaftlich stets erneuerte Illusion. Sobald diese kollektiv geteilte Illusion zweifelhaft wird, bricht sie zusammen: Wo man auf dem Boden der Tatsachen steht, klafft in Wahrheit ein Abgrund – befindet man sich im Innern einer freischwebenden Konstruktion, einer Gedankenflugmaschine.

Dennoch, insofern der psychische Apparat Konstruktion ist, ist es undenkbar, daß er schlechthin unbewußt ist. Jemand ist für sein Funktionieren verantwortlich – und das heißt: Es waltet stets ein Wissen darüber, was die Welt im Innersten zusammenhält. Dieser Gedanke – nämlich daß es im Realen kein schlechthin Unbewußtes gibt und geben kann – führte mich auf ein Feld, das mir fremd vorkam, dem aber doch nicht auszuweichen war. Die Frage der Technik, die Frage nämlich, *wie man's macht*, führte zum Problem der Souveränität, also zu jener Instanz, der die Verantwortung für das Funktionieren des psychischen Apparats übertragen wird. Mag eine Gesellschaft beliebige Zeichen emittieren, so wirft sie doch, gerade in dem Maße ihrer Beliebigkeit, die Frage der *Glaubwürdigkeit* auf: also die Frage nach der Instanz, die das Zeichen verbürgt. Tatsächlich ist das freie Spiel der Zeichen keineswegs der *Naturzustand*, verlangen wir dort, wo das Geldzeichen sich in die Abstraktheit zu verflüchtigen droht, die äußerste Härte. Weil die Illusion sich keineswegs von allein versteht, gilt es, eine Instanz damit zu beauftragen, den kollektiven Schein zu produzieren. Hier nun kommt der *König* ins Spiel, und zwar nicht, weil er König ist, sondern weil er den blinden

Fleck jenes kollektiven Verblendungszusammenhangs darstellt. Tatsächlich ist die Fixierung auf die Person irreführend. Denn der König steht für etwas ein, das nicht von einem Individuum getragen werden kann, vielmehr ist er das Symptom eines kollektiven Ordnungssystems.

Nun ist die Aufrechterhaltung der Illusion, in prekärer, stets absturzgefährdeter Situation, eine Sache – aber sie wäre nicht denkbar, wenn es nicht die *gemeinsame Sache* gäbe, also das Begehren, die Natur betrügen zu wollen. Was ist das für eine Sehnsucht, deren Ziel darin besteht, der Welt, so wie sie ist, um einer Wunschmaschine wegen den Prozeß zu machen? Und was ist die Anziehungskraft, die hier waltet? Hier wäre eine Gedankenfigur ins Spiel zu bringen, die in den dunkelsten Teil der Fragestellung einführt: das *Begehren der Abstraktion*. Was aber wäre der Motor dieses Begehrens? An diesem Punkt kommt eine religiöse Problematik ins Spiel, die ihren schärfsten Ausdruck in der gnostischen Weltverachtung gefunden hat. Hatte ich beim Schreiben der *Metamorphosen von Raum und Zeit* die religiöse Seite nur mit äußerster Vorsicht behandelt, so war mit dem Rückschritt in die Zeit vor der dinggewordenen Maschine die religiöse, christliche Problematik nicht mehr zu umgehen, lagen hier doch all die Denkzwänge, die sich in die Maschine eingeschrieben hatten. Woher aber rührt die besondere Empfänglichkeit des christlichen Kulturraums für die Auskühlungs- und Selbstaufhebungsprozesse? Nicht die Antinomie zwischen der entzauberten Welt und der Welt des Glaubens war also die Voraussetzung, sondern im Gegenteil: die Hypothese einer untergründigen, innigen Beziehung – einer strukturellen Wesensverwandtschaft. Mit dieser Hypothese ausgerüstet, begann ich die frühchristlichen Texte zu studieren. Dabei waren zwei Geschichtswerke von großer Prägekraft: Peter Browns *Keuschheit der Engel*, eine Sozialgeschichte des Frühchristentums, und andererseits: *The King's two Bodies* von Ernst Kantorowicz. Während Kantorowicz, an der Schwelle von Mittelalter und Neuzeit angesiedelt, den Übergang theologischer Gedankenfiguren zu diesseitigen Gesellschaftsgebilden beschreibt, die Niederkunft des *corpus mysticum* in den Statuten der GmbH, wurde mir über Peter Browns Erzählung der Spätantike klar, in welchem Sinn die Askese eine Art Theologie der Befreiung dargestellt hat: eine Art Autonomisierungsakt, bei dem eine *höhere Rationalität* ins Spiel gekommen war. Beide Werke berührten dabei eine tiefe Frage, ohne sie ausdrücklich zu behandeln: Wie kommt es, daß eine Verneinung mehr gilt als eine Positivität? In gewisser Hinsicht war diese Inversion in einer Formulierung enthalten, die ein Theologe des 4. Jahrhunderts, Gregor von Nazianz, in die Welt entlassen hatte: »Jungfräulichkeit ist, was die Ehe bloß bedeutet.« In dieser Formel war das Rätsel des *reinen Zeichens* versteckt, war andererseits die Aufgabenstellung markiert. Was ist die Triebkraft dieses Begehrens? Was ist die Triebkraft der Maschine?

Geht man, im Freudschen Sinn, von den *Trieben* aus, so setzt man eine biologische Grundausstattung voraus – liegt der Beweggrund für eine Handlung im Körper selbst verankert. Dieser schlichten Positivität der Triebe aber macht die Abstraktion den Garaus. Wenn statt einer Lebensfunktion die Abtötung dieser Funktion zur Phantasie wird, ist der Bund mit der Natur aufgekündigt. In Anbetracht dieser Phantasie läßt sich ein Bedürfnis nicht mehr als *naturhaft* vorstellen, geht es doch den Gnostikern darum, all das, was Körper ist, abzutreiben. Nimmt man nun an, das gnostische Begehren habe sich in die Technik übersetzt, so ist es nur logisch, daß sich auch das Weltverdammungsurteil der Gnostiker in die Technik übertragen haben muß. Ganz in diesem Sinne läßt der mystischen Spekulationen abholde Thomas Hobbes seine Naturphilosophie mit den folgenden Worten beginnen: »Die Philosophie der Natur werden wir am besten (...) mit der Privation beginnen, d.h. mit der Idee einer allgemeinen Weltvernichtung.«[19] Das, was sich als Philosophie der *Natur* ausgibt, meint tatsächlich ihre Abtreibung – und ihre erneute Wiederauferstehung in Form der Maschine (womit der neuzeitliche Szientismus das Erbe der Gnostiker angetreten hat). Eben diese Zweideutigkeit charakterisiert ein Großteil auch der zeitgenössischen Theorien. In der Regel heben sie stets damit an, daß der Mensch ein vernunftbegabtes, werkzeugmachendes, sprechendes Tier sei, oder in der letzten, vielversprechendsten Ausprägung: ein *animal symbolicum*. Nun ist der Sprung vom werkzeugmachenden Tier zur Natur der Maschine und ihren autopoïetischen Systemen nicht weit – nur daß (wie die Herren stets anzumerken vergessen) man ein Kaninchen zuvor in den Zylinder hineingesteckt haben muß, bevor man es wieder herauszaubern kann.[20] Darüber hinaus enthebt die Unterstellung einer wie immer gearteten »Natur« die Disziplinen ihres vielleicht mühsamsten Geschäfts, das in der Selbstreflexion und der Infragestellung der eigenen Geschichtlichkeit besteht. Die umstandslose Hinwendung zur »Natur« in diesem Sinn fungiert als epistemologisches Grab, ein theoretischer Kurzschluß.

Nun wäre dieses Strategem durchaus harmlos, wären seine Nebenwirkungen nicht so gravierend. Denn die Idee der Natur verschwistert sich (in ihrer Dynamisierung) mit dem Evolutionsbegriff. Dieser Theorie folgend erscheint etwa die Technikgeschichte als eine Exteriorisierung natürlicher Anlagen, Hebel und Motoren demnach als künstliche Muskeln und Gliedmaßen.[21] Der Mensch (und zwar als Naturwesen begriffen) ist das Maß aller Dinge. Nun mag dies auf Anhieb keineswegs unplausibel erscheinen – es wird erst zum Problem, wenn man es mit der Genealogie jener Apparaturen und Zeichensysteme zu tun bekommt, die auf kein körperliches Urbild mehr verweisen, sondern (im Sinne Bachelards) *konkret Abstraktes* vorstellen. Das alphabetische Zeichen, die geometrischen Formen, der Zeitbegriff der mechanischen Uhr: all dies läßt sich nicht als Exteriorisierung eines seit jeher Gewesenen auffassen, sondern stellt eine Abfolge kultureller, geschichtlicher Einbrüche dar. Bevor die Uhr war, hat es in den Köpfen der Menschen auch nicht nach ihrem Rhythmus getickt, ebenso wie eine voralphabetische Kultur nicht auf den Gedanken verfallen wäre, Identitätssätze nach der Art des A=A zu skandieren oder eine Einheit des Wissens zu unterstellen.

Ganz allgemein erweist sich die Vorstellung der Evolution als unpassende Gedankenfigur, vermag sie doch die kulturellen Ein- und Umbrüche, die Zäsuren und revolutionären Umwälzungen des kulturellen Tableaus nicht zu verzeichnen. Um diese Brüche zu verstehen, wäre es sehr viel sinnvoller, eine kulturelle *Impact*-Theorie anzusetzen, die Möglichkeit also, daß ein Gebilde in die Weltgeschichte einschlagen kann wie ein Meteor. Damit aber hat der Historiker mit der befremdlichen Möglichkeit zu tun, daß es in der Stetigkeit der Entwicklung eine Zäsur, einen Entwicklungsabriß geben könnte.[22] In diesem Sinn erscheint mir der »Natur«-Begriff selbst höchst suspekt, ist er doch (wie im weiteren gezeigt werden soll) eine historische Konstruktion und darüber hinaus auf das innigste mit der symbolischen Maschine verschwistert. Entledigt man sich der *Natur,* so wird der Blick frei für jenes Wesen, das ihr am fernsten zu sein scheint: den Engel. Tatsächlich ist seine Zwitterhaftigkeit ein perfektes Antidotum zum *animal*. Genauer: Seine fraglose, unbestreitbare Jenseitigkeit entschleiert jene Dimension, die der Verweis auf die Natur hat ausblenden wollen: ihre Verwicklung ins Religiöse. Genau hier, in der Eskamotage der religiösen Zweideutigkeiten, im Nicht-zur-Kenntnis-Nehmen-Müssen des Götterhimmels, liegt der heuristische Vorzug der Naturseligkeit – oder für meine Begriffe: ihre Gedankenfaulheit. Wenn der Religionswissenschaftler Klaus Heinrich einmal gesagt hat, daß die Religionsphilosophie das Verdrängte der Philosophie zum Thema habe,[23] so gilt dies im besonderen auch für jene Apparaturen, in denen die Religion sich zugleich hypostasiert und einschließt. Insofern – das ist die These – läuft jegliche Betrachtung der Maschine, die an ihrer religiösen Konnotation vorbeigeht, mit Notwendigkeit auch an der Maschine selber vorbei. Wenn dieser Hinweis einen Adressaten hat, so ginge er dorthin, wo man nurmehr von selbstreferentiellen Systemen, Sprachspielen und arbiträren Zeichen redet.

Nun mag man mir die Gestalt des Engels – und seine logozentrische, christlich-abendländische Prägung – zum Vorwurf machen. Dieser Vorwurf trifft präzise den Kern – würde ich doch, statt von einem so und so gearteten Tier zu sprechen, zu der Auffassung übergehen, daß man nicht von Natur, sondern von Kultur sprechen muß, und daß diese Kultur zu einem nicht geringen Teil in der Aus- und Abtreibung der Natur besteht. Damit aber fungiert sie als eine Art Engelmacherin. Insofern die Kultur als eine Engelmacherin wirkt, werden jene Triebe, welche man die natürlichen heißt, aus der Welt herausgeschafft, werden Sublimationsformen an ihre Stelle gesetzt. Damit aber – und das ist der eigentliche Ansatzpunkt – verschiebt sich die Auffassung von dem, was *Antrieb* überhaupt sein kann. Geht die Psychoanalyse von einer Positivität der Triebe aus, so verlängert sie (auf eine sozusagen invertierte, geschwärzte Art und Weise) die Idee einer ursprünglichen Natur.

Wenn ich demgegenüber von einem *Abtrieb* reden möchte, so deswegen, um die Dialektik zwischen Trieb und Abtrieb in den Griff zu bekommen. Während die Privilegierung des Triebs letztlich dazu nötigt, in den jeweiligen Bildern des Realen nurmehr die Schattenspiele jenes ursprünglichen, nichtrealisierten Begehrens zu sehen, tut sich mit dem Abtrieb etwas anderes auf. Strenggenommen hat man es mit einer zweiten Kategorie von Trieben zu tun: jenen selbstverfügten Sehnsuchtsbildern, deren wesentliches Ziel die Aufhebung des Leiblichen ist. In der Tat muß das sinistre Bild der Engelmacherin durchaus nicht so finster sein. Zu einem Engel zu werden kann – ganz im Sinne der Sublimation – selbst eine Art Antrieb werden. Faßt man die gegenwärtigen *gender changer*-Debatten ins Auge, in denen der Körper als Zeichengewebe, als sozialer Text aufscheint, so wird sichtbar, daß die Überwindung der leiblichen, geschichtlichen Determination ein großes Faszinosum darstellt. So korrespondiert der »Leib- und Naturfeindschaft« des Christentums ein hochkomplexes Set psychologischen Raffinements, unerhörter ästhetischer und geistiger Genüsse. Auch das *künstliche Paradies*, das ist damit gesagt, kann eine Sehnsuchtsfigur werden, die dem gleichkommt, was wir an natürlichen Trieben auf den Weg mitbekommen haben. Nun sind die künstlichen Paradiese von Menschenhand erschaffen. Damit wiederholt sich, was zuvor zum *Impact* gesagt worden ist. Man könnte von einer Kulturalisierung und Historisierung der Triebstruktur, oder passender: von jenen Gewändern und Schemata reden, in die sich der Leib hüllt. Die Überlagerung des Leibs durch die Idee,[24] der Wunsch, den Körper durch seine Hülle verschwinden zu machen, ihn umzudeuten. Der Engel – diese leere, körperlose Hülle, diese Figur, die ganz Text ist – steht für die Figur der Intermedialität, jenes Band, das Gott mit den Menschen verbindet. In der Tat erscheint mir dieses ernstgenommene Begehren nach der Überwindung des Irdischen die einzige Möglichkeit, bestimmte kulturelle Beweggründe angemessen zu fassen. Dabei ist es eigentlich zweitrangig, daß der Engel seine ursprüngliche Mission verloren hat, daß wir, wie Sloterdijk sagt, in der *Epoche der leeren Engel* leben. Tatsächlich hat sich die Frage der Religion dorthin verschoben, wo man sie nicht zu erwarten vermeint: dorthin nämlich, wo vom reinen Zeichen die Rede ist. Aber wenn das *reine Zeichen* das ist, was die Wirklichkeit bloß bedeutet, so waltet hier die gleiche Logik, wie sie das Frühchristentum ausgezeichnet hat. Auch die Phantasien des *rinascimento*, die Ideen des Todes und der Reanimation, ergeben nur Sinn auf der Grundlage eines Begehrens, das sich gegen den realen, endlichen Leib setzt.

Es ist dieser halb unbewußte, halb religiöse Hintergrund, der mich dazu gebracht hat, jene historischen Etappen nachzuzeichnen, wo, wie ich glaube, das Denken vom Boden abgehoben ist. Dabei ging es keineswegs darum, hier einen Sündenfall zu diagnostizieren, sondern allein darum, zu verstehen, warum ich bin, wo ich bin – im Flug.

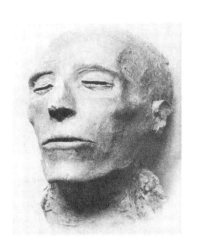

KAPITEL 1

Das Geld und der Tod

Mit einem überaus präzisen Instinkt für die dunklen Ursprünge des Geldes läßt Georg Simmel seine *Philosophie des Geldes* mit der merkwürdigen Institution des Wergeldes beginnen. Schon in den beiden Komponenten dieses Wortes liegt ein eigentümlicher Tausch – und damit: die Dimension der Frage begründet. »Wer« heißt im Germanischen *der Mann* (der Werwolf – das ist der menschliche Wolf), »Geld« wiederum kommt von *gelten* – und dies vom Germanischen *geldan,* das heißt: erstatten, opfern, entschädigen. Das, was gilt, entspringt also der Sphäre des Opfers. Was aber hat das Wergeld damit zu tun?

Ein Mord ist geschehen. Die Familie des Opfers drängt auf Kompensation. Jedoch zielt die Forderung nach einer Totschlagbuße nicht nur darauf, den Verlust des Opfers und den Schmerz der Hinterbliebenen zu vergelten, sie betrifft vor allem das Recht auf Vergeltung, das der Familie des Opfers selbstverständlich zusteht. Das Wergeld muß also zweierlei kompensieren: einerseits den Verlust des Anverwandten, andererseits die moralische Verletzung, die ihrerseits ins Maßlose, in unbändige Rachsucht umzuschlagen droht. Vor allem letzteres macht den Sinn dieser Institution deutlich. Indem der Mörder (oder die Familie des Mörders) das Wergeld entrichtet, ist die Drohung eines nichtaufhörenwollenden Austauschs von Gewalt und Gegengewalt, der Fluch der *vendetta* genommen. Das Wergeld hat somit die Funktion eines *versöhnenden Opfers*.

Dieser Gedanke bestätigt und erweitert die Opfertheorie, die der französische Literaturwissenschaftler René Girard in seiner Studie *Das Heilige und die Gewalt*[25] vorgelegt hat. Girards zentrale These ist, daß jegliche Opferhandlung, ja daß die religiöse Sphäre schlechthin als Bestreben zu verstehen ist, das jeder Gesellschaft innewohnende Gewaltpotential zu bannen. Vor allem geht es darum, die Entfesselung der

Gewalt zu verhindern, den unendlichen Rekurs von Vergeltung und Wiedervergeltung, den ein einzelner Mord zur Folge haben kann. In diesem Sinn ist also die Sphäre des Heiligen nichts der Gesellschaft künstlich Aufgesetztes, sondern ein Resultat der bittersten Notwendigkeit.

Das Opfer befriedigt in symbolischer Hinsicht, genauer: es befriedigt und verdeckt zugleich. Damit ist es versöhnendes Opfer, wie Girard sagt, es fungiert als gesellschaftlicher Klebstoff. Nimmt man diese Erklärungsfolie zur Hand und appliziert die Problematik des Wergeldes darauf, drängt es sich geradezu auf, auch hier von einem versöhnenden Opfer zu sprechen, gewinnt Girards These eine unerhörte Plausibilität. Diese Übereinstimmung mag strukturell einleuchten, jedoch geht sie mit einer Merkwürdigkeit einher. Denn in der Institution des Wergeldes wird nicht Gleiches mit Gleichem vergolten, vielmehr liegt eine kategorische Unvergleichbarkeit, ein eklatanter Bruch zwischen beiden Opferhandlungen vor. Wenn also, zumal in Anbetracht dieses unmöglichen Tauschs, die Institution des Wergeldes dennoch eine Wirksamkeit besessen hat, so nur deswegen, weil die Opferung einer bestimmten Summe Geldes als Äquivalent, als eine Art *symbolischer Tod* empfunden worden sein muß. Mit dieser These ist jene Gedankenbahn eingeschlagen, um die es im folgenden geht. Wenn nämlich Geld die Funktion eines *versöhnenden Opfers* annehmen kann, so muß ihm selbst eine Todesstruktur innewohnen.

Vor diesem Hintergrund soll die folgende Geschichte vom Schatz des Rhampsinitos betrachtet werden. Herodot, auf den sie zurückgeht, notiert sie im 5. Jahrhundert v. Chr.; die Geschehnisse jedoch, auf die sie sich beziehen, weisen weit ins dritte Jahrtausend v. Chr. zurück, in jene Morgenfrühe, da die Kultur, vom Virus der Unendlichkeit heimgesucht, sich dauerhaft einzubalsamieren beginnt: in den Binden der Mumien, den Zeichen der Schrift und in der steinernen Textur der Pyramiden.

Des Proteus Königsherrschaft übernahm Rhampsinitos, wie sie erzählten, der die nach Westen gerichtete Vorhalle des Hephaisteions als Andenken hinterließ, und gegenüber der Vorhalle errichtete er zwei Bildsäulen, fünfundzwanzig Ellen hoch, von denen die Aigyptier die nach Norden stehende »Sommer« nennen, die nach Süden stehende »Winter«; und die sie »Sommer«

nennen, die verehren sie und der erweisen sie Gutes, der »Winter« genannten tun sie das Gegenteil.

Dieser König habe großen Reichtum an Geld besessen, in dem keiner von den Königen, die nach ihm kamen, ihn habe übertreffen oder auch nur nahekommen können. Er wünschte aber, seine Schätze in Sicherheit aufzustapeln. Deshalb habe er ein steinernes Gebäude bauen lassen, dessen eine Mauer an die Außenseite seines Palastes stieß. Der Baumeister aber habe in arglistiger Weise folgendes ersonnen. Von den Steinen habe er einen so zubereitet, daß er mühelos von zwei oder auch nur von einem Mann aus der Mauer herausgenommen werden konnte. Als das Gebäude fertig war, habe der König die Schätze in ihm aufgehäuft. Nach einiger Zeit habe der Baumeister, der am Ende seines Lebens stand, seine beiden Söhne zu sich gerufen und habe ihnen erzählt, wie er durch eine List beim Bau des königlichen Schatzhauses für jene vorgesorgt habe, damit sie immer reichlich zu leben hätten. Nachdem er ihnen alles genau dargelegt hatte, was mit der Entfernung des Steins zu tun hatte, habe er ihnen dessen Lage angegeben. Er habe hinzugefügt, wenn sie dies Geheimnis bewahren würden, würden sie die Schatzmeister der königlichen Schätze sein. Nach seinem Tod aber hätten es seine Söhne nicht lange hinausgeschoben, sondern sich bald ans Werk gemacht. Sie seien nachts an den Königspalast herangegangen, hätten den Stein in dem Gebäude aufgefunden, ihn mit Leichtigkeit entfernt und viele Schätze herausgeschafft.

Als aber der König zufällig das Gebäude öffnete, habe er sich gewundert, als er sah, daß in den Gefäßen etwas von den Schätzen fehlte. Er habe aber niemanden beschuldigen können, da die Siegel unversehrt und das Gebäude noch ordnungsgemäß verschlossen war. Als er es aber zweimal und dreimal öffnete und die Schätze immer weniger zu werden schienen – die Diebe hatten nämlich nicht aufgehört zu rauben –, habe er folgendes gemacht. Er ließ Schlingen anfertigen und um die Gefäße herum, in denen die Schätze waren, anbringen. Als aber die Diebe wie in der vorangegangenen Nacht kamen und der eine von beiden hineingeschlüpft war, sei er gerade auf dem Weg zu dem Gefäß in eine Schlinge geraten. Als er erkannte, in welch großes Unglück er geraten sei, habe er sogleich seinen Bruder gerufen, ihm seine Lage klar gemacht und ihn aufgefordert, so rasch wie möglich hereinzukommen und ihm den Kopf abzuschlagen, damit er nicht selber, wenn er erkannt würde, auch den Bruder zugleich vernichte. Dieser fand, daß der Bruder recht hatte; er folgte ihm und tat also, dann fügte er den Stein wieder ein und begab sich mit dem Kopf seines Bruders nach Hause.

Bei Tagesanbruch sei der König in das Gebäude gekommen und erschrocken, als er den Körper des Diebes ohne Kopf in der Schlinge, das Gebäude aber unversehrt und ohne Ein- und Ausgang sah. In seiner Verlegenheit habe er folgendes gemacht. Er habe die Leiche des Diebes an der Mauer aufgehängt, Wächter aufgestellt und ihnen aufgetragen, jeden festzunehmen und vor ihn zu führen, den sie laut weinen oder wehklagen sahen. Als aber die Leiche dort hing, habe es die Mutter nur schwer ertragen und sie habe dem ihr noch gebliebenen Sohn aufgetragen, auf welche Weise auch immer die Leiche des Bruders herabzunehmen und zu ihr zu bringen. Sie habe ihm gedroht, zum König zu gehen und anzuzeigen, daß er die Schätze habe, wenn er dies nicht tue.

Da die Mutter aber den überlebenden Sohn so heftig schalt und er sie trotz vieler Worte nicht umstimmen konnte, habe er sich folgendes ausgedacht. Er habe Esel aufgezäumt und Schläuche mit Wein gefüllt, diese auf die Esel geladen und sie dann vorwärts getrieben. Als er in der Nähe der Wächter war, habe er von den Schläuchen zwei oder drei bei den Zipfeln aufgezogen, die herabhingen; als der Wein herauslief, habe er sich an den Kopf geschlagen und laut geschrien, er wisse wirklich nicht, zu welchem Esel er sich zuerst wenden solle. Als die Wächter aber den Wein in Menge hätten auslaufen sehen, seien sie alle mit Gefäßen an den Weg gelaufen und hätten den vergossenen Wein für sich aufgefangen. Er aber habe sie alle heftig ausgezankt, indem er sich zornig stellte; doch als die Wächter ihn trösteten, habe er so getan, als ließe er sich besänftigen und lasse von seinem Zorn ab. Zuletzt habe er die Esel vom Weg heruntergeführt und wieder bepackt. Als aber noch mehr Worte gewechselt wurden und mancher ihn sogar verspottete und zum Lachen brachte, habe er ihnen einen Schlauch gegeben. Sie aber hätten sich an Ort und Stelle ohne weiteres gelagert und zu trinken gedacht. (...) Durch den reichlichen Trunk seien die Wächter völlig betrunken und vom Schlaf übermannt worden. Sie seien dort, wo sie immerzu tranken, eingeschlafen. Er aber habe in tiefer Nacht den Körper des Bruders heruntergenommen und den Wächtern zum Spott die rechte Wange rasiert. Dann habe er den Leichnam auf die Esel gelegt und sie nach Hause getrieben, nachdem er den Auftrag seiner Mutter erfüllt hatte.

Der König sei, als ihm der Diebstahl der Leiche gemeldet wurde, sehr zornig gewesen. Da er aber wünschte, daß der Täter, wer es auch sein mochte, unter allen Umständen gefunden werde, habe er folgendes unternommen – ich kann es allerdings nicht glauben. Er habe seine Tochter in ein Bordell gebracht und ihr aufgetragen, alle in gleicher Weise anzunehmen und vor dem Geschlechtsverkehr dazu zu bringen, ihr zu erzählen, was sie denn in ihrem Leben als das Klügste und Gottloseste getan hätten. Wer aber den Vorfall mit dem Dieb berichten werde, den solle sie festhalten und nicht mehr hinausgehen lassen. Als aber das Mädchen den Auftrag des Vaters ausführte, habe der Dieb die Hintergründe erfahren. Er wünschte den König an Verschlagenheit noch zu übertreffen und habe folgendes getan. Er habe den Arm des frischen Leichnams an der Schulter abgeschnitten, und mit ihm unter dem Gewand sei er losgegangen. Als er nach dem Eintritt bei der Tochter des Königs wie die anderen befragt wurde, habe er erzählt, das Gottloseste habe er getan, als er seinem Bruder, der im Schatzhaus des Königs in eine Schlinge geraten sei, den Kopf abgeschnitten habe, das Klügste aber, daß er die Wächter betrunken gemacht und den aufgehängten Leichnam des Bruders herabgenommen habe. Die Königstochter habe, als sie das hörte, nach ihm gegriffen. Der Dieb aber habe in der Dunkelheit den Arm des Toten hingehalten, sie habe ihn gepackt und festgehalten, weil sie meinte, sie halte eben jenes Mannes Arm. Der Dieb aber habe ihr den Arm überlassen und sei durch die Tür davongeflohen.

Als auch das dem König gemeldet wurde, sei er durch die Klugheit und Kühnheit des Menschen ganz erschlagen gewesen, schließlich aber habe er in alle Städte Boten gesandt und ihm große Versprechungen gemacht, indem er ihm Straflosigkeit und große Belohnungen zusagte, wenn er ihm vor die Augen trete. Der Dieb habe ihm geglaubt und sei zu ihm gekommen. Rhampsinitos aber habe ihn gewaltig bestaunt und ihm seine Tochter zur Frau gegeben, da er der gerissenste unter den Menschen sei. Die Aigyptier seien nämlich den anderen überlegen, jener aber den Aigyptiern.

Danach erzählten sie, daß dieser König lebendig zu dem hinabgegangen sei, den die Griechen für den »Unsichtbaren« halten. Dort habe er mit Demeter Würfel gespielt. Teils habe er gesiegt, teils sei er unterlegen. Als er zurückkam, habe er von ihr als Geschenk ein goldenes Handtuch mitgebracht. (...)

(Herodot: *Historien*, 2. Buch, Kapitel 21-22, in der Übersetzung von Eberhard Richtsteig)

Mythische Zeit. Logische Zeit

Nun scheint der Meisterdieb sich der Königsherrschaft nie erfreut zu haben, denn gleich im Anschluß an diese Geschichte erzählt Herodot, daß es Cheops war, der die Nachfolge des Rhampsinitos angetreten habe. Man mag das als Lapsus abtun, nach der Art des »Herodot irrte doch«, dagegen schlage ich vor, das Märchen vom Meisterdieb[26] als eine Schlüsselerzählung zu lesen, deren Funktion vor allem darin besteht, einen tiefgreifenden Bruch in der Geschichte des Pharaonentums zu beleuchten. Und da es sich bei diesem Bruch im wesentlichen um den Einbruch der Abstraktion handelt, ist das Houdiniartige des Auftritts durchaus standesgemäß, dem Genius des Verschwindens und des Verschwindenmachens entsprechend. Schon der Versuch, den König Rhampsinitos als historische Figur dingfest zu machen, ist ein höchst zweifelhaftes Unterfangen. Denn wenn Herodot ihn als eine Figur zwischen zwei anderen Herrschern vorstellt, Proteus und Cheops, so bezeichnet dies eine merkwürdige Position, stoßen hier Gott und Mensch, mythische und historische Zeit aneinander. Schon der göttliche Ahne aber ist von den Furien des Verschwindens heimgesucht. Proteus, das ist, wie die Mythologie berichtet (und wie es auch in der *Odyssee* erzählt wird), der Formwandler, der *Meergreis, der die Wahrheit sagt*. Als Sohn des Meergottes Poseidon vermag Proteus alle Gestalten anzunehmen, Mensch und Tier, aber auch Feuer und Wasser. Man könnte ihn eine metamorphe Gestalt, oder treffender: einen *Liquidator* nennen. Dieser Verflüssigungsaspekt ist um so bemerkenswerter, als der Pharao zugleich als unsterblicher Gott wie als Inkarnation der Wahrheit gilt. *Ma'at*, die Wahrheit, ist ein metamorpher, sich stetig wandelnder Stoff.

Läßt sich Rhampsinitos als der prähistorische König schlechthin auffassen, als Stellvertreter jenes Interregnums, das den langen Fall der Götter, ihre entwürdigende Niederkunft in der Menschenwelt einleitet, so hat Cheops in seinem Pyramidenbau ein monumentales, faktisches Zeichen seiner Anwesenheit hinterlassen. Gleichwohl gibt es von diesem Gottkönig nur höchst profane Dinge zu berichten. Denn Cheops erscheint in der zweifelhaften Rolle desjenigen, der dem Volk den Gebrauch der Heiligtümer und der Opfer untersagt –

und zwar weil er seine Untertanen zum Frondienst des Pyramidenbaus nötigt. Dieser Zusammenhang ist höchst bemerkenswert, denn er besagt, daß das Unsterblichkeitsprojekt der Pharaonen zu einem bestimmten Zeitpunkt (Cheops herrschte etwa 2500 v. Chr.) nicht als ein gemeinschaftliches Anliegen, sondern als ein Akt der *Privation* empfunden worden sein muß.

Totes Kapital

Wenn von Rhampsinitos erzählt wird, daß er großen Reichtum besessen, daß er diesen Reichtum in Sicherheit aufzustapeln gewünscht und zu diesem Zweck sein Schatzhaus habe errichten lassen, so artikuliert sich darin die primordiale Funktion des Geldes. Bevor Geld zu einem bloßen *Umlaufmittel* wird, fungiert es als *Hortgeld*. Es ist evident, daß diese ursprüngliche Funktion mit unserem Begriff des *Tauschmittels* kollidiert. Das Hortgeld als barbarisches Residuum zu deklarieren wäre demgegenüber jedoch allzu billig. Denn wenn das »Tauschmittel« als die blankgeputzte Münze der Rationalität erscheinen kann, so nur deshalb, weil man die irrationale Seite des Geldes abgeschieden hat. Nun besagt gerade die stete Evokation dieses barbarischen Rückstandes, daß die ursprüngliche Problematik nur scheinbar aus dem Begriff herauseskamotiert, tatsächlich jedoch immer noch anwesend ist. Im Hortgeld konzentriert sich, was man heute den *Fetischcharakter* des Geldes nennen würde – was aber treffender vielleicht als seine symbolische, religiöse Seite bezeichnet werden sollte. Daß noch ein Herrscher wie Theoderich die Sitte, die Toten mit reichlich Gold ausgestattet zu Grabe zu tragen, als schändlich und als Vergehen der Gesellschaft gegenüber brandmarkte, bezeugt, daß das Sensorium für diese kultische Seite bis in die Spätantike hinein wachbleibt. Anders gesagt: Wenn die Privation des Geldes dem Tausch vorgezogen wird, so deshalb, weil es dabei um einen Tausch *höherer Ordnung* geht.

Tatsächlich ist es dieser Aspekt, der uns den Zugang zum Schatzhaus des Rhampsinitos eröffnet. Der Pharao, diese verkörperte Sonne, gilt als unsterblich. Diese ihm zugeschriebene Gottesfunktion markiert zugleich sein Dilemma, ist er doch genötigt, seine Souveränität unter Beweis zu stellen (denn der Souverän, das ist der, über dem *supera neus*, also nichts mehr steht). Zweifellos muß Rhampsinitos und mit ihm das Pharaonentum in eine Art Legitimationskrise geraten sein – und so läßt sich die Konstruktion der Pyramiden-Nekropolen als eine Art metaphysischer Barrikade deuten (was zu der Erwähnung paßt, daß Cheops seinem Volk den Gebrauch der Opfer untersagt und die Heiligtümer geschlossen habe). Wenn Herodot ferner erzählt, daß auch die Tochter des Cheops, die von ihrem Vater – um seiner Unsterblichkeit willen – zur Prostitution genötigt worden sei, sich ihrerseits eine Pyramide errichtet habe, indem sie von jedem Freier einen Stein extra verlangt habe, so zeigt sich eine Art Unsterblichkeitsphantasma, das danach verlangt, sich zu materialisieren.

Die Rede von einer Opferkultkrise führt also auf das Dilemma der Macht. Das Dilemma ist alt, und es besteht darin, daß sich keine Macht der Welt selbst gemacht hat, sondern daß jegliches Fleisch, jeder Träger eines irdischen Leibes genötigt ist, die Anwesenheit des *maître absolu*, des Todes, anzuerkennen. Um sich dennoch in den Besitz der phantasmatischen Unsterblichkeit zu bringen, geht das Bestreben dahin, etwas zu errichten, was den sterblichen Leib überlebt. Gold und Edelmetalle bieten sich hier insbesondere an, weil sie, im Gegensatz zu den leichtvergänglichen Preziosen, den irdischen Leib überdauern, weil sie, seit jeher, als Himmelsstaub betrachtet worden sind.

Vor diesem Hintergrund gewinnt der Begriff des »toten Kapitals« eine neue Bedeutung. Denn der Schatz des Rhampsinitos (wie jedes Hortgeld) ist so sehr und mit einer solchen Ausschließlichkeit totes Kapital, daß er uns darüber aufklärt, daß die Frage, auf die das Kapital antwortet, der Tod selber ist. Wie in der Institution des Wergeldes vollzieht sich der Tausch von Leben und Tod, nur daß der Tausch in Gestalt des Souveräns, des *unsterblich Sterblichen*, kurzgeschlossen ist. Man könnte sagen, der König *monopolisiere* das Geld. Tatsächlich ist der Begriff des »Monopols« eine Art Oxymoron – bedeutet er doch, wörtlich übersetzt, allein Handel zu treiben.

Nun kann man annehmen, man könne sich mit sich selbst, über sich selbst austauschen. Was also treibt den König in sein Schatzhaus? Es ist das Phantasma, als einziger den Zugang zu diesem Ort zu besitzen. Der Ausschluß der anderen mag ihm die Illusion verleihen, vom Schicksal des Fleisches ausgenommen, dem Tode nicht untertan zu sein. Der Anblick des Edelmetalls, das dort aufgebahrt liegt, verspricht eine Ewigkeit, es verdeckt seine Endlichkeit. Daher ist es wichtig, daß es in unzählbarer Masse vorhanden ist: so wie die Sterne am Himmel.

Herrschaftstechnologie

Das Schatzhaus des Rhampsinitos stellt einen doppelten Souveränitätsbeweis dar. Zum einen dient es als Ausweis der irdischen Macht des Königs über die Masse seiner Untertanen, zum andern als Ausweis seiner Himmelsmacht, der Macht über den Tod. Daß diese Macht sich nur über die Einhegung im Schatzhaus, über den Ausschluß der Öffentlichkeit zu konstituieren vermag, deutet freilich darauf hin, daß sie in ihrem Innersten erschüttert ist. Und so ist der Bau des Schatzhauses vor allem ein Beleg dafür, daß die Macht einer Schutzkonstruktion bedarf. Man könnte diese Schutzkonstruktion ein *System* nennen, denn *systema*, das heißt: das Zusammengestellte.

Mit dem Bau dieses Systems setzt die Geschichte ein. Denn der König mag zwar die Macht innehaben, diese Macht weiß aber nicht, *wie man's macht*, sie bedarf der *techne*, die sich in Gestalt des Baumeisters nähert. Dieser Punkt ist überaus wichtig, macht er doch klar, daß sich die Frage der Souveränität niemals isoliert, als reine Machtfrage, betrachten läßt. Die Macht ist stets und zuinnerst mit der Problematik der *Herrschaftstechnologie* verklammert. So gesehen ist Rhampsinitos bereits ohnmächtig – denn nur der Baumeister verfügt über das Wissen, wie ein solches Schatzhaus, das niemand betreten darf als der König allein, zu verfertigen sei. Bezeichnenderweise nutzt der Baumeister sein exklusives Wissen, um sich selbst einen Zugang zur Macht zu verschaffen. Das Wissen ist, buchstäblich, das Einfallstor zur Macht (vor allem aber schließt es den König aus).

Nun mag man hier die alte Antinomie von Geist und Macht am Werk sehen, dennoch besteht zwischen beiden Kontrahenten eine merkwürdige Symmetrie. So wie der König das Innere seines Schatzhauses der Außenwelt verschließt, so verschließt auch der Baumeister das Wissen um den lockeren Stein in seiner Brust. Denn sein Geheimnis verleiht ihm Macht nur dort, wo es gewahrt bleibt. Würde es offenbar, so müßte es sich mit der Zahl der Mitwisser entwerten, oder es würde –

für den Fall, daß es dem König ruchbar wird – auf einen Schlag wertlos. Damit aber befindet sich der Baumeister in eben derselben Situation wie der König. So wie das Kapital des Baumeister im Verschweigen, also in der *Blockade des Tausches* liegt, so beruht auch die Macht des Königs nicht eigentlich auf dem Besitz, sondern auf der Blockade des Tauschmittels. Und auf die gleiche Weise, wie der König die Tauschmittelfunktion des Geldes unterbricht um eines Tausches höherer Ordnung willen, nutzt auch der Baumeister sein Wissen nicht, um sich einen unmittelbaren Vorteil daraus zu verschaffen. Wenn er dieses Wissen statt dessen seinen Söhnen vererbt, so operiert er mit dieser Gabe über den eigenen Tod hinaus. Sein Wissen hat also die Funktion einer *Lebensversicherung,* mag er hoffen, daß seine Söhne, mit einer »königlichen Leibrente« versehen, wohlversorgt sind auch nach seinem Tod.

Freilich: mit diesem Übergang erlebt das geheimgehaltene Wissen eine Veränderung. Schon die Anwesenheit *zweier* Söhne (also das Doppelgängermotiv) deutet an, daß das Wissen tendenziell dazu neigt, zu proliferieren, daß es – als immaterielles, daher leicht bewegliches Gut – keinen einen und einzigen Besitzer kennt. In gewisser Hinsicht löscht das abstraktgewordene Wissen das Gesicht seines Urhebers aus. Damit geht aber etwas Wesentliches verloren, jene Scheu nämlich, die den Vater gehindert hat, sein Privileg noch zu Lebzeiten zu nutzen. Wenn die Söhne, wie es in der Geschichte heißt, sich nach seinem Tod schnell ans Werk machten, so wird klar, daß in der Verdopplung/Entzweiung des Wissens die Todesdimension aus dem Blick gerät. Der Tod, so könnte man sagen, wird als der Tod des anderen gedacht (was ja das Prinzip einer jeden gut funktionierenden Lebensversicherung ist).

Damit schreibt die Aktion der Söhne die Richtung fort, die der Baumeister in Gedanken bereits vorgezeichnet hat. Denn anders als der König, der nur über die Anhäufung und Einhegung des Schatzes am Phantasma der Unsterblichkeit teilhat, hat der Baumeister, auch wenn er persönlich in der Todesscheu verharrt, sein Wissen bereits instrumentalisiert. Ihm wird die Frage des Todes zum Kapital, kann er doch den Schatz des Königs zu einer Lebensversicherung umfunktionieren. Daß die Söhne, die Erben seines Wissens, dieses Kapital noch zu Lebzeiten einsetzen wollen, besagt wiederum: das Kapital des Todes läßt sich nicht einhegen, es wird flüchtig, ambulant.

Loch im System

Schon die Ausgangslage der Geschichte enthält eine Aporie. Sie zeigt, wie die Macht versucht, sich über eine Befestigung, eine Schutzkonstruktion, ihrer selbst zu vergewissern. Jedoch ist das Begehren nach einem perfekten, geschlossenen System schon ein Indikator der Ohnmacht. Denn auch wenn kein Sterbenswörtchen darüber nach außen dringt, welchen Handel der Monopolist im Innern seiner Befestigung treibt – der Gegenspieler, den er zu bannen sucht, ist kein Geringerer als der Tod. Offenbart sich hier die existentielle Ohnmacht der Macht, so führt der Kunstgriff des Baumeisters vor, daß die Macht, die sich auf eine Schutzkonstruktion stützt, auch nach außen hin einen Machtverlust dulden muß. Denn dort, wo die Macht der Prothese bedarf, geht sie an den, der weiß, wie man's macht. Weil von nun an Herrschaft immer nur als Herrschafts*technik* bestehen kann, hat sich die Macht ein trojanisches Pferd eingehandelt, den Retrovirus des Wissens.

Vor diesem Hintergrund ist das Schatzhaus des Königs vor allem als eine *Wissensarchitektur*, als ein symbolischer Ort zu lesen. SEMA, das griechische Wort für das Zeichen (dem sich unsere *Semantik, Semiotik, Semasiologie* usw. verdanken), markiert ein sehr viel weiteres Bedeutungsfeld: »Zeichen«, »Siegel«, »Grab« und »Gewand«. Dieser vierfache Sinn läßt sich auch auf das Schatzhaus des Rhampsinitos übertragen. Wie die Pyramide des Cheops ist es eine Art Grab (also ein Ort, in den sich das Phantasma der Unsterblichkeit einschreibt); es ist das Gewand, das den Untertanen die königliche Souveränität vor Augen führt, und es ist das Siegel, das nur der König allein brechen darf. Und schließlich ist es, indem es die konkreten Bedeutungen von Grab, Gewand und Siegel in sich zusammenfaßt, das *Zeichen* der königlichen Unsterblichkeit schlechthin. Was aber vermag diesen vierfachen Sinn präziser zu bezeichnen als die Mumie? Dieser ausgehöhlte Königsleichnam, der, mit Konservierungsmitteln gefüllt, in Leinen gewickelt und in Stein eingeschlossen, zu einem leibhaftigen Schriftzeichen[27] wird, zu jenem Zeichen, das den Tod überdauert.

Dieses Zeichen aber wirkt nur, wo es perfekt abgedichtet ist. Und so ist die Situation des Königs, der im Innern seines Zeichensystems dem drohenden Schwund seiner Schätze, oder im übertragen Sinn: seines Unsterblichkeitszeichens beiwohnen muß, höchst prekär, befindet er sich doch in der wahrhaft absurden Situation eines lebenden Leichnams, dem allmählich vor Augen geführt wird, daß er seinen Tod nicht lang wird überdauern können. Denn das Schatzhaus, dieses perfekte Herrschaftssystem, von dessen Integrität der König sich durch die Unversehrtheit der Zeichen überzeugen kann, hat ein Loch. Und dieses Loch, das ist der Witz der Geschichte, rührt nicht von einer nachträglichen Beschädigung her, sondern ist apriorischer Natur – es ist dem System eingebaut.

Remote Control

In dieser mißlichen Situation wird der König zu einer Maßnahme gezwungen, die charakteristisch ist für seine sämtlichen Handlungen. Er versucht, wie man heute sagen würde, den Fehler einzugrenzen, er geht über zu einer Mikrostruktur der Kontrolle. Was also tut er? Er legt Schlingen um die Gefäße aus. War schon die Wissensarchitektur mit dem königlichen Siegel buchstäblich *semantisch* versiegelt, so stellt auch die Auslegung der Schlinge eine solche Zeichenoperation dar. Nur daß man es hier mit einem *sema* zweiter Ordnung zu tun hat, mit einem Zeichen, das sich in einem anderen Zeichen verbirgt.

In dieser Maßnahme tritt etwas dem Zeichen Charakteristisches hervor. Denn die Zeichen werden dort eingesetzt, wo die reale körperliche Präsenz nicht hinreicht – man könnte sie also als eine Art »Fernbedienung« auffassen. Anders jedoch als unsere elektronischen Tentakel, die die Illusion der Entgrenzung befördern, erzählt die Falle von der Dialektik des Zeichens selbst. Denn das Zeichen substituiert nicht nur den Körper seines Benutzers, es setzt seine Abwesenheit gar voraus. Erst unter der Bedingung der körperlichen Abwesenheit des Fallenstellers wird die Falle wirkmächtig. Wie in dem berühmten Beispiel von Schrödingers Katze bleibt die Prozeßhaftigkeit des Vorgangs notwendig verborgen, zeigt sich lediglich beim Öffnen der Box, ob der Versuch dieses oder jenes Resultat gezeitigt hat. In diesem Sinn erzählt die Schlinge, die der König um die Gefäße auslegt, daß er in der Konstruktion seines Schatzhauses, ohne es zu wissen, selbst in eine Falle geraten ist.

Der Kopf in der Schlinge

Das *sema* bewirkt, was es bewirken soll: Bei einem neuerlichen Diebeszug gerät einer der beiden Baumeistersöhne in die vom König ausgelegte Schlinge. Der Baumeistersohn, dessen Kopf sich in der Schlinge befindet, weiß sofort, daß seine Lage aussichtslos ist, daß die andere Seite dieses Zeichens nur sein Tod sein kann. Denn mit der Verletzung des königlichen Horts haben die Brüder nicht einen trivialen Diebstahl, sondern ein Kapitalverbrechen begangen, auf das (*caput, capital*) der Kopf steht. Dieses Wissen wird als so selbstverständlich vorausgesetzt, daß der Unglückliche seine Aufforderung, ihm doch den Kopf abzuschlagen, als eine Art Liebesdienst darstellen kann. Mehr noch: Er begreift, daß sein Unglück auch seinen Bruder betrifft, wird doch der König über sein Gesicht, also die *Familienähnlichkeit*, auf das seines Bruders schließen können.

Mit dem Hinweis auf die verräterische Ähnlichkeit deutet der ertappte Bruder die Zeichenhaftigkeit der Falle, vor allem die Zeichenhaftigkeit seiner selbst richtig, nämlich als *corpus delicti*. Auch die Reaktion des Davongekommenen ist bezeichnend: »Dieser fand, daß der Bruder recht hatte«, heißt es lapidar. Versucht man den Ort dieses Dialogs und die Gesetzmäßigkeit zu erfassen, unter welcher er steht, so kann man sagen, daß der hier ausgetragene Konflikt sich auf der Ebene der *Familie*, als auch zwischen *Komplizen* abspielt. Beide Ordnungen stoßen hier aneinander, und zwar auf antinomische Weise. Während das Gesetz der Familie ein Band markiert, das in der Ähnlichkeit, der Blutsverwandtschaft sich artikuliert, ist das Band der Komplizen ein selbstgewähltes, ein Band, das sich, je nach Vorhaben und frei von Familienrücksichten, auflösen oder neu flechten läßt (was der Etymologie des Wortes *complectere*, d. h. zusammenflechten, entspricht). Der Komplize, so könnte man sagen, ist *gesichtslos* – und diese seine Gesichtslosigkeit korrespondiert dem Wissen, das der Baumeister seinen beiden Söhnen hinterlassen hat. Die Brisanz der Szene besteht darin, daß der Bruder in der Schlinge nicht wie ein Bruder, sondern wie ein

Komplize argumentiert. Genaugenommen ist die Situation bereits so verwickelt, daß sich die Bruderliebe nur auf der Ebene der Komplizenschaft artikulieren kann. Und so opfert er sich brüderlich als Komplize, um den Bruder/Komplizen zu retten. Mit der Unausweichlichkeit des eigenen Todes konfrontiert, schickt er sich an, sich zum Herrn des eigenen Todes zu machen. Und in der Entscheidung für die Enthauptung opfert er nicht bloß sein Leben, sondern seine körperliche Unversehrtheit dazu. Wobei diese Entscheidung, den Kopf für den des Bruders zu geben, wie eine böse Umkehrung jener Lebensversicherungslogik erscheint, bei der der Tod stets der Tod des anderen ist. Und weil nur der Kopf, also die Todesversicherung des einen das Leben des anderen ermöglicht, kommt es zu der monströsen Dekapitationsszene im Schatzhaus, die den kopflosen Dieb in der Schlinge zurückläßt, indes sein Bruder mit seinem Kopf unter dem Arm nach Hause schleicht.

Der Begriff des »Monströsen« ist in diesem Zusammenhang erhellend. In seiner mythologischen, ursprünglichen Lesart ist das Monströse das Wunderzeichen, das Scheusal, das sich zeigt. Löst man die Ammenmärchengruselgesellschaft davon ab, so verbleibt nurmehr (*monstro*) das Zeigen, der demonstrative Akt. Angesichts der monströsen Bilder, die die Geschichte uns darbietet, wird klar, daß sie ihr Bewegungsgesetz nicht aus sich selbst beziehen, sondern aus dem, was *sich nicht zeigen will*. Wenn es also zur Enthauptung im Schatzhaus kommt, so nur deswegen, weil der König das Antlitz des Baumeistersohns nicht zu Gesicht bekommen darf. In diesem Sinn besteht die Pointe der Geschichte zweifelsohne darin, daß Rhampsinitos lebend zu dem hinabgegangen sei, den die Griechen für den »Unsichtbaren« halten. Das Bewegungsgesetz und der Beweggrund für das, was monströs sich zeigt, ist die Abstraktion – die klare, in sich schlüssige Denkfigur. Die unerbittliche Konsequenz des abstrahierenden Denkens macht sichtbar, daß die Familienähnlichkeit der Brüder (also das Nicht-Komplizenartige) selbst eine Monstrosität darstellt. »Der Markt«, so heißt es bei Max Weber, »ist jeder Verbrüderung in der Wurzel fremd.«[28] Wenn also etwas schiefgelaufen ist bei dem perfekten Verbrechen, so nicht viel mehr als dies: daß der eine der Bruder des anderen ist.

Betrachten wir die Szene vor dem Hintergrund der Wergeld-Institution, so fällt eine merkwürdige Inversion auf. Wird beim Wergeld der

Mord an einem Menschen durch eine Summe Geldes kompensiert, so fordert im Falle des Rhampsinitos der Schatzraub den Tod – und mit einer solchen Unausweichlichkeit, daß der Delinquent selbst, um dem König zuvorzukommen, sich das Todesurteil spricht. Damit aber wird sichtbar, daß es tatsächlich um ein Äquivalent geht. Weil das Hortgeld für das Phantasma des ewigen Lebens steht, muß seine Verletzung als Sakrileg gelten: als Anschlag auf das ewige Leben des Souveräns. (Wenn von den Chinesen erzählt wird, daß sie das Papiergeld erfunden hätten, so vergißt man den Preis dieser Errungenschaft hinzuzufügen: daß nämlich die Nichtannahme dieses Papiers als Majestätsbeleidigung aufgefaßt und mit der Todesstrafe geahndet wurde.)

Mann ohne Gesicht

Das *sema*, die Falle, hat funktioniert: Der König steht den menschlichen Resten dessen gegenüber, der seine königliche Souveränität verletzt hat. Jedoch ist der Anblick durchaus verstörend, und vor allem deswegen, weil die Beziehung zwischen Täter und Opfer, zwischen Tat und Ahndung sich nicht einstellen kann. Denn dieser Täter ist auf merkwürdige Weise jener Bestrafung entgegengeeilt, die ihm erst bevorstehen sollte. Der Mann ohne Kopf wahrt sein Inkognito noch im Tod. Er ist weniger Täter als *Zeichen der Tat*, ein Zeichen aber auch dafür, daß die symbolische Integrität des König verletzt und die Gefahr noch keineswegs gebannt ist. Denn es gibt einen oder mehrere Komplizen – und so harrt die Tat nur ihrer Wiederholung. Und weil hinter dem kopflosen Leichnam sich die unkenntlichen Gesichter soundso vieler Komplizen verbergen, gleicht er vielmehr einer Hydra, der überall Köpfe nachwachsen. – In diesem Schreckbild, dieser Monstrosität des Unsichtbaren artikuliert sich die Drohung des Wissens, das sich von einem zum anderen fortpflanzen kann, das monströse Doppelgänger gebiert ohne Ende.

Aus diesem Grund schreitet der König zu seiner dritten Schlinge, dem *sema* dritter Ordnung. Er hängt den kopflosen Leichnam an der Mauer seines Palastes auf und stellt Wächter davor auf. Sein Kalkül geht darauf, daß der Anblick des Leichnams den Protest der Blutsverwandten hervorruft. Er rechnet also auf das *Gesetz der Familie*. Familienbande sollen sich um den Kopf des Mitwissers schlingen.

Hatte der König mit Auslegung seiner ersten Schlinge noch hoffen können, seine Frage in der Ausschließlichkeit seines Systems beantworten zu können, so zeigt diese Maßnahme, daß sie sich nicht mehr einhegen läßt. In Gestalt des kopflosen Leichnams muß er seine Schmach öffentlich werden lassen. Dort, wo zuvor das Siegel die königliche Unversehrtheit bezeugte, prangt nun der Leichnam eines kopflosen Diebes. Aus dem perfekten Machtmonopol ist eine fragile Veranstaltung geworden, bei der der König eines Wächtercordons bedarf.

Der instrumentalisierte Tod

An dieser Stelle nun ist das Augenmerk auf jenes Objekt zu lenken, um das sich die Geschichte im folgenden dreht: auf den Leichnam. Sein Schicksal ist insofern bemerkenswert, als er in immer neuen Rollen auftritt, oder genauer: daß er wie ein Requisit mal diese, mal jene Funktion erfüllt. In diesem Sinn ist es durchaus passend, wenn hier von einem »Objekt« die Rede ist. Begegnete der kopflose Leichnam dem König zunächst als eine Monstrosität (und zwar deshalb, weil er es vermochte, noch im Tod sein Inkognito zu wahren), verwandelt er sich, an der Wand des Palastes aufgehängt, zu einer Art Zeichen, wird er zur Schrift an der Wand. Man könnte sagen, daß der Körper in dem Maße, in dem sein »Objektcharakter« hervortritt, als Zeichen fungiert. Erfolgte die Dekapitation des Diebes zunächst zu dem Zweck, seine Herkunft auszulöschen, so hat der kopflose Leichnam nunmehr den Charakter einer Sonde, die es dem König ermöglicht, ins Kopfinnere seiner Untertanen zu blicken.

In diesem Zusammenhang fällt auf – und einer materialistischen Betrachtung wäre dies gewiß nicht entgangen –, daß die Auslöschung des Gesichts und die öffentliche Zurschaustellung eine merkwürdige Verwandtschaft zur »Ware« aufweisen. Auch die industrielle Ware ist ja im wesentlichen gesichtslos – und als solche wird sie in der Öffentlichkeit ausgestellt. An diesem ihren Warencharakter macht sich fest, was man gemeinhin als »Entfremdung« bezeichnet. Gewiß markiert die Verdinglichung des Todes ein kaum zu überbietendes Maß an Entfremdung, dennoch wäre es – bei aller strukturellen Ähnlichkeit – schlechthin absurd, hier von einer »Ware« zu reden. So wenig wie das Hortgeld als Tauschmittel gilt, so wenig bedeutet die öffentliche Zurschaustellung, daß man in dem Toten einer Ware begegnet. Dennoch erfüllt der Leichnam einen Zweck, nimmt er die Funktion eines analytischen Instruments an, eines *Zeichen-Körpers*. Wer ist derjenige (so lautet die Frage, die er im Tode verkörpert), der es gewagt hat, die königliche Unsterblichkeit anzugreifen? Vor dieser Frage, die das höchste Gut anspricht, um das es dem König zu tun ist, nämlich das ewige Leben, bleibt der konkrete, leibliche Tod zurück. Vor dem Register des Ewigen vermag selbst der Leichnam, der materielle Repräsentant dieses Todes, nicht zu bestehen.

Fragt man danach, worin eigentlich das Erschrecken des Königs besteht, so müßte man sagen, daß er von einem *namenlosen Schrecken* heimgesucht wird. Das, was ihn bedroht, hat kein Gesicht, keinen Ort, es ist ungreifbar und hat doch Zugang zu seinem Innersten. Damit aber ist es allgegenwärtig – eine unbestimmte, im Überall lauernde, dunkle Bedrohung. Ja, fast scheint es, als ob der Vorfahr des Rhampsinitos, der Formwandler Proteus, in einer neuen, schrecklich pervertierten Wiedergängergestalt in die Welt getreten wäre – nicht mehr als der Alte, der die Wahrheit sagt, sondern als das je Neue, Immerandere, das den Blick auf die Wahrheit verstellt, das sich verflüchtigt oder ins Hypertrophe, Massenhafte sich fortpflanzt. Die Wahrheit, so könnte man sagen, hat ihren Körper verloren – aber sie ist, in ihrer Namenlosigkeit, nur um so präsenter. Wissen ist Macht, und das Nichtwissen des Königs geht einher mit einer gleichsam allumfassenden Drohung: des Machtverlusts, der Namenlosigkeit, des eigenen Todes. In diesem Kampf zwischen der Macht und dem Wissen führt die Macht ein langes Rückzugsgefecht, denn sie operiert notwendig aus der Defensive heraus. Denn während der König genötigt ist, seine Macht manifest werden zu lassen, vermag das Wissen sein Inkognito zu bewahren; es steckt im Kopf. Und weil dieser Kopf nicht greifbar ist, wird er zur Hydra, zeigt sich, daß die andere Seite der Macht der Verfolgungswahn ist.

Todesdrohung

Dennoch: Not macht erfinderisch, und der König, der sich um seiner Unsterblichkeit willen gezwungen sieht, der Wahrheit auf den Grund zu gehen, verhält sich dabei durchaus geschickt. Seine List hat Erfolg, zumindest teilweise. Denn die Mutter des Diebes erkennt ihren Sohn, und da sie den Anblick nicht ertragen kann, fordert sie den verbliebenen Sohn auf, ihr den Leichnam (oder genauer: den fehlenden Rest) zurückzubringen. Sollte er dieser Forderung nicht nachkommen, so droht sie, ihn an den König zu verraten – wohl wissend, daß sie um des toten Sohnes willen den ihr verbliebenen zu opfern genötigt sein könnte. Auch hier blitzt eine merkwürdige, strukturelle »Komplizenschaft« auf. So wie der König das Gesetz seiner Herrschaft gefährdet sieht, sieht die Mutter in der Zurschaustellung ihres Sohnes das *Gesetz der Familie* gefährdet. Wenn sie dem verbliebenen Sohn aufträgt, ihr den Leichnam um jeden Preis zurückzubringen, so geht es ihr weniger um den einen oder den anderen Sohn, sondern allein darum, den symbolischen Körper der Familie zu restituieren.

Der überlebende Sohn bekommt es also mit einer doppelten Todesdrohung zu tun, von seiten der Mutter wie der des Königs, und zwar deswegen, weil er sich eines zweifachen Sakrilegs schuldig gemacht hat. In gewisser Hinsicht wird ihm unterstellt, was seither allen Kapitalisten unterstellt worden ist: nämlich daß er bereit sei, seine Seele, seinen König und seine Großmutter zu verkaufen. Genau dieser Verdacht ist es, der sich mit dem Anblick des zerstückelten Leichnams verbindet. Dieser Anblick ist als Metapher jener Gefährdung zu lesen, der sich Thron und Familie gleichermaßen gegenübersehen. Die Gefährdung besteht darin, daß es eine Ratio geben könnte, die sich um die Bande von Tradition und Familie nicht schert, sondern bereit ist, all das zu opfern um ihres eigenen Vorteils willen. Die Ratio aber, wie man weiß, ist wie das Messer eines Chirurgen: Sie rationiert und zerstückelt die Objekte ihrer Begierde so, wie es ihr paßt.

Scheinproduktion

In dieser Zwangslage, von Mutter und Herr, vom Gesetz der Familie und vom Gesetz des Souveräns gleichermaßen mit dem Tode bedroht, schreitet der Dieb zur Tat, zu seinem ersten Meisterstück. Alles spricht gegen ihn. War das Geheimnis um die Lücke im Schatzhaus eine Erbschaft, die ihm ohne eigenes Verdienst zugefallen ist, gilt es nun, das vom Vater Vererbte neu zu erwerben. Und hier erst beweist sich der

Genius des Diebes. Sein Vorhaben läßt sich als eine gestaffelte Mimikry auffassen, bei der die Täuschungen ineinander verschachtelt sind wie die kleinen russischen Puppen. Er nimmt die Gestalt eines Weinhändlers an, staffiert sich mit den entsprechenden Utensilien aus und produziert jenes Mißgeschick, dem er, als einzelner, hilflos gegenübersteht: weiß er doch nicht – sowenig wie Buridans Esel –, zu welchem der beiden auslaufenden Weinschläuche er hinspringen soll. Er produziert, so könnte man sagen, im Wortsinn eine *Überfluß*situation – und in dieser Überflußsituation nimmt er vorweg, was passieren wird: das Herbeispringen der Wächter, seine Verärgerung, seine Besänftigung, die versöhnende Gabe des weiteren Schlauchs, das Begehren der Wächter und ihre vom Weingenuß verursachte Pflichtvergessenheit.

Georg Simmel beschreibt in seiner *Philosophie des Geldes* das Bewegungsgesetz des Kapitalismus als Konstruktion immer größer, immer komplexer werdender *Zweckreihen*.[29] Aus der ursprünglichen Tauschsituation, bei der sich die Partner ohne das vermittelnde Band des Geldes gegenüberstehen, werden komplizierte Handlungsreihen. Immer mehr Stationen werden dazwischengeschoben, oder wie man auch in der ursprünglichen Wortbedeutung sagen könnte: interpretiert. In dieser Reihe von hintereinandergeschachtelten Zwecken (die in dem Maß ihrer Komplexität der Interpretationskunst bedürfen) vermag jeder Zweck einen neuen hervorzubringen – und wird darüber selbst zum Mittel. Weil in diesem sich stets hinausschiebenden Vermittlungsprozeß die strenge Verkettungslogik aus dem Blick gerät, kann der Luxus (diese kapitalistische Überflußsituation par excellence) als eine Art Überflüssigkeit gelten, während er doch, genau genommen, nur die letzte Station – und damit die Bestätigung der kapitalistischen Notwendigkeit ist. Genau diese Verschachtelung von Zwecken zu einer Zweckreihe macht den Diebstahl der Leiche aus. Der Dieb legt sich eine Reihe von Vorkommnissen zurecht, die von den Wärtern als akzidentell erfahren werden, in Wahrheit jedoch einem strengen Kalkül folgen. Es ist gerade der streng kalkulierte Anschein der Planlosigkeit, der die Wächter düpiert – und so kann es zu dieser unwahrscheinlichsten aller Konstellationen kommen: daß die Wächter, obschon nur zur Bewachung der Leiche abgeordnet, diesen einzigen Zweck ihres Dortseins aus dem Auge verlieren. Nicht von ungefähr beginnt die

Geschichte mit einem Unfall (dem Platzen der Schläuche) und einem allmählichen Sich-Verwickeln der Akteure. In der Illusion, selbsttätig zu handeln, entgeht den Wächtern, daß hinter all dem ein Plan stecken könnte. Der Genius des Diebes besteht darin, jede Phase vorausgesehen zu haben, seine Motivation und sein Ziel hinter einer Reihe von Scheinzwecken maskieren zu können. Wenn es nun ein Kalkül, einen Masterplan gibt, der seiner Zweckreihe zugrunde liegt, so ist es die Annahme eines *sozialen Begehrens*, jenes Gesellschaftsbandes, das sich im Fest, in einem gemeinsamen Gelage zu erneuern sucht. In diesem Sinn ist das Ausgangsbild des Weinhändlers, aus dessen Schläuchen der Stoff rinnt, der, im Überfluß genossen, die Aufmerksamkeit des einzelnen benebelt, die wesentliche Chiffre. Anders jedoch als die Wächter ist der Dieb diesem sozialen Begehren nicht untertan. Während sie sich in der Menge verlieren, stiehlt er sich davon, um das höchste aller Güter bereichert: sein Leben. (Wobei dieses Leben die Gestalt eines Leichnams besitzt.)

Inventur

Hält man sich vor Augen, was hier eigentlich geraubt wird, so wird die Tat um so mysteriöser. Unzweifelhaft widerspricht der Diebstahl einer Leiche der gewöhnlichen Güter-Nomenklatur – wo sollte man den Tod dort auch einordnen können? Aber auch die sogenannten *persönlichen Werte*, die man ins Spiel bringt, wo die Taxonomie des Geldwerten ihre Logik verliert, helfen hier nicht viel weiter. Zudem wird die Problematik noch dadurch gesteigert, daß diese Leiche, je nach Position, als etwas anderes gilt. Und nicht von ungefähr ist sie zerstückelt, besitzt der eine diesen, der andere jenen Teil. Und weil sich jeder seinen Teil herauslesen kann, begreift der König den Leichnam als *corpus delicti* seiner Majestätsbeleidigung und zugleich als ein Mittel, das Inkognito seiner Kontrahenten zu lüften; die Mutter des Diebes begreift ihn als eine Verletzung des Familiengesetzes und als Druckmittel, den ihr verbliebenen Sohn zur Restitution dieser Ordnung zu zwingen; dem Sohn schließlich ist er ein Zeichen der Scham (und eine leibgewordene Todesdrohung dazu), aber ebenso – wie der Diebstahl erweist – Symbol seiner großen Virtuosität. All diesen Deutungen ist eines gemeinsam, und zwar, daß sie den Leichnam auf eine gewisse Weise neu eingekleidet haben. Nicht nur verweist der Leichnam wechselseitig auf die Gesetze von Familie und Thron, er wird auch von allen Beteiligten instrumentalisiert. Damit aber hat dieser Tote aufgehört, Toter zu sein; er hat, der Bedeutung des *sema* entsprechend, seinen Platz im Grab mit dem Platz im Zeichen vertauscht.

Sex und Wahrheit

Da der König von dem Diebstahl der Leiche erfährt, greift er zu einer Maßnahme, von der Herodot sagt, daß er sie nicht recht glauben könne: Er macht seine Tochter zur Prostituierten und trägt ihr auf, jeden Freier zu nehmen und auszufragen. Diese Maßnahme ist, auf der Seite des Königs, die letzte Schlinge, also das *sema* vierter Ordnung. Nachdem die Demonstration des Monströsen, die öffentliche Zurschaustellung des *toten Fleisches* es nicht vermocht hat, das Inkognito des Täters zu lüften, rechnet der König nun auf das sexuelle Begehren. Und weil es nichts Dringlicheres gibt, als dieses Geheimnis zu lüften, schreckt er auch nicht davor zurück, die eigene Tochter – also Fleisch von seinem Fleisch – der Öffentlichkeit preiszugeben. Tatsächlich ist dies sein letztes Aufgebot und zugleich ein Indikator seiner Entmachtung, zeigt es doch, wie sehr dem König die Macht, das Sagen der Wahrheit zu erzwingen, bereits genommen ist. Bleibt also nichts mehr, als sich einer *vagina dentata* anzuvertrauen.[30]

Nichtsdestotrotz – als intellektuelle Operation aufgefaßt – ist dies ein reizvoller Zug, zudem stellt er eine Antwort, wenn nicht gar eine Überbietung jenes Mittels dar, das ihm der Dieb mit dem Diebstahl der Leiche präsentiert hat. Auf das *Band des Sozialen* entgegnet der König mit dem, was er für wirksamer noch hält: Er bringt die Libido, *das sexuelle Begehren* ins Spiel. Er verschiebt, wenn man so will, den Topos der Wahrheit. Wie alle seine Maßnahmen verrät auch dieser Zug eine gewisse psychologische Einsicht, denn in der Prostitution gehen diese beiden Sphären ineinander über. Der Körper der Königstochter, die genötigt ist, jeden Freier anzunehmen, wird selbst zu einer Art Marktplatz, einer nach innen gewendeten Öffentlichkeit. Auch was die Seite des Diebes angeht, bezeugt der Köder ein gewisses Geschick, operiert er doch nicht mehr mit Drohung und Zwang, sondern mit Verlockung und Freizügigkeit. Zuletzt markiert auch die Situation zwischen Prostituierter und Freier ein Spannungsfeld, das, zwischen äußerster Fremdheit und Nähe pulsierend, das Sagen der Wahrheit erleichtert. Die Wahrheit, so könnte man mit einer Wendung ins Zeitgenössische sagen, ist die Wahrheit des Anderen. Dennoch bleibt der wesentliche Baustein in dieser Versuchsanordnung überaus wacklig: Was sollte den Dieb dazu bringen, auf die Frage der Tochter, was er denn in seinem Leben an Klügstem und Gottlosestem getan habe, eine ehrliche Antwort zu geben? Wieso kann der König hoffen, daß diese Frage (die doch die Formel der *unsichtbaren Monstrosität* in sich birgt) eine Antwort erhält?

Auf diese Frage wiederum gibt es nur eine Antwort, und sie besteht darin, daß der König davon ausgeht, daß es bei der Prostitution in Wahrheit nicht um den Genuß von Fleisch gegen Geld, sondern um etwas sehr viel Grundlegenderes geht, nämlich um den Tausch von Sex und Wahrheit. Zwar wird diese Theorie überaus eindrucksvoll vom Ausgang bestätigt, dennoch bleibt sie im Kontext der Geschichte einigermaßen dunkel. An dieser Stelle nun vermag die Geschichte von der Tochter des Cheops, die von ihrem Vater gleichfalls zur Prostitution genötigt wird, Aufschluß zu geben. Denn auch hier stößt der Sex an den Tod. Die Tochter nutzt ihren Nebenerwerb nämlich dazu, um sich – genau wie der Vater und eben darin in größter Einmütigkeit – ein Monument der Unsterblichkeit zu errichten. Wenn die Cheopstochter also ihren Körper für Geld gibt, so erhält sie im Gegenzug einen Stein zur Unsterblichkeit, zu jenem metaphysischen, überdauernden Leib, dem doch die eigentliche Sorge gilt. Nicht im Register gewöhnlicher Prostitution bewegt man sich hier, sondern in einem Bereich, wo die Preisgabe des Körpers als *Grenzverkehr mit dem Göttlichen* aufzufassen ist. Insofern gibt die Tochter des Rhampsinitos (die doch die Tochter eines Gottkönigs ist) nicht wirklich ihren Körper für Geld, sondern sie gibt nur den Schein ihres Körpers, sie gibt ihren Körper als Zeichen. Aber anders als die Prostituierte, die sich für den Schein ihres Körpers wiederum mit einem Zeichenkörper bezahlen läßt, hofft die Königstochter die Wahrheit entgegenzunehmen. Nur daß, in diesem Fall, die Wahrheit des Diebes nichts ist als der Arm eines Toten.

Königsspiel und Damenopfer

Listet man die Instrumente nacheinander auf, die sich der König zur Sicherung, dann zur Verteidigung seiner Unsterblichkeit bedient hat, so haben wir erstens das versiegelte Schatzhaus, zweitens die Schlinge um die Gefäße, drittens den öffentlich zur Schau gestellten Leichnam – und viertens den Schoß seiner Tochter, der dem Dieb die Zunge lösen soll. Diese Verkettung immer erlesener werdender Maßnahmen gleicht den Schachzügen in einem Königsspiel, in dem der König jedoch von Anbeginn auf verlorenem Posten steht. All seine Züge sind lediglich defensiver Natur. Von einem *namenlosen Schrecken* verfolgt, verwandelt sich alles, selbst die eigene Tochter, zum Instrument, das Phantasma seiner Unsterblichkeit aufrechtzuerhalten. Man könnte sagen, daß er dabei von einem metaphysischen Begehren, einem Hunger nach Unsterblichkeit getrieben wird. Freilich rückt dieses Ziel, je mehr sich der König darum bemüht, immer weiter in die Ferne. Denn längst schon folgt er jenem Spiel, das der als Weinhändler maskierte Dieb in Szene gesetzt hat, diesem Spiel der Täuschungen, bei dem die Mittel den ursprünglichen Zweck überblenden. Indem der König gegen das Inkognito angeht, produziert er selbst, was er bekämpft. Hinter jeder Maßnahme, die er befiehlt, steckt eine andere, unsichtbare. Während jedoch der Dieb klandestin, aus dem Dunkel heraus zu operieren vermag, ist der König genötigt, nicht nur sein Gesicht zu wahren, sondern es zu zeigen.

Faktisch kann dieser Kampf nur darauf hinauslaufen, daß die Unsterblichkeit des Königs auf dem Altar der Ratio geopfert wird. Hält man sich die Unhaltbarkeit der königlichen Situation vor Augen, vergegenwärtigt man sich vor allem seine Geistesverwandtschaft zur Mutter des Diebes, so zeigt sich, daß die Parallele zwischen König und Mutter nur eine kurze Wegstrecke gedauert hat. Während die Mutter des Diebes das *Gesetz der Familie* auch um den Preis der Familie selbst zu verteidigen bereit ist, ist das *Gesetz der königlichen Unsterblichkeit* unhaltbar. Denn im Versuch, den Schein des Gottkönigtums zu wahren, wird dem König alles, selbst die eigene Tochter, zum Instrument (und damit: zu einer Waffe, die gegen ihn selbst gerichtet werden kann). Wider Willen also nimmt der König das Spiel seines Gegners auf, beginnt er seinerseits mit der Täuschung, der Ratio, der Mimikry zu spielen. Bis zur Ermattung.

Die Prothese

Der Dieb erfährt von der Maßnahme des Königs. Das hat eine innere Logik. Denn jede Machtposition, die der Prothesen und der Mitwisser bedarf, steht in genau diesem Maße zur Disposition. Anders als der König, der stets genötigt ist, sein Machtgebäude zu verteidigen, hat der Baumeister von Anbeginn (und exklusiv) das Wissen um das Loch im System besessen – und dieses Wissen bedarf weder Wächter noch Fallstricke. Hier liegt, im Wortsinn, eine strukturelle Asymmetrie. Denn *structor* – das ist der Maurer. Und wie der Fall liegt, wußte der Baumeister um die Mauern der Macht, dem König jedoch ist der Zugang zum Wissen seines Kontrahenten nicht gegeben. Dieser Schräglage wegen ist es fast eine Gesetzmäßigkeit, daß der Dieb von der Maßnahme des Königs erfährt.

Was aber unternimmt er? Worin besteht seine Gegenmaßnahme? Der Dieb, so heißt es, trennt den Arm vom Körper des Leichnams ab und begibt sich damit zur Tochter des Königs. Während der König über die Lebenden verfügt, um der Drohung des Todes und der Sterblichkeit zu entgehen, nutzt der Dieb den Leichnam des Bruders, um sein eigenes Leben zu retten. Auf den Schein ihres Körpers, den die Königstochter anbietet, setzt der Dieb einen falschen Phallus, eine Fälschung. – Der Arm des Toten hat Prothesencharakter, allerdings hat man es hier mit einer Umkehrung des gewöhnlichen Prothesenbegriffs zu tun. Ist die Prothese für gewöhnlich ein Ding, das ein Lebendiges ersetzt, so wird hier umgekehrt ein Totes zum Ding. – Diese Verdinglichung des Todes bezeichnet die Sphäre, aus der sich der Genius des Diebes nährt. Während der Dieb der Tochter des Königs von der Gottlosigkeit seines Brudermords erzählt, hält er den Arm des toten Bruders in seinem Arm – nur daß die Verbindung zwischen dem Geständnis und dem, worauf es sich bezieht, sich vollständig aufgelöst hat. Denn dieser Arm ist nichts weiter als eine Prothese, der rationalisierte, verdinglichte Tod.

Wahr und falsch

Abermals geht die Rechnung des Königs nur teilweise auf. Das, was den Sex überbietet, ist das Sagen der Wahrheit. Wie vorausgesehen sagt der Dieb jene Wahrheit, auf die es König und Tochter abgesehen haben.

Und doch ist dieses Geständnis völlig wertlos, gelingt es ihm doch, noch im Sagen der Wahrheit sein *Inkognito* zu wahren. Das aber heißt: Er sagt *seine Wahrheit*, er sagt, daß er mit der Enthauptung des Bruders das Gesetz der Familie verletzt hat und daß zugleich der Diebstahl des Leichnams das Klügste gewesen sei, was er in seinem Leben je getan habe. Die *eigene* Wahrheit zu sagen, das besagt vor allem, daß die Wahrheit nicht mehr der Raum ist, der für alle gleichermaßen gilt. So wie Rhampsinitos seine Wahrheit in einem Schatzhaus hat einhegen wollen, so gelingt es dem Dieb, seine Identität im Inkognito zu verschließen. Freilich gibt es eine wesentliche Differenz. Denn während das Hortgeld auf eine Blockade des Tausches abzielt, gelingt es dem Dieb, die Wahrheit zu sagen und sich zugleich zu versagen. Ein Kommunikationsakt findet statt, nur ist es niemand gewesen. Womit die Art, wie der Dieb seine Wahrheit sagt, präzise die Funktion einer *Münze* hat, die zwischen dem einen und anderen kommuniziert, ohne doch je ICH sagen zu müssen. Es artikuliert sich hier nicht nur das Inkognito der abstrakten Ratio, darüber hinaus kündigt sich im Geständnis des Diebes die Schizostruktur der Ratio an, die jeder Münze eingeprägt ist. Da ist zum einen die Antinomie zwischen dem Gesetz der Familie und dem Gesetz der Ratio (also jener abstrakten öffentlichen Vernunft, der jede Verbrüderung in der Wurzel fremd ist), die Scham über die eigene Schande und der Stolz über die eigene Klugheit. Zum andern aber liegt im Geständnis dieser doppelten Schuld das *Bewegungsgesetz der Geschichte* selbst. Denn die Klugheit der Ratio besteht darin, ihre Sünde einzugestehen und damit aus der Welt zu schaffen – also noch aus dem Sündenfall Kapital zu schlagen. Denn der Dieb hält, während er dies sagt, den Arm des toten Bruders im Arm – und sein Geständnis ist in diesem Sinn zugleich wahr und falsch.

Der Clou

Wenn am Ende der Geschichte der Dieb aus freien Stücken die Einladung des Königs annimmt, so erscheint dies nur auf Anhieb naiv. Tatsächlich sind beide über das gemeinsame Spiel längst zu Komplizen geworden, hat sich jene gegenseitige Anerkennung herausgebildet, die über die Logik des Spiels, die Logik der Ratio funktioniert. Insofern ist das *Happy-End* der Geschichte durchaus plausibel. Der Satz des Königs, daß die Ägypter allen anderen Völkern, der Dieb aber allen Ägyptern überlegen sei, ist mithin nichts anderes als eine feierliche Ordination, die Krönung eines neuen Souveräns. Die Souveränität, das ist der Clou der Geschichte, geht über an einen Dieb – oder besser: sie geht über an denjenigen, der die Sprache der Herrschaft so souverän beherrscht wie kein anderer.

Man könnte dies, im Wortsinn, einen kulturellen Einbruch nennen. Nicht von ungefähr steht hinter der Geschichte vom Meisterdieb der Einbruch der Schrift. Vor dem Hintergrund dieser kulturellen Zäsur gewinnt die Bemerkung Herodots, daß Rhampsinitos am Ende zu dem gegangen sei, den die Griechen den *Unsichtbaren* nennen, ihren Sinn. Die Herrschaft geht den Weg in die Abstraktion. Damit aber verliert die Macht als solche ihre Begründung, besitzt, »naturrechtlich« betrachtet, keine größere Legitimität als irgendein dahergelaufener Dieb. Wenn sie dennoch besteht, so nur als *Metapher der Macht*, dort, wo sie ihre Herrschaft aus dem Zeichen herleitet. Eine der zentralen Funktionen der Macht besteht fortan darin, den Schein zu produzieren, und zwar so glaubwürdig, daß jeder ihn für bare Münze nimmt und seinerseits bereitwillig seinen Tribut in dieser Währung entrichtet. Anders formuliert: Die Funktion der Macht ist es, den allgemeinen Verblendungszusammenhang aufrechtzuhalten, und das vornehmste Mittel dabei ist das Geld. Nicht von ungefähr spricht selbst die Volkswirtschaftslehre, nach dem Wesen des Geldes befragt, von der »Geldillusion«. Freilich läßt man diese Frage, peinlich berührt, sogleich wieder fallen, um zu den vermeintlich »harten« Fakten der Disziplin, zu Geldmenge- oder Umlaufgeschwindigkeitstheorien abzuschweifen.[31] Wenn es jedoch ein hartes Faktum bei alledem gibt, so ist es das Rätsel, was die vielen treibt, ein und derselben Illusion aufzusitzen. Illusion aber heißt, wörtlich genommen, im Spiel befindlich zu sein.

Todesstruktur des Geldes

Rhampsinitos, mit Demeter Würfel spielend: dies ist der Punkt, an dem die Geschichte vom Meisterdieb sich mit dem Leben der Götter verknüpft – oder wie man heute sagen würde, da es seine kulturgeschichtliche Signatur zu erkennen gibt. Jedoch ist dieses Bild nicht minder bizarr als alle Details des Märchens selbst: Ort, Spiel und Spieler, nichts scheint hier zueinander zu passen. Daß ausgerechnet Demeter, die ehrfurchtgebietend-schreckliche Urmutter der Pflanzerkulturen, die Macht besitzt, Leben sowohl zu geben als auch zu nehmen (in menschlicher oder tierischer Opferform), daß also ausgerechnet diese Verkörperung der bitteren Notwendigkeit sich dem Spiel hingibt, ist schon befremdlich – aber ebenso befremdlich ist die Tatsache, daß eine Göttin wie Demeter in die Welt der Schatten hinabgestiegen ist. Warum ist Demeter hier? Diese Frage führt auf das, was die Religionswissenschaftler die »eleusinische Krise« nennen – was nichts anderes ist als das Dilemma des königlichen Machtverlustes, ins Göttliche übersetzt. So spurlos, wie die Schätze des Königs aus dem Schatzhaus verschwanden, so war der Demeter die Tochter Persephone verlorengegangen, irrte sie ziellos suchend umher, war es ihr unmöglich, sie wiederzufinden. Denn Persephone befand sich an jenem Ort, den die olympischen Götter nicht kennen, im Hades, dem Reich der Körperlosigkeit. Um diesen Ort ausfindig zu machen, war Demeter genötigt gewesen, einen Sterblichen um Auskunft anzugehen. Keleos, der König von Eleusis, vermochte ihr Auskunft zu geben – aber für diese Auskunft hatte die Göttin sich prostituieren müssen. »Für die Götter«, so schreibt Roberto Calasso, »ist die Hingabe an einen Menschen, was für die Menschen die Hingabe an den Tod ist: jeder Mensch muß eine Münze bei sich tragen, um sich den Übergang in den Hades zu erkaufen. Der Gott kennt keine Münze, deshalb gibt er seinen Körper hin.«[32]

So wie das Schatzhaus des Rhampsinitos ein Loch hat, so hat auch die Welt der Götter nunmehr eine Öffnung zum Tode hin. Wenn also die Göttin den Tod kennenlernt, wenn sie sich zu den Menschen und ihren Spielen herablassen muß, wenn es zudem heißt, daß mal Demeter, mal der König gewonnen habe, so zeigt sich, daß das Schicksal von Mensch und Gott bereits gemeinsamen Spielregeln folgt. Mit diesem Spiel hebt die lange Götterdämmerung der Antike an, beginnt andererseits jene in der Geschichte des Meisterdiebs präfigurierte Logik: der Flug der Zeichen, das Begehren der Metaphysik. Nun ist der Chronist der Geschichte, Herodot, schon selbst ein Produkt dieser Kultur, und dies ist der Grund dafür, warum er, mit dem Detail der *göttlichen Prostitution* konfrontiert, nur ungläubig reagiert. Dem Geschichtenerzähler fehlt es am nötigen

Sensorium dafür, daß man sich hier nicht in der Sphäre des Bürgerlichen bewegt, sondern daß es dabei um einen wesentlich göttlichen Grenzverkehr geht, und es fehlt ihm deshalb, weil er bereits an einer neuen, *selbstverbrochenen* Ewigkeit hängt, dem Logos, der Batterie der Schrift.

Es ist der Einbruch der Schrift, dieses perfekte Verbrechen, das auch im weiteren den Weg bestimmen wird. Dieser Weg führt vom Fruchtbarkeitskult zur *Naturphilosophie*, vom Körper zum Zeichen. Wenn Rhampsinitos im Spiel mit der Göttin gewinnen kann, so heißt dies, daß das Opfer, das man der Demeter schuldet, auch in anderer Form entrichtet werden kann. Nicht von ungefähr sind es Tempel, die zu den ersten Münzprägestätten werden, vermag man sich mit der Münze der Opferschuld zu entledigen. Von hier aus wird die gemeinschaftsstiftende, versöhnende Institution des Wergeldes plausibel. Indem man Geld opfert, opfert man jener Rationalität, die das Gemeinwohl zusammenhält. In diesem Sinn ist der Geldgebrauch ein versöhnendes Opfer ganz im Sinne Girards, denn das Geld stiftet Gemeinwesen, die weit über die Ordnung des Clans hinausgehen. Wie mächtig das Geldzeichen ist, wird erkennbar daran, daß es selbst dort, wo der religiöse Klebstoff seine Wirkung verliert, diesen nachhaltig zu ersetzen vermag. Nicht von ungefähr ist die Sphäre des Geldes der einzige Bereich, in dem man ernsthaft *Opferbereitschaft* einfordern kann.

Im Bild der würfelspielenden Demeter kündigt sich also eine Verschiebung des alten Fruchtbarkeitskultes an. An die Stelle der Naturgöttin ist ein *abstrakter Kulturgott* getreten,[33] an die Stelle des Fruchtbarkeitskultes der *Mehrwert*. Dieser Kulturgott scheint die Attribute der Demeter übernommen zu haben, denn er besitzt eine zugleich fruchtbringende und zerstörerische Seite. Wenn diese zerstörerische, tödliche Seite nicht mehr oder nur in abgeschwächter Form erscheint, so deshalb, weil sich die Macht, effeminiert, als Große und Allernährende Wohlfahrtsmutter geriert, weil darüber hinaus der nationalstaatliche Omnibus so großräumig geworden ist und so lange schon unterwegs, daß sein dunkles Prinzip in Vergessenheit geraten ist. Und so haben wir ein Stück Geld in der Hand und glauben an seine Wirksamkeit, glauben daran, daß es wie Proteus, der Liquidator, sich in dies und jenes zu verwandeln vermag (*flüssige Ware*, so nannten die Chinesen das Geld). Der proteische Wunderglaube vergißt, daß hinter der Frage des Geldzeichens noch immer eine Todesdrohung lauert – und wirklich fällt dieses Vergessen nicht schwer, begegnen wir ihr bei guter Konjunktur doch lediglich in symbolischer Form, in kleiner Münze sozusagen. Proteus jedoch ist, wie man weiß, der Sohn des Poseidon. Dem universalen Äquivalent geht das Meer voraus: also die allgemeine Liquidität. Das Meer jedoch ist weder stabil noch gefahrlos. Es birgt ein Ungeheuer, und dieses Ungeheuer ist nichts anderes als das Element selbst. Fragt man danach, von welcher Substanz dasjenige ist, das eins ins andere überführt, so begegnet man der Uferlosigkeit selbst. Die Hydra, die tausendköpfige Schlange, ist ein Meerungeheuer.

Als es am 17. Oktober 1987 zu jenem großen Börseneinbruch kam, dem binnen weniger Stunden ein Gutteil des Weltvermögens zum Opfer fiel, lag einer der Gründe dafür in einem kleinen *Softwareproblem*. Alle Broker benutzten das gleiche Programm – und so, wie die Parameter dieses Programms die Spieler des Spiels in schwindelnde Höhe hinaufgetrieben hatten, so wurden sie von ihnen in die Tiefe hinabgezogen: den Kopf in der Schlinge des Zeichens.

Kapitel 2

Im Labyrinth der Zeichen

Wie ist es, in die Sonne zu schauen? Spüren, wie sich kleine Punkte ins Auge brennen, sich zu Ringen ausdehnen, zu einer gleißenden Helligkeit, in die Schwärze sich mischt, flirrendes Rot, das Gefühl einer wachsenden Spannung. Unter der Netzhaut sammelt sich Tränenflüssigkeit an, wie in einer Brandblase, die irgendwann unter dem bloßen Druck eines Lidschlages aufplatzen wird. Und mit dem wäßrigen Liquor wird auch mein Augenlicht auslaufen. Ich stelle mir diesen Schwund vor: fast eine Erleichterung, nicht mehr dieses Brennen, nur diese Flüssigkeit, die die Wange hinabrinnen und einen Geschmack im Mundwinkel hinterlassen wird. Aber noch sehe ich: pulsierende, geschoßartig aufflackernde Punkte. Sind es die Flecke der Sonne oder schon die ersten Löcher im Auge? Vielleicht ist es eins. Im Grunde bin ich mir schon nicht mehr sicher, ob die Strahlung von außen kommt oder aus der Tiefe des Schädels, ein vulkanisches Magma, das aufwallt und im Augenblick der Entladung meinen Blick explodieren und zu allen Seiten auseinanderfliegen läßt – wie wenn ich, im Augenblick der Blendung, mit tausend Augen schauen könnte, wie ein Insekt. Ein schneidend heller Schmerz, aber mit diesem Schmerz ist ein ebenso klarer Gedanke verbunden, die Verwunderung, daß hier, wo das Licht am hellsten strahlt, der Weg in die Schwärze des Mythos führt.

Schwarz. Nichts weiter. Ein ruhiges Schwarz, das sich ins Randlose dehnt. Und doch geht der Augenblick der Blendung nicht mit der totalen Verfinsterung einher. Mag sein, daß dies an den Geräuschen liegt, die ein Gefühl hinterlassen, als ob sich das Schwarz immer wieder neu einfärbte. Im übrigen scheint es mir keineswegs lichtlos, eher so, als ginge von den Dingen eine Art Reststrahlung aus, ein fast unmerkliches Eigenlicht. Man braucht Zeit, um sich daran zu gewöhnen. Nein, das ist falsch, denn man braucht gar keine Zeit mehr. Mit dem Augenlicht ist auch die Zeit ins Zeitlose ausgelaufen. Alles kehrt in sich selbst zurück, wie eine Art Rhythmus, so daß es gleichgültig ist, welche Zeitform ich wähle: Ich war, ich bin oder ich werde sein. Am Anfang irrte mir unablässig ein Satz durch den Kopf: Der Ruhm ist die Sonne der Toten – jetzt weiß ich, daß er von jenem Augenblick aus gedacht ist, für den es nur ein Licht und einen Schatten geben kann. Tatsächlich beschreibt dieser letzte und ultimative Augenblick jenen Punkt, da das Objektive mit dem Apokalyptischen eins wird. Da ist der Lichtblitz der Bombe, die einen letzten mitleidlosen Blick auf die Welt wirft und jenen Körper, den ihre Strahlung in Nichts auflöst, zugleich als Schatten in den Boden hineinbrennt. Nunc stans.

Nein, hier sind die Schatten nicht eingebrannt, so wenig, wie irgend etwas dingfest zu machen ist. Da mein Blick (oder was davon geblieben ist) sich ans diffuse Restlicht gewöhnt, bemerke ich, daß auch hier eine schwarze Sonne strahlt – oder sind es gleich mehrere? Aber vielleicht ist das Wort »Sonne« falsch, denn diese Leuchtkörper haben eher die Form von Zyklopenaugen. Wie Scheinwerfer irren sie durch das Dunkel, erzeugen Vielfachbelichtungen, Bildüberlagerungen, Bewegungsspuren.

Vielleicht ist es dieser ganz gegenwärtige Blick, der ins Wesen des Mythos führt: daß der einzelne Körper als einzelner unsichtbar wird, daß er sich zusammensetzt aus jenen Schattenrissen, die die Zyklopenscheinwerfer, seine »Verfolger«, an die Wände werfen. Vielleicht läßt sich der Mythos als eine Filmschicht denken, als ein nicht aufhörenwollender Blick, in den große, generationsübergreifende Zeiträume sich einschreiben. Es wäre verfehlt, im Mythos ein Gesicht, ja überhaupt ein Einzelwesen ausmachen zu wollen. Wenn darin ein Name auftaucht, so steht er als Chorführer da, der einer langen Genealogie ihr Antlitz gibt, ein Antlitz, das wie ein Such- und Fahndungsbild aus vielen Gesichtern zusammenmontiert ist. Wie in die empfängliche Fläche des Films schreibt sich in den Mythos nur dasjenige ein, was der Empfänglichkeit (der Belichtungszeit) des Untergrundes entspricht: *la longue durée.* So wie es auf den ersten Photographien Stunden dauerte, bis die Wirklichkeit sich dem Bild eingebrannt hatte, wie andererseits ein Fußgänger durch das Bild wandern konnte, ohne auch nur die geringste Anwesenheitsspur zu hinterlassen, so läßt sich auch der Mythos als eine solche Fläche auffassen, die sich nicht weiter um Passanten und Ephemeriden, um Anekdoten und Episoden bekümmert. Wenn andererseits etwas auf dem Bild in die Sichtbarkeit tritt, so deswegen, weil es eine Verdichtung und Kristallisierung von

Zeit ist. Dies erklärt, warum ein und dieselbe Figur gleich mehrfach, in verschiedenen Rollen und Altersstadien, auftauchen kann. Wie eine lang belichtete Photographie nimmt der Mythos die Zeit in sich auf, stellt das Nacheinander ins Nebeneinander und setzt damit die verschiedenen Geschichtsebenen gleich. Mögen die Bilder dunkel sein, unscharf und verwackelt – was sie erzählen, ist doch die reine Architektur. Es steckt nichts Zufälliges oder Willkürliches darin, alles hat vielmehr jene Trägheit und Schwerfälligkeit wie unsere Bauwerke und Institutionen auch. Genau in diesem Sinn, als Bauwerk des Denkens, ist der Mythos immer schon Mytho-Logos gewesen.

Nun mag es scheinen, als ob die Vorstellung des *einen* Mythos irrig wäre, hat man es doch mit einer Vielzahl von Mythen zu tun, die je nach Ort, Landstrich und Zeit variieren. Diese Vielheit jedoch ist keineswegs verwunderlich, sondern das notwendige Charakteristikum einer Kultur, die, allein mit rudimentären Schrifttechniken begabt, der »Sage« lauscht. In Ermangelung einer fixierenden, kanonisierenden Schrift erfindet sich die Geschichte immer neu. Oder genauer: Sie *findet* sich immer neu, denn es geht keineswegs um die individuelle Beigabe, sondern um das Allgemeine, Überpersönliche. In diesem Sinn gründen die Mythen, ungeachtet ihrer scheinbaren Flüssigkeit, doch auf jenem überdauernden Realen, das sehr viel härter ist als das Papier, sehr viel härter als auch der Stil und die Erfindungsgabe des einzelnen Autors. Insofern sollte man sich den Mythen mit jenem Respekt nähern, wie ihn uns all die Dinge und Institutionen einflößen, die ihre Lebensfähigkeit sozusagen von selbst unter Beweis stellen – was uns, selbst wenn wir ihre individuellen Urheber nicht kennen, von einer *Selbstevidenz,* also einer unmittelbaren Einsichtigkeit sprechen läßt. Gleichwohl tut sich hier eine methodische Schwierigkeit auf. Mögen die Mythen früher einmal genau diese Form der Selbstverständlichkeit besessen haben, so gilt dies nicht mehr für uns: Wir verstehen sie nicht mehr auf Anhieb. Vielmehr führen uns die Mythen in Bereiche, die unserem Selbstverständnis, unserer Lesart der Welt vollkommen fremd sind. Denn die Mythen sind Geschichten ohne Geschichte, sie beziehen sich auf Vorkommnisse, die nicht datiert, auf Personen, die nicht als Personen greifbar sind. Sich in die Welt der Mythen zu begeben kann folglich ein Gefühl erzeugen, als ob man in einem Malstrom versänke – kann man sich doch beständig die Insuffizienz des eigenen Koordinatensystems vor Augen halten. Der Mythos realisiert sich nicht in der Definition, sondern in der Variation, er hält sich nicht an die Logik von Raum, Zeit und Kausalität, und so wenig, wie er einen »Autor« kennt, stellt er einen »Text« in unserem Sinn dar.[34]

Versucht man diese Konzepte auf den Mythos anzuwenden, zerbrechen sie daran – bemächtigt sich einem das befremdliche Gefühl, *Analphabet des Mythos* zu sein und zu bleiben. Der Eindruck der Unlesbarkeit ist keineswegs zufällig. Denn er verweist auf den Zusammenhang zur Schrift, oder besser: auf das Ausschließungsverhältnis, das zwischen Mythos und Schrift waltet. Die Welt des Mythos liegt vor der Alphabetschrift. Erst mit der Alphabetschrift kommt jene unerbittliche Zeichenlogik auf den Plan, die die Welt endgültig festschreibt und dabei Ursache und Wirkung, Text und Autor unlösbar miteinander verkettet. Die Schrift macht dem Mythos den Garaus. An die Stelle des unkenntlichen Mythenerfinders tritt der identifizierbare Autor, an die Stelle des kollektiv zusammengeworfenen Symbol- und Bildergewebes eine Geschichte mit all ihren Details (Wer? Wo? Wann?), an die Stelle des evozierten, heraufbeschworenen Wortes das dingfest gemachte Wort. Wenn aber die Schrift den Mythos aus der Welt schafft, so legt dies den Verdacht nahe, daß die Schrift selbst, als die Kristallisationsform schlechthin (das *Denkmal aller Dinge*, wie Aischylos sagt[35]), eine mythische Dimension besitzt, daß also der Logos die Funktion des Mythos absorbiert und diesen damit überflüssig gemacht hat. Was aber erzählt der Mythos desjenigen, der eines Tages die Augen aufschlägt und nicht mehr den Gesetzen des Mythos zu unterliegen glaubt, sondern dem Licht der reinen Vernunft?

Der Augenblick des Vergessens

Man hat, von der Idee des allmählichen Fortschritts geleitet, das griechische Alphabet als eine Etappe in der Geschichte der Schrift lesen wollen, als Perfektionierung einer Gedankenbewegung, die schon mit den ersten Schriftzeichen anhebt: eine Bewegung hin zur Abstraktion. Für eine solche Deutung mag sprechen, daß schon die Griechen selbst, wie Herodot berichtet, ihre alphabetischen Buchstaben nicht als autochthones Gewächs, sondern als ein Entliehenes empfanden. Man nannte sie *phoinikoi*[36], das heißt: die *Phönizischen* – und bezeichnete damit ihre semitische Herkunft. Eine solche evolutionistische Deutung jedoch unterschlägt den wesentlichen Riß, der mit dem griechischen Alphabet einhergeht. Denn die Buchstaben wurden erst auf griechischem Boden zu dem, was wir heute das Alphabet nennen: zu jener symbolischen Maschine, bei der die Zeichen, gleichsam für sich und ohne auf irgendeinen Körper mehr zu verweisen, im Kreis laufen. Keiner Letter haftet mehr irgendeine Wirklichkeit an. Wo die Zeichen ins Typenrad der Zeichen gespannt werden, entsteht das Phantasma eines reinen, jenseitigen, metaphysischen Zeichens. Wenn es heißt, daß der spezifisch griechische Beitrag zum Alphabet in der Perfektionierung des Vokalsystems bestanden habe, so geht diese Beobachtung am Wesen und an der Radikalität der tatsächlichen Veränderung vorbei. Denn dieser Prozeß läuft einer mit der Austreibung des Körpers. Das semitische Alphabet, das doch das Modell des griechischen darstellt, hat für jede einzelne Letter eine (oder auch mehrere) Bedeutungen. *Aleph* – das ist das semitische Zeichen für den Stier. Diese Bedeutung aber ist nicht, wie man in Saussurescher Tradition denken möchte, eine dem Zeichen willkürlich zugeschriebene. Vielmehr verhält es sich genau andersherum: Das Zeichen ist, wie in den piktographischen Schriften, der Platzhalter eines Körpers.

Man sieht die beiden Hörner des Stiers, wenn man das Zeichen auf den Kopf stellt. Der Stier ist die Figur des Göttlichen, und wenn die Götter es lieben, in seiner Gestalt zu erscheinen, so deshalb, weil darin die maximale Zeugungskraft symbolisiert ist. Aleph-Alpha-Phallus – es sind die Buchstaben selbst, die es uns erlauben, das Zeichen Alpha als Phalluszeichen zu lesen. Und doch: Selbst in der ideographischen Form des Zeichens, das uns den Stierkopf erkennen läßt, liegt eine fundamentale Ambivalenz. Denn betrachtet man den Buchstaben, läßt sich in jenem Querbalken das Joch erkennen, das heißt: jenes Instrument, das den Stier zum Ochsen gemacht und in den Dienst des Menschen gestellt hat. Im Zeichen Alpha macht sich also nicht nur der Gott bemerkbar, sondern auch die Geste des Usurpators, der den Göttern das Geheimnis aller Fruchtbarkeit zu entreißen sucht.[37]

Das griechische Alpha markiert den Abschluß jener ersten Revolution des Zeichens. Es ist eine Revolution im Wortsinn, nämlich eine Umdrehung, denn das Zeichen des Stiers, einmal gedreht, wird zum

Zeichen des Pfluges, zu jenem Instrument, das aus den Nomadenvölkern Pflanzer und Seßhafte gemacht hat.[38] In dieser Linie fortschreitender Abstraktion liegt auch die Veredelung des Stier-Zeichens, das den Weg vom Totemtier zum Instrument des Ackerbaus nimmt, bis es zum Zeichen der Liebe wird (die dann alsbald sich als das herausstellen mag, was wir das *Ehejoch* nennen). Tatsächlich beschreibt diese Linie – vom Piktogramm zum Ideogramm, vom Körper zur Idee – jenen Weg, der bezeichnend ist für alle voralphabetischen Zeichensysteme. In diesem Prozeß setzt sich die Abbreviatur durch, die Abkürzung, bei der das Bildzeichen zunehmend stilisiert und vereinfacht wird. Jedoch – und dies gilt es zu unterstreichen – ist der Ausgangspunkt stets das bezeichnete Objekt. Selbst dort, wo die ersten Silbenschriften entstehen, verweisen die Silbenzeichen, die ja umcodierte Bildzeichen sind, immer noch auf dieses namenstiftende Ur-Bild,[39] wird die Wegrichtung also *vom Körper zum Zeichen* gedacht (im Sinne der Abbildlichkeit). Diese Linie verkehrt sich in der griechischen Welt nicht nur dahingehend, daß das Zeichen als primordial, der Körper als Schattenwesen erscheint; vielmehr läßt sich sagen, daß sich eine Schranke zwischen Zeichen und Körper stellt, eine Schranke, die den Bezug zwischen Körper und Zeichen überhaupt überblendet. (Wenn ich nicht mehr sehe, was ein Kind sehen kann: nämlich daß das umgedrehte A einen Stierkopf darstellt, so ist dies der Ausweis dieser Barriere.) Genau an dieser Schranke aber entsteht das Phantasma des *reinen* und *arbiträren Zeichens*: also eines Zeichens, das nicht Abbild ist, sondern autologisch, tautologisch: es selbst.

Europa

Das Alphabet gelangt auf zwei Wegen nach Europa. Dieser Satz ist richtig und unrichtig zugleich. Die Unrichtigkeit besteht darin, Europa als Geographie vorauszusetzen, als habe dieser Kontinent seit altersher schon diesen Namen getragen. Europa ist jedoch das Gebilde, das aus der Zeichenwanderung erst hervorgeht, weniger eine geographische als eine symbolische Entität. Nicht die Tektonik der Landmassen, sondern die Textur der Schrift tritt in diesem Namen hervor. In diesem Sinn ist die Verknüpfung von Alphabet und Europa nicht zufällig, sondern ein wechselseitiges Ereignis.

Wo aber nimmt die Zeichenwanderung, die im Alphabet ihren Abschluß findet, ihren Ausgang? Die Griechen, wie schon erwähnt, nennen die alphabetischen Zeichen *phoinikoi*, womit sie auf ihre Herkunft aus dem Phönizischen, oder allgemeiner: auf die kleinasiatische, semitische Welt als Ursprungsfeld des Alphabets verweisen. Europa selbst ist der Name einer phönizischen Königstochter, die von einem Stier entführt und übers Meer dahingetragen worden ist[40] – westwärts, wo sich ihr der Stier in seiner wahren Gestalt zu erkennen gibt, als Gott Zeus. Wenn der Name Europa eine Etymologie hat, so geht sie auf das semitische *ereb, erebos* zurück, und das heißt »dunkel«, so daß hier bereits der Zug ins Abendland präfiguriert wäre, ins Dunkle hinein. Man könnte nun annehmen, daß der Gott, der am Gestade des phönizischen Meeres in Gestalt eines weißen, schönen Stiers erscheint, die Europa in jenen Landstrich entführt, der seither ihren Namen trägt. Aber Zeus trägt sie nach Kreta, in einen Landstrich, der in der Antike nicht zu Europa gezählt wird. Europa, und das ist das Paradox dieser Geschichte, kommt nicht in Europa an.[41]

Genau dieser Umstand ist bemerkenswert. Denn damit kommt jener andere Weg ins Spiel, der mit dem Schicksal der Europa verknüpft, ja verschwistert ist. Tatsächlich geht es bei der Geschichte des Alphabets um die Geschichte zweier Geschwister, die nur für einen kurzen Augenblick, für den Augenblick des Voneinander-Fortgerissen-Werdens, im Mythos gemeinsam erscheinen. Dann trennen sich ihre Wege. Dennoch sind beide Wege auf eine merkwürdige Art und Weise aufeinander bezogen; nicht bloß parallel, sondern sich stets überschneidend, vermischend, widerspiegelnd. So ist die Entführung der jungen Königstochter Europa durch Zeus nur ein Teil der Geschichte. Die Entführung der Europa hat nämlich den Auftrag zur Folge, Europa wieder heimzuholen – und dieser Auftrag ergeht an ihren Bruder, Kadmos.

Europa und Kadmos sind die Kinder des Agenor, was soviel heißt wie *erster Mensch* oder *Anführer der Männer*.[42] Die Geschwisterschar hört auf die Namen Phoinix, Kilix, Kadmos, Europa. Hinter Phoinix und Kilix verbergen sich kleinasiatische Landstriche und Völkerschaften, Phönizien und Kalikien. Und so ist es plausibel, daß der Sohn Kadmos (der einzige landlose Sohn) vom Vater ausgeschickt wird, die entführte Europa heimzuholen. Kadmos macht sich auf den Weg, in Begleitung einer Kuh und ausgerüstet mit dem Orakelspruch; er überquert den Bosporus und gelangt schließlich, über Samothrake, nach Böotien, wo er die erste Polis gründet: Theben.

Indes ist Kadmos nicht nur Stadtgründer, sondern heroischer Schriftbringer – derjenige, der das Alphabet nach Griechenland, und das heißt: nach Europa bringt. Im griechischen Alphabet findet die Revolution des Zeichens ihren krönenden Abschluß. Sie geht einher mit einer Umwälzung der göttlichen Ordnung. Im Palast des Kadmos, so hat Karl Kerényi geschrieben, mündet der Göttermythos in den Heroenmythos.[43] Waren Gottheiten in der kleinasiatischen Welt losgezogen, so kommen sie als Heroen in Griechenland an. Während Kadmos für die heroische Seite dieser Wanderung steht, erzählt die Geschichte der entführten Europa den weiblichen Part. Freilich wird die mythologische Europa niemals in Europa ankommen – was sie wiederum in die Reihe all der zurückbleibenden Frauen stellt, von denen die Mythologie voll ist. Wenn das, was wir »Europa« nennen, die Suche nach der entschwundenen, verlorenen Europa ist – eine Suche, die sich vom ursprünglichen Ziel abgewendet und auf andere Sehnsuchtsfiguren übertragen hat[44] – so hat man es mit jenem Prozeß zu tun, den man am präzisesten mit dem Begriff der *Übertragung* fassen kann. Dieser Begriff, in dem eine psychoanalytische, aber auch eine technische Konnotation mitschwingt (und damit eine grundlegende Mehrdeutigkeit), ist hier im simpelsten Sinne gefaßt: als Übertragung von einem Ort zum anderen. Europa wird von Zeus nach Kreta getragen, Kadmos seinerseits überquert mit dem Bosporus jene Furt, die das »barbarische« Asien von Europa trennen wird. Das Resultat dieses Weges ist eine scharfe Differenz, eine Spaltung zwischen Herkunft und Ziel, eine Spaltung aber auch in den Figuren selbst (verkörpert in der Europa, die, um EUROPA werden zu können, als Gestalt selbst aus dem Blickfeld verschwinden muß). Übersetzt man »Übertragung« ins Griechische zurück, so stößt man auf das Wort *metaphora*, also die Metapher. Wie man weiß, basiert das metaphorische, übertragene Sprechen darauf, daß der ursprüngliche Sinn verschoben und zu einer höheren Bedeutung verdichtet wird. Damit jedoch diese Verschiebung zum Höheren gelingen kann, muß der ursprüngliche Grund unterschlagen werden. Genau dieser Bruch charakterisiert die Serien von Übertragungen/Unterschlagungen, die der Mythos erzählt: vom Zeichen des Stiers zur reinen Letter, vom Dorf zur Polis, von den Göttern zu den Heroen, vom Mythos zum Logos, von der Gestalt zur Metapher. Das Geschwisterpaar, einmal auseinandergerissen, wird sich nicht wiedersehen.

Kadmos

Wie alle Heroen ist Kadmos eine Gestalt bar jeder Psychologie. Zwar taucht er in der griechischen Tragödie gelegentlich auf – wie in den *Bakchen* des Euripides –, sinnvoller jedoch ist es, sich ihn als den Typus des Viehhirten zu denken: ein einsamer Wanderer, der aufbricht, westwärts, dem Abendhimmel entgegen. Gelegentlich ist von einer kleinen, bewaffneten Schar Begleiter die Rede, dann von einem Bruder, gar von der Mutter. Immer aber ist vom Rind zu hören, das er bei sich führt, und so heißt die Furt, die er überquert, Bosporus, die Ochsenfurt, und das Land, an dem er schließlich anlangt, Böotien, Land der Rinder. Wenn das Kadmos-Epos eine Atmosphäre verdiente, so wäre es die eines Westerns. Wildnis, Landnahme, Rinderdiebe. Dennoch besitzt dieser Rinderhirt ein geheimes Wissen, eine dunkle Energie, die ihn vorantreibt. In Delphi befragt er das Orakel – und bekommt die Weisung, den *zum Sterben geborenen Hirten Pelagon* aufzusuchen, ihm eine Kuh abzukaufen, die das *Zeichen des vollgerundeten Mondes* auf den Flanken trägt, und sich dort, wo diese Kuh ihre Hörner in den Erdboden bohrt, niederzulassen. »Noch ein Zeichen sage ich dir, das du nicht solltest vergessen: / wo die Kuh den gehörnten Kopf zum ersten Mal / läßt ruhen auf der Wiese, in die Knie brechend, / an der Stelle sollst du sie opfern der dunkelbekleideten Erde – richtig und reinlich, und nachdem der Erde geopfert, / auf dem Hügel, dem höchsten, gründen die Stadt mit breiten Straßen, / nachdem du schon den schrecklichen Hüter des Kriegsgotts in die Unterwelt befördert. – So wirst du berühmt sein unter den Menschen der Zukunft – unsterbliche Gattin erlangend, glücklicher Kadmos!«[45]

Kadmos folgt dem Orakel. Die Kuh geht in die Knie und bohrt ihre Hörner in die Erde. Kadmos opfert sie und schickt seine Gefährten aus, Wasser zu holen. Jedoch kehrt niemand zurück, denn in der Höhle, ganz in der Nähe der Quelle, haust ein schrecklicher Drache. Ihm fallen die Gefährten zum Opfer. Schließlich kommt es zum *Showdown*, zum großen Drachenkampf. Fast unbewehrt geht der Heros in den Kampf. Er überwältigt den Drachen mit dem Schwert oder mit Steinwürfen. Anschließend sät er die Zähne des Drachen in die Erde, aus der nunmehr schwerbewaffnete Krieger hervorwachsen. Um sich vor ihnen zu schützen, wirft Kadmos einen Stein in die Kriegerschar, woraufhin die Krieger aufeinander losgehen. Nur fünf bleiben übrig, Udaios, der *Grundmann*, Chthonios, der *Erdmann,* Pelor, der *Riese*, Hyperenor, der *Übermännliche*, Echion, der *Schlangenmann*. Sie werden auch *Spartoi*, die Ausgesäten, genannt.

Harold Innis, der kanadische Philosoph und Lehrer Marshall McLuhans, hat diesen Mythos frühzeitig schon als den zentralen Mythos des Alphabets analysiert, als eine Art Bürgerkrieg der Zeichen, bei dem die übriggebliebenen Krieger die Rolle der Vokale spielen.[46] Tatsächlich gibt es einige Gründe, den Mythos des Kadmos (der ja ausdrücklich als Alphabetbringer gilt) unter diesem Aspekt zu studieren. Man gerät dabei jedoch auf ein Feld, das weit über das bloße Notationssystem hinausgeht – das statt dessen das Zeichen als eine Art symbolischer Fortpflanzungsapparatur lesbar macht. Nicht nur das Zeichen Aleph, das auf den Ochsen im Joch verweist, betont die Übereinstimmung jener beiden Fruchtbarkeitsordnungen, Zeichen und Acker – eine ganze Reihe von Phantasien gehen in diese Richtung. Wenn die Griechen die frühe Schreibweise, bei der alternierend von links nach rechts geschrieben wird, als *boustrophedon* bezeichnen, d. h. als die »Art, wie der Ochse den Pflug zieht«, so ist dies mehr als eine Metapher: Hier reflektiert sich die Logik des Aleph. Und auch der Orakelspruch, der besagt, daß Kadmos sich dort niederlassen solle, wo die Kuh den gehörnten Kopf zu Boden senkt, nimmt die Zeichenumdrehung vorweg – den Stierkopf, der auf dem Kopf steht.[47]

Es gibt eine weitere Dimension, auf die der Mythos hinweist und auf die unter dem Stichwort der *tellurischen Sakralität* noch einzugehen ist: Während Kadmos nur der natürliche Stein zu Gebote stand, sind die Typen, die der Erde entspringen, mit eisernen Waffen gerüstet.[48] In dem Kampf entsteht, was man den TYPUS nennen könnte – und was die griechische Kultur, mit ihren Hoplitenheeren, den »barbarischen« Kulturen gegenüber auszeichnen wird. Die Kraft des Drachen, der im Orakel als *Hüter des Kriegsgottes* bezeichnet wird und den Steinwürfen des Kadmos zum Opfer fällt, wird nicht gänzlich aus der Welt geschafft, sondern findet in den hochdisziplinierten, als Militärverbund agierenden Soldaten seine Fortsetzung. Dieses Detail steht jedoch in einer ganzen Kette von

Transpositionen, die sich im Mythos des Kadmos ankündigen: von der Viehzucht zur Polis, vom *zum Sterben geborenen Hirten* zum Soldaten, vom Stein zum Eisen, vom Heros zum Kollektiv, vom Drachen, dem Hüter des Kriegsgottes, zum Heer. In all diesen Transpositionen kündigen sich wesentliche Verschiebungen an. Zusammenfassend könnte man sagen, daß das Prinzip der Akrokratie, der alles überragenden, dunklen Singularität, durch neue magische Kreise ersetzt wird, die ihrerseits, wie das Alphabet, aus *mehreren* Elementen bestehen. Die ursprüngliche Kraft ist nun nicht mehr als solche sichtbar, sondern in die konzertierte Aktion der Elemente eingegangen, was gleichwohl keine Schwächung, sondern vielmehr eine Potenzierung bedeutet. Hat Kadmos sich als einzelner ins Duell mit dem Drachen begeben können, so vermag er sich der Übermacht der waffenstarrenden Kämpfer nur dadurch zu erwehren, daß er sie – mit einem Steinwurf – in den Zustand des Zerwürfnisses versetzt, eine, wenn man so will, elementare Verwirrung, aus der machtvoll die neue synthetische Ganzheit hervorgeht.

Wenn Kadmos später die Harmonia heiratet (die der Mythos eine *andere Europa* nennt), geschieht dies unter dem Jubel und der großen Anteilnahme der Götter, die das Paar mit Hochzeitsgaben beschenken. Nicht von ungefähr, denn in dieser Verbindung artikuliert sich die Apotheose und Initiale der griechischen Antike: die Hochzeit des *systemischen Denkens*. Ovid, der den Drachenkampf des Kadmos farbenprächtig ausschmückt, läßt eine Stimme aus dem Nichts kommen: »Agenors Sohn, was beschaust du / Dir den vernichteten Drachen! Auch dich wird man schauen als Drachen!«[49] Dieser Orakelspruch (wie jeder Orakelspruch) löst sich ein. Kadmos und Harmonia werden in Schlangen verwandelt – und dadurch mit göttlicher Kraft versehen. Denn bevor die Schlange vom Verdikt des Sündenfalls getroffen wurde, galt sie als ein heiliges Wesen. Wenn die Pharaonen um ihren Kopf die heilige Uräusschlange trugen, wenn Schlangen in Gruben gehalten wurden und als Beschützer des Orakels galten, so deswegen, weil man ihnen ein tieferes Wissen um die Gesetze der Wiederkehr zusprach. In diesem Sinn ist die Verwandlung zur Schlange oder zum Drachen eine Apotheose und zugleich eine Transfiguration jener Erkenntnis, die ursprünglich der Schlange allein vorbehalten war. Nun hat die Geschichte von Kadmos und Harmonia ein Pendant im Drachenkampf ihres

Brautführers, des Gottes Apoll. Denn auch Apollon erschlägt den Drachen Python und bringt sich darüber in den Besitz des Orakels. Eine andere drachenförmige Widersacherin des Apollon trägt den Namen Delphyne. Dieser Delphyne verdankt wiederum die Orakelstätte Delphi ihren Namen – jener Ort also, den Kadmos auf seinem Weg ins Rinderland aufgesucht hat. Im Namen der *Delphyne* ist der Kern seiner Suche enthüllt. Denn Delphyne ist eine alte Bezeichnung für die Gebärmutter.[50] Und wenn Kadmos und Harmonia in Schlangengestalt divinisiert und auf die Insel der Seligen entrückt werden, so deshalb, weil sie an die Stelle des Geburtsmysteriums den *Code der Natur* gesetzt haben. Was vielleicht der tiefste Grund dafür ist, daß die Kadmosschwester Europa – und mit ihr all die Muttergottheiten der kleinasiatischen Welt – nicht in Europa ankommen werden.

Kreta

Was ist das für eine Insel, auf der die Europa ankommt? Kreta: Insel der Stiere und heiligen Schlangen, Kindheitsort der griechischen Götter, Welt der Sagen mit ihren Wundergestalten, Riesen und Fabeltieren, die gleichwohl eine unerhörte, einprägsame Größe zeigen – so wie es den Geschichten der Kindheit zu eigen ist. In Kreta liegt das Denken der Frühe, das noch nicht alphabetisiert worden ist. Folglich verrät die Art, wie die griechischen Autoren von Kreta erzählen, jenen sentimentalen Schmelz, wie er der Erinnerung an vorschulische Zeiten anhaftet. Nun ist die Sentimentalität gerade deswegen sentimental, weil sie den verlorengegangenen Paradiesen längst keinen Glauben mehr schenkt, sondern ihnen nurmehr in hypothetischer Form gegenübertritt: einer Wirklichkeit, die sogleich zu nichts verdampfen würde, wenn man ihr lebensgroß gegenüberstünde. So sind jene schneidigen Entzauberungsformeln, wie sie die Schule von Athen auszeichnen, gar kein Widerspruch zur sentimentalen Zuneigung, sondern ihr notwendiger Konterpart. Was immer dabei herauskommt, läuft auf die Verleugnung der Kindheit hinaus, denn *alle Kreter lügen*. Das ist ein abgründiger Satz (nicht nur was die Kreter, sondern auch die logische Apparatur betrifft, die ihn als Lehrsatz erzeugt). Denn damit ist ein Riß zwischen Mythos und Logos markiert, eine messerscharfe Scheidelinie, die durchtrennt, was doch nicht zu trennen ist. Als Geburtsort des Zeus, der den Gott *in Windeln* zeigt, erinnert Kreta an die Scham des Geborenseins, daran, daß man weder sich selbst noch die eigene Götterwelt erschaffen hat. Folglich stellt Kreta im griechischen Denken nicht nur das Geheimnis des Anfangs und des *Primordialen* dar, sondern auch einen regelrechten Schambezirk: das *noli me tangere* des Apriorischen, jene Form des Nicht-Wissen-Wollens, die erst eine spezifische Form des Wissens ermöglicht.

Was also hat es mit Kreta, der Geburtshöhle des Gottes, auf sich? Wenn verschiedentlich darauf hingewiesen worden ist, daß die griechische Kultur in Zeus eine Tendenz zum Monotheismus aufweist,[51] so erzählt Kreta vom Werden dieses Gottes, von jener Zeit also, in der er noch nicht König der Götter und der Höchste der Olympier war. Vielleicht ist das Motto und die Peinlichkeit dieser Geschichte, daß auch Riesen einmal klein angefangen haben. Wenn Zeus Geschöpf ist, so bedeutet dies, daß es ein Vorher gab, da seine Herrlichkeit noch nicht strahlte – und so mag es auch ein Nachher geben, den Augenblick seiner Entthronung.[52] Eben diese Drohung ist mit der Geburtshöhle des Zeus verbunden, führt sie doch zurück in religiöse Gefilde, da es Muttergottheiten, aber noch keine erwachsenen männlichen Gottheiten gab. Entsprechend hat man Kreta als Ort der Großen Muttergöttin idealisiert. Freilich ist die Herrschaft dieser Göttin bereits merkwürdig gebrochen. Schon die Geburt des Zeus beschreibt eine Merkwürdigkeit: Rhea, von den Wehen überwältigt, muß sich auf die Erde niederknien, auf den Berg Agaion. Aber bevor sie niederkommt, kreißt der Berg und gebiert kleine, metallische Wesen, die ihr bei der Geburt assistieren: die Kureten. In dem Wort selbst steckt eine doppelte Beziehung: Denn die Kureten sind die Kreter selbst (im Lateinischen heißt Kreta *curetis*), zum anderen besteht eine Verbindung zum Wort *kuros*, das sowohl »Knabe« als auch »Kern« heißt. Die erdentsprossenen Kreter (die zweifellos mit den erdentsprossenen Kämpfern der Kadmos-Sage verwandt sind) haben einen metallischen Kern. Sie beginnen sogleich, mit Schwert und Schilden einen Waffentanz aufzuführen. Sie sind jedoch nicht bloß dienstbare Geister (wie die sieben Zwerge des Schneewittchen), sondern auch Priester, die von den Mysterien der Göttin erzählen.

Hier nun tut sich eine merkwürdige Differenz auf. Warum bedarf die Große Mutter der Geburtshilfe durch die Kureten? Steht sie nicht selbst für die Mutter-Erde? Und was wäre das für eine *andere* Erde, der die metallenen Zwerge entspringen? Tatsächlich erzählt der Mythos von der Ablösung zweier Ordnungen, die religiöser Natur sind, aber sich auch auf die Gesetze der Reproduktion beziehen. Eliade hat im Zusammenhang mit der Bemeisterung der Erze von der *tellurischen Sakralität* gesprochen und darauf hingewiesen, daß der metallurgische Prozeß im wesentlichen als ein symbolischer Geburtsvorgang aufgefaßt worden sei.[53] Der Handwerker nimmt dabei den Platz der Erdmutter ein, wobei die Feuerung als ein synthetisch bewirkter Reifungsprozeß zu verstehen ist, eine künstliche Geburt, bei der der metallene Embryo vorzeitig dem Mutterleib entnommen und qua Feuerung in den Stand der Reife versetzt wird. Das setzt umgekehrt voraus, daß die Metalle im Innern reifen wie der Embryo im Bauche der Mutter – ein Gedanke, der noch in der alchimistischen Lehrmeinung fortwirkt, daß jedes Metall eine Vorform des Goldes sei und unweigerlich im Gold seine letzte Ausformung finden müsse.

Mag die tellurische Sakralität eine Analogiebildung zum herkömmlichen Fruchtbarkeitskult darstellen, so steht die »Geburt« der metallischen Form, als ein ausschließlich von Menschenhand bewirkter Akt, in einem eindeutigen Konkurrenzverhältnis zu jenem Geschehen, das der *natürlichen Kräfte* bedarf. Um sich den Riß zu vergegenwärtigen, muß man gar nicht weit schauen. In heutigen Begriffen wäre der metallurgische Prozeß eine *In-vitro-Fertilisation*. Und mehr noch: Weil der Metallurg den entnommenen Embryo der Erdmutter nicht wieder zurückgibt, sondern ihn in einer künstlichen Umgebung heranzieht, wäre dieser Vorgang als eine Form der künstlichen Reproduktion aufzufassen. Genau diese Deutung liefert den Schlüssel zur Geburtsszene auf dem Berg Agaion. Der Berg kreißt und gebiert seine Geschöpfe, ohne der Großen Mutter zu bedürfen. Vielmehr hat sich – wenn die Kureten als Geburtshelfer in den Geburtsvorgang eingreifen – das Verhältnis deutlich in Richtung *künstlicher Zeugung* verschoben. In einer anderen Fassung des Mythos werden die Kureten als Daktylen (das heißt wörtlich: Finger oder Zehen) bezeichnet und tragen Namen, die sich mit Amboß, Hammer und Messer übersetzen lassen.[54] Was immer die Kureten sind, Schmiede, Zauberer, Krieger oder Priester – es ist evident, daß die Mysterien und Geheimlehren, von denen sie erzählen, allesamt einem Kult huldigen, der mit dem überkommenen Verständnis der Fruchtbarkeit nur unzureichend gefaßt ist. Vor diesem Hintergrund ist der Begriff des Tellurischen (obschon als Konzept überaus brauchbar) nicht glücklich gewählt – denn Tellus, *terra mater*, ist die Erdmutter selbst. Sehr viel präziser wäre in diesem Zusammenhang, von einem *prometheischen* Kult zu sprechen, einer selbstverfertigten Religion, die sich nicht mehr aus dem Mysterium von Geburt und Wiedergeburt, sondern aus der Retorte speist.[55] In dieser Religion aus der Retorte beginnt die Kultur sich selber zu feiern. Wenn Kreta als der Ort der Muttergottheit gilt, so ist die Insel zugleich auch der Ort ihres langsamen Verschwindens.

Eisenmann

Die Kureten stellen einen neuen Typus dar, jenen Typus, den Hesiod das *bronzene Geschlecht* nennt und von dem er treffend behauptet, »Getreide aßen sie nicht, sondern von Stahl war der markige Sinn, den sie hatten«.[56] Seinen vollkommensten Ausdruck findet dieses Geschlecht in der Gestalt eines bronzenen Riesen, eines Küstenwächters, der dreimal täglich die Insel umwandert und die Eindringlinge mit Steinwürfen vertreibt. Sein Name ist Talos. Stellt dieser *ironman* nach außen eine Schreckgestalt dar, so ist er nach innen der Hüter des Gesetzes. In der Lesart Platons ist er derjenige, der mit bronzenen Schrifttafeln umhergeht und die Einhaltung der Gesetze überwacht – was ihm die Bezeichnung der »Bronzene« eingebracht habe.[57] Talos wäre demnach die wandelnde Letter, der Arm, der die Gesetze hochhält und ihre Einhaltung überwacht. Freilich: der Widerspruch zwischen den beiden Formen des Religiösen, zwischen dem Ackerbau und dem Erz, kennzeichnet auch ihn.[58] Einerseits heißt es, er habe Menschengestalt, andererseits, er habe die Form eines Stiers gehabt.[59] Tatsächlich hat sich ein Riß seinem Wesen eingeschrieben, eine Naht, die seine verwundbare Stelle markiert: eine lange Ader, die vom Kopf bis zum Fuß läuft und von einem Stift am Knöchel gehalten wird. Als die Argonauten auf Kreta landen, gelingt es der Zauberin Medea, ihn um sein Geheimnis zu bringen. Sie zieht ihm den Stift aus dem Knöchel, und das Gottesblut, das *sekretum* des Riesen[60] und der minoischen Kultur, läuft aus.

Das geschieht jedoch erst zu jener Zeit, als die minoische Kultur von den Festlandgriechen erobert und besetzt wird, im 14. Jahrhundert v. Chr. Tatsächlich wäre der Untergang des minoischen Reiches, wie es das Bild des Talos suggeriert, eher als ein Auslaufen aufzufassen, in dem Sinne, in dem man davon spricht, daß Schiffe auslaufen. Nur daß es nicht mehr die eisenbewehrten Schiffe der Kreter sind, sondern die der mykenischen Eroberer, mit denen das Geheimnis der minoischen Kultur in der mittelmeerischen Kultur überall Heimstatt findet. In der Mitte des zweiten Jahrtausends jedoch liegt Kreta noch uneinnehmbar im Mittelmeer. Der Wächterautomat Talos tut seinen Dienst. Zyklopische Mauern beschützen jenes Imperium, das nach der Gestalt des sagenhaften Königs Minos die *minoische Kultur* genannt wird. Gleichwohl wohnt dieser Kultur ein tiefer Riß inne, der Riß zwischen der Großen Muttergottheit und Zeus, zwischen dem Stier und dem bronzenen Wächter.

Die verlorene Form

Aber was ist das Geheimnis Kretas? Woher rührt die Überlegenheit der minoischen Kultur, die in der Gestalt des bronzenen Riesen ihren Ausdruck findet? Der Name des Talos selbst verrät das Geheimnis. Talos heißt in der kretischen Sprache die Sonne, und der kretische Zeus wiederum wird »Zeus Tallaios« genannt – ein Hinweis darauf, daß der Automat des Minos (dem manche eine göttliche Herkunft zuschreiben) als ein Stellvertreter des Gottes gelesen werden kann.[61] Von hier wiederum läuft eine Linie zum griechischen *metallon,* das ursprünglich die Grube und den Stollen meint, dann erst das darin Gefundene.[62] In der Gestalt des Talos ist das Himmelsfeuer niedergekommen. Mehr noch: Die Sonne hat sich in den bronzenen Tafeln gleichsam verewigt, denn sie ist zum Untergrund des Gesetzes geworden, zu jener Himmelsschrift, die bei Platon *Logos* heißen wird. Die Bemeisterung der Bronze und ihre Verwandlung in das eherne, unabänderliche Gesetze der Schrift: das ist es, wofür Talos steht. Und weil diese Kunst in einem innigen Zusammenhang zum Götterhimmel der Griechen steht, ist Talos auch der Wächter, der ihr Geheimnis wahrt. Nun birgt das Kreta des 2. Jahrtausends nicht nur die Geburtshöhle des Zeus, es kennt eine weitere, metallurgische Errungenschaft, die es weit über die umgebenden Kulturen heraushebt: dies ist der Bronzeguß mit *verlorener Form*. Basiert das Schmelzen der Bronze vor allem auf der Herrschaft über das Feuer, so stellt der Bronzeguß mit verlorener Form eine Kunstfertigkeit dar, die sich weit über die Anfänge der Bronzetechnik erhebt. Dabei liegt das Ingenium in der Verfertigung jener Höhlung, die – als ein empfängliches Nichts – die letztgültige Form des bronzenen Körpers in sich birgt und aufnehmen kann, ohne am geschmolzenen Metall zu verbrennen. Statt des handbearbeiteten, »behämmerten« Gegenstands entspringt ihr eine fertige Form, die ganz durchs Feuer gegangen[63] und aus einem Guß ist – was, wenn man es in Parallele zum Geburtsvorgang setzt, tatsächlich die Phantasie einer zweiten Natur evoziert. Denn man hat es nicht nur mit einer In-vitro-Fertilisation, sondern mit einem Wachstumsprozeß zu tun, der gleichsam autonom abläuft.

Aber was ist die verlorene Form? Zunächst steht da eine wächserne Plastik, der Prototyp. Diese wächserne Form wird mit Gips umhüllt, nachdem ihr Kerzen aufgesteckt worden sind, Ausgangsöffnungen, aus denen später das Wachs wieder ausfließen soll. Wird nun die gipsverschalte Form erhitzt, härtet der Gips, und das dahinschmelzende Wachs fließt aus den Abflußkanälen aus und hinterläßt jene Hohlform, die schließlich, in einem zweiten Arbeitsschritt, die geschmolzene Bronze aufnehmen wird – und zwar durch eben die Höhlungen, aus denen das Wachs ausgeflossen ist. Positiv Negativ: Es ist die gleichzeitige Schmelze und Härtung, die das Ingenium des Verfahrens ausmacht. Die gleiche Logik gilt für den letzten Arbeitsschritt. Denn nun wird die gipsverschalte Hohlform in eine Erdhöhle eingelassen, die ihrerseits, beim Einfüllen der Bronze, rasche Kühlung ermöglicht – und damit ein Gelingen des Gusses.[64]

Man kann sich leicht denken, daß die in einem solchen Verfahren hergestellten Artefakte den unbedarfteren Kulturen der Zeit wie Wunderdinge erschienen sein müssen: Schwerter und Schilde, die nicht die Spuren und Unregelmäßigkeiten der menschlichen Hand aufweisen, sondern eine Art formaler Einheit und Perfektion verraten, wie sie nur lebendigen Wesen zu eigen ist. Beeindruckt schon der oberflächliche Glanz der Schwerter und Schilder, so steckt hinter ihrer Verfertigung ein tieferes Wissen, denn die kretischen Priesterschmiede mußten, um diese Technik zu bemeistern, ein hohes Maß metallurgischer Kenntnisse aufweisen: Sie mußten (ohne dabei auf Meßinstrumente zurückgreifen zu können) die Schmelzpunkte des Metalls kennen und regulieren, sie mußten wissen, wie sich das Metall in anderen Verbindungen und Legierungen verhält, etc. Mit dem Prozeß der verlorenen Form tritt die Bronzetechnik aus dem Stadium der Handarbeit heraus. Energetisch hat man es nun mit einer Art Kraftwerktechnik, formal mit einem hochabstrakten Zeugungsvorgang zu tun. Bei der Hochschätzung der technischen Perfektion aber darf die Verbindung zur religiösen Sphäre nicht vergessen werden. Wenn schon den Schmieden der Vorzeit ein priesterlicher Status zugeschrieben wurde, so ist klar, daß den Adepten der so deutlich überlegeneren Gußtechnik eine überragende Stellung zuerkannt worden sein muß. Tatsächlich ist die Vorstellung, daß die Technik von der religiösen Welt gleichsam kategorisch geschieden ist, eine Spaltung, die erst seit der Romantik gilt. Für die Welt der Kreter gilt, daß das Wissen um den Prozeß der verlorenen Form im doppelten Sinn eine Geheimlehre darstellte: zum einen als Wissen um eine technische Praxis, zum andern als religiöser Kultus, in dem dieses Wissen sich in erhöhter, idealisierter Form artikuliert.

Vor diesem Hintergrund ist die Geburtsgeschichte des Zeus erneut zu betrachten. Wenn der eherne Wächter der Insel der Platzhalter jener Gottheit ist, welche die Kreter *Zeus tallaios* nennen, so zeigt sich darin die tiefe Verwandtschaft zwischen der Gottheit, die hier ins Leben tritt, und jenem Kult, den die Kureten verbreiten. Nun gibt es, neben der Geschichte der Rhea, die auf dem Berg Agaion das Gotteskind gebiert, andere Geburtserzählungen, in denen der Bezug zur verlorenen Form noch sehr viel deutlicher wird. Es heißt, daß Zeus in einer kretischen Höhle, in einer Hohlform geboren worden sei,[65] klandestin, um der Rache des kindermordenden Vaters Kronos zu entgehen. In dieser Fassung sind die Kureten nicht mehr Geburtshelfer, sondern führen, um die verräterischen Schreie des Säuglings zu übertönen, vor der Höhle mit ihren Schilden einen lärmenden Waffentanz auf. Es ist sogar von verschiedenen Höhlen die Rede, in der einen habe die Geburt, in der anderen die Ernährung des Zeus-Kindes stattgefunden. Mag man der psychoanalytischen Denkweise gemäß geneigt sein, in diesen Höhlen Bilder des mütterlichen Uterus zu sehen, so scheint es mir sehr viel plausibler, darin Transfigurationen jener Orte zu sehen, deren die kretischen Metallurgen zur Verfertigung ihrer Erzeugnisse bedurften. Die Höhle wäre demnach ein Tempel der *verlorenen Form,* und das Zeuskind (das ganz offenbar einen Riß in der Götterwelt ankündigt, denn warum sonst sollte Kronos es töten wollen?) die erste Inkarnation dieses Kultes. Folgt man diesem Gedanken, lassen sich weitere Bezüge herstellen.

Von den Höhlen des Zeus geht eine Verbindungslinie zur kretischen Kultstätte par excellence, dem Labyrinth. Auch das Labyrinth ist ursprünglich, wie Mircea Eliade sagt, eine Höhle gewesen.[66] Nun wäre die behauptete Parallelsetzung von Kult und Technik eine bloße Spekulation, gäbe es in der Mythenwelt des Zeus-Kindes nicht einen Mythos, in dem der Prozeß der verlorenen Form in fast unverstellter Form geschildert wird, und auf eine Art und Weise, die ohne diesen Bezug bloß bizarr und unverständlich erscheint. Da ist die Rede von einer heiligen Höhle, die niemand betreten darf. Dort leben heilige Bienen, die Ammen des Zeus.[67] Einmal im Jahr bricht ein großes Feuer in der Höhle aus, immer dann, wenn das Blut gärt, das bei der Geburt des Gottes floß. Eines Tages betreten vier mutige Männer die Höhle, in eiserne Panzer gekleidet, mit dem Honig der Bienen gestärkt, die Gesichter mit Gips geweißt. Als sie den Gott in seiner Geburtshöhle sehen, in Windeln und beschmiert von Blut, fällt der Panzer von ihnen ab, und riesige Bienen machen sich über sie her. – Versucht man diesen Mythos zu analysieren, so ist evident, daß die uterinale Idee des Geburtshöhle nicht sonderlich weiterführt. Vielmehr kommt es auf die Details dieser Geschichte an. Zunächst gibt es eine Ebenenüberlagerung: Das jährliche Feuer, das in dieser Höhle ausbricht, spielt auf die Zirkularität der alten Fruchtbarkeitskulte an. Gleichwohl ist das Blut hier nurmehr eine Art Erinnerungsrückstand, hat es dem kochenden Metall Platz gemacht. In dieser Transsubstantiation steckt eine wesentliche Botschaft, zeigt sie doch, daß die kretische Kultur, mit ihren Speichern, Palästen und Maueranlagen, nicht mehr unumschränkt der Mythologie des Blutes folgt, sondern dem Metall huldigt, als dem Quell des Reichtums und des allgemeinen Wohlergehens.

Gleichwohl – und um die Tradition nicht einfach abreißen zu lassen – ist man bemüht, die beiden Ebenen symbolisch (oder vielmehr: symballisch[68]) zusammenzuwerfen. Dementsprechend stellt sich auch das *sekretum* des Zeus als Mixtur aus Blut und geschmolzenem Metall dar. Folgt man der Erzählung, wird jedoch sichtbar, wo der Schwerpunkt des neuen Kultes liegt. Alle Details beziehen sich auf den Prozeß der verlorenen Form. So verweisen die heiligen Bienen, die Ammen des Zeus, auf das Wachs, das den Grundstoff zu den ehernen Plastiken liefert. Die vier mutigen Männer mit ihren Schilden (den Artefakten also, auf die die kretische Kultur so stolz ist) haben ihre Gesichter mit Gips geweißt, was an die gipserne

Verschalung der Plastiken denken läßt. Auch die Erwähnung des Feuers ist eindeutig. Daß das Betreten der Höhle des Mutes bedarf, hat einen doppelten Grund: einmal die durch und durch reale Gefährdung, die die Gußtechnik in sich birgt, zum zweiten die Tatsache, daß hier das *arcanum* der kretischen Kultur berührt ist. Insofern ist der Blick in das Innere dieser Welt vom Entsetzen der Theophanie begleitet, einem Schrecken, der die Krieger augenblicklich entwaffnet und der Rache der Killerbienen überantwortet. Gleichwohl enthüllt dieser kurze Blick das Geheimnis der kretischen Kultur, das Geheimnis auch jener höchsten griechischen Gottheit, deren kretische Kindheit den Griechen eine gewisse Peinlichkeit bereitet. Wachs, Metall, Feuer, die abfallenden Schalen, schließlich das Bild des blutbefleckten Gottes, der in Windeln dasteht (wie eine jener Skulpturen, die aus ihrer gipsernen Schale gelöst, aber noch nicht gereinigt worden sind) – die Details dieses Mythos stellen eine minuziöse Verbildlichung jener mirakulösen Technik dar, die es den Kretern erstmals ermöglicht, Formen aus *einem Guß* zu erzeugen. Und Zeus ist eine solche Figur, ein idealer, geschlossener Körper. Mit ihm tritt eine neue Gestalt in die Welt der Muttergottheiten, eine Gestalt, die man in aller Mehrdeutigkeit HOMO-GEN nennen könnte: Menschenwerk, aus einem Guß.[69] Den Bienen, so erzählt der Mythos weiter, habe Zeus aus Dankbarkeit dafür, daß sie ihn genährt haben, die Farbe des Erzes verliehen. Wenn Honig zur Götterspeise wird, wenn Ambrosia zur Salbung dient und Wachs bei der Mumifizierung benutzt wird (wie noch im Falle Alexanders des Großen), so erlebt auch dieser Stoff eine Apotheose.

Mit der These, daß Zeus die Gottheit der verlorenen Form darstellt, stellt sich sogleich die Frage, worin denn, in der Analogie zum Gußverfahren, die verlorene Form des Mythos besteht. Man könnte zunächst einmal geneigt sein, den Funktionsverlust der alten Götterwelt hier anzusetzen. Verdanken die alten Fruchtbarkeitsgottheiten ihre Existenz einem Stoff, der Zirkularität von Wachstum und Vergehen, ist dieses Tributverhältnis im Falle des Zeus fast auf ein Nichts eingeschmolzen. Zeus verdankt seine Existenz nicht einem bestimmten Stoff, sondern einem Kunstgriff: Er ist ein künstlicher Gott. In seiner Gestalt begegnet die Kultur sich selbst. Hier aber liegt ein Widerspruch, ja geradezu der Geburtsmakel dieses Gottes. Der Gott, in dem sich ein Menschenwerk feiert, trägt nicht gerade zu seiner eigenen Erhebung bei.[70] Um ihn als Gott verehren zu können, muß genau dieser Aspekt des Synthetischen verdrängt werden – und dies um so mehr, als das Ingenium der verlorenen Form, anders als der Naturstoff, kein Rätsel mehr kennt. Nicht von ungefähr ist die Geburtshöhle des Zeus von einem peinlichen Schweigen umhüllt – werden die vier mutigen Männer, die seiner in Blut und Windeln ansichtig werden, ihrerseits von einem panischen Schrecken erfaßt. Was sie dort sehen, ist freilich nicht das ganz Andere, sondern vielmehr, daß ihre Gottheit eine selbstverfertigte Kultfigur ist.

Im verflüssigten, sämig gewordenen Metall, das in der Geburtshöhle des Zeus gleichsam die Rolle des Blutes einnimmt, kommt eine neue, »künstliche« Form der Fruchtbarkeit ins Spiel. Wenn fortan von einem *logos spermatikos* die Rede ist, so ist immer auch dieser besondere »Blutsaft« gemeint. Die Kultur des Zeus ist abstrakt, synthetisch, Kopfgeburt. Dennoch: *Zeus tallaios*, der kretische Gott, der wie eine Statue aus einer verlorenen Form hervorgegangen ist, steht immer noch unter dem Diktum der Tradition. Weil die alten Gottheiten sich nicht einfach verdrängen lassen, nimmt Zeus, der Trägheit der religiösen Empfindung gemäß, eine andere Gestalt an, eine Gestalt, die den älteren, weiblichen Fruchtbarkeitsgottheiten genehmer sein muß. Wenn eine andere Amme, Amaltheia (in deren Namen wiederum der Honigaspekt steckt), das Gotteskind mit dem Horn eines Stiers, einem unerschöpflichen Füllhorn, nährt, so ist es nur recht und billig, daß er gelegentlich in der Gestalt eines phallischen Stieres erscheint. Und genau so, in der Verkleidung des Stiers, erscheint er der Europa am Gestade des phönizischen Meeres (eine Verkleidung, die er, auf Kreta angekommen, jedoch wieder ablegt). In dieser Doppelnatur des Gottes, in der die *verlorene Form* überblendet wird vom altmodischen Stierkostüm, liegt die Vorahnung jenes Risses, wie er in der langen, von Kopf bis Fuß reichenden Ader seines irdischen Doubles vorgezeichnet ist. Denn hier stoßen zwei Prinzipien aufeinander: die Welt des Ackerbaus und das gezähmte Feuer, die »tellurische« Sakralität und die Sakralität der Ackergottheiten. Tatsächlich mag für eine Zeitlang das geschmolzene Metall noch als eine Form der Stierkraft gelten – hält sich die Gleichung von Blut und rotglühendem Metall. Dementsprechend läßt sich die kretische Religion als ein Versuch auffassen, die beiden konkurrierenden Ordnungen miteinander zu vereinen. Den höchsten Kultgegenstand stellen zwei Hörner dar, zwischen denen eine Sonnenscheibe ruht.

Wie in der Geburtshöhle des Zeus, in der von aufwallendem Blut die Rede ist, tatsächlich aber auf die Verflüssigung des Metalls angespielt wird, findet die Verschmelzung von Blut und Metall immer wieder neu statt. Jedoch geht es hier nicht um die Stoffe selbst, sondern um jene konkurrierenden religiösen Ordnungen, für die sie stellvertretend stehen – und die in der Überlagerung der beiden Bedeutungsebenen miteinander versöhnt werden sollen. Die neue Legierung von Blut und Metall bleibt keineswegs auf Kreta beschränkt, sondern nimmt ihren Weg in die griechische Welt, wie überhaupt der Mythos als eine Form der Gedankenwanderung zu lesen ist, eine Verschiebung von Namen, Orten und Kulten. Insofern ist es nicht verwunderlich, daß auch der Kadmos-Mythos Fortsetzungen und Wiederholungen findet, wie in der Geschichte des Jason. Um Medea, die Königstochter, zu freien, soll Jason zu einem Wettkampf antreten. Bevor der Heros gegen den Drachen antritt, wird er vom König in einen Kampf mit feurigen Stieren geschickt: »Siehe die Stiere mit ehernen Füßen! Aus stählernen Nüstern / Blasen sie Flammen Vulcans; es brennen, berührt von den Gluten, / Rings die Gräser. Und wie die Essen, die vollen, ertönen, / Oder wenn etwa, gelöst aus dem irdenen Ofen, der Kalkstein / Sich erhitzt, sowie er mit Wassergüssen besprizt wird, / So erdröhnt ihre Brust, worin die verschlossenen Flammen / Brausen, und ihre verbrannten Schlünde.« Jason, der Held, von seiner zauberischen Medea mit einer »prometheischen Salbe« ausgerüstet, kann ihnen näher treten, »ohne den Anhauch des Feuers zu spüren – so stark ist der Zauber –, / Streichelt mit tapferer Hand die hängenden Wammen der Tiere, / Wirft über sie das Joch: sie müssen die Schwere des Pfluges / Ziehn und mit Eisen den Acker durchfurchen, den niemals gebrochnen«.[71] Anschließend geht es in den Kampf mit dem Drachen, den Jason (ganz in der Manier) des Kadmos niederzwingt:

> Jetzt nimmt er aus dem ehernen Helme die Drachen- / Zähne und streut sie hinein in den aufgelockerten Acker. / Da erweicht die Erde die kräftig durchzauberten Samen. / Und es wachsen die Zähne und werden zu neuen Gebilden. / Wie in dem Leibe der Mutter das Kind zur

> Gestalt eines Menschen / Sachte sich bildet – es fügen im Innern sich Glieder und Glieder –, / Um dann gereift an die Lüfte zu treten, die allen gemeinsam, / Also, sobald die Figur eines Menschen im Innern der trächt'gen / Erde geformt ist, erhebt sie sich frei im befruchteten Felde / Und – noch erstaunlicher klingt's! – schwingt Waffen, die mit ihr entstanden. (...) Er wirft einen gewichtigen Stein in die Mitte der Feinde, / Von sich stößt er den Mars und kehrt ihn gegen sie selber, / Selbstgeschlagene Wunden vernichten die Brüder, der Erde / Söhne, sie fallen im Bürgerkrieg.

Diese kurze Passage, in der Ovid einen tiefen Blick in eine schon ferne Vergangenheit wirft, ist deshalb so bemerkenswert, weil sich darin alle Ebenen der Frage verschränken, läßt sich doch die Überlagerung der beiden konkurrierenden religiösen Ordnungen erkennen (in den Elementen Blut und Metall bildlich zusammengefaßt). Darüber hinaus läßt diese Passage jenen Aspekt der Symbolbildung hervortreten, der im *reinen Zeichen* zu seiner enigmatischen Form finden wird. Tatsächlich kann von einem Symbol noch nicht die Rede sein, sondern zeigen sich die verschiedenen Aspekte in gesonderter Form, als Zusammengeworfenes. Nun ist das *symballein*, das Zusammenwerfen, das wesentliche Stratagem, das erst zum Symbol als der äußersten Verdichtungsform führt. Alle Konnotationen des Alpha-Phallus-Zeichens laufen hier zusammen: die Zähmung des Stiers, die Ablösung der ackerbaulichen Welt durch die metallurgischen, prometheischen Fertigkeiten, das Zwitterwesen aus Blut und Metall (der feurige Stier), das der Held, mit einer prometheischen Salbe gerüstet, zu besänftigen weiß, die Drachensaat und das Wissen um das Geheimnis der Reproduktion, die Geburt des Homogens und der Schrecken der Uniformität, die ihrerseits einen Bürgerkrieg provoziert,[72] dann aber jenes Gemeinwesen hervorbringt, das die griechische Welt auszeichnet: die Polis.

Semele

Es ist evident, daß dort, wo sich eine Verschiebung des kultischen Zentrums ereignet, sich auch die Form des Opfers verschieben muß. Wenn es bei den Griechen in bezug auf ein Menschenopfer euphemistisch hieß, daß der Betreffende *durchs Feuer gegangen sei*, so wird sichtbar, daß die

Gottheit in anderer Münze bezahlt werden muß als bislang.⁷³ Nun ist es die vierte Kadmostochter selbst, Semele, die diesem Ritual zum Opfer fällt – und zwar gegen den ausdrücklichen Wunsch des Gottes, der vor dem Gesetz der Tyche zurücktreten mußt, jener unerbittlichen Göttin, die sagt, *wie es sich trifft*. Dieser absoluten Notwendigkeit muß auch der höchste Gott sich beugen. Wie geht der Mythos der Semele? Semele, die Tochter von Kadmos und Harmonia, ist schwanger vom Blitzgott, der die Energie und das Wissen des Me-Tallon in sich trägt. Semele ist das phrygische Wort für das griechische Chthonia, das heißt: die Unterirdische. Zugleich liegt im Wort der Keim des griechischen *similis*, das im Lateinischen zum *simulacrum* wird, zum Traum-, Schatten-, Phantom- oder zum Totenbild.⁷⁴ Semele, in die sich *semel*, ein für allemal, der Samen des Zeus gesenkt hat, ist die Hohlform des Gottes: Empfänglichkeit ganz und gar. Ihr nähert sich Hera, die eifersüchtige Göttergattin, »in gelblicher Wolke geborgen / Fährt sie zu Semeles Schwelle; nicht eher zerfließt ihre Wolke / Als einer Alten sie gleicht«.⁷⁵ Hera hat die Gestalt ihrer alten Amme angenommen. In dieser Verkleidung redet die Alte ihr einen Zweifel an der Vaterschaft des Gottes ein: »Viele sind schon als Götter in züchtige Kammern gedrungen.« Der Zweifel, diese Hohlform des Realen, in der, was Wirklichkeit war, gleichsam ausfließt und zu einer phantasmatischen Höhlung wird, einer Höhlung, die immer neue Verdachtsmomente, Möglichkeiten produziert – dieser Zweifel verlangt nach Gewißheit. Ein Pfand der Liebe soll der Gott ihr geben – und der Gott sagt ihr das Pfand zu, was immer es sei. Und Semele, auf der Suche nach der unverhüllten Identität des Gottes, fordert, er möge sich zeigen, wie er wahrhaftig sei. Das ist ihr Untergang. Zwar müht sich der unglückliche Gott darum, sein Feuer zu zähmen, er hüllt sich in Dampf und Wolken, in Regen und Wetterleuchten, jedoch erscheint er ihr so, wie er ist: als Blitz, der Semele verbrennt. Nur den Sohn, den die Semele im Schoß trägt, vermag der Gott zu retten, und so wird er dem Vater mit einer goldenen Spange in die Lenden eingenäht. Zeus gebiert ihn, der stierköpfig ist wie er selbst: Dionysos. Der aus diesem Grund auch der zweimal Geborene heißt.

Mellis (der Honig) Se-Mellis. Similis. Semele. (Se)meltan. Schmelzen. Die Härtung des Gottes fällt in eins mit dem Zerfließen der Frau. Zurück läßt Semele die Hohlform, den Zweifel, den leeren, ausgebrannten Königspalast. Und mit dem Weinstock jene Substanz, die das Realitätsprinzip mit den Schattenwesen der Einbildungskraft, mit Rausch und Wahn bevölkern wird.

Hysterologos

Etwas Neues entspringt der Technik der *verlorenen Form*. Die Hohlform wird produktiv. Haben die Kulturen zuvor, wenn sie ein Artefakt erzeugen wollten, auf diesen Körper selbst einwirken müssen, entstehen nun Körper, die keine Spur der menschlichen Hand mehr tragen: Mischwesen, Legierungen, Totalitäten. Die Ausschließung der menschlichen Hand markiert den Schritt in die Abstraktion. Die geschmolzene Bronze, die in eine Hohlform eingefüllt wird, stellt eine Art Kunststoff dar. In der Schmelze liegt die Idee der vollkommenen Plastizität: ein Körper, der biegsam, formbar und geschmeidig ist. Dieser unendlichen Plastizität korrespondiert auf der anderen Seite, im Schmelzprozeß, die vollkommene Annihilierung des Körpers. Eine merkwürdige Dialektik kommt hier ins Spiel. Indem die Form des natürlichen Körpers, seine Unebenheit und Sperrigkeit, eingeschmolzen wird, werden die denkbaren Formen, wird FORM als solche überhaupt erst sichtbar. Stellt das wächserne Positiv noch ein Analogon des Körpers dar, geht der Abstraktionsprozeß im Falle des Ausschmelzens und des erneuten Wiederauffüllens einen entscheidenden Schritt weiter. Daß hier die gestaltende menschliche Hand keinerlei Eingriffsmöglichkeit mehr besitzt, beschreibt nur die äußerliche Seite dieses Prozesses; um jedoch den Abstraktionssprung in seiner ganzen Schärfe zu erfassen, muß man sich vor Augen führen, in welchem Maße metallurgische Kenntnisse vorausgesetzt werden. Vor dem Hintergrund dieser intellektuellen und abstrakten Fertigkeiten aber wird klar, daß der Schmelzprozeß angemessen nur als gedanklicher Prozeß zu fassen ist. Mit diesem Schritt in die Abstraktion verschiebt sich der Blick von der Körperhaftigkeit (oder wie man auch sagen kann: dem *Mutterstoff*) zu jenen Höhlungen, die dem Körper vorausgehen. In diesem Sinn ist der *zweimal geborene* Dionysos ein Bild dieses Prozesses. Das Kind seiner Mutter, die unter der Energie des Blitzes dahinschmilzt (wie das Wachs), und das Kind seines Vaters, in dessen Lenden er eingenäht wird (so wie die Bronze, die in die gehärtete gipsene Form eingelassen wird[76]).

Der Körper, der dieser Hohlform entspringt, ist ein merkwürdiges Zwitterwesen. Einerseits eignet ihm Vollkommenheit, anderseits ist er, seiner Erscheinung zum Trotz, nicht mehr das Urbild, sondern ein Abklatsch, und zwar ein doppelter Abklatsch. Mag sein, daß er ein stählerner *ironman* ist, aber im Innern ist er doch flüssig wie Talos – ein Proteuswesen, das nur zum Schein unverwundbar ist. Die Technik der *verlorenen Form* schreibt eine Spaltung ins Ding: die Spaltung zwischen Sein und Erscheinung. Genaugenommen sind die Dinge, die aus diesem Prozeß hervorgehen, schon Erscheinungen: verkörpern sie doch Formen, die ihnen vorausgegangen sind. Wachs und Luft. Insofern ist es kein Zufall, daß Semele, deren ausgesprochener Wunsch den Zeus zum Vater des Gedankens gemacht hat, Simulakren entbindet. So wie die Hohlform Möglichkeiten, so gebiert der Zweifel Trugbilder. Auf dieser Linie sich bewegend erzählt Euripides in den *Bakchen* von jener Version, welche die Schwestern der Semele über ihren Tod in Umlauf gebracht haben. Sie behaupten, Semele habe die Empfängnis durch den Gott auf des Kadmos Rat hin nur vorgetäuscht – was der Grund dafür gewesen sei, daß der Gott sie getötet habe.[77]

Wie Semele ist auch ihr Sohn Dionysos, »entbunden in des Blitzstrahl Feuer«, ein Meister des Scheins – und zugleich ein Rächer der Mutter. Denn als Pentheus, der Sohn einer jener neidischen Schwestern, sich in der Verlängerung der Familientradition erdreistet, die Gegenwart des Gottes zu leugnen, narrt ihn Dionysos dadurch, daß er in der Verkleidung eines Menschen erscheint, dann wieder, daß er ihm aus dem Nichts einen Stier erscheinen läßt. – Der *wahnverblendete* Pentheus, den Dionysos beschwatzt hat, in der Verkleidung einer Frau zu den Mänaden zu gehen, glaubt plötzlich zwei Sonnen zu sehen und ein zweifaches Theben – und schließlich erscheint ihm Dionysos selbst, wie der Vater erschienen ist, in der Gestalt eines Stiers. Vielleicht gibt es kein stärkeres Bild für die Totalität des Scheins als dieses: die Erscheinung einer zweiten Sonne. Wo nicht entscheidbar ist, was Wirklichkeit ist und was Wahn, umfaßt der Zweifel die ganze Welt – womit er so etwas wie eine *Gegenwelt*formel markiert. Ebenso wie der Produktionsprozeß der verlorenen Form die Zeugung der Form ins Unsichtbare hinein verlagert, verlagert sich die Realität des Dionysos ins Ungreifbare hinein.[78] Nur hier, und nicht in seiner konkreten Erscheinungsform, ist die Gegenwart des Gottes zu spüren. Pentheus, der gottesleugnerische Rationalist, der die Gestalt des Gottes für den Gott selber nimmt, der den Gott mit einem Band dingfest machen zu können glaubt, wird für sein Vertrauen auf den Schein mit der Vervielfältigung der Erscheinungen gestraft. Und in dem Augenblick, da ihn der Zweifel an der Welt erfaßt hat, ist ihm das Schicksal beschieden, selbst zergliedert zu werden. Er wird von der eigenen Mutter und ihren Mänaden in Stücke gerissen.

Erst vor der Hohlform macht die Idee der *Erscheinung* Sinn. Die bronzene Plastik ist die Realisation eines Abwesenden, der Phänotyp eines Genotyps, der im Prozeß selbst verlorengegangen ist.[79] Das Lateinische spricht von der *ars fingendi,* setzt also das Gießen in eins mit dem Fingieren. Hier beginnt das Reich des Dionysos, der der Gott des Theaters ist und lange Zeit, im Kostüm der großen tragischen Figuren, sein *einziger Bühnenheld* (Nietzsche). Allzu unbedenklich hat man Dionysos als einen Wiedergänger früherer Fruchtbarkeitsgottheiten gedeutet. Tatsächlich gehört er dem Technologos an – nur daß er, anders als Zeus, sich nicht zu Statuen und Statuten auskühlen will. Dionysos verkörpert das heilige Feuer[80], jene ungeheure, allesverschlingende Kraft, die der Prozeß der verlorenen Form in der Höhlung verbirgt. Wenn Nietzsche in der *Geburt der Tragödie* mit einem präzisen Instinkt sagt, daß »Dionysos jener die Leiden der Individuation an sich erfahrende Gott« sei,[81] so führt dieses Leiden dorthin, wo die Potenz der kretischen Kultur ihr Höchstes hat.

In einem orphischen Mythos wird das Dionysoskind von den Kureten, in einer anderen Fassung von den Titanen heimgesucht. Mit gipsbemalten Gesichtern (!) nähern sie sich dem spielenden Kind, zerstückeln es und werfen es in einen siedenden Kessel. Der zerstückelte und verkochte Körper schließlich wandelt sich, von den Göttern restituiert, zum Weinstock, zum *reinen Geist*. Heißt es, daß Zeus die Erfüllung gebracht habe, Dionysos aber die Erfüllung vollkommen gemacht habe, so ist klar, daß sein Beitrag in einer Sphäre liegt, die sich nicht über die Körperfülle, die reine Positivität, fassen läßt. Es ist vielmehr die *Formlosigkeit,* deren Form Dionysos annimmt: als Schwärmer, der die Bacchantinnen ins Schwärmen bringt, der die Köpfe benebelt und die Grenze zwischen den Geschlechtern, zwischen Wahn und Wirklichkeit verwischt. – Jedoch wäre es irrig, in diesem Gott das Andere der Vernunft zu sehen. Er stellt vielmehr jenen Teil des Prozesses dar, der dem Blick entzogen ist. Diese seine

Zugehörigkeit zum Technologos erklärt die besondere Beziehung, die Dionysos zu Hephaistos unterhält, dieser hinkenden, verzwergten Göttermißgeburt, den die eigene Mutter zur Erde hinabgeschleudert hat. Wenn Hephaistos allein dem Dionysos vertraut, so deswegen, weil dieser Gott, in dem das heilige Feuer und die Wandelbarkeit der Form pulst, den Geist seines Metiers verkörpert wie kein anderer unter den Göttern. Und wenn umgekehrt der Gott des Weins die Erhöhung des Schmiedegottes besorgt, so ist dies ein weiterer Beleg für ihre tiefe Verwandtschaft. Weinberauscht steigt der Metallurg gen Himmel auf.[82]

Ein selbstverfertigter Gott, dessen Mysterien sich allein der menschlichen Kunstfertigkeit verdanken, stellt jedoch ein Problem dar, muß doch unweigerlich der Tag kommen, da er als Menschenwerk erscheint. Diesen Prozeß leitet Xenophanes ein, wenn er den Gedanken denkt, daß die Götter nur das unförmige Machwerk der Menschen sein könnten. Fortan wird als Gott nur gelten können, was *nicht* anthropomorph ist: »Ein einziger Gott ist unter Göttern und Menschen der Größte, / weder dem Körper noch der Einsicht nach den sterblichen Menschen gleich.«[83] Hier, wo die Götterdämmerung der Olympier beginnt, kommt die Wirklichkeit, oder besser: die Formlosigkeit des Dionysos ins Spiel – daß ein Gott nur unsichtbar sein kann.[84] Welche Form dieses große Nichts auch annehmen mag, ob es dem Gott der Philosophen zuneigt oder ob es den Weg der Monotheismen oder der christlichen Kreuzung einschlägt – stets sind es große, abwesende Ewigkeiten, die sich bemerkbar machen. Tatsächlich kann man – ohne diese Geschichte auf einen bloß technischen Aspekt reduzieren zu wollen – im Schmelzprozeß der verlorenen Form die Geburt dieses Gedankens ausmachen.

Scham des Minos

Zurück zur Insel Kreta, dorthin, wo der Anfang vom Ende der griechischen Götterwelt beginnt. Hier herrscht Minos, der Sohn des Zeus und der Europa. Dieser König ist Gesetzgeber, Zwangsherrscher, Kriegsherr.[85] Seine eisenbewehrten Schiffe durchkreuzen das Meer, erobern die umliegenden Inseln, die Städte des Festlands. Unangreifbar nach außen, ist sein Inneres fragil. Wie der Wächter Talos durchzieht auch ihn eine Naht, ein unheilbarer Zwiespalt. In seinem Palast auf Knossos herrscht die

Fruchtbarkeitsgöttin, deren Zeichen der Stier ist. Die Hörner des Stiers (die vergoldet und verziert werden) stellen den höchsten kretischen Kultgegenstand dar. Andererseits ist die Sprache der Macht an die Kureten übergegangen, das bronzene Geschlecht, das die Überlegenheit des kretischen Königreichs ausmacht.[86] Im *Theatrum* des Minos-Palastes finden heilige Stierkämpfe statt, bei denen der Stier nicht getötet wird.[87] Statt dessen sieht man junge Akrobaten, die über dem Stier voltigieren. Das *Überspringen* des Stiers, die Initiationsprüfung der kretischen Jünglinge, markiert ein Moment der Überhebung – tatsächlich entzieht sie der Fruchtbarkeitsgöttin das fällige Opfer. Vielleicht war schon die Verkleidung des Zeus, der der Europa am Gestade des phönizischen Meeres als Stier erschien und sie nach Kreta entführte, bereits ein erster Schritt in diese Richtung: eine Art Travestie, die ihre folgerichtige Vorstellung im Theater, im Überspringen des Stier-Opfers findet. Und auch Minos opfert den weißen Stier nicht, der eines Tages den Fluten des Meeres entsteigt. Dieser Opferraub ist der Auftakt seines Unglücks. Denn von nun an wird Minos von allerlei Plagen heimgesucht. Seine Fruchtbarkeit leidet Schaden – vermag er doch nurmehr Monster zu zeugen: Schlangen, Skorpione, Tausendfüßler.[88] Das *sema* des Stiers hat seine Wunderkraft verloren, oder präziser: Es nimmt eine eigene, unkontrollierbare Macht an. Der weiße Stier – den Minos nicht hat opfern wollen – wird wild. Und auch Pasiphaë, die Gattin des Minos, wird wild. Beim Anblick des *weißen und glatten* Stiers verfällt sie dem Tier, und mit solcher Leidenschaft, daß sie den Künstler Dädalus bittet, ihr eine künstliche, hölzerne Kuh zu verfertigen – um im Innern dieser Prothese dem Stier beiwohnen zu können. Aus dieser Verbindung geht der Minotaurus hervor – was zurückübersetzt der Stier des Minos heißt. Dieser Bastard, der in gewisser Hinsicht das Schameszeichen des gehörnten Minos ist (ein Mensch, mit einem Stierkopf auf den Schultern), ist nur über die Verfertigung eines Labyrinths in Schach zu halten.

Ist der König Minos nach außen durchaus ein großer, gefürchteter, bisweilen sogar mustergültiger Herrscher,[89] so beschreibt der Stier eine einzige Kette von Demütigungen – stellt er das Symbol seiner fortgesetzten Depotenzierung dar. Nicht nur, daß Minos sich des illegitimen Bastards seiner Frau zu erwehren hat, auch sein natürlicher Sohn, Androgeos, fällt dem Stier zum Opfer: dem wilden Stier von Marathon. Und auch

Ariadne, die die Ohnmacht des Vaters an Theseus, den Athener Todfeind verrät, wird sich mit dem stierköpfigen Dionysos einlassen. In allen Windungen der Minos-Geschichte hat man es mit der Nemesis, der Sühne für das entzogene Opfer zu tun. Was einst ein Fruchtbarkeitszeichen war, ist zum Unfruchtbarkeitszeichen geworden, oder vielmehr: es entbindet Monster, Ungeheuer, Hybride, die die Ordnung, die Minos noch zu bewahren sucht, schließlich aufsprengen werden. In gewisser Hinsicht ist der Konflikt des Minos in der Gestalt des Minotaurus personifiziert. Aber was ist das für ein sonderbares Wesen? Dieser Mensch, mit einem Stierkopf auf den Schultern. Bei Ovid ist der Minotaurus lediglich Bild des *gehörnten Gatten*, »Schmach des Hauses«[90], die es zu verbergen gilt. In diesem Verdikt, das zeigt, daß die Tragödie bereits einen deutlichen Schlag ins bürgerliche Trauerspiel hinein gemacht hat, äußert sich die Moralität der Klassik, die den archaischen Mischwesen und den Chimären der Götterwelt den Widerstand der Kultivierten entgegenbringt – jenen Widerstand, der auch den stierköpfigen Dionysos zu einem Fremdkörper in der homerischen Götterwelt macht. Die Zweiheit von Gott und Stier, von Jovi und Bovi, hat in der archaischen Zeit nichts Anrüchiges an sich, liebt es doch Zeus selbst (wie die Reihe seiner Stierhochzeiten zeigt), in der Gestalt eines Stiers zu erscheinen. Und ein Abglanz dieser religiösen Bedeutung kommt auch dem Minotaurus zu. Sein Beiname lautet *Asterios* – womit zu erkennen ist, daß er ein Sternwesen ist.[91] Zu seiner göttlichen Herkunft gehört auch, daß ihm Menschenopfer entrichtet werden – nur daß Minos (wieder ein Überspringen des Opfers) die dem Gott geweihten Jungfrauen und Jünglinge nicht aus der kretischen Bevölkerung rekrutiert, sondern daß dieser Blutzoll vom Erzfeind Athen entrichtet werden muß (als Strafe für die Ermordung des Minos-Sohns Androgeos). Jedoch ist mit dem Erscheinen dieses Sternwesens zweifellos ein Unstern verbunden, ein dunkles Geschick. So ist der Hinweis darauf, daß der König fortan nur noch Monster zeugt, Schlangen und Tausendfüßler, Symptom einer tiefgreifenden Störung – und zwar jener Instanz, der die Opfer doch gelten: der Fertilität, des allgemeinen Wohlergehens. Was sich als konjunkturelle Störung (des Opfers und des allgemeinen Wohlergehens gleichermaßen) artikuliert, folgt einer inneren Notwendigkeit – oder genauer: Es markiert eine Verschiebung der bitteren Notwendigkeit, der *tyche*. Stand der Stier – in einer Ackerbaukultur, die die

Schrift entdeckte – mit Notwendigkeit im Zentrum des kultischen Lebens, so muß das *sema* des Stiers seine Wunderkraft verlieren – und zwar in dem Maße, in dem die kretische Kultur der tellurischen Sakralität huldigt. Damit aber werden die alten Naturgottheiten durch Kulturgottheiten ersetzt (die fortan unter der Drohung stehen, als allzumenschlich gebrandmarkt zu werden). Auch der Stier wird, ganz gegen seine Natur, in die Ordnung der kulturellen Signifikanten eingereiht. Dem entspricht, daß das Zeichen des Stiers auf Kreta seine Umdrehung erlebt, daß es, depotenziert und idealisiert zugleich, zum Ideogramm der Liebe wird.

Freilich: Wie das Schicksal des Minos und der Pasiphaë zeigt, ist dieser Idealisierungs- und Ästhetisierungsprozeß keineswegs ein harmloses Spiel, sondern setzt Phantasien frei, die die Zeit auf das äußerste herausfordern. Man könnte sagen, daß in dem Maße, in dem der Stier der Kontrolle unterliegt (kulturgeschichtlich: in dem die Ackerbaukulturen die Gesetze der Fruchtbarkeit in sich aufgenommen haben), er eine neue, unkontrollierbare Kraft annimmt. Das scheint nur auf den ersten Blick paradox. Wenn man das lateinische Wort *factitius* nimmt, das heißt: künstlich gemacht, hergestellt, hat man eine ganz ähnliche Entwicklung – denn aus dem Wort *factitius* geht der Fetisch hervor. Genau diese Verwandlung (vom Stier zum Stierzeichen, von der Naturkraft zur Fetischisierung des Phallus) läßt sich in der Geschichte verfolgen. In eine Formel übersetzt (die zugleich den Vorzug physiognomischer Prägnanz hätte) ließe sich sagen, daß der Stier dem Denken zu Kopf steigt. Der Minotaurus wäre mithin der *Stier im Denken*, die ästhetisierte, zeichengewordene Naturkraft, die nunmehr eine phantasmatische Wirkung auszuüben beginnt. Das Begehren der Pasiphaë wird nicht gespeist vom Wunsch nach Fortpflanzung, sondern es meint nichts anderes als den glatten und weißen Stier selbst, die Überbietung des Phallischen. Nicht der Stier raubt die Frau (wie in der Geschichte von Zeus und Europa), sondern umgekehrt, es ist die Frau, die den Stier beraubt – womit die Lust der Pasiphaë in gewisser, geschlechtsspezifischer Symmetrie zum minoischen Opferraub steht. Folgerichtig nimmt dieser doppelte Opferraub die Gestalt des Minotaurus an, eines pervertierten Fruchtbarkeitsgottes. Es ist die *mechane,* d. h. der »Betrug an der Natur«, welcher das Skandalon ausmacht – und tatsächlich wird dies nirgends deutlicher sichtbar als in der hölzernen Apparatur, dieser Lustprothese, vermittels deren Dädalus es der Pasiphaë ermöglicht, sich in den Besitz des *sekretums* zu bringen. Vor diesem Hintergrund beschreibt der Mythos eine ganze Serie von Verschiebungen: von der dunklen Naturkraft zum Zeichen, vom Zeichen zum Raum, in dem die Zeichen erscheinen. Der Minotaurus selbst ist das Zwitterwesen, das diesen Übergang verkörpert. So besehen wäre er vielleicht am präzisesten erfaßt, wenn man das schöne Wortspiel Lacans auf ihn anwendete: *alphabête*, Alpha-Bestie. Aber damit ist das Schicksal des Minotaurus besiegelt: Denn wenn die Alphabestie Alphabet werden soll, muß die Bestie verschwinden.

Dädalus. Schizo

In der Antike galt Dädalus als das Sinnbild des Künstlers: des Bildhauers. Als erster, so heißt es, habe er den Statuen die Augen geöffnet. Platon erzählt von der Lebendigkeit seiner Figuren: Man habe sie festbinden müssen, um zu verhindern, daß sie entflöhen.[92] Einige seiner Statuen hätten sich, während die Tempelwächter ihnen den Rücken kehrten, einfach davongemacht.[93] Wenn die inerte Mobilität dieser Statuen der Ausweis von Kunstfertigkeit ist, so muß als das größte Kunstwerk des Meisters jenes Artefakt gelten, das im Katalog seiner Werke gar nicht erscheint: die hölzerne Kuh, die Dädalus der Pasiphaë errichtet. Doch was ist das für ein Werk? Hier fällt die Konzeption des Kunstwerks mit der Konzeption im Sinne der Empfängnis zusammen – das ist der dem Meister von der Pasiphaë auferlegte Zweck. Denn nur über das Kunstwerk des Dädalus vermag sich die Pasiphaë in den Besitz des göttlichen *sekretums* zu bringen. In gewisser Hinsicht ist des Meisters Verfahren eine etwas rohe, sagenhafte Form dessen, was Sokrates später als die vornehmste Aufgabe des Philosophen gedacht hat: Geburtshelfer zu sein, der Mäeutik des Denkens zu dienen. Der Stier, das Zeichen Aleph, schreibt sich ein in das von Menschenhand verfertigte Medium, und dieser Verbindung von göttlichem Zeichen und menschlichem Ingenium entspringt jener Minotaurus, das Zwitterwesen.

Der Vergleich mit Sokrates ist insofern erhellend, als Dädalus keineswegs bloß eine Figur ist, die etwas Neues in die Welt stellt (die automobile Skulptur), sondern er ist auch ein Meister des Verschwindenmachens. Das ist die doppelte Bewegung der Abstraktion: daß das, was erscheint, etwas anderes den Blicken entzieht.[94] Tatsächlich ist die Situation des Dädalus höchst paradox. Denn sein Kunstwerk soll erreichen, was die Natur nicht vermag. Er soll der Pasiphaë die Stierkraft verschaffen, aber das Medium, das er dazu ersinnt, ist ein Simulakrum: eine mechanische Kuh. Die Griechen haben *mechane* als »Betrug an der Natur« übersetzt – was man als die säkularisierte Fortsetzung des Götterbetrugs, also des Opferraubs lesen kann. Aber weil jeder Opferraub einen Fluch zur Folge hat, gerät dem Dädalus seine Kunstfertigkeit nicht zum Segen. Denn seine Artefakte rufen Zwitterwesen hervor, die wiederum die Konstruktion eines neuen Artefakts erzwingen. Der Minotaurus muß verborgen, er muß im Labyrinth versteckt werden – das Sekretum des Gottes wird durch eine Ordnung ersetzt, deren Gesetz darauf abzielt, den Minotaurus unsichtbar zu machen.

Leuchtet uns der Antrieb der Pasiphaë, als ein *freigesetztes Begehren*, unmittelbar ein, so könnte man sich fragen, was den Künstler Dädalus antreibt. Die Psychoanalyse würde vielleicht mit dem Gebärneid, der Junggesellenmaschine aufwarten. Der Mythos erzählt eine andere Geschichte, die Geschichte einer Wiedergutmachung, einer Wiederbelebung. Denn Dädalus, Athener von Geburt, ist ein Fremdling in Knossos, ein Exilant und Heimatvertriebener. Er ist auch, was man einen *Schizo* nennen könnte, eine Gestalt, die den Riß, das Trennende in sich vereint. *Schizein*, das heißt wörtlich: trennen. Genauso beginnt die Geschichte des Dädalus, lange bevor er in den Dienst des Königs Minos tritt. Sie beginnt damit, daß Dädalus, der in Athen als Steinhauer arbeitet, beim Steineschneiden die Begierde verspürt, den rohen Stein, statt ihn zu zersprengen, mit einem feinen und säuberlichen Schnitt in zwei Hälften zu teilen. Dazu ersinnt er, Zähne in ein Metallblatt zu schneiden – womit er so etwas wie eine Säge konstruiert hat. Nun hat Dädalus einen Schüler (Talos mit Namen!), der seinem Meister begierig nacheifert und dabei, überaus begabt, noch über diesen hinauswächst. Es gelingt ihm, die Erfindung des Meisters zu perfektionieren, indem er statt eines Sägeblattes eine kreisrunde Metallscheibe mit Zähnen versieht. Die Konstruktion dieser Kreissäge weckt bei Dädalus eine solche Eifersucht, daß er den allzu gelehrigen Schüler tötet. Als die Athener Bürger ihn dabei erwischen, wie er den Leichnam begräbt, gibt er vor, eine Schlange zu verscharren – aber seine Tat wird entdeckt. Er wird verbannt, und mit dieser Verbannung beginnt die Geschichte seines Exils. In einer anderen Fassung (die Ovid in den *Metamorphosen* erzählt) wird der Schüler, fallend, in ein Rebhuhn verwandelt.

So wie Minos den Opferkult unterbricht – wobei alles, was ihm fortan widerfährt, die Gestalt eines Stiers annimmt –, so erweist sich Dädalus als sein invertiertes Spiegelbild. Zwar glücken ihm nach seiner Verbannung (nachdem er ein einziges Mal ertappt worden ist) all seine Täuschungsmanöver, aber in seinen Kunstfertigkeiten kehrt das *crimen* des gestohlenen Wissens wieder. Wie mit seinen Skulpturen, die sich unversehens, kaum hat man ihnen den Rücken gekehrt, davonmachen, verhält es sich mit all seinen Artefakten: Sie nehmen ein unvorhersehbares Eigenleben an, das nur durch eine weitere Vorrichtung zu bändigen ist (womit jener Mechanismus bezeichnet ist, den man heute unter dem Rubrum des *Sachzwangs* abhandelt). Weil der Minotaurus verborgen werden muß, wird Dädalus genötigt, einen Zwinger zu bauen: das berühmte Labyrinth. Dieses Labyrinth ist so perfekt konstruiert, daß Dädalus selbst den Weg nicht mehr hinausfinden kann. Verdammt, im selbstverfertigten, dunklen Zwinger mit dem Minotaurus eingeschlossen zu sein, ersinnt er ein Fluchtmittel, jene künstlichen, wachsbestrichenen Flügel, mit denen er zu seinem berühmten Flug der Abstraktion aufbricht (in dessen Folge sein Sohn Ikarus der Sonne zu nahe kommt und vom Himmel herabstürzt). Was immer Dädalus tut, welche Flug- oder Fluchtapparaturen er auch ersinnt, er entkommt dem Fluch der Hybris nicht. In gewisser Hinsicht kommt seine Kunst mit dem Tode des natürlichen Sohns zu einem Ende: »Und er verflucht seine Kunst und birgt im Grabe des Sohnes/ Leiche.«[95] Im Augenblick der Grablegung erscheint das Rebhuhn[96] – frohlockend über den Tod des Dädalus-Sohnes.

Wenn es heißt, daß der Schüler Talos/Perdix nicht nur die Kreissäge, sondern auch den Zirkel[97] ersonnen habe, so erweist sich an diesem kleinen Detail die Zirkularität der Erzählung. Jener Augenblick, da der Vater *im Grabe des Sohnes Leiche birgt*, markiert nicht nur die *Scham des Dädalus*, die Umkehrung der natürlichen Ordnung, sondern einen geradezu perfekten Zirkelschluß. Der Sturz des Ikarus wird bejubelt von jener merkwürdigen Vogel-Kreatur, die selber, traumatisiert vom Sturz ins Bodenlose, nicht recht fliegen will. Das Vergehen des Dädalus, der Raub des Wissens, scheint damit gesühnt. Das moralische Gleichgewicht ist wiederhergestellt, doch kann von einer Rückkehr nicht die Rede sein. Denn alles ist anders geworden. Der Weg des Dädalus ist gesäumt von Metamorphosen und Transformationen, die die Natur zu betrügen suchen. So wie ein Artefakt dem unvorhergesehenen Eigenleben seines Vorläufers antwortet und den Künstler immer tiefer ins Geist-Labyrinth seines Denkens hineintreibt, so führt ihn dieser Weg von einem Exil in das nächste. Die *Hybris,* die im Griechischen so verdächtig war und in des Vaters Weisung eingeht, der Sohn möge das rechte Maß wahren, charakterisiert die Artefakte des Dädalus selbst. Hybris – das heißt nicht nur Übermut und Selbstüberhebung, sondern es markiert auch die Hervorbringungen dieses Begehrens: die Hybriden, die dem Betrug an der Natur entspringen.

Das Labyrinth

Das Labyrinth des Dädalus markiert eine Grenze neuer Art: zwischen dem Innen und Außen, zwischen roher Natur und Architektur, die ihre eigene Gesetzmäßigkeit hervorbringt. Man könnte das Labyrinth einen *magischen Zirkel* nennen. Genauer noch: Es symbolisiert (als ein abgeschlossener Raum) den Zirkel des Wissens selbst, es macht sichtbar, daß das Wissen in einem von Menschenhand verfertigten Korsett steckt.[98] Dieses Wissen ist nicht abstrakt, nicht das, was man den *toten Buchstaben* nennt – es ist vielmehr das Wissen um die Gesetze der Fruchtbarkeit, um das *sekretum* des Stiers. Es ist der Stier, der zu Kopf gestiegen ist. Dabei gilt es, sich die ursprüngliche Form des Labyrinths vor Augen zu halten, das noch kein Bauwerk darstellte, sondern lediglich ein Erdloch, eine Höhle. Diese Höhlen-Labyrinthe waren Stätten, an denen Initiationsriten stattfanden. Darüber hinaus dienten sie zur Weihe der bronzenen Artefakte,[99] also des prometheischen Kultes. In der Fortsetzung dieser Linie erscheint das Labyrinth als die logische Entsprechung dessen, was das Ideogramm der Schlange sagt: das Wissen um das Geheimnis der Reproduktion.

Es gibt hier jedoch eine wesentliche Verschiebung. Denn das Labyrinth deutet den Begriff der Herrschaft um. Kann man im Querbalken des Alpha noch die Spur des Triumphes ahnen, den Stier ins Joch gezwungen zu haben, so läuft die Domestikation des Minotaurus nicht mehr über die unmittelbare Form körperlichen Zwangs, sondern über den Raum, den Zwinger. Um einen Körper zu kontrollieren, muß man ihn nicht mehr anketten, es genügt, den Raum zu beherrschen, in dem er erscheint. Eben diese Einhegung erfahren auch die Lettern des Alphabets – denn der semantische Zwang geht nicht mehr unmittelbar von der Gestalt des Buchstabens, sondern von der Kreisform des Alphabets aus. Wenn von einem *magischen Zirkel* die Rede ist, so besteht die Magie dieses (labyrinthischen, alphabetischen) Zirkels darin, daß ihm genetische Kraft innewohnt. In diesem Sinn sind die Transpositionen der Höhlung entscheidend, vom Ort der Geburt über die metallurgische Werkstatt bis hin zum abstrakten, logischen Zeichenraum.

Solange jedoch das Labyrinth das menschenverschlingende Monster beherbergt, solange die Alphabestie die Körperlosigkeit des Alpha-Zeichens noch nicht erreicht hat, hat dieser Ort seine Bestimmung noch nicht erreicht. Was aber wäre diese Bestimmung? Ein anderer Mythos könnte darüber Auskunft geben. Apoll, der im Orakelort Delphi eine kretische Priesterkaste ordiniert hat – an dem Ort also, der ursprünglich einem weiblichen Drachen mit Namen Delphyne (d. h. Gebärmutter) gehört hat – will dort einen Tempel errichten. Dieser Tempel hat eine merkwürdige Form. Bienen, so wird erzählt, hätten dem Apollon einen Tempel aus Wachs und Federn gebaut, den der Gott ins Land der Hyperboreer geschickt habe, von wo er alljährlich wieder zurückgekehrt sei. So besehen wäre die Funktion des Labyrinthes seine Aufhebung – oder wenn man so will: die Portabilität dieses Wissens. Genau das ist der Ausweg, den auch Dädalus wählt: mit Wachs und Feder gerüstet bricht er zu seinem Himmelsflug auf.

Nun erzählt die Mythologie noch von einem anderen Weg, der aus dem Labyrinth hinausführt, in der berühmten Geschichte der Ariadne, der natürlichen Tochter des Minos und Schwester des Minotaurus. Wie eine andere große Heroine, Medea, die ihren eigenen Bruder tötet (oder auch Skylla, die aus Liebe zum König Minos Vater und Königreich verrät) schickt auch Ariadne sich an, aus Liebe zu einem Fremden Haus und Hof zu verraten (was Roberto Calasso zu der Bemerkung veranlaßt hat, Verrat sei der Heroismus der Frauen[100]). Dieser Fremde ist Theseus. Um ins Labyrinth zu gelangen, hat er sich in die Reihen jener athenischen

Knaben und Mädchen eingereiht, die dem Stier geopfert zu werden bestimmt sind. Theseus ist auf das, was ihn erwartet, bestens vorbereitet, ist er doch ein berühmter Stiertöter und Frauenräuber. Er ist es, der den Stier von Marathon, den mutmaßlichen Erzeuger des Minotaurus, niedergestreckt hat. Ariadne, in Liebe zu dem jungen Helden entbrannt, weist ihm mit einem leuchtenden Kranz oder einem Diadem den Weg durch den Dämmer. Auf diese Weise gelangt der Held ins Innere, wo er den Minotaurus schlafend vorfindet. Auf einigen Vasen sieht man, wie Heros und Alphabestie einander im Duell gegenüberstehen. Theseus hat ein Schwert, die Alphabestie nur einen Stein in der Hand. In der Ungleichheit der Waffen verrät sich schon der Ausgang des Kampfes. Das entscheidende Detail der Geschichte liegt jedoch weniger in der Kampfhandlung selbst als vielmehr in der Frage, wie man aus dem Labyrinth wieder herausfinden kann. Mit Hilfe von Ariadnes Erfindung, jenem Ariadnefaden, gelangt Theseus erst aus dem Labyrinth heraus. Dieser Faden, wenn man so will, ist das Muster der Schrift, denn er erlaubt es dem Helden, dem Labyrinth der Zeichen zu entkommen, Satz für Satz in jenem kryptischen Text voranzuschreiten, der das Muster der Sage schreibt und aus dem die großen attischen Tragöden ihren Stoff nehmen.

So besehen erscheint das Labyrinth im wesentlichen als eine *Textur*, als ein Text, der gelesen und entziffert werden will. Hier überschneiden sich Geometrie und Erzählung, Text und Architektur – zeigt sich, daß es bei der Geschichte des Stiers, der (von der Mäeutik des Dädalus geleitet) in der Gestalt eines Stiermenschen erscheint, um ein *Zeichensystem* geht. Die Bemeisterung der Alphabestie gewinnt Sinn dort, wo die Zeichen ihrerseits mit einem Band verbunden werden. In diesem Sinn ist das leuchtende Diadem, der Strahlenkranz der Ariadne, eine Art Aufklärungsprogramm, der Faden andererseits jene Kette, die die Zeichen miteinander verbindet.

So wie das auslaufende *sekretum* des Talos (der dem Blick der Medea nicht standhalten kann) nicht aus der Welt verschwindet, sondern mit den auslaufenden kretischen Schiffen in der ganzen Mittelmeerwelt heimisch wird, so wird auch das Labyrinth, das der Athener Heros sieghaft verläßt, gleichsam portabel: ein hell leuchtender Zeichenkranz. Es heißt, der Held habe auf dem Heimweg einen Reigentanz aufgeführt, der das Muster und die Windungen des Labyrinthes nachgeahmt habe. In diesem Tanz (der ein Dankesopfer an Apollon begleitet) findet das Labyrinth zu seiner Bestimmung, denn hier verwandelt sich die hermetische Architektur des Dädalus zu einer bewältigten Form, einer Form, die aufgehört hat, Zwinger zu sein, die vielmehr leichtfüßig, im Reigen der Tänzer, sich vermittelt. Theseus, wenn man so will, hat das Wissen des Labyrinths zum Gemeingut gemacht – und so wird er, heimgekehrt, zum König erwählt.

Ariadne

Und Ariadne? Ariadne bleibt zurück, vom Helden verlassen. Aus Liebeskummer, so sagt man, habe sie sich auf Kreta erhängt, oder sie sei in den Wehen gestorben, ohne geboren zu haben. Diesem Umstand gilt ein ihr geweihter zypriotischer Kult, bei dem sich ein junger Mann in einer Mimesis des Gebärvorgangs als eine künstliche Mutter aufführt. Einer anderen Variante des Mythos zufolge hat Dionysos sie dem Theseus geraubt.[101] Welche Fassung man auch immer favorisiert, sie stimmen alle darin überein, daß Ariadne zurückbleiben muß. Darin liegt eine innere Zwangsläufigkeit. Denn Ariadne, wie Persephone eine Art Unterweltsgöttin, ist ein Teil jener Welt, deren Leidenschaften zutiefst mit der Welt der Alphabestie verwoben sind. Wenn die Funktion des Labyrinths darin besteht, sich in Form eines gesellschaftlich vermittelten Wissens aufzuheben, stellt die *Herrin des Labyrinths* ein Relikt dar, das allenfalls in idealisierter Form, als Statue, fortleben kann. Infolgedessen bleibt sie zurück und geht den Weg in die Abstraktion, ins Register des bloß *symbolischen Zeugens*, nicht mit.

Damit ist ein Leitmotiv angerührt, das sich auf der Ebene der Götter- wie auch der Heroengeschichten stets wiederholt: das der zurückbleibenden Frauen. Ob Medea, vor deren Blick das Geheimnis des Talos ausläuft, oder Ariadne, die das Geheimnis des Labyrinths offenbart – es ist gleichsam, als ob diese Figuren das Heimweh jener verschwundenen Welt verkörperten. In dem Maße, in dem das Gesetz der Reproduktion zum ZeichenZeug wird, in dem die Zeichen homogen werden und ihrerseits den *Homogen* erzeugen, verliert die Weiblichkeit (als Rätselort von Geburt und Fortpflanzung) ihre Bedeutung. Wenn der der Ariadne geweihte Kult einen jungen Mann den Geburtsvorgang vorführen läßt, so markiert dieser Kult gleichsam den Endpunkt jener Problematik, die mit der leidenden Rhea und dem kreißenden Berg begonnen hat: Denn künftig liegt das Geheimnis der gesellschaftlichen Reproduktion bei jener Priesterkaste, die andere als die natürlichen Mittel kennt.[102] In diesem Sinn ist das Bild der gebärend-sterbenden Ariadne das Komplementärbild des Zeus, der seine Gattin Metis verschluckt, um den gemeinsamen Sproß, die Athene, aus seinem Kopf zu gebären, als reine Geistzeugung.

Sonderbar, Flügel zu haben. Die Finger, mit Federn versehen, der Arm – eine Schwinge. Und das Gefühl von Wachs auf der Haut, wie sie sich spannt, als gelte es sich einzubalsamieren, wie ein Pharao, nur bei lebendigem Leib. Was den Vorteil hat, daß ich spüren kann, wie sie sich anfühlt, die Ewigkeit. Und wie es sich lebt als künstliches Federvieh. Es ist nicht unangenehm. Diese Erleichterung, dieses Glück, die Körperschwere einfach abstreifen zu können wie eine überflüssig gewordene Haut. Als ich vom Boden abhob, dachte ich, was für ein sonderbarer Anblick das sein muß: diese Füße, die sich vom Boden lösen (und aus irgendeinem Grund war da die Empfindung: daß mein Paar Schuhe stehenbleiben müßte). Ein Abdruck, eine Spur zumindest, wie Vogelspuren, Kratzer im Sand. Man sagt Typoi in jener Sprache, die ich sprach. Aber nichts. Es war ganz einfach: Ich habe geatmet, gespürt, wie die Luft in mich eindringt, und da war ich schon selbst in der Luft. Und wie leicht es fällt (wenn man so sagen darf), leichter zu werden, in einer unaufhaltsamen Aufwärtsbewegung, wie eine Rauchsäule oder der Hauch, der an einem kalten Wintertag dem Mund entsteigt. Und dann, als ich mich unwillkürlich dieses lange Aaaa aussprechen hörte, da sah ich vor mir das Zeichen, ein großes kalligraphisches A, und ich begriff, erstmals, daß es meinen Körper zeigt, die beiden Beine, auseinandergespreizt, und die Arme zu einem Pfeil ausgerichtet, der Sonne entgegen. Unter mir (das ergibt jetzt Sinn, zu sagen: unter mir) liegt das Labyrinth, das ich gebaut habe – in dem ich eingeschlossen war all die Jahre, und ich sehe, wie mein Schatten darüber kreist, der Schatten meines Körpers, der Schatten des Flügelschlags. Ich sehe den Minotaurus. Vielleicht täusche ich mich, vielleicht ist es bloß mein eigener Schatten, aber es kam mir vor, als hätte ich ihn durch die Gänge irren sehen. Er wird brüllen vor Wut, meinetwegen – das ist weit weg, ich höre nichts mehr, ich bin schon viel zu weit fort.

Wie schön es ist, das Labyrinth zu sehen aus der Höhe. Als ob ich jetzt erst den Plan zu begreifen beginne, den ich ausgeführt habe, damals, blind. Jetzt, da ich darüber hinwegschwebe, federleicht, erschließt sich mir jene kreisförmige Ordnung. Es ist, als ob ich mein Denken sehen, als ob ich in meinen Kopf hineinschauen könnte – und plötzlich kommt es mir vor, als sei all dies ich selbst, das Labyrinth und die Insel, das Wasser, die Bewegung der Wellen, in denen der Himmel schwimmt und die Wolken...

Stier im Kopf

Der Tod des Minotaurus erzählt davon, daß die Revolution, die Umkehrung des Zeichens nicht nur eine Fort- oder Weiterentwicklung des Zeichenwerkzeugs markiert, sondern auch eine tiefgreifende Erschütterung der religiösen und gesellschaftlichen Ordnung. Insofern ist es kein Zufall, daß das Ende der kretischen Welt um etwa 1450 v. Chr. jene lange Dunkelheit einleitet, welche die Historiker das *dark age* des Altertums nennen: Pest und Zerstörung, die Völkerwanderungen und Wirrnisse der trojanischen Kriege. Aus dieser Dunkelheit schließlich tritt Kadmos und mit ihm die griechische Polis hervor – mit einer so unerhörten, nirgends präfigurierten Komplexität, daß dieses jähe Erscheinen immer wieder als *griechisches Wunder* (Ernest Renan) bezeichnet worden ist.[103] Die Evokation des Genialischen verdunkelt allerdings mehr, als daß sie erhellt – und wenn dem Verwundern der Historiker etwas abzugewinnen ist, so das, daß es das begriffslose Analogon jener verlorenen Form ist, die künftig zur Triebkraft des Geschichtsprozesses wird. Genau diese Triebkraft wird am Zeichen des Alpha überdeutlich. Denn nicht nur in dem, was das Zeichen sagt, sondern auch und gerade in dem, was es *nicht* sagt, liegt seine Wirksamkeit begründet. Alpha sagt nicht nur A=A, sondern überblendet die piktographische Funktion, das Bildnis des Stiers – und diese Überblendung stellt die Bedingung der Möglichkeit dar, daß sich das Diesseits der Zeichen überhaupt aufspannen kann. Hier aber stellt sich die wesentliche Frage: Wie hat dieser Blendungsprozeß überhaupt möglich sein können? Wie ist es möglich, stets aufs neue zu übersehen, daß das Alpha, auf den Kopf gestellt, wie ein Stierkopf aussieht? Die Antwort ist einfach, aber folgenreich. Wenn dieses Übersehen gelingt, so deswegen, weil man im Zeichen nurmehr das *metaphysische* Zeichen, nicht aber die Physis sieht, der es doch seine Form verdankt.

Daß dieser Prozeß des fortgesetzten Übersehens des Sichtbaren, die Verdrängung der piktogrammatischen Bedeutung möglich ist, basiert auf einem tiefgreifend veränderten Zeichenbegriff. Denn das einzelne Zeichen des Alphabets gilt nicht als solches, sondern nur als Teil eines Ganzen, das seinerseits die Totalität der Laute abbildet – präziser: das nichts ist als Laut.[104] Das Zeichen wird ins Typenrad der Zeichen gespannt, und diese Maschinerie ergibt erst im Zusammenspiel, in der Symphonie der Lautzeichen Sinn. Wenn Kadmos die Harmonia heiratet, so ist der Name seiner Gattin Programm. Denn sie verkörpert jene zirkuläre Energie, die jedem Systemgedanken eigen ist. Versucht man das Typenrad der alphabetischen Zeichen in ein Bild zu übersetzen, so drängt sich das Labyrinth des Dädalus auf. So wie das Labyrinth des Dädalus die Funktion hat, den Minotaurus zu verbergen, so trägt die Logik des Alphabets dazu bei, die piktographische Dimension des Zeichens in die Unsichtbarkeit zu überführen. Der Erscheinung des metaphysischen Zeichens geht die Verkapselung und schließlich die Liquidation des Bildwertes voraus: Ikonoklasmus. – Nun beschreibt dieses Moment der Unsichtbarmachung des Stierzeichens nur eine Fallseite der Geschichte. Wenn zuvor davon die Rede war, daß im Labyrinth die Herrschaft über einen Körper nicht mehr des unmittelbaren Zwanges bedarf, sondern sich über den Zwinger, das heißt: über den Herrschaftsraum vermittelt, so kann man sagen, daß auch der Aspekt der Fruchtbarkeit überführt wird: vom einzelnen Zeichen (dem Alpha-Phallus-Zeichen des Stiers) zum Zeichenlabyrinth, jenem systemischen Kreislauf, den das Alphabet bildet. Darin liegt die Funktion der Stiertötung. Nur wenn es im System kein privilegiertes Fruchtbarkeitszeichen mehr gibt, kann das Phantasma der Fruchtbarkeit ans System übergehen, das seinerseits die Zeichen im Kreis laufen läßt: *en kyklos paidein*. Die enzyklopädische Disziplin nimmt die Fruchtbarkeit in sich auf und artikuliert sich infolgedessen allererst als *Naturphilosophie*. Der Stier, zu Kopf gestiegen und in die Abstraktion überführt: *logos spermatikos*.

Geschlossene Welt

Die Zeichen des Alphabets beschreiben einen leeren, geschlossenen Raum. Die Abschließung ist eine doppelte. Einmal wird die körperliche Welt ausgesperrt – fortan werden die Dinge und Lebewesen ihren Schatten nicht mehr in diesen Raum hineinwerfen können –, zum zweiten wird der Raum der Zeichen selbst zu einer Totalität (was die Zelle ins Unermeßliche dehnt, eben so weit, daß der Ausschluß der Welt nicht mehr fühlbar wird). Diese beiden zusammenhängenden Punkte trennen das Alphabet von seinen Vorläufern: die Notation der Vokale und der Systembegriff. Weil das Alphabet einen geschlossenen Kreislauf beschreibt, vermag es die Phantasie der Ganzheit (des Holons, der Welt) in sich aufzunehmen. In heutigen Begriffen könnte man sagen, daß das Alphabet eine symbolische Maschine darstellt. Es mag zunächst irritieren, wenn hier von einer »Maschine« gesprochen wird – freilich trifft dieser Begriff in einem entscheidenden Sinn um so genauer, dann nämlich, wenn wir unter der Maschine dasjenige fassen, was einen symbolischen Kreislauf darstellt – was ja das Charakteristikum all dessen ist, was wir »System« nennen (und was in der Regel nur eine Abwandlung von Räderwerk und Regelkreislauf darstellt[105]).

Eben diese Idee des symbolischen Kreislaufs eröffnet uns, was der Mythos uns nur fragmentarisch oder in dunklen Bildern zu erzählen vermag: daß der Hiatus, der das Alphabet aus den überkommenen Schriftformen herauslöst, eben darin besteht, daß das Symbolische erstmals, ganz für sich genommen, zum Kreislauf zu werden vermag, daß die Welt nunmehr begriffen werden kann als Maschine. In der Kreisgestalt – dieser für die Antike so kennzeichnenden Form[106] – liegt der Einschnitt, der die Besonderheit des Alphabets markiert. Man könnte sich den Kreis als eine Haut vorstellen, eine Membran, welche das Zeichen von der körperlichen Welt isoliert und dadurch eine abstrakte, symbolische Ganzheit erzeugt. In gewisser Hinsicht ist diese Ganzheit so etwas wie ein Überwurf, eine symbolische Ordnung, unter der die körperliche Welt auf die gleiche Art und Weise verschwindet wie der Körper des Mönchs unter seiner Kutte. Diese Herauslösung aus der körperlichen Welt erscheint mir wesentlich, nicht nur, weil hier eine Sperre zwischen Ding und Zeichen tritt (eine Art Trennscheibe, die die Welt fortan in Signifikanten und Signifikate teilen wird), sondern auch, um den Bedeutungswandel zu unterstreichen, der mit dem alphabetischen Zeichen einhergeht. Denn das Zeichensystem, das im Kreise läuft, markiert ein neues Feld: einen Binnenraum, in dem eigene Gesetze herrschen. Das Labyrinth der Zeichen. Nichts wird in dieses geschlossene Denkgebäude mehr eindringen, nichts wird die Reinheit der Zeichen mehr verunreinigen können. Hier kommt ein letzter, und geistesgeschichtlich wohl der bedeutsamste Punkt ins Spiel (jener Punkt, an dem der Geist in der Maschine gleichsam ins Religiöse hinüberspringt). Waren die früheren Schriftformen den *Einflüssen der Semantik* ausgesetzt und hatte eine Veränderung der Außenwelt notwendigerweise eine Anpassung der symbolischen Apparatur zur Folge (die Hinzufügung eines Bildzeichens z.B.), so tut sich mit dem geschlossenen Binnenraum des Alphabets eine Sphäre der Welt- und Zeitentrücktheit auf. In scharfer Differenz zu den Tierkraftgottheiten, die im Wechsel der Jahreszeiten sterben und wiederauferstehen, formiert sich die Behauptung einer Ewigkeit, die zugleich den Gedanken einer umfassenden Fruchtbarkeit in sich birgt – als sei alles schon gesagt und alles schon getan. Jenes Verhältnis von Zeit und Ewigkeit, das die christliche, aber auch die spätantike Philosophie bis in die letzte Hypostase ausarbeiten wird, ist hier, als absolute *stasis*, bereits präfiguriert. *Am Anfang war das Wort, und das Wort war bei Gott, und Gott war das Wort* (Joh. 1,1). Das Alphabet erscheint wie eine Ur-Zelle, die das *pleroma*, die Fülle des Seins, in sich birgt. So wie das Verhältnis von Körper und Zeichen sich invertiert, so invertiert sich auch das Verhältnis von Zeit und Ewigkeit. Gilt der Körper als Schwundform, als Bastard eines metaphysischen Urbildes, so gilt auch Zeit nur als ein Schatten der Ewigkeit, die bloße Verstofflichung einer präexistenten Form.[107]

Die religiöse Bedeutung dieses Ereignisses scheint mir der entscheidende Punkt zu sein: die Epiphanie der Schriftgottheit. Dies aber impliziert die Möglichkeit, die *Schriftreligion* im allerschlichtesten, paradoxesten Sinne aufzufassen: als eine Religion der Schrift selbst. Wie Gott den Menschen nach seinem Bilde schuf, so wird ein jegliches Wort, ein jeglicher Gedanke nach dem Bild des Alphabets formuliert sein, und alles wird auf diesen ersten Zeichenkreislauf zurückkommen müssen.[108] Auch das zweite Gebot hat seine Gültigkeit: Denn dieser ikonoklastische Schriftgott, der unsichtbar ist wie die Stimme im brennenden Dornbusch, hat die Bilder ausgesperrt. In diesem Sinn verkörpert jede *Gramme* (auch wenn sie im Verbum des Schreibens, dem *graphein*, noch das Moment der Bildlichkeit in sich trägt) bereits ein asketisches Ideal, ein Ideal, das den Sterblichen nachgerade unerreichbar ist.

An diesem Punkt (an dem sich schon der Höhenflug der antiken Philosophie, vor allem aber die Logostheologie des Christentums erahnen läßt) ist der Rückgriff auf die Geburt dieser Gedankenfiguren hilfreich, den *Zeus in Windeln*, der in einer kretischen Höhle das Licht der Welt erblickt hat. Mag die Fertilität der Zeichen sich an die Stelle der Tierkraft gesetzt, mag sich darüber die Idee des *logos spermatikos* eingestellt haben, so gilt es doch nicht zu vergessen, daß das, was im Bronzeguß mit verlorener Form »entbunden« wird, zunächst einmal vernichtet und in seiner Eigenkörperlichkeit vollständig annihiliert worden ist. In diesem Sinn läßt sich das Alphabet selbst als eine Hohlform lesen: zeugendes Nichts, nichtige Zeugung. Dieser Prozeß aber codiert die Beschaffenheit des Körpers um. So wie beim Bronzeguß mit verlorener Form einer jeden Form die Schmelze vorausgeht (Wachs und Bronze müssen zu einer isomorphen Masse eingeschmolzen werden), so bewirkt der Systembegriff des Alphabetes eine *Gleichgültigkeit der Typen,* scheint es keinen Unterschied zu machen, einen Buchstabenwert durch einen anderen zu ersetzen. Wenn ein Buchstabe soviel gilt wie der andere, so deshalb, weil die Zeichen durchs Feuer gegangen sind, weil sie jenen symbolischen Tod erlitten haben. Das ist der Preis, den das reine Zeichen fordert. Jede Form, die durchs *kenon* des Alphabets hindurch muß, wird fortan dieses Moment der Annihilierung, die Erinnerung der verlorenen Form mit sich tragen.

Der Skandal der Philosophie

Es ist nicht nur Zeus allein, der in der kretischen Höhle das Licht der Welt erblickt, sondern hier ist, lange vor ihrer eigenen Bewußtwerdung, auch jene Denkform präfiguriert, die wir Philosophie nennen. Bezeichnenderweise hebt das philosophische Denken mit naturphilosophischen Spekulationen an. Welches Element dabei favorisiert wird, ob es das Ozeanische des Thales ist, das Heraklitische Feuer oder die grundlegende Einheit der Pythagoräer (die Zahl 1, oder genauer – da die Griechen die Zahl als Buchstabe notieren – die Alpha-Sphäre[109]) – all das läuft, insofern es die wesentliche Vorbedingung für derlei Gedankenfiguren darstellt, auf das Denken des Alphabetes hinaus. In der Tat ergibt die Lektüre der Vorsokratiker einen neuen Sinn, wenn man sie in Hinblick auf das Alphabet liest, diesen zeugenden Zeichenraum, der seinerseits bestimmte Gesetzmäßigkeiten oktroyiert. Die kryptischen Denkfiguren des Heraklit skandieren die Gesetzmäßigkeiten des Alphabets: »Verbindungen: Ganzheiten und keine Ganzheiten, Zusammentretendes – Sichabsonderndes, Zusammenklingendes – Auseinanderklingendes; somit aus allem eins wie aus einem alles.«[110] Was die Naturphilosophen in Unruhe versetzt, ist das Verhältnis von Element und Ganzheit, Holon und Atom, Bewegung und Ruhe. In ein Bild übersetzt, könnte man sagen: Der Kenotaph des Minotaurus, das Labyrinth der Zeichen, füllt sich allmählich mit den Chimären der Philosophie: mit dem Geist, den Heraklit dem Feuer zuspricht, mit dem Parmenidischen Sein, dem Einen und abstrakten Gott, der Hören und Sehen ist (Xenophanes).

Wenn jedoch von Naturphilosophie die Rede ist, so wohnt dieser – insofern sie als systemischer Kreislauf begriffen, nach der Logik des Alphabets aufgefaßt wird – kein Bild der *physis* inne, sondern vielmehr die *mechane*, jene abstrakte Maschine, mit der schon Dädalus den Stier genarrt hat. Folglich geht es nicht um die *physis*, sondern um die Metaphysik, in der die Physis kein Problem mehr darstellt: um den idealen Körper. Damit aber kommt jener Zeichentrick ins Spiel, der nicht nur die Revolution des Alphabets, sondern auch die nachfolgenden Revolutionen des Denkens begleitet. Der Mechanismus der Selbsttäuschung, der schließlich in jene großen metaphysischen Konstruktionen einmündet, ist überaus simpel. Er besteht darin, daß jene Gedankenfigur, die das gedankliche Grundwerkzeug darstellt, ausgeblendet oder als Naturkraft mißgedeutet wird. Was Natur heißt, ist in Wahrheit die Camouflage einer symbolischen Apparatur. Diesen Umstand einzugestehen ist jedoch unmöglich, wäre die Kritik des Xenophanes, die sich auf die selbstverfertigten Götter bezieht, umstandslos auch auf die selbstverfertigten Gottesmaschinen zu übertragen. Aus diesem Grund ist man bestrebt, die Maschine als *Natur* auszugeben – was aber nur gelingt, wenn man sie von den Spuren des Menschen reinigt, wenn der Schein des Nicht-Hergestellten erzeugt wird. Erst so läßt sie sich als ursprünglicher Körper, als »Natur« voraussetzen. Der Vorteil liegt auf der Hand, denn die Maschine, die nunmehr »Natur« heißt, ist im vorhinein bekannt. Damit ist, was ein analytischer Prozeß zu sein vorgibt, immer schon synthetisch. In überaus flapsiger, gleichwohl unüberbietbarer Geradlinigkeit hat Steve Jobs, der Begründer der Apple-Company, diesen gedanklichen Salto auf eine Formel gebracht: »Der Computer ist die Lösung. Was wir brauchen, ist das Problem.« Diese Logik, bei der die Synthese der Analyse vorausgeht, bei der also, was an den Dingen zutage gebracht werden soll, immer schon vorausgesetzt ist, wohnt der Philosophie von Anbeginn inne. In diesem Sinn läßt sich die griechische Naturphilosophie vielmehr als eine Alphabetisierungskampagne verstehen, bei der einer präsumtiven Natur (die von den Göttern und dunklen Kräften gereinigt wird) die Logik der Letter untergeschoben wird.

In einem frühen Platon-Dialog, dem *Kratylos*, in dem Platon den Sokrates seine Ideenlehre entwickeln läßt, kann man, auf eine abschließende, grandiose Art und Weise die Genese dieses Mißverständnisses verfolgen. Wenn Sokrates sich einen Erben des Dädalus nennt, so ist bemerkenswert, daß er dabei nur auf die positive Seite dieser Erbschaft abzielt, ihre dunkle Seite aber ausschließt. Diese Unterscheidung wird an den ambulanten Bildwerken des Dädalus deutlich, von denen Sokrates sagt, sie hätten nur als gebundene Wert, als herumtreiberische aber nicht.[111] Mit dieser Feststellung spaltet er die Positivität des Artefaktes von dem ab, was ihm doch gleichfalls innewohnt: seine Flüchtigkeit. Auf die gleiche Weise wird das Labyrinth zu einem Tempel der reinen Vernunft.

Diese Position lohnt eine nähere Betrachtung. Und zwar entwirft Sokrates im *Kratylos* die Gestalt des Wortbildners, der von allen Künstlern unter den Menschen der seltenste sei – und dem darum die Funktion eines Gesetzgebers zukommt. Das Auftauchen des Gesetzgebers, in dem sich schon die Gestalt des Philosophenkönigs ankündigt (wie sie dann später im *Staat* ausgearbeitet wird), hat eine innere Logik. Denn Sokrates behauptet, daß das Recht der Namensgebung ursprünglich von den Göttern, von *den Hochfliegenden und Himmelskundigen,* herrührt. Der Name der Zeus etwa gibt, wie Sokrates etymologisch zu begründen weiß, bereits sein wahres Wesen zu erkennen: als Lebensspender und reiner, ungetrübter Geist. Auch die Welt der Heroen läßt sich, diesem etymologischen Programm entsprechend, symbolisch lesen: »so daß die Heroen Redner bedeuten und Ausfrager«, und »dieser ganze heroische Stamm ein Geschlecht von Rednern und Sophisten wird«[112]. Wenn der Name göttlichen Ursprungs ist (so wie der Atem als eine Art göttlicher Spirans, als »Seele« aufgefaßt wird), fragt sich allerdings, ob und inwieweit dieser göttliche Ursprung angesichts der Verwandlungen, die den Wörtern durch den Menschen zuteil werden, noch erkennbar ist. Warum haben die Dinge unterschiedliche Namen? Da Sokrates die Möglichkeit der semantischen Korruption einräumt, muß das etymologische Verfahren, das heißt: die Suche nach dem wahren Logos (d. i. der *etymo logos*), immer dort, wo es um die Wörter selbst geht, mit dieser Korruption rechnen. Eine weitere Frage richtet sich darauf, was das Wesen der ursprünglichen Stammwörter ist, inwieweit die Wortbildnerei eine Nachahmung des Gegenstandes selbst ist. Denn dieses Mimesis-Konzept läuft, idealiter gedacht, auf eine vollständige Verdopplung des Gegenstandes hinaus: »Wir müßten dann denen, welche den Schafen nachblöken und den Hähnen nachkrähen, auch zugestehen, daß sie das benennen, was sie nachahmen.«[113]

An dieser Stelle, da sich die Frage erhebt, was denn eine *adäquate* Benennung sei, bringt Sokrates die Buchstaben ins Spiel. In den Buchstaben, so führt er aus, seien die ursprünglichen Triebkräfte enthalten. Das R etwa sei das Element des Rollenden, Rührigen, das Organ der Bewegung[114] – und ganz analog dazu besitzt jeder Buchstabe seine »elementare« Funktion. Mag auch der falsche Gebrauch die *richtigen Benennungen* korrumpiert haben, so ist es doch (über die Einsicht in den ursprünglichen, göttlichen Sinn der Zeichen) möglich, zur richtigen Benennung zu gelangen. Entsprechend besteht die Kunst des Benennens in der Montage jener ursprünglichen Wesenheiten.[115] Damit nimmt der *Kratylos* ein Thema voraus, das fortan, als ein nicht mehr aus der Welt zu schaffender Gedanke, die Köpfe beschäftigt hat: die Idee, durch die Montage des jeweils avancierten Zeichensystems zur Ursprache zurückfinden zu können. Eine weitere Zweideutigkeit ist in dieser Vorstellung angelegt. Denn insofern die Buchstaben gleichermaßen bekannt wie auch göttlichen Ursprungs sind, gehören sie beiden Zonen an, sind sie physisch und metaphysisch zugleich. In dieser Ambiguität aber ist bereits die doppelte Buchführung angelegt, die sich in der Antinomie von Heiliger Schrift und Buch der Natur äußern wird. Das Ingenium des Sokrates (sein *discours de la méthode*) besteht darin, die Sphäre der Letter in den Bereich der reinen Wesenheiten hineingetragen zu haben. Zwar sind die Wörter durch Gebrauch korrumpiert, die Buchstaben jedoch nicht. Im Gegenteil, in ihnen artikuliert sich das Unvermischte, Identische, das dem Wortbildner ermöglicht, das Große, Schöne und Ganze zu bilden. Derart mit den reinen Elementen begabt, lassen sich die Dinge erneut zusammenbuchstabieren. Es ist sinnfällig, daß und warum die »reine Letter«, das unvermischte Atom des Göttlichen, zum geheimen Urbild der platonischen Ideenlehre wird.[116] Eine Voraussetzung für diese Operation, die Platon zu seinen Logos-Spekulationen beflügelt, besteht darin, die Geschichtlichkeit des Zeichenwerkzeugkastens auszublenden – was zur Zeit des Sokrates (wie die Argumentation belegt) schon gelungen ist. Indes führt die Letter nicht nur in jene höheren Sphären, die später von der Logostheologie des Christentums aufgegriffen werden. Sie hat, wie schon angemerkt, eine höchst irdische Fallseite, eine Seite, die den Materialismus der reinen Zeichen inspirieren wird. Es ist vor allem Aristoteles, der diese Spur legt: und zwar im *Organon,* wo er den Zeichenwerkzeugkasten um seine logischen Grundsätze erweitert. In der Aristotelischen Logik geht es nicht mehr um das Wesen der Dinge, sondern um die Ausarbeitung grundsätzlicher Denkwerkzeuge. Was immer hier entworfen wird, wird vom Phantasma des reinen und unvermischten Buchstabens gespeist. Ob Aristoteles die Widerspruchslosigkeit der Letter in Anschlag bringt (daß A nicht zugleich wahr und nicht wahr sein kann, Gesetz des Widerspruchs), ob er die Letter (im Gesetz der ausgeschlossenen Mitte) zwischen wahr und nicht-wahr oszillieren läßt, oder ob er das Gesetz der Identität (A=A) in Anschlag bringt – all diese Axiome gehen auf das Axiom des reinen Buchstabens zurück.[117] Im buchstäblichen Sinn ist die Aristotelische Logik eine A-Logik von Anfang an. Denn die Letter ist das Axiom der Axiome. Freilich liegt in diesem Axiom – gemäß der Formel, nach der die Wirksamkeit des Zeichens nicht nur in dem liegt, was es sagt, sondern auch in dem, was es nicht sagt – bereits ein Verschweigen. Und mit Grund. Denn wäre die Vorgeschichte im Gedächtnis gegenwärtig, so würden die Akrobaten der Logik ins Labyrinth der Zeichen hinabstürzen, dorthin, wo statt der reinen Idealität die Alphabestie lauert.

Wie man mit dem Hammer philosophiert

Man könnte die Sprachphilosophie des Sokrates als eine erste Form der Medientheorie auffassen – wobei Sokrates den Prozeß der Wortbildnerei selbst mit der Schmiedekunst vergleicht und dabei stets auf das *Werkzeug* zurückkommt.[118] Eines der Grundbilder des Werkzeugs ist der Hammer. Als Verlängerung der Hand, als Entäußerung und Verstärkung einer bereits innewohnenden Kraft, scheint er ein Teil des Körpers zu sein, ein nach außen gewendetes *organon*.[119] Die Einheit von Werkzeug und Hand suggeriert, daß man es vollständig im Griff hat, daß man im Vollbesitz seiner Kräfte agiert, um jenes Mehr verstärkt, das die *eiserne Hand* hinzufügt. Jede Philosophie, die sich eines solchen Werkzeugbegriffs bedient (und dies umfaßt auch die diversen »*Medien*diskurse«[120]), ist im Grunde eine Art, mit dem Hammer zu philosophieren. Nun besteht das Wesen des alphabetischen Zeichens nicht nur in dem, was es sagt, sondern auch in dem, was es verschweigt. Diese unterschlagene Seite aber scheint dort, wo man seinen philosophischen Hammer in Anschlag bringt, gar nicht auf. Schon der Gußprozeß der verlorenen Form ist von einer sehr viel größeren Komplexität, als der Gedanke des Mediums suggeriert. Denn diese Technik basiert doch gerade auf der *Aussperrung,* oder wenn man so will: auf der Abstraktion der menschlichen Hand. Weil das Ingenium dieses Prozesses nicht in der menschlichen Kraft, sondern in der Kenntnis des Materials sowie in der Abfolge der Produktionsschritte besteht, verlagert sich der Werkzeugbegriff in das Wissen, in die Art und Weise, wie der Metallurg sein Material ins Werk setzt. In diesem Sinn wird die Geistigkeit dieses Prozesses wunderbar deutlich in der Form, die, nachdem sie ihre Funktion erfüllt, sich auflöst.

Ein Widerschein der verlorenen Form artikuliert sich in der *mechane*. Denn hier ist diese Doppelwirklichkeit reflektiert: die Maschine, die einerseits einer bestimmten Funktion folgt und andererseits als *Betrug an der Natur* zu wirken vermag. Faßt man das Alphabet als solcherart strukturierte symbolische Maschine auf, so läßt sich sein Doppelzweck beschreiben. Einerseits fungiert es als Notationsinstrument, das alles (auch das Nichtseiende) zu notieren vermag, andererseits besteht sein Zweck darin, in der Liquidation der Alphabestie einen gleichsam metaphysischen Raum aufzuspannen. Nicht von ungefähr eröffnen die Phantasien, die sich an der Schrift entzünden, eine Totalität des Zugänglichen: meinen je nachdem Welt, Natur, Schöpfung (das, was später zusammenfassend *machina mundi*, Weltmaschine heißt). Dieser Totalitätsanspruch aber macht klar, daß die Vorstellung vom Werkzeug als eines Zuhandenen, das wie ein Hammer funktioniert, viel zu kurz greift. Das Alphabet ist nicht als Werkzeug, sondern als *Werkstatt* zu fassen. Diese Werkstatt wiederum ist symbolisch – ziemlich genau das, was man heute einen »virtuellen Raum« nennt. In diesem Sinn trifft das Bild des Labyrinths einen wesentlichen Kern. Als abgeschlossener, künstlicher Raum markiert es den Ausschluß der Welt, zum andern setzt es eine spatiale, räumliche Dimension voraus. Es ist nun evident, daß der Werkzeugbegriff unpassend wirkt, wenn von einem Raum die Rede ist. Denn nicht ich habe diesen Raum im Griff, sondern umgekehrt: Ich bin ein Teil dieses Raums. Genau dieses Verhältnis aber wird überall dort, wo die Schrift als Werkzeug oder als Medium gedacht wird, unterschlagen. Der Grund für diese Verleugnung ist sehr banal. Über die Schrift zu herrschen heißt, sich in den Besitz der Schöpferkraft zu bringen – ohne das Abstraktions-Opfer entrichten zu müssen, das die Schrift einfordert. Im Begriff des Werkzeugs setzt sich der Opferbetrug gleichsam fort. Freilich ist dies ein Opferbetrug, der in der Phantasie der Selbstzeugung zu seiner höchsten Form findet, der Hybris, und er ist nur um den Preis zu haben, daß all die Tributzahlungen, die man seinerseits der Schrift zu entrichten hat, relativiert, verdrängt und abgespalten werden müssen.

Setzt man nun diese abgespaltene Sphäre der Schriftreligion in eine strukturelle Beziehung zu den alten Fruchtbarkeitsreligionen, so kann man sagen, daß der Ort der Scham nicht mehr von der Unfruchtbarkeit, sondern vom Analphabeten besetzt ist. Setze ich dies voraus, gewinnt auch das Schreibenkönnen einen anderen Stellenwert. Wenn Roland Barthes einmal gesagt hat, »die Begierde schreibt den Text«, so könnte man diese Formel dahingehend zuspitzen, daß es die Schrift und das Schreibenkönnen sind, welche das Begehren strukturieren. So mag ich, indem ich Buchstaben zu Worten zusammenstelle, mich der Illusion hingeben, daß ich meine »Schreibmaschine« beherrsche, in dem Maße jedoch, in dem sich die Logik dieses Prozesses meinem Denken entzieht, schreibt sich ein Unbewußtes in diesen Akt ein: das Begehren, der Welt der reinen Zeichen teilhaftig zu werden, das Begehren, nicht der zu sein, der ich bin.[121] Aber genau dieses Begehren läuft auf einen Ausschluß all dessen hinaus, was diesen Raum kontaminieren könnte – und markiert eine *asketische* Energie (eine Energie, die in den großen Non-Signifikanten, den geschlechtslosen Engeln des Christentums, ihren vollkommenen Ausdruck findet). Wenn das Medium unterstellt, daß ich schreibe (daß ich der Bezwinger der Schrift sein könnte), so sagt die Werkstatt, daß ich (wie der Minotaurus) im Zwinger stecke. Schreibend geschrieben, zwingend bezwungen.

Das dienende Grab

Der Tod der Alphabestie hat einen leeren Raum zurückgelassen, eine Art Kenotaph. Allerdings wird dieses Grab, in dem das *sekretum* des kretischen Stiergottes ins alphabetische Zeichen eingeht, selbst wieder fruchtbar: tritt hier doch das Versprechen des künstlichen Lebens in Kraft. Strenggenommen also ist die Alphabestie nicht tot, sondern hat nur ihre Form gewandelt. Wenn der Minotaurus sterben muß, so deswegen, um überall und jederzeit ins Leben zurückgerufen werden zu können, eben dort, wo die Zeichen zum Tanzen gebracht werden. Man hat es, wie es in der Antike hieß, mit einem *dienenden Grab* zu tun, einer gebärenden Hohlform.[122] Tatsächlich ist die Leere des Zeichens die Voraussetzung seiner Fülle. Nur weil das Zeichen *nichts* ist, weil keinerlei Wirklichkeitsspur mehr an ihm haftet, vermag es zum universalen Äquivalent, zum Stellvertreter eines jedweden Körpers zu werden.[123] Die Schrift setzt sich, als *Denkmal der Dinge*, an die Stelle der Welt, und sie vermag dies, weil ihr die absolute Tautologie innewohnt (A=A, die Verheißung der Metaphysik). Im Zeichen des reinen, tautologischen Zeichens (das sich um seinen Körper erleichtert hat) instituiert sich der *Gott der Philosophen*. Dieser Gott ist nicht nur abstrakte Wesenheit, sondern auch (insofern er den Geist des Minotaurus in sich aufgenommen hat) seinerseits fruchtbar. Freilich sollte man sich die Fruchtbarkeit des *logos spermatikos* weniger nach dem Bilde der Natur denken als auf die Weise der kretischen Metallurgen: eine Art Magma, eine glühende Substanz, der, auf höchst mirakulöse Weise, die Formen und Formeln des Denkens entspringen. Damit markiert das Alphabet so etwas wie einen symbolischen Weltenbrand, eine tiefgreifende Transformation. So, wie die eingeschmolzene Bronze den Körper annihiliert und wie mit dieser Verneinung die Idee und die Bemeisterung einer *prima materia* einhergeht, so annihiliert das alphabetische Zeichen jene Welthaftigkeit, die dem Körper des Zeichens eignet. Versucht man sich in die Frühe dieses Denkens zurückzuversetzen, so kann man sich diesen

Prozeß nicht heiß genug vorstellen. Das ist keine *coole* Zeichenoperation, im Gegenteil: Hier brodelt das Magma[124], der Kessel, aus dem sich die abendländische Philosophie ihre syllogistischen Werkzeuge formt: Identität, Kausalität, den Satz vom ausgeschlossenen Dritten etc. Jedoch führt – und hier liegt die hermeneutische Schwierigkeit dieses Prozesses – von all diesen erkalteten Gebilden kein Weg zurück. Denn diese Produkte verschleiern, daß sie durchs Feuer gegangen sind. Man muß schon die dunklen Bilder des Mythos befragen, um die Gewalt des Vorgangs ermessen zu können – eine Gewalt, die im übrigen auch dort, wo sie ausgeblendet wird, die eigentliche Bewegkraft des Denkens ausmacht. Noch am deutlichsten wird der Einsatz in der griechischen Naturphilosophie spürbar, die sich der Suche nach der Weltformel verschrieben hat. Wenn Heraklit schreibt: »Das Feuer verwandelt sich in das All und das All in Feuer, wie das Gold in Münze und die Münze in Gold«[125] – so ist darin das Bewußtsein der semantischen Kernschmelze noch gegenwärtig. Nur zwei Jahrhunderte später wird Aristoteles in seiner *Metaphysik* schreiben, daß »Naturphilosophie eine Art Weisheit« sei, aber daß ihr die Logik vorausgehe[126] – und mit diesem Diktum koppelt sich die Aristotelische A-Logik von der Bedingung ihrer Möglichkeit ab.

Mehrwert

Die Gleichung des Heraklit, auf deren einer Seite der Geist des Feuers und des All-Einen steht, bringt auf der anderen Seite, höchst überraschend, die Münze ins Spiel. Mag dies zunächst bloß der Veranschaulichung des Gedankens dienen, so gilt es doch zu bedenken, daß das Erscheinen der Münze dem griechischen Alphabet unmittelbar nachfolgt. Um etwa 650 v. Chr. kursieren Münzen, die, seriell hergestellt, eine Prägung mit ihrem Nennwert aufweisen. Bedenkt man, daß Geld – in Form des Tempelgeldes etwa – ursprünglich mit der Sphäre des Religiösen vermengt ist, so markiert allein der Umlauf solcher Münzen eine wesentliche Zäsur, eine Zäsur, die genau der entspricht, die das Alphabet verursacht hat. So wie das Aleph mit dem Zeichen des Stiers die Tributpflicht den Tierkräften gegenüber abstreift, so verliert auch die Münze ihren sakralen Charakter. Damit aber gibt sie sich als das Pendant zur alphabetischen Type zu erkennen.

Daß eine Münze zum *Nennwert* genommen werden kann, ist an sich schon ein bemerkenswerter Vorgang: ein Vorgang, der den Einbruch des *konkret Abstrakten* in die Wirklichkeit beschreibt. Voraussetzung dieses Vorgangs ist die alphabetische Letter, die ja im Griechischen auch als Zahlzeichen fungierte. Denn die elementare Lehre des Alphabets liegt darin, daß jedes Zeichen nur als Nennwert genommen werden kann, während es keinen Sinn hätte, statt dessen den Körper des Zeichens zu entziffern, also im Alpha die Gestalt des Stier oder im Beta die weibliche Brust wiederzuerkennen. Auf die gleiche Art und Weise ignoriert der, der die Münze zum *Nennwert* nimmt, den jeweiligen Körper des Zeichens. Genau darin ist die Volatilität, die Übertragbarkeit des Zeichens begründet. Die kursierende Münze ist immer schon im *übertragenen Sinne*, also metaphorisch gedacht, und wenn man vom *Tauschmittel* spricht, ist genau dies immer schon vorausgesetzt. Stellte man sich dagegen vor, statt des metaphorischen Körpers die konkrete Münze selbst auszutauschen, so würde man alsbald auf jenen Widerstand treffen, wie ihn Kinder zeigen, wenn sie, dem *Nennwert* und allem guten Zureden zum Trotz, unbeirrt am glänzenden Geldstück festhalten. Dieser Kinderglaube erscheint nicht ganz unbegründet (wurde doch auch der Guß als *ars fingendi* bezeichnet), und auch der Akt des bloßen Nennens (also der Nennwert) ist keinesfalls hinreichend, um die Güte und die Gültigkeit der Münze zu gewährleisten. So zeigt sich an der Münze die Abgründigkeit des reinen Zeichens,[127] hat man es hier doch mit jener Sphäre zu tun, wo der bloße Nennwert für wahr genommen werden muß, und zwar nicht als luftiges Zeichending, sondern in seiner materialisierten Form: als *Körper des Zeichens*. Ein Körper, der allseits akzeptiert und handelsfähig sein muß.

Dennoch: Wenn im 7. Jahrhundert vor unserer Zeitrechnung ein solcher Münztypus auftaucht, so ist das Allerbemerkenswerteste, daß dieser Körper sich dem Bereich des Religiösen entzogen hat (so weit, daß man auf Kreta die Münzen mit einer Abbildung des Labyrinths und des Minotaurus versehen kann). Das Erscheinen der Münze bezeichnet in der Heraklitischen Analogie, daß das Recht der Prägung (also die Souveränität nicht nur über das Zeichensystem, sondern auch über den Akt der Schöpfung) als ein diesseitiges gelesen wird. Dabei wird die Funktion des *dienenden Grabes* sichtbar. Man hat es, wie man sagen könnte, mit einem symbolischen Tod, und zugleich: mit dem Versprechen eines symbolischen Lebens, zu tun. In diesem Sinn markiert die semantische Kernschmelze, die aus dem Gold die Münze macht und den Stier zum Alpha verwandelt, den Holocaust der griechischen Götterwelt. Mit dem Mythos des Minotaurus, mit dem Gründungsakt des Kadmos, treibt die griechische Kultur aus sich heraus, was sie fortan als *Barbarentum* bezeichnen wird: jene Götterwelt, die der Tierkraft tributpflichtig ist.

Man muß nur nachlesen, mit welch präziser, fast ethnographischer Distanz Herodot das ägyptische Stieropfer beschreibt,[128] um die tiefe Kluft zu ermessen, die sich fortan zwischen Griechen und Barbaren auftut. Die Barbaren werden diejenigen sein, die okkulten Bräuchen huldigen. Man könnte sagen: Mit dem Alphabet, dem Flug der Metaphysik, erhebt sich die griechische Kultur auf die gleiche Art und Weise über die Natur, wie man in Kreta sich über den Stier zu erheben suchte. Nimmt man die metaphysischen Philosophen, oder wie man auch sagen könnte, die Geistakrobaten ins Auge, so scheint es, als sei dieses *Überspringen des Opfers* tatsächlich gelungen, als hätte sich das Denken aus eigener Kraft befreit, himmelwärts, einem leeren und blauen Himmel entgegen... Wie die Münze zeigt (die ja ihrerseits ein kollektives Glaubensgebilde darstellt), hat sich die Tributpflicht jedoch lediglich verschoben – und zwar dahingehend, daß nunmehr die Glaubwürdigkeit des Zeichensystems aufrechterhalten werden muß. Damit werden die Denker genötigt, dem Gott der Philologen zu opfern. Genauso penibel, wie der ägyptische Priester die Reinheit des Opferstiers examiniert, geht es auch im Tempel des Schriftgottes zu, werden die symbolischen Opfer säuberlich auf ihre Reinheit untersucht. In diesem Sinn besteht die Operation der Geistakrobaten eben darin, jenes Tabu zu überspringen, das nicht nur den Wert ihres Opfers entwerten, sondern auch jenen Zusammenhalt zerreißen würde, der über das Zeichen gestiftet wird. Genau an diesem Punkt wird die tiefe Scheu der griechischen Philosophie dem *Nichts* gegenüber verständlich. Dieses Nichts (das nicht *sein* kann) markiert nicht bloß eine intellektuelle Lücke, sondern auch das *diabolon* des *symbolon*. Wobei das Teuflische dieses Nichtzeichens darin besteht, daß – insofern das *symbolon* ein selbstverfertigtes ist – das *diabolon* nicht mehr auf einen auswärtigen Versucher, sondern auf den Verfertiger selbst zurückfallen würde.[129] Ins Innere des dienstbaren Grabes zu schauen hieße also nicht, der Seligkeit des überirdischen Logos zu begegnen, sondern sich selbst: dem eigenen Phantasma ins Auge zu schauen, in diabolischer Form.

Gemeinschaftslektüre

Dort, wo die von den Göttern gereinigte »Natur« ins Spiel kommt, hat man es nicht mit Natur, sondern mit dem *Buch der Natur* zu tun, und das heißt im Grunde: mit Kunststoff. Da auch das *zoon politikon* dieser »Natur« angehört, erscheint der gesellschaftliche Raum seinerseits nicht naturgegeben, sondern als soziale, transformierbare Plastik. Eine Art, diesen Raum zu strukturieren, ist das Gesetz. Die Gesetzgebung wiederum ist ein Akt, der seinen Prototyp in der Schrift hat. Wenn Kadmos nicht nur als Alphabetbringer, sondern auch als Gründer der ersten Polis gerühmt wird – der einzige übrigens, der mit Namen erwähnt ist –, so belegt dieser Parallelismus, daß im Nomos stets beide Sphären erfaßt sind. Stadt und Schrift, Lex und Lexikon, Orthodoxie und Orthographie gehören untrennbar zusammen. Die Revolution des Zeichens geht einher mit einer Revolution des Gesellschaftlichen – und eben dies ist es, was die griechische Kultur ausmacht.[130] So ist es kein Zufall, sondern von einer inneren Zwangsläufigkeit, daß die »Erfindung« des Alphabets nicht einem genialen Einzeltäter zuzuschreiben ist, sondern in den Mythos zurückreicht, dorthin, wo am Nachthimmel des Denkens eine neue Ordnung heraufdämmert. Wie die Zeichenwanderung der Europa erzählt, hat man es mit einem generationsübergreifenden, kollektiven Prozeß zu tun, der erst in der Hochzeit von Kadmos und Harmonia seine Apotheose erlebt. Wenn das Symbol auf dem Akt des *symballein* – also des gemeinschaftlichen Zusammenwerfens – gründet, der wiederum auf den gemeinschaftlichen Opferschmaus zurückgeht, so liegt nahe, daß auch der gemeinschaftliche *Opferbetrug*, wie er im alphabetischen Symbol kulminiert, auf einen solchen Zusammenwurf hinausläuft. Nun setzt, was bemerkenswert ist, der Begriff des Kollektiven eine solche Gemeinschaftslektüre schon voraus. Das griechische *legein* heißt sammeln, auswählen, unterscheiden, sagen, lesen, zählen – und daraus wiederum ist zu schließen, daß das Kollektiv bereits die Frucht einer Gemeinschaftslektüre ist, eines *com-legare*, einer *kollegialen, kollektiven* Disziplin.[131]

Wenn die Schrift, oder präziser, der symbolische Körper des gemeinschaftlichen *legein* das gemeinschaftsstiftende Moment darstellt, so müßten die Zeichen-Operationen ihren Widerschein in der Struktur des Kollektivs haben. Pointiert gesagt: Das Bild des Individuums müßte der alphabetischen Type entsprechen. Und in der Tat liegt es nahe, die griechische Demokratie vor der Folie der homogenen Zeichen zu lesen. Vom Zeichen aus gedacht wird auch jene merkwürdige, antinomische Doppeldeutung plausibel, die den Polisbürger einerseits als ein freibewegliches Individuum, zum anderen als eine gleichgeschaltete Kollektivexistenz liest (das wäre die spartanische Variante). Angesichts dieser Interdependenz müßten die uns vertrauten Antinomien (Individuum versus Gesellschaft) unangemessen erscheinen. Ein Beispiel, wie sich die Logik der Typen in das Gesellschaftliche einschreibt, ist die griechische Hoplitenordnung. Diese Heeresformation stellt ein Novum dar, das die Griechen im Militärischen auf die gleiche Art und Weise von den »Barbaren« abhebt, wie dies Alphabet und Münze tun.[132] Während in der archaischen Zeit (den Heldensagen Homers) der Zweikampf vorherrschte, marschieren die Hopliten im Gleichschritt und in geschlossener Formation. Gewappnet mit bronzenem Brustharnisch, Beinschienen, einem Helm und mit einem hölzernen Schild. Dabei – und das ist wesentlich – schützt der Schild, den der Hoplit hält, nicht seinen eigenen Körper, sondern den seines Nebenmannes.

Stellt man sich die Verletzungen vor, die der gegnerische Speer bewirkt – oberhalb oder unterhalb des Schildes, also dort, wo Hals und Geschlecht sitzen –, so kann man sich unschwer ausmalen, daß in dieser Ordnung die *Nächstenliebe* zu einem Gebot der Selbstliebe wird. Eine solche Hoplitenarmee ist ein kollektives Gebilde, durchpulst von einem Ethos, das Murray »die Pflicht des einzelnen gegenüber dem Staat« nennt.[133] Freilich erhellt diese Erklärung nicht, was die Motivation des einzelnen ist, sich aus freien Stücken in ein solches Arrangement hineinzubegeben, ein Arrangement, bei dem der Selbstverteidigungsinstinkt der kollektiven Schlagkraft und Disziplin untergeordnet wird.[134] Wie ist so etwas möglich? Sich hier auf den Staat zu berufen hilft kaum weiter. In der Regel gerät man doch nur ins Spiel der Metonymien hinein, diese im Tautologischen kreisende Kette, bei der ein Rätselwort mit einem anderen beantwortet wird: der Staat mit dem Patriotismus, das Gemeinschaftsgefühl mit dem Ethos oder vice versa. Aber was ist der Staat? Und geht es hier nicht um eine neue, in dieser Form noch nie zuvor dagewesene Struktur?

Vielversprechender erscheint mir der Rückbezug auf die symbolische Ordnung, die (wie der Kadmos-Mythos erzählt) mit der Gründung der Polis einhergeht. Tatsächlich wäre das *Novum* der Hoplitenordnung plausibler erklärt, wenn man sich die am Alphabet erarbeiteten Denkfiguren als *Körper- und Persönlichkeitsideale* denkt. Weil das homogene Zeichen immer auch den HOMO-GEN mitdenkt, so verlangt die Hoplitenformation jedem einzelnen eine gleichartige Homogenisierungsleistung ab. Relativiert sie seine Eigenwertigkeit, so verspricht sie ihm doch, im Zusammenklang, in der Körperschaft, eine Art höherer Existenz. So besehen macht der Verweis auf den Staat wieder Sinn, und zwar als die höchste denkbare *stasis*, als Zeichen- und Ordnungssystem, in dem alle Teile des Lebens (das Zeugen, Erziehen, all das, was als *Zucht und Ordnung* gilt) zusammenlaufen. Setzt man diese Gemeinschaftslektüre voraus, wird verständlich, wie ein solches Gebilde, das dem einzelnen seinen Adel und seine Einzigartigkeit raubt, möglich ist. Wenn dieser Männerbund (der im Männergesangsverein *Harmonia* seinen blassen Widerschein hat) dem einzelnen eine solche narzißtische Kränkung zumuten kann, nachgerade eine Kastration, so nur deswegen, weil die Teilhabe an der Kollektivexistenz die Teilhabe am Phantasma bedeutet. Umgekehrt bedeutet diese Teilhabe, daß der einzelne in bestimmten, prekären Fragen entlastet werden, daß seine Sorge an das Kollektiv delegiert und entsorgt werden kann. Sich in die alphabetische Reihenfolge einzuordnen, bedeutet mithin: den Stier überspringen zu können, mühelos. Nun steht die Hoplitenordnung der Griechen nicht für sich selbst, sondern als Beispiel für die Subjektkonstitution der Schriftgesellschaft, die es doch jedem ihrer Mitglieder auferlegt, sich zum ABC-Schützen zu rüsten. Dieser Disziplinierungsakt stellt eine Einbuße dar, den Verlust der Kindheit, wenn man so will. Gleichwohl bringt diese Eingemeindung auch eine Kompensation, fällt der Alpha-Type mit der Schrift doch die Phantasie zu, dieser Gruppendisziplin entkommen zu können. Es ist die Freiheit des Leerzeichens: über den Dingen stehen, unwandelbar sein, einer höheren Identität teilhaftig werden, ICH BIN, DER ICH BIN.

KAPITEL 3

Muttergottes Weltmaschine

In einem amerikanischen Film – der von Robert Altman gewesen sein könnte, ich erinnere mich nicht mehr, sowenig übrigens wie an die Handlung –, in dem Film also gab es eine Szene, an die ich mich erinnere. Eine blonde Karrierefrau, die aussah, wie man sich eine blonde Karrierefrau vorstellen muß, auf sehr hohen Absätzen und im kurzen Nadelstreif, erfährt beiläufig, während eines Gesprächs, bei dem irgendein *Deal* ausgehandelt wird, daß in ihrem Privatleben eine Rivalin aufgetaucht ist. Daraufhin, so erbost wie triumphierend (man befindet sich in einem Großraumbüro und sie ihrerseits *unten ohne*) schwingt sie sich auf den Fotokopierer, betätigt die PRINT-Taste und fotokopiert ihr Geschlecht, dann nimmt sie die Kopie, tütet sie ein und sendet sie an ihre Rivalin. Ich erinnere mich, daß ich gelacht habe – und doch, ich weiß nicht, warum. Was ist das für eine sonderbare Botschaft? Was ist es, das hier übermittelt wird? Kann man, bei der fotokopierten Vulva, von einem *Geschlechtsorgan* sprechen? Ist es nicht vielmehr so, daß die Nachricht in der Übermittlung eines Phantasmas besteht – daß also das fotokopierte »Geschlechtsorgan« in Wahrheit ein Zeichen ist, das auf eine ganz andere Ordnung verweist? Und hat nicht (in einer merkwürdigen Verschiebung) der Fotokopierer die Rolle der Reproduktion übernommen, der sich das Geschlecht der Karrierefrau entzieht? Aber worin, wenn es um eine Form der technischen Reproduktion geht, bestünde diese Ordnung?

Hystera – das ist, im Altgriechischen, das Wort für Gebärmutter – und *hysterikos*: an der Gebärmutter leidend. Diese Krankheit besteht in der griechischen Vorstellung darin, daß die Gebärmutter im Körper herumwandert, daß sie sozusagen ambulant geworden ist. Das ist eine für uns zwar nicht sonderlich glaubwürdige, aber um so brauchbarere Hypothese – mit dem einzigen Unterschied, daß wir nicht über eine hysterisch im Körper rotierende Gebärmutter, sondern über das *Kreisen eines Gedankens* nachdenken wollen. Es handelt sich um jenen Gedanken, der versprochen hat, das Dilemma der altgriechischen Gebärmutter zu lösen, aber beim Versuch dieser Lösung seinerseits eine höchst sonderbare Wanderung durchgemacht hat, eine Wanderung, die uns wiederum zu der Vermutung veranlassen könnte, daß das Krankheitsbild der wandernden Gebärmutter sich nicht bloß in den Kopf hinein fortgeschrieben hat. Es ginge dann nicht mehr um das Gebären im Sinne der Physis, sondern um jene *übernatürliche* Reproduktion, wie sie in den technischen Reproduktionsmitteln verdinglicht ist. Oder zugespitzt: Das, was im Kopf herum kreist, ist nichts anderes als die *Idee der unbefleckten Empfängnis*. Darum also soll es im folgenden gehen, um die Behauptung, daß das, was wir heutzutage technische Reproduktionsmittel nennen, aus diesem Geist geboren ist – und nicht, wie man annehmen könnte, aus einem Begriff der *physis*. Man hat es nicht mit dem Nachbild der natürlichen Reproduktion zu tun, sondern vielmehr mit der hypostasierten, verdinglichten Erscheinung der unbefleckten Empfängnis. In dieser These fungiert die Idee der unbefleckten Empfängnis nicht, wie gewöhnlich, als ein aller Vernunft spottender Aberglaube, sondern als nichts Geringeres denn als geistige Geburtshilfe, eine Mäeutik der Neuzeit.

Kreuz Wort Rätsel. Eingeübt in die Idealisierung der Antike, hat man es sich angewöhnt, das Zeichen des Christentums als eine Minderung von Vernunft, als eine Verdunkelung des Denkens zu betrachten. Das Christentum, so das Vorurteil, habe eine Ablösung vom Körper mit sich gebracht. In dieser Vorstellung eines spezifisch *christlichen* Sündenfalls, dem die lichte, lebensbejahende Antike zum Opfer gefallen sei, kommt jedoch ein Moment deutlich zu kurz: die Tatsache, daß offenbar irgend etwas am christlichen Denken gewesen sein mußte, das es platonisch gebildeten Denkern erlaubte, darin ein Mehr, ein gedankliches Surplus zu vermuten. Dieses Mehr, so wollen wir hier schlankweg behaupten, ist eine Um- und Neucodierung des Körpers, ein Zuwachs an Bewußtheit (oder an *Gnosis*, wie man in der Antike gesagt hätte), und ihr Zeichen ist nichts anderes als das *Kreuz* selbst – und zwar dort, wo es nicht um den Akt der Kreuzigung, sondern im wesentlichen um die Substanz der Kreuzesbotschaft geht – um ein wesentlich philosophisches Ereignis.

Was aber bedeutet das Kreuz? Das Kreuz verweist auf jene sonderbare *Kreuzung*, aus der ein Gottmensch hervorgegangen ist – oder besser, da es nicht um ein individuelles Geschehen geht: Es verweist auf die Vermählung von Physik und Metaphysik, oder (wie es in der Sprechweise der Zeit geheißen hätte) von *hyle* und *pneuma*. *Hyle*, das ist das Fleisch, der Stoff, schwere Natur, *pneuma*, das ist das Göttliche: Zahl, Idee, das reine Licht. Es ist die Möglichkeit dieser Kreuzung, die im griechischen Götterhimmel nicht vorgesehen war, so wenig wie in den übrigen Religionen der Zeit, die gleichfalls dieser Scheidung von Gott und Welt, Hyle und Pneuma huldigten. An dieser Antinomie wird sichtbar, daß jener hochfliegende Idealismus (wie wir ihn an der Antike bewundern) nur die Kehrseite einer weitgehend vergessenen und verstummten Tragödie ist, der Tragödie, daß es für das Menschengeschlecht keine Erlösung gibt. Das Fleisch: das ist *sarx*, ein Sarkophag, ein Behältnis, in dem der Geist gefangen ist, in dem er vermodert. Mit dem *Nachteil, geboren zu sein*, lebt eine ganze Kultur in der panischen Angst, bei lebendigem Leibe begraben zu sein. Vor diesem Hintergrund wird der griechische Idealismus faßbar. Der Logos, die Weltseele, die reinen Zahlen, die geometrischen Körper und die Lehre der Proportionen, all das sind Versuche, aus der Haut zu fahren, dem Sarkophag der fleischlichen Natur zu entkommen. Und doch: Diese Möglichkeit bleibt dem Menschen verschlossen, seiner Erdenschwere wegen. Die Götter (diese ewigen Menschen) leben, wie kein Mensch wird leben können: entrückt und glückselig, fernen und unerreichbaren Sternen gleich, die in alle Ewigkeit ihrer Bahn folgen werden.

Zwitterwesen. Der Körper, der das Kreuz auf sich nimmt, der Körper, der Engel im Fleisch ist, ist nicht mehr ganz von dieser Welt. Er beginnt sozusagen leicht zu schweben. Dieses In-der-Schwebe-Sein begründet sich darauf, daß ihm die Himmelfahrt gewiesen ist. Dermaßen vergöttlicht, vermag er sich dem zu entziehen, was in der griechischen Denkweise als der *natürliche Ort* gilt, er wird sozusagen *u-topisch*. Die Welt ist nicht mehr jener Ort, dem er autochthon angehört, sondern sie ist eine Passage, ein Durchgangspunkt, an dem ihn nichts hält. Der Körper entwindet sich dem Nomos – das heißt: dem Gesetz der antiken Polis – und setzt sich, im Zeichen des Kreuzes, *autonom*. – Dieser Prozeß hat für die damalige Welt eine enorme Bedeutung. Denn die Gesellschaft der Spätantike ist eine

Sklavenhaltergesellschaft. Dem natürlichen Ort sich zu entziehen heißt, sich der Gesellschaftskontrolle zu entziehen, heißt, den eigenen Leib aus dem Verkehr zu ziehen, heißt, ein Recht zu beanspruchen, das ohne Beispiel ist in einer Welt, die durch das *Band der Geburt* zusammengehalten wird. Der Leib in der Antike: Das ist der vom Gesellschaftsleib beanspruchte, disziplinierte Leib, das ist der Leib, der dem Clan, dem Stand und den Göttern Tribut zollen muß. – Der Körper indes, der das Zeichen des Kreuzes trägt, reklamiert Freiheit, er macht sich frei von den Ketten der Genealogie, des Standes und der Gesellschaft. Diesem Körper gegenüber besitzt keine vorrangige Ordnung Verbindlichkeit mehr. Wenn der heidnische Arzt Celsus davon spricht, daß die Christen ihm wie Regenwürmer vorkämen, die vermeinten, Gott würde die »die ganze Welt und die Bahn der Himmelskörper (...) im Stich« lassen, nur um ihnen, den Regenwürmern allein, seine Geheimnisse zu offenbaren,[135] so verspottet er die christliche Anthropozentrik – die für seine Begriffe unerhörte Tatsache, daß das christliche Denken sich aus der *physis* (und damit aus der Naturfrömmigkeit des griechischen Denkens) herauszunehmen anschickt. Dieser Akt der Privation (den das griechische Denken bezeichnenderweise als *Idiotie* auffassen muß) kommt für Celsus einem Verbrechen gleich, für die frühen Christen jedoch stellt er eine Freiheitsverheißung dar: die Ent-Bindung von Natur, Herkunft und sozialem Körper. Das Versprechen einer übernatürlichen Engels-Natur, dieser ersten *Meta-physik*, erlaubt es dem einzelnen, die Nabelschnur zur Außenwelt zu durchtrennen und sich selbst als Modell aller *physis* zu setzen. Von hier aus wird das Sakrament der Taufe verständlich: nimmt sie den Gläubigen doch dadurch, daß sie ihm einen *anderen Namen* gibt, aus dem *Nomos* heraus und überführt ihn, in einem Akt der Neugeburt, in jene christliche Ordnung, die die Auferstehung des Körpers verheißt.[136]

Was im späteren christlichen Denken sich als Leibfeindschaft gegen sich selbst gewandt hat, ist in der Verfaßtheit der antiken Ordnung ein revolutionäres, emanzipatorisches Ferment. Denn wie man sich, im Stande einer höheren Natur, weigert, dem Kosmos Tribut zu zollen, so entwindet man sich dem Stand, der Polis, jeder sozialen Verbindlichkeit. »Baut euch Einzelhütten, ist die Losung der Zeit«, heißt es bei Peter Brown.[137] Das Kreuz auf sich zu nehmen bedeutet zunächst und vor allem einen Akt der Befreiung: Es erlaubt den jungen Frauen, ihr

Gesicht zu entschleiern, den Witwen, ihr Vermögen aus dem Stand der Ehe herauszunehmen und damit anzufangen, was ihnen beliebt, es gewährt eine Autonomie, die ohne Beispiel ist in der antiken Welt. Man könnte dies als eine erste, christlich codierte Form der *Anthropologie* auffassen, die sich darin äußert, den einzelnen als solchen sichtbar (und faßbar) zu machen: aus aller Welt herausgelöst. Privatmann.

Dort, wo der Gesellschaftsleib der Antike *Haltung* gefordert hat, beginnt nun die *Ent-Haltung*, wo der Gesellschaftsleib der Antike *Athleten* ausgebildet hat, machen sich nun die *Athleten der Enthaltsamkeit* bemerkbar. All die monastischen, enkratitischen Übungen sind Triumphe der einzelnen, die sich (nach der Devise: mein Leib gehört mir) dem Gesellschaftsleib entwinden. Das asketische Ideal ist in der Frühzeit des Christentums kein beliebiges Exerzitium, sondern hat eine konkrete Funktion: Theologie der Befreiung, Entbindung vom Gesellschaftsleib.

Der Körper, diesseitig und virtuell jenseitig zugleich, wird zur Unentschiedenheitszone, er wird zur Bühne und zum Kampfplatz, auf dem die Seele des Menschen ein kosmologisches Drama erleidet. Hier noch von *Dualismus* reden zu wollen ist irreführend, selbst dort, wo man ihn, in den Denkfiguren der Gnosis, am Werk zu sehen glaubt. Denn zwischen Hyle und Pneuma, zwischen dem verworfenen Fleisch und dem strahlenden Licht liegt ein Drittes, liegt jener Innenraum, der sich mit der Herabkunft des Gottmenschen aufschließt: die *Psyche*. In dieser Gedankenkatakombe beginnt, was man das christliche *Psychodrama* nennen könnte, genauer: artikuliert sich zunächst einmal der egozentrische Anspruch darauf, die eigene Psyche als ein auserwähltes Territorium zu begreifen, auf dem das Drama der Welt ausgehandelt wird. Der einzelne ist nicht mehr bloß ein Mitspieler auf der Bühne der Welt, die dritte Ameise von links, wie man im Jargon sagt, sondern er selbst, sein Körper, birgt das große Welttheater. Ihm allein gilt das Spiel, bei dem die Mächte des Lichts und der Finsternis um das Seelenheil ringen.

Dieses Psychodrama, die große Welttheater-Egozentrik, blüht vor allem denen, die sich der Welt entziehen. Ein Deterritorialisierungsakt erster Ordnung. Denn das Herz der Welt schlägt von nun an nicht mehr dort, wo alle Welt ist, sondern dort, wo die Welt (die man fortan höchst abschätzig *saeculum* nennt, so, als habe man es mit einem Provisorium zu tun) nicht mehr heranreicht. Das Herz der Welt – das wahre Herz – ist von nun an ein Einsiedlerherz. Die Mönche (die so heißen, weil sie *mon-achos*, d.h. Einsiedler sind) entziehen sich, sie schließen sich in Steinhöhlen ein, in den Bergen der ägyptischen Wüste. In der Abgeschiedenheit beginnt jenes große Drama, wie es Flaubert in der Versuchung des Hl. Antonius so meisterlich beschrieben hat: das Urbild der *l'éducation sentimentale*. In der Einsamkeit tauchen die Dämonen des Innern auf. Die körperlichen Begierden, Hunger, Sex sind noch die geringsten aller Übel – ärger sind die Ausgeburten der Phantasie. Die Seele erweist sich als überaus belebte Szenerie, als ein *Versteck böser Geister*, die unverhofft und in immer neuen Maskierungen zutage treten. Aber darum geht es ja: *daß* sie zutage treten, daß man sie stellen kann, daß man, im Kampf mit dem Pandämonium der Begierden und Versuchungen, siegreich daraus hervorgehen wird. Das ist es, was für die Kasteiung entschädigt: der Zuwachs an Selbsterkenntnis, der Gewinn an Freiheit und Autonomie. Der Selbstversuch in der Wüste ist eine Wette auf das Selbst, er ist eine Wette darauf, daß das große Welttheater (das *Gerichtet – Gerettet*) nur hier, im Innern des einzelnen, entschieden werden kann. Dieses Drama hat fortan keinen anderen Ort mehr, es kann auch nicht mehr über eine höhere Instanz vermittelt werden. Die einzig gültige Wahrheit, die in diesem Spiel zählt, ist diejenige, die sich in die Seele selbst einschreibt. Das Herz des einzelnen ist das Buch, und nur das, was sich ins Herz einschreibt, das *Alphabet des Herzens*, eine gültige Schrift. So wenig wie das Alphabet auf irgendeinen irdischen Körper verweist, so wenig verweist das Alphabet des Herzens auf eine körperliche Empfindung; vielmehr beschreibt es das Gelüst, das sich aus der Überwindung des Körpers herleitet, seiner Überwindung und schließlichen Abtötung. War das »A« früher einmal (in unvordenklichen Zeiten) die Letter der Fruchtbarkeit, so ist es nun zum großen A der A-Sexualität geworden, einer Art Selbst- und Weltvernichtungsverheißung, welche die größte Freiheit verheißt, die der Intellekt sich hat ausdenken können. Im Füllegefühl dieser großen Verneinung wird zur Gewißheit, daß die Seele nicht dem Körper untertan ist. Das Herz gehört nichts und niemandem mehr. Jedoch beschreibt diese Gewißheit den Gipfel einer hohen Kunst, die es, unter Mühen und Kasteiungen, erst zu erlernen – und gegen die stets lauernden Versuchungen zu verteidigen gilt. Denn der Feind lauert nicht irgendwo, sondern er ist allgegenwärtig: der eigene Körper. Um ihn zu besiegen, bedarf es der Gnosis, und es ist die Begierde nach dieser Erkenntnis, welche die Mönche in die Wüste und in die ärgsten Kasteiungen treibt.

Freilich, *dieser* Weg zur Selbsterkenntnis ist ein Novum, er ist, als der Weg in die Psyche und in die Erfahrung der Einbildungskraft, bereits ein Resultat des Christentums, befindet sich sozusagen jenseits der Kreuzung. Sehr viel verbreiteter und weit ins Christentum hineinwirkend sind jene *dualistischen* Denkfiguren, die dafür halten, daß Gott und die Welt nichts miteinander gemein haben können, daß sie zwei komplementäre, einander befehdende Prinzipien sind: Geist und Fleisch, Licht und Materie.

Es ist genau diese Spaltung der Welt, das Schisma von Hyle und Pneuma, vor dem die Herabkunft des christlichen Gottes, und vor allem: die Anstößigkeit seines Auftretens gelesen werden muß. Denn der *Gott im Fleisch* – das ist ein Widersinn, eine Un-Natur. Wenn es eine halbwegs anständige Form gäbe, in die Welt einzutreten, so nicht durch den Schoß einer Frau, sondern, wie die Göttin Athene, aus dem Kopf ihres Vaters heraus: als makellose Kopfgeburt. Denn geboren zu werden heißt doch unweigerlich, der Krankheit des Menschengeschlechts anheimzufallen. Dabei ist die Frage der Jungfräulichkeit durchaus zweitrangig; als ein fleischlicher Gott wäre dieser durch seine bloße irdische Natur schon kontaminiert. Um diese Verunreinigung zu vermeiden, verfiel man auf eine Konstruktion, die, wie man meinte, der pneumatischen Natur des Gottes noch am ehesten gerecht würde. Die Lösung fand man in dem, was man das Urbild einer *Schein*lösung nennen kann: in dem Gedanken, daß Jesus nur einen *Scheinleib* angenommen hätte, daß das, was von ihm sichtbar wurde, bloßer Schatten, bloßes Phantasma gewesen sei. Der, der den Jüngern erschien, der predigte und Wunder wirkte, war zwar *in der Welt*, aber doch nur als Erscheinung, und damit vor jeder Vermischung und vor jeder Geschlechtskrankheit gefeit: ein wahrer, weil *scheinbarer Gott*. Diese Deutung (die man theologisch *Doketismus* nennt, von gr. *dokein*, scheinen) wirkt etwas bemüht, sie ist jedoch durchaus konsistent.

Und ganz folgerichtig muß Marcion (dem sich diese Lehre verdankt) jene neuralgischen Punkte leugnen, die der theologischen Hygiene widerstreben – und die bezeichnenderweise die Logik des *Kreuzes* verraten: die Geburt und die Kreuzigung Jesu. Die Geburt deshalb, weil damit Gott und Mensch sich miteinander vermischt hätten (was undenkbar ist), die Kreuzigung, weil sie bewiesen hätte, daß dieser Gott ein Sterblicher gewesen wäre. Um dem zu entgehen, dichtet eine apokryphe Schrift die Kreuzigung um. Jesus, so sagt diese Lehre, sei seinem Jünger Johannes, der sich abgesondert habe, um der Kreuzigung seines Herrn nicht beiwohnen zu müssen, an einem anderen Orte erschienen und habe ihm lachend verkündet, daß jener, der dort oben am Kreuz hänge, ein anderer sei, die Kreuzigung also nur ein *böser Schein*, daß er selbst aber, Jesus, lebe und unsterblich sei.

Man könnte diese Position (die endlose Folgesätze und Implikationen nach sich zieht) eine radikal-idealistische nennen, schreibt sie doch die Vorstellung des antiken Logosbegriff, der reinen, unvermischten Idee, auch in die christliche Überlieferung fort. Man hat sich (wie ich finde, äußerst mißverständlich) angewöhnt, diese Position gnostisch zu nennen – worunter allerlei unterschiedliche Gedankensysteme gefaßt werden, von den sublimen Gedanken eines Valentinus bis zu den eher grobschlächtigen Phantasien der Manichäer. – In diesem Zusammenhang bemerkenswert ist vor allem, wie nachhaltig dieses »gnostisch« genannte *Reinheitsgebot* sich auch ins Christentum fortgesetzt hat, markiert es doch vor allem, als ein fortgesetzter Widerstand gegen die Befleckung durchs Fleisch, daß die Gedankenfigur des Kreuzes, die Vermählung von Geist und Fleisch als ein Tabu zu lesen ist. Im *Tabu des Kreuzes*, in der beharrlichen und übermächtigen Sehnsucht, Gott nicht menschlich, sondern reines und göttliches Licht sein zu lassen, unvermischt und unbefleckt von aller Menschennatur, ist das Dilemma berührt, vor dem das Dogma der unbefleckten Empfängnis Kontur gewinnt. Die Frage ist: Wie kommt Gott in die Welt, wie ist ein *Gottmensch* denkbar, der nicht dadurch schon, daß er zu Fleisch wird, sich kontaminiert?

Eine kleine Geschichte des Dogmas. In der Frühzeit des Christentums ist die theologische Erörterung dieser Frage noch im Larvenstadium, zudem verwirrt von den in sich widersprüchlichen Aussagen der Schrift. Weil das Markusevangelium (in dem von der Jungfrauengeburt gar nicht die Rede ist) davon spricht, daß Gottvater sich einen menschlichen Adoptivsohn gesucht habe und in ihn hineingefahren sei, erscheint dieser als ein besonders wohnlicher, gottgefälliger *Container*, in dem der Geist Wohnung nimmt.[138] Dieses Gedankenmodell ist zwar überaus praktisch, es zeichnet sich jedoch schon ab, daß die Frage der Kohabitation auf die Frage des Kreuzes hinauslaufen wird, ob und inwieweit nämlich diese beiden Naturen (Gott und Mensch) aneinander vorbeigelebt oder ob sie sich vermischt oder einander gar in die Quere gekommen seien. Auch das andere Ende des theologischen Spektrums versucht, dem Dilemma der Jungfrauengeburt zu entgehen. Weil Gott unmöglich aus dem Schoß eines Menschen hervorgegangen sein könne, ist er (so sagen die Gnostiker) durch Maria hindurchgegangen *wie Wasser durch eine Röhre*. Maria ist also lediglich ein Kanal, ein Medium, von dem man nichts zu wissen verlangt, ist man doch mit dem Empfang der Botschaft vollauf zufrieden.

Freilich: Das Tabu der Kreuzung zwischen Geist und Fleisch läßt sich nicht einfach so aus der Welt schaffen. Es beginnen sich Zweifel zu regen, Zweifel, die von heidnischer Seite noch angestachelt werden durch die Unterstellung, Jesus habe seine wundersame Geburt erdichtet, in Wahrheit sei er das uneheliche Kind einer Frau gewesen, die aus so ärmlichen Verhältnissen stamme, daß man sich dort nicht einmal gescheut habe, Spinnen zu essen. Von ihrem Mann verjagt, habe sie sich schließlich mit einem Soldaten namens Panthera eingelassen und nächtlings einen Knaben geboren. – Verrieten solche Kolportagen ein eindeutiges Interesse, so wurden die Zweifel durch die Evangelien selbst genährt. Die Schrift spricht gänzlich unbefangen von einem Sohn Josefs, als sei Jesus ein *natürlicher Sohn* wie jeder andere; zudem steht dort geschrieben, daß Jesus Geschwister habe – woraus man schlußfolgern mußte, daß sich Maria nach dem Wunder der jungfräulichen Geburt irdischen Lüsten hingegeben habe, was weder auf ihren Charakter ein gutes Licht werfen noch einem Gott angemessen sein konnte. Und nicht zuletzt (und das war vielleicht das größte Problem für die künftigen Mariologen) ist die Maria der Evangelien kaum mehr als eine randständige, nicht besonders prominente Figur.

Diesem Mangel hilft eine apokryphe Schrift des 2. Jahrhunderts ab, das sogenannte Protoevangelium des Jakobus, in dem Maria mit einer wunderbaren, fiktiven Biographie versehen wird: das Kind eines Priesters, im Tempel aufgewachsen, bewacht von Jungfrauen und von Engeln gespeist. Bereits als Dreijährige erregt sie Bewunderung wie eine Dreißigjährige, und ihr Angesicht ist rein wie Schnee, so daß man es kaum anschauen kann. Sie betet inbrünstig. Als sie, dessenungeachtet, zu pubertieren beginnt, werden die Witwer zusammengerufen und ihre Stäbe (sic!) gesegnet, und bei dieser Gelegenheit kriecht aus dem Stab des Josef eine Taube heraus und setzt sich auf das schöne Kind, was ein Zeichen dafür ist, daß er, ein schon älterer Herr, sich zum Hüter ihrer Jungfräulichkeit machen soll. – Die Absicht dieses sentimentalen Œuvres ist eindeutig und besteht darin, das Bild einer *heiligen und makellosen Jungfrau* zu entwerfen. Nicht allein, daß damit ein dem Gott würdiges Entrée geboten wäre, es zeichnet sich auch die Möglichkeit ab, Maria, analog zum *neuen Adam*, als Symbolgestalt des Menschengeschlechts aufzufassen. Maria macht gut, was Eva verbockt hat, sie ist, sozusagen, die umgedrehte Eva – Ave Maria.[139] Der Schlüssel zum Paradies. Von diesem menschheitsbezogenen Gesichtspunkt aus gedacht, besteht durchaus ein Interesse an einer natürlichen Geburt, vermag sich doch umgekehrt auch das Menschenbild zur Gottähnlichkeit zu erheben.

Die Frage bleibt: Wie kommt die Jungfrau zum Kind? Mit dieser Frage ist die gynäkologisch-metaphysische Seite des Problems aufgeschlagen, beginnt die gewissenhafte Erörterung, ob und in welcher Art und Weise Befruchtung und Geburt sich vollzogen haben könnten. Ein Desiderat dabei ist, daß dieser Gott nicht durch menschliche Natur kontaminiert sei und es um einen Akt *höherer Insemination* gehen müsse. An diesem Punkt kommt der *Logos* ins Spiel, wird die Verkündigung des Wortes als Akt der Insemination aufgefaßt.[140] Diese Insemination vollzieht sich, dem Wort gemäß, durchs Ohr: göttliches Seminar. Diese Deutung hat den Vorteil, daß Maria im Augenblick der Empfängnis ihre Jungfräulichkeit bewahrt. Freilich tut sich hier eine Schwierigkeit auf, ist es doch nicht Gott selbst, der Maria den Gruß *Gebenedeit seist du...* entbietet und sie damit schwängert, sondern eine Charge, der Erzengel Gabriel. Diese Ungereimtheit, die eine deutliche Schwachstelle der ansonsten so verführerischen Theorie darstellt, räumt man dadurch aus dem Weg, daß man die Ankündigung des Engels als eine Art Weichmacher auffaßt, welcher es dem Logos erlaubt, ins Ohr einzugehen. In einer anderen, verwegeneren Deutung stellt der Erzengel Gabriel eine Maskierung Jesu dar, wodurch dieser, in einem schlechthin inzestuösen Sprechakt, sich selbst in den Mutterleib hineinpflanzt.[141]

Freilich: Die Frage des Eintritts in die Welt ist damit noch nicht erledigt, denn genaugenommen schreibt sich das Dilemma im Umstand der Geburt fort. Zwar gibt es Tendenzen, eine natürliche Geburt einzuräumen, jedoch dominiert der Versuch, die Geburt ebenso wie die Befruchtung als einen übernatürlichen Vorgang zu deuten. Die eleganteste Lösung ist die des Origines: So wie das Wort durch das Ohr in den Körper eingegangen sei, müsse der Logos, fleischgeworden, diesen Körper wieder verlassen haben. So wie es in das eine Ohr hineingeht, so geht's aus dem anderen wieder heraus. Mit dieser Deutung ist nicht nur eine unbefleckte Empfängnis gegeben, sondern auch eine unbefleckte Geburt. Von diesem ingeniösen Fundament ausgehend, liegt es durchaus nahe, die Jungfräulichkeit der Maria auf ihr ganzes Erdenleben auszudehnen. Hinderlich sind nur noch die in der Schrift erwähnten Geschwister Jesu, die Maria, nach der übernatürlichen Empfängnis des Menschensohnes, mit Josef zusammen gezeugt haben müßte – eine Annahme, die der Natur des Gottes Hohn spräche, ebenso, wie sie wohl den dogmatischen Erfindungsreichtum der Theologen ad absurdum führte: hätte man es doch, nach all der Mühe, plötzlich mit einer *gefallenen Jungfrau* zu tun. Also beeilen sich die Theologen, diesen Makel aus der Welt zu erklären, indem sie diese Geschwister einer früheren Ehe des Witwers Josef zuschreiben. Durch diesen Kunstgriff ist Maria zur *ewigen Jungfrau* geworden (*in partu* und *post partum*). Von hier aus ist der Schritt zur *Maria theotokos*, der Gottgebärerin, nicht mehr weit. Wahrhaft eine Aschenbrödelgeschichte. Aus zweifelhaften Verhältnissen stammend, in mehreren Schritten veredelt und zur ewigen Jungfrau gemacht, avanciert Maria zur Vermittlerin, schließlich zur Mittäterin am göttlichen Heilsplan. Aus der Gottesgebärerin wird eine Gottesmutter. Und natürlich wird auch ihr, wie ihrem Sohn, das Privileg zuteil, in den Himmel aufzufahren und dort leiblich, in jungfräulicher Gestalt, an der Seite des Vaters und des Sohnes zu residieren: als heilige Familie.

Das letzte noch ungelöste Problem, das sich der scholastischen Theologie des 12. Jahrhunderts stellt, besteht darin, daß Maria – als Fleisch von unserem Fleisch – in der Kette der Menschenwesen steht, daß sie also, wie makellos ihr Lebenslauf auch sein mag, doch dem Fluch der Genealogie als solcher unterworfen bleibt: der Erbsünde. Die Erbsünde ist, der Augustinischen Tradition gemäß, nicht mehr das bloße Geschaffensein, sondern gründet in der bösen Fleischeslust, der Libido. Der Schlußstein des Dogmas (der zur Vollendung des Geistesgebäudes noch fehlte) wird daraufhin in der Behauptung gelegt, bei der Zeugung der Maria sei keine Libido am Werk gewesen. Ihre Eltern, mit der Gottesgabe der *apatheia* versehen, hätten sie vielmehr mit vollendeter, gottgefälliger Lustlosigkeit gezeugt. Mit diesem Gedanken ist jene Endform des Dogmas erreicht – wie sie mit langer Verspätung dann im Jahr 1854, im »neogotischen« 19. Jahrhundert, in der päpstlichen Bulle *Ineffabilis Deus* kanonisiert wird.

Die Verschiebung. Verfolgt man die Entwicklung des Dogmas, so lassen sich einige, höchst bemerkenswerte Linien ziehen. Waren die mariologischen Fragen zunächst im wesentlichen der Reinheit und Divinität des Menschensohns gewidmet, so vollzieht sich in der Konstruktion des übernatürlichen Marienleibes eine langsame Verschiebung des Schwerpunktes. In dieser Verschiebung arbeitet sich jene Zweideutigkeit heraus, wie sie im Zeichen des Kreuzes bereits angelegt ist – eine Zweideutigkeit, die ich die *Logik des Chiasmus* nennen möchte. Es ist eine Logik, die man leicht übersieht, wenn man lediglich von der »Inkarnation des Wortes« spricht. Denn in dem Maß, in dem das Wort Fleisch wird, strebt auch das Fleisch dazu, Wort zu werden. Dem Messer des Anatomen vergleichbar, das tief und tiefer in den Körper eindringt und dadurch das Körperinnere zu kartographieren und eine Anatomie zu erstellen vermag, verweist der Chiasmus auf einen dialektischen Zusammenhang, auf den Zusammenhang von Inkarnation und Abstraktion, Menschensohn und Muttergottes. Nicht nur wird das Zeichen zum Körper, der Körper wird auch zum Zeichen. – Geht man von dieser vielleicht nicht gerade frommen, aber doch logischen Lesart des Kreuzes aus, so zeigt sich, daß man es in der Gestalt der Maria mit einer versteckt anthropologischen Chiffre zu tun hat, die (im Schatten der Christologie) stellvertretend wird für die Himmelfahrt des Menschengeschlechts überhaupt. An ihr entlang lassen sich die Verschiebungen der christlichen Anthropologie verfolgen, bis hin zu jenem Nullpunkt, jenem *Zero*, aus dem schließlich ein anderes Gesicht hervorgeht. Die Verschiebung vollzieht sich langsam, fast unmerklich, über Jahrhunderte hinweg. Ganz allmählich beginnt das Faszinosum auf die künstliche Mutter überzugehen, rückt die Nebenfigur zunehmend ins Zentrum. Das Motto dieser Verschiebung lautet *virginitas*. Dabei ist zu ergänzen, was dem zeitgenössischen Leser nicht auf Anhieb selbstverständlich sein kann: daß nämlich *virginitas*, Jungfräulichkeit, ein geschlechtsunabhängiges Charakteristikum darstellte, das relativ spät erst (wovon noch die Rede sein wird) effeminiert wird.[142] So ist es bis zur Konsolidierung der Muttergottes-Theorie üblich, daß nicht Maria, sondern Christus den Chor der Jungfrauen anführt. Setzt man diesen menschheitsbezogenen (nicht auf eine Geschlechterdifferenz verweisenden) Hintergrund voraus, so zeigt sich die *virginitas* der Maria als Topik, auf der verschiedene Selbstbildnisse errichtet werden.

Maria ist eine Figur der *Abstraktion*. Eine Abstraktion im Wortsinn, denn über die *virginitas* vermögen sich die einzelnen aus der Tributpflicht gegenüber der *physis* und der Ständegesellschaft der Spätantike befreien. Mit dem keuschen, der Welt entzogenen Körper Marias ist eine Fläche ausgebreitet, auf der sich verschiedene, abermals höchst abstrakte Gedankengebilde ansiedeln können. Es ist genau diese topische, flächige Vorstellung, unter der die Verschiebungen des Dogmas Sinn bekommen. Denn wer siedelt sich hier an? Anfangs sind es die Mönche, die sich in die Wüste zurückziehen, in Höhlen und Gebirgszellen, Asketen, die, wie der Hl. Antonius, ihren Körper sondieren, ihre Begierden, das *Alphabet des Herzens*. Gegen Ende des 4. Jahrhunderts und mit der Konsolidierung der ersten Bruderschaften ist dieser Gang in die Innenwelt abgeschlossen, sind es nurmehr heilige Narren, die die Exerzitien der Entsagung praktizieren: wie der Stylit Symeon, jener Säulenheilige, der auf einer zwanzig Meter hohen Säule hockt – nur daß er dies nicht mehr (und das ist bezeichnend) in der Abgeschiedenheit und um seiner selbst willen, sondern in aller Öffentlichkeit tut. An die Stelle des einzelnen Leibes tritt die *Körperschaft*, die jedoch nach demselben Bild gedacht ist. Aus dem *monachos*, dem Einsiedler in der Wüste, wird die Kommunität, das *monasterium* (das etymologisch betrachtet auch die weiteren Wandlungen dieser Körperschaft verrät: vom »Kloster«, zur »Abtei« bis hin zum »Dom« und zum »Münster«). Dieser Umschlag institutionalisiert und diszipliniert, was zuvor nur dem einzelnen zugänglich war. Der Leib, der ein Experimentallabor war, ein Ort des wilden Denkens, wird mit Klostermauern umschlossen, er wird *schematisiert* (das *Schema* ist der Mantel des Mönches). So besehen ist es kein Zufall, daß zur gleichen Zeit, in der die Klöster entstehen, auch die Kirche sich der Idee der Jungfrau bedient, die nun, am Ende des 4. Jahrhunderts, eine *immerwährende Jungfrau* geworden ist. Maria, als Inbegriff des keuschen, der Welt entzogenen Körpers, stellt das Fundament der Kirche dar: Sie markiert jenen utopischen Raum, auf dem der *Gottesstaat* errichtet wird. Maria, die Mutter aller Gläubigen, wie es bei Augustin heißt, gebiert die Kirche, die erste weltlich-überweltliche Ordnung. Wenn schließlich die Zeit der gotischen Kathedralen den Namen der Maria skandiert, wenn der materielle Körper der Kirche als ein Abbild des Marienkörpers begriffen wird, *Notre Dame*, so liegt darin eine zwingende Logik – eine Linie, die vom utopischen Bild der Gemeinschaft zum verdinglichten Kirchenraum geht. So kann man in der Geschichte des Dogmas, betrachtet man dieses als einen geistigen Bau, eine großartige Leistung sehen: ist es doch nach der Art einer *creatio ex nihilo* gelungen, aus dem Aschenbrödel eine Muttergottes zu machen. Bezeichnend dafür ist der Wandel, den die Etymologie des Namens »Maria« erlebt. Hält man zunächst dafür, daß Maria von *mirjam* sich herleitet, das heißt: *bitteres Meer*, so erhebt sie der Geist Gottes, der über den Wassern schwebt, und macht aus ihr *stella maris*, jenen Meerstern, der den Schiffer der Kirche (den Papst) in den sicheren Hafen geleitet. Ans Firmament hinaufkatapultiert, hat Maria jenen Platz eingenommen, der zuvor nur den Göttern der Griechen vorbehalten war. Das Dogma ist ein Wunderwerk der Abstraktion: der Kunstgriff, eine freischwebende Konstruktion in die Welt zu stellen.

Es ist die Himmelfahrt der Maria, die Behauptung, Maria sei als eine Pilotfigur der Menschheit zum Himmel aufgefahren, um in leiblicher Gestalt am Firmament zu thronen, welche die Energie enthüllt, die unterschwellig die Geschichte des Dogmas begleitet hat. In diesem Krönungsakt geht es, durchaus im Hegelschen Sinn, um die *Aufhebung des Christentums*, oder genauer: um die Aufhebung der Menschheit. In den *Vergöttlichungs-* und *Stellarisierungsbewegungen* der Mariengestalt lassen sich exakt jene Stadien und Vorgriffe verfolgen, mit denen die Menschheit das himmlische Jerusalem in Besitzt nimmt, erweist sich die Mariengestalt als genuin metaphysische Chiffre, die nicht von ungefähr in die Anthropologie, oder, kulturgeschichtlich gesehen, in den *Humanismus* einmündet. Das Argument ist stets dasselbe und beruht auf der Prätention einer *höheren Natur*. Folgte der Appell an diese höhere Natur zunächst einer Strategie des Selbstentzugs und einer Denkfigur, die dem griechischen Nomos eine unbegründbare *Auto*-Nomie, einen u-topischen Raum entgegenstellte, so nahm sie, in Gestalt der Wüstenmönche und dann in Form der Kirche selbst, eine konkrete Form und Eigengesetzlichkeit an.

Der Abschluß des Dogmas im 12. Jahrhundert fällt zusammen mit einem Triumph, einem regelrechten Marienkult. Das *speculum sine macula*, der makellose Spiegel der Maria, wird zu einem Lieblingsspielzeug der Intellektuellen. Die christliche *éducation sentimentale* tritt in ein neues, geradezu hysterisches Stadium ein. Überall vermeinen verzückte Mariologen und mystelnde Nonnen einer überirdischen Vereinigung teilhaftig zu werden, macht sich im Delirium der Einbildungskraft eine deutlich sexualisierte und sensualisierte Betrachtungsweise bemerkbar. Dieser Marienkult erscheint zunächst eine Weiterführung und eine Klimax des bisherigen Kultes, mit ihm vollzieht sich jedoch auch ein Riß, eine wesentliche Umcodierung des Denkens. Hatte das frühe und hochmittelalterliche Christentum Maria als Stern in den Himmel hinaufgeschickt, als eine Art geistigen Satelliten, von dem aus die Menschheit sich selbst als solche zu betrachten vermochte, so wird sie nunmehr zurück auf die Erde geholt. War die *virginitas* bislang ein geschlechtsunabhängiges Charakteristikum, der Ausweis eines spirituellen Begehrens, so nimmt man's nunmehr ganz buchstäblich, wird Jungfräulichkeit ein Lebensziel für Jedermann, nein, jede Frau. Erst jetzt, im 12. Jahrhundert, beginnt die Effeminierung der *virginitas*, fällt sie zusammen mit dem, was heute »Jungfräulichkeit« heißt. Die Ermahnung der jungen Frauen, ihre Jungfräulichkeit zu bewahren, da sie jenen Schatz darstelle, über den eine Frau verfügte, kündet wohl weniger von einem spirituellen Begehren als vielmehr vom Gesicht der neuen Zeit, dem heraufziehenden Kapitalismus. Hatte der Topos des jungfräulichen Körpers als Folie gedient, in die sich der Wüstenheilige, die Klosterschaft und schließlich die Kirche einschrieben, so sind es nun höchst irdische Begierden (Schönheit, Mode, Luxus, Geld und intellektuelle Geschmeidigkeit), die auf dem Körper der Maria sich ankündigen. In diesem Zusammenhang von »Säkularisierung« zu reden, ist jedoch mißverständlich. Denn das, was sich abzeichnet, ist nur die *andere Lesart des Kreuzes*, die bislang unter dem Schleier der Epiphanie verborgen lag: daß auf dieselbe Art, wie das Wort Fleisch wird, das Fleisch Wort werden kann.

Dem großen Bauch der Jungfrau, der sich, nach eher bescheidenen Anfängen der romanischen Basiliken, zu einer gotischen Kathedrale aufgebläht hat,[143] entspringen neue Kinder, Kinder, von denen es scheint, daß sie mit dem Christentum herzlich wenig zu tun haben. Und doch, betrachtet man ihre Anfänge, ist die Mutterschaft unzweideutig. *Ma-Dame*, das Tugendideal der europäischen Frau, ist ganz nach dem himmlischen Vorbild geraten, und auch die *alma mater*, die Universität, geht aus dem Bauch der Kathedralenschulen hervor,[144] ja sie trägt in der Metaphorik ihrer Wissensvermittlung (ihrer *Vorlesungen* und *Seminare*) das Ideal einer übernatürlichen Ohren-Befruchtung, das Modell einer in die Bildungsbeflissenheit überführten unbefleckten Empfängnis vor sich her.

Warum, so kann man fragen, codiert sich das Bild der Maria im Mittelalter um? Vielleicht der tiefste Grund dieser Veränderung ist die Tatsache, daß jener metaphysisch-physische Körper, der im Zeichen des Kreuzes im Schoß der Jungfrau niedergekommen war, zu dieser Zeit eine neue und befremdliche Form annimmt – eine Form, die über die Mariengestalt, über jegliches Menschenbild überhaupt hinausweist. Die Rede ist (und das mag erstaunen) nicht von einer Epiphanie oder einem Theologumenon, sondern von einem Ding: von der *Geburt der Maschine*. Brachte schon die Architektur der gotischen Kathedrale eine erste Verdinglichung und Mechanisierung des *corpus mysticum* mit sich, so verschiebt sich mit der Konstruktion des Räderwerkautomaten die religiöse Energie weiter noch in die Ordnung der Dinge. Wenn die Denker des Mittelalters sich plötzlich veranlaßt fühlen, Gott beweisen zu wollen, und ihnen zu diesem Behufe die Maschine ins Blickfeld gerät, so ist dies kein Zufall. Denn in Gestalt der Maschine, konkret: in Gestalt des Räderwerkautomaten scheint ein *Mechano-Logos* auf die Welt herabgekommen zu sein, eine Form künstlicher Intelligenz, die es ihren Adepten erlaubt, alles von Grund auf neu zu erschaffen. Gottgleich.

Mit der Niederkunft dieses Maschinenkörpers, der Inkarnation der reinen, mechanischen Vernunft, entsteht die Phantasie, daß man die

Sprache Gottes entziffert habe, und zwar als eine von nun an *mechanologische* Sprache. Hatte die Metaphysik bislang nur gepredigt werden können, so wird sie nun dinglich: Metaphysik und Physik fallen in eins (oder scheinen es jedenfalls). In der Maschine ist jener Transfer vorweggenommen, der die christliche Metaphysik zur reinen Metaphysik, zur cartesianischen Naturwissenschaft macht. Denn mit der Maschine und dem ontologischen Gottesbeweis versehen, gelingt es der neuzeitlichen Philosophie, Gott aus der Welt herauszuabstrahieren, und zwar durch die Behauptung, daß die Natur selbst ein Räderwerk sei. Hatte sich im Christentum der Logos in der Physis inkarniert, so sind es nun die Gesetze der Mechanik, die sich in den Kreaturen abbilden. Als Ergebnis dieser wahrhaft denkwürdigen Kreuzung ist es fortan von zwingender Logik, nicht mehr von Tieren, sondern von *natürlichen Automaten*[145] zu sprechen.

Die Geburt der Maschine: eine Zäsur von Grund auf. Hatte das Kreuz den griechischen *nomos* und seine Erdenschwere aufgehoben, hatte es sich als zwischen Himmel und Erde schwebend *autonom* gesetzt, so löst sich diese u-topische Welt nunmehr im *Automaten* ein (*automatos*, d.h. von selbst handelnd). Nomos – AutoNomos – Automat: dieser Dreischritt markiert eine Linie fortschreitender Abstraktion, eine Linie, der schließlich das Christentum selbst zum Opfer fällt – und zwar dadurch, daß es, im Hegelschen Sinne, sich selbst aufhebt. Wenn ich es hier vorziehe (unter Vernachlässigung der allgemeinen Sprachregelung, die an diesem Prozeß den Übergang von der Transzendenz in die Immanenz festmachen möchte), von einer *Himmelfahrt der Maschine* zu reden, so ist dies keineswegs metaphorisch gemeint, sondern läuft auf nichts anderes als auf die Behauptung hinaus, daß der Mechano-Logos sich an die Stelle Gottes setzt.

Um sich klarzumachen, was konkret unter der »Himmelfahrt der Maschine« zu verstehen ist, genügt ein kurzer Blick auf das Handgelenk, dorthin, wo sich eine tickende Uhr befindet. Wenn diese Uhr ein bißchen vor- oder nachgeht, behaupten wir ja nicht gleich, daß die Zeit aus den Fugen ist, sondern gehen davon aus, daß unser höchstpersönlicher *Zeitrepräsentant* nicht dem entspricht, was wir für die Zeit selbst halten. Fragt man sich aber, was diese Zeit ist (die, wie wir sagen, aus Sekunden, Minuten und Stunden besteht, die alle auf eine determinierte Weise miteinander verzahnt sind), so wird offenbar, daß sie nichts anderes ist als ein *gedachter* Räderwerkautomat. Das also, was wir für die *Zeit selbst* halten, existiert nur in unserer Vorstellung und beruht darauf, daß wir eine ideale Maschine in den Himmel hinaufgeschossen haben und uns darauf geeinigt haben, die Zeit nach diesem idealen Räderwerkautomaten ticken zu lassen. Diese *Himmelfahrt* aber (und das ist bemerkenswert) ist keine Leistung des »rationalen« 17. Jahrhunderts, sondern entspringt der Zeit der Kathedralen und des Marienkults – womit sich der Geist in der Maschine nicht als zeit- und geschichtsloser *deus ex machina*, sondern als Transsubstantiation des christlichen Gottes zu erkennen gibt.

Damit aber beginnt das Spiel wieder von vorn. Denn da der Mechano-Logos nun im Himmel residiert, bleibt die Frage, wie kommt er in die Welt? Denn die Welt ist fleischlich, sie ist materiell – und das Grundübel besteht fortan darin, daß die *reine Logik* sich an dieser materiellen Welt reiben muß, daß jeder materielle Kontakt die reine Logik verunreinigt. »Die Philosophie der Natur«, so heißt es folgerichtig bei Thomas Hobbes, »werden wir am besten mit der Privation beginnen, d.h. mit der Idee einer allgemeinen Weltvernichtung.«[146] Das Konzept der Sündhaftigkeit hat sich, wie unschwer daraus zu entnehmen ist, in die blanke Materialität hinein verlagert. Aus dem *Kreuz der Theologen* – der Frage, wie es möglich ist, die menschliche Natur aus der Natur herauszulösen – ist das *Kreuz der Technik* geworden, die Forderung, die Materie so zuzurichten, daß sie, quasi dematerialisiert, dem Ideal der Maschine zu entsprechen vermag: als reine, abstrakte Vernunft.

Nehmen wir, um die Technifizierung religiöser Energie zu veranschaulichen, den Ort, an dem auch der christliche Gott sich offenbart, nehmen wir die Schrift, oder besser (da es doch um den Mechano-Logos geht): die *Mechanisierung der Schrift*.[147] Zwei Dinge sind für die Mechanisierung der Schrift wesentlich. Das erste ist die Bedingung der Möglichkeit: daß man überhaupt schwarz auf weiß drucken kann, daß es also ein taugliches Medium gibt, jungfräuliches, weißes Papier. Das Papier (obschon eine sehr viel ältere, und zwar chinesische Erfindung) ist ein Produkt des 12., 13. Jahrhunderts. Denn im Mittelalter wird es zu dem, was es in China (wo die Papierfertigung arkanes Wissen und sorgfältig gehütete Kunst war) nie hatte werden können: zum *Massenmedium*. Die

Voraussetzungen sind folgende: Der mittelalterliche Grundstoff ist Lumpen, Bedingung also eine funktionierende Textilindustrie, Mühlentechnik, Textilindustrie, Arbeitsteilung, kurz, die industrielle Revolution des 12. Jahrhunderts.[148] Genau das ist der Text, der – in der Abbreviatur des Wasserzeichens – in das Papier eingeht. In dieser Signatur, dem *Logo* des Produzenten, liegt der europäische Beitrag zur Papierfertigung: Mechanisierung und Massenfabrikation.[149]

Das Papier soll rein und weiß und glatt sein. Wie geht das vor sich? Zunächst bringt man den hellen Lumpen in Höhlen, wo er verfault und Zellstoff freisetzt. Dieser Grundstoff muß gereinigt werden. Das geht nur dort, wo das Wasser selbst klar und rein ist, wo es noch nicht kontaminiert ist etwa von den Gerbern, die die Flüsse mit ihren Gerbstoffen verunreinigen. Die Papiermühlen siedeln sich folglich an Gebirgsflüssen, oberhalb der Städte, an. Der gereinigte Zellstoff wird nun geschöpft, geplättet und geleimt. In diesem Weißungs- und Raffinierungsprozeß kann man eine Metapher jener *Reinigung* sehen, wie sie sich auch in der Geschichte des Dogmas artikuliert hat. So ist es kein Zufall, daß die Mechanisierung der Papiermühlen zusammenfällt mit der Marienmystik der Intellektuellen.[150] Ähnlich wie es dort um die Maria und das *speculum sine macula*, also den »makellosen Spiegel« geht, geht es bei der Papierherstellung um die glatte, leere Fläche. Um die Konstruktion der bloßen Empfänglichkeit.

Das Vorhandensein des jungfräulichen Mediums, des Papiers, führt uns zum zweiten Punkt: zur Schrift. Das Wesentliche an den Drucktypen, die Gutenberg konstruierte, ist nicht, daß sie »beweglich« sind. Die Technik des Drucks mit beweglichen Lettern – mit Holzbuchstaben beispielsweise – ist sehr viel älter.[151] Das Novum in der Drucktechnik liegt darin, daß es gelingt, die Schrift zu mechanisieren, homogene Typen zu konstruieren, die zu einem System (einem *Font*, wie man heute sagen würde) zusammengesetzt werden können. Jeder Buchstabe hat dabei den gleichen Zeichenwert, die gleiche Höhe, er ist, wie man sagt, *isomorph*. Die Schrift verwandelt sich zu einem endlosen, gleichförmigen Band, auf dem sich die Zeichen ebenso gleichförmig voranbewegen: wie eine tickende Uhr. Freilich: Die Herstellung eines solchen *Fonts* ist keineswegs hinreichend für den neuzeitlichen Druckprozeß – wäre diese erste »göttliche« Schöpfung doch der Fleischlichkeit der Welt ausgeliefert, würde sie sich, aus welch hartem und haltbarem Stoff die Drucktype auch sei, doch mit der Zeit abnutzen und damit zu erkennen geben, daß sie doch *von dieser Welt* ist. Hier genau liegt die Schwierigkeit: daß man die Reinheit und Unwandelbarkeit des Zeichens auch über die Dauer hinweg gewährleisten muß. Dies aber ist nur dadurch möglich, daß man das *eine* Zeichen in beliebiger Menge und auf stets identische Art und Weise reproduziert. Wir haben es also mit der *Konstruktion von Identität* zu tun – und das ist das wesentliche technische Problem, das der Buchdruck des 15. Jahrhunderts löst.

Die Frage, die sich Gutenberg (und mit ihm allen Protagonisten der Drucktechnik) stellte, lautete: Wie ist es möglich, ein reines, mit sich selbst identisches und quasi ewiges Zeichen zu schaffen? Die Antwort konnte, wie gesagt, nicht in der Konstruktion eines *buchstäblich metaphysischen* Zeichens liegen, sondern nur in der Herstellung beliebig vieler und identischer Zeichen, die, im Abdruck, den *Schein von Identität* zu erzeugen vermochten. Der Kunstgriff, der mit dem Namen Gutenbergs assoziiert wird, basiert materiell auf der Gußtechnik,[152] konzeptuell auf dem Gedanken, den ursprünglichen Zeichensatz so selten wie möglich zu benutzen und die unweigerliche Abnutzung (den *Generationsverlust*, wie man heute sagen würde) statt dessen seinen Kopien aufzubürden. Dazu erstellte man eine *Patrix* aus gehärtetem Stahl und erzeugte, aus einem weniger harten Metall, einen genauen Abdruck dieser Archetype: die *Matrix*. Das Problem dabei bestand darin, zwei Metallegierungen zu finden, mit denen eine Übertragung der Vaterbotschaft möglich war, ohne daß die Matrix ihrerseits etwas hinzugegeben und damit das ideale Zeichen korrumpiert hätte.[153] Mit dieser Matrix versehen, die als Hohlform ein vollkommenes und reines Negativ darstellte, vermochte man nun (aus dem abermals weicheren Blei) die entsprechenden Typen zu erzeugen, genau nach dem Bilde des Vaters.

Es ist evident, daß man es bei *Patrix* und *Matrix* nicht mit Vater und Mutter, sondern mit Totalabstraktionen zu tun hat. Denn das, was beabsichtigt ist (nämlich die Konstruktion eines *identischen Zeichens*), hat nichts mit einer natürlichen Zeugung, um so mehr aber mit der Parthenogenese des christlichen Gottes zu tun. So wie der Logos in die Welt kommen soll, ohne dabei kontaminiert zu werden, so soll auch der Mechano-Logos in die Welt kommen, ohne seine Materialität zu erkennen zu geben. Nicht nur, daß das Modell von der Patrix zur Matrix bis hin zum Schein (oder: zum Scheinleib) eines stets identischen Zeichens die Struktur der Jungfrauengeburt wiederholt, auch die theologischen Probleme kehren in der Drucktechnik, auf einer konstruktiven, technischen Ebene, wieder. Die Frage: Wie kann Gott in die Welt kommen, ohne daß er sich vom Fleisch beflecken läßt?, hat sich transformiert zu der Frage: Wie kommt ein Zeichen in die Welt, ohne von der Körperhaftigkeit verdorben zu werden? Aus der Frage nach dem makellosen *Gott* ist also die Frage nach dem reinen *Zeichen* geworden, aus der Aufgabe, die Sündhaftigkeit eines Menschenkindes zu überwinden, das Desiderat, die Materie zu beherrschen. Auch die Versuche, dieser Aporie zu entkommen, sind strukturell gleich. Dort, wo die Theologen eine *mystische Hochzeit* proklamieren, hat man es in der Drucktechnik mit einer *chemischen, metallurgischen Hochzeit* zu tun. Ja, selbst das Erbsündekonzept des Augustin hat seinen Wiedergänger in der Logik der technischen Reproduktion: die Drohung des *Generationsverlustes*, also das Problem, daß von Kopie zu Kopie die Verunklarung zunimmt.[154]

Vor diesem Hintergrund erscheint die geläufige Rede von der Technik als einer *zweiten Natur,* als Exteriorisierung und Modell unseres Körpers, geradezu absurd. Sowenig, wie das Räderwerk in der Sinneserfahrung präfiguriert ist, sowenig hat das Konzept der schreibenden Hand bei der Lösung der mechanischen Schrift federführend sein können. Alle Stufen der technischen Reproduktion haben mit einem Konzept von Reinheit zu tun, das seine Herkunft und kulturelle Codierung nicht verleugnen kann (die Metaphorik ist vielsagend: Der besagte »*Font*« verweist eben nicht nur auf die Patrix des Schriftsystems, sondern meint, in seiner älteren Bedeutungsschicht, den »Taufstein«).[155] Das grundlegende Ziel dieses Konzepts besteht ganz in der Nachfolge der Logostheologie darin, daß wir nicht den *Körper des Zeichens* wahrnehmen sollen, sondern nur seinen *Kopf.* – Abermals ist die Rede vom Körper des Zeichens nicht metaphorisch gemeint – die Drucker selbst sprechen hier von Kopf, Schulter, Fleisch und Fuß. Ist der Körper des Zeichens für den Druckprozeß eine unumgängliche Notwendigkeit, so zielt der Druck dennoch aufs Gegenteil ab, nämlich darauf, diesen Körper unsichtbar zu machen, und nur den *Kopf des Zeichens* sichtbar werden zu lassen. Wenn doch etwas von der Körperlichkeit des Zeichens (von der Letter, von der Tinte etc.) sichtbar wird, sprechen die Drucker bezeichnenderweise von *Makulatur*: Befleckung.

Die Begierde, die bis ins Mittelalter hinein unter dem Namen der *Maria* firmiert und sich später auf allerlei (scheinbar) innerweltliche Systembegriffe überträgt, besteht darin, den Naturprozeß so weit auszuschalten und zu beherrschen, daß man es mit einem von aller Naturhaftigkeit gereinigten Körper, mit einem Über-Körper zu tun hat. Wenn also die Geschichte der unbefleckten Empfängnis auf etwas verweist, so darauf, daß die Wunschenergie, die in die Konstruktion der technischen Reproduktionsmittel eingeflossen ist, nicht auf die *Reproduktion* der Wirklichkeit abzielt, sondern auf ihre Idealisierung, auf die *Produktion* einer höheren Wirklichkeit: auf das, was man Hypernatur, oder besser noch: ein *künstliches Paradies* nennen könnte. Hat diese Hypernatur im Zeichen der Maria noch eine menschliche Gestalt, so wird sie mit dem Ende des Mittelalters technifiziert: Fortan ist es der Körper der Maschine, der – ein wahrer *corpus mysticum* – zum Objekt der Begierde wird. Denn der Körper der Maschine ist der sich selbst bewußte, logische, übernatürliche Körper: kontrolliert, beherrscht und abstrakt.

Auf eine verwickelte Art und Weise (und damit springen wir kopfüber in die Gegenwart hinein) setzt sich das Begehren nach Jungfräulichkeit fort, wo man es vielleicht am wenigsten erwarten würde: in der Konstruktion der Sexmaschine. Der Körper des Bodybuilders, der Körper des weiblichen Pin ups verweisen auf kein Bild der *physis* mehr, sondern auf den Versuch ihrer Überwindung. Wenn die Sexmaschinen stets mit den Maschinen der Abstraktion auftreten, so ist die Präsenz der technischen Artefakte, die Makellosigkeit ihrer Form kein Zufall, tritt hier doch das wesentliche Objekt der Begierde zutage: das *cleane*, industriell gefertigte, serielle Zeichen.[156] Es ist die Abstraktion vom Körper-Ich, welche Lust verspricht: die überkörperliche Lust der Abstraktion, all jener Phantasmen und Einbildungen, die nur im Kopf entstehen. Umgekehrt kennzeichnen nicht mehr Nacktheit und Verhüllung die Pole der Scham (und der Sündhaftigkeit), sondern das, was zu Markte getragen werden kann und das, was sich (als nicht veröffentlichungswürdig) schamhaft verbirgt. Das Konzept der Jungfräulichkeit hat sich zum Konzept der *Selbstkontrolle* gewandelt; vor allem aber: Es hat sich längst vom Körper gelöst und ist zu Kopf gestiegen, dorthin, wo das Selbst seinen Ort hat.

Damit schließt sich der Kreis. Wenn zu Eingang vom Kreisen eines Gedankens die Rede war, so besteht die präsumtive Hysterie nicht mehr (wie in der griechischen Vorstellung) im Leiden am Körper und an der Geburt, sondern im Gedankenleiden, dem Leiden daran, jener Imago nicht zu entsprechen, wie sie unsere elektromagnetischen Spiegel tagtäglich verkünden. Dieses Leiden, auch wenn es ein *eingebildetes Leiden* sein mag, ist deshalb nicht minder real, sind wir doch geradezu umstellt von solchen dinggewordenen Einbildungen, Einbildungen, die jenen phantasmatischen Körper skandieren, der jene Zeichnung aufweist, welche allein ihn veröffentlichungswürdig macht. Das, was im Kopf kreist, ist nicht mehr die Scham vor der Physis, sondern die Scham davor, unserem Selbst (das doch im wesentlichen ein säkularisierter und vergesellschafteter Wiedergänger unserer Engelsnatur ist: unser *Sozius* sozusagen) nicht gerecht werden zu können.

Genau dieses *Selbst, überlebensgroß,* ist die Botschaft, die im Bild der fotokopierten Vulva übermittelt wird. Das Bild des *Geschlechts* ist nur die Maske eines anderen Bildes: des Selbstbildes. Wenn dieses Selbstbild sich nicht mehr als Schönheits- und Körperideal ausdrückt, sondern – gesichtslos – auf das Wesentliche reduziert wird, so bringt die Partialisierung jenes innere, unsichtbare Vermögen ans Licht, um das die Moderne kreist: Ichpotenz. So besehen ist das Phantasma der übernatürlichen, höheren Vereinigung schon vorweggenommen in dem Augenblick, da sich die Karrierefrau auf den Kopierer schwingt. Nicht um den x-beliebigen Mann geht es, noch um die ferne Rivalin, sondern allein um die *Vereinigung mit sich selbst.*[157] Wenn dieses Bild also etwas erzählt, so ist es nicht die alte, immergleiche Geschichte der menschlichen Natur, sondern es ist die Entbindung von dieser Natur. Nicht umsonst spielt die Szene in einem hellen, weißen und sauberen Großraumbüro, in einem Raum, der in Gestalt seiner telegraphischen Vernetztheit über sich hinausweist: also, im Wortsinne, *transzendiert.* Was immer hier herumsteht, befindet sich im Zustand permanenter und grenzenloser Empfänglichkeit, in jenem *Stand-by*-Modus, da alles nur darauf zu warten scheint, daß irgendwer kommt und die Taste drückt: PRINT COPY.

KAPITEL 4

Phantomschmerz

Mein Vater hatte nur ein Bein. Wenn man ihn sah, wäre man nicht auf den Gedanken gekommen, daß er ein Holzbein trug. Er ging sehr aufrecht, mit einem Stock in der Hand, das linke Bein (wie ein steifgewordenes Glied) hinter sich herziehend. Vielleicht lag es daran, daß ich ihn niemals anders gesehen hatte, aber ich wäre nicht auf den Gedanken gekommen, ihn als »Krüppel« zu bezeichnen. Als Kinder spielten wir mit seinen Krücken, übten, ein Bein angezogen (oder mit dem Gürtel eines Morgenrocks am Oberschenkel festgebunden) den Gang auf einem Bein. Hinter einem Vorhang, dort, wo auch die Krücken standen, stand ein anderes, hölzernes Bein. Tatsächlich war es eine Prothese, die er schon nicht mehr benutzte, das Ersatzbein seines Ersatzbeines. Sie war aus hellem Holz, offenbar, um einen fleischfarbenen Ton zu treffen. Nur wenn er sich zu Bett legte, schnallte er die Prothese ab, und dann stand sie dort über Nacht, mit Strumpf und Schuh bekleidet, neben ihrer ausgemusterten Vorgängerin. Wenn ich als Kind nach dem Aufwachen ins Elternschlafzimmer ging und zu ihm ins Bett kroch, über die Krücken hinweg, die neben dem Bett lagen, sah ich seinen bloßen Stumpf. Der Anblick war nicht ungewohnt, hatte auch nichts Schreckliches an sich. Manchmal passierte es, daß er vor Schmerz zusammenzuckte. Und als ich, das Kind, ihn fragte, wo es denn weh tue, sagte er, daß ihn der Fuß schmerze, und deutete auf eine Stelle, wo nichts war, nur das Bettlaken. Er sagte, daß es die Nerven seien, die schmerzen und daß dies keineswegs ungewöhnlich sei. Viele der jungen Männer, denen man im Lazarett ein Bein abgenommen hätte, litten darunter. Ich erinnere mich, daß ich, während er mir all dies erklärte, bloß begriffsstutzig auf seinen Beinstumpf schaute und dann auf den Faltenwurf des Bettlakens und fragte, ob er denn genau die Stelle spüren könne, wo es weh tue. Ja, sagte er und deutete mit dem Finger aufs Laken: genau hier. Und so lernte ich, noch bevor ich lernte, was ein Phantom ist, daß ein Phantomschmerz eine schmerzende Abwesenheit ist.

Es mag heikel sein, den Schmerz zum Gedankenbild umprägen zu wollen, aber wenn etwas heikel daran ist, so ist es nicht der Versuch, einen Gedanken zu prägen, sondern der anästhesierte, sorglose Gebrauch der Metapher – also der Gedanke, der seine Herkunft verleugnet. Der Sprung vom Soma zum Sema wird problematisch nur dort, wo man sich blindlings darauf verläßt, nicht wörtlich genommen zu werden, wo also die Formulierung, *Salz in offene Wunden zu streuen,* überhört, daß dies tatsächlich einmal gemacht worden ist (und wieder gemacht werden kann). Dies vor Augen, gilt es stets die Grenze der übertragenen Rede zu bedenken – nicht zuletzt auch deswegen, weil das *Problem* der Metaphorisierung dazu dienen kann, den Gedanken zu präzisieren.

Was, das ist die Frage, ist an diesem Phänomen so bemerkenswert, daß es Veranlassung gibt, hier eine Gedankenfigur anzusetzen? Wo liegt die metaphorische Kraft? Zunächst einmal, in aller Oberflächlichkeit, schließt sich der *Phantomschmerz*, diese »schmerzende Abwesenheit«, an andere Bilder an, die den Gang der Untersuchung bis hierher bestimmt haben: an den Prozeß der *verlorenen Form*, an die *Kultur als Engelmacherin*, die zu Kopf gestiegene Gebärmutter, an jenes geistige Himmelfahrtskommando, wie es im Dogma von der unbefleckten Empfängnis sich artikuliert. In dieser Folge wäre die Gedankenfigur des Phantomschmerzes eine weitere Variation der Kantischen Aufgabe, das »Negative in die Weltweisheit« einzuführen. Tatsächlich eröffnet die Phantomschmerzmetapher einige Denkfiguren, die anders nur schwer zugänglich wären oder die Gefahr liefen, die Komplexität und Eigentümlichkeit des beschriebenen Gegenstandes zu verfehlen. Darum soll es im folgenden gehen – und um die Grenze der Metapher, die ihrerseits dazu beitragen kann, jenen Raum, den das Bild nicht zu erhellen vermag, zumindest ahnungsweise zu erfassen.

Wenn der *Phantomschmerz*, als gedankliche Figur begriffen, einen Vorzug hat, so den, daß er dem naiven Vertrauen auf die positive Größe (welche doch die Grundlage jedes Positivismus darstellt) die Abwesenheit entgegenhält – und zwar nicht als dunkle, metaphysische Instanz, die sich den Apparaturen und Meßwerkzeugen der harten Wissenschaft schlechthin entzieht, sondern wiederum als Positivität, und zwar als Positivität des Abwesenden.[158] Denn der Phantomschmerz ist, insofern er

Schmerz ist, durchaus real. Er wäre, wenn man irgendeine Meßapparatur am Kopf applizierte, meßbar – was immer das heißt. Denn worauf antwortet diese Meßapparatur, wenn sie ausschlägt? Wenn der Phantomschmerz Symptom ist, *wovon* ist er Symptom? Diese Frage, vor allem aber der Ort, an dem sie ausgehandelt wird, ist entscheidend. Denn wenn die »harten«, materiellen Wissenschaften sich zum Kollisionskurs mit der Welt der Phantome, Geister und Gespinste ermutigt fühlen, so deswegen, weil sie im Zusammenstoß zwischen Kopf und Hand, Traum und Trauma stets der Positivität vertrauen, und das heißt: in letzter Instanz dem Schmerz, den sie selber zufügen.[159] Der Schmerz, so könnte man sagen, lügt nicht. (Es ist genau diese schmerzende, wirklichkeitsvergewissernde Realität, die uns, wie etwa die Aufforderung *kneif mich!* besagt, als Mittel dient, die Welt der Träume und Halluzinationen von dem zu scheiden, was als Realität gelten mag). Im Phantomschmerz indes hat sich der Kniff des Realen an einen Ort verlagert, der nicht mehr da ist – und der eben dadurch, als eine *positive Absenz*, in die Wirklichkeit hineinwirkt. Wenn also eine Meßapparatur einen Ausschlag verzeichnet, der durch nichts induziert ist, könnte man ebensogut annehmen, daß die Apparatur selbst *hysterisch* geworden sei.

Im Phantomschmerz fallen zwei Ordnungen zusammen, die sich gemeinhin ausschließen. Die Welt des Scheins und die Welt des schlechthin Realen. Insofern sollte die Zwitterhaftigkeit, die in der Wortbildung selbst liegt, genauer untersucht werden. Denn worin genau besteht das Phantasmatische dieser Sensation? Das Englische, mit einem Sinn für pragmatische Lösungen, spricht von einem *phantom limb pain*, also einem Phantomgliedschmerz. Mag sein, daß in dieser Formulierung das Befremden darüber fortwirkt, wie ein just amputierter Mensch mit seinem abwesenden Bein aufzutreten versucht – doch ist bei einer genaueren Betrachtung diese Wortprägung nicht viel erhellender. Denn was heißt: »Phantomglied«? Wenn unter einem Phantom eine Einbildung, ein Halluziniertes zu verstehen ist, so würde vermutlich die Sensation eines sechsten Fingers oder die einem *Alien* würdige Hypertrophie sehr viel besser treffen. Aber hat es – so könnte man die Frage umkehren – jemals einen Schmerz gegeben, der von einem Glied herrührte, das die Person niemals zuvor besessen hat? Ist es möglich, daß mein *sechster Finger* schmerzt? Oder mein *drittes Auge*? Genau an diesem Punkt kommt etwas Merkwürdiges ins Spiel. Was die Kliniker »Phantom« oder »Halluzination« nennen, hat keineswegs die Weite dessen, was die Welt der Einbildungen ausmacht, sondern es hat an einer einmal empfundenen Körpererfahrung seine Grenze. Das Phantomglied ist ein ehedem anwesendes, dem Körper als untrennbar zugehörig empfundenes Glied – und nur dieser ehemaligen Zugehörigkeit wegen existiert so etwas wie ein Phantomschmerz. So daß, was die Nervenzellen ins Hirn feuern, vielleicht am ehesten dem Licht jener Sterne vergleichbar ist, die, obschon verglüht, noch immer ihr Licht durch den Weltenraum schicken.

Aber auch dieses Bild ist auf eine merkwürdige Weise unpräzise. Denn wenn man sagt, das *abwesende Bein* sei die Ursache des Schmerzes, so hat doch jenes Glied, als es noch da war, niemals einen solchen Schmerz erzeugt. So besehen wäre also nicht das Bein, sondern die Abwesenheit selbst (oder der Augenblick des Verlustes) Ursache des Schmerzes, wobei diese spezifische Form des Nervenschmerzes erst im nachhinein, also retroaktiv entstanden wäre. In diesem Sinn wäre der Phantomschmerz auf der somatischen Ebene genau das, was das *Heimweh* für die Seele ist. So wie das Bewußtsein von *Heimat* erst in jenem Augenblick entsteht, da man sich heimwehkrank nach dieser Heimat zurücksehnt, so erzeugt das abwesende Glied einen spezifischen Schmerz. Setzt man diese Dialektik voraus, so wächst der Bezeichnung *Phantomschmerz* wiederum eine gewisse Rechtfertigung zu, denn dieser Schmerz vermittelt sich nur dem, der einen solchen Verlust erlitten hat, wie umgekehrt dieser Verlust die Voraussetzung für einen solchen Schmerz ist.

Vielleicht kommt hier allmählich in den Blick, worin die metaphorische Kraft des Phantomschmerzes bestehen könnte. Denn beziehe ich dieses Phänomen auf ein geschichtliches Dispositiv, so läßt sich darüber die Verfaßtheit eines abwesenden oder verschwindenden Realen beschreiben, das sich seinerseits in einer spezifischen, schmerzhaften Reaktion ausdrückt. Diese Reaktion wiederum äußert sich – wie könnte es anders sein – in Form der Rede, des Diskurses. Beispielsweise hat das, was man heutzutage höchst unspezifisch »Fundamentalismus« nennt, genau diese Struktur. Denn dieser Fundamentalismus kommt erst dort ins Spiel, wo die Fundamente tatsächlich ins Wanken geraten sind. In diesem Sinn ist die Berufung auf das vermeintlich Fundamentale vielmehr als Beschwörungsformel zu lesen, die nicht auf einem sicheren Fundament, sondern auf einer Abgründigkeit fußt. Weil das Fundament nicht mehr existiert, tritt der Fundamentalismus an seine Stelle. Ihm in seinem positiven Gehalt begegnen zu wollen, muß darum ebenso irreführend erscheinen, wie wenn man dem Amputierten einreden wollte, der fühlbare Schmerz sei ein sicheres Zeichen dafür, daß sein Bein noch existiere. Von einem Phantomschmerz zu reden, bedeutet also, daß eine Rede nicht mehr als Symptom von *etwas* begriffen werden kann, sondern nurmehr faßbar ist als Artikulation eines Abwesenden. Wohlgemerkt: in dieser Beschreibung ist nicht einfach und umstandslos von einem *Phantasma* die Rede (womit diese Rede als irreal abgetan wäre, als ob sie von einem dritten Auge oder einem sechsten Finger kündete), sondern von einer Rede, die eine Wirklichkeit beschwört, die nicht mehr existiert. Genau dieser Umstand, der Bezug auf ein vergangenes Fundament, vermag der delirierenden Rede den *Anschein* des Realen zu geben – und unterscheidet sie streng von jenen Formen des Deliriums, die eine Aberration ins Singuläre markieren.

Wenn sich der körperliche Phantomschmerz als Nervenschmerz artikuliert, so wäre er, ins Metaphorische übersetzt, eine Art *Diskursschmerz*, eine Aushöhlung und Entwirklichung der Rede (ein Umschlag, wie man ihn in den Tragödien Shakespeares im Bild der *Bühne*, des *Scheins* etc. wiederfindet). Das Novum – und der Grund, die Metapher hier zu benutzen – besteht darin, daß zwischen Anschein und Wirklichkeit kein Abbildungsverhältnis mehr gedacht wird. Der Diskursschmerz bezieht sich nicht mehr auf ein Reales, sondern beschwört es vielmehr. Wenn diese Rede gleichwohl den Anschein hat, sich auf ein Reales zu beziehen, so deshalb, weil sie sich nicht aus dem Nichts, sondern aus einer verglühten Realität speist. Es ist die Abwesenheit, die den Schlüssel zu dem liefert, was sich artikuliert. Nun ist unsere Sprache voll von Wörtern, die diese Form der *leeren Rede* bezeichnen: vom »Phrasendreschen« und der »heißen Luft«, vom »Blablabla« bis hin zur Logorrhöe. Während sich die leere Rede im Individuellen leicht zu erkennen gibt, verhält es sich im Falle der gemeinschaftsstiftenden Codes anders: Wo des Kaisers neue Kleider eine Art Schleier stiften, wird das Auseinandertreten von Rede und Wirklichkeit konstitutionell. An die Stelle der Dinge treten die Wörter. Und die Verwendung der Wörter wiederum suggeriert den Fortbestand eines Sachverhalts, und zwar auch und gerade dort, wo die Realität sich zu verflüchtigen beginnt. Genau von dieser Situation ist jene Übergangszeit gekennzeichnet, die mit dem ausklingenden Mittelalter anhebt (und nicht von ungefähr im Nominalismus und seinen *Sprachspielen* ihre philosophische Ausprägung findet[160]). Hier nehmen die Wörter selbst Prothesencharakter an, und das Erschrecken vor einer Welt, die sich ins Ungreifbare verflüchtigt, verwandelt sich in die Beschwörung des Begriffes. Und genau diese Inversion, bei der das Symbolische an die Stelle des Realen tritt, ist mit dem Begriff des *Phantomschmerzes* gemeint.

Wenn zuvor davon die Rede war, daß ein *Abwesendes sich artikuliert*, so liegt darin eine unverhoffte, sprachliche Präzision: *articulus*, wörtlich genommen, heißt Glied, Teil, Gelenk. Sagt man nun, daß sich ein Abwesendes artikuliert, so folgt daraus, daß es in eine *Form der Anwesenheit* tritt. Genau so ist es gemeint. Denn das Abwesende artikuliert sich nicht als neuerliche Abwesenheit, sondern es setzt sich in eine Positivität hinein, in jenes künstliche Glied, welches das fehlende ersetzen soll: die *Prothese*. An diesem Punkt nimmt das Gedankenbild des Phantomschmerzes eine neue Wendung. Dabei kommt – und das ist entscheidend – eine Differenz ins Spiel, die die Schwierigkeit bezeugt, das Bild des prothesetragenden Vaters in ein kollektives Erleben zu übertragen. Tatsächlich rutscht die Metapher bei diesem Versuch in eine deutliche Schieflage und versagt ihren Dienst. Indes ist es keineswegs unsinnig, dieses Verrutschen selbst ins Auge zu fassen, könnte es doch darüber Auskunft geben, worin das Eigentümliche eines *kollektiven* »Phantomschmerzes« besteht.

Die Antwort darauf ist überaus simpel. Wenn es einen Grund für das Verrutschen der Metapher gibt, so liegt er darin, daß sich die Körpererfahrung des einzelnen nicht auf die Erfahrung des Kollektivs übertragen läßt. So kann derjenige, der ein Glied verloren hat, für Momente eine sensorische Unsicherheit verspüren, aber schon der Anblick der Prothese belegt die Tatsache des Verlustes – ebenso wie die Notwendigkeit, sich der Prothese anzuvertrauen. Der Riß, mag er in die Dunkelheit des Traumas gehüllt sein, ist existentiell. Es gibt keine Täuschung darüber. Mehr noch: Allein die aktive und bejahende Annahme jener Abwesenheit, die verkörpert ist in der Prothese, ist die Bedingung dafür, wieder neu laufen lernen zu können. In diesem Sinn (weil der Schnitt geschehen und unwiderruflich ist) ist das Verhältnis zur Prothese bar jeglicher Zweischneidigkeit. Weil mein Vater sich auf die Prothese hat stützen müssen, wäre es ihm nicht in den Sinn gekommen, sie in den Konjunktiv hineinzudenken. Darin aber liegt der wesentliche Unterschied und der Grund, warum die individuelle Erfahrung des Phantomschmerzes nicht ins Soziale hinein übertragbar ist – warum überhaupt die Gesetze des Individualkörpers nicht auf den *symbolischen Körper* der Gemeinschaft zu übertragen sind. Zweifelhaft ist schon, ob und inwieweit der Begriff des Körpers in Bezug auf die Gemeinschaft überhaupt angemessen ist. Denn der kollektive Körper hat keine Haut,[161] er gilt als metaphysisch und scheint, wie die Lettern der Schrift, vor dem Schicksal der Sterblichkeit gefeit. Als *corpus metaphysicum*, als Körperideal und kollektiver Projektor, zieht er das Begehren auf sich. Insofern ist leicht einzusehen, warum jener traumatische Augenblick, den das Individuum erleidet und der die Gewißheit der Versehrtheit hinterläßt, im Kollektiven zu keiner Entsprechung findet.

Die tiefgreifenden Verschiebungen im Bereich des kollektiven Phantasmas sind eher in Epochen zu denken. Dabei hat man es mit der Emergenz von Gebilden zu tun, die man im Individuellen als *Prothesen* bezeichnen würde. Betrachtet man das ausgehende Mittelalter, so entdeckt man im Schatten der Kathedralen, schon im 12., 13. Jahrhundert, die Konstruktion jener Gedankenprothese, die schließlich im Zeichen der cartesianischen Philosophie dem Denken zu Kopf steigen wird – und die vielleicht mehr als jeder philosophische Denkakt zum Ende des Mittelalters beigetragen hat: die Konstruktion des Räderwerkautomaten, die Uhr. Tatsächlich tut sich hier ein scharfer Riß auf, ein *Technologos*, der in seiner Radikalität jener Zäsur gleicht, wie sie mit dem Alphabet sich ereignet hat. Hier entsteht die Idee der Universalen Maschine, entfaltet sich im Kern der mittelalterlichen Welt jenes Denken, das man später, im Grunde höchst unangemessen, *cartesianisch* genannt hat.[162]

Wozu aber wird eine Prothese gebraucht, wenn nicht dazu, ein fehlendes Glied zu ersetzen? Aus der bloßen Tatsache, daß zu diesem Zeitpunkt eine solche Gedankenprothese ins Spiel kommt, könnte man den Umkehrschluß ziehen, daß die Amputation – oder kulturell gesehen: ein tiefgreifender Epochenschnitt sich bereits vollzogen hat. Eine derartige Vermutung würde zu allerlei irritierenden Neu- und Umbewertungen Anlaß geben: denn man müßte die Neuzeit im 12., 13. Jahrhundert beginnen lassen, wie umgekehrt der Cartesianer (und die neuzeitliche Philosophie überhaupt) nicht als Neuerer, sondern als ein Zuspätgekommener gedacht werden müßte. Wenn retrospektiv betrachtet *die Entzauberung der mittelalterlichen Welt* sich im wesentlichen über die Wirkkraft der Maschine vollzieht, die ihrerseits eine Präfiguration der reinen Vernunft ist, liegt eine solche Deutung auf der Hand. Ins Positive gewendet, könnte man die Frage auch so formulieren: Wie ist es möglich, daß eine Epoche jenes Moment der *Spaltung*, das für den heutigen Betrachter offenkundig ist, *nicht* wahrnimmt? Hier eigentlich liegt die Merkwürdigkeit und der Ebenensprung, der jenen Punkt markiert, wo das Bild des Vaters in die Schieflage gerät. Denn weder fällt die Konstruktion der Gedankenprothese kulturgeschichtlich in eins mit dem Schnitt, noch wird diese Prothese als Prothese erlebt. Wenn die Scholasten des 14. Jahrhunderts Gott zum Uhrmacher umschulten, so beschreibt die Existenz dieses merkwürdigen Zwitterwesens, daß hier die Zwiespältigkeit konstitutiven Charakter hat.[163] Denn unzweifelhaft hat man es bei diesem Prothesengott mit einer Schizogestalt zu tun, einem Bastard, in dem zwei heteronome Körperbilder miteinander ringen. Hält man sich die Prothesen-Problematik vor Augen, ist die Gleichzeitigkeit dieser beiden heteronomen Körperordnungen höchst bemerkenswert. Denn *daß* diese Gleichzeitigkeit (und noch an so prominenter Stelle) möglich ist, besagt, daß die Beziehung zwischen dem abwesenden Glied und der Prothese, die sich an seine Stelle setzt, nicht gedacht wird. Wo sich im Individuellen ein existentieller Schnitt ereignet, eine unabweisbare Trennung von Vorher und Nachher, versucht man der Beschädigung des symbolischen Körpers dadurch zu entgehen, daß man das Neue dem Alten einfach hinzufügt.[164]

Vor diesem Hintergrund wird klar, warum zwei eigentlich heteronome Ordnungen nebeneinander bestehen können, und zwar so, daß man sich, je nachdem, auf das Bein, dann wieder auf die Prothese glaubt stützen zu können. Die Prothese wird, im Wortsinn, als *prosthesis*, als ein Hinzugefügtes erlebt. Das *Opfer*, das die Prothese einfordert (und bestünde es nur – nur!? – darin, ein Glied durch ein anderes zu ersetzen), wird übersprungen.[165] Statt dessen entsteht eine merkwürdige *Surplus*-Phantasie, als ob die Funktion der Prothese in der Erweiterung des Körpers bestünde. Dieses Phantasma der Selbsterweiterung (das noch die zeitgenössische Theoriebildung kennzeichnet) setzt die Prothese als Medium voraus, als ein veräußertes *organon*, dessen Rückwirkungen auf den einzelnen nicht bedacht werden. In gewisser Hinsicht ist dieses Erweiterungsmoment dem Kinderspiel vergleichbar: eine Art Spiel, bei dem man eine *neue Form* der Fortbewegung erlernt. Setzt man diese Naivität voraus, wird verständlich, daß das 14. Jahrhundert einen Uhrmachergott in die Welt setzen konnte, ohne zugleich jenes Schicksal ins Auge zu fassen, das dieser Denkfigur blühen sollte: daß nämlich dieser Gottesbeweis, etwas umgestellt, notwendig auf den Beweis der Nichtexistenz Gottes, andererseits auf die Ordination der reinen Vernunft hinauslaufen sollte.

Freilich: Im Laufe der Zeit klärt sich doch, inwieweit eine Gesellschaft auf eine Prothese angewiesen ist. Das ausgehende Mittelalter liefert hierfür ein hochinteressantes Exempel. Mochte der Räderwerkautomat, als abstrakte und hochkomplexe Geistmaschine, kein wirkliches Problem darstellen, so wurde die proliferierende, zinstreibende Münze, deren Unchristlichkeit alsbald greifbare Wirklichkeit wurde, ein zugleich reales und intellektuelles Problem ersten Ranges. Wie ist es möglich, so lautete die zentrale Frage (die zugleich eine fast unüberwindliche Denkblockade darstellte), daß Geld, eine *sterile Substanz,* aus sich selbst heraus Mehrwert, also symbolische Kinder erzeugt? Im Grunde hätte sich diese Frage schon am Zeitbegriff des Räderwerkautomaten stellen können. Denn mit der mechanischen Uhr wurde die Zeit erstmals nicht als *verrinnende Zeit*, sondern als genetische, produzierte Zeit aufgefaßt. Während die *Unruhe* des Räderwerks harmlos erschien, wurde die *Unruhe des zinstreibenden Kapitals* als ein Problem erster Ordnung erlebt. Daß das Messer der Rationalität hier in seiner abschreckenden Form zutage trat, ist kein Zufall: ist der Zins doch genau der Punkt, an dem das Opfer nicht übersprungen werden kann. Schon hier zeigt das Mittelalter eine bizarre, zunehmend in Widersprüchen sich verfangende Realität. Einerseits schickt man sich an, die Apotheose der Maschine zu feiern, zum anderen wird die Münze (als *symbolon* der blanken Rationalität) unter einen Generalverdacht gestellt. So folgt Thomas von Aquin der aristotelischen Lehrmeinung, daß Geld, als ein künstlicher Reichtum, steril sein müsse, und daß es darum keinen Zins erzeugen könne (*pecunia pecuniam non parit*), an anderer Stelle jedoch vergleicht er es mit einem Samen, der, eingesät, Ernte verspricht.[166] In dieser Widersprüchlichkeit drückt sich nicht nur der Lapsus eines einzelnen Denkers, sondern die widersprüchliche Konstitution eines Gemeinwesens aus, das glaubt, sich eines symbolischen Körpers bedienen zu können, ohne zugleich auch dafür bezahlen zu müssen.[167]

Vielmehr könnte man sagen, daß eine Spaltung zwischen *symbolon* und *diabolon* vollzogen wird. Dort, wo die Prothese ein Surplus verspricht, wird sie als *reines Symbol*, als körperliche Erweiterung interpretiert, dort, wo sie sich als *Prothese* bemerkbar macht, die ihrerseits einen Preis einfordert, wird sie als diabolisch abgespalten. Nicht von ungefähr wurde der Wucherer zu einer Pariagestalt dieser Zeit. Ihm allein wurde aufgebürdet, was die mittelalterliche Gesellschaft, die sich doch zunehmend dem Geldverkehr anvertraute, an sich selbst keinesfalls wahrzunehmen gewillt war. Hier nun zeigt die Nichtwahrnehmung der Abhängigkeit ihre finsterste Seite. Denn um die Prothese nicht als das wahrnehmen zu müssen, was sie ist, wird der andere gleichsam als Verkörperung dieser Prothesenexistenz zugerichtet: zu jenem Krüppel, der man selbst nicht ist und sein will. In diesem Zusammenhang ist eine kleine Episode erhellend, die der Zisterziensermönch Cäsarius von Heisterbach festgehalten hat. Die Wucherin Jutta von Frechen stirbt, ohne Abbitte geleistet zu haben. Man bettet sie in den Sarg, aber in dem Augenblick, da ihre Seele ins Jenseits übergehen soll, fährt der Teufel in ihren Leib und läßt Arme und Hände so bewegen, als ob sie Geld zählte (»et ecce diabolus manus eius et brachia movit, ad instar numerantis pecuniam«). Der Gemeindepriester kommt, um den Körper zu exorzieren. Aber sobald er mit seinen Beschwörungen innehält, beginnt der Leichnam erneut an Händen und Füßen zu zucken. Der Priester nimmt ein Stück Stroh, taucht es in Weihwasser und steckt es der Toten in den Mund, die gierig daran zu saugen beginnt. Um den zuckenden Körper zur Ruhe zu bringen, muß der Priester seinen Gürtel um den Hals der Wucherin knoten.[168]

In dieser kleinen Episode stoßen die beiden Ordnungen – die quecksilbrige Macht des Geldes einerseits, die Macht des herkömmlichen Glaubens andererseits – zusammen. Beide ringen sie um das Seelenheil einer Toten. Das Geld stellt dabei offenbar eine Besessenheitsordnung dar, die nicht nur von den Lebenden, sondern auch von den Toten Besitz nimmt. Das, was den Körper der Wucherin in Zuckungen versetzt, ist die hypertrophische Zahl, die Ewigkeitsverheißung des Geldes. Damit ist der Konflikt der beiden *articula* auf den Punkt gebracht. Denn solange der Priester seine Beschwörungsformeln aufsagt, ist der Körper der Wucherin still, hört der Priester damit auf, beginnt sich der Leichnam wieder zu regen. Bleibt in dieser Geschichte (denn offenbar dürstet die Seele der Wucherin nach Unsterblichkeit) die christliche Ordnung siegreich, so zeigt doch der Umstand, daß die Zuckungen des Geldes bereits in die Bereiche des Jenseitigen eingedrungen sind, daß die göttliche Ordnung auf ihrem ureigensten Terrain bedroht wird. Tatsächlich – und das ist höchst bemerkenswert – ist es nicht der Glaube, der die quecksilbrige Macht des Geldes sich anzupassen vermag, vielmehr neigt sich die Geschichte der Prothese zu: Die Gesetze des Himmels müssen so umgeschrieben werden, daß sie der Realität zu entsprechen vermögen. Mehr noch als das: Der Himmel selbst erlebt einen Umbau. Um die Gestalt des Wucherers (und damit die Geldwirtschaft) eingemeinden zu können, erfindet das 13. Jahrhundert das Purgatorium, also jene Vorhölle, in der der kontaminierte Gläubige die Möglichkeit bekommt, seine Sünden abzuarbeiten.[169] Nun ist es evident, daß diese spirituelle Reinigungsschleuse nicht allein dem Wucherer, sondern vor allem der Gemeinde der Gläubigen gilt, die sich auf diese Weise von ihrer Schuld frei zu machen vermag. Tatsächlich wird die Neuvermessung des Himmels nur plausibel, wenn man sich jenes *tremendum* vor Augen führt, das der zuckende Körper der Wucherin in den Seelen der Gläubigen hinterläßt. Dogmatisch gesehen ist der Einzug dieses Zwischengeschosses durch nichts zu rechtfertigen. Allein das Bewußtsein, das Seelenheil an die Macht des *diabolon* verlieren zu können, führt zur Fabrikation dieses Zwischenhimmels – ein erster, überdeutlicher Hinweis darauf, daß man es mit einem *kulturellen Phantomschmerz* zu tun hat. So wie der Priester seine Beschwörungsformeln aufsagen muß, um den zuckenden Leib der Wucherin stillzuhalten, so wird der religiöse Diskurs des Mittelalters zunehmend zu einer Abwehrformel, zum Versuch, eine Wirklichkeit *nicht* zur Kenntnis zu nehmen – würde sie doch, sobald man innehielte, Macht über den eigenen Körper gewinnen. Dieses Bild ist insofern erhellend, als darin die Differenz deutlich wird, die den kulturellen Phantomschmerz von der somatischen Sensation unterscheidet. Ist der Riß für den einzelnen eine unabweisbare Tatsache, geht es auf der Ebene des symbolischen Körpers darum, diesen Riß nicht Wirklichkeit werden zu lassen, ihn zu suspendieren.

KAPITEL 5

Preis der Macht. Preis des Menschen

Am Tag seiner Hinrichtung, dem 30. Januar, stand der König zeitig auf, gegen fünf oder sechs in der Frühe.[170] Sein Diener Herbert (der letzte Vertraute, der ihm geblieben war) erzählte einen Traum, den er gehabt habe. Er habe ein Pochen an der Tür gehört, und der Erzbischof Laud (der selbst kürzlich auf dem Schafott gestorben war) sei in der Tür gestanden. Dieser habe mit dem König geredet, habe ihm zum Abschied noch einmal die Hand geküßt und sich dabei so tief verbeugt, daß er hingeschlagen sei. Herbert habe ihm aufhelfen wollen, aber in dem Augenblick sei er aufgewacht, weil er den Ruf des Königs vernommen habe. Er habe heute viel zu tun, sagte Charles, dies sei sein zweiter Heiratstag, er wolle vor seinem Herrn in gebührender Form erscheinen. Und so, wie er sich bei seiner Krönung um jede Einzelheit gekümmert hatte (das Öl, mit dem man ihn gesalbt hatte, hatte man nach seinen Anweisungen zubereitet), machte er sich auch für den Henker zurecht. Um bei der Kälte nicht schlottern zu müssen (was man ihm als Angst hätte auslegen können), zog er zwei Hemden über. Er frühstückte nicht. Er hatte schon am Vortag nichts gegessen, an seinem Todestag sollte nur die Hostie über seine Lippen kommen. Dann kam tatsächlich ein Bischof, Juxon, der Nachfolger des Toten. Aber bevor sie gemeinsam beteten, verteilte Charles seine Bücher und Habseligkeiten: die Bibel für den ältesten Sohn (mit einer letzten und ernsten Bitte, sie doch regelmäßig zu lesen), für die dreizehnjährige Tochter drei Bücher zur religiösen Erziehung, für sein drittes Kind ein wunderbares Spielzeug: einen Ring mit eingravierten Figuren, der als Sonnenuhr und als Logarithmentafel dazu dienen mochte, »schwierige arithmetische Fragen zu lösen«. Seinem jüngsten Sohn hatte er die *Werke* seines Großvaters und einen *Praktischen Katechismus* zugedacht. Am Tag zuvor hatte er das achtjährige Kind, zusammen mit seiner Schwester, noch sehen dürfen. Er hatte ihm gesagt, was passieren würde: daß man ihm, dem König, seinen Kopf abschneiden werde.

Nach einem einstündigen Gebet kam ein Colonel. Er zitterte, als er dem König mitteilte, daß es soweit sei. Der König griff nach der Hand des Bischofs und gab ein Zeichen zum Aufbruch. Herbert, der Diener, folgte, die silberne Uhr in der Hand, die seinen Herrn und ihn in den letzten Monaten von einer Gefangenschaft zur nächsten begleitet hatte. Als sie in den Park kamen, fragte der König nach der Zeit und sagte dann, Herbert möge die Uhr behalten. Ein Colonel erwartete sie im Park. Soldaten standen ringsum, Trommeln wurden geschlagen. Im Lärm der Trommeln tauschte Charles Stuart ein paar Worte mit dem Colonel aus, er hoffe, daß man dem Duke of Richmond die Sorge für seine Beerdigung überlassen möge. Über eine hölzerne Stiege ging es in den königlichen Palast. In den Räumen, die er früher selbst innegehabt hatte, hatten sich nun einige Höflinge eingerichtet, die vom Fenster aus zuschauten, wie er die Treppe hinaufstieg. Die Prozession zog durch die Galerie, an seinem früheren Schlafzimmer vorbei. Hier hatten einst die Bilder seiner Angehörigen gehangen, Bilder, die er selbst in Auftrag gegeben hatte: Rubens, Van Dyck, Tizian. Jetzt waren die Wände kahl, die Bilder verkauft. Nur das Rubens-Deckengemälde im Bankettsaal, das die Himmelfahrt seines Vater darstellte, war unverkäuflich gewesen. Aber die Fenster waren vernagelt, und der Raum lag im Dämmer.

Ein, zwei Stunden ruhte sich der König auf seinem Bett aus. Diese Ruhepause hatte keinen anderen Grund, als einen kleinen Regiefehler in der Planung wettzumachen. Denn die Revolutionäre, die sich anschickten, die Monarchie zu dekapitieren, hatten nicht daran gedacht, England als Republik auszurufen. Es wäre also durchaus möglich gewesen, den Sohn des Königs zum König auszurufen. Dies mußte verhindert werden. Also wurden Druckerpressen in Bewegung gesetzt, gingen Herolde durch die Stadt und verkündeten, daß es verboten sei, einen neuen König auszurufen. Schon am Tag zuvor hatte sich unter den Offizieren Cromwells ein Dissens ereignet: Cromwell hatte mehrere Getreue regelrecht nötigen müssen, ihre Unterschrift unter das Dokument zu setzen. Nun, am Tag der Exekution, verlor einer der diensthabenden Offiziere, ein Hercules Hunks, seine Nerven. Man beschimpfte ihn, ein Wicht und Feigling zu sein, aber all das hinderte ihn nicht daran, seinem Namen alle Ehre zu versagen. Er war nicht willens, seine Unterschrift unter den Exekutionsbefehl zu setzen. Das Schafott war längst errichtet. Der Henker, der neben dem Bischof (der dem Diener im Traum erschienen war) eine ganze Reihe königstreuer Adeliger hingerichtet hatte, wartete darauf, seine Arbeit zu tun. Um zwei Uhr mittags hatten die Herolde ihre Aufgabe erledigt, waren die Resolutionen des Parlaments gedruckt – und endlich war es soweit. Man klopfte, und Charles Stuart stand auf und verließ Whitehall, seinen Palast, den er zum ersten Mal seit sieben Jahren wieder betreten hatte. Herbert blieb im Zimmer zurück, mit der Uhr, aber der Bischof begleitete den König hinaus.

Man hatte das Schafott direkt vor der Mauer des Palastes errichtet. Durch ein Fenster, das man eigens zu diesem Zweck erweitert hatte, gelangte Charles Stuart, geführt von einem Colonel, hinaus aufs Schafott. Es war schwarz ausgelegt, und man hatte drei oder vier Klammern ins Holz getrieben, so daß man den König hätte binden können, hätte er Widerstand geleistet. Der Henker war nicht bloß, wie es üblich war, maskiert, sondern trug darüber hinaus falsches Haar und einen falschen Bart. Zwei Offiziere, ein paar wachhabende Soldaten und ein Journalist standen dort sowie zwei oder drei Stenographen mit Papier und Tinte. Der König inspizierte die Axt und den Block, der ihm viel zu niedrig erschien, kaum dreißig Zentimeter über dem Boden. Er fragte den Colonel, ob man nicht einen etwas höheren Block benutzen könne. Um die Menge der Neugierigen vom Geschehen abzuhalten, war das Schafott von einem Kordon Soldaten umstellt. Obwohl das Publikum ihn dort kaum hören konnte, zog der König ein Papier aus seiner Rocktasche und hielt eine längere Rede. Er sei nicht der Urheber des Bürgerkriegs, aber Gott verhüte, daß er die Verantwortung einer der beiden Parteien allein aufbürden wolle, es seien schlechte Werkzeuge gewesen, die sich zwischen sie gestellt hätten. Er wisse nicht, wer für seinen Tod verantwortlich sei, er bete zu Gott, daß er den Tätern vergeben möge. Und am Ende: Er sei der Märtyrer des Volkes. Er sterbe als Christ, dem Bekenntnis der anglikanischen Kirche gemäß, so wie er sie vorgefunden habe. Er folge einer guten Sache und habe einen gnädigen Gott. *I will say no more.*

Dann wandte sich Charles Stuart den grotesken Henkersgestalten zu. Eigentlich wäre es vorgesehen gewesen, daß der Henker die übliche Formel hätte aussprechen, sein Opfer um Vergebung bitten und dessen Verzeihung entgegennehmen müssen – aber aus irgendeinem Grund war es ihm wohl entfallen. Der König sagte, er wolle ein kurzes Gebet sprechen, dann könne der Henker seines Amtes walten. Er fragte, wie er sein Haar richten solle, daß es den Henker nicht bei seinem Geschäft behindere. Assistiert vom Bischof setzte er sich eine Kappe auf und verstaute sein Haar darunter. Der Bischof redete ihm gut zu, es werde ein kurzer letzter Gang sein, dann werde er zum Himmel aufsteigen und eine Krone des Ruhms empfangen. Der König erwiderte: Er gehe von einer korrumpierten zu einer unkorrumpierbaren Krone, dorthin, wo es keine Unruhe gebe, keine Unruhe in der Welt. Der König nahm das Zeichen des Hosenbandordens ab, den letzten seiner Juwelen und gab ihn dem Bischof, er zog seine Jacke aus, betrachtete noch einmal den Block, fragte, ob er fest sitze, und bedauerte noch einmal, daß er nicht höher sei. Dann hob er die Hände zum Gebet, nahm seinen Mantel ab und bettete ihn gemeinsam mit seinem Hals auf den Block. Der Henker beugte sich noch einmal nieder, um sicherzugehen, daß das Haar ihn nicht behindern möge. Der König, offenbar weil er dachte, der Henker sei schon im Begriff, die Axt auf seinen Hals niedergehen zu lassen, fuhr ihn heftig an, er möge bitte auf das Zeichen warten. Wie es seiner Majestät genehm sei, sagte der Henker. Nach ein paar Sekunden streckte der König seine Hand zum Zeichen aus, und der Henker ließ die Axt auf den Block sausen und trennte den Kopf des Königs vom Körper, mit einem einzigen Schlag.

Wo beginnt eine Geschichte? Und wo endet sie? Eine Möglichkeit, die Geschichte des Charles Stuart zu erzählen, besteht darin, zu sagen, daß er am 19. November des Jahres 1600 in Dunfermline Palace in Schottland geboren, daß er am 30. Januar des Jahres 1649 auf dem Schafott gestorben sei. Aber weil die Geschichte über das Biographische hinauswirkt, weil sie ins Reich der Toten hinüberragt, ließe sich auch ein anderes Ende finden (womit das Biographische allerdings ins *Nekro*graphische umschlägt). Am 30. Januar des Jahres 1660, am elften Todestag des Königs, machte sich eine Menschenmenge daran, den Leichnam Cromwells aus dem Grab in der Westminster Kathedrale zu holen, ihn nach Tyburn zu schleifen, zu köpfen und am Galgen baumeln zu lassen. Ein drittes Ende wäre dies: Als der neunzehnjährige Sohn des Königs, der im Exil in den Niederlanden weilt, vom Todesurteil des geliebten Vaters erfährt, nimmt er ein weißes

Blatt Papier zur Hand, unterzeichnet es, versiegelt den Umschlag und schickt den Brief an die Ankläger des Vaters. Dieses weiße, unbeschriebene Blatt, die bedingungslose Kapitulation, wird den Königsmord nicht verhindern, sowenig wie den Aufstieg und Fall des Protektors. Man könnte denken: es bleibt folgenlos, um so mehr, als der Sohn, der um das Leben seines Vaters willen mit der bedingungslosen Kapitulation einverstanden war, das englische Königtum wieder herstellen wird. Und doch ist dieses weiße unbeschriebene Blatt vielleicht das einzige Zeugnis dafür, daß nichts mehr sein kann wie vorher. Würde man diese Geschichte als Film erzählen, so würde sich dieses Blatt, diese *carte blanche*, zur *Bill of Rights*, dann zu einer Banknote verwandeln, ausgestellt von der just gegründeten Bank von England, 1694.

Wo beginnt eine Geschichte, wo endet sie? Das ist keine Frage der Dramaturgie, nicht einmal eine Frage, die man dem Lauf der Ereignisse unterschieben kann, sondern eine Problematik, die vor allem das analytische Besteck betrifft, mit dem man – rückblickend – auf die Ereignisse zugeht. Geschichte ist immer schon *Kritik der Geschichte* – und muß es sein. Denn auch dort, wo die Vergangenheit nicht als bloße *Vorgeschichte* mißdeutet und instrumentalisiert wird, zwingt uns die Unmöglichkeit, zwei Leben zur gleichen Zeit zu leben, dazu, jene Kräfte und Beweggründe ins Auge zu fassen, welche die Erschütterungen und Umwälzungen des historischen Grundes ausgelöst haben.[171] In diesem Zwang zur Verkürzung liegt der unvermeidliche Übergang zur Geschichts*philosophie*. Mag diesem Zweig des historischen Denkens eine gewisse Anrüchigkeit anhaften, so wäre es doch absurd, der geschichtsphilosophischen Verführung nicht ins Auge zu schauen. Wie ein Goldsucher entmischt der Historiker seinen Grund, scheidet das eine vom anderen – nicht nur um der geschichtlichen Differenz, sondern auch, um seinem eigenen Phantasma zu begegnen. Weil sein Vorgehen notwendigerweise eine Form des *legein* darstellt, mündet seine Auslese in einen Logos ein. Je nach Fragestellung wiederholt sich diese Form der ***logie, wie umgekehrt in den Werkzeugen des *legein*, in den Filtern und Sieben, mit denen man den Grund durchsiebt, bereits eine Deutung des Geschichte parat liegt.

Ein Vertreter der Zunft mag einwenden, daß er nur die Fakten und die reine Faktizität gelten lasse – und daß eben darin das Wesen der Disziplin stecke. Vielleicht liegt darin aber das größte Phantasma. Denn die Berufung aufs Faktum setzt voraus, daß Geschichte gemacht werde, daß folglich das Tun den Handelnden bewußt ist oder zumindest eine Art der Geschichtsmächtigkeit waltet. Hinter jedem Faktum, dessen Faktizität unzweifelhaft sein mag, steht ein Faktor.[172] Mag sein, daß man sich unterdessen damit angefreundet hat, daß es nicht mehr *große Männer* sind, die Geschichte machen, daß man sich statt dessen mit Mikrostrukturen, Mentalitäten und der Rolle der *longue durée* abgibt, jedoch kann man sich mit der Berufung auf die sozialen Faktoren keineswegs des Problems entledigen. Denn was hier unterstellt wird, ist (auch wenn man eine kollektive Lesart bevorzugt) der *menschliche Faktor*. Schon der Begriff des Faktors weist in eine Richtung, bei der das Geschehen als Effekt aufgefaßt wird. Was aber, wenn das Geschehen nicht auf einer Tatsache, sondern auf einer Unterlassung beruht? Wenn also statt einer historischen Logik eine *hysterische* Logik waltet? Es ist einleuchtend, daß sich an dieser Stelle die Feder des Historikers sträubt, müßte er doch, würde er eine solche Möglichkeit einräumen, auch das Nichtausgeprägte, Nicht-faktisch-Gewordene als Faktor in Betracht ziehen. Hinter dem Begriff des Faktischen lauern also höhere Beweggründe, all jene ominösen Faktoren, die man je nachdem Feudalismus, Kapitalismus etc. nennt – und die als der heimliche Souverän gelesen werden.

Vor diesem Hintergrund ist evident, daß dem Königsmord eine höchst privilegierte Position zukommt. Denn der Akt ist die reine Dezision, der reine, von Menschenhand bewirkte Akt: Akt und Fakt gleichermaßen. Quelle aller Revolutionsmythologie, eine Art Theologie der Befreiung. Man könnte die Geschichte und den Tod des Charles Stuart als eine Folge von Notwendigkeiten erzählen: denn hier artikuliert sich das Ende des mittelalterlichen Königtums, hier beginnt der neuzeitliche Nationalstaat. In diesem Register, in dem der leibliche Charles Stuart gleichsam eine Randfigur darstellt, liegt der Schwerpunkt auf der Veränderung der Strukturen. Insofern sind die Details und die Züge der handelnden Personen fast unwesentlich. Daß das Parlament, das Charles Stuart verurteilte, bereits einer Säuberungsaktion unterzogen worden war, daß der Prozeß ein Schauprozeß war, dessen Urteil von vornherein feststand, sind unschöne Begleiterscheinungen, aber letztlich von nachgeordnetem Interesse. Denn der geschichtsphilosophische Feldherrenblick geht auf ein höheres Ziel hinaus, und so wird er in diesen Details nur leidige, aber unvermeidliche Maßnahmen sehen, die man vor dem Hintergrund dessen lesen muß, was sie bewirkt haben: nämlich die *Bill of Rights*, die Formulierung der Volkssouveränität.

Mit jedem Anfang, mit jedem Ende ist der Rahmen der Geschichte festgelegt, und in diesem Sinn ist jede Geschichte Entwurf. Heideggers Wort vom *Geworfensein* des Menschen enthält eine tiefe Einsicht. Daß mit dem *Wurf* die biologische Seite erfaßt ist, ist vielleicht nur die etwas rüde, bäuerliche Form, in der der Philosoph auf das Gemeinsame mit dem Animalischen anspielt, sehr viel aufschlußreicher an dieser Denkfigur ist jener Bereich, wo sie das dem einzelnen Leben Vorauslaufende ins Auge faßt. Geworfensein heißt also immer auch: entworfen zu sein, wie ein Bild, das von einem Projektor an die Wand geworfen wird. In diesem Sinn greift der Begriff des Biographischen viel zu kurz, denn man schreibt sich nicht einfach und umstandslos Geschichten auf den Leib. Wenn dieser Leib in die Welt tritt, so trifft er (in seiner Bedürftigkeit) auf Hüllen, die ihm vorausgehen. Jenes schöne, einfache Verhältnis von Subjekt und Objekt wird damit durcheinandergewirbelt, denn ihm gehen das Projekt und der Projektor voraus. Und es gibt viele Projektoren. Es sind nicht nur die Wünsche der Eltern, es sind die Bilder, die Wörter, die Götter und die Institutionen – all diese Projektoren ragen wie eine Batterie von Scheinwerfern in das einzelne Leben hinein. Aber weil auch diese Projektoren eine eigene Geschichte haben, kann es sein, daß das Geworfensein eines Menschen im Grunde mit einem Verworfensein zusammenfällt.

Der Wert des Menschen

Das Drama, in dem Charles Stuart einen großen Part innehat, reicht weit ins Mittelalter zurück. Es findet seinen theoretischen Abschluß in der eisigen Metapher des vielleicht kühlsten Chronisten des Bürgerkriegs, Thomas Hobbes, und zwar im *Leviathan*, der als *homo artificialis* nach dem Bild eines Räderwerkautomaten gedacht oder als »Mortall God«, als sterblicher Gott, bezeichnet wird. Auf dem Frontispiz des Werkes, das 1650, ein Jahr nach der Hinrichtung des Königs, veröffentlicht wurde, sieht man den SOUVERÄN, einen großen, aus der Erde gleichsam herauswachsenden Menschen, dessen Rumpf wie ein Suchbild aus dem Gewusel seiner Untertanen zusammengesetzt ist. Das Schwert in der einen, den Bischofsstab in der anderen Hand thront er über Land und Meer – und wenn die Elemente der Macht (die darunter in Form von Festung, Krone, Waffenmagazin in Erscheinung treten) so säuberlich von der kirchlichen Macht des *Commonwealth* getrennt sind, so ist damit angedeutet, daß die eine Hand nicht weiß und nicht wissen soll, was die andere tut. Der Leviathan ist, konstitutionell besehen, ein Schizo. Wie man den Portraits des Autors selbst entnehmen kann, trägt das Gesicht des Leviathan die etwas rundlichen, nicht unfreundlichen Züge seines Autors.[173]

Vierzehn Jahre später, als alter Mann, von Schüttelkrämpfen heimgesucht, so »daß er kaum seinen Namen zu schreiben vermochte«[174], wird Hobbes sich noch einmal diesem Thema widmen. Abermals wird er ein alttestamentarisches Monster herbeizitieren, den *Behemoth*. Im Gegensatz zum Leviathan, der Meerschlange, ist der Behemoth ein Landgänger (»Er frißt Gras wie ein Ochse (...) seine Knochen sind wie bronzene Röhren, seine Gebeine sind wie eiserne Stäbe«, *Hiob* 40,15-18), hinter dem sich eine jener flammenden, vorantiken Gottheiten verbirgt. Im *Behemoth* entwirft Hobbes keine Geometrie der Macht wie im *Leviathan*, sondern vielmehr die Anamnese jenes Zusammenbruchs, aus dem die Figur des absoluten, sterblichen Souveräns, die Staatsräson hervorgehen wird. Zugleich aber liegt in dieser Chronik des englischen Bürgerkriegs eine Art Kristallisationspunkt, eine Hochzeit der menschlichen Idiotie, die ihrerseits den Grund liefert, jenen präzisen intellektuellen Schnitt mit der Vergangenheit zu ziehen. »Wenn es ebenso wie im Raume auch in der Zeit Höhe und Tiefe gäbe, so möchte ich wahrhaft glauben, daß der Höhepunkt der Zeit zwischen 1640 und 1660 liegt. Denn wer damals wie vom Berge aus die Welt betrachtete und die Handlungsweise der Menschen besonders in England betrachtete, würde einen Überblick über alle Arten von Ungerechtigkeiten und Torheiten, die die Welt sich je leisten konnte, bekommen haben.«[175]

Wenn Hobbes im *Behemoth* die Universitäten, namentlich aber die scholastischen Denkfiguren zum Grund allen Übels erklärt (»Die Universitäten sind diesem Land das gewesen, was das hölzerne Pferd den Trojanern war«[176]), so artikuliert sich darin keine prinzipielle Geistfeindschaft, sondern die Abkehr von den Begriffsgespenstern, den Phantomen des scholastisch-aristotelischen Denkens. Im Grunde moniert Hobbes nichts anderes als die vollendete Aushöhlung, die Absurdität eines Denkens, das nicht mehr mit der Welt in Einklang zu bringen ist. »Ich verstehe nicht«, so läßt er seinen gedanklichen Sparringspartner sagen, »das Wesen eines Dinges, das nicht da sein soll – aber was können sie daraus machen?« Und der Philosoph antwortet: »Sehr viel in Fragen, die die Natur Gottes und der Zustand der Seele nach dem Tode im Himmel, in der Hölle und im Fegefeuer betreffen. Du und jedermann wissen ja, wie groß der Gehorsam ist und wieviel Geld sie mit diesen Mitteln vom gemeinen Volk verdienen können.«[177] Daß man aus dem Nichts doch etwas schlagen kann, und zwar einen Profit, enthüllt den eigentlichen Beweggrund, oder genauer: die Prothese, welche die Moraltheologen der Scholastik nicht zu denken imstande waren. Hobbes wäre mithin als ein Denker des Traumas aufzufassen, ein Denker, der dieses Trauma so schonungslos formuliert, daß wiederum nichts mehr zu bleiben scheint als die Logik der Prothese. Folgende, berühmt gewordene Passage über den *Wert des Menschen* spricht Bände:

> Die Geltung oder der Wert eines Menschen ist wie der aller anderen Dinge ein Preis. Das heißt, er richtet sich danach, wieviel man für die Benutzung seiner Macht bezahlen würde, und ist deshalb nicht absolut, sondern von dem Bedarf und der Einschätzung eines anderen abhängig. Ein fähiger Heerführer ist zur Zeit eines herrschenden oder drohenden Krieges sehr teuer, im Frieden jedoch nicht. Ein gelehrter und unbestechlicher Richter ist in Friedenszeiten von hohem Wert, dagegen nicht im Krieg. Und wie bei anderen Dingen, so bestimmt auch bei den Menschen nicht der Verkäufer den Preis, sondern der Käufer. Denn mag jemand, wie es die meisten Leute tun, sich selbst den höchsten Wert beimessen, so ist doch sein wahrer Wert nicht höher, als er von anderen geschätzt wird.[178]

Von dieser Passage umstandslos in die Moderne hineinspringen zu wollen, wäre jedoch verfehlt, denn jenes Movens, das hier als die *Materie* des Gemeinwohls aufscheint, ist keineswegs eine fixe, feststehende Instanz. Im Gegenteil, das Geld ist zutiefst mit den Fragen verflochten, die Hobbes, in einem großen intellektuellen Gewaltakt, ein für alle Mal aus der Welt schaffen will: Es ist die Totenmaske Gottes selbst und trägt seine Züge. So haben jene *absurden Artikel* des scholastischen Denkens, die Hobbes als »überflüssig« brandmarkt, das Geld doch erst »flüssig« gemacht – und somit jenen reinen Liquor bereitgestellt, in dem Hobbes sein alttestamentarisches Meerungeheuer, den Leviathan, ansiedeln kann. Historisch gesehen begeht Hobbes den nämlichen Irrtum wie Descartes angesichts der Apotheose der Maschine. Täuscht sich Descartes über die kulturelle Codierung seines Automaten hinweg und gibt als Natur aus, was als Maschine doch ein geschichtliches Artefakt, mithin eine Kulturleistung ist, so übersieht Hobbes die Tatsache, daß sich die Glaubwürdigkeit des Geldes keineswegs von selber versteht, sondern – als Transsubstantiation von Glauben zu Kredit – nach dem Bild jener verabscheuten scholastischen Gedankenfiguren funktioniert, die er mit seinem Goldbad ausschütten möchte.[179] In beiden Fälle bleibt ein geschichtlich und ätiologisch unvollständiger Gedanke zurück: die Maschine der Macht, die Maschine der reinen Vernunft.[180]

Wo nimmt die Geschichte vom Königsmord ihren Anfang? Abermals muß man ins Mittelalter, in das 11., 12. Jahrhundert zurückgehen. Es ist die Zeit, die das Dogma der unbefleckten Empfängnis zu Ende bringt, zu einem schwindelerregenden dogmatischen Bauwerk, und sich von nun an anschickt, das himmlische Paradies auf die Erde hinabzuholen. In diesem Sinn könnte man die Niederkunft des *homo artificialis* – der hier stellvertretend für all jene irdischen Gebilde steht, in denen eine jenseitige Energie pulst – als Inversion des Dogmas von der unbefleckten Empfängnis lesen. Der Himmelfahrt der Maria entspricht eine zunächst verborgene, dann immer deutlicher sich artikulierende Heiligung höchst irdischer Körperschaften und Zwecke. Wenn es heißt, daß die Neuzeit den Übergang von der *Transzendenz* in die *Immanenz* vollzogen habe, so ist zu präzisieren, daß man es vielmehr mit einer Einschließung der Transzendenz in der Immanenz zu tun hat, daß der Geist des Christentums (wie es die Scholasten des 14. Jahrhundert vorgeführt haben) sich in die Maschine und in die Dinge setzt. Zu dieser Zeit nehmen einige höchst merkwürdige Verschiebungen ihren Ausgang – wobei das Feld, auf dem sich diese Verschiebungen ereignen, theologisch-dogmatischer Art ist. So geht es dabei um die Frage, ob und inwieweit Christus in der geweihten Hostie selbst körperlich anwesend sei, ob er also die Hostie selber sei und der Wein sein vergossenes Blut. Mit der Transsubstantiationslehre, die diese Frage bejaht, wird das *corpus mysticum* dingfest gemacht. Tatsächlich ist die Zeit, in der der *Kreuzzug der Kathedralen* anhebt, durch eine unbeirrbare Neigung zur Verdinglichung gekennzeichnet. So ist es kein Wunder mehr, daß die Jenseitigkeit, kaum daß sie einmal in die Welt hineingekommen ist, zu wuchern beginnt. Sehr bald schon wird die Gemeinde der Gläubigen selbst als *corpus mysticum* aufgefaßt. Zwar kollidiert diese Deutung mit der herkömmlichen Sichtweise, die Christus als das Haupt, die Gemeinde der Gläubigen als seinen Leib, also den *corpus Christi*, auffaßt – aber die Tendenz zur Selbsterhebung ist klar. Nunmehr wird die Gemeinschaft der Gläubigen als eine Art Hostie, ein mystischer Leib empfunden.

Man könnte all dies – im Sinne Hobbes – für Wortklauberei halten, wenn nicht dahinter – jener doppelten Buchführung gemäß, die so kennzeichnend ist für die christliche Welt – immer auch ganz diesseitige Fragen stünden. Der wesentliche Punkt ist hier die Tatsache, daß die Gemeinwesen des 12. Jahrhunderts eine tiefgreifende Transformation erfahren. Ausgehend von den Zisterzienserorden entstehen neue Körperschaften, experimentelle Gebilde, die sich deutlich von der sie umgebenden bäuerlichen und feudalen Lebenswelt abheben. Wenn die Zisterzienser inmitten der Wälder siedeln, wenn ihre Klöster darüber hinaus den Anspruch haben, eine Art *paradisus claustralis* zu bilden, so könnte man dies als eine Form der inneren Emigration auffassen. Tatsächlich brechen all diese Körperschaften mit den Grundfesten der feudalen Ordnung. So heben die Zisterzienser, die unter Bernhard von Clairvaux die große spirituelle Keimzelle der Frühgotik darstellen, das Nobilitätsprinzip auf und führen die Arbeit ein, also jenes zutiefst unwürdige Treiben, das die feudalistische Herrenwelt nur als *Mühsal der Enterbten* auffassen kann. Ist Arbeit zunächst, rein spirituell gedacht, Exerzitium und Gebet, so trägt sie doch bald weltliche Früchte – und so ist es kein Zufall, daß der Templerorden (eine Filiation der Zisterzienser) im 13. Jahrhundert zur größten europäischen Bank wird. Immer größere Teile der mittelalterlichen Gesellschaft beginnen sich der feudalen Ordnung zu entziehen. Denn die neu entstehenden Orden sind, ebenso wie die Universitäten, vom Zehnten ausgenommen und bilden mithin, was man heute *Steueroasen* nennen würde. So ist es verständlich, daß auch die Städte sich den Vorteil der Exemtion vor Augen halten und bemüht sind, sich von den Lehen freizukaufen. Dies wiederum führt zur Entstehung der Freien Reichsstädte, die ihrerseits, in einem Akt des *outsourcing,* die umwohnenden Bauern aus ihren Lehnspflichten freikaufen. Das Prinzip der Exemtion bezieht sich nicht nur auf den Zehnten allein, es erstreckt sich auch auf die Gerichtsbarkeit. Daß bei dem Versuch, der feudalen Ordnung zu entkommen, die Idee des *corpus mysticum* (das heißt: die Vorstellung einer gleichsam heiligen Körperschaft) ein wesentlicher Hebel ist, wird leicht begreiflich.

Der Prozeß der *inneren Auswanderung,* der eine Lösung von feudalen Banden ermöglicht, trägt bereits eine neue Ordnung in sich. Wenn das 12. Jahrhundert, dem man nicht von ungefähr eine industrielle Revolution zuschreibt, die Würde der Arbeit entdeckt, so beginnen sich in dieser Zeit die an den Mühlen erprobten, in den Räderwerken ausgeführten mechanischen Prinzipien auf die soziale Sphäre zu übertragen. Die Arbeit wird in einzelne Schritte zerlegt. Da nun jedes Produkt ein soziales Kompositum darstellt, muß auch der Gewinn zerlegbar und rechenbar werden. Mit der neuen Arbeiterkaste, die die mittelalterlichen Städte bevölkert, entsteht die Notwendigkeit geldwirtschaftlicher Verhältnisse – und zwar nicht nur lokal, sondern auch großräumig, entsprechend der Ausdehnung, die der Warenfluß selbst vorgibt. Hier aber tut sich eine doppelte Blockade auf, sowohl was die *Logik des Geldes* als auch was die geldemittierenden Instanzen anbelangt. Wenn Hobbes sagt: »Die Geltung oder der Wert eines Menschen ist wie der aller anderen Dinge ein Preis«, so vermag das Mittelalter genau diese zentrale Figur nicht zu denken, und zwar mit Grund: Es gibt kein *tertium comparationis,* in dem alle Dinge auf die gleiche Art und Weise ausgedrückt werden können. An dieser Blockade scheitern fast alle scholastischen Geldtheorien (die des Nicolas von Oresme ausgenommen). Daß der Wert einer Sache nicht in sich selbst bestehen könne, sondern in einem anderen (im Geld), daß dieser Wert darüber hinaus *Konjunkturschwankungen* ausgeliefert sein könnte, ist undenkbar: Dies hieße eine Aufhebung des Dings selbst zu denken (und ist grundiert von jenem Schauder, den ein Zeitgenosse den Phantasmen der »Simulation« gegenüber hegen mag). Modern gesprochen hängt das Mittelalter am *Gebrauchswert*[181] und vermag den Tauschwert der Dinge, der sich über die Ordnung des Geldes vermittelt, noch nicht zu denken. Dies erklärt die merkwürdige Übereinkunft, die Emission des Geldes dem Fürsten zu überlassen, dem es wiederum freisteht, welches Material er einsetzt (es muß nicht Gold sein, er könnte ebensogut Leder oder ein minderwertiges Material nehmen). Denn Geld wird nicht als Wert an sich, sondern als eine Art *Eichinstrument* aufgefaßt.[182] Gleichwohl wird der Wert des Geldes (zumal dort, wo er sich in Gold ausdrückt) deutlich erkannt. Und wenn der französische König Ludwig IX. heiliggesprochen wird, so nicht zuletzt deswegen, weil er die Gemeinschaft der Gläubigen nicht mit einem minderwertigen Metall, sondern mit reinem Gold ausgestattet hat. Freilich, schon sein Enkel Philipp le Bel reiht sich in jene fatale Kette der *Falschmünzerkönige* ein, die, um die schrumpfenden Einnahmequellen der feudalen Ordnung aufzufüllen, mit der Emission minderwertiger Münzen beginnen. Zwar mag er damit seinen Verpflichtungen nachkommen, aber die Folgen sind Inflation und sozialer Aufruhr. Hier liegt die wesentliche Frage, die alle nachfolgenden Jahrhunderte beunruhigen wird. Ganz offenbar ist das Geld, wie Nicolas von Oresme dies in seinem *Tractatus de mutatione monetarum* darlegt, eine Sache der Gemeinschaft, oder wie man auch sagen könnte: ein *Omnibus*.[183] Freilich dient Geld vor allem dazu, sich aus den Lehenspflichten zu lösen, es ist ein Medium der Exemtion, oder wenn man so will: der Freizügigkeit. Anderseits erfordert die Logik des Geldes, daß sich eine neue Form des Gemeinwesens etabliert, das seinerseits alle *Mitfahrer* der gemeinsamen Verkehrsordnung unterwirft. An diesem Spagat zwischen der individuellen Unabhängigkeit und der Notwendigkeit, eine neue gemeinschaftliche Ordnung (den Omnibus des Nationalstaates) zu schaffen, zerbricht das Mittelalter.

Christus Fiskus

Trotz der intellektuellen Blockade dem Geld gegenüber läßt sich verfolgen, wie nach und nach jene Instrumente entstehen, die wesentlich werden für jenes Rahmenwerk, das Hobbes im 17. Jahrhundert entwirft. Im 12. Jahrhundert tritt eine Institution auf den Plan, die zwar auch zuvor schon bekannt war, aber nun eine wesentliche Umdeutung erfährt: der *Fiskus*.[184] Bezeichnete der Fiskus in der karolingischen Welt zunächst nur die Börse des Königs, so wird er im 12. Jahrhundert zu einem Gegenstand juridischer Fragen. Wie brisant diese Fragen waren, läßt sich ahnen, wenn man im Fiskus gleichsam das materialisierte Gemeinwohl und damit die Keimzelle des künftigen Commonwealth sieht: Inwieweit ist der Fiskus mit der *res publica* identisch? Wird die *res publica* durch den Fiskus versorgt oder ist sie sein rechtmäßiger Eigentümer – stünde es ihr also frei, über den Fiskus zu verfügen? Aber in welcher Form? Wer wäre der Repräsentant des Gemeinwesens? Wie ist das Verhältnis von Fürst und Fiskus? Ist der Fiskus Eigentum des Fürsten? Steht es ihm frei, dieses sein Eigentum nach Gutdünken zu veräußern?»Und schließlich, wenn man annahm, daß der Fiskus weder mit der res publica noch mit dem Fürsten identisch war, war dann der Fiskus etwa eine fiktive Person per se, eine ›Person‹ mit eigenem patrimonialen Eigentum, eigener Erfahrung, eigenem Rat und ›allen Rechten in seiner Brust‹ – mit anderen Worten: Hatte der Fiskus eine selbständige Existenz als Korporation?«[185]

An diesem Punkt kommt es zu einer bizarr anmutenden, für das Mittelalter jedoch überaus kennzeichnenden Kreuzung: der Verbindung nämlich von Christus und Fiskus. *Quia quod non capit Christus, capit Fiscus* – was Christus nicht schnappt, das schnappt der Fiskus, wird ein Jurist des elisabethanischen Zeitalters lakonisch sagen.[186] Im 12. Jahrhundert ist man indes noch damit beschäftigt, den Fiskus ins Ornat des Metaphysischen einzuhüllen. Die Absicht ist eindeutig: Es geht darum, den Fiskus vor der Veräußerung zu bewahren, andererseits, im Falle eines Thronwechsels, die Stabilität des Gemeinwesens aufrechtzuerhalten. Tatsächlich ist die Frage der Unveräußerlichkeit – angesichts der dynastischen Überkreuzungen, Erbfolgen und Familienverwicklung etc. – eine Frage des Überlebens. Und so wird aus der ehemals so bescheidenen Börse der karolingischen Könige die *Seele des Staates* gemacht, behauptet man nunmehr, daß der Fiskus wie Christus allgegenwärtig und unsterblich sei. Mit dieser Vorstellung ist gleichsam der Grundriß markiert, der später, zur *patria* umgedeutet und vaterländisch aufgeladen, die Gestalt der großen Nationalmonarchien annehmen wird. »Der Fiskus ist allgegenwärtig und hierin gottähnlich«, sagt Baldus, ein Jurist des 14. Jahrhunderts.[187] Diese Verschiebung göttlicher Wesensart ist bemerkenswert, besagt sie doch nichts anderes, als daß einer weltlichen Institution gleichsam ein göttlicher Odem eingehaucht wird – und dies in einer *imitatio Christi*. Man könnte von einem umgedrehten Schöpfungsmythos, einer patriotischen *Genesis* sprechen – wobei diese Genesis gleichsam ins Dunkle abgerutscht ist. Ernst Kantorowicz hat diese Inversion erhellend beschrieben:

> So erscheint die Christus-Fiskus-Formel einfach als Kürzel für eine lange, komplizierte Entwicklung, in der sich etwas entschieden Weltliches und im christlichen wie jedem anderen Sinn Unheiliges, nämlich der Fiskus, in etwas Quasi-Heiliges verwandelte. Der Fiskus wurde Selbstzweck; in Umkehrung der früheren Ordnung konnte man sagen, der Fiskus repräsentiere den Staat und den Fürsten. Schon Baldus erklärte, daß nicht nur Fiskus und Gemeinwesen dasselbe waren, sondern auch *fiscus* und *patria*.[188]

Wenn es also eine Transzendenz in der Immanenz gibt, so liegt sie hier. Eine abstrakte Wesenheit, geschlechtslos wie ein Engel, allüberall und *forever young*, von einer Makellosigkeit, die der Maria gleichkommt, stellt der Fiskus das Idealbild einer *persona ficta* dar. Wenn das Mittelalter nach diesem Bild eine ganze Reihe analoger Körperschaften entbindet und mit ähnlichen Attributen ausstattet, so führt uns dies nicht in eine fremde und abseitige Welt, sondern an den Grund unserer eigenen Verfaßtheit. In gewisser Hinsicht ist eine jegliche GmbH ein solcher Engelskörper, ins Diesseits hinabgeholt. Daß diese Wesen – ihrer christlichen Codierung entkleidet – noch immer unsere Welt bevölkern, müßte man als die größte Leistung des Mittelalters und seiner Juristen auffassen. Diente die Mariengestalt vor allem dazu, die Scham des einzelnen zu exkulpieren, eine Art Projektionsfläche zu schaffen, auf die der einzelne sich selbst, aller Attribute ledig, als eine *virtuelle Person* zu werfen vermochte, so bieten die *personae fictae* die Möglichkeit der Korporationsbildung, und zwar in einer Form, in der die Korporation den einzelnen überlebt.

In Anbetracht dieser großen Leistung könnte man fragen, warum es seit Beginn des 14. Jahrhunderts zu jener schier endlosen Serie von sozialen Unruhen, Aufständen und Bürgerkriegen kam. Einer der Gründe liegt wohl darin, daß das, was diese Zeit im kleinen Maßstab vermochte (die Bildung kleiner, idealer Körperschaften), im großen Maßstab versagte. Die Rolle des Fiskus bleibt dabei insofern interessant, als er – die *Seele des Staates* – zugleich auch der Ort war, wo die Widersprüche sich konzentrierten. Denn die Frage des Fiskus – als Bereich der *res publica* – war jene Sphäre, wo das Verhältnis von König und Parlament ausgehandelt wurde. Einer der frühen Konfliktfälle ist überaus bezeichnend. Als der englische König Edward I., durch seine Kreuzzugsaktivitäten tief bei italienischen Bankiers verschuldet, vom englischen Parlament die Zustimmung zu einer Steuer erbat, wurde er mit der Forderung konfrontiert, die Juden (die sich als Geldverleiher betätigten) im Gegenzug zur Kreditbewilligung aus England zu vertreiben. Er ging auf den Handel ein, und im Jahr 1290 wurden die Juden aus England vertrieben. In diesem Tausch tut sich die Schizostruktur der mittelalterlichen Gesellschaft auf. Denn das Parlament benutzte sein Einspruchsrecht in fiskalischen Fragen dazu, um jene Bevölkerungsgruppe, der die Logik des Geldes aufgebürdet war und die diese sichtbar machte, aus der Realität zu verbannen. So fungiert Geld, um die Logik des Geldes unsichtbar zu machen. Mit dieser Operation gelingt es, sich *gleichsam über die Sache zu stellen* – kann man sich in der trügerischen Sicherheit wiegen, Geld lediglich als ein Mittleres, ein Medium zu nutzen, während man andererseits davor gefeit scheint, seinen (Wucher-)Preis zahlen zu müssen.

Ähnlich wie der Fiskus, der zu einem metaphysischen Gebilde umcodiert wird, erlebt auch das mittelalterliche Königtum eine Umdeutung. Freilich ist es sehr viel leichter, eine imaginierte und abstrakte Wesenheit christologisch auszustaffieren, als eine Institution, die weltlicher Träger bedarf; eine Institution zudem, die sich, anders als etwa die Kirche oder die Universität, niemals als etwas Übergeordnetes und Überdauerndes zeigen kann (der Schirm, unter dem sich die Gemeinschaft versammelt, das Schiff, in dem alle sitzen), sondern stets auf eine einzige, sterbliche Gestalt zurückfällt. Die Lösung des Problems besteht darin, den Körper des Königs zu spalten: seinen natürlichen, mit allen Gebrechen und Unvollkommenheiten versehenen Leib als seine natürliche Hälfte (als *persona personalis*), die christologisch aufgeladene Hälfte – den KÖNIG – als seine politische Dimension (als *persona idealis*) aufzufassen. Unsterblich ist also am KÖNIG nicht der natürliche Träger, sondern die *dignitas*, die Würde des Amtes. Aus dieser Spaltung erklärt sich die merkwürdige Losung: Der König ist tot! Es lebe der König. In gewisser Hinsicht wiederholt sich am

Königs also die Doppelnatur Christi[189] – nur in irdischer Gestalt, was aber nicht verhindert, daß alle dogmatischen Schwierigkeiten des frühen Christentums nunmehr als politische Theologumena wiederkehren. In der symbolischen, der göttlichen Hülle des Königs liegt die eigentliche Sphäre der königlichen Macht, die KÖNIG und KRONE[190] als unsterbliche Entitäten vor ihrem Träger schützen. Dieser leibliche Träger soll als *organon*, als Instrument jener unsterblichen Instanz, wirken: was aus dem König einen Funktionsträger seiner selbst, des KÖNIGS macht. Umgekehrt bewirkt der KÖNIG, daß sein leiblicher Repräsentant von der Würde der Institution durchpulst wird – was etwa (in der Frage der Erblichkeit) zur Vorstellung eines besonderen *königlichen Blutes* führte und sich beispielsweise im Glauben an die besonderen thaumaturgischen Kräfte des Königs niederschlug (als Charles Stuart, als Gefangener, von Schottland nach England zurückgeführt wird, sind die Wege gesäumt von Menschen, die hoffen, durch die Berührung des Königs geheilt zu werden[191]).

Mit dem 13. Jahrhundert wird die Doppelexistenz des Königs problematischer. Denn die Konzepte von KÖNIG, KRONE und FISKUS (die gleichsam ins Abstrakte gehoben worden sind) lassen sich als *body politic* von der individuellen Gestalt des Königs ablösen – oder sogar gegen ihn in Anschlag bringen. Ein interessanter Indikator für diesen Ablösungsprozeß sind die Begräbnisriten. Mit dem Begräbnis Edwards II. begann die Sitte, den Sarg mit einem Bildnis des Toten auszustaffieren. Dieses Bildnis aus Holz oder Leder trug Krone, Zepter und das königliche Ornat. Er war nicht als Abbild des sterblichen Leibs, sondern als Repräsentant jenes unsterblichen Königs, der *dignitas,* gedacht. Eine *persona ficta* repräsentierte nun eine andere *persona ficta*. Im Laufe der Zeit nahm dieses Begräbnisritual zunehmend triumphale Züge an: Aufrecht auf dem Sarg thronend, wie ein Galionsfigur, wurde der *unsterbliche König* durch die Straßen gefahren, während im Sarg selbst der nackte, irdische Leichnam lag, als Demutsfigur. Beim Begräbnis François I. im Jahr 1547 wurde die Königsattrappe gar vom Hofstab bedient, als stünde man dem lebenden König selbst gegenüber:

> Diener der Intendantur stellten einen Eßtisch auf. Würdenträger mit den Titeln Brotträger, Schenk und Vorschneider traten ein; vor ihnen ging ein Zeremonienmeister, hinter ihnen der Truchseß, der den Tisch

mit den üblichen Verbeugungen deckte. Nachdem das Brot gebrochen war, brachte man den Braten und die anderen Gänge des Mahls... Der Haushofmeister reichte dem Ranghöchsten der anwesenden Würdenträger die Serviette, mit welcher der letzte die Hände des *Seigneuer* (das heißt: die Hände der Königsattrappe) abzuwischen hatte.[192]

Auch dieses Ritual zeigt, daß die beiden Körper des Königs zunehmend auseinandertreten. In Anbetracht dieser Spaltung kann ein Denker schließlich sagen, der König »ist nicht selbst Dignität, sondern spielt die Person der Dignität (...). Die Majestät Gottes erscheint im Fürsten äußerlich zum Nutzen der Untertanen, aber innerlich bleibt, was menschlich ist«.[193] Mit diesem Diktum tritt hinter dem Funktionsträger der königliche Schauspieler hervor, der damit aber als Charge, als letztlich auswechselbar gedacht wird. Es ist wohl kein Zufall, daß dieser Ablösungsprozeß mit der Konstruktion des zentralperspektivischen Tafelbildes zusammenfällt. Während die gängige Deutung der Renaissance im Gesicht dieser Zeit »die Entdeckung der Welt und des Menschen« (Jakob Burckhardt) feiert, zeigt die Institution des Königtums die extreme Künstlichkeit dieser Ordnung. Was sich hier abzeichnet, ist nicht die Entdeckung der Physiognomie, sondern vielmehr die Konstruktion des Scheins, der Aura, der Dignität. Nicht von ungefähr wird die *Würde des Menschen* (in der Philosophie des Pico della Mirandola) zu einem Gegenstand. Hier deutet sich, gleichsam *in nuce*, die Entfaltung eines neuen Selbstbewußtseins an. Was für den König die *dignitas* ist, ist für das Menschenbild die abstrakt gedachte Humanität, jener MENSCH also, der über den einzelnen hinausweist.

Wenn die *dignitas* des Königs einen Feind hat, so liegt sie in der Logik der Zentralperspektive – dem Augenblick also, da begriffen wird, daß jener Punkt, in dem alles zusammenfällt, eine *Funktion* darstellt und nicht ein an sich besonders hervorgehobener Punkt ist. Und genau dies ist in der Geldtheorie des Nicolas von Oresme (der als Berater des französischen König Charles V. wirkte) bereits im 14. Jahrhundert mit äußerster Klarheit formuliert. Freilich bleibt diese Theorie im gesellschaftlichen Leben weitgehend unerhellt und folgenlos. In ein Bild übertragen, könnte man sagen, daß das politische Denken bis weit ins 17. Jahrhundert hinein sich weigert, jene Logik zu denken, die in der Malerei, aber auch (wie das Beispiel des Nicolas von Oresme zeigt) im

Werk einzelner Denker bereits Realität ist.[194] Während die zentralperspektivische Denkweise binnen kurzer Zeit die malerische Praxis umwälzt (was wiederum vereinzelte Maler nicht hindert, noch bis ins 17. Jahrhundert hinein Teile mittelalterlicher Ikonographie zu benutzen), zeigt das *Gesellschaftsbild* eine sehr viel größere Trägheit. Auf einer psychologischen Ebene ist diese Ignoranz sogar nachvollziehbar. Nicht allein, daß man hier die gewöhnliche Mischung aus Gedankenträgheit und Konservativismus anzusetzen hat, ein zweiter, im Grunde moderner Punkt kommt hinzu: Denn die *Humanität* der Untertanen wird im wesentlichen nach der Dignität ihrer Majestät modelliert, und so besteht auch auf dieser Seite ein vitales Interesse an der Aufrechterhaltung des Scheins. Man könnte sagen, daß der Zerfall des Königtums mit der Tatsache einhergeht, daß ein jeder an diesem Phantasma partizipiert. Vor diesem Hintergrund aber ist es eigentlich nur logisch, daß, wenn sich ein kollektives Selbstbewußtsein zu regen beginnt, es sich nicht über die Logik der Repräsentation, sondern als *politische Theologie* (und damit unter dem Baldachin des tradierten dogmatischen Baus) artikuliert. Dabei kommt es zu merkwürdigen, höchst widersprüchlichen Bildungen. So bringt es Sir John Fortescue (1385-1479) – ein illustrer, von seinen Zeitgenossen hochgeschätzter Jurist – fertig, von einer Welt in eine andere zu springen, die christologische Seite des *body politic* kurzerhand mit dem Naturalismus zu verschmelzen: »Genau wie der physische Körper aus dem Embryo erwächst und von einem Haupt geleitet wird, so geht aus dem Volk das Königreich hervor, das als ein corpus mysticum existiert, von einem Manne als Haupt regiert.«[195]

A posteriori betrachtet ist evident, daß dieses Bild den Souverän als Repräsentanten, als *Ausdruck* eines gemeinschaftlichen Willens auffaßt. Der Autor geht jedoch gleich in doppelter Weise an dieser Logik vorbei, einmal indem er die Natur, zum anderen indem er die christliche Metaphysis ins Spiel bringt. Nun hat dieses Verfehlen seinen Preis, und er liegt genau dort, wo die Ratio des Geldes (und mit ihr die Verfaßtheit eines Gemeinwesens) nicht gedacht werden kann. Tatsächlich hätte wohl die nackte, mathematische Formulierung dieses Sachverhalts einen solchen Entwertungshorror mit sich gebracht, daß die Gesellschaft, mit dieser *Amputationsdrohung* untergründig doch immer konfrontiert, es offenbar vorzog, diesen Prozeß auszublenden. So strahlt die politische Theologie des Mittelalters in den Gedankenfiguren der *Repräsentation* weiter, ja überblendet die Aureole des Heiligen das ungeschönte Bild.[196]

Der stotternde König

Vielleicht ist es kein Zufall, daß Charles Stuart sich immer wieder hat malen lassen. Die Bilder Van Dycks zeigen einen in sich gekehrten, verschlossenen Mann, den Souverän zu Pferde, einen Mann, dessen Märtyrerschicksal ihm später überaus liebevolle und subtile Biographen zugeführt hat.[197] Das edle und überaus malerische Bild des Herrenreiters ist freilich nur die späte Ausprägung. Denn in der Kindheit dieses Herrschers liegt ein Stottern, Stolpern, eine Unzeitgemäßheit von Kindesbeinen an. Ein schwächlicher und zurückgebliebener Junge, von einem Arzt und einer Amme aufgezogen, vermag er kaum zu laufen und zu sprechen. Als die Kutsche den Vierjährigen den Eltern in London zuführt, hinterläßt sein erster, miserabler Auftritt den Eindruck eines vollständig zurückgebliebenen Kindes, ein *duke far out of order*. Dieses Moment der Defizienz ist das Leitmotiv seiner Jugend, die darüber hinaus im Schatten eines älteren Bruders steht, eines sportiven Beaus, der die Idealbesetzung eines Monarchen abgibt. Dieser Bruder Henry stirbt jedoch früh, im Alter von achtzehn Jahren – womit Charles, der vernachlässigte jüngere Bruder, zum Thronfolger aufrückt. Was anfänglich ein Malus schien, verwandelt sich zur Tugend, denn das Gefühl des physischen und psychischen Ungenügens wird Charles Stuart eine Hartnäckigkeit verleihen, die sein Handeln beeinflussen wird. Ein Stotterer, Stolperer, Zögerer, diszipliniert er sich soweit, daß aus *Baby Charles* jenes Modell der Selbstbeherrschung wird, wie es der König auf dem Schafott zeigt. Noch im Angesicht des Todes kein Wort, das nicht bedacht, keine Geste, die nicht im vorhinein zurechtgelegt wäre. Wenn es einen Regenten gegeben hat, der dem Modell des mittelalterlichen Monarchen mit gleichsam moralischer Verpflichtung nachgekommen ist, so ist es Charles Stuart.[198] Es sind Bilder, zu denen sich Charles ertüchtigt, Bilder des Königtums, Bilder der Liebe,[199] Bilder der Pflicht. Alles ist Form, ein Bekenntnis, das ihm um so leichter fällt, als die Rituale die persönliche Scheu, die Kontaktschwierigkeiten überbrücken helfen. Nichts aber ist verabscheuenswürdiger als die Formlosigkeit, die Verletzung eines Symbols. Eines Tages, Charles ist bei der Messe, unterbricht man ihn, um ihm zu sagen, daß Buckingham, der Freund, einem Attentat zum Opfer gefallen ist. Charles, scheinbar ungerührt, beendet die Exerzitien – und bricht erst anschließend, als er die Kapelle verlassen hat, in Tränen aus (das einzige Mal, daß er vor seinen Höflingen die Contenance verliert). Durchpulst vom Bewußtsein der Form, vom Zeremoniell, ist er überaus empfänglich für die Aura der Bilder, und so wird er zu einem Kunstsammler ersten Ranges (ja wird das Sammeln von Bildern über lange Phasen seines Lebens geradezu zu seiner Hauptbeschäftigung). Zugleich aber schlägt sich dieses tiefempfundene, fast religiöse Bewußtsein der Form in einer regelrechten Inszenierung des Königtums nieder. So hat die Krönung des Charles Stuart ihresgleichen zuvor nicht gesehen: ein sechsstündiger, in allen Details sorgsam vorbereiteter Akt. Dennoch ist dieser Akt keine *bloße* Inszenierung. Denn König und Königdarsteller sind auf eine geradezu gläubige Art und Weise eins. Es kommt, so könnte man sagen, zu einer Art *unio mystica* zwischen der Rolle und ihrem Träger. So vollständig ins Korsett des mittelalterlichen Königtums hineingewachsen, scheint es keinen Bruch zwischen der Königswürde und ihrem Träger zu geben – so daß die Bilder Van Dycks in gewisser Hinsicht tatsächlich die Realität darstellen. So ist, was erstaunlich ist, von diesem Mann keine Unbeherrschtheit, keine Ranküne überliefert.[200] Wenn die Revolutionäre das Bild eines Tyrannen zeichnen, der in »böser Absicht versucht habe, in der eigenen Gestalt eine Willkürherrschaft zu errichten und aufrechtzuerhalten und die Rechte und Freiheiten seines Volkes abzuschaffen«,[201] so trifft dies auf ein denkbar ungeeignetes Objekt.

Dennoch: Die Geschichte des Charles Stuart und seiner Widersacher geht in der psychologischen Deutung nicht auf. Sie muß anders erzählt werden, ohne dabei aber widerspruchsloser zu werden. Dem Übergang vom Feudalismus zur Konstitution des neuzeitlichen Staates und zur Neuzeit eignet nur vom geschichtsphilosophischen Feldherrenblick aus jene schöne Übersichtlichkeit. Je näher der Blick dem konkreten Geschehen rückt, je geduldiger er auf den Akteuren verweilt, desto verworrener und zwiespältiger erscheinen Tat und Täter, und um so schwieriger gestaltet sich der Versuch, die historischen Triebkräfte in den handelnden Personen zu entwirren. So gibt es beispielsweise Gründe, in Oliver Cromwell einen Agenten der Neuzeit, eine Idealfigur des *Leviathan* zu sehen.[202] Liest man indessen nur ein paar seiner Reden, so wird diese Vermutung vom Gestus seines Sprechens konterkariert, glaubt man vielmehr, in ihm einen jener selbstgerechten Laienprediger zu hören, einen Angehörigen jenes *Bastardklerus* (Thorndyke), dessen Vermögen, die Bibel zu lesen, zu einer maßlosen Selbstermächtigung geführt hat.[203] Cromwells politische Theorie hat nichts mit der Geometrie der Macht gemein, sondern zielt dorthin, wo noch jede religiöse, chiliastische Verheißung ihren Sehnsuchtsort gesucht hat, ins gelobte Land. Folglich stellt sich ihm der revolutionäre Prozeß nicht in den Begriffen der Ernüchterung, sondern – mit religiösem Furor angereichert – in biblischer Allegorie dar, als ein Auszug aus Ägypten.[204] Politik ist ein Erweckungserlebnis. So fügt es sich ins Bild, daß unablässig die *Vorsehung* herbeizitiert wird. Mag sein, daß ein psychiatrisches Auge schizophrene Züge ausmachen würde.[205] Eine Aussage wie: »Wen ER erwählt hat, meint ER mit allem, was sich ereignet«[206] verrät deutliche Züge einer schizophrenen Struktur, des Beziehungswahns – und wirklich berichtet die Biographie Cromwells von einer Phase des Wahns, von Todesphobien und halluzinatorischen Kreuzes-Wahrnehmungen. Dennoch würde man auch hier in die Falle des Individualpsychologischen tappen – denn wenn etwas bemerkenswert ist, so das, daß man es mit keinem Einzelfall, sondern mit einem kollektiven Amalgam zu tun hat. So kommt es inmitten des Bürgerkriegs, der zunehmend die Macht der Gewehrläufe freisetzt, zu einer wahrhaft denkwürdigen, bizarren Szenerie.

Im Frühjahr 1648 versammeln sich die Offiziere und Soldaten der *New Model Army* auf offenem Feld. Es gibt Gründe für die Zusammenkunft: Zwischen den Verhandlungen mit dem König und einer wachsenden Entfremdung zum Parlament ist die Linie der Armee diffus geworden. Man sollte meinen, daß diese Männer, die eine höchst rational geordnete Schlagkraft darstellen und deren Organisation den Nukleus einer modernen Armee darstellt, mit ähnlicher Kühle ihr politisches Vorgehen planen. Weit gefehlt! Das, was sich in einem dreitägigen Zeremoniell auf dem Feld vor Windsor Castle abspielt, ist eine Art Erweckungspredigt. Beklagt wird, daß man »den Pfad der Einfachheit, auf dem wir gewandert sind und auf dem wir gesegnet waren«, verlassen und statt dessen einen *politischen Weg* beschritten habe, »zu unserem Leid.«[207] Man betet, ganze zehn Stunden lang. Selbstanklagen, Selbstbezichtigungen. Nicht eine Theorie, sondern die *imitatio Christi* stellt das Muster dar: daß man in sich gehen, seine eigene Ungerechtigkeit herausfinden, seine Seele vor Gott demütigen müsse.[208] Wann, das ist die Frage, war Gott unter uns? Wann hat er uns verlassen? Irgendwann am zweiten Tag zitiert einer der Soldatenprediger die Sprüche Salomons: »Kehret euch zu meiner Strafe: Siehe, ich will euch heraussagen meinen Geist und euch meine Worte kund tun« (*Sprüche* 1,23). Und das Wunder geschieht:

> Und der Herr, solcherart begleitet von Seinem Geist, daß es, wie ein Wort von ihm, eine mildtätige Wirkung hatte auf die Herzen der meisten, die damals anwesend waren: was in uns eine große Besinnung erzeugte, eine Scham und einen Widerwillen uns selbst gegenüber um unserer Schändlichkeit willen (...) Und auf diesem Pfad führte uns der Herr dorthin, daß er uns nicht nur unsere Sünden sehen ließ, sondern auch unsere Pflicht, und dies legte sich in solcher Einmütigkeit und mit einem solchen Gewicht auf unsere Herzen, daß keiner von uns, bitterlich weinend, noch ein Wort zum anderen zu sagen vermochte.[209]

Am Ende dieses dreitägigen Aktes, bei dem das Heer wie das Volk Israel in der Wüste lagert und gegen die Versuchungen der *Politik* anzubeten beginnt, kommt man schließlich zu jener Einsicht, daß es »die Pflicht unseres Tages ist, hinauszugehen und gegen unsere mächtigen Feinde anzukämpfen, daß wir, mit einem demütigen Vertrauen und allein im Namen des Herren sie vernichten sollen«.[210] Jetzt, in plötzlicher Einmütigkeit, ist der Feind endlich klar: »Wenn Gott uns jemals wieder den Frieden schenken sollte, so war es unsere Pflicht, Charles Stuart, diesen blutbefleckten Mann, zur Rechenschaft zu ziehen, für das Blut, das er vergossen, und die Untaten, die er begangen hat, gegen die Sache des Herrn und die seines Volkes.«[211] Hier liegt der Furor der Aufständischen: daß ihr Kampf nicht irgendeinem selbstsüchtigen, fragwürdigen Impuls folgt, sondern daß sie das auserwählte Volk sind, welches die Sache des Herrn vertritt. Vor dem Hintergrund dieser denkwürdigen Versammlung wird die Rhetorik des Oliver Cromwell plausibel, und zwar keineswegs als dunkle Singularität. Er habe die *Scharfrichter Gottes* gesehen, lauten die letzten Worte eines Royalisten, bevor er nach der Begegnung mit der *New Model Army* auf dem Felde stirbt; tatsächlich scheint es die plausibelste Betrachtungsweise zu sein, in der Cromwellschen Armee eine militaristische Sekte zu sehen. Vor diesem Hintergrund ist der Rekurs auf die blanke Gewalt, die bei Hobbes zur Batterie des Nationalstaates wird, merkwürdig unscharf. Denn dort, wo sich diese neue Macht historisch artikuliert, artikuliert sie sich als politische Theologie, und zwar keineswegs mit jener subtilen Finesse, wie sie etwa die Gedankenfiguren eines Sir John Fortescue beschreiben, sondern brachial, roh. Verglichen mit den Reden Cromwells, die er, selbst dort, wo er sie dem Parlament vortrug, weder schriftlich verfaßt noch konzipiert hat, sondern im Vertrauen auf den Logos extemporierte (und die man aus diesem Grund wohl eher als Eingebungen oder als Herzensergießung lesen muß), sind die vielgeschmähten Scholasten wahre Wunder an intellektueller Brillianz. Und dennoch leiten die puritanischen Dunkelmänner jene Verschiebung ein, aus der schließlich nicht der *Puritanismus*, sondern die reinen Formen hervorgehen: Geld, Macht, Staat. Gleichwohl – und eben darin besteht die analytische Hauptschwierigkeit – werden diese Formen nicht als Absichten kenntlich. Diese Unfähigkeit der Artikulation (und das heißt auch: die Unfähigkeit, die Prothesen des Denkens zum Ausdruck zu bringen) ist in einer kleinen Selbsteinschätzung Cromwells auf den Punkt gebracht: »Ich vermag wohl zu sagen, was ich nicht haben will, aber nicht, was ich will.«[212] Genau hier, im Geist der Negation, liegt vielleicht am ehesten die Stoßkraft der Cromwellschen Revolte. Während das Parlament sich mit der Rechtsformel »für König und Parlament« anschickte, gegen den König selbst Krieg zu führen, belustigte sich Cromwell darüber: Er führe nicht Krieg für, sondern gegen den König, und er würde seine Pistole auf ihn abdrücken, so gut wie auf jeden anderen.[213]

Mag das Denken der Revolutionäre die tatsächlichen Wirkkräfte verleugnen und sich in den Gedankenbahnen der politischen Theologie abspielen, so machen sich doch, in religiös codierter Form, die Prothesen der Gegenwart bemerkbar. In Cromwells Behauptung, das *Werkzeug der Vorsehung* zu sein, läßt sich unschwer die Evokation des Instrumentellen, die Funktionslogik der Macht ausmachen. *Der gehe am weitesten, der nicht wisse, wohin er gehe*[214] ist eine andere Formel, die den Umschlag ins Unbewußte markiert. Im Geist der Verneinung liegt die Modernität. Die *New Model Army* ist eine moderne, uniforme Körperschaft. Daß Cromwell mit Vorliebe *gottesfürchtige Männer* rekrutiert, ist tatsächlich der Erwägung der höheren Motivation geschuldet. Im Konflikt zwischen Kampfauftrag und geistlicher, konfessioneller Uneinigkeit siegt stets der Kampfauftrag (weswegen Cromwell umgekehrt religiöse Toleranz walten lassen kann).

Zusammengefaßt: Zwischen den Zeilen, also dort, wo das Nicht-Wissen sich der Formel des Religiösen bedient, machen sich die Schemen jener Gebilde bemerkbar, die die Neuzeit charakterisieren. Wenn es beim *prayer meeting* in Windsor Castle heißt, daß man *die Sache Gottes vertrete*, so läßt sich im nachhinein unschwer ausmachen, daß hier der Gedanke der Volkssouveränität gemeint ist.[215] Dennoch, und das ist wesentlich, ist nicht ausdrücklich von der *Volkssouveränität* die Rede, sondern vom auserwählten Volk. Die Koordinaten des Denkens liegen, auch wenn sie auf jenes neuzeitliche Gebilde abzielen, wie es Hobbes im *Leviathan* entwirft, noch immer im Mittelalter. In dieser konstitutiven Doppeldeutigkeit aber liegt die analytische Hauptschwierigkeit und der Grund, den Gedanken des Phantomschmerzes einzuführen, denn dieser Diskurs beruht auf einer Ausblendung der eigentlichen Wirkkraft.

Logik des Bürgerkriegs

Was ist die Logik des englischen Bürgerkriegs? Ist es der Riß, der sich zwischen dem aufstrebenden Bürgertum und den überkommenen, feudalistischen Strukturen auftut?[216] Zwischen Land und Meer?[217] Der Erdverhaftung und dem liquide gewordenen, ins Transmarine ausgreifenden Kapital? Sind es religiöse Spannungen? Der Machtkonflikt zwischen König und Parlament? Ging es nur darum, »den Kopf des Königs mit der Krone darauf« abzuschneiden (wie Cromwell dies formuliert hat)? Waltet irgendeine Logik darin – oder nicht vielmehr das Delir des Sozialen, eine Art Todestrieb? Oder ist, Hegelianisch gedacht, gerade die vollkommene Schwärze der ersten Hälfte dieses Jahrhunderts, dieser Zeit, da ein ganzer Kontinent in *Weltangst* versank, nur die schaurige, aber notwendige Bedingung dafür, daß der Leviathan sein Haupt erhebt? Ist die Gewalt aller gegen alle der Grund dafür, daß man das staatliche Gewaltmonopol zu errichten vermag, daß an die Stelle der multilateralen, fragilen Ordnung das Gewaltmonopol des neuzeitlichen Staates tritt? Wäre also der Blutzoll die Geschäftsgrundlage jener symbolischen Ordnung, die man das *Commonwealth* nennt? Und wäre also die Botschaft, daß dort, wo Geld fließt, kein Blut mehr fließen muß?

Zweifellos markiert der englische Bürgerkrieg eine Zäsur. Denn am Ende dieses schaurigen Jahrhunderts steht der Leviathan, steht mit der *Bank of England* die erste europäische Zentralbank, steht (wie das Heer des Louis XIV.) eine Nation unter Waffen.[218] Es steht auch das souveräne, nicht mehr in Frage gestellte Recht, zu dem das Mittelalter sich nicht hergeben wollte: das Recht auf die Steuer.[219] All diese Gebilde sind – anders, als dies ein Zeitgenosse empfinden mag – keine Selbstverständlichkeiten, sowenig, wie sie sich, ungeachtet aller sogenannten »naturrechtlichen« Konstruktionen, aus einer Vorzeit ableiten lassen. Es sind historische Gebilde: Konstruktionen, die in Delir und Nacht hervorgebracht worden sind (wie auch das cartesianische Cogito eine Denkfigur darstellt, der allerlei Wahnvorstellungen vorausgegangen sind). Wenn diese Gebilde eine Signatur tragen, ist es die *Uniform*.[220] Die Sprache der Macht bedarf nicht mehr des geistliches Ornats – oder präziser: Sie nimmt es in sich auf. In den *reinen Formen*, die für das 17. Jahrhundert so charakteristisch sind – der reinen Vernunft, der reinen Macht – verstummt das Mittelalter.

Dennoch, und das ist das Erstaunliche, kündigen sich diese Gebilde der reinen Vernunft in den Verlautbarungen der Akteure nirgends an. Vergleicht man die Folgen des englischen Bürgerkriegs (das, was wir pauschal den neuzeitlichen Staat nennen), so scheinen zwischen den Ambitionen der Parteiungen und den historischen Wirkungen Welten zu liegen. In der ersten Hälfte des 17. Jahrhunderts ist die politische Theologie des Mittelalters so vital wie eh und je. Bezeichnenderweise hat der *Leviathan* des Hobbes keine Partei, die ihn trägt, sondern stellt das Werk eines Einzeldenkers und Exilanten dar, der gleichsam vom Rand der Zeit, mit geradezu stoischer Verachtung, die Umtriebe seiner Zeitgenossen verfolgt. Aber warum kommt es gerade in England zu dieser Transformation, dieser Insel, die den kultivierteren Europäern stets als *Land der Schafe* gegolten hatte? Daß England zum Schauplatz des großen Dramas zwischen Mittelalter und Neuzeit wird, ist tatsächlich ein Paradox – denn die großen Konfliktlinien, wie sie auf dem europäischen Festland in den Dreißigjährigen Krieg einmünden, sind dem Land erspart geblieben. Das anglikanische Schisma unter Heinrich VIII. hat England (bis auf ein kurzes Zwischenspiel) vor dem Dauerkonflikt zwischen den Konfessionen bewahrt. Keine Bartholomäusnacht, kein Grund zur Selbstzerfleischung, keine alten Rechnungen, die beglichen werden müssen (wie dies im Dreißigjährigen Krieg der Fall ist). Eine kluge isolationistische Politik unter James Stuart hat verhindert, daß diese Insel der Seligen in den Strudel des Dreißigjährigen Krieges gezogen wurde. Warum also kommt es zum Bürgerkrieg? Vielleicht sind es gerade diese so überaus günstigen Umstände, die die Energien und Differenzen hervortreten lassen, freilich nicht als Realität, sondern als Imbroglio aus Verschwörungsgeflüster, Paranoia, Wahnvorstellungen. Dort, wo kein Feind ist, muß man ihn sich selber zurechtmachen. Symptomatisch für das England am Vorabend des Bürgerkriegs ist, daß überall fremde Mächte gemutmaßt werden, aber daß es vor allem die *innere Feinde*, die eigenen Widersprüche und Spaltungen sind, die in den Akteuren hervortreten. Daß Hobbes, der Chronist des Bürgerkriegs, der allgemeinen Verblendung nur mit stoischer Verachtung begegnen mag, ist ein Ausweis dafür, daß sich die politischen Ansprüche der Parteiungen nicht in rationaler Form artikulieren. Politik äußert sich vor allem in hysterischer Form – was nicht zuletzt daran liegt, daß die politischen Ansprüche keine adäquate Sprache besitzen, sondern *nolens volens* den scholastischen Begriffsgespenstern sich anvertrauen müssen, was auf eine Art strukturellen *double talk* hinausläuft. Man könnte (auch wenn es letztlich sehr handfeste Motive sind, die die Parteiungen antreiben) von einem Krieg der Zeichen und Symbole reden.

Vor diesem Hintergrund ist der Anlaß, an dem sich der Bürgerkrieg entzündet, überaus bezeichnend (wenngleich er aus der Sicht einer säkularisierten Gesellschaft marginal, wenn nicht unverständlich anmuten mag). Stein des Anstoßes ist das Gebetbuch, das Charles Stuart den Schotten auferlegt, das *Book of Common Prayer*. Nun stellt dieses Buch keine Neuerung – also auch keine neue Zumutung – dar, sondern bewährte Grundlage des anglikanischen Glaubens. Worauf Charles in seinem Bewußtsein für die Bedeutung des Symbolischen insistiert (gemeinsam mit dem Erzbischof Laud), ist die Reinheit der Liturgie, der man in der puritanischen Welt nicht mehr viel Bedeutung beimißt. Der Priester soll Ornat tragen, er soll sich bei der Namensnennung Jesu verbeugen, und auch das Besteck des heiligen Abendmahls, im Osten der Kanzel, soll abgezäunt bleiben. Das Heilige, das ist die Botschaft dieses Gebetbuchs, ist nicht soziabel. Das königliche Dekret, die Messe fortan wieder nach diesem Gebetbuch zu vollziehen, ruft Empörung hervor. Es kommt in Schottland zu Aufständen. Als am 23. Juli 1637 der Dean der St. Giles Kathedrale die Morgenandacht beginnt, wird er vom Pöbel mit Fragen und Zwischenrufen empfangen. Der Bischof von Edinburgh, der die Kanzel betritt und die Menge zu beruhigen sucht, wird mit Knüppeln und Schemeln beworfen. Dem Erzbischof von St. Andrews wiederum gelingt es, aus einer Seitentür zu entkommen und die städtischen Behörden zu alarmieren. Die Kirche wird von den Unruhestiftern geräumt. Während draußen eine heulende Menge an die Kirchentüren hämmert, Steine durch die Fenster der Kathedrale wirft, so daß die Scheiben klirren, beenden die Geistlichen im Innern ihre Messe. Man glaubt, daß Charles (mit der Katholikin Henrietta Maria verheiratet, der Tochter des französischen Königs) dem Papismus Vorschub leiste. Daß Charles seiner katholischen Gattin und ihrer französischen Entourage katholische Messen erlaubt – diese religiöse Toleranz ist seinen Untertanen (die ihrerseits religiöse Toleranz einfordern) ganz und gar nicht recht.

Es liegt nahe, hier jenes *nationale* Moment zu vermuten, das man der Geburt des neuzeitlichen Nationalstaates unterlegt: Charles, der Enkel der Mary Stuart, ist jedoch selbst Schotte. Nationale Motive allein reichen nicht aus, um die Empörung der Schotten zu erklären. So bleibt, als Stein des Anstoßes, tatsächlich nichts als das *liturgische* Reglement. Nun ist, was das Verständnis des Konfliktes anbelangt, die ursprüngliche Bedeutung des Wortes »Liturgie« erhellend. In der Verbindung aus »laos«, das *Volk*, und »ergon«, *Werk*, ist hier der Beitrag der Bürger zum Gemeinwesen gemeint; *liturgos* wiederum bezeichnet ganz allgemein den Staatsdiener. In genau diesem Sinn stellt das liturgische *oktroi* des Königs offenbar einen Angriff auf das dar, was man heute »Identität« nennen würde. Weil diese Identität sich in religiöser Form artikuliert, nimmt auch die Reaktion eine religiöse Form an, treten die schottischen Aufständischen in einen *neuen Bund* (*Covenant with God*) ein.[221] Hobbes, mit dem bösen Blick des alten Mannes, denunziert die Puritaner, die den Bund mit Gott beschließen, als frech und anmaßend, und ihre geistlichen Führer als Simulanten der Pietät, so »daß kein Schauspieler der Welt die Rolle eines wahrhaft frommen Mannes hätte besser spielen können«.[222] Beginnt der Bürgerkrieg, in der Verweigerung des liturgischen Opfers, unter dem Mantel des Religiösen, so zeigt der Verlauf der Ereignisse, daß hier nur der Prätext der Revolution sich abspielt. Denn als Charles im Konflikt mit den aufständischen Schotten eine Armee einfordert, ist das englische Parlament keineswegs gewillt, der *Liturgie des Staates* zu folgen (d. h. einer Kriegssteuer zuzustimmen). Nach zehn Jahren zum erstenmal wieder einberufen, verweigert es ihm die entsprechende Kontribution. Dennoch gelingt es dem König, aus eigenen Mitteln eine Armee aufzustellen. Es kommt zu einem Waffenstillstand, der freilich gebrochen wird. Nunmehr marschieren die Schotten (von den Engländern selbst ermuntert, die sich ihres Königs entledigen wollen) in England ein – womit abermals jene Situation eingetreten ist, daß der König sein Parlament einberufen muß.

Staatsbankrott

Wenn Charles Stuart sich in Schottland einem liturgischen Dilemma gegenübersieht, so hat dies eine andere Seite: Geld. Darin liegt nicht nur der Ausgangspunkt des Konfliktes, es läßt sich daran auch die Mechanik des Bürgerkriegs zeigen. Denn jene Gemeinwesen, für die die spätmittelalterlichen Könige einstehen, sind zwar im religiösen Sinne bestens ausgestattet, aber sie haben keinen fiskalischen *liturgos*. Folglich steht das Reich der Stuarts, wie das der meisten Nationalmonarchien, dem finanziellen Bankrott gegenüber. Die Gründe für die Katastrophe, die im Jahr 1638 anhebt und 1640 ausbricht, gehen in die zwanziger Jahre zurück – das Ende der Regentschaft James I., der Beginn der Regentschaft Charles I. Abgesehen von den politischen Unschicklichkeiten, welche die letzten Jahre James I. überschatten (die verdeckte Regentschaft des Günstlings und König-Liebhabers Buckingham, die in einem Attentat endet), sind die zwanziger Jahre von einem strukturellen Problem gekennzeichnet. Hatten die Tudor-Herrscher die Krone über die Beschlagnahmung des Kirchenbesitzes amortisieren und die notwendigen Staatsausgaben tätigen können (Heer, Flotte, Fortifikation), so setzten die beiden Stuarts im größeren Maßstab die elisabethanische Praxis fort, das Kronland in Geld umzumünzen. Es wäre naiv anzunehmen, dies sei allein einer verschwenderischen Hofhaltung zuzuschreiben. Das Dilemma war vielmehr tief verankert: Denn die Nationalmonarchien Europas, die sich zu Nationalstaaten verwandelten, waren strukturell nicht in der Lage, den Forderungen ihrer längst schon trans-feudalen Gemeinwesen nachzukommen.[223] So sprach sich das englische Parlament für den Eintritt in den Dreißigjährigen Krieg aus, war aber keineswegs willens, sich finanziell in entsprechender Weise dafür zu engagieren. Als man wenig später, um die im Volk grassierende Kriegslüsternheit zu befriedigen, auch das Vorhaben Buckinghams, gegen Spanien in den Krieg zu ziehen, unterstützte (und sich zugleich gegen die isolationistische Politik James I. kehrte), war das Parlament nur unter der Bedingung willens, Geld bereitzustellen, daß ihm selbst die Benennung des Schatzmeisters und die Verfügungsgewalt überlassen würde – was Christopher Hill »eine der bemerkenswertesten Statuten der englischen Geschichte« genannt hat.[224] Tatsächlich wiederholt sich hier das Paradoxon (wie es in jener denkwürdigen Entscheidung, der Judenvertreibung des späten 13. Jahrhunderts, zum Ausdruck kam), dem das englische Parlament überhaupt sein Vetorecht in fiskalischen Fragen verdankt: So, wie man Geld zur Macht ummünzte, um die Logik des Geldes selbst unsichtbar zu machen, so will man Staat machen, ohne ihn doch bezahlen zu müssen. Vor diesem Hintergrund sind die Monarchen notgedrungen in jener Position, die allenfalls *Helden des Rückzugs* hervorbringt.

Ein wesentliches Moment der etatistischen Dysfunktion besteht in den Finanzen. Nicht allein, daß der König (der noch keineswegs die unumschränkte Sonderstellung innehat, wie sie sich etwa Ludwig XIV. über die Entmachtung des Adels verschafft) mit den Oberen des Reiches konkurrieren muß, darüber hinaus gibt es keinerlei Handhabe, den Untertanen eine direkte und permanente Steuer aufzuerlegen – so wenig übrigens, wie es einen Einberufungsbefehl gibt, der sich auf die gesamte wehrfähige männliche Bevölkerung bezieht.[225] Statt dessen behelfen sich die Regenten bis zum späten 17. Jahrhundert mit der sogenannten Akzise: indirekten Steuern, mit denen bestimmte Güter belegt werden und die, weil sie im Akt der Konsumption gleichsam verschwinden, eine Form der unsichtbaren Besteuerung darstellen.[226] Eine weitere Einnahmequelle stellt der Verkauf von Monopolen und Privilegien dar, bis hin zum

Handel mit der Nobilität selbst. Wenn Philipp le Bel, der *Falschmünzerkönig* des 14. Jahrhunderts (und der erste König, der, wie Marc Bloch sagte, das Königtum systematisch verkaufte), einen Fleischer in den Adelsstand erhob, so zeigt dies, daß der Handel mit der Nobilität eine finanzielle Notwendigkeit darstellt. Ebenso verfahren die Stuarts: Ein Drittel des *House of Lords*, die zum letzten Mal vor dem Bürgerkrieg zusammenkommen, ist neuer Adel.[227]

Die Krone, das ist die Realität, ist lange bankrott, bevor sich die Aufständischen ihrer entledigen. Vor diesem Hintergrund wird jene Groteske verständlich, die den Beginn der heimlichen Regentschaft Charles I. markiert. Unterstützt vom Liebhaber des Vaters, George Villiers, dem Duke of Buckingham, reist er nach Spanien, um dort um die Infanta zu freien. Die Eroberung der Braut hat eindeutig pekuniäre Züge, und so ist in den Schreiben des Schatzmeisters Cranfield, der seinerseits Schwierigkeiten hat, auch nur für die Reisekosten und für Geschenke aufzukommen, immer wieder davon die Rede, daß man auf der Heimkehr aus Spanien soviel Gold mitbringen solle wie die Flotte aufnehmen könne.[228] Da schon die Reisespesen Finanzierungsprobleme bereiten, mag man ermessen, wie prekär es um die Herrschaftsarchitektur des Reiches bestellt ist. Die Suche nach dem *Eldorado* als Plünderung mit königlichem Gehabe ist ein wesentliches Moment der Außenpolitik – und daß ihr kein Erfolg beschieden ist, verstärkt nur die Eroberungsgelüste. »Buckingham und Charles«, so schreibt Tawney treffend, »kehrten aus Madrid mit der Enttäuschung eines Liebhabers zurück, der die Tiefe seines Gefühls dadurch demonstriert, daß er dem Objekt der Begierde die Kehle durchschneidet«.[229] Nach der mißlungenen Eroberung der Infanta zielt man auf einen Krieg mit Spanien ab – ein Vorhaben, das vom Parlament selbst mit Begeisterung aufgenommen und (anders als das Heiratsprojekt mit einer katholischen Prinzessin) von einer Woge des nationalen Furors getragen wird. Der einzige Kritiker dieses Unterfangens ist (neben dem greisen James, der freilich bereits so gut wie entmachtet ist) Lionel Cranfield, der königliche Schatzmeister. Sein Widerstreben, das in der Misere der königlichen Finanzen begründet liegt, vor allem aber von politischer Klugheit und Augenmaß zeugt, wird ihm zum Verhängnis. Ausgerechnet Cranfield, der loyale Finanzminister, dessen Bestreben es war, die Krone vor der vollkommenen Ausplünderung durch die Untertanen zu bewahren,²³⁰ wird von einem Untersuchungsausschuß der Bestechlichkeit und der Vorteilnahme angeklagt, also jener Vergehen, die gleichsam eine Art Volkssport geworden sind. Dasselbe Parlament, das sich auf eine kriegerische Unternehmung größeren Ausmaßes einzulassen bereit ist, obwohl es weder Veranlassung noch Gelder gibt, lamentiert, mit einem drohenden Unterton, über angebliche Steuerlasten. In diesem Zustand der Unterfinanzierung muß jede größere Ausgabe sogleich zum Streitpunkt werden – so, wie jede der herangezogenen Parteiungen ihre Kontribution nicht dem Gemeinwohl widmet, sondern zum eigenen Vorteil umzumünzen sucht.²³¹ Cranfield stolpert über eine Weinsteuer. Daß ausgerechnet Cranfield – der einzige Beteiligte, der eine Verantwortung dem Gemeinwesen gegenüber empfindet – zum Sündenbock gemacht wird, zeigt, wie sehr der Zustand der kollektiven Ausplünderung bereits in den 1620er Jahren eine Realität ist.²³²

Unter diesen Auspizien mag man sich ausmalen, welche Finanzierungsschwierigkeiten die Aufstellung eines Söldnerheers mit sich bringen mußte. Auf die feudalen Bande kann sich der Souverän nicht mehr verlassen. Damit aber ist die Souveränität des Monarchen höchst fragil, muß er doch stets gewärtigen, daß über Seiner Majestät ein anderer Souverän steht, das Geld. Aber Souverän ist nur der, über dem nichts anderes mehr steht, *supera neus*. Die Aussage des Don Bernardino de Mendoza, daß »derjenige den Krieg gewinne, der den letzten Escudo besitze«²³³, belegt jedoch die nunmehr unangefochtene Herrschaft des Geldes. Sein Zeitgenosse Wilhelm von Schröder schreibt: »Ein Fürst, welcher keinen schatz im kasten hat, sondern sich auf die gutweilligkeit seiner unterthanen und länders verlassen will, der gehet auf steltzen: Denn der unterthanen gemüther seynd hinckende hunde, mit welchen man keine gewissen hasen fangen kann.«²³⁴

Commonwealth

Die Souveränität wird faßbar nicht als eine Gabe Gottes, sondern als reine, diesseitige Form. Insofern ist Hobbes' Formel vom *Preis des Menschen* keineswegs zynisch, vielmehr steckt darin die Einsicht, daß sich das Denken des späten Mittelalters der *ordo* des Geldes unterworfen hat. Es ist die triviale, und doch dem Mittelalter so grundfremde, unheimliche

Einsicht: Geld regiert die Welt. Die Zuckungen der Jutta von Frechen sind gleichsam zum kollektiven Bewegungsgesetz geworden, zu jener Triebkraft, gegen die nicht mehr anzupredigen ist. Mochte sich die Kirche dieser Kraft noch eine Zeitlang dadurch erwehren, daß sie beide symbolischen Ordnungen, Glauben und Kredit, über den Ablaßhandel in ein Äquivalenzverhältnis brachte – so zeigt der Bruch dieser so überaus prekären, ja unhaltbaren Gleichung durch die Reformation, daß die Welt sich längst dem Mammon und damit jener neuartigen *Besessenheitsordnung* zugeneigt hatte. Diese Ordnung ist freilich schon lange vor den lutherischen Thesen wirkmächtig. Schon im frühen 14. Jahrhundert – Philipp le Bel, der *Falschmünzerkönig*, ist das vielleicht markanteste Beispiel – sind all jene Probleme vorweggenommen, die sich später in wiederkehrender, stets verschärfender Form artikulieren werden.[235] Vor diesem Hintergrund erscheinen das Schisma der Kirche, das sich nicht von ungefähr am Ablaßhandel entzündet, wie auch der protestantische Bruch in einem neuen, sehr viel ambivalenteren Licht. So artikuliert sich unter dem Gesichtspunkt des aufstrebenden Kapitalismus in der Selbstauskunft der Reformation nicht nur die Inbrunst des Glaubens (*sola fide*), sondern vor allem die Logik der Privation. Fortan reden Laien über die Weisheit, und diese Weisheit, zum Allgemeinplatz geworden, zeigt nicht nur ein selbstgerechtes, sondern auch ein unverhüllt kapitalistisches Antlitz: *all piety and profit*, wie Tawney dieses merkwürdige Amalgam in eine Kurzformel gebracht hat. Ätiologisch gesehen spiegelt der Protestantismus die Sphäre des Geldes, nicht umgekehrt. Ein gutes Jahrhundert, bevor die Lutherische Lehre sich am Ablaßhandel entzündet, wird das Moment der Privation (und die gleichzeitige Lockerung des Gesellschaftsbandes) augenfällig. Wo zuvor Kathedralen errichtet worden sind, werden nun Privataltäre gemalt; an die Stelle der *congregatio* tritt der einzelne, die *virtutes* (die mittelalterlichen Tugenden) werden, moralisch entkernt, zur *virtù* – womit die Potenz, die man an den Machtfiguren der Visconti, Borghia, Orsini bewundert, sich ihrerseits zur Kardinaltugend gewandelt hat. Es ist dieser langsam sich verschiebende kulturelle Raum, der Anlaß dazu gibt, im Protestantismus nicht eigentlich ein historisches Novum, sondern vielmehr ein Symptom jener kapitalistischen Umcodierung zu sehen, die das ausgehende Mittelalter kennzeichnet.[236] So ließe sich eine Linie ziehen, die von der Erfindung des Fegefeuers über Luthers Reform bis hin zur Hobbesschen Doppelfigur *Behemoth-Leviathan* reicht. Firmiert diese Linie gemeinhin als neuzeitlicher Säkularisierungsprozeß, so gibt es Gründe, hier eher eine intellektuelle Operation anzusetzen, die der Logik der mittelalterlichen Transsubstantiationslehre entspricht. Die große Bedeutung der dogmatischen Frage, ob die Hostie den Leib Christi tatsächlich verkörpert oder ihn lediglich symbolisiert – eine Frage, deren Beantwortung weniger erheblich ist als der Umstand, daß sie sich überhaupt stellt –, legt die Vermutung nahe, daß es um eine Ontologisierung des Jenseits geht: um die Niederkunft Gottes in der Welt und in ihren Institutionen.[237] Es ist dieser Prozeß, in dem der König (in seiner christologischen Ausprägung und Funktion) eine wesentliche Rolle spielt. Patria, Staat, Universität, Fiskus, die *persona ficta* schließlich (von der ein Weg zur GmbH der Moderne führt) – in all diesen Körperschaften pulst die Logik überirdischer Wesenheiten. Wenn einer der Cromwellschen Mitstreiter, Hansard Knollys, in der Erweckungsrhetorik der Zeit sagen kann, »Gott habe begonnen sich in der Welt zu regen«[238], so markiert diese vermeintliche Anwesenheit Gottes, daß die religiöse Sphäre sich in die Diesseitigkeit verschoben hat, daß man es mit einer *Transzendenz in der Immanenz* zu tun hat. Die beiden Sonnen des Mittelalters, von denen Dante spricht,[239] fallen im *Schein* zusammen, in jener Staatsreligion der *Repräsentation*, die Ludwig XIV., der Sonnenkönig, in Versailles Form werden läßt.

Es ist evident, daß das Todesurteil Charles I. eine wesentliche Zäsur markiert. Man könnte sagen, daß der symbolische Körper des Staates, das *Commonwealth*, über den Kopf des einzelnen hinauswächst. Es liegt nicht mehr in der Gewalt eines einzelnen, den Schein zu wahren. Es mag irritieren, in der *Wahrung* – oder der *Währung* – *des Scheins* Zielpunkt und Bewegungsgesetz des neuzeitlichen Staates zu lokalisieren. Hält man sich jedoch vor Augen, daß der »Schein« nicht bloß auf ein Imaginäres verweist, sondern auf jenen Schein, den der einzelne bedenkenlos anzunehmen bereit ist (die emittierte Münze, das gesetzliche Zahlungsmittel), so ist das Projekt in seiner Gänze markiert: Denn es geht um jenen Verblendungszusammenhang, der Zusammenhalt stiftet und das Gefühl der *Kreditwürdigkeit* evoziert: das, was die zeitgenössischen Ökonomen die »Geldillusion« nennen. Vor diesem Hintergrund ist die Hobbessche Formel vom *Preis des Menschen*, so sehr sie auch als Antidotum gegen eine ausgehöhlte, nurmehr prätendierte Moral oder Religion taugen mag, nur die Hälfte der Wahrheit. Denn die Käuflichkeit des einzelnen basiert auf der Kreditwürdigkeit des Äquivalents. Der Glaube, *gutes Geld* entgegenzunehmen, ist jedoch keineswegs naturwüchsig gegeben. Man ist hier vielmehr auf jenes gesellschaftliche Aggregat angewiesen, das das Geld bereitstellt und zugleich die Zirkulationssphäre darstellt. So ist der Preis des Menschen keineswegs der Zustand letztgültiger Individuation, sondern setzt seinerseits einen gesellschaftlichen Omnibus, die Ordo des Geldes, voraus.

Die Katastrophe des Mittelalters jedoch besteht darin, daß weder der Preis des Menschen noch der irgendeiner Sache unerschütterlich feststeht. Denn Geld ist eine volatile, flüchtige Substanz. Vom frühen 14. Jahrhundert an suchen hausgemachte, selbstverfertigte Inflationen die Zeit heim – was im 16. Jahrhundert noch durch den unerhörten Zustrom südamerikanischen Edelmetalls verstärkt wird.[240] So stark sind die Münzverschlechterungen, daß sich im Wien der Jahre 1457–59 die Kinder mit Pfennigen, den »Schinderlingen«, bewerfen. Die endemischen Inflationen führen zur Einsicht in das Zusammenwirken konkurrierender Inflationswährungen. Sir Thomas Gresham formuliert das nach ihm benannte Gesetze: daß schlechtes Geld das gute verdränge. Aber vielleicht wichtiger noch und psychologisch aufschlußreich: anders als Nicolas von Oresme, der in einer ähnlichen Position (als Berater des französischen Königs Charles V.) im 14. Jahrhundert seine geldtheoretischen Einsichten nutzt, um gutes Geld zu ermöglichen, fühlt sich Sir Thomas Gresham durch die Einsicht in den Abwertungsmechanismus keineswegs gehindert, eben diesen Trick der Königin Elizabeth I. als Remedur für die königlichen Finanzen anzuempfehlen (wie sich Gresham weniger als Ökonom, denn als Spion, Waffenschmuggler und Edelmetallschieber betätigte – nicht der einzige Fall übrigens eines königlich sanktionierten Piraten). In der alltäglichen Entwertungserfahrung erweist sich, daß auch die christlichen Werte sich verflüchtigt haben. Jedoch ist das Bedürfnis groß, den Wert, der doch alles andere stabil halten soll, zu befestigen, und dieses allgemeine Bedürfnis ruft das *Commonwealth* auf den Plan – und zwar mit der Aufgabe, den *Schein zu wahren*, und zwar so effizient, daß die *Kreditwürdigkeit* des Geldes gewahrt bleibt. An dieser Aufgabe aber scheitern die Gemeinwesen bis ins 17. Jahrhundert hinein. Eben dieses Scheitern, die Dysfunktion des Geldes, ruft in regelmäßiger Folge den Kreislauf von Münzverschlechterung, Inflation und Brotaufständen hervor. So gesehen markiert das Hobbessche Diktum vom *Preis des Menschen* weniger eine Realität als vielmehr ein Desiderat. Denn nicht allein die Wechselhaftigkeit der Konjunktur hat Einfluß auf den *Preis des Menschen*, sondern auch die Instabilität des Maßstabes selbst. Das Geld – das ist die Lehre, die das inflationsgeplagte Spätmittelalter mehr leidend als begreifend erduldet – trägt seinen Wert nicht in sich selbst, sondern dieser Wert konstituiert sich über die kollektive Zuschreibung.[241] So erscheint der Sprung zum imaginären (gedruckten) Geld, der sich nach der Gründung der *Bank of England* 1694 vollzieht, nur folgerichtig. Freilich muß das Blatt Papier, das als solches wertlos ist und seinen Wert nur über eine Zuschreibung gewinnt, einer inneren Logik entsprechen: nur als ein *knappgehaltenes Nichts*[242] kommt ihm Wert zu.

Die Formel des knappgehaltenen Nichts ist in der Tat erhellend, ist darin doch die doppelte Schwierigkeit beschrieben, der man hier gegenübersteht: Weder kann man sich auf ein Jenseits noch auf die Bonität der Substanz (wenn man so will: auf die *Natur des Geldes*) verlassen. In der Frage des Geldes steht stets auch die emittierende Instanz mit auf dem Spiel. Damit es zur Herausbildung einer glaubwürdigen Instanz kommt, muß zweierlei geschehen: Einmal muß der Glaube an das Geld zu einer sozial akzeptierten Größe werden – zu jener kollektiven Verblendung, die die Ökonomen die *Geldillusion* nennen –, zum andern muß ein Prozedere geschaffen werden, das die Besessenheit in ein Ordnungssystem überführt. Geld, wie ein moderner Geldtheoretiker sagen würde, ist Zentralbankgeld.[243] An diesem Punkt wird sichtbar, daß die Gewaltlösung des Thomas Hobbes zu kurz greift – ebenso wie der Kontraktualismus, den Hobbes favorisiert[244] (und der, in der Gestalt des *contrat social*, als Phantasma einer gleichsam vernunftgestifteten Einheit noch bei Rousseau fortwirkt). Während Hobbes im *Behemoth* im Geld den eigentlichen Souverän des Bürgerkriegs entdeckt, spricht sein *Leviathan* allein von der Waffe und von der Gewalt, also von der *reinen Macht*. Die Vernachlässigung des Geldes ist keineswegs zufällig, sondern weist ins Zentrum der politischen Theorie. Denn mit der Frage des Geldes entledigt sich Hobbes der transzendentalen Dimension: daß nämlich die *raison d'être* und die Kreditwürdigkeit seines sterblichen Gottes zutiefst auf dessen monetären Prokura beruht.[245] Der gedankliche Vorteil, den er aus der Beseitigung dieses Problems zieht, ist klar: läßt sich doch nun von einem Primat der Politik sprechen, ohne sich mit der dunklen Frage beschäftigen zu müssen, daß dieser Primat nur auf dem *Schein der Macht* beruht.

Nun ist die Gespaltenheit des 17. Jahrhunderts tief im Mittelalter verankert, so wie die Stiftung jenes *homo artificialis* schon lange zuvor, in der Geldtheorie des Nicolas von Oresme (in seinem *Tractatus de mutatione monetarum*) präfiguriert ist.[246] Das entscheidende Axiom lautet hier: Das Geld ist eine Sache der Gemeinschaft. Daraus leitet sich logischerweise der Satz ab, daß allein die Gemeinschaft das Recht der Geldemission besitzt (nicht der Fürst). Nun kann die Gemeinschaft die Münzprägung nur schwerlich im Kollektiv steuern und bewerkstelligen – es braucht dazu einen *Repräsentanten*. Wie aber läßt sich verhindern, daß der Repräsentant die Übertragung dieses (nur dem Volkssouverän gebührenden) Rechtes zu seinem Nutzen und zu Ungunsten der Gemeinschaft ausnutzt? Und was passiert, wenn ein benachbarter Souverän (einer der berüchtigten Falschmünzerkönige) die Münze nachahmt, jedoch eine minderwertige Legierung verwendet? Um die Zirkulation der Münze zu kontrollieren, müssen die Landesgrenzen befestigt, muß ein befestigter Währungsraum hergestellt werden. Mit der Fragestellung des Nicolas von Oresme ist der Nationalstaat vorweggenommen. In gewisser Hinsicht sind diese Großräume in den Warenströmen, aber auch in der Logistik schon im 13., 14. Jahrhundert realisiert. Politisch steht ihnen jedoch die Herausbildung kleiner und kleinster Einheiten entgegen. Sind diese Einheiten Ausdruck des neuen Geistes und seiner ökonomischen Potenz (es sind freie Städte wie Florenz und Genua, die zuerst eigene Währungen emittieren), so sind sie doch viel zu klein, um das Dilemma der gegenseitigen Währungsverfälschung zu verhindern. Und so spricht Oresme in seinem *Tractatus* davon, daß, wenn ein Souverän die Währung eines Nachbarlandes nachahme, dies einen Kriegsgrund darstelle.[247] Um eine Vorstellung vom Partikularismus der Zeit zu gewinnen, muß man sich nur vor Augen halten, daß in den Niederlanden des 16. Jahrhunderts über 700 verschiedene Gerichtsbarkeiten und Rechtssysteme nebeneinander existierten. So wie die Heiligen des 13., 14. Jahrhunderts auf merkwürdige Art und Weise proliferierten,[248] so zerfällt auch das christliche Europa in eine Reihe lokaler Kraftzentren, die sich über kommerzielle Potenz, aber auch über kulturelle Homogenität definieren. Jene große, kreditwürdige Einheit aber, die über den unmittelbaren Erfahrungsraum hinausgeht, vermag diese Zeit nicht zu denken – nicht zuletzt deswegen, weil die Besessenheitsordnung des Geldes ja nur unter größten Mühen ins christliche Weltgebäude hineingeschmuggelt worden ist. Genauer: Es ist nicht eigentlich das Nicht-Denken-Können, sondern vielmehr die mangelnde Kreditwürdigkeit dieser Gedankenfigur, die das Problem darstellt. Das Modell, das Oresme mit großer Kühnheit und zwingender Logik entwirft, ist das Modell eines zentralperspektivischen Staates. In diesem Gemeinwesen ist der Herrscher nicht von Gottes Gnaden bestellt, sondern ein Abgeordneter des Gemeinwesens, oder wenn man so will: eine *königliche Null*. Mit dieser Umcodierung der Souveränität aber bricht Oresme mit der politischen Theologie des Mittelalters. Wenn der Souverän nurmehr Diener der Münze ist, in der sich das Gemeinwohl verkörpert, so hat man es mit einer Verschiebung der Souveränität selbst zu tun: eine Verschiebung, die Gott im Gemeinwesen selbst niederkommen läßt. Die Gedankenlinie besteht darin, daß Oresme jene Ersetzungsbewegung, die vom Glauben zum Kredit geht, bis zu ihrem Ende durchführt.

An dem scheinbar technischen Detail der Münzprägung (wer hat das Recht dazu? wie kann man Kontrollmechanismen dem Mißbrauch gegenüber einbauen?) wird die Funktionslogik des neuzeitlichen Staates offenbar. Gleichwohl ist jenes Schweigen, das der Theorie des Nicolas von Oresme gefolgt ist,[249] seinerseits vielsagend. Im 14. Jahrhundert ist diese Gedankenführung – die in heutigen Begriffen einiges mit der *Systemtheorie* gemein hat – ein Fremdkörper, kollidiert sie doch mit der Glaubenswelt seiner Zeitgenossen. Wenn Oresmes Geldtheorie einen Mangel hat, so liegt er nicht auf seiten der Logik, sondern an der mangelnden Kreditwürdigkeit der Theorie selbst (oder genauer: dem, was man heute *Akzeptanz* nennt). Weder ist Geld, noch sind die Institutionen, die seine Geltung zu garantieren vermöchten, in dieser Form erwünscht – geschweige denn kreditwürdig. Auch wenn Oresmes Theorie in der Denkwelt der Scholastik wie ein einsamer, monolithischer Block dasteht, hat man es doch nicht mit dem Fall eines Einzeldenkers zu tun. So gehen die Maler des frühen 15. Jahrhunderts dazu über, das

Gold – das im Mittelalter die Signatur des Göttlichen ist – durch den Schein zu ersetzen[250], was in symbolischer Form eine analoge Prozedur beschreibt. Das Bindeglied ist hier die mathematische Zentralperspektive, die ja ihrerseits die *Produktion des Scheins* einer strengen Ordnung unterwirft. Denn das Bild realisiert sich darüber, daß man einen bestimmten Standpunkt einnimmt, einen Rahmen festsetzt und einen Fluchtpunkt fixiert – und dies wiederum erzeugt die Illusion eines in sich zusammenhängenden Raums, den Schein eines Realen. Diese Operation aber entspricht präzise jenem Gedankengerüst, wie es Oresme (der im übrigen ein herausragender Mathematiker war) an der Frage des Geldes entwirft. Dem Rahmen entspricht die Eingrenzung des Staates, dem homogenisierten Raum das Gleichmaß des Geldes, der Fluchtpunktkonstruktion die Zentrierung der gesellschaftlichen Macht in der Gestalt des Fürsten, der als *Repräsentant des Gemeinwesens* mit der Emission des Geldes beauftragt wird. Man könnte sagen: Das Geld und das Bild (die ja ihrerseits, bis in unsere Tage hinein, in einem innigen Tauschverhältnis stehen) gehören ein- und derselben Logik an: dem *Code der Repräsentation*.[251] So ist es kein Zufall, daß das erste streng zentralperspektivisch konstruierte Bild der *Zinsgroschen* des Massaccio ist (zwischen 1424–28), ebensowenig, wie es als bloß ästhetisches Faktum gelesen werden darf, daß Ludwig XIV. in seinem Versailler Herrschaftspark die Logik der Zentralperspektive »verlandschaftlichte«.

Daß dem Gedankengebäude des Oresme im 14. Jahrhundert kein Erfolg beschieden war, mag nicht verwundern. Erstaunlich ist allerdings die Tatsache, daß dieser Text in der zeitgenössischen ökonomische Lehre nach wie vor eine Leerstelle darstellt. Die Ordnung des Geldes, von den Ökonomen selbst als *Geldillusion* bezeichnet, leidet daran, das vorauszusetzen, was sie aufzulösen bestrebt ist.[252] Wenn Milton Friedman, um die Entstehung von Märkten und die Herausbildung von Preisen zu beschreiben, das Bild eines Hubschraubers bemüht, der auf einer Insel Geld abwirft, so hat sich, gleichsam in comicartiger Verkürzung, die Problematik des Geldes von den Institutionen gelöst, die doch dafür verantwortlich sind: Geld fällt vom Himmel. Von daher ist es nicht verwunderlich, daß man, von einzelnen Spezialabhandlungen abgesehen,[253] vergeblich nach einer Kulturgeschichte des Geldes sucht, die die geistigen und religiösen Umcodierungen ins Auge faßt. So ist es den zeitgenössischen Schockwellen vorbehalten, uns die Historizität des Geld-Apriori erahnen zu lassen. Im Jahr 1974, dem Jahr des Ölpreisschocks, dem Jahr nach Bretton Woods, als das Weltwährungssystem in den Zustand des *free floating* überging, schrieb der neoliberale Ökonom Friedrich von Hayek einen kurzen Text, *Die Entnationalisierung des Geldes* betitelt. Dieser Text ist insofern interessant, als die Verwunderung eines alten Mannes (Hayek war zum damaligen Zeitpunkt bereits 75 Jahre alt) deutlich wird, die Verwunderung darüber, warum eine grundlegende Frage der Ökonomie (die Frage nach dem *gesetzlichen Zahlungsmittel* – oder ex negativo: die Frage, warum der einzelne nicht das Recht hat, Geld zu drucken) einen blinden Fleck seiner Disziplin darstellt.[254] Allerdings geht er dieser Frage nicht weiter nach, sondern schickt sich an, diese Leerstelle sogleich zu besetzen. Und so knüpft sich, in der Logik des neoliberalen Privatisierungsprogramms, sogleich ein Angriff auf den neuzeitlichen Souverän daran. Wenn etwas erhellend ist, so die historischen Erfahrungen, auf die von Hayek, um diesen Angriff führen zu können, zurückgreifen muß:

> Von Marco Polo lernen wir, daß das chinesische Recht des 13. Jahrhunderts bei Zurückweisung des hoheitlichen Papiergeldes die Todesstrafe verhängte, und zwanzig Jahre in Ketten oder auch in einigen Fällen der Tod war als Strafe vorgesehen für die Weigerung, französische Assignaten anzunehmen. Das frühe englische Recht bestrafte die Annahmeverweigerung als *Majestätsbeleidigung*. Zur Zeit der amerikanischen Revolution wurde die Nicht-Annahme kontinentaler Noten als Feindesakt behandelt und brachte manchmal eine Aberkennung der Forderung mit sich.[255]

Führt die chinesische Gleichung (Geld oder Tod!) in die Sphären des Rhampsinitos zurück, so bezeugen all diese Beispiele, daß Geld keine voraussetzungslose, abstrakte und rechenbare Größe, sondern zutiefst mit der Frage der Souveränität verknüpft ist. Die Frage der Souveränität in der abendländischen Geschichte aber weist in die Sphäre des Transzendenten. Genau hier – wo Geld kein Kalkül, sondern notwendigerweise *Besessenheitsordnung* ist – hat man es mit einer wesentlich religiösen Problematik zu tun. Die Berufung auf die Geldillusion (die gleichbedeutend mit der Ausblendung der Historizität des Geldes ist) ist selbst ein Glaubensakt, ein Akt, der nicht das Geld also solches, sondern die Instanz betrifft, welche seine Geltung verbürgt.

In diesem Sinn wird Charles I. der neuen Ordnung des Geldes geopfert – zu einem Zeitpunkt, da ihre Funktionslogik nicht mehr oder noch nicht als solche erkennbar ist, sondern überblendet wird von der Evokation des *Commonwealth*. Was Funktion ist (und in der Theorie des Nicolas von Oresme eine kühle Denkoperation darstellt) verwandelt sich zur neuzeitlichen Besessenheitsordnung. So ist es nicht einmal falsch, wenn Charles Stuart sich selbst als Märtyrer deklariert. Die politische Theologie des Mittelalters (die *imitatio Christi*) wird der Politischen Ökonomie der Neuzeit geopfert: jener Logik, die ich als die *Sprache der Repräsentation* bezeichnet habe. Freilich – und darin liegt das Gespenstische des dem König gemachten Prozesses – steht nichts von alledem in der Anklageschrift. Charles Stuart, der von seinem Parlament *im Namen des Königs* bekämpft wird, der als »Tyrann, Verräter und Mörder, als öffentlicher und unversöhnlicher Feind des Commonwealth von England« zum Tode verurteilt wird, wird seinem antagonistischen Prinzip niemals begegnen (oder wenn doch, so wird es sich ihm am ehesten in den Bildern, die er sich von großen Künstlern hat malen lassen, vermittelt haben, als ästhetisches Prinzip). Die Gestalten, die Recht über ihn sprechen, sind Karikaturen und Hohlformen einer Legalität, die doch nur im König, das heißt: in ihm selbst seinen Ausdruck hat. In diesem Sinn bleibt die einzige Frage, die er in seinem Prozeß stellt, wieder und wieder, unerhört: »In wessen Namen üben Sie Recht?«[256]

Rationaler Exorzismus

Gesetzt den Fall, die Welt wäre von vollkommener Rationalität – wie die Verfechter des Gesellschaftsvertrags und des Naturrechtes unterstellen –, so wäre man mit einer Verlegenheit konfrontiert: Man müßte sagen, daß die Neuzeit mit der Konstruktion der mechanischen Uhr und der Logik der Repräsentation hätte beginnen müssen. So wie der Räderwerkautomat das Vorbild des *cogito* darstellt, so hängt die Verfaßtheit des *Leviathans* an der Logik der Zentralperspektive. Umgekehrt aber wären die Gedankengebilde des Cartesianers und des Thomas Hobbes nicht als Initialen der Neuzeit zu lesen, sondern als verspätete Denkakte zu beklagen.

Daß die Neuzeit sich verspätet (und noch dazu in einem Maßstab, der die übliche Epochengliederung auf den Kopf stellt), mag eine irritierende Formel sein – aber vielleicht ärger noch erscheint der Umstand, daß diese Verspätung nicht mit einem Vernünftigwerden der Vernunft, sondern mit einem grundlegenden Verkennen einhergeht. Denn wenn Descartes den Räderwerkautomaten zum Zentrum seines Denkens macht, so bringt er nicht nur die vom Mittelalter vernachlässigte Denkprothese zu Geltung, sondern verleugnet seine Historizität. Entsprechend ist von der »Natur der Maschine« die Rede. Im gleichen Sinn verschwindet im *Mortall God* des Thomas Hobbes die Logik des Geldes. So wie das Mittelalter bestrebt ist, die Ratio der neuen, heteronomen Besessenheitsordnung auszublenden, so zeigen die Gedankenfiguren des »rationalen« 17. Jahrhunderts eine Tendenz, mit der christlichen Vergangenheit auch die Genealogie des eigenen Denkens zu exorzieren.[257] Damit aber setzt sich, und das ist der Clou dieses Verkennens, die Besessenheitsordnung des Mittelalters in die Figuren der Rationalität. Eben diese Übertragung, das heißt: ihre transzendentale Aufladung, ist der Grund, warum man in bezug auf die Rationalität von einer Besessenheitsordnung sprechen kann. So, wie der mittelalterliche Priester gegen die Ordnung des Geldes anzupredigen bemüht war, besteht nun das wissenschaftliche Projekt darin, »jede Spur des Heiligen zu vertilgen«[258], die Welt so gründlich zu entzaubern, daß die Verzauberung durch das eigene Denken unsichtbar wird. So besehen hat sich das Dilemma der Wucherin keineswegs erledigt, es hat sich lediglich die Beschwörungsformel geändert.

Gleichwohl bleibt eine Merkwürdigkeit. Wie, so könnte man fragen, ist es überhaupt möglich, daß sich eine Rationalität gegen den erklärten Willen ihrer Zeit durchsetzt? Genau diese Frage zielt in den Kern des Problems, und sie berührt erneut jenes Thema des Nicht-Wissen-Wollens. Wenn das späte Mittelalter sich durch einen besonderen Zug auszeichnet, so besteht er in der psychischen Abspaltung und Ausgrenzung jener Wirkkräfte, die die Realität unterschwellig bestimmen. Zweifellos vollzieht sich diese Ausgrenzung aber nicht vollständig – sonst wäre es ja keineswegs möglich, daß sich das ausgegrenzte Wissen verbreitete.[259] Ausgangspunkt ist ein Konflikt, wie er sich schärfer nicht artikulieren kann: der Konflikt zwischen zwei *Besessenheitsordnungen*, wie er im Fall der Jutta von Frechen aufscheint. Ein großer Teil der Denkgebäude besteht in der

Verleugnung, schließlich: im Exorzismus jener Wirkkräfte, die doch zunehmend die Lebenswelt beeinflussen. Freilich ist das Konzept der Verdrängung in gewisser Hinsicht unzureichend, da sich – energetisch betrachtet – der Verdrängungsakt selbst an der Energie dessen erhält, was er verdrängt. Genau dies kennzeichnet die zitierte Entscheidung des englischen Parlaments, sich eine politische Konzession mit der Vertreibung der Juden zu erkaufen. Nicht nur, daß man sich mit den Juden der Verkörperung jener Wirklichkeit entledigen will, die man nicht wahrzunehmen bereit ist, darüber hinaus erheischt man mit diesem Verdrängungsakt ein dauerhaftes politisches Privileg. Die Logik ist wahrhaft abgründig: Sie lautet in etwa, daß man ein schlechtes Gewissen am besten durch Aggression kompensiert, daß man sich außerdem dafür, sich in der Aggression erniedrigt zu haben, noch entschädigen läßt. Das keineswegs unwillkommene Ergebnis besteht darin, sich in den Besitz eben jenes Privilegs gebracht zu haben, das man dem anderen vorwirft – weswegen es nur billig ist, daß er letztlich auch dafür bezahlt. Dieser psychische Knoten ist durchaus aufzulösen, wenn man hier die Unterscheidung zwischen Medium und Prothese ansetzt. Denn der abgespaltene Andere ist derjenige, der *ausschließlich* die Logik der Prothese verkörpert. An ihm wird jene Drohung, jene heteronome Energie wahr, die am Objekt selbst verspürt wird. Umgekehrt erlaubt es diese Abspaltung, die Prothese in gleichsam dosierter Form, als unschädliches *Medium* zu nutzen.[260] Vor diesem Hintergrund lassen sich die teils pogromartigen Attacken, teils systematisch, also von Staats wegen vollzogenen Judenvertreibungen lesen. Bezeichnend auch der Fall der Stadt Venedig, die im Jahr 1507, nachdem man die Juden vertrieben hat, sie wieder zuläßt (nicht aus Menschenliebe, sondern ihrer Kredite wegen), freilich nur, um sie nach wenigen Jahren von der Bevölkerung abzusondern und in ein Ghetto zu pferchen. In diesem ersten Ghetto Europas,[261] das durch Mauern vom Rest der Stadt abgetrennt ist, haben die Juden nur zu bestimmten Stunden das Recht, das Ghetto zu verlassen.

Die Katastrophe des Spätmittelalters, die in der ersten Hälfte des 17. Jahrhunderts zu ihrer letzten und letalen Form findet, findet ihre Signatur in der Dämonisierung des Anderen. Die Fronten lassen sich hier nicht an den Polen fixieren, denen man gemeinhin die Beförderung oder Behinderung der Vernunft zuspricht. Der *progressive* Protestantismus ist nicht minder antisemitisch, bisweilen sogar deutlich unbarmherziger als die katholische Kirche. Luther ist, wie ein Großteil der scholastischen Theologen, ein Verfechter des *gerechten Preis*es – und das heißt: er verleugnet eben jene Logik, auf die die protestantische Ethik doch zusteuert. In diesem Klima, in dem Hypokrisie und Verschwörungstheorien sich die Hand reichen, sind Verbrennung, Exorzismus und Dämonisierung bevorzugte Instrumente. Jene Greuel, die man dem *finsteren Mittelalter* zuschreibt, sind tatsächlich Dinge, die dem Hochmittelalter vollkommen fremd sind.[262] Freilich wird man sie nicht nur als Charakteristika der Reaktion, sondern auch als Belege für das Fortschreiten jener neuen symbolischen Besessenheitsordnung lesen müssen. Tatsächlich vermischen sich die Besessenheitsordnungen auf eine schizophrene Weise. Die Münsteraner Wiedertäufer etwa (von einem konzilianten Rat zugelassen) errichten eine Theokratie mit sozialistischen Zügen – und befriedigen auf diese Weise die egalitären Strebungen, die ihrerseits der Wirtschaftsordnung des Kapitalismus entspringen. Aber mit gleicher Selbstverständlichkeit heben sie das Privateigentum auf und verbannen das Geld aus ihrer Stadt. In dieser paradoxen Bewegung hat sich der mittelalterliche *Universitas*-Gedanke verflüchtigt. An seine Stelle ist ein Partikularismus getreten, der sich nicht mehr um die Einheit des Denkens bekümmert, sondern Gesetze erläßt, die, je nachdem, ob man den Erwählten oder den Anderen zugehört, unterschiedlich aussehen. Es gibt nicht mehr eine verbindliche Schrift, sondern eine Vielzahl von Deutungen. Die Demokratisierung der Letter, wie sie im Buchdruck Gestalt annimmt, führt nicht zu einem vertieften Verständnis, sondern zur Aufsprengung, zur vollkommenen Dezentrierung der Schrift: Jeder sein eigener Lehrer, jeder sein eigenes Buch.[263]

Dieser Prozeß ist lange zuvor schon angelegt. Wenn Nicolaus von Kues in seiner *docta ignorantia* 1440 einen Laien über die Weisheit sprechen läßt, wenn darüber hinaus gesagt wird, daß die *Weisheit auf der Straße* liege[264] und die Autorität des geschriebenen Wortes eine Täuschung darstelle – so bezeugt dies, daß die Aushöhlung des mittelalterlichen Denkgebäudes keineswegs unregistriert geblieben ist. Dieser Konflikt aber wird verdrängt, abgespalten und delegiert, er ruft allerlei *Scheinlösungen* auf den Plan, die, um die Gegenwart abzuschaffen, die Denkstrukturen der Vergangenheit wiederholen – allesamt Verleugnungsbewegungen, die man, ohne gleich ein kollektives Unbewußtes auf den Plan zu rufen, als kollektives Delirium bezeichnen kann. Bezeichnend bei alledem ist, wie sehr die Logik der Repräsentation verfehlt wird, wie überall dort, wo die Gesetze der Stellvertretung eingeklagt werden, dies mit den Mitteln und im Geiste der politischen Theologie des Mittelalters getan wird. Noch Cromwell wird nicht das Prozedere der Wahl ins Auge fassen, sondern allein die *Erwählten*. Die Motive der Akteure, ihre Sprache und ihre Denkstrukturen sind geprägt von den mittelalterlichen Symbolen, ihr Tun wiederum ist geleitet von einer Rationalität, die dem diametral entgegensteht. So besehen ist das Diktum des Thomas Hobbes, die Universitäten seien »diesem Land das gewesen, was das hölzerne Pferd den Trojanern war«, ein durchaus präzises Bild für die List der Vernunft – nur fragt sich, ob diese List einen Urheber hat oder ob es nicht vielmehr jenes abgespaltene Unbewußte ist, jene innere Zerrissenheit, die hier ans Tageslicht tritt: der Phantomschmerz, der Bürgerkrieg.

Kapitel 6

Der König ist tot

Da ist ein Liebeskranker, ein Chirurg von Beruf, der sich, von der Frau seines Lebens verlassen, zum nächsten Flugplatz begibt, einen Flug löst und nach Caracas fliegt. Er nimmt ein Hotelzimmer, verdunkelt die Fenster und versucht, schlafenderweise, trinkenderweise, die Erinnerung auszulöschen. Aber hier, aus dem Zeit- und Pflichtplan der Klinik herausgeschnitten, auf der anderen Seite des Ozeans, wird es nur schlimmer. Irgendwann verläßt er sein Zimmer, in dem Gefühl, sich in der Gegenwart anderer verlieren zu müssen. Und weil das die nächste Gelegenheit ist, schließt er sich einer Gruppe an, die sich für einen Tag in den Dschungel verfrachten läßt. Es gibt dort einen See, und obwohl er eigentlich keine Lust verspürt, geht auch er baden, oder genauer: springt kopfüber in diesen See hinein. Er spürt den Aufprall, einen Schlag und ein Knacken im Hals. Da ist ein kurzer Augenblick, in dem oben und unten durcheinandergeraten, aber noch unter Wasser kehrt sein Sachverstand wieder zurück. Er weiß, was dieses Knacken bedeutet. Nein, mehr noch, es ist kein bloßes Wissen, sondern die Wiederkehr eines Schreckens. Den Kopf in den Händen und mit einem Gefühl jäh sich ausbreitender Angst, steht ihm der Fall jenes Mannes vor Augen, der vor ein paar Wochen in der Klinik eingeliefert wurde. Auf den ersten Blick schien es nichts Ernstes, eine Prellung des Nackenwirbels, und daß der Mann über ein Taubheitsgefühl in der Hand klagte – bei der nächsten Visite war er gelähmt, vom Hals abwärts. Der Kollege hatte die kleine Fraktur auf dem Röntgenbild übersehen, einen kleinen, haarfeinen Riß. Und nun steht er, mein Chirurgenfreund, im Dschungel, wo nichts für den Notfall vorhanden ist, kein Krankenhaus, kein Flugzeug und keine Landepiste, hält den Kopf in seinen Händen und in diesem Kopf das Wissen, wie es sein wird, wenn der Körper ertaubt, wenn er langsam verschwindet...

Als der König unter dem Messer der Guillotine starb, am 21. Januar des

Jahres 1793, war sein Grab schon ausgehoben. Man brachte ihn in einem offenen Sarg auf den Friedhof der Madeleine, eskortiert von Dragonern und Gendarmen, deren Funktion vor allem darin bestand, die Menschenmenge in Schach zu halten. Um das Schweigen zu übertönen, spielte eine Militärkapelle republikanische Weisen. Der Körper des Königs war in eine weiße Spitzenweste, eine graue Seidenhose und graue Seidenstrümpfe gekleidet. Seine Schuhe fehlten, ebenso der kleine Dreispitz, den er auf dem Weg zum Schafott getragen hatte und an dem, wie man bemerkte, eine ganz neue Kokarde befestigt gewesen war. Den barhäuptigen Kopf hatte man dem Leichnam zwischen die Beine gebettet. Das Gesicht war noch rosig, und die Augen waren offen. Louis XVI. wurde ins Grab gelassen und mit einer Schicht Kalk bedeckt...

Das Bild. Der stiere, glasige Blick dieser Augen, die aus einem Kopf hervorschauen, der unter seinen Stand gerutscht ist, dorthin, wo für gewöhnlich das Geschlecht seinen Platz hat. Aber nichts an diesem Bild ist gewöhnlich. Denn auch wenn man den König als Bürger Capet verurteilt hatte, verraten die Reaktionen, daß man ihn keineswegs unter die gewöhnlichen Sterblichen zu rechnen gewillt war. Verlangten die Revolutionäre, daß man den Boden der Freiheit vom letzten Schößling der »unreinen Rasse« des Tyrannen säubern müsse, war das Volk auf eine Säuberungsaktion ganz anderer Art erpicht. Nicht nur, daß man der Berührung des Königs wunderheilende, thaumaturgische Fähigkeiten zuschrieb – auch dem Blut des Hingerichteten sprach man dies zu. Womit der Tod des Königs einen doppelten Glücksfall markierte. Kaum war die Enthauptung vorüber, stürmte der Pöbel auf das Schafott, um sich die Hände mit seinem Blut zu benetzen, und selbst der Weidenkorb, der seinen Kopf aufgefangen hatte, wurde von den Umstehenden mit Hals- und Taschentüchern frottiert.

So wie diese Szenen nach einer tiefergehenden Erklärung verlangen, so ist auch die Grablegung des Königs vor allem als ein symbolischer Akt zu begreifen. Der König, so heißt es bei Mirabeau, ist das Idol eines Gemeinwesens. Und wenn Mirabeau sich der Wirksamkeit dieser königlichen Projektionsapparatur so sehr bewußt war, daß er Royalist blieb bis zum Tod, so konnte dies auch den Revolutionären, die sich zur Beseitigung des Königs entschieden hatten, nicht verborgen bleiben. Folglich waren sie bestrebt, die symbolische Seite dieses

Aktes zu unterdrücken. Daß man den Bürger Capet nicht mit den Insignien des Königs zu Grabe trug, erklärt sich von selbst – ebenso der Umstand, daß man, um die Allianz von Thron und Altar nicht herbeizubeschwören, auf einen Gottesdienst verzichtete. Auch daß man ihm die Kokarde nahm, kann man so interpretieren, daß man sich diese späte Anbiederung nicht gern gefallen lassen wollte. Warum aber mußte man ihm seine Schuhe und seinen Hut nehmen? Warum ihm den Kopf zwischen die Beine legen? Und schließlich: Warum hat man dem König nicht die Augen geschlossen? Läßt sich all dies nur als bloße Rachsucht auffassen, als ein dumpfer Instinkt, der uns in die Niederungen des Allzumenschlichen zurückführt? Aber wie vertrüge sich dies mit den Vorkehrungen, der peinlichen Sorgfalt, mit der man, um Ausschreitungen zu verhindern, diese Grablegung organisierte? Und wenn jedes Detail, jede Einzelheit dabei von Belang war, wäre dies nicht ein zwingender Grund dafür, die Einzelheit der Grablegung als einen symbolischen Akt zu deuten, dessen Absicht nur darin bestand, einen anderen zu überblenden? Damit aber markierten die offenen Augen des Königs eine Art Initiale, läge hier der Rätselblick, mit dem die Moderne beginnt.

Slow Motion

Die Moderne beginnt mit dem Hirntod des Königs – nur daß die Nervenzellen nicht sogleich sterben, sondern den Fall des Messers ein paar Sekunden noch überleben. Was wird der König erlebt haben, in diesen Augenblicken des Sterbens? Er wird das Geräusch des fallenden Messers gehört haben und dann, wie es durch seinen Hals hindurchgeht und auf das Holz prallt; er wird gespürt haben, wie sein Kopf vornüberrollt, in jenes Loch hinein, das ihm, als man ihn fixierte, wie eine einzige große Unwahrscheinlichkeit hatte vorkommen müssen; er wird in einer Turbulenz den Fall erlebt haben, kopfüber, dorthin, wo ihn die Dunkelheit des Kleiesacks umfängt; er wird den Aufprall gespürt haben, an der Stirn, am Hinterkopf, das Gewicht seines Kopfes (wie schwer ist ein Kopf?), und vielleicht wäre das letzte, was seinem sterbenden Blick zuteil geworden wäre, der Blick zurück gewesen, durch die Öffnung des Sacks, durch das Loch in der Plattform, am Gestänge des Schafotts vorüber, der Blick in einen leeren und weiten Himmel – und dann, mit diesem letzten Blick, wäre sein Auge erloschen.

Der Anfang: Das ist ein kurzer, harter Schnitt, weniger ein Bild als vielmehr die Schwärze zwischen zwei Bildern, das Zucken der Augenlider. Erstaunlicherweise ist diesem zusammengezogenen Augenblick an der Grenze der Wahrnehmungsschwelle das Privileg zugekommen, das Nachbild der Revolution zu prägen wie kein anderes. Fragt man, woher diese metaphorische Sprengkraft rührt, so kann die Antwort, daß das Opfer von königlichem Geblüt gewesen sei, nicht zufriedenstellen. Denn auch Charles I. wurde geköpft – und noch dazu im Namen des Königs, was ein paradoxes, unerhörtes Ereignis darstellt, aber dennoch nicht einen vergleichbaren Nachhall erlebt hat. Nein, der wesentliche Grund für die metaphorische Ladung des Bildes liegt darin, daß mit Louis XVI. das Königtum unter der Guillotine endete und daß in diesem Moment und in dieser Todesart Kräfte aneinanderstießen, die uns noch immer beschäftigen. Eine der beunruhigendsten, dunkelsten Fragen, die sich an diese Todesart knüpften, stellte sich den Zeitgenossen schon bald, und zwar bei der Hinrichtung der Charlotte Corday, jener jungen Novizin aus der Bretagne, die nach Paris gekommen war, um Marat mit einem Messer zu erdolchen. Als der Henker sie guillotiniert hatte und, wie es Brauch war, den abgeschlagenen Kopf der anwesenden Zuschauerschaft präsentierte, vergaß er sich soweit, diesen Kopf zu ohrfeigen – worauf die Zuschauer vermeinten, die Wangen der jungen Frau erröten zu sehen. In anderen Fällen berichtete man über ein Grimassieren, Lippen, die Worte zu artikulieren versuchten, oder flatternde Augenlider – womit sich die Frage nach dem Nervensystem und damit: das Feld der modernen Hirnforschung auftat.

Wie auch immer sich der Übergang für das Opfer gestaltet, der Betrachter, der von alledem nichts spürt, ja der kaum wahrzunehmen vermag, wie das Messer den Kopf vom Leib abtrennt, wird zwischen zwei Blicken mit einer maximalen, unübersteigbaren Differenz konfrontiert, und es ist diese Differenz zwischen tot oder lebendig, aus der sich die metaphorische Energie des Augenblicks speist. So, wie Körper und Rumpf voneinander getrennt werden, so scheint auch die Zeit jäh auseinanderzuklaffen, in ein Vorher–Nachher, eine Unverbundenheit, die dem nahekommt, was man »digital« nennt. Die Plötzlichkeit des

Vorgangs markiert eine fast unüberbietbare Form der Zeitverdichtung. Hier begründet sich der Mythos des revolutionären Aktes, der sich mit dem allesentscheidenden Schlag befreien zu können vermeint. Wenn im metaphorischen Nachbild die Enthauptung des Königs aber ein solcher Befreiungsakt scheint, als Ausgang aus der selbstverschuldeten Unmündigkeit, wenn der Betrachter dieses Bildes zu dem Schluß kommt, es sei möglich, sich mit einem kurzen, harten Schnitt vom Untertan zum autonomen Subjekt zu verwandeln, so steht hinter diesem phantastischen Dezisionismus die Silhouette der Guillotine.

Interface

Vor der Silhouette der Guillotine betrachtet, kann man im Bild des enthaupteten Königs eine »Schnittstelle der Moderne« sehen. Diese Betrachtung hat den Vorzug, daß sie die metaphorische Energie, die sich allzuleicht in den Wolkengebilden der Geschichtsphilosophie verliert, auf ihr faktisches Urbild zurückführt, darüber hinaus bringt sie mit dem Messer der Guillotine ein Element in den Blick, welches die Mythologen des revolutionären Akts stets übersehen haben: die Maschine. Tatsächlich markiert die Guillotine nicht nur die Metapher der Revolution, sondern sie ist, für die Zeit der Schreckensherrschaft zumindest, ihre wesentliche Bedingung. Ganz undenkbar, daß man die Menschenmengen des Thermidor hätte beseitigen können, ohne auf eine derartige Todesmaschine zurückzugreifen; und selbst wenn man sich auf andere Beseitigungsmethoden kapriziert hätte (wie etwa in Nantes, wo man zu Massenertränkungen schritt), so hätte jede weniger geräuschvolle und weniger humane Beseitigungsart Auswirkungen gehabt, vor denen die Revolutionäre zurückschrecken mußten. Was man zu gewärtigen hatte, wenn man nach alter Handarbeit hätte exekutieren wollen, konnten die erschreckten Zeitgenossen bei der Enthauptung des Marquis de Lally beobachten. Hier traf der Säbel des Henkers das Kleinhirn und drang deshalb nur zu den Kinnbacken durch, und es bedurfte mehrerer weiterer Streiche und eines kurzen Schwertes, um das grausame Geschäft zu beenden.

Aber ganz unabhängig vom historischen Konjunktiv läßt sich sagen: Mit der Guillotine verläßt die Todestechnologie die Sphäre des Handwerkers und geht über in die Welt der Maschine. Freilich entfaltet die Maschine, in einer paradoxen, dialektischen Wendung, ihrerseits eine Wirkmacht. Hatten die Henker des *Ancien régime* im behaglichen Stande einer verdeckten Arbeitslosigkeit leben können, kommt mit der Guillotine ein Begriff von Effizienz ins Spiel, der sich in dieser Sphäre, wo man nicht an der Beförderung, sondern an der Beseitigung von »Humankapital« arbeitet, einigermaßen deplaziert ausnimmt. Daß man sich dabei zuallererst des Humankapitals der allzu zahlreichen Henkerschar entledigte, scheint kurios, in Anbetracht der Effizienzsteigerung und des Zugewinns an Präzision aber noch halbwegs plausibel. Sehr viel merkwürdiger und nur unter psychologischen Gesichtspunkten faßbar erscheint die Tatsache, daß die Guillotine, kaum daß man sie irgendwo aufgestellt hatte, eine erstaunlich Gefräßigkeit an den Tag legte, daß sie unaufhörlich bedient und gefüttert zu werden verlangte. Wenn ein effizienzlüsterner Prokonsul von einem Wunderwerk mit gleich 32 Fenstern träumte, das es gestattete, die nämliche Anzahl von Delinquenten zugleich ins Jenseits zu befördern, so ist dies nur ein besonders monströses Detail für die Massenabfertigungsphantasien, die die Maschine erzeugte. Und so war es weniger die Revolution als vielmehr die Todesmaschine, welche ihre Kinder verspeiste, und zwar schnell und überaus lustlos. Da auf beiden Seiten, auf der Seite des Henkers wie auf seiten des Opfers, eine Mensch-Maschine-Schnittstelle den Tötungsakt prägt, wird ihre Beziehung zum andern, zur Maschine, aber auch zu sich selbst, eine erhebliche Veränderung erfahren haben: So daß Louis Capet, als er das Schafott betrat, sich nicht eigentlich dem von ihm bestallten Henker Henri Sanson gegenübersah (der sich ihm gegenüber durchaus respektvoll verhielt), sondern einer Schnittstelle im ursprünglichsten, dunkelsten Sinn. Mit diesem Todesengel ohne Gesicht, diesem finsteren Ahnherr jener Figur, die uns heute als Schnitter der Rationalisierung bekannt ist, kommt jenes Agens ins Spiel, das vielleicht die geheime, möglicherweise sogar die entscheidende Triebkraft der Moderne darstellt: die Maschine.

Potence

Am 25. April des Jahres 1792 wurde die Guillotine eingeweiht. Und weil die Pariser Zeitungen diese Einweihung annonciert hatten, strömte eine große Menschenmenge am *Place de Grève* zusammen, um das neuartige Instrument zu bewundern. Da stand das Schafott, gut bewacht von den Soldaten der Nationalgarde, welche die Order erhalten hatten, es vor der Neugier des Pöbels zu bewachen, damit nicht irgendein Schaden an der Maschine entstünde. Freilich verlief die Hinrichtung nicht nach dem Geschmack des Publikums. Denn sie ging zu schnell. Das Fallbeil fiel, der Kopf des Delinquenten rollte vornüber in den Ledersack – und dann war das Spektakel vorüber. Man hatte nichts gesehen – und als man enttäuscht auseinanderlief, begann der Pöbel Schmählieder zu singen, man wollte seinen guten alten Galgen wiederhaben. Der Galgen aber heißt im Französischen: *potence*.

Wenn in dieser Abspaltung des lateinischen *potentia* vor allem die Idee des Mediums zum Ausdruck kommt, das eine Kraft überträgt (die anderen, davon abgeleiteten Bedeutungen beziehen sich auf Termini technici und meinen den Ausleger eines Krans, den Trägerarm etc.), so verrät diese Wortprägung eine tiefe Einsicht in die Struktur der Macht. Denn jede Macht (und auch diejenige, die in homöopathisch depotenzierter Form nur vom »Gewaltmonopol« spricht) gründet sich letztlich darauf, daß sie gegebenenfalls bis zum Äußersten geht, zu jenem Punkt also, wo der Souverän über Leben und Tod befindet. Folglich stellt die Art und Weise, wie man einen mißliebigen Untertan ins Jenseits befördert, einen solchen Träger, oder abstrakter: eine Herrschaftsprothese dar. Diese Herrschaftsprothese hat die bestimmte Funktion, die Macht in ihrer ganzen Fülle auszudrücken. Damit aber spricht die Todestechnologie die reine Sprache der Macht. Jedoch geht der Sprache der Macht stets die Frage voraus, wie man's macht, also die Frage nach der *techne*, der Herrschaftstechnologie. Vor diesem Hintergrund ist die Art, wie sich die Macht an ihrem äußersten Rand artikuliert, keinesfalls eine Marginalie, sondern artikuliert, in symptomatischer Form, ihre innerste Gesetzmäßigkeit. Von einem Symptom ist deshalb die Rede, weil die Macht sich gewöhnlich nicht in dieser reinen Form äußern kann. Denn der König des Gottesgnadentums (der seine Herrschaft aus der *imitatio Christi* ableitet) kann sich nicht herablassen, selbst Hand anzulegen. Und wenn es im Gegenteil sein Privileg ist, Gnade vor Recht walten zu lassen, so besteht der Zweck dieses Gnadenrechts vor allem darin, zu verdunkeln, daß er selbst der Quell und die Ursache der Gewalt ist. Weil die Macht solcherart schizoid ist, weil die Linke nicht weiß, was die Rechte tut, verkörpert der Henker die andere, abgespaltene Seite des Königs, seinen dunklen Zwilling.

Es ist dieser Hintergrund, der klarmacht, warum die Revolutionäre bei der Grablegung des Königs dazu schritten, ihm den abgeschnittenen Kopf zwischen die Beine zu legen. Es war ihnen darum zu tun, den König in seiner doppelten Im-Potence vorzuführen: als Mann und als Souverän. Und ein drittes, vielleicht sogar das entscheidende Zeichen seiner Entmachtung kommt noch hinzu. Der abgeschnittene Kopf des Louis XVI. trägt die Signatur der Guillotine, und damit jener seriellen Maschine, die jedermann und auf die gleiche Art einen Kopf kürzer machen kann.

Autopsie

Genau dieses der Guillotine innewohnende egalitäre Moment war der Zuschauerschaft auf der *Place de Grève* nicht zu vermitteln. Wenn die Menge ihrem Mißmut Ausdruck verlieh und nach der Potence verlangte, so deswegen, weil die Hinrichtungsart, also die Todestechnologie, dem Bedürfnis des Publikums nicht entsprach. Gewiß war ihnen nicht an der Rückkehr zum vorrevolutionären Zustand gelegen – eher war es wohl das Gefühl des Entzugs, das sich hier artikulierte: der Entzug des Spektakels, der Zelebration und des gemeinschaftsstiftenden Opfersymbols, zuletzt der Entzug jener Übertragung, welche wohl die dunkelste, unmöglichste aller Metaphern ist: das Sterben.

Denn die Geschwindigkeit der Guillotine macht es unmöglich, dem Sterben des Opfers beizuwohnen. Während der Königsattentäter Damiens im Jahr 1757 an der gleichen Stelle über Stunden gemartert, geviertelt und auf einem Scheiterhaufen verbrannt wurde, während also seine Hinrichtung nicht als Tötung, sondern als eine schreckliche Inszenierung des Sterbens ins Werk gesetzt wurde, gibt es hier nichts mehr zu sehen. Damit aber wird auch den Zuschauern die Möglichkeit genommen, dem zuckenden, gemarterten Leib des Todgeweihten die eigene Todesangst zu übertragen, nur um dann, in der erfolgreich am Opfer vollzogenen Todesmetapher, das eigene Überleben, die eigene Vitalität um so intensiver zu verspüren. Unter dem Fallbeil der Guillotine, so könnte man sagen, stirbt das Sterben, bleibt nichts als der Tod in REAL TIME. Jedoch erleidet auch dieser Tod, insofern er sich nicht am Körper abspielt, eine merkwürdige Form der Derealisierung. Er geht über in eine Zone der äußersten Abstraktion, wo er wie eine Art Zeitriß wirkt; und weil dieser Prozeß des Übergangs, weil die Übertragung vom Diesseits ins Jenseits sich dem Auge des Betrachters entzieht, bedarf er des Beweises. Die weit geöffneten, toten Augen. In diese Augen zu schauen, heißt also, sich seines Todes zu versichern, ja des Todes überhaupt, den die Geschwindigkeit der Guillotine zugleich bewirkt und verhüllt. Das ist die Bedeutung des Wortes Autopsie: »selbst sehen«, »selbst in Augenschein nehmen«. Aber wie der ungläubige Thomas lehrt, bedarf es dieser Maßnahme nur dort, wo wir nicht glauben, daß es sich wirklich so verhält. In diesem Sinn spiegelt sich in den geöffneten Augen des Königs das Irreale: eben das, was man nicht sieht.

Unsichtbar

Eines der größten Paradoxa um die Guillotine besteht darin, daß sie, die doch wie ein großes und strafendes Auge, ein schrecklicher *deus ex machina* über den Akteuren thronte, in den Geschichten der Revolution zwar allgegenwärtig ist, daß es aber kaum Schilderungen gibt, die sachlich und präzise von dem erzählen, was dort wirklich vor sich gegangen ist. Fast scheint es, als ob die Guillotine den Scheitelpunkt der Revolution darstellte, jene helle Mittagssonne, wo die Dinge und ihr Schatten in eins fallen – so daß man sagen kann, daß der Schatten, in dieser äußersten Helligkeit, sozusagen hinters Licht geführt wird. So betrachtet, so verdunkelt hätte man das Paradox einer schwarzen Sonne vor sich, die hinter dem leuchtet, was man gemeinhin Aufklärung nennt. Vielleicht ist es kein Zufall, daß eine der wenigen Hinrichtungs-Schilderungen, die uns ein Bild von dem zu überliefern vermag, was inmitten des Lärms, inmitten des Schweigens, geschah, von einem Geistlichen stammt.[265] Aber auch diese Geschichte ist merkwürdig. Sie beginnt damit, daß der Abbé Carrichon, ein junger Oratorianerpriester, der 1794 in Paris untergekrochen ist, ein Versprechen abgelegt hat. Er hat einer ihm verbundenen Familie, der Gräfin von Noailles, ihrer

Tochter und ihrer greisen, schon kindisch gewordenen Schwiegermutter versprochen, ihnen kurz vor dem Tod die Absolution zu erteilen. Und um nicht als Priester zu erscheinen, ist vereinbart, daß er sich in einen dunkelblauen Frack und eine rote Weste kleidet. Am 22. Juni des Jahres 1794, dem Tag der Hl. Madeleine, ist es soweit. Man klopft. Der Hauslehrer der Familie steht vor der Tür, mitsamt den Kindern, die Waisen werden sollen an diesem Tag, die aber ahnungslos sind und fröhlich, und er annonciert, daß es soweit sei. Der Abbé hat gewußt, daß dieser Augenblick kommen würde, nichtsdestoweniger trifft es ihn, und was ihn am meisten trifft, ist die Begegnung mit dem Schafott. Das ist ein Kopfschmerz, der ihn nicht losläßt. Wie eine tickende Uhr. Er zieht sich um. Er geht zum Revolutionstribunal, nichts deutet auf einen Aufbruch hin. Er geht in die Kirche, er läßt sich von einer Bekannten einen Kaffee zubereiten, um den Kopfschmerz zu zerstreuen, er geht wieder zum Palais zurück mit dem Wunsch nicht anzukommen, jene nicht anzutreffen, die ihn dorthin bestellt haben. Der Hof des Gebäudes ist geschlossen, dennoch kündigt die Bewegung im Innern an, daß etwas bevorsteht. Die erste Karre fährt durch das Tor – und der Abt entdeckt, daß die greise, kindische Marschallin darauf sitzt. Schwiegertochter und Enkelin sind nicht da. Der Abbé schöpft Hoffnung. Aber dann, auf dem zweiten Wagen, entdeckt er sie: die Mutter im blauweißgestreiften Morgenrock, die Tochter in jenem weißen Kleid, das sie seit dem Tod ihres Vaters nicht mehr ausgezogen hat. Die beiden Karren stehen eine Viertelstunde vor dem Palais, wobei die Todgeweihten den Beschimpfungen der Menge ausgesetzt sind. Der Abbé versucht, sich seinen Beichtkindern bemerkbar zu machen – aber die Menge ist zu dicht, er gelangt nicht nah genug an sie heran, sie sehen ihn nicht. Die Wagen setzen sich in Bewegung. Der Abbé Carrichon irrt durch die Menge, er macht einen großen Umweg, er baut sich am Pont-au-Change auf, an einer Stelle, wo er glaubt, daß sie ihn sehen müssen. Aber vergeblich: »Ich habe alles getan, was ich konnte. Von überallher wird die Menge immer größer. Ich bin müde. Ich werde mich zurückziehen.«

In diesem Augenblick bricht ein Gewitter los. Binnen Sekunden sind die Straßen wie leergefegt, und dem Abbé Carrichon, der ganz durchnäßt ist vom Schweiß und vom Regen, gelingt es, sich den Damen bemerkbar zu machen. Im Laufschritt, hinter dem Karren herlaufend, der seine Fahrt beschleunigt hat, den Kopf gegen den herabstürzenden Regen geschützt, erteilt er ihnen die Absolution. Und eigentlich könnte er, den die Angst vor dem Schafott den ganzen Tag über schon heimgesucht hat, umkehren, jetzt. Aber sonderbarerweise folgt er dem Zug, er folgt ihm bis zum Place du Trône, wo er das Schafott sieht, das ihn schaudern macht. Der Regen hat aufgehört, eine große Menschenmenge hat sich eingefunden. Und nun, da er an jenem Platz angekommen ist, der seine Vorstellungskraft gelähmt hat, verändert sich die Erzählung des Abbé.

War das Warten vor dem Justizpalast ein nach innen gewendeter Dämmer, Gedankenverlorenheit, die nichts anderes hatte skandieren können als das Warten, noch zwei Stunden, noch eine Stunde – eine milchige trübe Angst, die sich zu einem Kopfschmerz zusammenballte, tritt er aus sich heraus. Jetzt, da er sein Versprechen erfüllt, da er die Absolution erteilt hat, ist auch er absolutiert, freigesprochen. Er ist nunmehr ganz Auge, und um besser sehen zu können, wechselt er den Platz. »Ich sehe den Henkers-Meister und seine beiden Gehilfen. Der eine der beiden Gehilfen fällt durch seine Größe auf, seine Körperfülle, die Rose, die er im Mund hält, die Kaltblütigkeit und die Besonnenheit, mit der er agiert« – und wie eine Kamera nimmt er die Dinge ins Visier, die aufgekrempelten Ärmel, die gekräuselten Haare, die zu einem Pferdeschwanz zusammengebunden sind – und so notiert sein Auge, mit einer gewissen Bewunderung, wie präzis alles vor sich geht, wie sanft doch eigentlich die Marter ist, und er sieht, wie das erste Opfer vollzogen wird, sieht, wie schnell es geht, sieht, wie man einen Alten mit schlohweißem Haar auf das Schafott hinaufführt, wie er dabei gestützt wird von den beiden Gehilfen, wie sie ihn festbinden, wie die Klinge heruntersaust, sieht, wie der kopflose Körper auf einen Kippkarren geworfen wird, wo alles im Blut schwimmt. Und er sieht, wie als dritte die Gräfin hinaufgeführt wird, sieht, wie man ihr, beim Versuch, den Hals freizulegen, die Haube entreißt, wie man sie, da diese mit einer Nadel im Haar befestigt ist, an ihren Haaren zieht und sich der Schmerz auf ihrem Gesicht widerspiegelt, er sieht, wie die Tochter, nachdem die Mutter beseitigt ist, an ihre Stelle tritt, er sieht den Strom hellroten Blutes, der aus Kopf und Hals hervorschießt –

und ganz Auge, kann er gar nicht mehr anders als zuschauen, er schaut und schaut, bis er spürt, daß ihm kalt ist. Zwanzig Minuten hat dieser Augenblick gedauert – und in diesen zwanzig Minuten hat sich die Szene zwölfmal wiederholt.

Gesetz der Serie

Wenn das Publikum im Laufe der Zeit dennoch Geschmack an der Guillotine fand, so deshalb, weil der Tod in Serie ging, weil nunmehr Kopf um Kopf zu rollen begann. Gegenüber den Tuilerien (so wird erzählt), mit gutem Blick auf die Guillotine, eröffnete ein Restaurant, das auf der Rückseite seiner Speisekarte die Liste der Todeskandidaten verzeichnete. Einer jener allmächtigen Prokonsuln aus der Provinz ließ das Schafott gegenüber dem Schauspielhaus aufbauen, so daß er, wenn ihm danach war, vom Balkon des Schauspielhauses herab das einförmige Gemetzel unterbrechen und eine Rede zum Besten geben konnte. Man tat allerlei, um das Spektakel publikumsfreundlicher zu gestalten. Ein junger Henkersgehilfe machte sich einen Namen dadurch, daß er zu Füßen des Schafotts regelrechte Blumenbeete anlegte, überaus kunstvoll mit den abgeschnittenen Köpfen der Opfer drapiert.

All das vermochte den Kitzel nicht zu ersetzen, den frühere Zeiten aus der Hinrichtung hatten ziehen können. Sei es der Unsichtbarkeit, sei es der Mechanik des Vorganges wegen, ein Großteil des Publikums zog es vor, sich an der Wegstrecke entlang aufzubauen, wo die Karren mit den Todeskandidaten vorüberfuhren. Überall, vom Justizpalast bis zum Richtplatz, waren die Straßen voll von Menschen, welche begierig waren, die Gräber auf Rädern vorbeifahren zu sehen, um so mehr, wenn man einen Blick auf eine Berühmtheit der Zeit erhaschen konnte. Connaisseure des Todes, entwickelten die Zuschauer eine gewisse Grammatik, ein *comme il faut* im Angesicht des Todes. Es waren die Details, die das Spektakel ausmachten. Der Kitzel des Sterbens war nicht mehr die physische Marter, sondern er bestand darin, der Agonie der Opfer, ihrer Haltung in der Erwartung dieses Todes teilhaftig zu werden. – Es war das, was man *suspense* nennt, der angehaltene, verzögerte Augenblick. Die Opfer, wenn man so will, begannen zu sterben schon in dem Augenblick, als der Karren den Hof des Justizgebäudes verließ – es waren lebende Tote, die man vorüberfahren sah.

Filmschnitt

Wenn die offenen Augen des Königs als ein Spiegel des Nichtmehrsichtbaren gelesen werden können, so weisen sie darauf hin, wie sehr die Guillotine – die doch die Ursache dieser merkwürdigen Szenerie ist – mit der Geschichte des Blicks verbunden ist. Es fällt nicht schwer, in der Guillotine den Prototyp des Filmschnitts zu sehen. Dies wird nicht nur von der Verhaltensweise des Revolutionspublikums bezeugt, das dem Hinrichtungsspektakel wie einem Film, einer bloßen Simulation des Sterbens beiwohnte, die Übereinstimmungen sind auch struktureller Art. Wenn der Fall des Messers einen Riß in der Zeit markiert, so liegt hier das Ideal auch des filmischen Schnitts, geht es dabei doch im wesentlichen darum, die Differenz zwischen zwei Augenblicken mit einem Maximum energetischer Ladung zu versehen.

Die Parallele geht jedoch noch sehr viel weiter. Während die Guillotine den Körper des Patienten fixiert, gilt die Sorge der ersten Photographen der Fixierung des Leibes, werden auch die Opfer des photographischen Blicks festgezurrt, in Apparaturen gezwängt, welche die menschliche Schwäche, die Zappelei und das Spiel der Muskeln auf ein Minimum reduzieren. Wie sagt der Henker Sanson: Wie will man der Meister eines Menschen sein, der nicht stillhalten kann oder will? – Genau dies ist, in der Frühzeit, die wesentliche Frage der Photographie. Freilich dauert es geraume Zeit, bis die Reaktionszeit des empfänglichen Films sich dem *real time*-Ideal der Guillotine angenähert hat und die Kamera so schnell agiert, wie es der Doktor Guillotin der Nationalversammlung versprochen hat: Mit meiner Maschine schlage ich Ihnen den Kopf in einem Augenblick ab, und Sie leiden gar nicht dabei.

Die Kamera (die ja nichts anderes ist als der mechanisierte Blick der *Camera obscura*) ist eine Art Grab, welches aufnimmt, was immer dem Objektiv sich genähert hat. So, wie bei der Todesmaschine der Henker nur noch den Mechanismus auslöst, so ist auch der photographische Blick eine Tat ohne Täter – schnurrt die Handlung auf jenen Fingerdruck zusammen, mit dem der Auslöser betätigt wird. *You press the button, we do the rest.* In der Klappe, die zur Szene soundso, zur Soundsovielten heruntersaust, im Kommentar des Regisseurs, der irgendwann sagt, gestorben: im Kasten, liegt die Erinnerung an die Guillotine – gibt das Medium sich als symbolischer Tod zu erkennen. Und dieser Tod wiederholt sich nicht nur dadurch, daß die Wirklichkeit aufbewahrt und aufgebahrt wird, sondern er wiederholt sich mit jedem Schnitt. Es ist, als ob sich die tödliche Energie hier wieder nach außen kehrte – als ob die stille Gewalt, die das Objektiv auf die Wirklichkeit ausübt, mit dem Schnitt an ihre dunklen Ursprünge zu erinnern sucht.

Es ist keine Übertreibung, im Schnitt der Guillotine die erste Form, ja geradezu einen Prototyp des Filmschnitts zu sehen. Lange bevor die Bilder laufen lernen, reißt der Film des Lebens. Es ist diese maximale Differenz, dieser jähe und unvermittelte Übergang von Leben und Tod, den die technischen Bilder zu evozieren oder den sie durch weiche, sanfte *Fades* zu überblenden suchen. Der Schnitt: das bedeutet im symbolischen Raum der Bilder und Töne die Herrschaft über Leben und Tod, er verheißt das Verschwindenmachenkönnen von Orten, Zeiten, Bewegungen, von Menschen, Wörtern, Gedanken, er verleiht die Gewalt, die in der Unterbrechung liegt, in der Plötzlichkeit, im Zeitriß. Gewiß, der Zuschauer sieht den Schnitt als einen Übergang von hier nach da – aber so wenig, wie das menschliche Auge die Bewegung nachzuvollziehen vermag, mit dem das Messer der Guillotine den Hals des Opfers durchtrennt, so wenig sieht er das Messer des Cutters, das ihm das Bild von seinem Auge abzieht. So wie dem Publikum die Guillotine erst annehmbar wurde durch die Skansion, die Serialisierung des Vorgangs, so wird der Tod im Film erst sichtbar durch den Rhythmus der Bilder, durch die Gewalt, die dem Auge des Betrachters angetan wird.

Eine der frühesten, präsisesten Visualisierungen dieser Ordnung ist die berühmte Tötungsszene in Hitchcocks *Psycho*, in der der Schizo Norman Bates, oder besser: der Geist seiner Mutter die junge Frau unter der Dusche ersticht. Denn Hitchcock zeigt nicht, wie das Messer in den Körper der jungen Frau eindringt. Die Gewalt hat sich vielmehr in die schnelle Folge der Schnitte verlagert. Nicht von ungefähr endet die Szene in zwei auseinanderlaufenden Bewegungen, die dem Stupor des Auges entsprechen. Hitchcock zeigt das mit Blut vermischte Wasser, das in den Abfluß der Dusche hineinfließt; währenddessen nähert die Kamera sich diesem Strudel, zoomt näher und näher heran, bis sie, da das Bild sich vollständig in diesen Wirbel aufzulösen scheint, zu den toten, glasigen und weitgeöffneten Augen der jungen Frau hinüberblendet.

Wenn der Schizo, in der Gestalt eines freundlichen jungen Mannes, eine Sammlung ausgestopfter Tiere präsentiert, so macht er nur sichtbar, worin die *condition humaine* der Moderne besteht. So besehen sind sämtliche Akteure, die der Film, die jeder Film uns vorführt, lebende Tote, sind die Bewegungen, die über die Filmspulen laufen, Gräber auf Rädern. Der Tod, indem er verschwindet, indem er unsichtbar wird, ragt ins Leben hinein – er schaut aus den offenen Augen des Königs hervor. »Mir gibt das Grab«, so läßt Büchner seinen todgeweihten Helden Danton sagen, »mehr Sicherheit, es schafft mir wenigstens Vergessen. Es tötet mein Gedächtnis. Dort aber lebt mein Gedächtnis und tötet mich.«[266]

Idol

In der Gestalt des Kameraobjektivs ragen die toten Augen des Königs in unser Leben hinein, und zwar mit einer solch panoptischen, umfassenden Sicht, wie es keinem Souverän je zu schauen vergönnt war. Mit dieser Kamera ausgerüstet, kann man sich anschicken, das Grab des Königs zu öffnen und seinem Blick standzuhalten. Dies wiederum läuft auf einen neuerlichen Autopsieversuch heraus, nur daß in diesem Fall die Gleichheit der Waffen gewahrt ist: geht man doch mit exakt jener Bildverarbeitungsapparatur in den Blickkampf, welche der Guillotine angemessen ist. Vor allem aber ist man geschützt vor der Verführung, den Akteuren des Geschehens jene Potenz zuzusprechen, die doch eher auf die Ordnung der Maschine zurückgeht. Wenn es einen Helden in dieser Geschichte gibt, so ist es die Guillotine, genauer: jener Geist der Abstraktion, der wie ein unsichtbares, strafendes Auge, ein schrecklicher *deus ex machina* über den Akteuren thront und verkündet: »La Revolution, c'est moi!«[267]

Nun läßt sich die Frage auch rückwärtsgewandt stellen: Erweist man dem Monsieur Capet nicht zu viel der Ehre, wenn man behauptet, daß die Guillotine nur in die Welt gesetzt wurde, um ihn aus derselben herauszubefördern? An dieser Stelle nun kommt der Bemerkung von Mirabeau ihre Bedeutung zu, denn sie verlagert die Frage auf eine andere Ebene. Wenn Mirabeau sagt, daß der König das Idol eines Gemeinwesens sei, so heißt dies: An ihm haftet das Bild, das sich eine Gesellschaft über sich selbst macht. Dieser Satz führt, auf die knappste Art, in jenes symbolische Dreieck ein, um das es hier geht. Seine drei Seiten werden markiert vom König, vom Kollektiv und vom Gesetz, das sie miteinander verbindet. Dieses Gesetz, das die Spitze des Dreiecks ausmacht, drückt sich aus in einem Bild, und dieses Bild stellt wiederum den KÖNIG dar (der hier in Kapitälchen geschrieben steht, um auszudrücken, daß er nicht mit dem leiblichen König zusammenfällt, sondern eine symbolische Form vorstellt). Wesentlich an diesen drei Elementen ist die Tatsache, daß keines für sich allein stehen kann, sondern daß sie wie ein Übertragungszusammenhang funktionieren. So, wie das Kollektiv, um sich als Einheit formieren zu können, das einheitsstiftende IDOL des KÖNIGS benötigt, so bedarf dieser KÖNIG – wenn er sich denn nicht darauf beschränken soll, bloßes Wunschbild zu sein – einer Verkörperung; und schließlich muß der leibliche König bestrebt sein, das ihm zugedachte Gesellschaftskleid überzuziehen und seine Erscheinung mit dieser KÖNIGS-PROJEKTION in Einklang zu bringen. Von allen Seiten des Dreiecks gehen also Übertragungsakte aus, die in der Projektion des königlichen Idols zusammenlaufen. In diesem Sinn stellt das BILD DES KÖNIGS, das nicht von ungefähr eine jegliche Münze ziert, eine Art Omnibus dar – ein Vehikel, mit dem sich das Gesellschaftsaggregat voranbewegt, mit dem es sich austauscht und in dem es sich selbst wiedererkennt. Wenn die Gesellschaft des ausgehenden achtzehnten Jahrhunderts sich ihres KÖNIGS zu entledigen glaubte, so entledigte sie sich vor allem ihres eigenen Gesellschaftskleides, ihres Idols und ihres Begriffs von sich selbst.

Projektor

Statt von einem Übertragungszusammenhang könnte man ebensogut von einer »Projektionsapparatur«, oder kürzer und schlichter: von einem Projektor reden. Nun unterscheidet sich dieser Projektor beträchtlich von dem, was die Psychoanalyse »Projektion« nennt – und in die Gesetzmäßigkeit eines anderen, nämlich des ödipalen Dreiecks hineinzwingt. Der große Unterschied ist die Geschichtlichkeit. Während sich das psychoanalytische Triebwerk (also der »psychische Apparat« Freuds) wie ein *Perpetuum mobile* durch die Geschichte bewegt, unbeeinflußt von ihren Wechselfällen und Sprüngen, hat dieser Projektor eine begrenzte Lebensdauer. Wenn das Bild des KÖNIGS erlischt, so gibt sich damit zu erkennen, daß dieser Projektor seinen Geist aufgegeben hat – und daß ein anderes, neues Modell seine Stelle wird einnehmen können. Mit der Historizität des Projektors aber kommt auch seine technische Beschaffenheit in den Blick. Denn da er nicht den König als solchen darstellt, sondern das BILD DES KÖNIGS an die Wand wirft, stellt sich die Frage, wie dieses Bild zustandekommt, nach welchem Gesetz dieser Projektor verfährt. Insofern liegt es nahe, ihn in seine Einzelteile zu zerlegen.[268] Die intrinsische Gesetzmäßigkeit dieser Apparatur folgt der Logik des zentralperspektivischen Bildes, oder, ins Geistige übersetzt, dem *Code der Repräsentation*. – Das aber heißt: Der Projektionsmechanismus, der den KÖNIG im Seelenhaushalt des Gemeinwesens dort positioniert, wo im Bild der Fluchtpunkt liegt, folgt nicht etwa einem seit jeher existierenden Gesetz, einer ödipalen *Urszene* etwa, sondern gilt nur in einem begrenzten Umfang. So ist der Projektor der Repräsentation streng von der mittelalterlich-theologischen Lesart der *repraesentatio* zu scheiden (bei der ja nichts geringeres als das Verzeichnis der geretteten Seelen im Buch des Lebens auf dem Spiel stand). Das zentralperspektivische Dreieck macht dieser Wahrheit den Garaus – oder genauer: verlagert sie ins Innere jener *Camera obscura*, die eine Menge von dreidimensionalen Raumpunkten auf eine zweidimensionale Fläche bannt – eine Technik, die man in einem strengen und mathematischen Sinn eine Bildverarbeitungsmaschine nennen könnte.

Freilich: In dieser Bildverarbeitungsmaschine wird ein viel komplexerer Zusammenhang erzeugt, nicht mehr und nicht weniger als das *Weltbild*, das sich eine Zeit entwirft. So besehen wäre es töricht, die Funktion des Projektors auf seine bloß technischen Aspekte zu begrenzen: denn in ihm verschmelzen Kunst, Technik, Politik und Philosophie zu einer höheren Einheit. Demgemäß vollzieht sich die Umcodierung der Weltbildmaschine (etwa von der *repraesentatio* zur Repräsentation) nicht punktuell, sondern auf breiter Front. Es gibt keinen Lebensbereich, der davon ausgespart bliebe. Was für den Anfang gilt, gilt auch für das Ende. Folgerichtig ist die Guillotinierung des Königs nicht bloß ein Detail, sondern berührt einen grundlegenden Zusammenhang. Am Ende des 18. Jahrhunderts ist die Dysfunktion des Projektors unübersehbar: Ob in der Malerei eines Constable oder der Hegelschen Dialektik, ob in der politischen Theorie des Jean-Jacques Rousseau oder in der Mathematik eines George Boole, überall wird der Begriff der Repräsentation obsolet, auch wenn der Königsmord nicht immer spektakuläre Formen annimmt, sondern sich wie in der Romantik auch über die Form der Ridikülisierung und Ironisierung vollziehen kann: Tod durch Lächerlichkeit.[269] Der Effekt jedoch ist derselbe. Ende des 18. Jahrhunderts wird jene phantasmatische Apparatur, die am Ende des Mittelalters konstruiert wurde, zerlegt (»dekonstruiert«, wie man heute sagen würde), ganz offenbar, weil eine andere, höherentwickelte Weltbildmaschine in den Blick geraten ist.[270] Gerade das Maß der Ridikülisierung könnte als Ausweis dafür dienen, wie sehr die Weltbildmaschine der Repräsentation ihre phantasmatische Kraft verloren hat. Denn bei der (allzu wohlfeilen) Kritik gilt es, nicht zu vergessen, daß dem Projektor eine phantasmatische Kraft innegewohnt hat. In diesem Sinn ist er nicht bloß Weltbild-, sondern auch kollektive Wunschbildmaschine.

Hier wiederum – das ist offenkundig – überlagert sich das Konzept des historischen Projektors mit dem, was in der Psychoanalyse »Projektion« heißt – mit dem gleichwohl nicht zu vernachlässigenden Unterschied, daß es nicht übergeschichtliche Vaterfiguren und Urszenen sind, die dort an die Wand projiziert werden, sondern Sehnsüchte und Gedankenfiguren, die im Verhältnis zum Projektor ihren Ursprung haben. Lautet die Formel also: *Video ergo sum*, so ist zu bedenken, daß das Sehen auf einer Form der Blindstellung beruht (dem, was ich eingangs »apparative Verfehlung« genannt habe).[271] Ich sehe die Projektion, nicht aber meinen Projektor – es sei denn, er hat den Geist aufgegeben und ich mache mich daran, ihn in seine Einzelteile auseinanderzunehmen. Gleichwohl – und auch hier ist die Differenz zum psychoanalytischen Projektionszusammenhang wesentlich – erschöpft sich der Projektor keineswegs im Phantasma. Denn die Traum- und Wunschgebilde haben ihrerseits Form angenommen und konstituieren, was man gemeinhin »Realität« nennt. Aber alles hat seine Zeit. In diesem Sinn sind die toten Augen des Königs nicht nur ein Beleg dafür, daß Louis Capet tot ist, sondern daß der König aufgehört hat, Idol des Gemeinwesens zu sein. Der Projektor hat seinen Geist aufgegeben. Filmriß. Blackout. Rauschen.

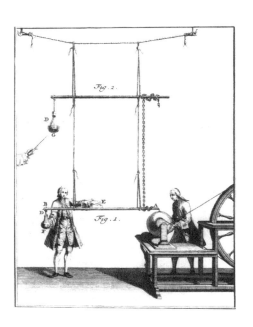

Kapitel 7

Unter Strom

Rückblende. Es ist das Jahr 1746, ein Jahr, an dem keine großen geschichtsträchtigen Ereignisse haften. In Lima, jenseits des Ozeans, bebt die Erde, Frederick V. ersetzt seinen Vater Christian VI., Ferdinand VI. ersetzt Philipp V., und in Amerika wird der amerikanische General Pepperrell zum Baronet Sir William geschlagen. Erbfolgekriege, Kabale und Liebe, nichts Neues unter der Sonne. Fernab der Städte stehen Armeen einander gegenüber, berockt und bewehrt, große Feuermaschinen, die die Probleme der Dynastien ausfechten, auf Schlachtfeldern, die den Eindruck von Schachbrettern machen. Anekdotisches bestenfalls macht die Runde: Wie etwa Lord Hay in der Schlacht von Fontenoy vor die feindlichen Truppen getreten sei, einen Toast dargeboten und sie aufgefordert habe, als erste zu feuern. In Paris hat Rousseau ein *heroisches Ballett* und eine Oper fertiggestellt, der die Gunst des Hofes zuteil wurde, aber der Herr Richelieu hat zuviel zu tun, und so gibt es nur zu vermelden: »Die Zeit verging und mit ihr das Geld.« Das Jahr 1746 vergeht wie das vorausgegangene und wie das nachfolgende. Der Absolutismus steht im Zenit. Freilich, dort, wo die Sonne der europäischen Höfe nicht hinlangt, beginnt etwas Neues, verwandeln sich die Ornamente des Rokoko zu Empfindsamkeitslinien, die sich zunächst schwärmerisch, dann mit wachsender Nervosität artikulieren. Was als Tagtraum erhitzter Einbildungskraft erscheint, wie ein Zirruswölkchen am Himmel, wird sich zur Wolke zusammenballen und schließlich, als revolutionärer Furor, über die Landschaft hinweggehen. Aber das ist zu dieser Zeit noch ganz fern. Wenn sich das Neue artikuliert, so nur in vereinzelter Form. In Königsberg stirbt der Vater des jungen Philosophie- und Theologiestudenten Immanuel Kant, Samuel Johnson stellt ein bis dahin beispiellos umfangreiches englisches Wörterbuch zusammen, Diderot beginnt mit seiner Arbeit an der *Encyclopédie*, und eine Reihe von Denkschriften werden veröffentlicht, die später das

Programm der Aufklärung markieren. Man könnte das Jahr 1746 als den Mittag des Absolutismus denken, jenen Zustand des Stillstandes, da die Veränderung selbst wie ein Tagtraum erscheint. »Die Sonne schien, weil sie keine andere Wahl hatte, auf nichts Neues« (Beckett).

Doch der Eindruck der Ereignislosigkeit trügt. Das Jahr 1746 trägt eine schockhafte Erfahrung in sich, eine Erfahrung, die stärker, vor allem aber sehr viel nachhaltiger als die Plötzlichkeitsphantasien der französischen Revolution,[272] die Initiale der Moderne ausdrückt. Denn hier verändert sich der Maßstab des Denkens, und zwar so grundlegend, daß man von einer *Revolution der Denkart* sprechen muß. Diese Veränderung freilich schreibt sich nicht unmittelbar in die Geschichte ein, sowenig, wie sie einen Träger, einen geschichtlichen Agenten findet. Was sich verändert, ist die Episteme, das Feld der Erkenntnis.

Das Feld der Erkenntnis. Bemerkenswerterweise ist das Feld der Erkenntnis kein abstrakter geistiger Raum, sondern ein wirkliches Feld, irgendwo im Norden Frankreichs. In meiner Vorstellung sieht es aus wie einer jener flachen grünen Soldatenfriedhöfe, wie man sie in der Normandie findet, nur ohne die Kreuze. Da steht ein Abt, der Abbé Nollet, und weist 700 Kartäusermönche an, in einem Kreis Aufstellung zu nehmen. Der Kreis ist riesengroß, ein paar hundert Meter im Durchmesser, jedoch können die Mönche einander noch sehen. Als jeder auf seinem Platz steht, beginnen die Mönche einander mit Eisendraht zu verdrahten. Als dies geschehen ist, berührt der Abt ein Behältnis – es ist innen und außen mit Stanniol umwickelt und mit Wasser gefüllt. Ein kleiner Draht, der ausschaut wie eine selbstgebastelte Antenne, führt ins Innere. Und in diesem Augenblick, da der Abt das Behältnis berührt, passiert etwas Merkwürdiges, etwas, das den Namen *Zeitriß* verdient. Denn die verdrahteten Kartäusermönche beginnen zu zucken, gleichzeitig.

Nun stellt dieser Akt keinen obskuren Ritus, sondern eine hochwissenschaftliche Versuchsanordnung dar, und zwar aus der Frühzeit der Elektrizität, als es ein Jahr zuvor gelungen war, eine größere Ladung Strom in einem Kondensator zu speichern: der sogenannten *Leydener Flasche*.[273] Eben das ist die Neuigkeit, die der Brief des Mijnheer Musschenbroek aus dem Januar 1746 vermeldet. »Ich übermittle Ihnen eine neues, wahrhaft schreckliches Experiment, und rate Ihnen an, es nicht selbst zu wiederholen«.²⁷⁴ Diese Speicherung markiert in der Geschichte der Elektrizität, die bis weit ins 18. Jahrhundert ein unerklärliches Rätsel darstellt, eine tiefgreifende Zäsur.²⁷⁵ Mit einer solchen Apparatur ausgerüstet, läßt sich die Wirkung der Elektrizität (die man bis dahin, mehr oder minder mühselig, aus der Materie hervorkitzeln mußte) systematisch untersuchen. In diesem Sinn geht der Abbé Nollet, ein hochangesehener Physiker und Experimentator, durchaus systematisch vor: Er elektrisiert Senfkörner, um zu erkunden, ob sie schneller keimen, er elektrisiert tote Vögel und strengt zu Ostern, zum Fest der Auferstehung, eine Paralytikerbehandlung an – mit dem Erfolg, daß einer dieser Kranken »in einem Arm, der schon seit einigen Jahren gelähmt war, ein Prickeln verspürte, das er niemals zuvor verspürt hatte und das ihm ein großes Verlangen einflößte, nochmals elektrisiert zu werden«.²⁷⁶ Die Elektrizität, die Nollets Lehrer Cisternay du Fay einige Jahre zuvor noch als ein »kleines Phänomen der Physik« bezeichnet hatte, erweist sich als eine ganz unerhörte Macht. Und Nollet, der ein ebenso penibler wie effektvoller Experimentator ist (was ihm den Auftrag einbringt, die königliche Familie in die Geheimnisse der Elektrizität einzuweisen), stellt diese Macht vor den Augen und auf Geheiß des Königs unter Beweis, und zwar dadurch, daß er 180 Soldaten in einem Kreis postiert, sie einander an den Händen fassen und durch eine einzige Entladung seiner Apparatur in die Luft springen läßt. In der mönchischen Version des Versuchs zielte die Frage nun darauf ab, herauszufinden, wie schnell diese merkwürdige Substanz sich durch den Raum bewegte – eine Frage, die zu dieser Zeit, als die Elektrizität noch einen nachgerade okkulten Stoff darstellte (und als man, wie noch der Philosoph Kant, darüber räsonierte, ob Katzen etwa eine besondere tierische Elektrizität in sich trügen) durchaus nach Aufklärung verlangte. Und die Aufklärung kam, und sie kam so prompt, daß diese Promptheit alle herkömmlichen Erklärungsmuster durcheinanderbrachte. Denn die Elektrizität ist so schnell, daß man sie mit dem bloßen Auge nicht wahrnehmen kann, es gibt hier keinen Zeitfluß mehr.

Episteme. Im folgenden gilt es, sich auf dieses Feld zu beschränken, aus dem einfachen Grund, weil es das Zeug zu dem hat, was man ein epistemologisches Feld, ein Erkenntnisfeld nennt.²⁷⁷ In diesem Sinn geht es nicht nur um einen bestimmten Versuch aus der Frühzeit der Elektrizität, sondern auch um jene Gedankenfiguren, die mit ihm in die Welt kommen – und die weit über das hinausgehen, was im Ermessen und im Gedankenhorizont der beteiligten Figuren gelegen haben mag. »Wenn sich der Maßstab verändert«, so hat Émile Durkheim in einer tiefsinnigen Bemerkung erfaßt, »verändert sich auch die Natur der menschlichen Beziehungen und der Institutionen.«[278] Dieser Satz birgt eine gründliche Kritik dessen, was als »Geschichte« und was als geschichtlicher Akt gilt. Denn die Handlungen der Akteure stellen keineswegs autonome Akte vor, sondern sind im Netz von Denkmustern und Zeitmaßstäben befangen, die den Akteuren freilich so selbstverständlich sind, daß sie als handlungs- und gesellschaftsprägende Determinanten nicht in die Bewußtseinshelle gelangen. So besehen könnte man den Maßstab als die historische Triebkraft par excellence auffassen.[279] Gleichwohl eignet auch dem Maßstab eine historische Dimension, denn die Gebilde von Raum und die Zeit, die den historischen Raum aufspannen, sind ihrerseits historische Artefakte: Raum-Zeit-Maschinen. Die Geschichtlichkeit dieses Maßstabes verdunkelt sich in dem Maß, in dem dieser (wie die Zeit der mechanischen Uhr) als selbstverständlich, geradezu naturgegeben vorausgesetzt wird.

An dieser Stelle nun ist der Durkheimsche Satz, der von einer *Natur* der menschlichen Beziehungen und Institutionen spricht, merkwürdig unpräzise, ja geradezu widersinnig. Schmilzt man ihn auf seinen argumentativen Kern ein, so besagt er, daß sich Natur aus dem Maßstab ergibt. Damit liegt er genau auf jener Linie, auf der auch die apparative Verfehlung Descartes liegt, der der mechanischen Uhr Natur einzuhauchen bemüht war und vom Räderwerkautomaten auf die *natürlichen automata* schloß. Insofern die Beziehungen der Menschen und ihre Institutionen auf einen vorgängigen Maßstab zurückgeführt werden, dürfte kaum mehr von einer *Natur des Menschen* die Rede sein; im Gegenteil wäre es sehr viel angebrachter, diese sogenannte ›Natur‹ als Symptombildung abstrakter, kulturwüchsiger Formen aufzufassen. Damit aber stellt sich die Frage nach dem historischen Agens, jener kulturellen Triebkraft, die die Beschaffenheit der menschlichen Beziehungen und Institutionen nach ihrer Verfaßtheit umcodiert. In diesem Zusammenhang ist es bezeichnend, daß die Revolution des Jahres

1746 nicht als geschichtsträchtiges Datum in die Annalen eingegangen ist, sondern wie ein wirrer Aufwachtraum erscheint, ein Gebilde, das noch dem Nachthimmel des Denkens angehört – weswegen man denn auch, wenn von einer Revolution die Rede ist, von einer *Revolution ohne Revolutionär* sprechen müßte. (Was für die Geschichte der Maßstabsänderungen überhaupt charakteristisch zu sein scheint, läßt sie sich doch als Geschichte der vergessenen, verdunkelten Revolutionen auffassen.)

Die Frage, die dem Versuch des Abbé Nollet zugrunde liegt, ist eine Frage der Zeit. Wie schnell bewegt sich die Elektrizität? Die Antwort lautet: Die Elektrizität bewegt sich so schnell, daß sich kein Zeitfluß mehr wahrnehmen läßt. Alles in diesem Kreis ereignet sich gleichzeitig, es gibt kein wahrnehmbares Zeitgefälle zwischen den Raumpunkten A und B. Damit aber ist der herkömmliche Zeitpfeil dispensiert, ist anderseits inauguriert, was man Echtzeit nennt[280] (und was im Grunde eine Verräumlichung zeitlicher Prozesse markiert). Die Zeit bildet keine Linie mehr, sondern einen Kreis. Davon ausgehend, ist es nur ein kurzer Schluß zu einer bizarren Behauptung: daß nämlich das Internet seinen Ursprung im 18. Jahrhundert hat. Denn das, was die im Kreis und in Echtzeit zuckenden Techno-Mönche vorführen, ist präzise das, was man einen Prozessor nennt (womit man das Kuriosum eines *Humanprozessors* vor sich hätte). Das klingt merkwürdig, entspricht aber durchaus der Sachlage. Denn die zentrale Prozessor-Einheit eines Computers (CPU) ist dadurch charakterisiert, daß sie einen in sich schwingenden Raum darstellt, einen Raum, in dem die zur Verarbeitung anstehenden Daten in *real time* verfügbar sind. Anders gesagt: es gibt hier kein Zeit-Gefälle zwischen den Raumpunkten, alles ist gleichermaßen weit voneinander entfernt. Das ist, als Bedingung der Möglichkeit, die eigentliche Bedeutung der Echtzeit und des virtuellen Raums.

Fragt man nun danach, was das Novum dieses Prozessors ist, so scheint es genau darin zu bestehen, das Zeitgefälle des Raums zu überwinden: die Zeit nämlich, die es braucht, eine Ladung von A nach B zu befördern. In diesem Sinn bewirkt der Prozessor das, was man die *Entfernung der Welt* nennen könnte. Aus der Perspektive dieses Raums selbst betrachtet (in dem, aufgrund der Geschwindigkeit der Elektrizität, die gewohnten Distanzen entfernt worden sind) müßte sich jedoch der Maßstab dessen verschieben, was wir »Virtualität« nennen – denn dieser Raum ist doch so real wie ein Stromstoß, und der Eindruck des Irrealen rührt allein daher, daß man hier in ein A-Real eintritt, dem die Trägheit unserer Körper nicht gewachsen ist. Ein in diesen Raum eingespeister Zeichenkörper ist einem jener mittelalterlichen Engel vergleichbar, von denen es heißt, sie würden sich so schnell fortbewegen, daß, wenn sie zwischen Barcelona und Rom in eine Regenfront gerieten, kaum drei Tropfen auf sie fielen. So besehen ist es nicht nur höchst malerisch, sondern auf eine paradigmatische Weise treffend, daß es ausgerechnet Mönche sind, die sich dem Exerzitium einer kollektiven Elektrisierung unterzogen haben. Sie bilden ein *claustrum* neuer Ordnung, eine paradiesische Welt, in der alles in Reichweite ist, wie im Schlaraffenland. Wenn seither die Prozessoren nicht mehr Kabel und menschlicher Widerstände bedürfen, wenn sie statt dessen von Jahr zu Jahr immer kleiner geworden sind, ist doch das Ideal dasselbe geblieben. Wenn man ins Kloster geht, so läßt man den alten weltlichen Leib vor den Mauern des Klosters zurück. Das Kloster bedeutet also nicht bloß die Öffnung zu einer neuen Welt, sondern es schließt eine andere aus. Genau dieses Abschließungsverhältnis läßt sich auch für den telematischen Raum der Elektrizität festhalten: denn dieser Prozessorraum steht im Widerstreit mit der Trägheit des menschlichen Leibes, mit der Tatsache, daß wir dem Ideal der Allgegenwart nicht gewachsen sind – und so müssen auch die Piloten des Internet ihren allzu trägen Körper (den man bezeichnenderweise *wetware* nennt) in einem Sessel parken, bevor sie sich auf die Reise begeben.

Bliebe noch die Frage, warum man, um den Ursprung des Internets zu verstehen, ins 18. Jahrhundert zurückgehen muß. Die Antwort ist sehr simpel: Der »Humanprozessor« das Abbé Nollet artikuliert, daß das, was heute – unter der Maßgabe einer bloß metaphorischen[281] Redeweise – als Netzwerk bezeichnet wird, eine reale Basis hat. Damit aber entgeht man jener falschen Unterscheidung, die den *virtuellen Raum* als künstlich ausweist und einer vermeintlich wirklichen Wirklichkeit gegenüberstellt. Es ist also gerade der körperliche Aspekt der verkabelten, elektrisierten Mönche, der zeigt, daß das Internet in einer Tradition der Vernetzung steht, daß es keinen Bruch mit der Moderne, sondern vielmehr den letzten logischen Ausdruck des elektrischen Moderneaggregats darstellt. Die soziale Vernetzung ist die *condition humaine* der Moderne. Und wie der Versuch des Abbé Nollet zeigt, beglückt sie die Mönche nicht nur mit einem nie zuvor so empfundenen Gemeinschaftsgefühl, sondern fordert dafür ihren Preis, ist es doch keineswegs einfach, sich aus dem zuckenden Kollektiv auszuklinken und das eigene Leben zu führen. *Unplugged.*

Masse. Insofern die Elektrizität die Leiber der verkabelten Mönche zu einer zuckenden, gleichgeschalteten »Masse« verwandelt, könnte man die Elektrizität als das erste, wirkliche Massenmedium bezeichnen. Nun klingt der Begriff der Masse in diesem konkreten Zusammenhang merkwürdig fremd, erlaubt er es jedenfalls nicht, gleich zum übertragenen Sinn überzugehen, das heißt: zu jenem Phänomen, dem man sich seit dem späten 19. Jahrhundert unter dem Rubrum der Massenpsychologie nähert. Während der massenpsychologische Blick Gefahr läuft, sich allzuschnell in den ewigen Zeitgründen der Anthropologie zu verfangen,[282] evozieren die verdrahteten Mönche des Abbé Nollet ein sowohl historisch als auch psychophysikalisch präzises Bild, vermag sich hier doch erstmals ein Körperhaufen, solcherart verdrahtet, als ein Ganzes zu beweisen, ebenso wie die schockhaft in die Luft hüpfenden Soldaten eine *Feldstärke* neuen Typs darstellen. Natürlich könnte man – um einen Einwand vorwegzunehmen – auch den Buchdruck des 15. Jahrhunderts, in dem bereits eine gute Million Bücher durch Europa zirkulierten, ein Massenmedium nennen. Die Massenhaftigkeit liegt auf der Seite des Buches, nicht aber auf der Seite des Lesers, der stets als einzelner der Lektüre folgt. Demgegenüber ergeben die zuckenden Leiber der Mönche eine Masse neuer Art, sind sie doch in ein und demselben Augenblick derart zusammengeschaltet, daß sie ein kollektives Gebilde abgeben, ein Gebilde, das sich in einem Rückkopplungsmechanismus seiner eigenen massenhaften Beschaffenheit bewußt werden kann. In diesem Sinn stellt die Elektrizität jenes Medium dar, das eine Masse im modernen Sinne erst generiert.

Es ist vor allem die physische Prägnanz dieses Bildes, die klarmacht, daß ein Begriff wie *Kollektivkörper* nicht nur im Sinne eines gesellschaftlichen Imaginären zu denken ist. Gerade die Psychophysik der Masse markiert eine historische Trennlinie: denn dieses kollektive Gebilde, das in *real time* zuckt und ein und derselben Sensation ausgeliefert ist, stellt eine historische Formation dar, die keinerlei Vorbild hat[283] – und sie beruht auf der Elektrizität als der Bedingung der Möglichkeit. So besehen ist es überaus fraglich, ob dem Begriff der Masse jene Trennschärfe eignet, die es erlauben würde, die Differenz zwischen den herkömmlichen Masseformationen (Kirche und Heer) und der elektrisierten Masse herauszuarbeiten. Tatsächlich muß sich die moderne Masse nicht einmal mehr physisch als Masse zusammenfinden, genügt es doch vollkommen, daß sie (die schweigende Mehrheit) sich über die Steckdose, also in übertragener Form, in jenen Rausch hineinsteigert, der den einzelnen einer zuckenden Gesamtheit einverleibt. Kindheitserinnerung: wie es war, durch eine menschenverlassene Straße zu gehen, den bläulichen Widerschein der Fernseher hinter den Gardinen zu sehen und dann diesen Schrei, von überallher und doch wie aus einer Kehle – Tor! In diesem Sinn korrespondiert der psychophysikalischen Inkarnation der elektrischen Masse eine Bewegung hin zur Abstraktion: zu einer unsichtbaren, aber deswegen doch nicht minder realen Größe.

Zweifellos artikuliert sich im Versuch des Abbé Nollet ein mehr oder minder dunkler Fleck, der in den einschlägigen Massetheorien, von le Bon, Freud, Canetti oder Broch, in einen Bewußtseinsdämmer zurückgefallen ist. Liest man Freuds *Massenpsychologie und Ich-Analyse*, so kann man sehen, daß Freud seinen Massebegriff am *Geist des Vaters* ausrichtet – daß er in den künstlichen Massen von Kirche und Heer Projektionsmechanismen am Werk sieht, die in Gestalt des geistlichen oder weltlichen Führers einem Vaterersatz folgen. Nun ist es nicht ohne Ironie, daß der Abbé Nollet in seinen beiden Demonstrationen auf eben diese beiden historischen Masseformationen zurückgreift, daß er, mit einem Schlag, die Feldstärke der Soldaten unter Beweis stellt – ebenso wie er seine Kartäuser, man muß wohl sagen: in Verzückung geraten läßt. Damit aber stellt er machtvoll unter Beweis, daß diese Menschenhaufen, um Masse zu werden, keiner Projektionsgestalt mehr bedürfen. Wenn die Leiber zu einer Masse zusammengeschweißt werden, so geschieht dies nicht mehr über irgendein Idol oder irgendeinen Repräsentanten, es geschieht nicht einmal *im Zeichen von etwas*, sondern es geschieht unmittelbar. Nein, »Unmittelbarkeit« ist grundfalsch, denn es gibt ein Medium: die Elektrizität.[284] Dies ist in der Tat eine

Umcodierung ersten Ranges. Denn es ist nunmehr der nonpersonale Agent, der die Rolle des Vaters einnimmt – oder der sie vielmehr überflüssig macht. So ist es vielleicht kein Zufall, daß die solcherart über sich selbst informierte Masse sich alsbald ihres Königs entledigt, um sich höchst metaphorischen Gebilden zu verschreiben: dem Höchsten Wesen und der Nation. In diesem Sinn könnte man sagen, daß König und Henker lange vor den Wirren der Französischen Revolution schon gestorben seien.[285] Denn sie werden in einer Welt, wo *einer im anderen* steckt und alle miteinander an der Batterie der Masse hängen, notwendig zu Fremdkörpern. Und vielleicht ist es das, was die französischen Revolutionäre in Wahrheit feierten, als sie das Fest des *Höchsten Wesens* inaugurierten: nicht den Menschen, sondern die Batterie, die ihm die Empfindung verleiht, einer im andern zu sein. *Liberté. Egalité. Fraternité.* In diesem Zusammenhang erscheint es ziemlich sinnlos, ein geschichtsmächtiges, autonomes Subjekt in Anschlag zu bringen. Und es ist schon erstaunlich, daß auch Freud an der elektrisierten Masse so vollständig vorübergeht, daß er sich statt dessen auf den Vater- und Ödipusrepräsentanten fixiert – so wie fast alle Autoren, die sich diesem Phänomen gewidmet haben, die Bedeutung der Elektrizität ignoriert haben. Im Falle Freuds jedoch ist dieser Umstand um so erstaunlicher, als der *psychische Apparat*, mit dem er auf das Phänomen der Masse losgeht, seine Herkunft aus dem Geist des Elektromagnetismus nicht verleugnen kann – wovon später noch die Rede sein wird.

In Formation. Was ist die Semantik der Elektrizität? Diese Frage mag merkwürdig anmuten. Jedoch verliert sie einiges von ihrer Fremdheit, wenn man sich vor Augen hält, daß die Elektrizität die telematische Batterie *par excellence* darstellt – und insofern eine innige Verbindung zum modernen Informationsbegriff unterhält. Wenn es zuvor hieß, daß die Geschwindigkeit der Elektrizität die *Entfernung der Welt* zur Folge hat, so ist klar, daß dieser omnipräsente Heros das Ideal all jener telematischen Apparaturen markiert, die die Moderne kennzeichnen. Um so mehr muß es verwundern, daß die Elektrizität in der Begründung des Informationsbegriffs vor allem durch Abwesenheit glänzt. Folgt man der Definition von Shannon, so bekommt man es mit einem Sender, einem Kanal und einem Empfänger zu tun, sowie mit einer Ladung, von der nur gesagt wird, sie müsse bei Sendung codiert und bei Empfang wieder decodiert werden. Das Medium jedoch, das diese Übertragung erst ermöglicht (und das dem 18., aber auch dem 19. Jahrhundert wie eine mirakulöse Substanz vorkam[286]), ist aus dem Begriff kurzerhand herauseskamotiert. Diese Abwesenheit verwundert um so mehr, als der Informationsbegriff den herkömmlichen Schriftbegriff vollkommen in die prozedurale und technische Beschreibung eines Übertragungszusammenhangs verlagert.

Was, um die Abwesenheit positiv zu nehmen, ist der Vorteil dieser Eskamotage? Er besteht kurz gesagt darin, daß man der Frage nach der Semantik der Elektrizität ausweichen und statt dessen eine Syntax ohne Semantik in die Welt setzen kann. Information wird zur Metaschrift, zu einem Zeichen, das keiner Verkörperung mehr bedarf. Die Parallele zum Alphabet ist frappierend. So wie die Lehre von der Reinheit des alphabetischen Zeichens nur die Kehrseite eines metaphysischen Anspruchs ist, so scheint auch der von Shannon in die Welt gesetzte Informationsbegriff nur die andere, vermeintlich rationale Seite eines höchst merkwürdigen, geradezu irrationalen Begehrens zu sein, eines Begehrens, das sich in *metabiologischer* Form artikuliert. Wenn man Information als *vis vitalis*, das heißt: als Lebenskraft auffaßt, so ist der Weg zum Fruchtbarkeitszeichen nicht mehr weit. So wie das Alphabet den Körper des Ochsen ausschließt und wie erst dieser Ausschluß in den Stand setzt, Naturphilosophie betreiben zu können, so setzt die nachträgliche Verdunkelung der Semantik die Evolutionstheoretiker in den Stand, von »natürlichen Programmen« und »autopoiëtischen Systemen« und dergleichen zu sprechen.[287] Wenn ich nun, statt bei Shannon anzusetzen, den Informationsbegriff von den Mönchen des Abbé Nollet ableite, so deshalb, weil die Art und Weise, wie sie sich in Formation bringen, eine Information grundlegender Art ist – die Information über die Information.

Diesseits einer Metatheorie läge das Interesse darin, jenes *Meta*, das sich in dem geläufigen Informationsbegriff verbirgt, auf seine Initiale zurückzuführen, dorthin, wo es seine ursprünglichen Prätentionen erkennen läßt. Wenn man also davon spricht, das Erkenntnisfeld um das Erkenntnis*interesse* erweitern zu wollen, so ist dies keine Spitzfindigkeit, sondern hat eine geradezu physische Dimension: denn die Mönche, die der Abbé Nollet auf diesem Feld in Formation gebracht hat, sind auf das unmittelbarste interessiert, eben buchstäblich dazwischen – zwischen Eisendraht und Batterie. Darin liegt der Vorzug des Bildes: macht es doch all jene Prozesse wieder sichtbar, die bei Shannon auf unerklärliche Art und Weise in den Apparaturen verschwunden sind. Der Versuch des Abbé Nollet klärt darüber auf, daß das, was darin übermittelt wird, keineswegs willkürlich und arbiträr ist, sondern daß sich in diesem Übertragungszusammenhang stets auch die Semantik der Elektrizität übermittelt. Die *reine Information* ist darum so fragwürdig, wie das *reine Zeichen* metaphysisch befrachtet ist. So besehen ist der Hintergrund des Versuchs mehr als bezeichnend. Die Fragestellung des Abbé Nollet betrifft nicht irgendein Detail, sondern betrifft – mit der Frage von Zeit und Raum – das epistemologische Feld als solches, geht es hier um nichts Geringeres als um die Apriori der Moderne. Daß aber diese apriorische Struktur in unserem Begriff von »Information« in Vergessenheit geraten ist, belegt, daß wohl von einem grundlegenden Vergessen die Rede sein muß.

Übertragung. Wenn bei Shannon der Begriff der Information als ein bloß technischer Übertragungszusammenhang aufscheint, wenn also – auf unsere sogenannte »Wirklichkeit« übertragen – der Schemen eines Nachrichtensprechers die Nachrichten einer grotesken Welt übermittelt, als handele es dabei um reine Information, so stellt sich die Frage, mit welcherart *Übertragung* man hier konfrontiert ist. Nach dem bereits Gesagten ist der Doppelsinn des Wortes unüberhörbar: die »Übertragung« ist auch ein psychoanalytischer Begriff. In dieser so gefaßten Übertragung wird etwa das Vaterbild auf den Analytiker übertragen – was sich als eine Projektion zweiter Ordnung begreifen läßt.[288] War zuvor davon die Rede, daß der Projektor der Repräsentation im Bild des KÖNIGS seinen Ausdruck findet, so gilt nun vom Geist des Vaters, daß er sich auf die Kommunikationsmaschine überträgt. Diese Beobachtung entspricht (wie schon am Problem der Masse aufgezeigt) zwar nicht gerade jener Lesart, wie sie der klassische Freud anempfiehlt,[289] aber das sollte uns keineswegs daran hindern, diesem Gedanken nachzugehen. Es ist vor allem die Gegenüberstellung der telematischen Übertragung zum Dreieck der Repräsentation (König, Kollektiv und Gesetz), das die tiefgreifende Verschiebung markiert, die hier einsetzt. Galt im Raum der Repräsentation das Dreieck der Zentralperspektive (alle Raumpunkte drücken sich in einem hervorgehobenen Punkt aus), so tut sich mit dem elektrischen Übertragungszusammenhang eine Leerstelle auf: Die Königsposition bleibt unbesetzt. Damit aber verliert das Kollektiv nicht bloß seinen jeweiligen Repräsentanten (seine Imago), sondern die Projektions- und Spiegelungslogik selbst wird obsolet. Zusätzlich verkompliziert wird dieser Prozeß noch dadurch, daß das, was zuvor nur in einem symbolischen Sinn ein *Omnibus* genannt wurde, nunmehr zu einer Realität wird: zu jenem künstlich zusammengesetzten kollektiven Leib.

In gewisser Hinsicht setzt sich das Dreieck, auf abstrakter Ebene, neu zusammen. An die Stelle des KÖNIGS tritt die MASSE, freilich nicht in Form einer bloßen Zusammendrängung vereinzelter Menschenleiber, sondern dergestalt, daß die Masse in jenen Übertragungszusammenhang eingebunden ist, wie ihn der Versuch des Abbé Nollet in prototypischer Weise vorstellt. Hier liegt das Gesetz, die Konstitution der Moderne. Insofern markiert der Tod des Königs nicht die Initiale der Gesetzlosigkeit, sondern nur den Augenblick, da das Gesetz – der Geist des Vaters – in die Abstraktion übergeht.[290] Mit seiner Konstitution als *Massengebilde* verliert das Kollektiv seinen Spiegel, jene Übertragungsapparatur, die Europa seit dem frühen Mittelalter, den Tagen des *speculum sine macula*, als Selbstvergewisserungsapparat gedient hat. Wo der König thronte, befindet sich nunmehr der Sitz des Repräsentanten, der sich auf die Zwänge des Systems hinausredet; wo die *potence* des Königs die Souveränität verbürgte, steht nun ein *elektrischer Stuhl*.[291] Wenn, wie die martialische Redeweise der modernen Totalitarismen zu sagen weiß, die Nation zusammengeschweißt wird, so besteht dieser Klebstoff nicht eigentlich aus Blut, Schweiß und Tränen, sondern läuft nach dem Muster der verkabelten Mönche, jenes in-sich-schwingenden kollektiven Echoraums. Wenn man der Nation oder dem Nationalismus atavistische Instinkte unterlegt, so geht dies an der Komplexität, vor allem aber an der Historizität jenes Gebildes vorbei, ähnlich wie die Freudsche Massenpsychologie, die das Bild der *Urhorde* evoziert und voraussetzt, »die Psychologie der Masse sei die älteste Menschenpsychologie«.[292] Jener zuckende, kollektive Leib ist, was in den Leibern erst erzeugt wird. Das Gesetz der Repräsentation weicht dem Gesetz der Simulation – und dieses Gesetz wiederum ist zutiefst mit der Semantik der Elektrizität verknüpft.

Zunächst jedoch ist festzuhalten, daß sich diese Machtübertragung keineswegs in bewährter Manier (der König ist tot, es lebe der König!)

abspielt. Vielmehr hat man es mit einer Stockung, einem Abriß zu tun. Nicht von ungefähr bringt der Verlust des Spiegels ein Dilemma mit sich, dem die Akteure der Geschichte auszuweichen suchen, sei es, daß sie – wie Mirabeau – sich in die absurde Lage des royalistischen Revolutionärs begeben, sei es, daß sie – wie Rousseau – eine Art Gottesmaschine entwerfen, eine *höchste Intelligenz*, die um alle Leidenschaften der Menschen weiß, ihnen aber nicht unterworfen ist, sei es, daß sie – wie Robespierre – ein *être suprême*, eine Art Staatsgottheit errichten, die den Tugendhaften Erhebung verspricht und der die Bosheit zum Opfer gebracht werden muß. All diese Akte sind dadurch charakterisiert, daß sie den leergewordenen Platz mit einem höheren Wesen, einer spirituellen Batterie zu besetzen suchen. Indes ist evident, daß sie dem Geist des Vaters, der nunmehr im Übertragungszusammenhang waltet, nicht zu entsprechen vermögen.[293] An diesem Punkt ließe sich abermals die Frage nach der Verbindung zwischen dem Schriftproblem und der Masse stellen. Wie bereits erwähnt, ist das *Kollektiv* zutiefst mit dem Aspekt des *legein* verknüpft, es folgt dem Muster der Schrift, und damit: einer Gemeinschaftslektüre. Vor diesem Hintergrund stellt sich die Frage erneut, was es mit der Semantik der Elektrizität auf sich hat.

Leuchtschrift. Die Rede von der *Semantik der Elektrizität* verträgt sich offenkundig nicht mit dem, was herkömmlicherweise als »Semantik« gilt. Folgte man der Sprachregelung einer akademisch-puristischen Linguistik, so ließe sich einwenden, daß ein solcher Ausdruck die Grenze zum Unsinnigen streift – setzt er den Stromstoß doch auf ein- und dieselbe heuristische Ebene wie die Welt der Wörter. Verglichen aber mit einem Wort ist der Stromstoß bestenfalls eine semantische Leerstelle. Ebenso zweifelhaft ist, ob sich die Zuckungen der Mönche als sinnvolle und intentionale Sprechakte lesen lassen, ob man hier überhaupt im Register des Sprache und des Sinns operiert. Und mit diesen Einwänden ausgerüstet, könnte man die *Semantik der Elektrizität* als eine unpassende Begriffsbildung abqualifizieren. Freilich, schon ein zweiter Blick läßt den Sinn des vermeintlichen Unsinns hervortreten. Denn jener Stromstoß, der den Kreis der Kartäusermönche in Zuckungen versetzt, ist nur ein symbolischer Vorgriff auf die Kommunikations- und Übertragungsmodi der Moderne, in denen der Elektrizität die Rolle einer *conditio sine qua non* zukommt. Um so erstaunlicher, daß die Elektrizität stets vorausgesetzt, aber nicht mitreflektiert wird. Sowenig, wie sich der Shannonsche Informationsbegriff um jenen Botenstoff kümmert, der die Botschaft vom Sender bis zum Empfänger trägt, sowenig vermag die Dichotomie von Signifikant und Signifikat der Bedeutung der Übertragungs*substanz* gerecht zu werden.[294] Nun ist, nach dem Verlauf der vorliegenden Untersuchung, dieser Umstand nicht mehr allzu überraschend, sondern stellt, im Gegenteil, die Wiederholung eines mehrfach erprobten Dramas dar. So, wie der Stier aus dem Alpha-Zeichen verdrängt wird, um in gezähmter Form – als *Naturphilosophie* – wiederaufzuerstehen, so wird auch die materielle Trägersubstanz aus dem Zeichenbegriff heraussubtrahiert, um als gefügige Gedankenfigur (als *autopoiëtisches System* oder dergleichen) neu erfunden werden zu können. Ist dieser Eskamotage-Mechanismus so beschaffen, daß zwischen den Zeichengeber und die materielle Trägersubstanz eine Art Kontaktschranke tritt, so kann man die Elektrizität geradezu als eine Exemplifizierung dieses Gesetzes ansehen, basiert ihre Verwendung doch gerade darauf, daß sich der Zeichengeber dem Stromkreis gegenüber »isoliert«. (Und wenn das Bild der verkabelten Mönche – wie überhaupt die Experimente aus der Frühzeit der Elektrizität – erhellend sind, so verdankt sich dies vor allem ihrem Mangel an Isolation).

Hat man sich jedoch einmal zu der Auffassung durchgerungen, daß sich jede Sinnübertragung nur vermittels eines Bedeutungs*trägers* vollzieht, so folgt daraus eine entschiedene Aufwertung dieses Bedeutungsträgers und seiner Beschaffenheit. In diesem Sinn ist das Erscheinen und In-Kraft-Treten einer neuen Übertragungs*substanz*, das heißt: die Veränderung der Übertragungsmodalität, eine einschneidende kulturelle Veränderung, eine Veränderung zudem, die sämtliche Aspekte des Übertragungsgeschehens affiziert und eine Unzahl neuer Übertragungsmodi hinzukommen läßt. Wenn also trotz der Einwände der Linguisten von einer *Semantik der Elektrizität* die Rede ist, so deshalb, weil dieser Botenstoff den gesamten modernen Übertragungszusammenhang neu codiert. So wie die Mechanisierung der Letter mit einer Umwälzung des mittelalterlichen Zeichen- und Schriftbegriffs einhergeht, so hat auch die Elektrifizierung der Mönche tiefgreifende Folgen nicht nur auf der Ebene der verdrahteten Masse (des *Kollegiums*), sie codiert auch das Register der Schrift um. Mithin ist es kein Zufall, wenn einer der frühen Pioniere der

Elektrizität, J. H. Winkler, seine Besucher damit erfreute, daß er ihnen eine Leuchtschrift vorführte:

> Je stärker ein Metall elektrisiert wird, desto lebhafter wird auch das Licht in einer luftleeren Glasröhre, wenn man sich ihr mit demselben nähert. Stellet eine dergleichen Röhre Buchstaben vor: so siehet man dieselben ganz hell leuchten, wenn man die Röhre in einem verfinsterten Zimmer an ein stark electrisirtes Metall bringet. (...) Einige vornehme Personen, denen ich die elektrischen Versuche zu zeigen die Ehre gehabt, sind besonders vergnügt worden, wenn sie von dem allerdurchlauchtigsten Namen AUGUSTUS REX die Anfangsbuchstaben in freyer Luft auf das hellste haben erleuchtet, und in einem Raume, da alles dunkel war, gleichsam brennen gesehen und die wallende Fluth beobachtet, womit das electrische Licht die gläsernen Buchstaben auf einmal wie durchdrungen und erfüllet.[295]

Was bedeutet das Aufkommen der Leuchtschrift? Jene Sensation, für die die flüchtigen Lettern des J. H. Winkler stehen, läßt sich als Prozeß der »Verlichtung« auffassen, als jener Moment, da die Schrift in den *Schein* übergeht. Von nun an steht die Letter nicht mehr wie gedruckt, sondern vielmehr wie beleuchtet, man hat es mit einer ephemeren Erscheinungsform, einem *phainomenon*, einem Display zu tun. War das Phantasma der Schrift auf das unwandelbare Gesetz, die metaphysische, wie ein Fixstern am Gedankenhimmel thronende Weltformel gerichtet, so tritt nun die Logik des Fort-da, des Erscheinen- und Wieder-Verschwinden-Könnens an seine Stelle. Strukturell gesagt geht in das Zeichen nunmehr eine Zeitdimension, oder um einen *terminus technicus* zu benutzen: ein *time code* ein. Während die Drucktype, mit schwarzer Tinte auf weißes Papier eingedrückt, eine Art Verewigungslogik behauptet oder sich zumindest im Abglanz eines metaphysischen *nunc stans* sonnt, hat die flackernde Schrift des Displays eine quecksilbrige Qualität, die, als pulsierende, metamorphe Größe, Volumen und Erscheinungsform zu ändern vermag.[296] Versucht man diese Wandlung der Schrift allgemeiner zu fassen, so könnte man sagen, daß sich hier die Zeitstruktur jener künstlichen Ewigkeit wandelt, wie sie das Denken entwirft. An die Stelle der Verewigungslogik (der Metaphysik) tritt die Entwicklungslogik (die Metabiologie). Aus einem religiösen Blickwinkel entspricht die Plötzlichkeit der Leuchtschrift der Epiphanie, ist andererseits die Immaterialität des Schriftzeichens (das *reine Licht*) ein Ausweis seiner Spiritualität. Freilich wird diese durch eine technische Apparatur bewirkt – kein Gott, sondern ein elektrischer Dynamo unterhält das dynamisierte, entkörperlichte Zeichen.[297]

Die Verlichtung der Schrift bringt nicht nur eine wesentliche Veränderung des überkommenen Schriftbegriffs mit sich, sondern läßt auch das, was als Schrift gelten kann, überhaupt diffundieren. Eine der merkwürdigsten Fragen im Feld der elektromagnetischen Schrift lautet: Aus was für Zeichen ist diese Schrift eigentlich zusammengesetzt? Schon bei einem flüchtigen Blick auf einen Computerbildschirm könnte man vor der Uferlosigkeit dieser Frage zurückzuschrecken. Bilder, Töne, Texte, Formeln, Programmanweisungen, Kompressions- und Dekompressionsalgorithmen, in verschiedenen Formaten, Dialekten und so weiter verfaßt – all dies mag wie eine multimediale Bibliothek von Babel erscheinen. Dennoch sollte man den Versuch unternehmen, diese Frage zu stellen. Vielleicht gewinnt sie, vor dem Prospekt der elektrisierten Mönche betrachtet, Kontur. Versetzen wir uns also in ihre Lage, und zwar in dem Augenblick, bevor der Abbé Nollet seinen Kondensator berührt. Wenn man einen gebildeten Zeitgenossen des 18. Jahrhunderts gefragt hätte, was unter einem Zeichen zu verstehen sei, so hätte er (in einem Reflex mittelalterlicher Gedankenfiguren) wohl zuallererst die Zahlen und die Schriftzeichen genannt. Dann die musikalischen Zeichen. Dann wäre er wohl auf die Handzeichen und Gesten des Alltags gekommen, auf die Bildzeichen, die künstlerischen und religiösen Symbole, schließlich wohl auch auf gewisse Vorbedeutungen in der Natur, Flecken, Male, körperliche Symptome. – Hätte man die Fragestellung dahingehend präzisiert, daß als Zeichen nur das gelten könne, was reproduzierbar sei, eindeutig definiert und intersubjektiv, so wäre wohl von alledem nicht viel mehr übriggeblieben als der alphanumerische Code. Man könnte dies die Kopflastigkeit der vordigitalen Logik nennen. Oder, um es in ein biblisches Bild zu fassen: der Geist, der über den Wassern schwebt. Die Differenz zwischen Geist und Welt aber wird mit der Elektrifizierung des Zeichens hinfällig. Denn insofern die logische Form in den Körper eintritt, wird der Geist seinerseits liquidiert. So könnte man – versuchsweise – einmal behaupten, daß alles, was sich unter Strom setzen läßt, zum Zeichen werden kann. Damit aber hätte der Begriff des Zeichens eine ungeheure Erweiterung erfahren, würde er nunmehr doch die *ganze Welt* umfassen. Mit der *Semiotisierung der Welt* ist die alte, reinliche Scheidung zwischen dem Jenseits der logischen Formen und dem Diesseits der Körper (zwischen Hyle und Pneuma) verunklart. Das Abstrakte gibt sich nicht mehr als das Nicht-Körperliche, Metaphysische zu erkennen (als das, was sich dem Regime des Körperlichen entzieht), sondern setzt sich in den Körper hinein. Und weil umgekehrt jeder Körper Träger eines *Codes* sein kann, ist er nicht nur in seiner *physis,* sondern stets auch als Code und Sprachgeschehen aufzufassen. Hier kehrt, als Massephänomen, jenes alte christliche Dilemma wieder: die Doppelnatur aus Fleisch und Wort.

Auch unter diesem Blickwinkel ist Winklers Versuch überaus interessant. Wenn seine Leuchtschrift in einer luftleeren Röhre erscheint, so sind jene beiden Körperdimensionen erfaßt, über die sich die alte Spaltung von Hyle und Pneuma ins Diesseits fortschreibt. Denn nimmt man den Körper als Träger der Information, so wird als der ideale Körper derjenige gelten, der die Information an sich zu binden vermag. Dieser ideale, nichtleitende Körper ist aber kein Körper mehr, sondern das Vakuum.[298] Hatte Galileo Galilei das Vakuum noch als Hilfsmaßnahme ins Spiel gebracht, um das reibungslose Funktionieren des Weltsystems zu garantieren (»Denken Sie sich die Luft weg«, heißt die Aufforderung in seinem *Dialog über die Weltsysteme*[299]), so geht es unter den Bedingungen der Elektrizität nicht mehr um die *res extensa* im luftleeren Raum, sondern um den Körper als Nichts.[300] In extremer, nicht zu überbietender Form ist hier jene Spaltung markiert, wie sie die Moderne charakterisiert: der *Code* und das *Nichts,* die Schrift und ihr Träger.

Pneuma. Es ist kein Zufall, daß sich in der Beschreibung jener historischen Revolution, welche die Elektrizität darstellt, religiöse Begriffe und Vorstellungen einmengen. Denn der Elektroschock des 18. Jahrhunderts markiert nicht bloß eine grundlegende Veränderung des epistemologischen Feldes, sondern setzt Gefühlsschwingungen frei, die eindeutig religiöser Herkunft sind. Die spirituelle Batterie, an die man sich hier anschließt, steht im Zeichen des Kreuzes. In dem Maße, in dem Gott Mensch wird, gewinnt der Mensch an Gottähnlichkeit. In den Begriffen der Hegelianischen Philosophie gesprochen, hieße dies: das Abstrakte wird konkret, das Konkrete abstrakt. Die Seele Gottes (oder das, was man dafür hält) schreibt sich in die Welt ein – und wird recht eigentlich zur *Weltseele*.[301] Dieser Begriff, der in der Naturphilosophie der Romantik zum philosophischen Programm wird, beschreibt in seiner ganzen schillernden Zweideutigkeit das Problem überaus präzise: denn es geht um die *Transzendenz in der Immanenz*. Insofern ist es bezeichnend, daß die großen Denksysteme der romantischen Naturphilosophie zwischen »heiliger Umarmung« und »neuer Systemtheorie«, zwischen religiöser Empfindsamkeit und kühler Rationalität oszillieren. Was sich hier artikuliert, ist eine Art niedergekommenes Pfingstwunder. Die abstrakte Sphäre des Wortes wird dingfest gemacht. Insofern markiert die Evokation der Weltseele (die man als beseelte Materie auffassen kann) nicht bloß ein neues Kapitel in der Wissenschaftsgeschichte, sondern greift auch auf religiöse Traditionen zurück.[302] Genau diese wesentlich zwiespältige Dimension, die das Religiöse zitiert, um das Menschlich-Allzumenschliche in die Sphäre der Gottähnlichkeit hinüberzutragen, ist die intellektuelle Folie, vor der man die frühen, teils spielerischen Versuche mit der Elektrizität lesen muß. So fertigte einer der frühen Experimentatoren eine sogenannte *Strahlenkrone* an, die er, elektrisiert, dazu benutzte, um aus dem Kopf der weiblichen Trägerin Funken hervorzuziehen – ein Prozeß, den er sinnigerweise *Beatifikation* taufte, also Glückseligmachung. Unübersehbar die Gedankenlinie, das ideographische Potential, aus dem sich solch ein Versuch speist. Die Elektrifizierung der Muttergottes als eine gedankliche Verirrung oder, je nachdem, als eine Effekthascherei zu lesen wäre irreführend – tatsächlich trifft der Griff in den Fundus den Kern der Sache. Maria, die reine Empfänglichkeit, die dem 15. Jahrhundert als eine Art spiritueller Druckvorstufe gedient hat, wird auf eine neue Art und Weise medial – und in dieser Medialität kommt es zur Apotheose jenes neuen und wundersamen Mediums, das als Lebenskraft, als *vis vitalis*, aufgefaßt wird.

Die Elektrizität ist ein Wunderstoff; und derjenige, der ihr teilhaftig wird, wird am eigenen Leibe Zeuge einer Transsubstantiation. In der Mitte des 18. Jahrhunderts experimentiert Daniel Bernoulli damit, ertränkte Vögel durch Stromstöße zu reanimieren; Nicolas reanimiert mit Kohlendioxid erstickte Kaninchen und der dänische Mediziner Abilgaard ruft ein Huhn, das er zuvor mit einem Elektroschock aufs Gehirn getötet hat, mit einem neuerlichen Elektroschock wieder ins Leben zurück.[303] Von daher überrascht es nicht, daß die Elektrizität als ein Wunderstoff gilt, dem man thaumaturgische Fähigkeiten zuschreibt. Diese Verehrung hält sich bis weit ins 19. Jahrhundert hinein. Als es in der Mitte des Jahrhunderts gelingt, das erste transatlantische Telegraphenkabel zu verlegen, schreiben die Herren Briggs und Maverick:

> Unter all den wunderbaren Errungenschaften der modernen Wissenschaft ist der Elektrische Telegraph die größte und der Menschheit nutzbringendste. Ein fortdauerndes Wunder, das keine Vertrautheit zu einem Gemeinplatz herabwürdigen kann. Diesen Charakter verdankt er der Natur des Agenten, dessen er sich bedient, und des Zieles, dem er dient. Denn was für einem Ziel dient er, wenn nicht dem geistigsten? Nicht der Veränderung und der Beförderung von Materie, sondern der Übermittlung von Gedanken. Um dies zu bewirken, bedient man sich eines Stoffes, der so fein ist, das man ihn angemessenerweise als spirituelle und nicht als materielle Kraft betrachten müßte. Die Kraft der Elektrizität, die latent in allen Formen der Materie, der Erde, der Luft und des Wassers anwesend ist, die alle Teile und Partikel durchdringt und die Schöpfung in ihren Armen hat, ist dennoch unsichtbar und viel zu fein, um analysiert zu werden.[304]

Maverick und Briggs wohlgemerkt, die diese Apotheose der Elektrizität verfaßten, waren keine Geistlichen, sondern utilitaristisch denkende, kühl kalkulierende Ingenieure. Und wenn sich schon Menschen dieses Schlags zu solchen Herzensergießungen versteigen konnten, ist es nicht mehr allzu verwunderlich, daß sich Proteststürme erhoben, als man wenig später auf den Gedanken kam, die zum Tode verurteilten Kriminellen vermittels einiger Stromstöße zu liquidieren – sah man doch solcherart eine »göttliche Substanz« befleckt.

Vor diesem Hintergrund bleibt fraglich, ob man die Bemeisterung dieser Substanz (wie sie in der Leydener Flasche verdinglicht ist) der Wissenschaftsgeschichte überlassen kann oder ob man hier nicht vielmehr einen religionsgeschichtlichen Blickpunkt einnehmen müßte. Von diesem Punkt aus aber würde sich eine ganz andere Geschichte erzählen lasen. Es wäre die Geschichte von der Verdinglichung Gottes, seiner Eingemeindung und schließlich: seinem Verschwinden in den Gesetzen der Ratio. Der göttliche Funke, der in der Antike das Vorrecht des Jupiter, des göttlichen Blitzeschleuderers, war, geht nunmehr ins Diesseits über. Oder präziser: Die Diesseits-Jenseits-Problematik wird in einer anderen Dimension abgehandelt. Damit kommt eine lange Entwicklung zum Ziel. Nimmt man die einzelnen Stadien dieses fortschreitenden Transsubstantiationswunders, so hat man zunächst die Konstruktion des Logos im Alphabet, dann seine Niederkunft im Christentum, es folgt der Aufstieg in der Himmelfahrt der Maria, dann die Mechanisierung und Auratisierung der Transzendenz in der Logik der Repräsentation, und zuletzt seine materielle Inkorporation – Einformung – Information. Auf dieser Linie gelesen wird sichtbar, welch tiefgreifender Einschnitt mit der Elektrizität verbunden ist. Der Logos haftet nicht mehr an jener pneumatischen Instanz, die sich dadurch auszeichnet, daß sie *nicht irdisch*, sondern geistig ist; er fungiert nicht mehr über die Figur des Stellvertreters (oder strukturell gesprochen: über das zentralperspektivische Dreieck, das Gesetz der Repräsentation), sondern er schreibt sich, als körperlich fühlbare Sensation, dem einzelnen ein. Indem sich diese Sensation jedem einzelnen vermittelt, hat sich eingestellt, was man, theologisch betrachtet, die Unmittelbarkeit vor Gott nennen könnte. Weil die Ferne entfernt ist,[305] weil es keine Differenz gibt, mag sich der einzelne, in *heiliger Umarmung*, als der Ort fühlen, an dem die Weltseele pulsiert. Damit aber hat sich das Mariengeschehen universalisiert. Die Vereinigung mit Gott, die dem Mystiker nur als schwärmerische Gedankenfigur möglich war, wird unter den Bedingungen der Elektrizität zur unmittelbaren Realität.

Wenn man sagt, daß die Elektrizität *geerdet* wird, so kann man, ihre historische Aufnahme mitbedenkend, verallgemeinernd von einer Erdung des Logos sprechen. Insofern der Logos in der frühchristlichen Gedankenwelt die pneumatische, also nicht-irdische Sphäre dargestellt hat, so hat man es nun mit einer vollkommenen Inversion zu tun. So besehen ist fraglich, ob der religionsgeschichtliche Standpunkt als solcher tatsächlich haltbar ist. Denn mit dieser Erdung geht eindeutig eine Neutralisierung einher. Aus Kommunion wird Kommunikation. So wie die Mechanikerphilosophen Gott im Räderwerk einschließen, so wird auch der geerdete, verkabelte und im Netz isolierte Gott in der Menschenwelt zunehmend unsichtbar. Im Grunde hat man es weniger mit einem Gott als mit einer abstrakten Gottesmaschine zu tun, die sich nicht im Sinne einer Offenbarungstheologie mitteilt, sondern in verhüllter, metamorpher Form Wiedergängergestalten entläßt. Strenggenommen handelt es sich um einen Recyclingprozeß: Der Stoff und seine Struktur schreiben sich in neue, andersartige Erfahrungen um. In der Lebenswelt des *Zappers* wird die Diesseits-Jenseits-Problematik, die Transzendenz von Raum und Zeit, zur selbstverständlichen Erfahrung: denn jedes Diesseits kann in einem innerweltlichen Jenseits erscheinen, wie umgekehrt jedes innerweltliche Jenseits sich in ein Diesseits zurückprojizieren kann.[306] Mit der Elektrizität tritt die Moderne in die künstlichen Paradiese des telematischen Raumes, in die Sphäre des Virtuellen und der Fernbedienung ein.

Um so verwunderlicher ist es, daß die religiös codierte *Semantik der Elektrizität* (die sich doch aus wesentlich philosophischen Batterien speist) gut zwei Jahrhunderte nach ihrer Einführung kaum mehr als Erinnerungsspur sichtbar ist. Tatsächlich hat sie sich insoweit sublimiert, als sich die chiliastischen Hoffnungen nunmehr auf »das Netz« selbst, die *kollektive Intelligenz* und jenen merkwürdigen Prozeß richten, den man *Globalisierung* nennt.[307] Unzweifelhaft hat man es nicht nur mit neuen Realitäten, sondern mit hochaufgeladenen Phantasien zu tun, die einiges mit der Weltseele gemein haben – nur daß die historische Brücke zur Erfahrung des 18. Jahrhunderts abgerissen ist. Abermals wiederholt sich die mediale Verfehlung, wie sie die Geschichte der abendländischen Vernunft von Anbeginn gekennzeichnet hat. Der Mechanismus ist notorisch. Wieder ist es der Begriff des Mediums, wieder eine falsch verstandene »Natur«, die es erlaubt, an den Zeichen, die das Medium dem 18. Jahrhundert eingeschrieben hat, vorüberzugehen. So kann Marshall McLuhan (der ansonsten ein so ausgeprägtes Sensorium für die kulturelle Bedeutung der Elektrizität hat, daß er vom »Zeitalter der Elektrizität« spricht) schreiben: »Während nämlich die ganze vorhergehende Technik (ausgenommen die Sprache selber) tatsächlich einen Teil unseres Körpers erweitert hatte, kann man von der Elektrizität sagen, daß sie das Zentralnervensystem selbst einschließlich des Gehirns nach außen gebracht hat.«[308] Mit anderen Worten: Die

Elektrizität hat keine Semantik mehr, sondern stellt ein Naturgeschehen dar. Unter diesen Auspizien kann McLuhan von der Elektrizität als dem *Hormon der Gesellschaft* sprechen, als Botenstoff, der die Funktion hat, die Gesellschaft über den Gesamtzustand des Kollektivorgans zu unterrichten. Mit dieser Metapher aber sind die verkabelten Mönche unversehens zu einem *organischen* Kollektiv zusammengewachsen.

Software. Damit stellt sich die Frage, was die Inkarnation jener magischen Substanz zur Folge hat, stellt sich die Frage nach dem Strom, der in der Leydener Flasche konserviert ist. »Strom« ist schon ein überaus passendes Wort, macht es doch damit vertraut, daß man es mit einem Fluxus-Phänomen zu tun hat, mit einem Medium, das nicht begrenzt ist, sondern von einer Beschaffenheit wie das Wasser. Es setzt, was immer es berührt, unter Strom – läßt das Objekt also eintauchen in dieses besondere, strömende Element. Unter Strom gesetzt weicht das Objekt auf, flockt aus und wird schwammig, bis es nichts anderes mehr scheint als Software – eine dissipative Struktur, die sich im Medium selbst auflöst. (Tatsächlich liegt hier die ursprüngliche Bedeutung und Herkunft des Wortes. »Software« hießen jene kryptographischen Nachrichten, die in den U-Booten des zweiten Weltkriegs benutzt wurden – und die man, damit sie bei Versenkung nicht in die Hände des Feindes fielen, wasserlöslich gemacht hatte).

Wenn es ein Charakteristikum dieses Mediums gibt, so ist es diese Verflüssigungslogik. All die Vorstellungen von der Schwemme, der Flut, den Wellen, dem Rauschen sind darin vorweggenommen – ebenso wie das Herrschaftsphantasma, daß man wie ein Surfer über dieses Meer dahingleiten könne. Tatsächlich sind solche Vorstellungen schon zur fraglichen Epoche durchaus üblich. Benjamin Franklin, der sich nicht nur als amerikanischer Präsident, sondern vor allem als einer der Pioniere der Elektrizität einen Namen gemacht hat, unterscheidet zwischen der gemeinen und der elektrisch flüssigen Materie[309] – und er vergleicht die gemeine Materie mit einem Schwamm, der Wasser aufsaugt. Man könnte sagen, die materielle Welt schwimme in einem elektromagnetischen Fluidum.[310] Dieser Gedanke einer alles umhüllenden Elektrizität (das heißt: die Frage, wie der elektromagnetische Raum in das tradierte Raumgefüge integriert werden kann) ist wesentlich für das 19. Jahrhundert, ein Gedankenvehikel, das die Theoreme der Vergangenheit ins Unkenntliche ausflocken läßt. So machen sich Drude und Abraham daran, den Äther, den sie als den Überträger der elektromagnetischen Wellen auffassen, an die Stelle des absoluten Raums Newtonscher Prägung zu setzen.[311] Das sogenannte Michelson-Morley-Experiment im Jahre 1881 jedoch belegt, daß es diese Überträgersubstanz nicht gibt, und so setzen sich das freie, in Lichtgeschwindigkeit sich bewegende Elektron und Einsteins Relativitätstheorie an seine Stelle. Analysiert man diese Entwicklung des Wissensfeldes, so läßt sich sagen, daß sich der Raum selbst verflüssigt, in elektromagnetische Wellen und Schwingungen auflöst. In diesem Sinn ist die Theoriebildung des 19. Jahrhunderts noch immer ein Reflex auf die verstörenden Erfahrungen, jenen Riß, den die Entdeckung der Elektrizität im 18. Jahrhundert im Denken verursacht hat. Tatsächlich ist es nicht falsch, zu sagen, daß das, was Franklin die flüssige Materie nennt, an die Stelle der gemeinen Materie tritt. Von nun an ist jeder Körper nur mehr Symptom, Erscheinungsform seiner elektromagnetischen Codierung. Strenggenommen ist damit die Grenze zwischen einem Körper und seinem Umraum aufgehoben (so daß es sinnlos wäre, noch von Inkarnation im Sinne des Sich-Einfleischens zu sprechen). Alles ist Welle, Schwingung. Mathematisch ist dies erfaßt im Hilbert-Raum, der den Raum als Kompositum seiner elektromagnetischen Schwingungen auflöst und ebenso viele Dimensionen zuläßt, wie es Schwingungen gibt. Tatsächlich aber bedeutet dieses Theorem nicht nur ein Übersteigen des menschlichen Erfahrungsraums, sondern die Liquidation des Körpers überhaupt.

Nicht jedoch der Körper selbst, sondern sein elektromagnetischer Schatten wird digitalisiert (und so hat man es nicht eigentlich mit der romantischen Weltseele, sondern lediglich mit ihrem Enzephalogramm zu tun). Damit ist die Frage berührt, auf welche Weise die elektromagnetischen Schatten erfaßt werden, was uns auf George Booles *Laws of Thought* aus dem Jahre 1854 führt. Die darin enthaltene digitale Logik ist das symbolischen Äquivalent dessen, was im Jahr 1746 geschieht. Booles große Leistung besteht darin, daß er die Algebra vom Zahlzeichen löst, daß er die Null und die Eins nicht mehr als Repräsentanten von einem Ding begreift, ja daß er sie überhaupt nicht mehr als Quanten auffaßt, sondern als die beiden Pole, die den Gesamtzustand des Systems begrenzen und in dem die Dinge erscheinen. An die Stelle eines Körperrepräsentanten tritt die Vorstellung eines systemischen, codierten Raumes. Dieser algebraische Raum erfaßt nicht mehr bloß die Menge der Dinge (das heißt: er zählt nicht mehr), sondern nimmt die Dinge selbst ins Visier. Dabei ist es gleichgültig, ob dieses X für eine Zahl oder für einen Körper steht. Die digitale Logik rechnet mit Äpfeln, Birnen, und Operatoren, und in diesem Sinn (insofern sie die Domäne der Zahl verläßt) übernimmt sie die Funktionen der Sprache.[312] Damit markiert Booles Logik das Ende der Repräsentation. In einer tiefsinnigen Bemerkung hat Erwin Schrödinger die Null als die einzige Zahl mit einem gewissen Freibrief, einer Art königlichem Privileg bezeichnet[313] – und tatsächlich läßt sich die mathematische Entfaltung der Null historisch mit der Königsfunktion und der Logik der Repräsentation verkoppeln. Das 14. Jahrhundert, das sich mühte, die griechische Vierung A:B=C:D zu einem Dreieck aufzulösen – was befriedigend erst über die Einführung der Null gelang –, taufte den Platzhalter dieser Lösung den Repräsentanten. Indem Boole die Null einer neuen Funktion zuführt, begeht er eine Art symbolischen Königsmord – oder besser, schafft ein System, in dem der systemische Raum der Erscheinung des einzelnen vorausgeht.

Boole gelangt interessanterweise zu einem Analogon, respektive: zu einer Erweiterung des Aristotelischen Identitätssatzes. Die Frage der Identität bleibt für ihn dieselbe wie für Aristoteles, und sie lautet: Was bleibt sich gleich? Booles Antwort ist: Nur die Null und die Eins lassen sich mit sich selbst multiplizieren, ohne sich dabei zu verändern. Das Ein-mal-Eins läuft auf die Eins hinaus, das Null-mal-Null bleibt null und nichtig. Nur diese beiden Zahlen entsprechen der Formel, die das digitale Universum kennzeichnet: $x = x^2$. Diese Begründung der Identität ist schon insofern interessant, als sie im strengen Sinne nicht statisch, sondern dynamisch ist, sie läßt sich (*pump up the volume*) immer weiter treiben, in die dritte, vierte, fünfte Potenz. Ob x^3, x^4, x^5 oder x^n – die Null und die Eins bleiben sich gleich. Was aber passiert, wenn man diese Formel nicht auf die Null oder die Eins, sondern auf irgendeinen Körper bezieht? Mit dieser Frage wird die Verschiebung des Identitätsbegriffs deutlich. Sie läuft auf nichts anderes als auf den COPY-Befehl des Computers hinaus, die Möglichkeit, unendlich viele Derivate eines Objekts herzustellen. Vor dieser Formel wird die Idee eines Originals faktisch obsolet, denn jeder Körper aus gemeiner Materie, der digitalisiert wird, und das heißt: der zur verflüssigten Materie wird, läßt sich nach Belieben kopieren. Er ist ein Sample seiner selbst, ein Genpool, der nach Art der Zellteilung ins Unendliche ausschwemmen kann – und in diesem Sinn ist er tendenziell überflüssig.

KAPITEL 8

Der Traum der Maschine

Jungfräulichkeit ist, was die Ehe bloß bedeutet.
(*Gregor von Nazianz, 4. Jh.*)

An einem Januartag des Jahres 1842 schreibt eine junge Dame von sechsundzwanzig Jahren einen Brief, der an einen älteren, knapp fünfzigjährigen Herrn gerichtet ist. Anlaß des Schreibens ist eine Einladung zum Schlittschuhlauf; aber selbstverständlich steckt (wie der Brief keineswegs zu verschleiern sucht) etwas anderes dahinter: eine Liebesgeschichte. Jedoch ist es eine Liebesgeschichte besonderer Art, und dabei ist der Umstand, daß man sich aufs Eis begibt, überaus bezeichnend: geht es doch um den kühlen Grund der Mathematik. Nun wäre es irrig, hier gleich Frigidität vermuten zu wollen, bewegt man sich doch in einem Seelenregister, in dem gleichwohl heftige Leidenschaften am Werk sind: die verzehrende *coolness* der reinen Vernunft. Folglich ist der Herr, dem die Dame Ada ihre Liebe zur Abstraktion anträgt, nicht irgendein x-beliebiger Mann, sondern er ist Mathematiker, Philosoph und Polytechniker – vor allem aber damit beschäftigt, jene Maschine zu konstruieren, die heute den Namen des Computers trägt. Genaugenommen ist es aber nicht der Mann, sondern vielmehr dieses *Ding*, dem ihr Begehren gilt. Als Achtzehnjährige hat sie es, in unvollkommener Form, zu Gesicht bekommen – und dieses Moment des Unvollendeten hat in ihr wohl die Idee und die Mission der *Geburtshelferin* wach werden lassen. So vermählt sich ihrer Liebe zur Abstraktion sogleich ein symbolischer Kinderwunsch, die Vorstellung, daß sie Babbages Maschine (dieses mißverstandene, allseits verhinderte und hintertriebene Projekt) zur Welt bringen könne. Und weil sie nicht mehr achtzehn ist, sondern bereits selbst drei Kinder zur Welt gebracht hat, vermag sie ganz unmißverständlich zu sagen, was sie will. »Mir kommt der Gedanke«, so fährt sie in ihrem Schreiben fort, »daß irgendwann (vielleicht sogar schon binnen 3 oder 4 Jahren, vielleicht aber auch erst nach vielen Jahren) Sie meinen Kopf Ihren Plänen dienstbar gemacht haben könnten.« Mit anderen Worten: Augusta Ada Lovelace bietet diesem älteren Herrn an, seine Maschine sozusagen auszubrüten. Dieses Anerbieten ist keine temporäre Überspanntheit, oder wenn doch, so hat diese Überspanntheit System. Denn die junge Dame ist zutiefst davon überzeugt, daß ihr Kopf, genialisch disponiert, den Keim des künftigen Wissens in sich trägt, eine unterbewußte, dem Hirn inkarnierte Mathematik, die es nur ins Bewußtsein zu heben gilt.

> Meine eigenen wissenschaftlichen Pläne nehmen zunehmend Kontur an. Aber dies ist sehr vertraulich. Ich habe die Hoffnung, und eine ziemlich präzise, eines Tages über zerebrale Phänomene zu verfügen, dergestalt, daß ich sie in mathematische Gleichungen umsetzen kann; kurzgefaßt, ein Gesetz, für die wechselseitigen Aktionen der Gehirnmoleküle (das dem Gesetz der Gravitation für die planetarische und siderische Welt entspricht). Ich hoffe, den künftigen Generationen einen Calculus des Nervensystems zu hinterlassen.[314]

Zwischen dem Angebot, die Große Maschine des Mannes auszutragen, und der Vorstellung, das eigene (als Digitalapparatur begriffene) Nervensystem zum Calculus künftiger Generationen werden zu lassen, liegen knapp zwei Jahre – ein ausreichend langer Zeitraum, um zu belegen, daß man es keineswegs mit einer jener nervösen Attacken zu tun hat, die die Gräfin Lovelace gleichfalls heimsuchten. Was sich hier artikuliert, ist vielmehr das alte Phantasma der Kopfgeburt – nur daß sie nicht einen Menschen, sondern den Körper des zukünftigen Wissens ans Licht zu bringen verspricht. Dieser Körper hat eine neue, digitale Form – aber der Traum der Metaphysik, der sich in ihm artikuliert, ist doch der alte geblieben. Wenn die Antike unterstellt hat, daß die »Gebärmutter ein Tier sei, das glühend nach Kindern verlangt« und daß dieses Tier, wenn es in seinem Begehren nicht befriedigt wird, im Körper herumzuwandern beginnt, so ist der Fall der Ada Lovelace geradezu exemplarisch – markiert er doch jenen historisch-hysterischen Punkt, an dem die Idee der Geistzeugung sich in nervöser, digitaler Form verdinglicht. Denn hier läßt sich in Reinform der Zusammenhang von Hysterie und symbolischer Geburt ins Auge fassen, jene Tendenz zur Inkarnation all jener Formen, die ihrerseits auf der Abtreibung des irdischen Leibs beruhen.

So besehen ist es nicht zufällig, daß Ada Lovelace, gut ein Jahr, nachdem sie ihr drittes und letztes Kind zur Welt gebracht hat, sich anschickt, sich nun ernsthaft in der Mathematik unterweisen zu lassen – und daß sie, solcherart »imprägniert«, dem Glauben anheimfällt, Geistkinder in die Welt setzen zu können. Dieser Wunsch erschöpft sich nicht nur im Angebot an Babbage, tatsächlich ist sie sehr bald davon überzeugt, ihn überflügeln zu können, wähnt sie sich als *Hohepriesterin* seiner Maschine,[315] schließlich (in einer Fortschreibung eines alten Motivs) als *Braut der Wissenschaft*. Daß solche Phantasmen ihre mathematische Kompetenz bei weitem überboten,[316] ist ein nicht zu übersehendes Detail, tut aber wenig zur Sache. Denn der Fall der Augusta Ada Lovelace ist erhellend gerade dort, wo es um die phantasmatische Seite der Maschine geht. Vor der biographischen Folie dieser Hysterikerin gelesen, werden Verbindungslinien sichtbar, die überall dort, wo wir einen *Personal Computer* von uns haben, aber keine Person mehr damit assoziieren, ins Unterbewußte zurückzufallen drohen.[317] Denn wie man unschwer erkennen kann, leben die Phantasmen der Gräfin in den Phantasien der zeitgenössischen *community* durchaus weiter – die »naturphilosophischen« Implikationen der Künstlichen Intelligenz und des *Artificial Life* verweisen in eben diese Richtung. Dabei mag die Tatsache, daß der *Calculus des Nervensystems* bis zu einem gewisse Grade Realität geworden ist, darüber hinwegtäuschen, daß man es mit einer Form der Hysterie, oder zumindest einer hysterogenen Struktur zu tun hat. All diese Maschinen, die unablässig ihre Geistzeugungen in die Welt entlassen, symbolische Geisterarmeen, die ihrerseits, als robotzeugende Robots, sich selbst reproduzieren, müssen nicht notwendigerweise auf ein logisches Kalkül zurückgeführt werden. Ebensogut könnte man sie als *hysterische* Maschinen auffassen und sagen, daß große Teile der zeitgenössischen Massenproduktion eine Form der Massenhysterie darstellen. Aber so unübersehbar dies auch sein mag, das Selbstverständliche stellt doch ein sorgsam gehütetes Geheimnis dar. Betrachtet man die Art und Weise, wie die Geschichte des Computers geschrieben und rezipiert wird, so muß man mit einer gewissen Verwunderung feststellen, daß das 19. Jahrhundert eine Art blinden Fleck darstellt, wie all jene Bereiche, die ins Irrationale führen könnten, abgespalten und verdrängt werden.³¹⁸ Nicht zuletzt ist dies das Schicksal, das der Gräfin Ada zuteil wurde. Wenn nach ihr eine Programmiersprache ADA getauft wurde, so ist die Biographie dieser jungen Frau ihrer eigenen Sehnsucht zum Opfer gefallen, künftigen Generationen einen *Calculus des Nervensystems* zu hinterlassen. Dieser Glorienschein ist geblieben, nicht aber jene Biographie, der diesem Phantasma doch erst seine ganze Bedeutung verleiht – was ein Grund ist, die Geschichte der Ada Lovelace zu erzählen. ³¹⁹

Die Vorgeschichte. Die Geschichte des Kindes – das heißt: die Geschichte, die schließlich den Namen der Augusta Ada Lovelace annimmt, beginnt auf dem Papier, sie beginnt als Brief, oder als das, was man zu dieser Zeit einen »Roman« nennt (was ja nichts anderes ist als das romantische Phantasma des »lebendigen Buches«: Kunst, die zum Leben erweckt wird). Es ist der Zauber eines Versromans mit dem Titel *Childe Harolds Pilgrimage*, der die Londoner Gesellschaft entzündet und seinen Verfasser, einen klumpfüßigen jungen Mann, über Nacht zum umschwärmten Liebling dieser Gesellschaft macht. Eine der Damen, die von der Lektüre gefesselt darauf besteht, den Verfasser kennenzulernen (»auch wenn er so häßlich wäre wie Äsop«), ist eine Dame von Hochadel, Miss Caroline Lamb. Was folgt, ist das Unvermeidliche: eine Liebesaffäre, eine Folge heimlich zugesteckter Zeichen, Billets, Verabredungen. Tatsächlich wäre diese Geschichte nicht weiter von Belang, wenn nicht in einem jener liebestaumelnden Briefe, die Byron von der Geliebten empfängt, sich eine andere Nachricht hineingeschmuggelt hätte: die Verse einer jungen Poetin namens *Annabella Milbanke*, die ihr lyrisches Treiben von einem Berufeneren begutachtet sehen möchte. Was hier – in Gestalt einiger zierlich gereimter, aber doch weitgehend belangloser Verse – in den Briefverkehr der Geliebten sich einmengt, ist ein Kunstgriff ganz eigener Art. Denn tatsächlich ist der jungen Poetin weniger an der Verskunst als an der Zuwendung des Dichters gelegen – und mit diesem raffinierten Manöver gelingt es ihr, sich im Brief jener Geliebten den Zugang zum Innersten des Mannes zu verschaffen, der ihr der »interessanteste Mann scheint, den sie je kennengelernt hat«. Im Gegensatz zu all den Damen, die ihm, wie sie findet, »auf die lächerlichste Weise den Hof machen«, begibt sie sich dabei nicht aus der Deckung, sondern bewahrt (»Ich hielt Unauffälligkeit für das sicherste Benehmen«) ihre Absichten ganz für sich, hinter der Redseligkeit ihrer »glatten und hübschen« (Byron) Verse wunderbar getarnt.

Zunächst wird die junge Lady Annabella Milbanke enttäuscht, kommt es doch nicht, wie erhofft, zur einer näheren Bekanntschaft mit dem Dichter, sondern nur zu ein paar freundlichen, aber doch eher gleichgültigen Bemerkungen zu ihrer Verskunst, die ihr wiederum nicht unmittelbar, sondern von der Freundin (und Konkurrentin) zugetragen werden. Dennoch kommt ihre Stunde – und sie kommt in dem Augenblick, als das Verhältnis mit Lady Caroline dem Ende sich zuneigt (als der wohlmeinende, rührend besorgte Ehemann sie ins Ausland bringt und sie der Einflußsphäre Byrons entzieht). Byron seinerseits, der von einer langanhaltenden finanziellen Malaise verfolgt wird, sinniert darüber nach, seinem Leben eine Form zu geben – was ihn auf den Gedanken bringt, sich zu verheiraten. Daß seine Wahl dabei auf die junge Lady Annabella Milbanke fällt, ist weniger einer verspäteten Gefühlsaufwallung für die junge Poetin zuzuschreiben als dem Kalkül, auf diese Weise, wenn schon nicht sich selbst, so doch wenigstens seine Gläubiger zufriedenzustellen (abgesehen davon, daß ihm die verwandtschaftliche Bindung zu den Milbankes, einer Tante der jungen Frau wegen, durchaus nicht unsympathisch ist).[320] Tatsächlich entpuppt sich, was seine Lebensführung anbelangt, der romantische Dichter als ein überaus nüchterner Geist – ganz im Gegensatz zu Lady Annabella, die sich aus dem Mangel an Gefühl und »Romantik« dazu veranlaßt sieht, seinen Antrag abzulehnen. Woraufhin Byron sich und ihr gratuliert, einer Ehe entkommen zu sein, die doch nur ein »kalter Imbiß« hätte sein können, und kurzerhand mit einer anderen Verehrerin (einem »warmen Abendessen«, wie er sagt) vorliebnimmt.

Dieses frühe, so prosaische Ende markiert freilich erst den Anfang. Denn Lady Annabella, die junge Strategin, führt ein Manöver, das dem Lauf der Geschichte eine neue Wendung gibt. Es ist abermals ein Brief, mit dem sie die Initiative ergreift. Zwar ist er diesmal von ihr selbst unterschrieben, aber nicht weniger fadenscheinig als die erste apokryphe Sendung im Brief der Geliebten. Hatte sie sich damals als Poetin ausgegeben, so gibt sie nun vor, unglücklich in einen anderen verliebt zu sein

– ein Umstand, der, wie sie findet, Byron und sie zu einer Schicksalsgemeinschaft verschweißt, was sie zum Anlaß nimmt, eine gemeinsame Korrespondenz vorzuschlagen. Byron, der von diesem Ansinnen einigermaßen verdutzt, von der vermeintlichen Aufrichtigkeit dieser *confessio* jedoch beeindruckt ist, gibt dem nach. Und so entspinnt sich ein längerer Briefwechsel, der, unter dem Zeichen eines »falschen Geständnisses«, die Geschichte eines Mißverständnisses beschreibt. Was die junge Annabella Milbanke anzieht, ist, neben dem Umstand, daß der Autor eine umjubelte Zelebrität der Gesellschaft ist, die Kenntnisnahme »authentischer Anekdoten«, die »schrecklich pervertierte Gefühle« offenbaren. Zwar heuchelt sie Abscheu, gleichwohl ist die Geste der Selbstaufopferung, mit der sie Byron »die zeitweilige Befriedigung, die er aus der Bekanntschaft mit mir ziehen kann«, aus »Christenpflicht und Humanität«[321] nicht verweigern zu können glaubt, doch eher die wohlfeile Maskerade ihrer Begierde, einen tieferen Blick in die Seelenabgründe ihres Auserkorenen zu werfen. So ist die andere Seite der Bekehrungssucht das Faszinosum des Antipodischen, Irrationalen, eine Seite, die der jungen Dame, die sich selbst für ein durch und durch rationales, ja mathematisches Wesen hält, durchaus fremd ist. So sehr ist sie eingenommen von dieser Überzeugung, daß es ihr wider alle Vernunft gelingt, den dunklen Charakter des begehrten Objekts auf dem Briefpapier zu einem Spiegelbild ihrer selbst umzuformen, oder genauer: so weit zu banalisieren, daß man zuletzt, bevor man zur Ehe schreitet, tatsächlich bei der Frage angelangt ist, wie man es denn mit der Religion halte...

So ist, was als Liebesheirat gedacht war, eine Art Mißverständnis, eine Verbindung, die von Anbeginn unter einem Unstern steht. Denn die junge Romantikerin, die diese Heirat doch so strategisch betrieben hat, muß entdecken, daß sie sich in sich selbst und dem anderen getäuscht hat. Der Dichter, lebensgroß, ist ein von Ängsten gepeinigter, abergläubischer Fatalist, ein Trinker, der im Schlaf mit den Zähnen knirscht, nur mit einer Pistole und einem Dolch unter der Bettdecke schlafen kann, ein Hypochonder und Hysteriker, den das geringste Vorzeichen über Stunden und Tage außer Fassung bringen kann. All das ist zuviel für die junge Lady Byron, diese »Prinzessin der Parallelogramme« (Byron), die bis zu diesem Augenblick sich in dem Wahn gefallen hatte, den Charakter ihres Künftigen wie eine Romanfigur, gleichsam auf dem Reißbrett, entwerfen zu können. So jäh und gründlich deromantisiert, kommt sie zu dem Schluß, daß sie mit einem Geisteskranken verheiratet sei. Da sie mit dieser Einschätzung seines Geisteszustandes allein dasteht, durchstöbert sie seine Papiere, füllt kleine Dossiers mit den beobachteten Anomalien und wendet sich, solcherart munitioniert, an diverse Ärzte und Sachverständige, die, wie sie meint, für diesen Fall von Geistesumnachtung (oder »Hydrocephalie«, wie sie nach der Lektüre einer medizinischen Zeitschrift und eine Falles von Wasserköpfigkeit eindeutig diagnostizieren zu können glaubt) zuständig sein müßten. Tatsächlich entpuppt sich die lyrische, empfindsame Seele der Annabella Milbanke als überaus robust, ja bis zur Unempfindlichkeit engherzig – ist es Byron, der in dieser Beziehung der Düpierte ist, einer Gefühlsheuchlerin aufgesessen, die in dem Augenblick, da sie den Blick in das Innere seiner *schrecklich pervertierten Gefühle* getan hat und ihre Neugier gestillt hat, sich mit Grausen abwendet.

Ein Jahr nach der Hochzeit, kurz nach der Geburt der Tochter Augusta Ada im Jahre 1816, verläßt sie ihren Mann. Die Umstände dieser Trennung sind bemerkenswert: nicht nur deshalb, weil es der jungen Lady Annabella gelingt, sie ohne Verlust an gesellschaftlicher Reputation zu bewerkstelligen, sondern vor allem, weil diese Trennung begleitet ist von der Teilnahme einer überaus neugierigen Öffentlichkeit. Strategin, die sie ist, spielt die junge Lady Byron virtuos auf dieser Klaviatur. Da ihre Geistesumnachtungshypothese sich nicht hat halten können, streut sie Gerüchte über ein inzestuöses Verhältnis aus, das Byron mit seiner Halbschwester Augusta gehabt haben soll – ein Umstand, der im viktorianisch sich einschnürenden England als so skandalös empfunden wird, daß er den beherzten Schritt der jungen Ehefrau rechtfertigt und sie jeder weiteren Erklärung enthebt. Byron dagegen, der im Klima vager Andeutungen, Verdächtigungen und zunehmend erkaltender Blicke keinerlei Möglichkeit hat, dem entgegenzutreten, muß erleben, daß er, kaum vier Jahre, nachdem er zum Stern der Gesellschaft emporgehoben worden ist, sich zur gemiedenen Unperson verwandelt. Die Confessio, mit der der Briefwechsel mit der jungen Dame begonnen hatte, erweist sich nun als ein Vexierbild moralischer Inquisition. Schließlich, nachdem es seiner Frau gelungen ist, auch seine Halbschwester Augusta gegen ihn aufzubieten (und zwar, indem sie die verschüchterte junge Frau, die Mittäterin, oder besser: das »Opfer« seines Vergehens, zu einem »Geständnis«

nötigt, mit dem Freundschaftsversprechen, die Sünde aus ihrem Leben zu tilgen), läßt Byron – gesellschaftlich diskreditiert – seine Bibliothek versteigern, verläßt England und kehrt zu Lebzeiten nicht mehr zurück. Sieben Jahre lang lebt er in Italien, in Venedig und Ravenna, dann verläßt er Italien und schließt sich dem Freiheitskampf der Griechen gegen die Türken an. Freilich, was wie der Kampf eines »Hyperion« scheint, ist ein sonderbar surreales, desperadoartiges Unterfangen – der Privatkrieg eines reichen, englischen Edelmannes, der auf eigene Kosten eine Legion finanziert (und der vor allem seines Geldes wegen in den Rang eines Generals erhoben wird). Dieser Krieg dauert ein einziges Jahr: 1824 stirbt Byron in Messolonghi, von seinen Ärzten so oft zur Ader gelassen, daß er verblutet. Ein romantischer Tod.

Das Kind. Das, was sie von ihrem Vater erhält, ist bis auf einen kurzen Monat Vaterstolz eine lebenslängliche Abwesenheit und jener Schatten des Inzests, wie er im Namen *Augusta* verewigt ist und in der Gestalt und dem Benehmen der etwas sonderbaren, allzu demütigen Tante fortlebt. Die andere Seite des Inzests ist das Unsagbare (und so wird dem Kind, das danach fragt, ob Vater und Großvater ein und dieselbe Person seien, verboten, weiter von dem Vater zu sprechen).

Die erste Mitgift, die Augusta Ada Byron von ihrer Mutter erhält, ist ein Gedicht, das die junge Lady Byron zur Geburt ihrer Tochter schreibt – und das den bezeichnenden Titel *The Unnatural Mother* trägt. Was sich darin – noch in Versform und halb verwundert – artikuliert, ist das Erstaunen der jungen Frau, nichts Besonderes für das Kind zu empfinden. In diesem Punkt zeigt sich die junge Lady Annabella einigermaßen feinfühlig – zeichnet sich die »unnatürliche Mutter« auch im folgenden durch eine besondere Gefühlskälte aus, ist sie vom Schlage einer Eiskunstläufermama, die sich für ihr Kind nur insoweit erwärmen kann, als dieses ihren eigenen Wunschbildern entspricht. »Ich möchte Mama gefallen«, schreibt das Kind, »damit sie und ich glücklich werden« – und dann fährt es fort, von seinen Schulleistungen zu berichten und sich des mangelnden Enthusiasmus zu bezichtigen. Es ist die vorweggenommene Geschichte ihrer selbst: ein Narzißmus der Defizienz. So wie Augusta Ada von ihrer Mutter traktiert wird, so wird auch sie selbst nach der Geburt ihres ersten Kindes darüber räsonieren, daß sie gerne ein »mathematisches Kind« besitzen würde, um es in dieser Wissenschaft unterweisen zu können.[322]

Lady Annabella begeistert sich, wohl in dem Maße, in dem ihr das einfache Gefühl für das Kind abgeht, für die experimentelle Pädagogik Emmanuel von Fellenbergs, eines Pestalozzi-Nachfolgers, und gründet ihrerseits Schulen. Später konvertiert sie zur Phrenologie, einer medizinischen Richtung des frühen 19. Jahrhunderts, die versucht, die Charaktereigenschaften eines Menschen auf seine Schädelform, das heißt: auf gewisse organische Veranlagungen seines Hirns zurückzuführen. Wie immer die Neigungen der Lady Annabella Milbanke aussehen: bemerkenswert ist, daß sie sich wie eine Art Antidotum gegen die romantische Gefühlsverirrung ausnehmen, der sie doch selber zum Opfer gefallen ist. Das Kind liefert seinerseits einigen Grund, ihm mit allerlei Sachverständigen auf den Leib zu rücken. Nach einer Maserninfektion kann es die Beine nicht mehr bewegen und ist ein ganzes Jahr bettlägerig, es leidet an Aphonie, Anorexie, Asthma, in der Adoleszenz kommen Nervenzusammenbrüche hinzu. Gegen die überhitzte Empfindsamkeit ordnet die Mutter strengstes Stilliegen an, so daß ihre Gouvernante schreibt:

>»(...) in Anwesenheit Lady Byrons schien sie augenblicklich gefügig – widerstandslos nahm sie hin, daß man ihr die Fingerbeutel anlegte, um sie anschließend eine halbe Stunde in den Schrank zu sperren. (...) Gegen zwei Uhr mittags begab sich Lady Byron nach Leicester – ich bin der festen Überzeugung, daß Ada im Zuge ihrer Abwesenheit nicht eine Sekunde den Anreiz aus den Augen verlor, sich wohlgesittet zu verhalten, um ihrer Frau Mama bei deren Rückkehr infolge eines positiven Bericht große Freude zu bereiten.«[323]

Das, was in der experimentellen Pädagogik der »unnatürlichen Mutter« zur Blüte gelangt, ist zweifellos eine Hysterika ersten Grades, eine Vorläuferin jenes Typs, wie er im 19. Jahrhundert die medizinischen Fachbücher füllt. Die Psyche des Kindes wird fortgesetzt von Experten untersucht, und je nach Konjunktur wechselt die Richtung. Dort, wo zuvor unreflektiertes Gefühl und Erfahrung hatte walten können, sammeln sich Rezepturen, Diskurse, Expertenmeinungen. So besehen wächst das Kind – auch wenn es der Realität der Städte weitgehend fern bleibt – keineswegs unberührt von der sich rasch verändernden Welt auf. Wenn die Tochter später, im Nachdenken über die Analytische Maschine, zu dem Schluß kommt, daß Geist Kapital sei, so ist dies nichts, was sie nachbetet, ohne eine eigene Anschauung davon zu haben, es ist ihr vielmehr vertraut von Kindheit an. Denn im Verhältnis zur Mutter herrscht eine strenge Liebesökonomie: Für gutes Betragen bekommt das Kind sogenannte *tickets*, die es sammeln und in etwas anderes umtauschen kann.

Mutter & Tochter. Das ist eine Verbindung, die nicht aufhören will, die unauflösbar ist: wie zwei Spiegel, die, einander gegenübergestellt, sich ins Unendliche widerspiegeln. Und dennoch, so sehr das eine ins andere hinein reflektiert, so sehr die eine Seite eine getreue Widerspiegelung der anderen scheint – in Wahrheit sind es zwei Spiegel, die einander nicht trauen, ja, die im andern vor allem eine Verzerrung des eigenen Bildes beargwöhnen, eines Bildes darüber hinaus, das als solches keineswegs gesichert ist. In diesem Sinn ist das Spiegelspiel zwischen Mutter und Tochter kein narzißtisches Spiel, sondern eher ein Spiel der Abwesenheit, der Defizienz, ein Spiel, in dem es niemals um ein Zuviel, sondern stets um ein Zuwenig, um einen Mangel geht.[324] Folglich beeilt sich die Tochter, das Versagen der Mutter in Szene zu setzen, die Mutter das Versagen der Tochter – und doch vermag genau diese Spielregel niemals sichtbar zu werden, waltet vielmehr ein ausdrückliches Innigkeitsgebot. Fast scheint es, als ob sich der Inzest des Vaters, in symbolischer Form, hier wiederholte, als ob die Gleichung zwischen Mutter und Tochter, dieser stets enttäuschte Übereinstimmungswunsch (»daß Mama und ich glücklich werden«), heimgesucht würde von einem dunklen Geheimnis – als ob, bei all der Wesensverwandtschaft, eine Art grundlegender Unvollkommenheit waltete. »So anomal«, äußert sich die Mama über ihre längst erwachsene Tochter, »so begabt und doch so unvollkommen«. Was freilich nichts anderes als die Widerspiegelung jenes Leitmotivs ist, das sie doch selbst angestimmt hat, ein Akt ausgleichender Gerechtigkeit: nämlich daß sich im Spiegelbild der »unnatürlichen Mutter« eine »unnatürliche Tochter« zeigt.[325]

Vielleicht ist dies der Grund, daß man im familiären Umgang ganz besonders herzig miteinander umgeht. Beschwörung der Harmonie. Freilich, die Gefühle sind eher Gefühlsheuchelei: abgeschmackte, formelhafte Liebkosungen, ein regressives *Baby talk*, das nicht aufhören will und das, wie eine Übersprungshandlung, von Generation von Generation sich weiterleitet. Nicht nur, daß auch die erwachsenen Frauen ein solches Gefühlskauderwelsch miteinander pflegen, darüber hinaus setzt sich dies in der Ehe der Augusta Ada fort, wird auch der eingeheiratete Ehemann der mütterlichen Sprachregelung unterworfen – tituliert man sich, ganz *entre nous*, »Henne«, »kleine Gans« oder »Krähe«. Natürlich ist die Wahl des Ehemannes alles andere als eine Zufallsentscheidung. Lord King, der spätere Lord Lovelace, der im trauten Bestiarium die »Krähe« darstellt, ist eine Fortsetzung der Mutter mit anderen Mitteln. Weswegen es kein Zufall, sondern Notwendigkeit ist, daß er aufs beste mit der Schwiegermama harmoniert, ja, ihrem Vorbild soweit zu entsprechen sich anschickt, daß er seinerseits eine experimentelle Lehranstalt ins Leben ruft.

Das Verhältnis von Mutter und Tochter ist ein System von Spiegelungen und Widerspiegelungen, Reflexionen von Reflexionen. Nicht nur, daß Mutter und Tochter einander auf diese Weise gegenüberstehen, dieses System wird noch dadurch verkompliziert, daß die beiden Spiegelbilder einander die Außenwelt vorführen, und zwar realiter (in Gestalt disponibler Projektionsfiguren wie der eingeheirateten »Krähe«) wie auch in diskursiver Form, anhand geeigneter Theorien. So tauschen Mutter und Tochter eine ganze Zeit phrenologische Selbstdeutungen aus.[326] Jedoch belegen all diese, mit großem Pomp und Gewicht aufgetragenen Selbstbedeutungen, die einen Zug ins Megalomane nicht verhehlen können, wie sehr das Mutter-Tochter-Verhältnis einer inzestuösen Verstrickung gleicht. Hier zeigt sich zudem, daß das Interesse an der Phrenologie vor allem darin besteht, den eigentlichen Seelenabgründen auszuweichen, ist es doch sehr viel einfacher, den eigenen Charakter auf eine Besonderheit der Schädelform zurückzuführen, als sich der Übung einer gründlichen Selbsterforschung zu unterziehen. In diesem Sinn sind Mutter und Tochter, so sehr ihr Verhältnis eine Art Schlachtfeld zu sein scheint, doch auch Komplizinnen. Freilich bedarf es – da das Eigentliche: die Mutter- und Tochterliebe, nicht angerührt werden darf – aller erdenklichen Prothesen und Kampfmittel. Und so kommt es, daß das, was traute Innigkeit zu sein scheint, tatsächlich ein *Imbroglio* der Diskurse verkörpert. In der kleinen, sorglosen und geschlossenen Welt des britischen Hochadels verwandelt sich alles zum Text, wird diskursiv, beginnt zu flottieren. Das

Gefühlsdefizit wandelt sich um zur Pädagogik, der Liebesmangel zur Liebesökonomie. Die Größenphantasien, die Mutter und Tochter in Form von phrenologisch-psychologischen Selbstdeutungen miteinander austauschen, sind nicht wirkliche Bilder, sondern eher Fluchtbewegungen in die Abstraktion. Entwirft die Mutter eine Theorie ihrer »natürlichen Überlegenheit«, so antwortet die Tochter mit einem Selbstportrait als General. »Ich bin bewundernswert als Organisator, als Direktor anderer Oberaufseher. (...) Addiere dazu meine totale Defizienz natürlicher Kinderliebe und ein überaus delikates und verletzliches Nervenkostüm... und du wirst dich nicht darüber verwundern, daß ich sie gelegentlich (um es platt aber wahr auszudrücken) als regelrechte Plage empfinde. Ich glaube, ich bin zur Erziehung geeignet, mit angemessener Hilfe. Aber als Oberhaupt, als General.«[327] So wird Ada, was ihre eigenen Kinder anbelangt, die nämlichen Muster reproduzieren, die auch Annabella Milbanke ausgezeichnet haben, sie wird wesentlich die gleichen, rabiaten Erziehungsmethoden anwenden, die sie selbst schon zur Hysterikerin gemacht haben. Insofern ist es kein Zufall, daß das, was Mutter und Tochter verbindet, die gemeinsame Lektüre ist. »Mama & Ich lesen die ›Bridgewater Treatises‹, wie interessant!«

Der Große Unbekannte. Achtzehnjährig, im Jahr 1833, lernt Ada Charles Babbage kennen, anläßlich einer Vorführung seiner Differenzmaschine, jenes mechanischen Rechenwunders, das ihn seit einem Jahrzehnt beschäftigt, das aber, zu dieser Zeit, größeren Plänen weicht. Babbage, 1791 geboren, ist nur drei Jahre jünger als Byron, ihr verstorbener Vater. Am Trinity College ausgebildet, erwirbt er sich bald einen Ruf als hervorragender Mathematiker – gleichwohl gehen seine Interessen schon sehr früh dahin, sein theoretisches Denken umzusetzen. Das ist nicht ungewöhnlich in dieser vorpositivistischen Zeit, in der es genaugenommen den Typus des »Wissenschaftlers« noch nicht gibt, oder lediglich *in statu nascendi*, wie er sich in Gestalt eines Alexander von Humboldt, eines Arago, eines Fox Talbot erst herausbildet. Es ist die Stunde der reisenden Naturphilosophen, die, in einer *Grand Tour*, die Wunder der Welt konstatieren und, mit kühnem Strich, Theorien aufs Papier werfen. Es ist die theoretische Neugierde, die Babbage zu einem Polyhistor und Polytechniker macht und die so vielfältige Tätigkeiten entbindet, daß sie kaum in einem einzelnen Leben Platz zu finden scheinen. Er ist Mathematiker und Astronom, er schreibt eine Politische Ökonomie (*On the Economy of Manufactures*, aus der Marx fleißig exzerpiert), er ist der erste Theoretiker des Lebensversicherungswesens (*A Comparative View of the various Institutions for the Assurances of Lives*, 1826), er beschäftigt sich mit der Taucherglocke und der Möglichkeit submariner Navigation (im Artikel »Diving Bell« in der *Encyclopedia Metropolitana*), er entwirft und konstruiert den ersten Fahrtenschreiber für die Eisenbahn, er ist Begründer der Statistischen Gesellschaft und ein Theoretiker der Gletscherbildung, er steigt in den Vesuv hinab und entwirft eine *Theorie isothermischer Oberflächen in der Geologie*, er beschäftigt sich mit Spieltheorie und der Frage, ob ein Automat in den Stand versetzt werden könne, ein Spiel zu spielen. Ganz zu schweigen von den Miszellen, Nebenbeschäftigungen und Divertimenti: wie das Verfassen eines kleinen Balletts als Rahmenhandlung für das farbige Licht, das er für die Theatertechnik entwirft, oder die Beschäftigung mit der Kryptologie (die ihn immerhin dazu bringt, eine systematische Sprachanalyse vorzunehmen und den Sprachkörper auf eine Art zu zergliedern, wie es die heutigen Computer tun), eine Reform des englischen Post- und Paketwesens oder Erwägungen darüber, wie man fälschungssichere Banknoten herstellen kann. Einiges, das für ein anderes Leben ein großes Momentum wäre, bleibt anekdotisch, wie etwa der Umstand, daß es Babbage ist, der gut zwanzig Jahre, bevor sie realisiert wird, die Anregung zur ersten Weltausstellung gibt, die Greenwich Zeit anregt und so weiter...

Babbage ist ein utilitaristischer Philosoph. Bezeichnenderweise trägt die Summe seines Lebens, seine Autobiographie, den Titel *Passages from the Life of a Philosopher*. Philosophie hat hier (wie im 19. Jahrhundert üblich) einen anderen Zungenschlag, sie hat nichts gemein mit dem grüblerischen Sinnieren über das Sein und das Nichts. Haben die Philosophen die Welt bislang nur verschieden interpretiert, so setzt Babbage alles daran, sie umzugestalten. In gewisser Hinsicht ist das Motto, das er der Ausbreitung seines Lebens voranstellt, ein Erklärungsmuster, ist hier der Mensch, oder genauer: der Prozeß der Menschwerdung, als der eines *werkzeugmachenden Tiers* gedacht.[328] Es ist diese Folie einer gleichsam philosophisch gedachten Technologie, vor der Babbages Haupt- und Lebenswerk zu sehen ist: jene Große Maschine, die ihn sein Leben lang beschäftigt hat und die eigenen Aussagen zufolge auf das Jahr 1812 zurückgeht. Zunächst konzipiert er eine Rechenmaschine – die sogenannte Differenzmaschine –, die mittels eines Räderwerkautomatismus sämtliche arithmetischen Operationen ausführen und anschließend auch ausdrucken soll. Im Jahr 1823 gelingt es Babbage, die englische Regierung für seine Pläne zu begeistern und einige Mittel für den Bau dieser Maschine zu erhalten, die alles, was es bis dahin an feinmechanischer Konstruktion gegeben hat, in den Schatten stellen soll. So komplex ist diese Maschine, daß er im Jahr 1826 einen Aufsatz mit dem Titel *On a method of expressing by signs the action of machinery* veröffentlicht, der ein elaboriertes Zeichensystem vorstellt, mit dem es gelingt, die verschiedenen Bewegungszustände der Gesamtapparatur zu simulieren. Bei diesem Verfahren, das Babbage selbst als »einen der wichtigsten Beiträge« bezeichnet, die er dem menschlichen Wissen hinzugefügt habe,[329] werden sämtliche Einzelteile der Maschine durchnumeriert und in eine »language of signs« übersetzt. Diese Symbol- und Zeichensprache ist im wesentlichen eine überaus präzise Notation von verschiedenen Modi der Bewegung und der Ruhe, die ebenso die Verzahnungen der Teile und ihre Krafteinwirkungen aufeinander notiert. Das Eigenlob, das Babbage sich selbst spendet, ist durchaus nicht unbegründet, versetzt ihn doch diese Symbolsprache in den Stand, hochkomplexe Bewegungsabläufe zu simulieren – und sie anschließend erst in Auftrag zu geben. Tatsächlich ist er gezwungen, nicht nur jedes Einzelteil seiner Maschine selbst zu entwerfen, sondern auch die Werkzeuge zu konstruieren, die zu seiner Herstellung vonnöten sind (denn eine Werkzeugmaschinenindustrie gibt es noch nicht).

Im Verlauf seiner Arbeit an der Rechenmaschine, die immer wieder von Schwierigkeiten mit den staatlichen Geldgebern behindert wird und in jenem Modell der Differenzmaschine (das Ada Lovelace dann 1833 zu Gesicht bekommt) ihren Abschluß findet, verändert sich die Richtung seiner Gedanken. Und zwar dahingehend, daß Babbage von dem engen Ziel seiner Differenzmaschine abrückt und eine Maschine ins Auge faßt, die sehr viel umfassender konzipiert ist und die er die »Analytische Maschine« nennt. Das Modell, auf das er sich beruft, ist der Jacquardsche Webstuhl. Was Babbage daran besonders hervorhebt, ist die Tatsache, daß in dieser Maschine der materielle Maschinenkörper und das Programm getrennt sind. Das Programm, das in Form einer Lochkarte vorliegt, ist gewissermaßen ein Abstraktum, eine Maschine für sich. Das, worauf es Babbage ankommt, ist, daß das Muster, das die Maschine erzeugt (und das von dem Lochkartenprogramm gesteuert wird), im Wortsinn vom »Stoff« unabhängig ist – denn welche Fäden man dazu auch benutzt, stets wird die »Form des Musters« dieselbe sein, nur die Farben werden differieren. So wie im Fall des Webstuhls die Farben des Stoffes die Variablen darstellen, so denkt Babbage sich eine Maschine, die, unabhängig von den jeweiligen numerischen Werten, algebraische Muster weben wird.

Soweit ist, was Babbage ersinnt, tatsächlich eine »perfekte Analogie«[330] zum Jacquardschen Webstuhl. Konzeptuell jedoch geht er einen entscheidenden Schritt weiter, indem er entdeckt, daß dieser Kreislauf geschlossen werden kann – daß die Maschine, eine entsprechende Apparatur vorausgesetzt, ihre Ergebnisse abspeichern und diese in Form von Lochkarten wieder einlesen kann, daß es mithin möglich ist, eine Maschine zu konzipieren, die, wie er sagt, »sich selbst in den Schwanz beißt« (das heißt: die über jenes Vermögen verfügen soll, das man heutzutage »Feedback«, oder in der Computerterminologie »Iteration« nennt). Babbages Apparatur ist damit – in einem materiellen Sinn – gewissermaßen als ausgeleert zu denken. Ihr Sinn besteht darin, sich zu Text, ja zu einer Bibliothek aufzulösen[331] – womit nichts anderes als die romantische Vorstellung von der »lebendigen Enzyklopädie« Gestalt annimmt.

Damit dieser Kreislauf der Schrift möglich ist, muß die materielle Maschine über einen Speicher verfügen, in dem die betreffenden Lochkarten gelagert werden – sowie über eine Apparatur, welche die aktuellen Anweisungen ausführt, das, was Babbage eine »Mühle« nennt (und was in der heutigen Terminologie »Prozessor« genannt wird). Wie weitsichtig Babbage in der Konzeption seiner Analytische Maschine ist, wird ersichtlich daran, daß er nicht nur die Logik der Iteration und des Feedbacks, sondern darüber hinaus auch die Kontrollmöglichkeiten erfaßt, die mit der Textur der Maschine gegeben sind. So ist in seinem Plan vorgesehen, daß die Maschine, da sie doch ihre Ergebnisse in Lochkartenform ausdruckt, auch die reguläre Einspeisung überwachen und etwa eine Lochkarte, die nicht die geforderte Seriennummer trägt, zurückweisen kann.[332] In gewisser Hinsicht ist das, was Babbage mit seiner Analytischen Maschine formuliert, nichts anderes als der Prototyp eines modernen Computers – nur daß ihm jene Sprache der Null und der Eins fehlt, die George Boole in seinen *Laws of Thought* formuliert. So wäre, um diesen Schritt erweitert, bereits in der Mitte des 19. Jahrhunderts ein Computer im modernen, zeitgenössischen Sinn denkbar gewesen – und genau dies ist der Traum, den Augusta Ada Lovelace zu träumen beginnt.

Der Körper des Wissens. Das achtzehnjährige Mädchen versteht nicht viel von dem, was Babbage vorführt – wie sollte sie auch, ist doch selbst den Mitgliedern des Parlaments, die über die Fortsetzung dieser seiner Arbeit befinden (und zwar abschlägig[333]), die Bedeutung seiner Apparatur nicht beizubringen. Gleichwohl macht die wundersame Apparatur, oder genauer: das in ihr verkörperte Wissen, einen so unerhörten Eindruck auf sie, daß sie sich ihrerseits sofort darum bemüht, Mathematikunterricht zu erhalten. Freilich geht es hier um mehr als um das Erlernen mathematischer Fertigkeiten, hat sich im Kopf der jungen Frau, die bereits von allerlei körperlichen Gebrechen heimgesucht worden ist und sich längst als ein besonders nervöses, delikates Wesen anzusehen sich angewöhnt hat,[334] die Idee festgesetzt, daß das Studium der Mathematik eine Art Selbstertüchtigungsprogramm, ein Antidotum darstellt. So ist in dem Schreiben, in dem sie den ausgewählten Lehrer, einen gewissen Dr. King, um seinen Ratschlag angeht, nicht so sehr von ihrem mathematischen Interesse die Rede als von *religiöser Pflichterfüllung* und davon, Imaginationen und Gedanken kontrollieren zu wollen. Nach der (etwas absurden) Selbstbezichtigung, in ihrem bisherigen Leben allzusehr dem Lustprinzip gefrönt zu haben, entwirft sie das Gegenbild strenger, asketischer Gedankenarbeit – ein Bild, das auf überaus unschuldige Weise in eine gleichsam intellektuelle Hingabephantasie einmündet, in der sich die avisierte Wissenschaft als eine Art Lust-Wissen, als *scientia sexualis* zu erkennen gibt: »Here am I, ready to be directed.«[335]

Zweifellos: die Mathematik ist eine Ausflucht, die in symbolischer Form verheißt, was sich der jungen Frau realiter versagt, sie ist die Fluchtmaschine, die die unterdrückten Gefühle auf sich ziehen kann. So ist es kein Zufall, daß ihr Interesse an der Mathematik sich an Babbages Rechenmaschine entzündet hat, und damit an jenem Punkt, wo das Wissen nicht eigentlich abstrakt und unkonkret bleibt, sondern wo es einen Körper angenommen hat. Es ist das, was ihr vorschwebt: der makellose Körper des Wissens, die reine Perfektion – und so besehen liegt ihre Faszination nicht so sehr auf der Seite des Wissens, sondern dort, wo das Wissen sich hypostasiert, wo es körperlich wird, wo es in seiner Transparenz, seiner Vollkommenheit und Intersubjektivität so etwas wie einen Idealkörper vorstellt. Wissen, das ist Lust-Wissen,[336] es ist das Wissen, das die körperliche Lust überwunden hat.

Der entfremdete, deterritorialisierte Körper der Hysterika erfindet sich gewissermaßen neu: Er steigt zu Kopf, er wird zur Phantasmagorie der Vollkommenheit und Reinheit, er wird zu einem Körper, an dem alles Dunkle und Anstößige aus dem Raum herausdividiert worden ist. In gewisser Hinsicht könnte man sagen, daß auch das Körperempfinden der Ada Lovelace, ebenso wie die Logik des George Boole, zwischen der Null und der Eins oszilliert – mit dem entscheidenden Unterschied freilich, daß die Operation sich in vivo sehr viel schwieriger gestaltet als auf dem Papier. Während es logisch betrachtet nur ein kurzer Gedankenschritt ist, das »reine X«, das nichts ist als X, zu prädizieren, so erweist sich der materielle Leib nicht nur dieser, sondern überhaupt aller Logik gegenüber als unzugänglich, ja scheint er sich gerade in dem Maße zu versagen, in dem er kontrolliert wird. Es ist die Deterritorialisierung, der Bannspruch der Unvollkommenheit (der die kaum verhohlene Maske der Sündhaftigkeit ist), welche den Hintergrund bildet für die Sehnsucht, diesem Gefängnis zu entkommen, sich in einen anderen, makellosen und funktionstüchtigen Körper hineinzuträumen. Im Körper des Wissens (jenem Körper, den sie so wunderbar hat funktionieren sehen) gibt es all das nicht, was die junge Frau von Kindesbeinen so gequält hat, daß sie, wie man sagt, sich in die Krankheit (oder genauer: in die Nichtwahrnehmung ihres Körpers) geflüchtet hat. Im Körper des Wissens gibt es keine Zweideutigkeit, keine genealogische Schuld. Vor allem gibt es nicht jenes dunkle Wissen von der Herkunft, das abwesend immer anwesend war und – als Schreckbild – die geheime Antriebskraft jener pädagogischen Maschine darstellt, mit der die Mutter das Kind bearbeitet hat und mit der dieses in der Folge sich selber traktiert.

Das Genie. Sie ist sechsundzwanzig, als sie vom »Verbrechen« ihres Vaters erfährt. Ein Leben lang darauf abgerichtet, ihn zu verabscheuen, identifiziert sie sich nun mit ihm, wertet jene dunkle Aura, die den Vater umgibt, zu einer Art Glorienschein um. Das Verbrechen, dessen die Mutter ihn bezichtigt hat, wird nun zum Ausweis seines *Genies*, das sie selbst geerbt zu haben glaubt: So wie ihr Vater Poet war, so fühlt sie sich als Erwählte, als Naturphilosophin, als ein mathematisches, ja geradezu als metaphysisches Genie. In gewisser Hinsicht verschafft ihr diese Identifikation mit dem, der ihr nie mehr hatte sein können als eine Abwesenheit, einen gewissen Freiheitsraum, da sich auf diese wunderbare Weise das so delikate Nervenkostüm erklären läßt und sie sich darüber hinaus auch dem Reglement von Mutter und Gatten entziehen kann. Psychostrategisch betrachtet besetzt Ada Lovelace die *camera obscura*, die dunkle Kammer der Familiengeschichte, und gewinnt, indem sie zur Gralshüterin des väterlichen Genies wird, jenen Raum, der es ihr erlaubt, sich gegenüber Mutter und Ehemann abzugrenzen. Bezeichnenderweise sind gerade sie es, denen Ada die ersten Proben ihres Sonderdaseins überliefert:

> Ich glaube eine höchst einzigartige Kombination von Qualitäten zu besitzen, die mich hervorragend zu einer Entdeckerin der geheimen Realitäten der Natur machen... dieser Glaube hat sich mir aufgedrängt. Erstens: Einer besonderen Gabe meines Nervensystems zufolge habe ich Unterweisungen über einige Dinge, die niemand sonst hat... eine intuitive Unterweisung von Dingen, die Auge, Ohr und den gewöhnlichen Sinnen verborgen sind. Zweitens: meine immensen Verstandeskräfte. Drittens, mein Konzentrationsvermögen, womit ich nicht bloß meine, daß ich meine ganze Energie und Existenz auf etwas richten kann, sei es was es sei, sondern das Vermögen, auf einen jeglichen Gegenstand oder eine jegliche Idee einen großen Apparat, der sich aus scheinbar irrelevanten und unwesentlichen Quellen speist, zur Anwendung zu bringen... Nun, hier habe ich etwas geschrieben, was die meisten Menschen einen bemerkenswert verrückten Brief nennen würden, und doch eine der logischsten, nüchternsten und kühlsten Kompositionen, die ich (wie ich glaube) je entworfen habe.[337]

Das »Genie«, so wie Ada Lovelace es sich entwirft, scheint tatsächlich eher einer Poetologie zu entspringen als für die Mathematik zu taugen, ist hier doch fast ausschließlich von »Gefühl«, von »Imagination« und von geheimen Qualitäten des Nervensystems die Rede, von Qualitäten also, die dem strengen Kalkül im wesentlichen fremd sind. Was sie im Körper des Wissens sucht, ist ja auch nicht das Wissen als solches, sondern der Ort, wo sich Wissen zum Körper formiert, wo die metaphysisch überhöhte Idealform ihres materiellen Leibes sie für die leibliche Deformation zu entschädigen weiß, wo ihr Narzißmus der Defizienz seine Einlösung findet – im Geistkörper, in der *scientia sexualis*.

In dem Jahr, in dem sie vom Inzestverbrechen des Vaters erfährt, kommt es zu einem schwerwiegenden Nervenzusammenbruch. Wenig später wird sie den Brief an Babbage übersenden, in dem sie ihm ihren Kopf anbietet. Freilich, was oberflächlich eine Art Ergebenheitsadresse an den verehrten Geistesführer ist, trägt einen Subtext, der bereits einen Riß ankündigt. Ist ihr Verhältnis zu Babbage nach außen eine Neuauflage jener Hingabephantasie, wie sie in ihrem Schreiben an ihren ersten Lehrer durchgeklungen ist (*Here am I, ready to be directed*),[338] so machen sich doch jene Prätentionen bemerkbar, die sich aus dem vererbten Genie des Vaters ableiten. Zunächst jedoch begnügt sie sich mit dem Wunsch, daß der Verbindung ihrer beiden Köpfe jene große Wunschmaschine, jenes »mathematische Kind« entspringen möge, das ihr die Wirklichkeit (oder genauer: die Kindhaftigkeit ihres Kindes) versagt hat. Ihr Anerbieten ist von der Phantasie geleitet, daß, wenn Babbage sich bereit erklärte, ihr sein Formelgefüge einzuträufeln, ihr Kopf, gleichsam als eine symbolproduzierende Gebärmutter, diese seine Maschine hervorbringen würde. In diesem Anerbieten liegt zugleich eine Art versteckter Überlegenheitsphantasie: die Vorstellung, Babbage sei auf sie angewiesen und würde, auf sich allein gestellt, unfruchtbar bleiben.

Woher, so könnte man fragen, dieses Überlegenheitsgefühl? Worauf gründet es sich? – Zweifellos nicht auf mathematischen Fertigkeiten, sondern eher auf einem gefühlsmäßigen Surplus, auf eben dem, was Ada Lovelace in ihrer Korrespondenz mit Babbage gern ihr »Genie« nennt. Hier liegt eigentlich die Bedeutung der Ada Lovelace: Sie begreift die Apparatur, an der Babbage arbeitet, als Hypostase eines ihr naturwüchsig innewohnenden Codes. Demnach wäre das, woran Babbage arbeitet, im Grunde nur die Verkörperung eines Regelsystems, das sie längst schon im Kopf hat. Genau dieser Punkt führt in ihrem Briefwechsel mit Babbage zur ersten Verstimmung und schließlich zur Entfremdung – zumindest was die Zusammenarbeit anbelangt (die tatsächlich nicht viel mehr war als eine eher unbedeutende Assistententätigkeit, die Übersetzung eines einzigen Textes und Annotationen zu dieser Übersetzung).[339] War es zu Anfang ihr Sinn für das Revolutionäre seines Projekts, das Babbage für die junge Frau eingenommen hatte, so entfernt er sich von ihr in dem Maße, in dem sie, als selbsternannte Hohepriesterin seiner Maschine, über das hinausschießt, was ihm selbst vorschwebt. Denn so revolutionär Babbage in seinen Vorstellungen ist, die Maschine ist ihm doch weitgehend Mittel bzw. Werkzeug, über das man verfügt. Ada Lovelace hingegen vollzieht eine Gleichsetzung, die im Grunde über jene Maschine (an der Babbage nurmehr theoretisch, in einer Unzahl von Blättern und einzelnen Werkstücken arbeitet) hinausgeht – ja, die gewissermaßen den Charakter des Codes affiziert. Wenn (so ihr Kalkül) der Funktionsmodus der Maschine darin besteht, sämtliche symbolischen Daten zu bearbeiten, so kann man diese ebensogut abgelöst vom materiellen Mechanismus betrachten. Von hier ist es nur ein kurzer Schritt zu jener megaloman anmutenden, freilich der Logik der Maschine folgenden Vorstellung, daß man einen »Calculus des Nervensystems« erstellen könne, ja daß der Funktionsmodus ihres Gehirns eine Weltformel enthalten müsse.

In gewisser Hinsicht ist damit das alte Projekt der *mathesis universalis* weitergesponnen, nur daß es sich gewissermaßen aus dem siderischen, korpuskularen Raum herausgelöst hat und nunmehr das Hirn als das eigentliche Sonnensystem begreift. Die Maschine (eben weil sie keines Körpers mehr bedarf, weil sie sich zu Text aufgelöst hat) wird zum Körperideal der Hysterika (der Vorstellung, vom Körper erlöst zu werden). Arbeitet Babbage an einer *universalen Maschine*, so träumt sich Ada Lovelace in den Bereich der Universalsprache, eine mystische Vereinigung mit der Maschine hinein. Diese Phantasie ausgedrückt zu haben ist ihr besonderes Verdienst. Etwas, was auszudrücken man getrost ihr selbst überlassen kann:

> Ich habe eine große Furcht davor, die Kräfte zu reizen, von denen ich weiß, daß ich sie über andere habe, & deren Gewißheit ich mir erst sehr unwillig eingestanden habe, ja, die ich lange Zeit für absurd und phantastisch gehalten habe... Aus diesem Grunde vermeide ich alle Versu-

chungen, diese Kräfte absichtlich auszuüben... Ich sollte lieber die Hohepriesterin von Babbages Maschine sein und meine Lehrzeit absolvieren, bevor ich mich selbst für wert erachte, einen Schritt höher zu gehen und die Hohepriesterin des Allmächtigen Gottes zu sein... En passant, ich bin ziemlich krank im Augenblick...«[340]

Pneuma. Ada Lovelace träumt. Sie träumt den Traum der Maschine, sie träumt, daß die Maschine an die Stelle ihres Körpers tritt. Die Maschine: Das ist in der Phantasie der Hysterikerin das Synonym für den vollkommenen, gefügigen Körper, das Musterbild der Selbstkontrolle.[341] Die Maschine fungiert, wie das mathematische Zeichen überhaupt, als eine Art Antidotum gegen den kläglichen Zustand, in dem sich Ada befindet. Und insofern beschreibt der Traum der Maschine eine Art Fluchtbewegung: läßt sie aus ihrem Körpergefängnis heraustreten, aus diesem beschwerlichen, peinerzeugenden Ding, das sich ihrem Willen versagt, das sie mit Lähmungen, Blutungen und Herzbeschwerden schlägt. Vor allem geht es aber darum, jenen Mutterzugriff abzuwehren, der sich ihr in direkter oder in vermittelter Form (über den Ehemann) bemerkbar macht. So markiert die Maschine, als das *ganz Andere*, eine Art Versprechen: *A Room of One's Own*, ein Zimmer ganz für sich selbst.[342] Die Welt der Maschine kann ihr als Verheißung erscheinen, weil sie geschichtslos ist, weil es hier weder eine Mutterschuld noch den Makel des Vaters abzutragen gilt. Die Maschine, so könnte man sagen, ist frei von Schuld.

Freilich, der Traum der Maschine meint nicht wirklich Entgrenzung, sondern stellt eine Konversion oder besser eine Transsubstantiation dar: die Phantasie eines *ganz anderen* Körpers, eines Körpers, der logisch ist, rational, ebenso willfährig und geschmeidig wie die algebraischen Zeichen auf dem Papier. Als *Braut der Wissenschaft* versucht Ada Lovelace ihren enteigneten, seiner Wahrheit beraubten Körper in metaphysischer Form neu zusammenzusetzen, mit den reinen Zeichen zu vermählen. Andererseits ist das reine Zeichen, insofern es die materielle Maschine anzutreiben vermag, seinerseits keine abstrakte, nichtswürdige Größe, sondern real. Und an dieser Stelle nun (da es um die Inkarnation des Zeichens geht), geht Ada Lovelace einen Schritt weiter als Babbage, begreift sie doch Babbages Denkmaschine als Modell ihres Denkens selbst – und ihr Hirn als einen Supercomputer. Dabei spielt das Kalkül – setzt man ihre Lebensumstände voraus – eine wesentliche Rolle. Stellt der leibliche Körper ein prekäres, überaus labiles *Nervenkostüm* dar, so wird er, insofern er zu Kopf steigt, zu einem *Calculus des Nervensystems* geadelt. Damit aber ist er nicht mehr der bestimmte, jeweilige (und »jemeinige«) Körper, sondern eine allgemeine Figur. Das, was »man« ist. Hier liegt die entscheidende Umwertung. Der versagende Körper der Hysterika schafft sich eine Sprache, indem er von sich selbst ablenkt, indem er sich verallgemeinert, indem er das Kostüm des *Wissenskörpers* überstreift. Wer sich mit wem vermählt, ist dabei nicht unwesentlich. Wenn die Nonnen des Mittelalters in der Vereinigung mit dem Heiland eine spirituelle Sexualität praktizierten, vermählt sich die *Braut der Wissenschaft* weder mit der materiellen Maschine noch mit ihrem leiblichen Schöpfer. Das, worauf sie abzielt, ist die *unio mystica* mit dem eigenen Kopf. Das Ver-Sagen des hysterisierten Körpers wird mit der Sprache der Rationalität überdeckt. Es deutet sich um, es wird überindividuell, nimmt eine (gewissermaßen) naturgesetzliche Logik an. In diesem Akt, den die Psychoanalyse gemeinhin »Rationalisierung« nennt, liegt die eigentliche Bedeutung der Ada Lovelace. Die Hysterika sagt die Wahrheit. Nicht als ein Positivum, aber in der Figur der Defizienz, des Ver-Sagens, der umgedeuteten, sinnhaft verschobenen Rationalität. Es ist dieses ihr Versagen, das sie so überaus empfänglich macht für die Sprache, die mit dem Computer in die Welt tritt.

An dieser Stelle zeigt sich die paradigmatische Bedeutung der Ada Lovelace. Tatsächlich ist ihre Hysterie so etwas wie ein Orakel der Moderne, nehmen ihr Größenwahn und ihre Erlösungsphantasien vorweg, was, vor der Silhouette der verkörperten, dinggewordenen Maschine, eine gewisse Objektivität für sich reklamieren kann, was jedoch nichts anderes ist als eine Form institutionalisierter, kultureller Hysterie: die märchenhaften Verheißungen der Künstlichen Intelligenz, die Vorstellung, daß ein jedes Gehirn in seinem digitalen, binären Funktionsmodus die Universalformel in sich trage. In diesem Sinn gehören Babbage und Ada Lovelace tatsächlich zusammen – ist es dieses Paar, welches die Doppelgesichtigkeit jenes Tableaus kennzeichnet, vor dem der Computer zu lesen ist. Die instrumentelle Vernunft, so wie sie in der Gestalt des Charles Babbage personifiziert ist, beschreibt nur die halbe Wahrheit; ihr gehört untrennbar jene andere Hälfte zu, die den Traum der Maschine träumt:

das Delirium, das Phantasma, das sich immer dort bemerkbar macht, wo der Körper verstummt. Die Maschine, insofern sie Körpermetapher ist, ist niemals ganz rational, sie ist stets auch ein Objekt der Begierde, ein Spiegel des Selbst, welcher den Narziß, den paralysierten Körper, für sein Verschwinden entschädigt.

Postscriptum. Augusta Ada Lovelace stirbt im Jahr 1852, nicht ganz siebenunddreißig Jahre alt. Die Jahre der mathematischen Unterweisung stellen nur eine Episode in ihrem Leben dar. Nach der Übersetzung von Menabreas *Notions sur la machine analytique de Charles Babbage*, die ihren eigentlichen und einzigen Beitrag zur Geschichte des Computers darstellt, wendet sie sich anderen Dingen zu, mit dem gleichen unbändigen Drang zur Perfektion. Sie spielt Harfe und singt, schafft sich einen Geliebten an und beginnt schließlich auf Pferde zu wetten. Diese Leidenschaft fügt ihr immense Verluste zu. Im Jahr 1851 erleidet sie mehrfache Unterleibsblutungen. Die Ärzte diagnostizieren Gebärmutterhalskrebs (was, wenn denn das Leben ein Roman und die Krankheit eine Metapher wäre, die treffende symbolische Todesursache wäre). In dem Maße, in dem ihre Kräfte nachlassen, übernimmt ihre Mutter wieder das Regiment, behütet sie vor ihren Wünschen. Noch nach ihrem Tod wird sich die Mutter damit brüsten, die Zusammenkunft mit dem Geliebten verhindert zu haben. Babbage, der unverdächtige Freund der Familie, wird als Testamentsvollstrecker eingesetzt. Eine der letzten Notizen, die Ada Lovelace hinterläßt, ist der Mutter gewidmet: »An meine Mutter ›Malgré tout‹«, und dann findet sich ein Hinweis auf den Psalm 17, Vers 8. Dort steht: »Behüte mich wie Deinen Augapfel, birg mich unter dem Schatten Deiner Flügel.«

KAPITEL 9

Die schwarze Sonne

> Es gibt unzählige dunkle Körper neben der Sonne zu erschließen – solche, die wir nie sehen werden. Dies ist, unter uns gesagt, ein Gleichnis; und ein Moral-Psycholog liest die gesamte Sternenschrift nur als eine Gleichnis- und Zeichensprache, mit der sich vieles verschweigen läßt.
> (*Friedrich Nietzsche*)

Der Einbruch des Unbewußten in das Denken markiert eine tiefe Erschütterung, eine Erschütterung, die jener Demütigung gleichkommt, die der frühen Neuzeit zuteil wurde, als sie erfahren mußte, daß die menschliche Sphäre keinesfalls den Mittelpunkt des Weltalls darstellt. In gewisser Hinsicht wirkt die vom Unbewußten zugefügte Demütigung noch sehr viel gravierender; ist es doch etwas anderes, das Privileg eines höchst abstrakten Weltmittelpunkts an andere Himmelskörper abzugeben, als sich des Vollbesitzes der eigenen geistigen Kräfte beraubt zu sehen. Wenn das Unbewußte (in der Formel der Unzurechnungsfähigkeit) justitiabel geworden ist, so besagt dies ganz allgemein, daß sich das abendländische Denken im Normalzustand als vermindert zurechnungsfähig denkt – und diese Minderung wiederum ist nichts anderes als das kollektive Eingeständnis jener Instanz, die nach Freud das Unbewußte heißt. Die Vernunft seit Freud[343] hat, ganz allgemein gesagt, eine Art kopernikanischer Wendung genommen – was sich nicht zuletzt darin äußert, daß auch erklärte Nicht-Freudianer und Gegner der Psychoanalyse sich des psychoanalytischen Werkzeugkastens befleißigen und ein *terminus technicus* wie die »Verdrängung« ins Alltagsdenken eingewandert ist. Zweifellos muß hier eine Revolution der Denkart angesetzt werden. Aber wie kommt es dazu? Und was ist ihr Kern? All diese Fragen führen zurück zu jenem Komplex, dem Freud den Namen des Unbewußten verliehen hat.

Nun ist ein wesentlicher Punkt: hat man es mit einer *Entdeckung* oder mit einer *Erfindung* zu tun? Hat das Unbewußte die Funktion eines Naturgesetzes oder ist es selbst als Gedankenmaschine zu lesen? Diese Frage ist keine Spitzfindigkeit: Spricht man von einer Entdeckung, so ist damit nahegelegt, daß das Unbewußte als psychischer Kontinent zu verstehen ist, eine *terra incognita*, die zwar immer schon existiert hat, deren Eroberung aber bis zu jenem Augenblick auf sich hat warten lassen, da ein vierzigjähriger Wiener Nervenarzt sich anschickte, die Unterwelt seiner Träume zu analysieren. Von einer Erfindung zu sprechen setzt hingegen einen ganz anderen Akzent: Dann nämlich hat man es mit dem Ingenium Freuds zu tun. Unter diesen Auspizien wäre es sinnvoll, das Freudsche Triebwerk zu historisieren. Man müßte es auf die gleiche Weise betrachten, wie wir auch die anderen Vehikel ins Auge fassen, die das 19. Jahrhundert hervorgebracht hat: Nikolaus August Ottos Ottomotor beispielsweise. Wenn die Vorstellung eines solchen Blickes merkwürdig anmutet, so deshalb, weil Freud das Kunststück gelungen ist, seine Gedankenmaschine vor dem *Zahn der Zeit* zu bewahren, und dies im Wortsinn, hat er doch – ganz offenbar mit der großen Zustimmung der Nachwelt – die Zeitlichkeit aus dem Unbewußten herausexpediert.

Als der siebenundsiebzigjährige Freud im Jahr 1933 in seinen *Neuen Vorlesungen zur Einführung in die Psychoanalyse* sein Denken über das Unbewußte in gedrängter Form referiert, gibt er deutlich zu verstehen, daß hier nicht von einer persönlichen Denkfigur, sondern von einer zeitlosen Wahrheit die Rede ist: »Es gibt im Es nichts, was man der Negation gleichstellen könnte, auch nimmt man mit Überraschung die Ausnahme von dem Satz des Philosophen wahr, daß Raum und Zeit notwendige Formen unserer seelischen Akte seien...«[344] Wenn das Unbewußte raum- und zeitlos ist, so ist es *nicht historisch*, dann ist jener Blick, der es den Apparaturen des 19. Jahrhunderts zur Seite stellen möchte, kategorisch ausgeschlossen.[345] Damit aber ist implizit gesagt, daß man es mit einer *Entdeckung* zu tun hat, daß man das Unbewußte also als eine Art *Naturgesetz* denken muß. Vor diesem Hintergrund ist klar, daß der Versuch, das Unbewußte als historische Gedankenapparatur aufzufassen, auf den schärfsten Widerspruch – oder psychoanalytisch gedacht: auf den heftigsten Widerstand treffen muß.

So fraglos und selbstgewiß die Freudsche Formel erscheinen mag, so ist sie doch durch eine Merkwürdigkeit gekennzeichnet – eine Merkwürdigkeit, die sich erst erschließt, wenn man sich die fast kategorische Nichtbeachtung vor Augen hält, die Freud der Philosophie zuteil werden läßt. Der Bezug auf Kant markiert eine jener seltenen Stellen, an denen er sich ausdrücklich und in einem argumentativen Sinn auf eine philosophische Instanz bezieht. Hat sich Freud nach außen stets als *Naturforscher* geriert und die Zurschaustellung philosophischer Prätentionen peinlichst vermieden, so ist es jedoch keineswegs so, daß er der Philosophie distanziert gegenüberstünde; im Gegenteil markiert sie eine Jugendliebe, deren Anziehungskraft unvermindert fortwirkt und sich im Alterswerk zunehmend als solche zu erkennen gibt. Just zu jener Zeit, da sich in seinem Kopf die Vorstellung des Unbewußten formiert, schreibt Freud an den Berliner Freund Wilhelm Fließ, der für eine lange Zeit eine Art *alter ego*,[346] ein zärtlich geliebtes intellektuelles Double darstellt: »Ich habe als junger Mensch keine andere Sehnsucht gekannt als die nach philosophischer Erkenntnis, und bin jetzt im Begriffe, sie zu erfüllen, indem ich von der Medizin zur Psychologie hinüberlenke. Therapeut bin ich wider Willen geworden.«[347] Liest man die Freudsche Beschreibung des Es (die doch seinen Beitrag zur Philosophie darstellt[348]), so wird deutlich, daß sich Freud auf das Piedestal des Ebenbürtigen stellt. Mehr noch: Indem er die *Ausnahme von dem Satz des Philosophen* konstatiert, weist er dem großen Königsberger nicht bloß seine Grenze zu, sondern gibt sich als Überwinder der tradierten Philosophie zu erkennen.

Ganz zweifellos gibt die ungeheure Resonanz, die das Konzept des Unbewußten in den Geisteswissenschaften erlebt hat, dem Freudschen Anspruch im nachhinein recht, ebenso wie man die Freudsche Theorie als konsequente Fortentwicklung der Philosophie des 19. Jahrhunderts lesen kann.[349] Es ist dieser Hintergrund, der eine andere Bemerkung verständlich werden läßt, die der befreundete Psychiater Ludwig Binswanger nach einem Besuch im Jahre 1910 festgehalten hat:

> Aus den mannigfachen Gesprächen, die ich mit Freud führen durfte, möchte ich noch einiges herausheben: 1. seine Anschauungen über das Unbewußte. Ich hatte in dem betreffenden Gespräch angeknüpft an einen Ausspruch von ihm in der Mittwochsitzung: »Das Unbewußte

ist metapsychisch, wir setzen es einfach real!« Dieser Satz sagt ja schon, daß Freud sich in dieser Frage bescheidet. Er sagt, wir gehen so vor, als ob das Unbewußte etwas Reales wäre, wie das Bewußte. Über die Natur des Unbewußten sagt Freud als echter Naturforscher nichts aus, eben weil wir nichts Sicheres davon wissen, vielmehr es nur aus dem Bewußtsein erschließen. Er meint, wie Kant hinter der Erscheinung das Ding an sich postuliere, so habe er hinter dem Bewußten, das unserer Erfahrung zugänglich ist, das Unbewußte postuliert, das aber nie Objekt direkter Erfahrung sein könne.[350]

Hier tut sich eine merkwürdige Verbindungslinie auf: das Unbewußte als Ding an sich, als das letzte, unfaßbare, gleichwohl apriorisch vorauszusetzende Objekt, das an die Stelle jener Gedankenfigur tritt, die Kant das »Ding X« genannt hat. Nun wäre es gewiß irrig, aus diesen Kant-Verweisen auf einen vermeintlichen Kantianismus zu schließen – Freud hat es, wie Laplanche bemerkt, über den zur damaligen Zeit üblichen »Konfektionskantianismus« nicht hinausgebracht.[351] Tatsächlich ist seine Rede *vom Philosophen* durchaus präzise, insoweit jedenfalls, als sie suggeriert, es gehe nicht eigentlich um Kant, sondern um die Philosophie als solche. Gleichwohl gibt es eine Rechnung, die auf Kant im besonderen ausgestellt ist – sie ist an die Apriori des Kantischen Systems geheftet. Ganz offenbar ist sich Freud hier einer Gefährdung bewußt – und es ist die nämliche Gefährdung, der auch Kant sich aussetzte, als er postulierte, »daß Raum und Zeit nur Formen der sinnlichen Anschauung, also nur Bedingungen der Existenz der Dinge als Erscheinungen sind, daß wir ferner keine Verstandesbegriffe, mithin auch gar keine Elemente zur Erkenntnis der Dinge haben, als sofern diesen Begriffen korrespondierende Anschauungen gegeben werden, folglich wir von keinem Gegenstande als Dinge an sich selbst, sondern nur sofern es Objekt der sinnlichen Anschauung ist, d. i. als Erscheinung, Erkenntnis haben können.«[352] Denn unter dieser Vorgabe, die einen Agnostizismus des Realen nahelegt, sind sämtliche Gedankenfiguren Formen der Einbildungskraft – und zwar, wie Kant ausgearbeitet hat, Formen der Einbildungskraft, die in das geistige Muster, die Apriori von Raum und Zeit eingewoben sind. Im Grunde, das ist die Folgerung, kann eine jede Vernunft nur *Phänomenologie des Geistes* sein, eine geschichtliche Abfolge verschiedener Raum- und Zeitentwürfe. Genau hier setzt Freud an: »Wie Kant uns davor gewarnt hat, die subjektive Bedingtheit unserer Wahrnehmung nicht zu übersehen und unsere Wahrnehmung nicht für identisch mit dem unerkennbaren Wahrgenommenen zu halten, so mahnt die Psychoanalyse, die Bewußtseinswahrnehmung nicht an die Stelle des unbewußten psychischen Vorganges zu setzen, welcher ihr Objekt ist. Wie das Physische, so braucht auch das Psychische nicht in Wirklichkeit so zu sein, wie es uns erscheint.«[353] Freilich: In einer sonderbaren Volte unterläuft Freud die Strenge und die Konsequenz der Kantischen Architektur. Wo die Hegelsche Philosophie in der konsequenten Verlängerung den Geist in die *Phänomenologie des Geistes* aufgelöst hat, und wo Vernunft nurmehr als Geschichte lesbar war, fällt Freud in metaphysische Unsitten zurück, insofern er die eigene Erfindung, das Unbewußte nicht als eine Gedankenfigur, sondern als das schlechthin Reale ansetzt. Dieses Unterlaufen ist um so sonderbarer, als es sich wiederum mit Kantischen Kategorien vollzieht. Hier liegt ein Grundparadox des Unbewußten. Zwar ist es als solches nicht einsehbar, aber gerade diese seine kategorische Uneinsehbarkeit ist ein Beweis seiner absoluten Realität. Das Unbewußte in diesem Sinn ist ein Un-Begriff: Es ist das, was sich, als ein Unbegreifliches, dem Begreifen entzieht. Ist diese Aussage dunkel, so gewinnt sie Licht vor dem Umstand, daß mit der Behauptung des schlechthin Unbegreiflichen das Kantische Dilemma der Vernunftkategorien aus dem Spiel ist. Denn fortan ist das Unbewußte nicht mehr unauflöslich mit dem Bewußtsein vermischt, als eine Unterströmung, die seine Geschichtlichkeit teilt und teilen muß, sondern es steht zeitlos da: eben so, daß es vom Satz des Philosophen ausgenommen werden kann.

Aber wie kommt Freud dazu, diesem Satz: »Das Unbewußte ist metapsychisch, wir setzen es einfach real!« eine solche Evidenz zuzusprechen, daß sich auf dieser Hypothese ein großes System aufbauen läßt, ein System zudem, das sich nicht damit bescheidet, bloße Hermeneutik zu sein. Liest man diesen Satz mit der Unvoreingenommenheit, mit der man das Manuskript eines X-Beliebigen studiert, so grenzt er an den reinen Irrsinn, könnte man doch aus der Tatsache, daß noch nie jemand ein Einhorn gesehen hat, mit gleichem Recht die Schlußfolgerung ableiten, daß jede Spezies vom Einhorn abstammt. Was also drückt sich in dieser Operation aus? Wie überhaupt verfällt man darauf, ein solch abgespaltenes Reich zu entwerfen, einen *darkroom*, in den, ganz im Gegensatz zu den

Grauzonen des Halb- oder des Unterbewußten, das Licht der Vernunft nicht einzudringen vermag, weder jetzt noch in aller Zukunft? Ist diese Konstruktion nicht eigentlich die unwahrscheinlichste aller denkbaren Konstruktionen? Kein Ding, sondern das Un-Ding an sich? Und was hat diese *metapsychische* Konstruktion für eine Funktion?

All diese Fragen verschärfen sich noch, wenn man sich in die Position Freuds zurückdenkt, die seiner eigentlich *psychoanalytischen* Karriere vorausgeht. Denn Freud ist von seiner Prägung keineswegs der Typus des wilden Denkers, so wenig, wie er für das prädestiniert gewesen zu sein scheint, was hier »Metapsychologie« heißt. »Ich bin«, so schreibt er in den *Studien zur Hysterie*, »nicht immer Psychotherapeut gewesen, sondern bin bei Lokaldiagnosen und Elektrodiagnostik erzogen worden wie andere Neuropathologen.«[354] Nun könnte man über diesen Teil seines Lebens sehr viel leichter hinweggehen, wenn er in die Zeit der Jugendirrungen fiele, tatsächlich jedoch umfaßt er die Hälfte eines sehr langen Lebens. So wie Freud die Abspaltung des Unbewußten betrieben hat, so hat er auch später eine Art Spurenverwischung betrieben, hat es beispielsweise vermieden, seine neurologischen Arbeiten (die z.T. richtungweisenden Charakter hatten und derer er sich keineswegs hätte schämen müssen) in die Gesamtausgabe seiner Schriften aufzunehmen. In der Tat ist der Bruch, der sich hier andeutet, schwer zu fassen, muß man doch von den *Beobachtungen über Gestalt und feineren Aufbau der als Hoden beschriebenen Lappenorgane des Aals*[355] einen intellektuellen Weg finden, der zur Traumdeutung führt, gilt es, den Histologen, der den *Bau der Nervenfasern und Nervenzellen des Flußkrebses* untersucht hat, mit demjenigen zusammenzudenken, der am Ende seines Lebens über den *Mann Moses und den Ursprung der monotheistischen Religion* nachdenkt. Wenn zwischen diesen Texten Welten zu liegen scheinen, Welten, die der altbekannten Zäsur zwischen den vorgeblich *harten* Naturwissenschaften und den *weichen* Humaniora entsprechen, so ist der Punkt, der die Scheidelinie markiert, gewiß das Unbewußte. Wenn diese Gedankenfigur einen kulturgeschichtlichen Sprengsatz markiert, eine Art kopernikanischer Umwendung des Kopfes, so geht dieser Riß auch quer durch die gedankliche Biographie seines Schöpfers. – Dennoch zeigt sich neben dem scharfen Bruch eine erstaunliche Kontinuität. So hat Freud stets Sorge getragen, die physiologische Strenge seiner histologischen Arbeit, aber auch die dort gewonnen Gedankenmodelle dorthin zu übertragen, wo nach Meinung der Naturwissenschaftler nur wildes Denken am Werk ist, eine geradezu verantwortungslose, durch nichts gestützte Spekulation. Freud war bestrebt, »die Psychologie auf einer ähnlichen Grundlage aufzurichten wie jede andere Naturwissenschaft, z.B. wie die Physik«.[356] Wie läßt sich also der Weg fassen, der aus dem Neurologen – der im Labor der Herren Brücke und Meynert histologische Untersuchungen vornimmt – den Psychoanalytiker macht, der seine Hysterikerinnen dazu animiert, in seiner *talking cure* dem Spiel der freien Assoziation nachzugehen?

Als er den Begriff der *Psychoanalyse* prägt, ist er vierzig Jahre alt: ein anerkannter Neurologe, der eine Reihe von Aufsätzen in Fachzeitschriften publiziert hat; daneben sind die gemeinsam mit Josef Breuer verfaßten *Studien über Hysterie* veröffentlicht worden und auf ein gemischtes Echo gestoßen, bei einem *Papst* der Neurologie gar auf ein vernichtendes, »niederträchtiges« Urteil.[357] Er hat aufgehört, mit seiner Frau zu schlafen. Annerl, die letzte Tochter, ein mißglückter *coitus reservatus,* führt zur gemeinsamen Entscheidung, es bei nunmehr sechs Kindern zu belassen. Seinerseits raucht er zuviel; seit zwei Jahren plagen ihn Herzprobleme und Todesängste, ein immer wiederkehrender Nasenkatarrh tut das übrige. Sein geliebter, alter Vater wird in seinem vierzigsten Lebensjahr sterben, und dieser Tod wird ihn in eine merkwürdige Form der Selbstanalyse hineinführen. Er ist Privatdozent, aber sein beruflicher Status liegt in einer merkwürdigen Zwischenzone, erlebt er doch, wie seine Interessen ihn aus seiner bisherigen Sphäre hinausführen. Hat er im Labor seiner Lehrer Brücke und Meynert Aale untersucht, Flußkrebse, Frösche, die Hirnrinde in einzelne Schichten zerlegt, Abend für Abend Hirn- und Gewebeproben entnommen, Fibern und Nervenbahnen untersucht, so löst sich sein Intellekt, aber auch sein soziales Leben zunehmend von seinen früheren Banden. Breuer, der ihn großzügig gefördert, zeitweilig sogar finanziell unterstützt hat, behandelt ihn mit wachsender Zurückhaltung. Mag sein, daß Freud, nachdem er Charcot an der Salpetrière assistiert hat, nunmehr als Ebenbürtiger gilt, nicht mehr als Hoffnung und Talent, sondern als Konkurrenz. Andere in seinem Alter werden Professoren, würdige Herren, aber er ist Jude, das ist einem *Ruf* nicht zuträglich. Während sein Leben sich nach außen hin dem bürgerlichen Gleichmaß überantwortet, entwickelt sich im Innern ein geheimes Leben. Die Sendboten dieses geheimen Lebens sind die Hysterikerinnen, die ihn in der Woche aufsuchen; es ist kein Heilungsbedürfnis, das ihn treibt, sondern vielmehr ein brennender intellektueller Ehrgeiz.

Ein anderer Zeuge, ja ein Katalysator dieses geheimen Lebens ist der Berliner Freund, der Hals-, Nasen-, Ohrenspezialist Wilhelm Fließ. Auch Fließ verfolgt ein megalomanes Projekt, versucht er doch, sämtliche Lebensäußerungen in ein Schema zu pressen, das eine 23tägige männliche, eine 28tägige weibliche Periode vorsieht. Das Buch, an dem Fließ schreibt, trägt den Titel: *Grundlagen einer exakten Biologie*, und genau hier liegt auch der Schnittpunkt der gemeinsamen Interessen, sind beide doch, jeder für sich, mit der Lösung eines Orakels, einem »großen Geheimnis der Natur« beschäftigt.[358] Die Ambitionen dieser beiden Naturphilosophen begnügen sich nicht mit einem lobenden Eintrag in den Annalen, sondern reichen in die Sphären des Größenwahnsinnigen, Feldherrenhaften hinauf. Dabei ist Fließ, dieser »Kepler der Biologie« (wie Freud ihn liebevoll nennt) keineswegs der Unterlegene. Über lange Zeit scheint sein Projekt sogar das vielversprechendere zu sein, ist es Freud, der ihn bereitwillig mit Material versorgt, den Menstruationsdaten seiner Frau beispielsweise. Das Verhalten Freuds grenzt gelegentlich an schwärmerische Verehrung: Fließ ist der »Zauberer, Heiler«[359] für ihn. Es ist ein merkwürdiges Verhältnis, eine keusche Männerfreundschaft, und zugleich eine ganz und gar hemmungslose intellektuelle Affäre. Man trifft sich irgendwo zwischen Berlin und Wien zu sogenannten »Konferenzen«, hinter denen sich freilich stets nur ein *tête-à-tête* verbirgt, sorgfältig geplante und eifersüchtig überwachte Treffen, die fast den Charakter von Schäferstündchen haben – wie überhaupt die ganze Beziehung vielmehr eine Liebesbeziehung denn eine Arbeitsbeziehung gewesen zu sein scheint. Verspätet sich ein Brief, so wird dies ängstlich verzeichnet, ebenso wie jeder Zwischenton, jede kaum hörbare Verstimmung sorgfältig registriert wird. Es ist Freud, der in dieser Beziehung den femininen Part übernimmt, der den anderen in Höhen hinaufdenkt, die doch der eigenen Ambition entsprechen. Fließ, wenn man so will, ist das *alter ego*. Im Schatten dieser schwärmerischen Identifikation arbeitet Freud jedoch systematisch an seinen eigenen Fragen – und diese Beschäftigung wird ihn Fließ entfremden. Im Jahr 1895 schreibt er einen Text, vorderhand, um dem Freund das eigene Denksystem plausibel zu machen, tatsächlich jedoch, um sein eigenes Denken in Form zu bringen. Es ist ein merkwürdiger Text, von einer mathematischen Strenge, im Gestus die Arbeit eines Naturforschers, und doch: reine Spekulation, die Konstruktion einer Gehirn- und Bewußtseinsmaschine, die er irgendwann *psychischer Apparat* nennen wird.

> In einer fleißigen Nacht der verflossenen Woche, bei jenem Grad von Schmerzbelastung, der für meine Hirntätigkeit das Optimum darstellt, haben sich plötzlich die Schranken gehoben, die Hüllen gesenkt, und man konnte durchschauen vom Neurosendetail bis zu den Bedingungen des Bewußtseins. Es schien alles ineinanderzugreifen, das Räderwerk paßte zusammen, man bekam den Eindruck, das Ding sei jetzt wirklich eine Maschine und werde nächstens auch von selber gehen. (...) Ich weiß mich vor Vergnügen natürlich nicht zu fassen.[360]

All die Vorstellungen, die Freud später ausarbeiten wird, sind hier präfiguriert. Es ist ein Text auf der Schneide, ein Text, in dem sich die beiden Lebensbezirke treffen. Irgendwo im Kopf dieses Mannes verschiebt sich etwas Grundlegendes, verwandelt sich das Neuron zum Unbewußten. Es ist, als ob eine intellektuelle Herkulesarbeit sich vollzöge – eine Arbeit, die unter dem Motto steht, das er seinem großen und eigentlich ersten Werk, der Traumdeutung, voranstellen wird: »Flectere si nequeo superos, Acheronta movebo« – Wenn ich die Himmlischen nicht beugen kann, werde ich die Unterwelt bewegen (Vergil). Mag sein, daß sich diese Jahre nach außen hin als eine Krisenzeit darstellen, in Wahrheit sind es die produktivsten Jahre seines Lebens. Die Schulden sind abgearbeitet, es gibt keine Instanz mehr, der er sich fortan verpflichtet fühlen wird. Freud wird die Brücken hinter sich abbrechen; er zieht in jene Wohnung um, die Berggasse 19, wo er bis zu seinem Exil bleiben wird. Am Ende wird ein *Solitaire* dastehen, jemand, der sich selber gezeugt hat.

Aber auch zu dieser Zeit, da Freud sich anschickt, an ein großes Geheimnis der Natur zu rühren, hat sich ihm das Unbewußte noch nicht als jene »metapsychische Instanz« offenbart, als die er es später ausgeben wird (»das Unbewußte ist metapsychisch, wir setzen es einfach real«). Der hartnäckigste Gegner einer solchen willkürlichen Setzung ist Freud selbst. Als Neurologe ist er keineswegs gewillt, eine psychische Größe zu denken, die nicht ein physiologisches Korrelat hätte. Zwar gibt es Körper ohne Psyche, aber keinesfalls eine Psyche ohne einen Körper. Ohne ihm einen allzugroßen Tort anzutun, könnte man den frühen Freud einen biologistischen Denker nennen, einen Materialisten der Seele. Wenn er Anfang der neunziger Jahre von einem »unbewußten Vorstellungsleben« spricht, so meint er damit nicht irgendeine obskure seelische Kraft, sondern etwas überaus Präzises: jene Reize, die sich als physische Apperzeptionen ins Hirn einschreiben, ohne in eine *Denkform* übersetzt zu werden, all das, was man hört, sieht und wahrnimmt, ohne es ausdrücklich zu hören, zu sehen und wahrzunehmen.[361] Dieses Unbewußte, das sich unterhalb der Wahrnehmungsschwelle ins Nervensystem einschreibt, ist mithin eindeutig neuronal codiert, kein primär psychisches, sondern ein biologisches Faktum (wie der übergroße Schmerz, der den Betroffenen mit Bewußtlosigkeit schlägt, aber von seinem Nervensystem dennoch registriert wird). Mit Rücksicht auf diese neuronale Codierung aber erscheint die Hinwendung zum Unbewußten, diesem *großen Unbekannten*, noch sehr viel merkwürdiger. Wie also kommt es dazu?

Diese Hinwendung ist nichts anderes als die Begründung der Psychoanalyse, die sich aber keineswegs als eine jähe und plötzliche Eingebung darstellt. Die Konzepte, die die Grundlage der Psychoanalyse bilden, sind in den neurologischen Fragestellungen Freuds längst ausgearbeitet.[362] Es sind vor allem jene Bereiche der Neurologie, wo der nervöse, später *psychisch* genannte Apparat im Modus der Defizienz operiert. Vor diesem Hintergrund wird der Schnittpunkt von Freuds klinischen Arbeiten deutlich: Aphasie, Kokain, Hypnose, Lähmungen – stets handelt es sich um Störungen, die den Funktionsmodus dieses Apparates deutlich machen (oder machen sollen). Wie funktioniert dieser Apparat? Daran schließt sich eine zweite Frage an: Wenn dieser Apparat eine neuronale Maschine ist, wie kommt es dann überhaupt zur Produktion von Suggestionen, Fehlfunktionen – wie also ist es möglich, daß diese Maschine *hysterisch* agiert?

Der ersten Frage stellt sich Freud im Jahr 1895, und zwar mit einer unerhörten Radikalität, im bereits erwähnten *Entwurf einer Psychologie* – jenem Text, von dem ein kluger Interpret sagte, daß er die »größte Anstrengung« sei, »die Freud jemals unternommen« habe.[363] Seine Absicht besteht darin, »eine naturwissenschaftliche Psychologie zu liefern, d. h. psychische Vorgänge darzustellen als quantitativ bestimmte Zustände aufzeigbarer materieller Teile [und sie] damit anschaulich und widerspruchsfrei zu machen«.[364] Anders gesagt: Es geht um eine *perfekte Maschine*. Bei der Konstruktion dieser Maschine setzt Freud genau dort an, wo er die Grundlage allen Lebens sieht: nämlich bei der einzelnen Nervenzelle. »Enthalten [sind] zwei Hauptideen: [1.] das, was Tätigkeit und Ruhe unterscheidet, als Q [energetische Quantität] aufzufassen, die dem allgemeinen Bewegungsgesetz unterworfen ist. [2.] als materielle Teilchen die Neuronen zu nehmen.«[365] Wenn Freud, zur Irritation seiner Schüler und Nachfolger, in seinem Lehrgebäude stets auf einer energetischen (oder auch: ökonomischen) Betrachtungsweise insistiert hat, so entspricht dies exakt der Logik, wie sie im *Entwurf* ausgearbeitet worden ist. Folgt man diesem Anspruch und fragt sich, welche Teile die Freudsche Maschine umfaßt, so wird deutlich, daß man es keineswegs mit einem begrenzten Apparat, sondern tatsächlich mit einer *Weltmaschine* zu tun hat. Das Gedankenbrouillon der Hysterika behandelt er auf der gleichen Ebene wie den Einzeller. Und wirklich ist der *Entwurf,* auch wenn er den Anschein der harten Naturwissenschaft aufrechterhält, das, was man früher eine *Kosmologie* genannt hätte.[366] Nachdem er das Neuron als das atomare Prinzip gesetzt hat, fährt Freud fort: »Von dieser Betrachtung an ließ sich ein Grundprinzip der N[erven]tätigkeit mit Beziehung auf Q aufstellen, das viel Licht versprach, indem es die ganze Funktion zu umfassen schien. Es ist dies das Prinzip der N[erven]-Trägheit [es besagt], daß [das] N[euron] sich [der] Q zu entledigen trachtet. Bau und Entwicklung sowie Leistungen [der Neurone sind] hiernach zu verstehen.«[367] Was hier noch ein mathematisches Gewand trägt, gibt sich einige Jahre später in anderer Form zu erkennen, nämlich als Libido. Nun schreibt Freud: »Libido ist ein Ausdruck aus der Affektivitätslehre. Wir heißen so die als quantitative Größe betrachtete – wenn auch derzeit nicht meßbare – Energie solcher Triebe, welche mit all dem zu tun haben, was man als Liebe zusammenfassen kann.«[368] Womit das Trägheitsgesetz als eine Art Lustabfuhr der Zelle zu verstehen ist.

Was aber passiert auf der Ebene des Einzellers, wenn die abgeführte Energie identisch mit dem gespeicherten Energiequantum selbst ist? Die Zelle, die ihre Energie an das sie umgebende Milieu abgibt, müßte sofort und unweigerlich sterben. Damit kommt eine merkwürdige Dialektik ins Spiel. Übersetzt man die Tendenz zur Erregungsabfuhr durch die vertraute Terminologie des späten Freud, der von Eros und Thanatos, Lebens- und Todestrieb spricht, so müßte man sagen, daß hier Lebens- und Todestrieb in einem Sein-zum-Tode zusammenfallen.[369] Dieses Sein-zum-Tode aber stellt, in ungeminderter, nicht-organisierter Form, das antiökonomische Prinzip par excellence dar: das Maximum an Lustabfuhr, um den Preis des unmittelbaren Todes. Es ist evident, daß Leben, wenn es diesen Mechanismus *überleben* will, sich organisieren muß, und zwar so, daß ein Teil seiner Organisation allein seiner Selbsterhaltung dient. Also muß ein bestimmtes Quantum der Energie gespeichert und als Reserve zurückbehalten werden.[370] Eine jede Organisation ist mithin als *Widerstandsarchitektur* zu denken. Vor diesem Hintergrund gewinnt auch die Idee der *Sublimation* eine neue Bedeutung, ist sie doch keineswegs dem alltäglichen Sprachgebrauch entsprechend als Verfeinerung oder Verkünstelung zu denken, sondern vielmehr als bittere Notwendigkeit. Würde das Bewußtsein in ungemilderter Form mit jener *übergroßen, blitzartigen* Energie konfrontiert, so hätte dies einen Todesschock zur Folge. Das organisierte Nervensystem sucht dieser Konfrontation dadurch zu entgehen, daß es eine entschiedene Tendenz zur Schmerzflucht entwickelt,[371] und das heißt: zur Sublimation, zur energetischen Verdünnung des somatischen Reizes. Wenn Freud nun das Bewußtsein in den Blick nimmt, so hat man es, energetisch besehen, mit homöopathisch verdünnten Restformen der ursprünglichen Reizenergie zu tun. Das Bewußtsein wäre demnach eine Art Schattenreich, eine platonische Höhle, die das Abstrahlen der ursprünglichen somatischen Intensitäten widerspiegelt: »Das Bewußtsein gibt uns, was man Qualitäten heißt, Empfindungen, die in großer Mannigfaltigkeit anders sind und deren Anders nach Beziehungen zur Außenwelt unterschieden wird. In diesem Anders gibt es Reihen, Ähnlichkeiten u.dgl., Quantitäten gibt es eigentlich darin nicht.«[372] Bewußtsein, so könnte man sagen, entwickelt sich dort, wo die somatische Quantität in Qualität umschlägt. Wie aber ist das möglich? Die Freudsche Antwort ist, daß die Übertragung von somatischer, notwendig unbewußter Quantität sich über eine Periodisierung, ein Pulsieren des Reizes vollzieht.[373] Damit aber ist der gesamte Bewußtseinsinhalt als *Symptom* gedacht. Von diesem Punkt aus wird auch das Diktum verständlich, daß es im Unbewußten nichts gibt, »was man der Negation gleichstellen könnte«. Damit ist gesagt: Das Unbewußte ist undialektisch, reine Positivität, reine Bewegung – und so hat man es nicht mit einer statischen Größe, sondern mit einer bewegten und bewegenden Größe zu tun, der absoluten Energie. Diese Energie hat ihren Ort nicht in der Geschichte, sondern in der Natur. Hier liegt seine Positivität – und genau dies ist das Charakteristikum des Unbewußten.

Betrachtet man die Maschinerie, die Freud in seinem *Entwurf* konstruiert, so läßt sich eine doppelte Verwandtschaft nicht übersehen. Zum einen hat man es mit einem elektrischen Apparat zu tun, zum anderen mit einer Logik, die man – im Booleschen Sinne – digital nennen kann. Das Neuron ist homogen,[374] und es ist entweder geladen oder nicht geladen, im Zustand der Null oder der Eins. Auf dieser Grundlage wird eine stets wiederkehrende Affinität zur kybernetischen *Wunschmaschine* plausibel – und zwar nicht als nachträgliche Aufpfropfung, sondern als latenter Bestand der psychoanalytischen Architektur.

Einer der Gründe, seinen psychischen Apparat im vorliegenden Sinn zu entwerfen, verdankt sich der zweiten großen Frage nach der hysterischen Symptombildung: Warum es etwa zu jener Szene hatte kommen können, wie er sie am Fall der Anna O. beschrieben hatte:

> Ein Mädchen, das in qualvoller Angst an einem Krankenbett wacht, verfällt in einen Dämmerzustand und hat eine schreckhafte Halluzination, während ihr der rechte Arm, über der Sessellehne hängend, einschläft: es entwickelt sich daraus eine Parese des Armes mit Kontraktur und Anästhesie. Sie will beten und findet keine Worte; endlich gelingt es ihr, ein englisches Kindergebet zu sprechen. Als sich später eine schwere höchst komplizierte Hysterie entwickelt, spricht, schreibt und versteht sie nur Englisch, während ihr die Muttersprache durch 1 1/2 Jahre unverständlich ist.[375]

Beim Verfassen des *Entwurfs* im Herbst 1895, während sich ihm der Eindruck bemächtigt, »das Ding sei jetzt wirklich eine Maschine und werde nächstens auch von selber gehen«, hat er das Gefühl, dem Rätsel der hysterischen Symptombildung auf den Grund gegangen zu sein. Er schreibt an Fließ: »Hab ich dir das große klinische Geheimnis schon mündlich oder schriftlich mitgeteilt? Die Hysterie ist die Folge eines präsexuellen Sexualschrecks. (...)›Präsexuell‹ heißt eigentlich vor der Pubertät, vor der Entbindung der Sexualstoffe, die betreffenden Ereignisse wirken erst als Erinnerungen.«[376] Im Sinne nun der entschiedenen Tendenz zur Schmerzflucht schreibt der psychische Apparat die ursprüngliche Sensation um, der ursprüngliche Sexualschreck verwandelt sich in die allfälligen hysterischen Symptome: Lähmungen, Aphasie. Bei alledem geht Freud stets von der sensorischen Energie – und damit von einem *Sinnesreiz* aus. In einem Brief an Fließ erläutert er sein Modell, dessen Novum es sei, das Gedächtnis nicht bloß einfach, sondern in mehreren *Umschriften* zu denken.

> W sind Neurone, in denen die Wahrnehmungen entstehen, woran sich Bewußtsein knüpft, die aber an sich keine Spur des Geschehens bewahren. Bewußtsein und Gedächtnis schließen sich nämlich aus. WZ [Wahrnehmungszeichen] ist die erste Niederschrift der Wahrnehmungen, des Bewußtseins ganz unfähig, nach Gleichzeitigkeitsassoziationen gefügt. Ub (Unbewußtsein) ist die zweite Niederschrift, nach anderen, etwa Kausalbeziehungen angeordnet. Ub-Spuren würden etwa Begriffserinnerungen entsprechen, ebenfalls dem Bewußtsein unzugänglich. Vb (Vorbewußtsein) ist die dritte Umschrift, an Wortvorstellungen gebunden, unserem offiziellen Ich entsprechend. Aus diesem Vb werden die Besetzungen nach gewissen Regeln bewußt, und zwar ist dieses sekundäre Denkbewußtsein ein der Zeit nach nachträgliches, wahrscheinlich an die halluzinatorische Belebung von Wortvorstellungen geknüpft, so daß die Bewußtseinsneurone wieder Wahrnehmungsneurone und an sich ohne Gedächtnis wären. (...) Ich will hervorheben, daß die aufeinanderfolgenden Niederschriften die psychische Leistung von sukzessiven Lebensepochen darstellen. An der Grenze von zwei solchen Epochen muß die Übersetzung des psychischen Materials erfolgen. Die Eigentümlichkeiten der Psychoneurosen erkläre ich mir dadurch, daß diese Übersetzung für gewisse Materien nicht erfolgt ist, was gewisse Konsequenzen hat. Wir halten ja an der Tendenz zur quantitativen Ausgleichung fest. Jede spätere Überschrift hemmt die frühere und leitet den Erregungsvorgang von ihr ab. Wo die spätere Überschrift fehlt, wird die Erregung nach den psychologischen Gesetzen erledigt, die für die frühere psychische Periode galten, und auf den Wegen, die damals zu Gebote standen. Es bleibt so ein Anachronismus bestehen, in einer gewissen Provinz gelten noch »Fueros«, es kommen »Überlebsel« zustande.[377]

Die Nähe des *metapsychischen* Freuds ist unübersehbar, gleichwohl gibt es doch eine wesentliche Differenz. Denn wenn Freud beim *Wahrnehmungsneuron* ansetzt und die *Wahrnehmungszeichen* als Material der ersten Niederschrift annimmt, so sagt er, daß der *Sexualschreck* seiner Hysterikerinnen auf einem tatsächlichen Kindesmißbrauch beruht. Etwas ist passiert – und alle Symptome gehen auf dieses Etwas zurück. Energetisch betrachtet hat man es mit einem Prozeß der Induktion zu tun. Zunehmend aber kommen Freud Zweifel am Wahrheitsgehalt dieser Hypothese. Nicht alle Väter können Kinderschänder sein. Diese Zweifel aber betreffen nicht irgendein Detail seiner Apparatur, sondern sie affizieren den Apparat in seiner Gesamtheit. Denn unter der Annahme, daß es die Sinnesreize seien, die sich ins Hirn schreiben und (als energetischer *input*) es ausrüsten mit jenen *übergroßen Quanten*, die ihrerseits umgeschrieben werden, ist es ein Ding der Unmöglichkeit, daß der psychische Apparat aus sich selbst heraus zu schreiben beginnt – das wäre, als ob ein Photoapparat Bilder schösse, ohne daß auf den Auslöser gedrückt worden sei. Das Dilemma ist abgründig. Wollte Freud mit der Konstruktion seines psychischen Apparates das Rätsel der Hysterie lösen, so muß er nunmehr gewärtigen, daß sein Apparat selbst hysterisch geworden ist – eine Annahme, die um so absurder erscheinen muß, als die ganze Apparatur auf einer materiellen Grundlage basiert. So besehen steht nicht bloß seine Annahme, daß das hypnotische Symptom auf einen Mißbrauch verweist, auf der Probe, sondern seine gesamte neurologische Weltsicht. Beruht sein Denken auf dem Grundsatz, daß *von nichts nichts kommen kann* – diesem großen Apriori des Abendlandes, das zugleich das große Tabu darstellt –, so konfrontieren ihn seine Hysterikerinnen mit Symptomen bar jeglicher Realität. Die Frage lautet jetzt: Woraus speist sich die Psyche? Was ist der Primärvorgang?

An dieser Stelle nun nimmt Freud jene entscheidende Umbesetzung vor, die seine historische Größe begründet und aus der schließlich das Unbewußte hervorgeht, in jener Form, in der es uns überliefert ist. Denn als ihm die Hypothese des Kindesmißbrauchs nicht mehr haltbar erscheint, als auf der Suche nach dem verschütteten Realitätskern immer neue Ungereimtheiten auftauchen, sieht Freud ein, daß die Architektur der Hysterie, um die es ihm zu tun war, zusammengebrochen ist. In einem Brief an Fließ schreibt er: »Ich glaube an meine Neurotica nicht mehr.«[378] Und dann: »In diesem Sturz aller Werte ist allein das Psychologische unberührt geblieben. Der Traum steht ganz sicher da, und meine Anfänge metapsychologischer Arbeit haben an Schätzung nur gewonnen.«[379] Hier nun liegt ein für die Konstruktion des Unbewußten entscheidender Umschlagpunkt. Denn wie geht Freud nun vor? Keineswegs opfert er, wie er Fließ gegenüber andeutet, seine Neurotica, er verändert und radikalisiert vielmehr den Grund, auf dem er sie betrachtet. Das Unbewußtsein, das bislang Erinnerungsspur eines Realen war, wird sozusagen autonom, es verkapselt sich zu einer *black box*, einem schlechthin Unbewußten. Dieser Kunstgriff ist so bemerkenswert wie paradox. Aus der »sichere[n] Einsicht, daß es im Unbewußten ein Realitätszeichen nicht gibt«,[380] geht das Unbewußte nicht geschwächt, sondern im Gegenteil siegreich hervor. Die Einsicht, »daß man die Wahrheit und die mit Affekt besetzte Fiktion nicht unterscheiden kann«, führt dazu, daß die Realität überhaupt als phantasmatisch und traumhaft aufgefaßt wird – während demgegenüber das Unbewußte, von aller Realität gereinigt, nun als die wirkende Realität erfahren wird. Freud opfert das Wahrnehmungszeichen und befördert statt einer informationsverarbeitenden nunmehr eine information*erzeugende* Apparatur, statt eines außenweltgesteuerten Realitätsprinzips eine innenweltgesteuerte Wunschmaschine. Freilich stürzt er die Architektur seines psychischen Apparates nicht grundlegend um. Und so mag das Unbewußte das Erbe jener Außenreize antreten, wird zur unerschöpflichen Batterie, zum Triebwerk, welches den psychischen Apparat antreibt.

Wenn das Unbewußte die wirkende Realität ist, so ist es als solches nicht einsehbar: Es markiert das *Jenseits* aller bewußten Vernunft. Mit dieser Konstruktion treibt Freud einen Keil zwischen das Unbewußte und das Bewußte, er errichtet, wie man es theologisch nennen würde, eine Zwei-Reiche-Lehre. Einerseits das Jenseits des *unsagbaren Begehrens* und ein Diesseits, das nur als Symptom, als Entstellung eines ursprünglichen Textes zu lesen ist. »Hast Du einmal«, so schreibt er an Fließ, »eine ausländische Zeitung gesehen, welche die russische Zensur an der Grenze passiert hat? Worte, ganze Satzstücke und Sätze schwarz überstrichen, so daß der Rest unverständlich wird. Solche russische Zensur kommt zustande bei Psychosen und ergibt die scheinbar sinnlosen Delirien.«[381] Bezieht man dieses Bild auf die Logik des psychischen Apparates, so ist das Bewußtsein als solches psychotisch: tritt der Urtext doch nur in umschriebener, zensierter und geschwärzter Form zutage. Nun ist diese Spaltung keineswegs eine notwendige Folge seines neuen Verständnisses vom Unbewußten, sondern bereits in seiner neurologischen Hypothese präfiguriert, daß das Bewußtsein vom *unbewußten Vorstellungsleben* schon deswegen keine Notiz nehmen kann, weil die Reizintensität des Somatischen dies von selbst verbietet. Vor dem Hintergrund dieses schlechthin uneinsichtigen *Jenseits* ist jedes Bewußtsein notwendigerweise Trug. Diese Grundannahme erklärt Freuds Sympathie für die Hysterika, drückt sie doch aus, was er für den Ur-Trug, den *proton pseudos* des Bewußtseins selbst hält.[382]

Wenn Freud im Laufe des Jahres 1896, nach dem »Sturz aller Werte«, eine Umbesetzung vornimmt, so betrifft sie das *Jenseits,* von dem aus er seinen psychischen Apparat konstruiert. Dieses Jenseits, das zuvor in der Außenwelt lag, hat sich in die Innenwelt hineinverlagert. Während Freud in der Zeit des *Entwurfs* noch angenommen hatte, daß sich die Realität sozusagen unmittelbar in den psychischen Apparat einschreibt, verlagert er die Schreibenergie nun in den Apparat selbst. Die Spaltung läuft nicht mehr zwischen Soma und Psyche, zwischen Körper und Geist, sondern sie hat ihren Ort in der Psyche selbst.

Gleichwohl ist die Freudsche Aktion im höchsten Maße paradox, insofern er die Realität des Unbewußten nicht aus der sicheren Kenntnis dieser Topographie ableitet, sondern aus der Tatsache, daß dieses – als ein Unbewußtes – aus der Sphäre des Bewußtseins herauskomplimentiert worden ist. Diese Operation aber ist folgenreich. Das Unbewußte beschreibt nicht mehr den Modus der Defizienz (ein Zuwenig an Bewußtheit oder ein Noch-Nicht-Bewußtes), sondern es wird zur Batterie umgedeutet. Damit aber – als ein Nichtabgeleitetes – kann es werden, was kein Unterbewußtes zuvor hatte sein können: allgegenwärtig und allwirksam. Und in der Tat: Es ist der Entzug, die prinzipielle Uneinsichtigkeit des Unbewußten, auf die Freud nun seine Lehre gründet. So wie Descartes das Ich aus der ungewissesten aller Denkformen, nämlich dem Zweifel, hervorgehen läßt, so stützt sich Freud auf die Gewißheit einer Ungewißheit, darauf nämlich, daß das Unbewußte dem Bewußtsein entzogen, nicht mit ihm vermischt und verschränkt sein soll. Darin liegt die Zäsur, die

Freud – ungeachtet seiner philosophischen Verwurzelung – aus der Philosophie des 19. Jahrhunderts heraushebt.[383]

Denn mit dieser Formulierung des Unbewußten kommt ein Riß in die Welt, der zuvor nicht da war. War die Figur des Unbewußten zuvor im wesentlichen der Modus einer Anwesenheit, die über das bewußte Sein hinausreicht, in jene Grenz-, Traum- und Schattenbezirke, die vornehmlich die romantische Ästhetik kennzeichnen, so wird es nun, da eine prinzipielle und kategoriale Nichtübereinstimmung zwischen dem Bewußtsein und dem Unbewußten postuliert wird, anästhetisch. Es gibt kein Hinüber, keinen kleinen Grenzverkehr, sondern eine scharf gezogene Grenze. Das Unbewußte ist eine Unzugänglichkeit, die dem Körper des Wissens so fern ist wie das Paradies oder der platonische Himmel. Der Bezug auf Platon kommt nicht von ungefähr. Tatsächlich hat man es bei der Freudschen Konstruktion des Unbewußten mit einem invertierten Höhlengleichnis zu tun. Während es im platonischen Himmel das Licht ist, von dem die Irdischen nur Schatten wahrnehmen können, so hat bei Freud die Dunkelheit des Unbewußten diese Funktion übernommen. Was uns im Kunstlicht unserer Vernunft daliegt, ist nur zum Schein so hell, es ist in Wahrheit die gebrochene Erscheinungsform eines dunklen Lichts, das diesem vorgängig ist. Vor dem Licht dieser »schwarzen Sonne« ist die Welt faßbar nur als Symptom – kann unsere Vernunft nichts anderes sein als eine Schattenwelt, die nur in der Anamnese zu jener ewig entzogenen, uranfänglichen Ordnung zurückfinden kann. Freilich: Diese Ordnung ist nicht mehr göttlicher, sondern menschlich-allzumenschlicher Natur. Nicht der Himmel, sondern die Unterwelt der Triebe wird in Dienst genommen, eine Umdeutung, wie sie auch im Vergil-Motto aufscheint, das Freud der Traumdeutung vorangestellt hat. Verheißt Platons Lichtmetaphorik den Schatten einer Götterwelt, so schwärzt sich die Verheißung der Erkenntnis durch Freud ein, der darauf insistiert, daß alle Erkenntnis der schwarzen Sonne des Unbewußten entspringt.

Die Freudsche »Entdeckung« des Unbewußten steht in einer langen Tradition, die in diesem Zusammenhang überraschen mag: nämlich der Lehre vom *logos spermatikos*.[384] Tatsächlich ist dies der Sinn jenes Traums, den Freud am 24. Juli 1895 träumt – der berühmte Traum von »Irmas Injektion«. Dieser Traum taucht wie eine Sphinx an der Pforte der psychoanalytischen Theoriebildung auf[385] und verkündet jenen Kontinent, der seither das *Unbewußte* heißt. Bemerkenswert ist, daß Freud sich in diesem Zusammenhang weniger als *Entdecker* denn als *Empfangender* beschreibt. Der Traum:

> Eine große Halle – viele Gäste, die wir empfangen. – Unter ihnen Irma, die ich sofort beiseite nehme, um gleichsam ihren Brief zu beantworten, ihr Vorwürfe zu machen, daß sie die »Lösung« noch nicht akzeptiert. Ich sage ihr: Wenn du noch Schmerzen hast, so ist es wirklich nur deine Schuld. – Sie antwortet: Wenn du wüßtest, was ich für Schmerzen jetzt habe im Hals, Magen und Leib, es schnürt mich zusammen. – Ich erschrecke und sehe sie an. Sie sieht bleich und gedunsen aus; ich denke, am Ende übersehe ich da doch etwas. Ich nehme sie zum Fenster und schaue ihr in den Hals. Dabei zeigt sie etwas Sträuben, wie die Frauen, die ein künstliches Gebiß tragen. Ich denke mir, sie hat es doch nicht nötig. – Der Mund geht dann auch gut auf, und ich finde einen großen Fleck, und anderwärts sehe ich an merkwürdig krausen Gebilden, die offenbar den Nasenmuscheln nachgebildet sind, ausgedehnte weißgraue Schorfe. – Ich rufe schnell Dr. M. hinzu, der die Untersuchung wiederholt und bestätigt... Dr. M. sieht ganz anders aus als sonst, er ist sehr bleich, hinkt, ist am Kinn bartlos... Mein Freund Otto steht jetzt auch neben ihr, und Freund Leopold perkutiert sie über dem Leibchen und sagt: Sie hat eine Dämpfung links unten, weist auch auf eine infiltrierte Hautpartie an der linken Schulter hin (was ich trotz des Kleides wie er spüre)... M. sagt: Kein Zweifel, es ist eine Infektion, es macht nichts; es wird noch Dysenterie hinzukommen und das Gift sich ausscheiden... wir wissen auch unmittelbar, woher die Infektion rührt. Freund Otto hat ihr unlängst, als sie sich unwohl fühlte, eine Injektion gegeben mit einem Prophylpräparat, Prophylen... Propionsäure... Trimethylamin (dessen Formel ich fettgedruckt vor mir sehe)... Man macht solche Injektionen nicht so leichtfertig... Wahrscheinlich war auch die Spritze nicht rein.[386]

Nach einem Jahrhundert psychoanalytischer Dechiffriertätigkeit ist der sexuelle Charakter des Traums augenfällig. Denkt man sich die Bewegung als Kamerafahrt, so führt der Traum in eine große Halle und bleibt auf Irma hängen (die eine jener Hysterikerinnen ist, die Freud allwöchentlich konsultieren). Ihre Klage mündet in eine Halsuntersuchung ein, wobei sich Irma – nach Art der Frauen – ein bißchen sträubt und den Mund nicht öffnen will. Freud, der Arzt, blickt nun in ihren Schlund und entdeckt ein weißliches, schorfartiges Etwas. Das Hinzutreten der Kollegen, die sich – in der Form eines medizinischen *gang bang* – über die arme Irma hermachen, markiert zugleich eine Art Begehren und eine Schuld, hat der geliebte Freund und Kollege Fließ Irma doch einer wenig erfolgreichen Nasenoperation unterzogen. In diesem Register geht es nun weiter: Wenn Irma mit einer möglicherweise verunreinigten Spritze eine Injektion verabreicht bekommen hat, und noch dazu von Freund Otto (der Freud unlängst eine Flasche billigsten Ananasschnapses mitgebracht hat), so enthüllt diese Kette mit schönster Deutlichkeit, daß die gynäkologische Untersuchung (die mit einer Halsuntersuchung begonnen hat) nur die Maskerade eines Beischlafs ist. Nicht von ungefähr steuert der Traum auf die Formel des Trimethylamin hin, das ein Zersetzungsprodukt des Spermas ist.[387] Alles – das sagt diese Formel, die Freud fettgedruckt vor sich sieht – ist Libido. Jede Idealität läßt sich auf ein sexuelles Begehren zurückführen, und dieses Begehren ist unauflöslich mit Scham, Schuld und Unreinheit verbunden. So schreibt Freud an Fließ: »Die Eckstein [d. i. die Irma des Traums] hat nur aus Sehnsucht geblutet.«[388] Aber es ist nicht die Scham seiner Hysterikerinnen allein, es ist auch die eigene. Die Untersuchung der Irma erinnert Freud an die eigenen Kunstfehler, darüber hinaus hat er unlängst erfahren, daß die eheliche Empfängnisverhinderungsmethode an der eigenen *Unreinheit* gescheitert ist. Setzt man diesen Traumgehalt in Bezug zum Gedanken des *logos spermatikos*, so könnte man geradezu von einer *befleckten Empfängnis* sprechen.[389] Diese Befleckung steht für alle Personen des Traumes, für den hinkenden, bartlosen Doktor M. (hinter dem sich der depotenzierte Mentor Breuer verbirgt, von dem sich Freud zu dieser Zeit verabschiedet), sie steht für die Freunde Otto und Leopold, sie steht auch für Fließ, dessen Kunstfehler in der Behandlung der Emma Eckstein in Form der namenlosen Angst auftaucht, man habe etwas übersehen können. Was hinter der bürgerlichen Fassade eines Geburtstagsempfanges lauert, sind dunkle Geheimnisse, Infektionen, die man sich eingefangen hat wie einen Virus und von denen man hofft, daß sie sich ausscheiden werden. Und doch artikuliert sich in diesem Traum noch etwas anderes, etwas, das über die kontaminierte Sexualität hinausgeht. Denn Freud *empfängt* hier die Lösung all jener Rätsel, die ihn seit Monaten umtreiben. Wie die Oblate des Mittelalters sich in den Leib Jesu *transsubstantiiert,* so transsubstantiiert sich das Gefühl von Scham und Schuld zur Idee des Unbewußten, und das heißt: zum Triumph, der Lösung des Rätsels teilhaftig geworden zu sein.

In diesem Sinn ist das Trimethylamin die Formel der *reinen Vernunft,* die besagt: daß alles libidinös besetzt und befleckt ist – also *unreine* Vernunft, befleckte Empfängnis. Was aber, so würde ein Theologe fragen, ist das für ein merkwürdiger Logos? Der Bezug erschließt sich im Bild der schwarzen Sonne. Statt des hellen, göttlichen und makellosen Lichtes hat man es mit einer unauslöschbaren Dunkelheit zu tun, statt des Versprechens auf Wiedererlangung des Paradieses mit einer drohenden Rückkehr des Dschungels. »Den Inhalt des Unbewußten kann man einer psychischen Urbevölkerung vergleichen.«[390] Die Welt der Ideale wird gleichsam von unten her, von den niederen Instanzen herauf kontaminiert (so daß die Formel des *Wie im Himmel, so auf Erden* einfach umgedreht werden muß). Genau diese Enthüllung wird Freud zu einer systematischen Untersuchung der befleckten Ideale anleiten, einem Projekt, das er sinnigerweise als *Drekkologie* bezeichnet.

> Ich kann Dir kaum ausführen, was sich mir alles (ein neuer Midas!) in – Dreck auflöst. Es stimmt ganz zur Lehre vom innerlichen Stinken. Vor allem Geld selbst. Ich glaube, dies geht über das Wort »schmutzig« für »geizig«. Ebenso gehen alle Geburtsgeschichten, Fehlgeburt, Periode über das Wort »Abort« (Abortus) auf den Lokus zurück. Es ist ganz toll, ist aber ganz analog dem Vorgang, wie Worte eine übertragene Bedeutung annehmen, sobald sich neue der Bezeichnung bedürftige Begriffe einfinden.[391]

Die Formel des Trimethylamin ist so etwas wie eine Abbreviatur, ein Gedanke, der, indem er gedacht wird, die Pforte aufstößt, die Freud in die Kammern des Unbewußten führt. An dieser Stelle nun kommt eine Dimension ins Spiel, die in der Regel ausgeblendet wird (und die Freud aus plausiblen Gründen der Betrachtung nicht für wert gehalten hat): das Begehren des Analytikers. Nimmt man die persönliche Situation Freuds, so ist klar, daß hier eine gewisse Asymmetrie zur Libido-Formel liegt, hat Freud doch keinerlei sexuelle Interessen an seiner Patientin. Was ihn antreibt, ist vielmehr die Leidenschaft, das Geheimnis der Natur zu ergründen, ein ausschließlich *intellektuelles* Begehren. Ordnet man den

Irma-Traum in seine intellektuelle Entwicklung zu dieser Zeit ein, so wird klar, daß hier der Bruch zwischen den beiden Lebenshälften vollzogen, daß der Neurologe und Kliniker verabschiedet, der Psychoanalytiker empfangen wird. Ein Kommentator hat es auf die treffende Formel gebracht, »daß diesem Traum (...) das historische Gewicht zukommt, geträumt worden zu sein, um analysiert zu werden, und analysiert worden ist, um eine sehr bestimmte Aufgabe zu erfüllen.«[392] Freud empfängt darin die Formel des Unbewußten, jene Formel, die es ihm endlich gestattet, seinen psychischen Apparat als eine Maschine zu entwerfen, die tatsächlich von alleine geht. Vor dem Hintergrund der Kantischen Problematik, die die Denkwerkzeuge an den Denker zurückadressiert (was Freud mit der Konstruktion des *Unbewußten* gleichfalls hätte gewärtigen müssen), wird klar, warum er sich in die Position desjenigen begibt, der empfängt. Denn dies erlaubt ihm, das selbstverfertigte Apriori als eine *höhere Macht* anzusetzen. Das Unbewußte in diesem Sinne ist nicht befleckt von einer individuellen Urheberschaft, es ist überindividuell, übergeschichtlich, unwandelbar – und es ist der Dr. Freud, dem dieses Mysterium zuteil wurde. Unterstellt man (wie ich es zuvor getan habe), daß das Dogma der unbefleckten Empfängnis auf das jungfräuliche *Zeichen* abzielt, so scheint Freud sich dieser Tradition anzuschließen. Nach seiner eigener Logik, wonach der Traum als Wunscherfüllung gelesen werden muß, stellt die fettgedruckte, zum Zeichen gewordene Formel des Trimethylamin das Wunschbild des *Analytikers* dar. Denn damit ist es ihm gelungen, eine perfekte Maschine zu konstruieren, ein Triebwerk, das von alleine läuft, ohne mit Treibstoff (Triebstoff) gefüttert werden zu müssen: Metaphysik. Metapsychologie.

Die Enthüllung, die dem Dr. Freud am 24. Juli 1895 zuteil wurde, hat keine unmittelbaren Folgen, aber sie wirkt schleichend, als eine Art Katalysator. Von nun an steuert Freud (über die Selbstanalyse und die Abfassung des *Entwurfs*) auf jene große Wende zu, bei der er das Realitätszeichen opfern, das Psychologische und den Traum jedoch *unberührt* lassen wird. Mit diesem Datum weiß Freud, daß der väterliche Mißbrauch, den er den Berichten seiner Hysterikerinnen untergeschoben hat, nicht auf Tatsachen beruht, sondern vielmehr Ausdruck eines Begehrens ist, das nicht eingestanden werden kann. Das Triebwerk der Psychoanalyse ist installiert. Dieser Augenblick bedeutet in Freuds intellektueller Entwicklung eine Art Explosion. In kurzer Folge, binnen eines Vierteljahres, folgen die wesentlichen Elemente der Psychoanalyse: Der Mythos des Ödipus kommt ins Spiel, Freud spricht von endopsychischen Mythen und dem Prozeß der *Sublimierung*, er beginnt, mit seiner Drekkologie sich des Problems der Religion zu entledigen.

Vom Herbst des Jahres 1897 an wirkt das Unbewußte so, wie er es noch als alter Mann beschreiben wird. »Wir nähern uns dem Es mit Vergleichen, nennen es ein Chaos, einen Kessel voll brodelnder Erregungen. Wir stellen uns vor, es sei am Ende gegen das Somatische offen, nehme da die Triebbedürfnisse in sich auf, die in ihm ihren psychischen Ausdruck finden, wir können aber nicht sagen in welchem Substrat. Von den Trieben her erfüllt es sich mit Energie, aber es hat keine Organisation, bringt keinen Gesamtwillen auf, nur das Bestreben, den Triebbedürfnissen unter Einhaltung des Lustprinzips Befriedigung zu schaffen. Für die Vorgänge im Es gelten die logischen Denkgesetze nicht, vor allem nicht der Satz des Widerspruchs. Gegensätzliche Regungen bestehen nebeneinander.« Und wenig später findet sich der bereits zitierte Hinweis auf Kant: »auch nimmt man mit Überraschung die Ausnahme von dem Satz des Philosophen wahr, daß Raum und Zeit notwendige Formen unserer seelischen Akte seien.«[393]

Was bedeutet es, daß Freud auf der Zeitlosigkeit des Unbewußten beharrt und daß er im gleichen Atemzug postuliert, daß es im Unbewußten nichts gebe, was man der Negation gleichstellen könne? Zwei Dinge: Zum einen besagt es, daß das Unbewußte als reine Positivität und somit als Natur aufzufassen ist (die Urhorde in uns, wie es später heißt), zum zweiten, daß diese atavistische Natur die Triebfeder aller Geschichte ist. Mit dem ersten Punkt hat Freud die Philosophie des 19. Jahrhunderts unterlaufen – und zwar auf geniale Weise. Denn das Unbewußte hat keinen Autor, und es offenbart sich nur in indirekter, gebrochener, symptomatischer Form. Das Licht des Bewußtseins überstrahlt seine Quelle, diese primordiale, namenlose Schwärze, die doch die Batterie alles Weltgeschehens ist. »Was ist nun«, so fragt Freud konsequent, »die Kultur? Sie ist ein Niederschlag der Verdrängungsarbeit aller Generationen vorher.«[394] Damit aber hat Freud jene Hegelsche Idee von der *List der Vernunft*, die sich der Menschen bedient, ohne daß sie genau wüßten, was sie da tun, ins Unüberbietbare getrieben. Freuds Weltgeist hat nichts Besonderes vor, er ist blind, unvernünftig und nur auf sein eigenes unwandelbares Begehren erpicht.

Diese Vorgehensweise stellt Freud insofern in eine Reihe mit den Geschichtsphilosophen, als er mit der Konstruktion des Unbewußten den Zaubertrick aller Geschichtsphilosophie, einen unbewegten Beweger, voraussetzt. Damit aber hat er eine geschichtsphilosophische Batterie, ein wahres *perpetuum mobile* in der Hand, mit dem er der Geschichte auf den Leib rücken kann. Vor diesem Hintergrund aber zeigt sich das Unbewußte als Produkt eines eigentlich *philosophischen Begehrens,* das sich jedoch nicht als solches zu erkennen gibt. Denn kaum hat der Gedanke eine gewisse Plausibilität gewonnen, gelingt es dem Denker, sich in seinem eigenen Gebilde zu verkriechen – indem er als *Natur* ausgibt, was tatsächlich eine Gedankenmaschine darstellt. In gewisser Hinsicht verhält sich Freud wie ein Baumeister, der nach Fertigstellung seiner Apparatur sämtliche Baupläne zerstört – und fortan behauptet, er habe sie nicht selber entworfen, sondern vielmehr empfangen. Das aber wäre ein Grund, vom »Unbewußten des Unbewußten« zu sprechen – und diese verleugnete Bewußtseinskammer müßte überall dort vermutet werden, wo das Unbewußte nach dem Bilde der Freudschen Befestigungsanlage entworfen ist, als ein *schlechthin Unbewußtes*: zeitlos, raumlos, nicht historisch. Der Geburtsfehler dieser Konstruktion liegt auf der Hand. Denn was, wenn offenbar würde, daß Freud seinen unsichtbaren Dämon nicht entdeckt, sondern erfunden hat? Was, wenn man das Unbewußte historisieren müßte, so, wie man die Geschichte in verschiedene Epochen unterteilt? Wenn es ein Jungsches, Adlersches, Lacansches, ein modernes, postmodernes, dekonstruktivistisches Unbewußtes gäbe – wenn das Unbewußte nicht eines, sondern eine Vielheit wäre? Gestände man diese Möglichkeit zu, so wäre das Unbewußte (wie der Ottomotor) eine historische Konstruktion, nicht mehr Naturkraft, sondern Gedanke unter anderen Gedanken. Hier liegt jene Drohung, die Freud stets bewußt war – und die zutiefst mit dem Namen Kant assoziiert ist.[395] Die Strenge des Kantischen Diktums, daß das, was wir von der Natur wissen, nur das ist, was wir vorher in sie hineingelegt haben, ist bei Freud verstummt. Dort, wo Kants Weg in die Philosophie des Als-ob führt, fällt Freud zurück, indem er das Unbewußte nicht als Konstrukt des Geistes, sondern als entzogene, wirkende Natur ausgibt und ausgeben muß: eine schwarze Sonne nicht unseres Kopfes, sondern der Natur selbst. Hier wird sichtbar, wie wichtig das Strategem des Entzugs ist, erlaubt es Freud doch, eine Natur des Unbewußten zu proklamieren, ohne seinen Naturbegriff genauer untersuchen zu müssen. Das Unbewußte ist Natur, weil es entzogen ist, und so, als Entzogenes, kann es eins und unteilbar sein. Eine *creatio ex nihilo*, die um so unanfechtbarer scheint, als das allgebärende Nichts niemals ans Licht treten kann. Schwarze Sonne, ewiges Licht.

Kapitel 10

Das Testament des Dr. Turing

Am 7. Juni 1954, einem Pfingstmontag, dem kältesten und nassesten Pfingstmontag des Jahrhunderts, wie sein Biograph zu wissen glaubt,[396] nahm sich der einundvierzigjährige Mathematiker und Kryptoanalytiker Alan Mathison Turing das Leben. Zurück ließ er ein höchst eigentümliches mathematisches Œuvre und eine in Ansätzen verwirklichte Idee, die er Mitte der dreißiger Jahre in einer (zunächst nur von einer Handvoll Logikern gelesenen) Arbeit formuliert, später mit einem kleinen Team realisiert hatte: die universale Maschine.[397] Seine »Denkzustände«, wie er dies nannte, hatten sich in die Realität umgesetzt – und vielleicht war das der Beginn seiner Depression, der Anfang vom Ende. Es waren nunmehr andere, denen sein Projekt, die »Erziehung eines Digitalcomputers«, oblag, die Gebilde vom Typ eines MANIAC in die Welt setzten, diesem Sprachfetzen einhauchten und sich mühten, ihn zur Simulation jener Geschlechtsreife zu bringen, die Turing zufolge der Ausweis Künstlicher Intelligenz war. Turing selbst hatte in den letzten Lebensjahren weitgehend das Interesse an ihrer Weiterentwicklung verloren. Am Rande Manchesters lebend, als Leiter eines Instituts, das längst an andere übergegangen war, beschäftigte er sich mit scheinbar abgelegenen Fragen: mit der Frage der Morphogenese, des Zellwachstums, der Gastrulation. Woher weiß eine Zelle, wie sie sich teilen, vor allem aber: wann und auf welche Art und Weise sie sich einstülpen soll, so daß schließlich statt eines bloßen Zellklumpens ein wohlartikulierter Embryo daraus wird? Mit solchen Fragen im Kopf radelte Turing des Nachts ins Institut, wo er den Computer für sich gebucht hatte. Und während andere an dessen Perfektionierung und Standardisierung zu arbeiten begannen (oder auch nur, im Verlaufe eines höchst aufwendigen *trial and error*-Verfahrens, damit beschäftigt waren, sich der Bedeutung seiner Arbeit bewußt zu werden), war ihm daran gelegen, die Morphologie des Tannenzapfens in mathematischer

Form abzubilden, über die Fibonacci-Reihen in der Natur oder ein Programm mit dem Titel Turing-Hydra nachzugrübeln.

Tagsüber sahen ihn seine Nachbarn vor allem bei der Gartenarbeit, die Ordnungen zu folgen schien, die weniger mit bürgerlicher Rasenpflege als mit dem experimentierenden Kind zu tun hatten, das vor dreißig Jahren in den *Natural Wonders* von Brewster gelesen hatte, etwa, daß der Körper des Menschen eine Apotheke, sein Hirn eine Telegraphenstation ist. Das Haus selbst war voll von allerlei chemischen Ingredienzien, es ähnelte einer Alchimistenkammer. Darin befand sich ein Raum, den er den »Alptraumraum« nannte (und zwar deswegen, weil sich all die Unfallängste seiner Mutter hier konzentrierten). Nach außen war Turings Existenz zwar sonderlich, aber keineswegs extravagant. Sicherlich, da hatte es die Geschichte mit dem jungen Mann gegeben (die Zeitungsartikel mit Schlagzeilen wie ANGEKLAGTER HATTE SUPER-HIRN oder UNIVERSITÄTSDOZENT ZU BEWÄHRUNGSSTRAFE VERURTEILT nach sich gezogen hatte), aber die Aufregung hatte sich gelegt. Auch die Schatten jenes geheimen Lebens, das er während des zweiten Weltkrieges gelebt hatte, hatten sich verflüchtigt. Zwar war an seiner Bürotür ein OBE zu lesen (*Order of the Bristish Empire*), aber er hielt sich an die Schweigepflicht des Secret Service. Nicht einmal seine Verwandten wußten Details: daß er den abstraktesten aller denkbaren Kriege gefochten hatte, den Krieg der Chiffren, Zeichen, Codierungssysteme. Turing hatte sich ganz ins Privatleben zurückgezogen – nur daß da niemand anderer mehr war.

Als seine Putzfrau ihn am Tag nach seinem Tod fand, hatte er Schaum vor dem Mund. Neben dem Bett lag ein angebissener Apfel, den er offenkundig selbst vergiftet hatte. In einem Nebenzimmer brodelte ein elektrolytisches Element vor sich hin. Turings Mutter weigerte sich, an einen Selbstmord zu glauben, sie behauptete, es sei ein Unglücksfall, eine unglückliche Vergiftung gewesen. Ihr Sohn habe sich die Hände nicht gewaschen und seine Fingernägel nicht geputzt. Nur kurz zuvor hatte er Zyanid benutzt, um mit dem Gold der großväterlichen Uhr einen Teelöffel zu vergolden – und Zyanid war, wie der Coroner feststellte, die Todesursache. Mag sein, daß der Akt, wie sein Biograph schreibt, so etwas wie ein »perfekter Selbstmord« war, daß es Turing daran gelegen war, »die eine Person zu täuschen, die er täuschen wollte« – seine Mutter. Diese Todesart hatte er schon lange zuvor angekündigt. Im Jahr 1938, nicht lange nach der Veröffentlichung seiner Arbeit *On Computable Numbers*, hatte er Walt Disneys *Schneewittchen* gesehen und war zutiefst beeindruckt von der Szene, da die böse Stiefmutter den Apfel in ein Hexengebräu taucht und dabei murmelt: »Did the apple in the brew / Let the Sleeping Death seep through.«[398] Schon zu dieser Zeit, in einem postdepressiven Stadium, hatte er darüber nachgedacht, sich mit Hilfe eines Apfels und elektrischer Kabel zu töten. Merkwürdiger Parallelismus: Auch für Walt Disney hing der Grund, den Schneewittchen-Film zu machen, an dem Bild des schlafenden Todes, dem Schneewittchen im gläsernen Sarg. Als Kind sei er von seinem Vater dazu gezwungen worden, im eisigen Winter des Mittelwestens Zeitungen auszutragen. Und weil nebenan ein Leichenbestatter seinen Betrieb gehabt habe, seien die schönsten Augenblicke seiner Kindheit jene Momente gewesen, in denen er in einen der Särge gekrochen sei und sich habe ausruhen können.[399] Wie Turing schrieb auch Disney die Phantasie des *Sleeping Death* in sein Testament ein, verfügte er doch, daß man ihn nicht bestatten, sondern einfrieren möge. *Und wenn er nicht gestorben ist...*

Der schlafende Tod. Alan Turing ist achtzehn, als er, in einem merkwürdigen Einverleibungsakt, die Rolle eines Toten einnimmt. Ein hoffnungsloser Außenseiter in der Erziehungsmaschinerie einer Public School, deren höchster Zweck die Herausbildung des *Common Sense* ist, entdeckt er, ganz unversehens, daß da ein Gleichgesinnter ist. Es ist die Liebe zur Mathematik, zu den Rätseln der Astrologie, welche den Knaben Alan mit dem anderen verbindet: Briefe, Experimente, ein Austausch mathematischer Lektüre. Gewiß artikuliert sich hier ein erstes homoerotisches Begehren, aber der Freund ist unnahbar, rein, ein fernes Ideal: »Nimm zum Beispiel schmutzige Reden. Die Idee, daß Chris mit so etwas zu tun haben könnte, schien einfach lächerlich.«[400] Irgendwann, kaum achtzehnjährig, stirbt dieser Freund, an einem Rindertuberkulosevirus, den er Turing gegenüber verborgen gehalten hatte. Und auf eine merkwürdige Weise ist es, als ob erst der Tod die Liebesgeschichte beginnen läßt. Turing schreibt an die Mutter des Toten und wird daraufhin eingeladen, eine Reise an dessen Stelle zu unternehmen. Später wird er im Bett des Toten liegen, in seinem Schlafsack, in seinem Zimmer – und wird dessen Mutter bitten, ihm Gutenacht zu sagen. Und jedes Jahr wird er wiederkehren, wird im Schlafsack des Toten liegen, wird mit seiner Mutter zur Kirche pilgern, wo man dem Knaben ein Kirchenfenster geweiht hat, auf dem er als Gestalt des Heiligen Christophorus zu sehen ist. Und schließlich wird er der Mutter einen Text schicken, in dem von der Unsterblichkeit des Geistes zu lesen ist und in dem er die Frage aufwirft, »warum wir überhaupt Körper haben, warum wir nicht frei als Geister leben oder leben können und als solche kommunizieren?«

Wenn er dagegen mit der eigenen, und nicht mit der idealen Mutter des geliebten Toten kommuniziert, springen ihre Dialoge ins absurde Register. Zwischen ihm und der eigenen Mutter steht eine tiefe Barriere, steht der Alptraumraum ihrer Ängste und seiner Sehnsüchte. Obschon es keine Notwendigkeit dafür gegeben hatte, war Turing als kleines Kind einer anderen Familie in Pflege gegeben und schließlich dem Regiment der Public School überantwortet worden. Sein gesamtes Erziehungsprogramm trug die Signatur einer fortschreitenden Vergesellschaftung: vom Haus des Oberst Ward, seinen Zieheltern, in die Public School, ins King's College nach Cambridge, schließlich in den Schoß des Secret Service, in die Dechiffrieranstalten von Bletchley Park und Hanslope. Überall gilt jenes Gesetz, das sich auch die Mutter auf die Fahne geschrieben hatte: die öffentliche Meinung. In all diesen Gesellschaftsgebilden macht Turing einen miserablen Eindruck, und doch gelingt es ihm, dem *Esprit de Corps* seine eigene Handschrift entgegenzusetzen – oder vielmehr eine abstrakte Signatur, eine Apparatur, die an die Stelle seiner Hand tritt. Der *Esprit de Corps* heißt zunächst einmal, ganz konkret, einen Sinn für den eigenen Körper zu entwickeln. Oder genauer: ihm jenen GEIST einzuschreiben, der die körperliche Dysfunktion suspendiert. Fremd im eigenen Körper, macht der Knabe, um links von rechts zu unterscheiden, auf seinen Daumen einen kleinen roten Punkt, den er den »Wissenspunkt« nennt. Unfähig, die eigene Hand zu kontrollieren, ständig mit Tintenspritzern bekleckert, ist er unablässig damit beschäftigt, Schreibapparaturen, Spezialtinten, Schreibmaschinen zu entwerfen. Eine Kompensationshandlung im nachgerade Adlerschen Sinn, entwickelt sich darüber eine Lust an der Abstraktion, als Versuch, den physischen Mangel durch mechanisches Ingenium zu überlisten.

Genau an diesem Punkt wird verständlich, warum Turing nicht am *Esprit de Corps* der Gesellschaftsmaschine zerbricht, sondern sie tatsächlich in Besitz nimmt. Denn weil Turing den Wissenspunkt einnimmt, von dem das Gesellschaftsgebilde noch nichts weiß, kann er subversiv und konform zugleich sein. Seine Defizienz, sein beständiges Anecken, das sich kompensatorisch in allerlei Mechanisierungsakten entfaltet, markiert, was Hegel die *List der Vernunft* genannt hat, es nimmt in simpelster Form jenen Geist vorweg, den der Gesellschaftsleib noch nicht geschluckt hat, dessen er aber bedarf. Das Bewegungsgesetz heißt: Mechanisierung der Schrift, Konstruktion einer gigantischen Apparatur, bei der die gesamte Schreibfunktion depersonalisiert und an eine Maschine delegiert worden ist. Tatsächlich wiederholt das Gesellschaftsgebilde des untergehenden Britischen Empire jene Traumata und Handikaps, wie sie den Schüler Turing heimgesucht haben. Ist der *Esprit de Corps* in der Public School, dieser »Nation im Kleinen«, noch menschlich vermittelt, so treten sehr bald maschinelle Interfaces dazwischen – wird es Turing beschieden sein, die Logik dieser kollektiven Schreibapparaturen zu gestalten. Eine solche Apparatur ist Bletchley Park, diese hochgeheime Dechiffrieranstalt des Secret Service, die die Funksprüche der deutschen Wehrmacht zu entziffern sucht. Hier sind zehntausend Angestellte (die *big room girls*) damit beschäftigt, seiner Maschine (der sogenannten *Turing-Bombe*) die maschinell verschlüsselten Rätsel der *Enigma* einzuspeisen. Im Grunde ist die geballte Menschenkraft irreführend, denn Bletchley Park ist vielmehr eine Art Humancomputer, eine gigantische menschliche Apparatur, bei der gedanken- und vernunftlose Arbeiter eine große Apparatur mit kryptischen Botschaften füttern. Die Qualität all dieser Eingaben bemißt sich nicht daran, daß sie verstanden, sondern daß sie möglichst mechanisch ausgeführt werden, eine *écriture mécanique* im Wortsinn. So ist es nur eine Frage der Zeit, daß die zehntausend Typistinnen durch Maschinenbauteile ersetzt werden. Anders als der Gesellschaftsleib, der dieser abstrakten Rationalität weitgehend hinterherläuft, läuft Turing ihr voraus – und artikuliert darin, was man das Begehren der Ratio nennen könnte.[401] Turing ist in diesem Sinn, was von seiner Maschine in Bletchley Park auch gesagt wird: das *Orakel*.

Vor diesem Hintergrund ist die Geschichte seiner »Denkzustände« und seiner intellektuellen Entwicklung erhellend. Denn Turings Interesse schreitet in dem Maße, in dem seine Maschine konkrete Gestalt annimmt, zu den Anfängen zurück. Und während die Nachkriegsgesellschaft den Sprung in die *Informationsgesellschaft* macht, wird die Maschine für Turing zum Vehikel, die Kinderfrage des Lebens zu stellen: dem Rätsel der Mütter, dem Geheimnis der Geburt und des Lebens sich zu nähern.[402] Freilich geht es nicht darum, einem verlorenen Paradies nachzutrauern, sondern um seine Restitution: als Code. So besehen entbehrt es nicht einer reziproken Symmetrie, daß Sarah Ethel Turing das, was sie als Mutter nicht zu geben vermochte, in der Rolle der Biographin fand. Und es entspricht der Logik dieser Rolle, daß ihre Biographie den Selbstmord des Sohnes leugnet – während sie andererseits sein gesellschaftliches Verdienst in den Vordergrund rückt. Diese Verleugnung ist wohl der Hauptanlaß dafür, daß sie sich trotz ihrer fachlichen Inkompetenz (denn das Leben des Sohnes hatte sich längst zu einem abstrakten, dunklen Formelwerk verwandelt) anschickte, seine Biographie zu schreiben. Oder genauer: schönzuschreiben. Denn es gab einige Dinge darin, die ihrem Gesellschaftsbewußtsein keineswegs genehm sein konnten.

Als Homosexueller war er wegen »Grober Sittenlosigkeit nach Paragraph 11 des Criminal Law Amendments Act von 1885« verurteilt worden – und zwar nicht zu einer Gefängnisstrafe, sondern dazu, sich einer Hormonbehandlung zu unterziehen. Turing nahm das Urteil mit dem Gleichmut des Internatszöglings hin: »Der Tag des Prozesses war keineswegs unangenehm. Während ich mit den anderen Verbrechern in Gewahrsam war, hatte ich ein sehr angenehmes Gefühl des Nichtverantwortlichseins, fast wie wenn man wieder in der Schule ist. Die Aufseher waren eher wie Präfekten. Ich war auch ganz erfreut, meinen Komplizen wiederzusehen, obwohl ich ihm kein bißchen getraut habe.«[403]

Die Vorgeschichte des Falles war denkbar absurd. Da war einerseits Turing, dieser gesellschaftsferne Mathematiker, der nach vielen Jahren der Abstinenz sich in die »Szene«, die Katakombenwelt der verbotenen Homosexualität, eingewöhnt und einen jungen Stricher zu sich gebeten hatte. Und da wiederum dieses Andersseits, die Unfähigkeit der Verständigung: »Kannst du denken, was ich fühle?« fragte er diesen jungen Mann, während sie zusammen auf dem Teppich lagen und Turing sich eine Science-Fiction-Geschichte ausgemalt hatte. Die Geschichte handelte von einem Flugzeughangar, der in Wahrheit ein Gehirn war. Dieses Gehirn war so programmiert, daß alle Menschen gefahrlos hineingehen konnten. Nur wenn er selbst, Turing, hineininge, würden die Tore des Hangars sich schließen. Und dann, in diesem Alptraumraum gefangengesetzt, wäre er genötigt, gegen das Gehirn in einer Schachpartie anzutreten. »Kannst du denken, was ich fühle?« fragte er den jungen Mann, und dann, in einer absoluten Steigerung: »kannst du fühlen, was ich denke?« Der andere jedoch konnte weder denken, was er fühlte, noch war er dazu imstande zu fühlen, was Turing dachte. Er war ein sehr gewöhnlicher junger Mann, mit der einzigen Besonderheit, daß er sich zu etwas Höherem als zum Stricher berufen glaubte. Was ihn wiederum in eine peinliche Situation brachte, erlaubte ihm der selbstgesetzte Anspruch doch nicht, sich so geschäftsmäßig zu verhalten, wie er sich gerne verhalten hätte. Und so hatte er, nachdem er die ihm angebotene Summe Geldes brüsk zurückgewiesen hatte, Turing bestohlen – und gleichwohl den Schein des »Anstandes« zu wahren gesucht. Man hatte ein bißchen gestritten, er hatte einen Teil des Geldes erlassen bekommen und eine Rückzahlung des Restes versprochen. Aber dann hatte er einem sehr viel weniger skrupulösen Kumpanen die Adresse Turings mitgeteilt – und dieser war in die Wohnung eingebrochen. Die von Turing verständigte Polizei interessierte sich jedoch nicht für den Diebstahl, sondern vor allem für seine sexuellen Aktivitäten. Und Turing seinerseits (»ein echter Gentleman«) hatte freimütig und in Schriftform geantwortet. So kam es zum Fall *Die Königin gegen Turing und Murray* – und zum Eingeständnis seiner Homosexualität der Mutter gegenüber, die vor den Neigungen ihres Sohnes die Augen verschloß.

Im Verlauf der Hormonbehandlung, die er stoisch ertrug, begann Turing einen Psychoanalytiker aufzusuchen, einen Jungianer, zu dem er bald ein freundschaftliches Verhältnis entwickelte. Hatte er zuvor nur den Traum der Symbole geträumt, begann er im Verlauf der Analyse ein Traumbuch zu führen und entdeckte zu seinem Erstaunen, wie sehr seine Mutter eine Feindesposition für ihn darstellte. Er entdeckte, daß der *Alptraumraum* nicht bloß ein Raum mit beherrschbaren Ingredienzien und den absurden Alpträumen der Mutter war, sondern daß sich die Ängste der Mutter lange zuvor schon in seine Seele gesenkt hatten wie ein Gift. Vielleicht war die Entdeckung, die Alan Turing in der Analyse seiner Träume machte, daß seine Maschine (die er doch weniger als eine Maschine des Denkens, sondern stets als eine *Maschine zum Träumen* begriffen hatte[404]) selbst nichts anderes war als dieser Alptraumraum – genau so, wie er ihn in der Geschichte des gefräßigen Flugzeughangars entworfen hatte: ein Raum, der ihn verschlucken würde, wenn es ihm nicht gelänge, ihn schachspielenderweise zu besänftigen, ihn durch Dummheit und Langsamkeit abzulenken. War die Logik ihm als Mittel erschienen, der Mutter zu entkommen, so entdeckte er nun, daß seine logische Apparatur selbst die Struktur dieses Alptraumraums hatte, daß also im Begehren nach der Logik selbst eine Todesdrohung lauert.

Zuletzt war es zu einer denkwürdigen Szene gekommen. Gemeinsam mit seinem Analytiker Franz Greenbaum und dessen Frau hatte Turing Blackpool besucht. Sie waren an der Vergnügungspromenade entlanggegangen und schließlich zum Zelt einer Wahrsagerin gekommen. Turing ging hinein. Greenbaum und seine Frau blieben draußen, um eine geschlagene halbe Stunde auf das Ende der Séance zu warten. Als Turing wieder herauskam, war er leichenblaß und wollte kein Wort mehr sagen. Dieser Besuch bei der Wahrsagerin war das Ende der Analyse. Am Tag vor seinem Selbstmord rief er bei seinem Analytiker an. Als dieser zurückrief, war Turing schon tot.

Gewiß einer der merkwürdigsten, dunkelsten Aspekte an der Geschichte des Alan Turing ist die Todesart, die er wählte. Selbst auf der Ebene, die Turing wohl die liebste gewesen wäre, die Ebene der symbolischen Logik, markiert der vergiftete Apfel ein Paradox. Und in der Tat läßt sich kaum eine paradoxere Todesart denken. Denn dieser Leichnam, der dort liegt, mit Schaum vor dem Mund und einem vergifteten Apfel neben sich, sagt: Ich bin nicht tot. Der Tod ist ein Märchen. Und implizit: *Und wenn ich nicht gestorben bin, so lebe ich noch heute* – womit sich der Leichnam selbst in eine Möglichkeitsform hinüberführt, in jenen Zustand des Scheintodes, der die Frage des Todes an denjenigen zurückgibt, der den Befund ausstellt. *Woher weißt du*, sagt dieser Leichnam, *daß ich tot bin?* – womit er das Wissen über den Tod überhaupt anzweifelt.

Es ist aber nicht nur der Tod, der im Akt der Inszenierung des Todes aufgehoben wird – es ist auch dieser Akt selbst, dem ein Widerspruch eingeschrieben ist. Sich mit einem vergifteten Apfel zu töten heißt, die Aufmerksamkeit nicht auf einen Selbstmord, sondern auf einen Mord hin zu lenken: *Ich bin es nicht gewesen.* Der Apfel, das *Corpus delicti*, verweist auf einen anderen.[405] Mit diesem Akt gelingt es Turing auf grandiose, paradoxe Art und Weise, die letzte und definitive Evidenz – das Faktum des menschlichen Todes – in Zweifel zu ziehen, und zwar dadurch, daß er das Reale in das Feld des Symbolischen überführt. Und nicht nur der Tod, auch Tat, Täter und Täterschaft werden zweifelhaft. An diesem Punkt kommt ein neues Paradox ins Spiel. Denn mit der Wahl einer solchen Todesart, die so unzweifelhaft *nicht* die Sprache der individuellen Psychologie spricht, sondern die sich als rätselhafte Begebenheit in Szene setzt, springt das Bild des Toten, anstatt der Biographie als willige Totenmaske zu dienen, ins Märchenhafte und ganz und gar Unwahrscheinliche hinüber, in einen Bereich, in dem wiederum von einer Autonomie des Individuums die Rede sein könnte. Denn die *Freiheit zum Tode* stellt jenen Punkt maximaler Freiheit dar, der nicht gesellschaftlich vermittelbar ist.[406] Diese Freiheit zum individuellen Tod aber gibt dem Leben des einzelnen erst seine Würde und rechtfertigt das, was man Biographie (das *Schreiben des Bios*) nennt. Aber gerade vor der Folie des Biographischen gelesen, bringt der Märchentod des Schneewittchen (der im Märchen nur ein vorläufiger ist) ein Moment des Grotesken und des Unangemessenen hinein – was um so peinlicher ist, als die Biographie, die hier ihren Schlußpunkt findet, als Apotheose der äußersten Rationalität zu lesen ist. Wenn Alan Turings Tod sagt: Ich bin es nicht gewesen, so könnte man die Frage stellen: Wie läßt sich nach alledem noch eine Biographie schreiben? Und wie sind diejenigen, die sich daran gemacht haben, Alan Turings Leben aufzuschreiben, mit diesem Paradox umgegangen?

Daß Sarah Ethel Turing als Biographin, die in der Lebensbeschreibung des Sohnes ihre eigene Mutterrolle noch einmal ins rechte Licht rückt, diese Peinlichkeit leugnet, ist vielleicht noch am verständlichsten, ist doch der Impetus ihres Schreibens im wesentlichen ein Schönschreiben dessen, was war. Aber auch der Verfasser der »standesgemäßen« Turing-Biographie, der keinen Grund sieht, den Selbstmord in Frage zu stellen, hat große Schwierigkeiten, diesem Umschlag ins Irrationale Rechnung zu tragen. Dem Wittgensteinschen Wort gemäß, wonach man über das, worüber man nicht reden kann, schweigen muß, hält er sich mit Deutungen ganz zurück. Gleichwohl stellt, in einem metaphorischen Sinn, der vergiftete Apfel eine Art Leitmotiv dar, einen unterschwelligen Grundton – und so ist etwas ominös vom »Gift der vierziger Jahre« die Rede – als habe nicht Turing selbst die Wahl des Todes getroffen, sondern als läge in diesem Akt der Zwang einer Fremdbestimmung.[407] In dieser Verschiebung jedoch, bei der der Biograph – dem Reflex der Psychologisierung folgend – die Rolle eines postumen Analytikers einnimmt, die Couch also durch das Totenbett ersetzt wird, zeigt sich die ganze Insuffizienz des Biographischen. Denn wenn Turing, über die extreme Zeichenhaftigkeit seines Todes, eines zeigt, so ist es das, daß man es mit einer Botschaft, einem *biographischen* Schrieb par excellence zu tun hat. Wobei das Schreiben des Bios in diesem Fall mit dem *Löschen* des Bios in eins fällt. Freilich speist sich dieser Schrieb nicht aus der Quelle des bürgerlichen Entwicklungsromans, sondern aus dem Reich der Phantasie. Wenn Alan Turing einen vergifteten Apfel zu sich nimmt, so steht gerade die Exzentrizität, die vollkommene Unwahrscheinlichkeit dieses Aktes, für den Anspruch auf Deutungshoheit: dieses letzte Zeichen nicht einer anderen Instanz zu überlassen, sondern selber zu setzen. In diesem Sinn bleibt der Selbstdenker Turing sich treu bis in den Tod. Und es ist gerade die Souveränität dieses Aktes, die ihm ein noch größeres Gewicht verleiht. Ein Tod, der sich im Symbolischen aufhebt, eine Biographie, die sich aus sich selbst davonstiehlt – das ist das Paradox, mit dem man zu tun hat. Dieser Punkt scheint mir um so bedeutsamer, als sich das Leben des Alan Mathison Turing in diesem Schlußpunkt gleichsam voll und ganz invertiert. Steht die Biographie des Alan Turing unter dem Gesetz der symbolischen Logik, so schlägt sie hier ins Irrationale um – freilich nur, solange man davon ausgeht, daß dieser Märchentod keiner Logik folgt. Insofern sich dieser Tod jedoch als ein lesbares Paradox artikuliert, liegt der Gedanke nahe, daß man ihn nicht als eine Kurzschlußhandlung, sondern vielmehr als einen Teil der Turingschen Lebens- und Gedankenwelt lesen muß.

Nach dem Verlauf dieser Arbeit, in der das Biographische stets unter dem Gesichtspunkt eines kollektiven Phantasmas gelesen wurde, ist es gewiß nicht mehr allzu überraschend, daß der Selbstmord des Alan Turing hier nicht unter der Signatur der individuellen Biographie gelesen wird, sondern im Zeichen dessen, wofür diese Person steht. Und Turing steht, so will das ein Großteil der Computergeschichtsschreibung, für den Computer – der nach seinem Namen nicht selten eine *Turing-Maschine* genannt wird. Zwar gibt es viele Gründe, den Computer nicht an einer einzelnen Figur festzumachen, sondern ihn als das Ergebnis eines kollektiven Prozesses zu lesen, eines Prozesses, der zudem tief in das 19. Jahrhundert zurückreicht. Die moderne Computergeschichtsschreibung jedoch zeichnet sich durch einen unbeirrbaren Hang zur individuellen Erfinderschaft aus (oder wie ich sagen würde: zur narzißtischen Aufladung). Ganz offenbar zieht Turing hier eine besondere Aufmerksamkeit auf sich – und ein Grund für diese Präferenz scheint in der herausragenden, ja monolithischen Stellung seiner Arbeit *On Computable Numbers* zu liegen, die ihn von den Zwergengestalten, den namenlos gebliebenen Apparatschiks vom Schlage der Eckert & Mauchley unterscheidet.[408] Wenn man lesen kann, daß wir im Begriff seien, aus der Gutenberg-Galaxis in eine *Turing-Galaxis*[409] hinüberzugehen, so wird ein Mythologem durch ein anderes ersetzt, wird das Kontrollphantasma der mechanischen Schrift (Gutenberg) durch das Kontrollphantasma der digital gewordenen Schrift (Turing) abgelöst. Unter diesen Vorzeichen sollte man annehmen, daß der wohldokumentierten Lebensgeschichte dieses Schriftheros – aber auch seiner Todesart – eine gewisse Aufmerksamkeit zuteil würde. Das Gegenteil ist der Fall. In der Tat ist es erstaunlich, daß die mit dieser Namenswürdigung einhergehende Apotheose des einzelnen sich um ihren Helden nicht weiter bekümmert, oder doch nur dort, wo man je nachdem die heroische, die subversive oder die romanhafte Seite vor Augen hat: den genialen Einzelgänger, den Kryptographen, der (in der Baracke in Bletchley Park) seinen einsamen Krieg gegen das *Enigma* der Naziherrschaft führt, schließlich denjenigen, der seiner Homosexualität wegen zum Opfer des SYSTEMS wird. Unzweifelhaft bietet das Leben des Alan Turing symbolischen Sprengsatz, finden sich, ganz dicht beieinander, verschiedene Gedankenlinien höchster Intensität – und es ist diese symbolische Fülle, die wohl die Anziehungskraft dieser Gestalt ausmacht.

Was mich an der Rezeption Turings interessiert, ist ein doppelter Aspekt. So lese ich in der Tatsache, daß Turing zu einem Säulenheiligen der Computerkultur geworden ist, einen Beleg dafür, daß hier das Phantasma der Maschine in einem besonderen Grade angesprochen ist. Dabei ist das Bedürfnis nach einem *Gesicht* keineswegs hinreichend, bleibt doch die Frage, warum die Ehre Turing zuteil geworden ist (und nicht Babbage oder Boole, oder seinen Zeitgenossen Konrad Zuse oder John von Neumann). Die Antwort ist offenbar, daß in der Geschichte und der Gestalt Turings eine besondere Projektionskraft waltet. Freilich hat man es hier mit einer sonderbaren Spaltung zu tun. Denn in Turing wird der Souverän der Maschine verehrt (angereichert um die dunkle Aura, die seine

Tätigkeit für den Secret Service anbelangt), die bizarren Teile dieser Vita jedoch werden abgespalten. Diese Abspaltung aber scheint mir unzulässig, würde ich doch vielmehr dafür halten, die Selbstmordart des Alan Mathison Turing gleichberechtigt neben seine mathematischen Arbeiten wie *Imaginary Machinery, The Education of a Digital Computer* etc. zu stellen.

Damit ist meine These, in ihrer steilsten Form, dingfest gemacht. Die Todesart des Alan Turing enthüllt das Unbewußte des Computers. Im Grunde hat man es mit dem gleichen Mechanismus zu tun, der schon mehrfach angesprochen worden ist. Kann man sich in der Berufung auf die Turing-Maschine des Computers als eines *Mediums* vergewissern (das heißt: als einer beherrschbaren, rationalen Maschine), so ist man beim Suizid mit der Besessenheitsordnung konfrontiert, der Turing selbst sich nicht hat entziehen können. So wenig, wie Turings rationale Seite als zufällig und kontingent abgetan werden darf, so wenig sollte man seine irrationale Seite als zufällig lesen. Ins Positive gewendet: War Turing als Mathematiker ein exemplarischer Denker, so war er es auch als Mensch, und zwar in genau dem Maß, in dem seine Biographie mit der Geschichte des Computers verwoben ist. Was sich in seinen mathematischen Schriften, aber auch in seiner persönlichen Biographie herausschält, ist die Struktur des Computers: als reale, aber auch als phantasmatische Maschine. Um diese letztere soll es im folgenden gehen – oder genauer: Es gilt, die Beziehungen zwischen diesen Maschinen aufzuzeigen.

Wissenschaftsphilosophisch gesehen war Turing keinesfalls ein Außenseiter, sondern ein Mathematiker, der die Gedankenspur der Moderne konsequent, bis zur Engstirnigkeit formulierte. Nun stellt die Mathematik in der Moderne (selbst wenn ihre Zahlenräume, die gleich in x-dimensionale Räume hinein explodieren, jene Scheu erregen mögen, wie sie ehedem den Subtilitäten der Theologie vorbehalten waren) keineswegs ein Sonderfeld dar, vielmehr steht sie in tiefer Verbindung zur Geistesgeschichte – ein Gedanke, den Ernst Cassirer in seinem Werk *Substanzbegriff und Funktionsbegriff* wunderbar herausgearbeitet hat. Nimmt man die Geschichte der modernen Mathematik, so zeigt sich, daß die Mathematik sich schon im 19. Jahrhundert langsam von der Wirklichkeit ablöst.[410] Wie Freud sich von den *Realitätszeichen* verabschiedet, so verabschiedet sich auch die Mathematik von der Idee eines in sich widerspruchsfreien, schlüssigen Systems, nimmt den Weg in die *reine Einbildungskraft*. Bis in die dreißiger Jahre hinein konnte die Mathematik sich im Paradies der Erkenntnis wähnen, behauptete man doch, daß es in der Mathematik kein *Ignoramibus* gebe und daß alle Probleme letztlich lösbar seien. Letzterer Punkt war von Hilbert problematisiert – und positiv beantwortet worden. Dieses sogenannte Hilbertsche Entscheidungsproblem unterstellt, es gebe ein allgemeines Verfahren, das auf alle Probleme anwendbar sei. Turing, das ist sein Beitrag zur Mathematikgeschichte, beantwortet das von Hilbert aufgeworfene Entscheidungsproblem mit einem Nein. Gleichwohl beläßt er es nicht mit einer Widerlegung Hilberts, sondern zeigt, sozusagen im Nebenweg, daß die Frage der Entscheidung sich dennoch lösen läßt, und zwar, indem man sie automatisiert und an eine Maschine delegiert. Dabei besteht der Vorteil der Maschine nicht darin, daß sie intelligenter ist als ein Mensch, sondern daß es ihr am Willen und an Willkürlichkeit fehlt. Gerade weil die Maschine determiniert ist (also dumm), wird sie zum *arbiter*, zum Schiedsrichter und zur Exekutivmacht, die jene Entscheidungen trifft, die dem menschlichen Intellekt (in Ermangelung von Rechenzeit) unmöglich sind. Turing, so könnte man sagen, vertreibt den menschlichen Rechner aus dem Paradies der Mathematik. Aber dieses Paradies ist deswegen keineswegs verloren, denn eine gedankenlose, aber unendlich schnelle Maschine hat sich an die Stelle des Menschen gesetzt. Hier ist der Bezug zu Turings Geschichte vom Flugzeughangar sinnfällig (ebenso, wie sichtbar wird, daß Turing selbst, obschon er der Entthronung des Menschen stets mit Ironie begegnete, doch vom Schrecken der Vertreibung heimgesucht worden sein muß). Gleichwohl ist Turing kein Philosoph der Maschine, sondern ihr erster, genialer Realisator. Denn das formale Gerüst, auf das er sich stützt, wird bereits im 19. Jahrhundert formuliert – und hier liegt die fundamentale Erschütterung in jener Umdeutung der Null und der Eins, wie sie in der Booleschen Algebra sich vollzieht. Turing rechnet mit der Null und der Eins,[411] aber er setzt sie voraus, ohne ihre religiös-philosophische Dimension zu erfassen. Er befindet sich – um auf seine Erzählung vom Flugzeughangar zurückzukommen – schon im Innern der Maschine (die ihrerseits ein Boolesches System ist, eine Maschine, die abstrakte Wahrheiten formuliert). Was von dieser Maschine nicht erfaßt werden kann, ist eine dunkle Welt. Hier beginnt das Unberechenbare, die Welt der Träume, der Götter und Menschen. Dieser unfaßlichen Welt setzt Turing seinen Wissenspunkt gegenüber, die *écriture mécanique*, die weit über die Konstruktion der Maschine hinaus sein ganzes Denken durchzieht (etwa wenn er Atome nicht als letzte Einheiten, sondern als *Setzkästen* denkt). Damit aber situiert Turing sich dort, wo seit jeher das Arcanum der Schrift liegt: im Arkadien der reinen Vernunft, dort, wo man glaubt, sich in den Besitz jenes Codes bringen zu können, in dem das Buch der Natur verfaßt wird. Später wird er, in einem Anflug von Ironie, Dorothy Sayers zitieren, die in *The Mind of the Maker* sagt, daß »Gott, nach Schaffung seines Universums, nun die Kappe auf Seinen Füller geschraubt, Seine Füße auf den Kaminsims gelegt und die Arbeit sich selbst überlassen hat« – ein Gedanke, der Turing übermäßig gut gefällt.[412]

Turings Biograph Andrew Hodges wird nicht müde, Turing einen Agnostiker und Materialisten zu nennen. Von einem Materialisten zu sprechen freilich ist merkwürdig, denn man müßte von einem Materialisten der Zeichen, der Codes und der Regeln sprechen – also jener Sphäre, die uns wiederum abstrakt und bloß symbolisch zu sein scheint. Insofern Turing alles daransetzt, daß sich die Sphäre des Abstrakten in der Maschine inkarniert, ist diese Beschreibung jedoch durchaus präzise. Er ist Materialist, insofern er die Welt der Zeichen materialisiert und in die Wirklichkeit einschreibt. Als er sich am Ende seines Lebens der Erforschung der Embryologie zuwendet (was seiner maschinenversessenen Umwelt vollkommen unverständlich erscheint – aber die Phantasien des *artificial life* vorwegnimmt, wie sie die zeitgenössische Informatik prägen), ist sein Ausgangspunkt nicht eigentlich das *Leben,* sondern das, was im Computer BIOS heißt: das Basic Input Output System.[413] Genau hier liegt die Linie seines Denkens: Und sie führt jenes ursprüngliche Projekt der Logik fort, ihre Inkarnation, ihre Einschreibung in die Natur. Zwar wird Turing nicht müde, diese Einschrift stets als Imitation auszugeben, als Nachahmung dessen, was die Natur selbst ist, gleichwohl ist ein tiefer Riß nicht zu übersehen. Diesen Riß hat Jacques Lacan in einem Aufsatz beschrieben und dabei – offenbar noch selbst unter dem Bann des frischen Kybernetikprojekts – seinen Gedanken eine seltene Klarheit gegeben: »Durch die Kybernetik inkarniert sich das Symbol in einem Apparat – mit dem es sich nicht vermischt, da der Apparat nur sein Träger ist. Und inkarniert sich in ihm in buchstäblich transsubjektiver Weise.«[414] Die Wortwahl ist erhellend, um so mehr, als hier eine historische Tiefenschicht angerührt ist. Denn hier taucht unversehens jene Problematik auf, die die patristische Theologie heimgesucht hat. Es ist die Frage nach der *unbefleckten Empfängnis*: Wie ist es möglich, daß sich ein Logos in die Materie einschreibt, ohne sich mit ihr zu vermischen? So, wie die Gnostiker behaupten, daß Jesus durch Maria gegangen sei wie Wasser durch eine Röhre, so werden die Kybernetiker vom Schlage eines Turing, eines Shannon oder eines Norbert Wiener das unvermischte, digitale Zeichen feiern. Strukturell besehen kehrt hier, am digitalen Zeichen, jene frühchristliche Problematik wieder: das Kreuz von Hyle und Pneuma, der Ort, der die *psychikoi* des Christentums charakterisiert. Aber zugleich wird die Verschiebung deutlich, die fast zwei Jahrtausende dogmatischer Spekulation, vor allem aber: die unaufhörlich fortschreitende Ontologisierung hinterlassen haben. Denn es ist nicht mehr eine jenseitige, überirdische Instanz, die hier die Rolle des »Transsubjektiven« übernommen hat, sondern eine reine Gedankenfigur: eine »Syntax ohne Semantik«, wie Lacan in seinem Aufsatz präzisiert. Als Syntax ohne Semantik mag sie ewig erscheinen[415] – aber damit dies geschieht, muß sich das Zeichen in die Welt hineinschreiben, muß die Welt erst einmal informiert werden über die Gesetze der Information.

Turing als einen Materialisten zu bezeichnen geht also in eine falsche Richtung. Es wäre vielmehr angebracht, von einem *Dogmatiker* zu sprechen. Nur ist die religiöse Inbrunst dieser Lehre, wie sie in den Phantasien einer Ada Lovelace, aber auch in der Debatte um die Künstliche Intelligenz durchscheint, bei Turing nicht zu spüren. Wo andere Denker wie etwa Norbert Wiener das *Reich der Kybernetik* predigen, ist Turing mit den intellektuellen Spitzfindigkeiten des Dogmas beschäftigt. Die symbolische Logik, die sich in der Maschine realisiert hat, stellt eine Art Schutzwall dar vor der Außenwelt. Und dieser Schutzwall wird, in einem konstruktiven Sinn, beständig befestigt und erweitert. Und so hat die Abwesenheit des eifernd Dogmatischen bei ihm im wesentlichen damit zu tun, daß diese Lehre so tief und so zweifellos in ihm verankert ist, daß er gar nicht auf den Gedanken kommt, einen ihrer Grundsätze in Zweifel zu ziehen. Turing ist mithin ein Dogmatiker ohne das Bedürfnis zur

Missionierung – was ihn insoweit interessanter macht, als man hier dem Phantasma in unverstellter Form begegnet. Denn Turing ist in eigener Mission unterwegs. Und in diesem Register geht es nicht um das Gesellschaftsgebilde, sondern um das Begehren, das die Logik des BIOS an die Stelle des Bios setzt.

So besehen ist es bezeichnend, daß Turing, dem »filth« und »stink« (der chemische Schweinkram, wie seine Mitschüler sagten) nicht das geringste ausmachen, einen tiefsitzenden Widerwillen beim Anblick von Blut empfindet. So stark ist diese Idiosynkrasie, daß er bei einer kleinen Schnittwunde beim Rasieren ohnmächtig wird – ja selbst die Erwähnung von Blut droht ihm das Bewußtsein zu nehmen. Dort, wo das Leben nicht Logik ist, wo man es nicht mit Tinte, sondern mit Blut zu tun hat, lauert etwas Entsetzliches. Auf den Text, den er als achtzehnjähriger unter dem Titel »Natur des Geistes« der Mutter seines toten Freundes schreibt, »warum wir überhaupt Körper haben; warum wir nicht frei als Geister leben oder leben können und als solche kommunizieren«, gibt er selbst die bemerkenswerte Antwort: »wir könnten es wahrscheinlich tun, aber es gäbe dann überhaupt nichts zu tun. Der Körper verschafft dem Geist etwas, wofür er sorgen und was er benützen kann.«[416] Wenn der Körper nur mehr Gegenstand der Sorge und des Zeitvertreibs ist, eine Art Mutterstoff, dessen sich die Logik bedienen kann, so wird hier jene Sphäre sichtbar, welche die »Natur des Geistes« aus der Welt schaffen möchte: die materielle, gebrechliche Welt. Das ist das alte Spiel: Die Kutte liebt den Mönch, und was darunter ist, ist von Übel.

Aber eben das ist die Mission des Alan Turing, eine Mission, die im Laufe der Jahre immer stärker hervortritt: das reine Spiel, die Überwindung des Bios durch den Einsatz des BIOS. Teil dieser Logik zu sein, aufgehoben zu werden, bedeutet gleichsam, einer *höheren Natur* teilhaftig zu werden. Von dieser Gewißheit aus wird die Gleichgültigkeit verständlich, die Turing dem gegenüber hegt, was er den »Theologischen Einwand«[417] nennt und worunter er jene Sonderstellung des Menschen versteht, die aus seiner vermeintlichen Gottesebenbildlichkeit hergeleitet wird. Die schnoddrige, halbernste Art, in der er sich dazu äußert, bewegt sich auf einer Ebene, auf der das Menschengeschlecht einen Konkurrenten und Gespielen zur Seite gesetzt bekommt, das Geschlecht der Geräte (wie Platon dies genannt hat). Turings Argument ist: Wenn Denken das Vorrecht einer unsterblichen Seele ist, was sollte Gott davon abhalten, es einer Maschine einzupflanzen? Es gibt, das ist sein Punkt, im Grunde keine Grenze, die die menschliche Sphäre von der Maschine trennt. So wird er das *fair play* für Maschinen einfordern – um sie auf diese Weise gleichsam in die Gesellschaft zu integrieren. »Wir wollen weder die Maschine für ihr Unvermögen bestrafen, in Schönheitswettbewerben zu glänzen, noch einen Mann dafür, daß er in einem Wettlauf gegen ein Flugzeug verliert. Die Bedingungen unseres Spiels machen dieses Unvermögen irrelevant.«[418] Freilich, hinter diesem Argument, das er in vielfältiger Form wiederholt, steht ein anderes, das besagt, daß nur Maschinen die Leistung von Maschinen zu würdigen wissen.[419] Immer wieder wird Turing klarmachen, daß die Transsubjektivität der Maschine einen Raum aufspannt, der über die Endlichkeit des Menschen hinausgeht.

Vor diesem Hintergrund bekommt das Gedankenspiel, das er Ende der vierziger Jahre entwirft und das zum Intelligenztest des Computers avanciert, eine besondere Bedeutung. Es ist der sogenannte Turing-Test. Dies ist die Vorstellung eines Spiels, bei dem ein Fragesteller aufgrund von schriftlichen Aussagen entscheiden muß, welche von zwei Personen in einem anderen Raum ein Mann und welche eine Frau ist. Beide aber geben vor, eine Frau zu sein. Während die Frau die angemaßte Weiblichkeit des Mannes anzweifelt (»Hören Sie nicht auf ihn...«), besteht die Aufgabe des Mannes darin, den Betrachter glauben zu machen, er sei eine Frau. Bei diesem Spiel wird tatsächlich viel mehr als bloß das Geschlecht verhandelt. Man könnte sagen, daß hier das alte Drama zwischen Hyle und Pneuma, zwischen Muttersprache und Vatersprache ausgehandelt wird – nur daß es sich jetzt als eine Scheidung zwischen BIOS und Bios artikuliert. War der Wahrheitsanspruch der Vatersprache früher auf die Überwindung des Geschlechts gegründet (bezeichnenderweise war die Unschuld der Maria die Markierung und das Kriterium der dogmatischen Wahrheit, eine Markierung, die sich auch in der Begründung des cartesianischen *cogito* als einer besonderen, unkörperlichen Substanz fortschreibt), so wird nun die Zugehörigkeit zu einem – und zwar dem weiblichen – Geschlecht zum Wahrheitskriterium. Oder genauer: entscheidend ist die erfolgreiche *Prätention der Geschlechtlichkeit.*

Man könnte sagen: Das Geschlecht (und zwar dort, wo es nicht biologisches Fatum ist, sondern Gesellschaftskostüm) wird zum Wahrheitskriterium.⁴²⁰ Die alte Spaltung zwischen Hyle und Pneuma schreibt sich in das Geschlecht selbst ein. Damit freilich entsteht eine merkwürdige Doppelgeschlechtlichkeit: ein Geschlecht, das im wesentlichen Code ist (und das der Welt des universalen Signifikanten zugehört), und eines, das als biologisches Fatum, als unverbesserliche »Hardware«, den *Ort der Scham* darstellt.⁴²¹ Während das codierte, in die Kommunikationsbedingungen des BIOS überführte Geschlecht wählbar, programmierbar und kontrollierbar ist, bleibt der geschlechtliche Leib außen vor. Dieses Zwitterwesen oszilliert nicht mehr zwischen den Polen *männlich* und *weiblich*, sondern zwischen BIOS und Bios, oder wenn man so will: zwischen *sex* und *sex machine*. Wenn der Körper zum Ort der Wahrheit wird, so nur dort, wo er dem Turingschen Verfahren gemäß seine eigene Codierung glaubhaft vertreten kann. Nimmt man das von Turing vorgeschlagene Spiel ernst (und die Turingschen Spiele sind von jener Art, welche, allem Anschein zum Trotz, den äußersten Ernst avisieren), so macht schon die Versuchsanordnung klar, daß die Personen, die, von aller Welt und von ihrer Evidenz abgeschnitten, ihr Geschlecht verteidigen müssen, in einem anderen Register als dem des Geschlechts operieren. Das Feld, in dem Beweise für die Geschlechtlichkeit erbracht werden können, ist a priori nicht der Bios, sondern die Kommunikationsmaschinerie, also der BIOS. Damit aber ist ein Doppeltes erreicht: die Wahrheit des Satzes (»Ich bin eine Frau«) wird nicht mehr auf der Ebene der Evidenz überprüft, sondern fällt unter Bedingungen, die den Körper in eine Art *darkroom* hüllen, während sie die Glaubwürdigkeit einzig aufgrund seiner psychischen Repräsentanz überprüfen. Wenn Lacan von der Transsubjektivität der Kybernetik spricht, so ist diese Transitivität auch ein Überschreiten der Geschlechtlichkeit.

Auf eine merkwürdige Weise nimmt der Turing-Test vieles von dem vorweg, was in den Zeiten des Internet zu einem Massenphänomen geworden ist.⁴²² Tatsächlich haben sich die Bedingungen der Kommunikation dem Turing-Test angenähert, jedoch mit dem überraschenden Resultat, daß der heimliche Souverän des Turing-Tests, nämlich die Maschine, ihren Geschlechts- und Intelligenznachweis noch immer nicht erbracht hat, während sich umgekehrt das Spiel unter den menschlichen Akteuren großer und zunehmender Beliebtheit erfreut. Man könnte sagen, daß nicht die Maschine sich das Geschlecht einverleibt, sondern umgekehrt die Geschlechter sich die Gesetze der Maschine einverleibt haben, um mit ihrer Hilfe (dem Geschlecht der Geräte) über sich hinauszugehen. Die Lacansche Transsubjektivität verwirklicht sich in den namenlosen *Usern*, die sich als Mann, Frau oder überhaupt als ein jenseitiges, indeterminiertes Wesen vorstellen. Bezeichnete »Software« zu den Zeiten, da Alan Turing in Bletchley an der Entzifferung der Enigma arbeitete, ein wasserlösliches Papier,[423] so läßt sich sagen, daß auch die geschlechtliche Identität dort, wo sie sich unter Turingschen Spielbedingungen artikuliert, Software geworden ist. Insofern sie Software ist, wird sie dem Gesetz des Codes unterworfen: programmierbar. In gewisser Hinsicht, könnte man sagen, hat die schon vielfach wiederholte Formel von der Kultur als Engelmacherin hier ihre Einlösung gefunden. Die *User,* die im Internet unter den Bedingungen eines Turing-Tests in Permanenz kommunizieren, operieren tatsächlich so, wie sich die Denker des Mittelalters das Leben der Engel vorgestellt haben. Ubiquitär und körperlos, unbestimmt und zugleich frei, diese oder jene Identität, dieses oder jenes Geschlecht überzustreifen, kann man den schwerfälligen Leib endlich hinter sich lassen. Und weil es eine Verheißung ist, endlich aus der Haut fahren zu können, ist die Beeinträchtigung der Sinne kaum spürbar. Dabei wird man nicht nur damit belohnt, daß man die eigenen physischen und sozialen Grenzen hinter sich läßt, sondern man hat darüber hinaus am Ewigkeitsphantasma der Information teil. Freilich: Ins künstliche Paradies des Netzes gelangt nur hinein, was rechenbar ist. In diesem Sinn ist das Netz zwar eine Flugmaschine, aber der Transfer gelingt nur um den Preis, daß all jene Bereiche, die nicht engelhaft-virtuell sind, stillgelegt werden. Anders gesagt: Dem symbolischen Leben korrespondiert ein symbolischer Tod. Im Falle Turings jedoch, dem es um die *Wirklichkeit* des symbolischen Lebens zu tun war, ist der Einsatz noch höher: denn auch der symbolische Tod verlangt danach, Wirklichkeit zu werden. Das ist es, was in seinem Suizid hervortritt – und was in seiner Erzählung vom Flugzeughangar bereits angelegt ist. Mögen sich andere in andere Sphären hinüberschwingen, so hat er sich im eigenen Phantasma gefangengesetzt. Er ist nicht einem höheren Jenseits begegnet, sondern dem eigenen Gedanken in fremder, pervertierter Gestalt. Womit es der selbstverfertigte Gedanke ist, der sein Todesurteil spricht – und der Turing sagen läßt: Ich bin's nicht gewesen. Der Tod ist ein Märchen für Kinder. Und wenn ich nicht gestorben bin...

KAPITEL 11

Goldene Schrift auf gläsernem Sarg

Wo liegt das Bindeglied zwischen dem Märchenstoff und dem Phantasma der Technik? Wohlgemerkt, es ist nicht Turing allein, der im Schneewittchen-Stoff einen märchenhaften Resonanzraum findet, auch Walt Disney hat in diesem Stoff den Kern seiner Existenz und seiner ästhetischen Sehnsucht erfaßt. Daß er für seinen eigenen Tod eine ähnlich bizarre Verfügung traf (Disney, wie gesagt, ließ sich einfrieren[424]), ist keine bloß biographische Besonderheit, auch seine Artefakte, die ihrerseits Ikonen der Populärkultur sind, tragen die Signatur des gefrorenen Todes. In gewisser Hinsicht läßt sich die Maschinerie seiner Vergnügungsparks als ein gigantischer gläserner Sarg auffassen – eine imaginäre Kuppel, unter der die Gemeinde einer fortgesetzten Reanimationsprozedur huldigt. Dabei sind die Details am aufschlußreichsten. Disney trug etwa Sorge dafür, daß die Puppen, die seine Vergnügungsparks bevölkern (die sogenannten *Animatronics*), atomschlagsicher konstruiert wurden. Schon die Wortbildung offenbart ein Programm: *anima*, die Seele, *tronic* als Residualform von *electronic* (oder, je nachdem, vom Suffix *tron* gedacht, das allgemein für das Werkzeug steht). Phänomenologisch betrachtet fügen sich diese Gebilde durchaus in den Gang meiner Untersuchung ein, stellen sie doch die Verkörperungen all jener Automaten dar, von denen die elektrischen Mönche und die Romantiker träumten: beseelte, autopoiëtische Maschinen. Dennoch gibt es – und der Rückbezug auf den Versuch des Abbé Nollet macht dies deutlich – eine merkwürdige Verschiebung. Denn man sollte annehmen, daß es vor allem die Verfügungsgewalt über die Batterie, also die heroische, prometheische Seite ist, an der sich das Faszinosum entzündet. Viktor Frankenstein beispielsweise, der sein Geschöpf aus Leichenteilen zusammensetzt und ihm mit Blitz- und Elektrostößen eine Seele einhaucht (und den Mary Shelley nicht umsonst den modernen Prometheus getauft hat), wäre ein passender Protagonist. Oder der Goethesche Faust. Im Schneewittchenstoff geht es jedoch nicht um einen faustischen Täter, sondern um die ahnungslose, von einer bösen Macht verfolgte Unschuld, nicht um eine Gestalt der Aktivität, sondern der Passivität.

Es war einmal mitten im Winter, und die Schneeflocken fielen wie Federn vom Himmel herab, da saß eine Königin am Fenster, das einen Rahmen von schwarzem Ebenholz hatte, und nähte. Im Bild des fallenden Schnees ist die alte kosmogonische Form der Fruchtbarkeitsausschüttung enthalten, jenes Sema, das sich vom Himmel hinab auf die Erde senkt. In diesem Schwebezustand zwischen Himmel und Erde liegt die Grundspannung des Bildes, die Dichotomie von Vatersprache und Muttererde. Strenggenommen besteht das Bild aus einer ganzen Serie von Gegensatzpaaren. So setzt sich die Dichotomie von Himmel und Erde in einer zweiten Dichotomie fort, zwischen dem Weiß des Schnees und dem Schwarz des Fensterrahmens, zwischen dem Federleichten und dem, was unveränderlich steht, Rahmen, Gestell, Haus. Die Spannungsverhältnisse von Farbe und Gewicht schreiben sich in eine dritte Dichotomie zwischen dem Innen und Außen fort, die nicht nur räumlich, sondern auch psychisch gefaßt werden kann. Die Königin, die dort sitzt und durch den schwarzen Rahmen des Fensters ins Freie schaut, ist gleichsam in Betrachtung eines Bildes versunken. Diese Rahmung des Augenblicks findet seine Entsprechung im Nähen, also in der Verfertigung dessen, was man Gespinst oder TEXT nennen kann. Mit diesem Bezug ist die Perspektive klar. Man hat es mit einem Wunschbild der Königin zu tun. Damit aber (grundiert von diesem Sehnsuchtsblick) wird alles zeichenhaft. Das Geschehen verdoppelt sich, es ist außen und innen zugleich. Der Schnee ist Schnee, aber ebenso steht er für die Erwartung jener Substanz, die macht, daß Kinder kommen (daß sie vom Himmel fallen wie Engel), und so eröffnet sich an diesem Punkt ein weiteres Spannungsmoment: zwischen der Zeit der Unfruchtbarkeit (*mitten im Winter*) und dem Wunsch nach Empfängnis. Schon im nächsten Satz wird diese Differenz wundersam überbrückt: *Und wie sie so nähte und nach dem Schnee aufblickte, stach sie sich mit der Nadel in den Finger, und es fielen drei Tropfen Blut in den Schnee.*

Es ist, als ob sich der Wunsch in eine leere Seite hineinschriebe. Mit dem Anblick des roten Blutes auf dem weißen Schnee nimmt der Kinderwunsch Bildgestalt an, beginnt andererseits die Landschaft zu sprechen. Alles ist Text. Der Wunsch nach dem Kind, in den weißen Grund hineingeschrieben, artikuliert sich in einer Verletzung, einem Stich, der durchs Gewebe (den Text) hindurchgeht, und diese Verletzung wiederum verwandelt sich in eine Ästhetisierung, *und weil das Rote im Schnee so schön aussah, dachte sie bei sich:* »Hätt' ich ein Kind so weiß wie Schnee, so rot wie Blut und so schwarz wie das Holz an diesem Rahmen.« Bekanntlich realisiert sich dieser Wunsch – aber das ist vielleicht nicht allzu verwunderlich, befinden wir uns doch in einer Zeit, da das Wünschen noch geholfen hat. Sehr viel merkwürdiger ist die Tatsache, daß die drei Qualitäten, so weiß, so rot und so schwarz, aus der Wirklichkeit heraustreten und gleichsam zu abstrakten Intensitäten werden. Diese drei Qualitäten lösen sich (wie frei flottierende Zeichen) von der Szene ab und setzen sich im Wunschbild eines Kindes neu zusammen – das man aus diesem Grund auch ein synthetisches Kind oder ein Wunderkind nennen könnte (wie der Traum ja überhaupt einer Wunschstruktur folgt). Schwarz rot weiß: das ist wie ein elementarer Code, wie das ABC oder die DNS, oder wie eine Fahne, die als Kombination reiner Farben und Formen wiederum auf eine Kunstgeburt, ein Abstraktum verweist (wie wäre die Geburt einer Nation zu denken?). *Bald darauf bekam sie ein Töchterlein, das war so weiß wie Schnee, so rot wie Blut und so schwarzhaarig wie Ebenholz, und ward darum das Schneewittchen genannt.* Die drei Qualitäten fügen sich zu einer einzigen zusammen, zu jenem weißen Symbol, das als *Symbol des Symbols* fungiert. Und so nimmt das Schneewittchen-Schneeweißchen die Doppelheit des Augenblicks und fügt es zusammen. In diesem Namen wiederholt sich der Zauber des Eingangsbildes, scheint es fast, als ob auch das Kind vom Himmel gefallen sei, ein makelloses, überirdisches Weiß. Entsprechend bedarf es zur Zeugung dieses Wunschkindes eines tatsächlichen Vaters nicht.[425] Der Wunsch ist der Vater des Gedankens – und merkwürdigerweise gilt diese Formel auch dort, wo das Schneewittchen nicht durch einen mütterlichen Wunschgedanken, sondern durch das Begehren eines Mannes in die Welt gesetzt wird. Genau dies geschieht in einer anderen Fassung des Märchenstoffs. Hier erzählt sich der Anfang folgendermaßen:

> Ein Graf und eine Gräfin fuhren an drei Haufen weißem Schnee vorbei, da sagte der Graf: »Ich wünsche mir ein Mädchen, so weiß als dieser Schnee«. Bald darauf kamen sie an drei Gruben rothen Blutes, da sprach er wieder: »ich wünsche mir ein Mädchen, so roth an den Wangen, wie dies Blut«. Endlich flogen drei schwarze Raben vorüber, da wünschte er sich ein Mädchen, »das Haare hat so schwarz, wie diese Raben«. Als sie noch eine Weile gefahren, begegnete ihnen ein Mädchen, so weiß wie Schnee, so roth wie Blut und so schwarzhaarig wie die Raben, und das war das Schneewittchen. Der Graf ließ es gleich in die Kutsche sitzen und hatte es lieb, die Gräfin aber sah es nicht gern und dachte nur, wie sie es wieder los werden könnte.

Nun stellt diese transsilvanische Grusellandschaft, in der das Blut gleich grubenweise die Winterlandschaft erfüllt, ein Kontrastprogramm dar, das nicht das Geringste mit jenem stillschönen Anfangsbild gemein zu haben scheint. Man könnte geradezu von einer Inversion des Geschehens sprechen. An die Stelle des reinen Mutterglücks hat sich unverhohlen sexuelles Begehren gesetzt, an die Stelle des Winterstillebens die pulsierende Nervosität einer Schlittenfahrt, eine explosive *passage à trois*, die einen Gewaltakt ahnen läßt. Wesentliche Elemente des Stoffes sind jedoch gleich geblieben: die Intensität der reinen Qualitäten schwarz weiß rot und die Tatsache, daß sich das Schneewittchen aus diesen reinen Qualitäten zusammensetzt. Macht die Märchenvariante deutlich, daß der Wunschgedanke zwischen widersprüchlichen Gefühlspolen oszillieren kann (der Geliebten, dem Kind), so bleibt doch das Objekt der Begierde sich wesentlich gleich: Es sind die reinen, unvermischten Qualitäten selbst, die den Kern der Phantasie ausmachen. In diesem Sinn stellt das *so weiß so rot und so schwarz* die Formel des Begehrens dar: eines Begehrens, das nichts sein will als reine Intensität, reines Begehren. Im Falle der Königin richtet es sich auf das Kind, im Falle des Grafen auf das junge Mädchen, das, kaum daß es ins Leben getreten ist, in die Kutsche hereingeholt und liebkost wird. Dort, wo der Wunsch der Vater des Gedankens ist, sucht die Lust nicht den anderen, sondern sich selbst, geht es um jene maximale Intensität, vor der die Realität nur zurückbleiben kann. Eben dies kennzeichnet die Szenerie in der Kutsche. Der Graf tut der Gräfin seinen Wunsch kund, aber indem er dies tut, schließt er die Gräfin aus, artikuliert er etwas, was sich nur im Jenseits des Matrimoniums realisieren kann. Das Schneewittchen ist mithin der Spiegel jenes Begehrens, der die graue

Wirklichkeit übersteigt – und ihr damit das Zeichen des Ungenügens aufdrückt. So ist es nur folgerichtig, daß die Abgewiesene nurmehr darüber nachdenkt, *wie sie es wieder los werden könnte*.

Überträgt man den Mechanismus auf die Königin, so verliert auch ihr Kinderwunsch einiges an Unschuld. An dieser Stelle gilt es, den Namen des Wunderkindes ins Auge zu fassen. Oberflächlich steht er für Reinheit, Jungfräulichkeit, Unberührtheit, womit alle Register des *immaculata*-Motivs aufgerufen sind. Damit aber ist das Schneewittchen nicht etwas, das einem anderen gleicht (und eben darin, in der Relativität, einen mehr oder minder großen Verwandtschaftsgrad aufweist), sondern es ist ein Sichselbstgleichendes, ein reines, makelloses Symbol. In diesem Sinn pulsiert im Innern des Namens jene Intensität, wie sie allen Tautologien eigen ist: A=A, schneeweiß ist schneeweiß ist schneeweiß...

Überinterpretiert? Interessanterweise gibt es aus jener Zeit, da Alan Turing sich anschickt, *On Computable Numbers* zu schreiben, eine logische Theorie, die sich zur Explikation ihres wesentlichen Kerns der Schneewittchen-Formel bedient: Alfred Tarskis *Wahrheitsbegriff in den formalisierten Sprachen* (1933), besser bekannt als *semantische Wahrheitsdefinition*.[426] Um seine Theorie zu veranschaulichen, gibt Tarski folgenden Beispielsatz: »Der Satz ›Schnee ist weiß‹ ist wahr dann und nur dann, wenn Schnee weiß ist.«[427] Was ist der Hintergrund dieses Satzes? Zunächst einmal ist in der Farbe Weiß das alte Universalienproblem angelegt: Gibt es eine Weißheit als solche? Diese allgemein metaphysische Dimension berührt Tarskis Fragestellung jedoch nur am Rande, beschäftigt er sich doch nicht mit der Wahrheit als solcher, sondern mit dem Problem, unter welchen Bedingungen Sätze als wahr anerkannt werden können. Tatsächlich geht es um eine Operation, die dem Turingschen Verfahren ganz ähnlich ist: die Konstruktion einer Wahrheitsmaschine. So besteht der Hintergrund dieses merkwürdigen Satzes darin, daß der Wahrheitsgehalt einer Aussage über ein Ding nur dann beurteilt werden kann, wenn es eine höhere Instanz gibt, in der diese Aussage über den Schnee als zulässig oder nicht zulässig verzeichnet steht. Die Aussage »x ist weiß« läßt sich als wahr anerkennen, wenn dem fraglichen x, d.h. dem Schnee, auf dieser höheren Ebene das Prädikat *weiß* zugeordnet ist. In diesem Fall läßt sich die Aussage »Schnee ist weiß« als wahr anerkennen. Die wesentliche Ambition von Tarskis Wahrheitsmaschine besteht nun darin, die Paradoxa auszuschalten (das Kreter-Paradoxon mit all seinen Filiationen, wie etwa »Dieser Satz ist falsch«). Tarski löst es auf formale Weise, indem er die Sprache in eine Objektsprache und in eine Metasprache aufspaltet. Auf der Ebene der Objektsprache werden Aussagen über Sachverhalte getroffen (»Schnee ist weiß«), auf der Ebene der Metasprache werden mögliche Aussagen über Objekte festgelegt (Schnee ist weiß). Die Metasprache fungiert also wie eine Art Wahrheitsspiegel, eine reflexive Apparatur, bei der die Menge der Aussagen mit den *möglichen Aussagen* verglichen wird. Damit verlagert Tarski das Wahrheitskriterium, das bislang ein Deckungsverhältnis von Satz und Sache vorsah, auf ein Feld, wo es nurmehr um Sätze über »Sätze«, Aussagen über »Aussagen« geht.

Indes zeigt ein flüchtiger Blick, daß man es mit einem formalen Kunstgriff zu tun hat, denn tatsächlich ist die Metasprache eine Vorwegnahme aller möglichen, und das heißt: *wahren*, Aussagen – ist hier insgeheim eine Logos-Formel versteckt. Hätte der Programmierer einer solchen Metasprache es beispielsweise versäumt, den *Schnee* mit dem Prädikat *weiß* zu versehen, so wäre die Aussage als ungültig eingestuft worden – was insoweit von Belang ist, als man es mit einer gleichsam *maschinell verfertigten Beurteilung* zu tun hat. Tarskis »Sprache«, die mit dem Schisma von Objekt- und Metasprache ins Leben gerufen wird, ist eine hochgradig formalisierte, artifizielle Sprache, die dem Dilemma der natürlichen Sprachen entgehen soll: der Zweideutigkeit und dem gebrochenen Sinn.[428] Vor diesem Hintergrund ist die Schneeweißchen-Formel durchaus präzise, sucht sie doch nach einem Mechanismus, der sich der naturwüchsigen, unbändigen Korruption der natürlichen Sprache entzieht. Die Formel *Schnee ist weiß* fungiert mithin als das Symbol einer Sprache, die nicht von dieser Welt ist, sondern sich aus den Höhen der Logik herabsenkt, *wie Federn vom Himmel*. Schneewittchen ist nicht nur Wunsch-, es ist auch ein Gedankenkind, ein Kind, in dem die Logik der reinen Zeichen zur Apotheose findet, zur Widerspruchslosigkeit. Tatsächlich gibt es keinen größeren Schrecken der Logik als diesen: ein Kind, aus Vater und Mutter zusammengemischt.

Wenn es heißt: »Schnee ist weiß« dann und nur dann, wenn Schnee *weiß ist*, so zeigt sich in diesem DANN UND NUR DANN die Definitionsmacht, der Herrscherblick aller Logik. Indes maskiert die großartige Allmachtsgeste eine ebenso großartige Ohnmacht. Denn definitiv ist nur der Tod. Alle Gebilde von Menschenhand – und haben sie raffinierterweise auch immaterielle Züge angenommen – vermögen Ewigkeit nur vorzutäuschen. Während die Höhen der Mathematik eine Art metaphysisches Refugium darstellen, ein günstiges Klima insofern, als das Denken hier jene Eiseskälte annimmt, da es zu Formeln gefriert, begibt sich die Logik dort, wo sie sich der Sprache annimmt, in gefährliche Niederungen hinab. Sucht die Logik Ewigkeit, so spricht die Muttersprache ihr tagtäglich Hohn. Wie die herumtreiberischen Statuen des Dädalus verlassen die Wörter, kaum daß die Tempelwächter der reinen Vernunft ihnen einmal den Rücken zuwenden, ihren angestammten Platz, vermischen sich mit anderen und frönen allen nur erdenklichen Übeln, die in Promiskuität, Vermischung und Mehrdeutigkeit einmünden. Weil der Sinn, anstatt sich den unwandelbaren Gesetzen der Logik zu beugen, sinnlich und flatterhaft ist, hinterläßt die muttersprachliche Welt keine legitimen Abkömmlinge, sondern Mischlinge, Bastarde, Polymorphismen, ist die Vaterschaft der Wörter ein stetes Dilemma. So ist es nur zwangsläufig, daß der Logiker, der sich der Sprache zuwendet, sich zuallererst der Muttersprache entledigt und entledigen muß. Die Lösung, die sich hier anbietet, ist abgründig: Es ist der Pakt mit dem Tod. In diesem Sinn korrespondiert dem Ewigkeitsphantasma der Metaphysik eine Tötungsphantasie: das Unvorhersagbare, Ungeregelte aus der Welt zu schaffen. Wenn der Schnee dann und nur dann weiß sein soll, wenn die Metasprache des Logikers diesen Satz als gültig erkennt, so zeigt sich, daß der Metasprache eine Theorie der Drohung innewohnt: Wehe, wenn nicht!

Insofern liegt eine Zwangsläufigkeit darin: *Und wie das Kind geboren war, starb die Königin.* Dieser Satz hat die Struktur eines Tausches. Oder, was vielleicht präziser noch ist: die Figur einer Verdrängung. Man könnte sagen, daß das Verschwinden der Mutter die *raison d'être* des Wunderkindes darstellt. Nicht von ungefähr findet die Mutter im Text fortan keine Erwähnung mehr. Führt man sich noch einmal das Anfangsbild vor Augen: den fallenden Schnee, der die Erde mit makellosem Weiß bedeckt, so gibt sich das Schneewittchen als das zu erkennen, was die Psychoanalyse eine »Deckerinnerung« nennt: eine Erinnerung, die sich einstellt, um eine darunterliegende, schmerzhafte Erinnerungsschicht zum Verstummen zu bringen. Es ist nicht verwunderlich, daß in der Mutter-Tochter-Abfolge das gnostische Szenario sich ankündigt: die Unvereinbarkeit von Mutterstoff und reinem Geist (der nicht von dieser Welt ist, sondern sich vom Himmel herabsenkt). Damit zeigt sich, daß das Märchen sich aus jener geistigen Batterie speist, welche die abendländische Kultur geprägt und zu ihrem Himmelfahrtsprojekt inspiriert hat: dem Wunsch, der Fleischlichkeit zu entkommen. *Sarx* heißt eben nicht nur Fleisch, sondern auch Sarkophag. Dieser Weltfluchtimpuls beruht freilich nicht auf dem Oktroi einer fremden Macht, sondern er erwächst dieser Welt. Es ist die Königin selbst, die den Wunsch nach »Vergeistigung« in sich trägt. Die Niederkunft des Schneewittchen erzählt von dem Preis dieses Wunsches: muß doch ein Tod für ein Leben gegeben werden. Weil das Wunderkind (auch in der Perspektive der Königin) das ganz Andere verkörpert, muß das Diesseits verschwinden. In diesem spurlosen Verschwinden liegt die Logik der Logik, ist Schneewittchen ein Kind des Todes. So wird der Stich mit der Nadel zum Todeszeichen, das dazu führt, daß »Mutter Natur« aus der Welt geschafft werden muß (ein Konflikt, der auch den Logiker Tarski beschäftigt: zwischen Metasprache und Muttersprache).

Über ein Jahr nahm sich der König eine andere Gemahlin. So wie die legitime Königin nur kurz Erwähnung findet, so spielt auch der König eine randständige Rolle, ist kaum mehr als ein Entrée, eine Pforte, durch die die zweite Hauptfigur ins Märchen tritt: die böse Stiefmutter. Die Stiefmutter und Schneewittchen verbindet eine merkwürdige Verwandtschaft. Während die Schönheit des Schneewittchen in solch reiner, unschuldiger Form erscheint, daß ihr niemand jene Abgründigkeit ansehen mag, die doch ihre *raison d'être* ist, tritt diese bei der Stiefmutter so ungemildert zutage, daß man von einem regelrechten Schönheitskomplex sprechen kann. *Es war eine schöne Frau, aber sie war stolz und übermütig und konnte nicht leiden, daß sie an Schönheit von jemand übertroffen werden sollte.* Stolz, Übermut und Egozentrik markieren den Untergrund dessen, was die Schneewittchen-Schönheit (die wohlgemerkt die Funktion einer Deckerinnerung hat) verbirgt. Es sind die Komplementärformen jener reinen Qualitäten, Rot, Schwarz, Weiß – und es sind Eigenschaften, die nicht auf etwas anderem beruhen, sondern ein An-und-für-sich behaupten. Damit aber wird faßbar, daß man sich hier in einem neuartigen psychologischen Register bewegt, das jene Form der Selbstbezüglichkeit aufweist, wie sie im Namen des Schneewittchen präfiguriert ist. In diesem Sinn gehört auch die Stiefmutter (obwohl sie die Mutter ersetzt), nicht der Welt der Mütter an, sondern jenem Feld des Sichselbstgleichenden, auf dem es nur um die Bestätigung des Eigenen geht. So besehen läßt sich Schönheit als jenes Ideal auffassen, in dem alle Züge der Stiefmutter konvergieren. Freilich ist mit ihrer Schönheit auch eine Abstraktionsdrohung verbunden: daß sie all dessen beraubt werden kann, was ihr Eigenstes ausmacht. Das Wissen um diese Bedrohung markiert die Differenz zum Schneewittchen. Während Schneewittchen die Verkörperung, oder genauer: das makellose Symbol der reinen Qualitäten ist, geht der Stolz der neuen Königin (so wie es die Etymologie nahelegt), auf Stelzen – stolziert sie über einen Abgrund hinweg (wie Comicfiguren, die durch die Luft laufen, als hätten sie noch immer festen Grund unter den Füßen).

Die Abstraktionsdrohung nimmt Gestalt an im Wahrheitsspiegel, in dem sich die Königin beständig rückversichern muß. *Sie hatte einen wunderbaren Spiegel, wenn sie vor den trat und sich darin beschaute, sprach sie: »Spieglein Spieglein an der Wand, wer ist die Schönste im ganzen Land?«, so antwortete der Spiegel: »Frau Königin, Ihr seid die Schönste im Land«. Da war sie zufrieden, denn sie wußte, daß der Spiegel die Wahrheit sagt.* Im Bild des Spiegels, der die Wahrheit sagt, hat sich die Logik verkörpert, die vom Denken in das Ding übergegangen ist. Das aber heißt, daß kein einzelner mehr die Wahrheit verkörpert, noch im Besitz der Wahrheit sein kann. Denn die Wahrheit steckt im Innern des Spiegels. Abstrakt gesagt: Der Wahrheitsspiegel stellt eine symbolische Ordnung dar, die in Hinsicht auf die Menschen etwas Autonomes darzustellen scheint – eine Technik also. Und genau dieser Technik hat sich die Königin überantwortet, wenn sie ihren Spiegel befragt. Ihr Selbst ist bereits eine Konstruktion, objektiviert in dem Sinn, daß nicht sie, sondern der Spiegel darüber befindet. Mithin sind Schönheit, Stolz und Übermut nicht eigentlich Charakteristika, sondern buchstäblich Attribute, Merkmale, die der Königin von der Spiegelinstanz verliehen werden. Die Leihgabe aber hat einen Preis. Wenn der Spiegel das Attribut der Schönheit verleiht, so fordert er im Gegenzug einen Tribut: daß man nämlich seinem Wahrheitsspruch Glauben schenkt. Dieses Anerkennen seiner unumstrittenen Autorität in Fragen der Schönheit läßt sich als Dezentrierung der Wahrheit auffassen. Mit dieser Dezentrierung ist das Vorrecht des Adels, der genealogischen Stellung suspendiert. Unter dem Diktat der Schönheit (die doch ein *forever young* avisiert), muß das Vorrecht der Geburt weichen, kann die Königin nicht über den Titel, sondern nur als Schönheitsköngin Geltung verlangen.

Die böse Stiefmutter steckt somit in einem symbolischen Korsett. Genauer: Es ist der Spiegel, der sie erst zeugt, diese Wunschmaschine, der das Geheimnis der makellosen Reproduktion innewohnt. Vergleicht man nun das Verhältnis, das die Königin zu ihrem Spiegel unterhält, mit jenem Geschehen, dem das Schneewittchen seine Geburt verdankt, so wird eine merkwürdige Parallele sichtbar, geht es doch in beiden Fällen um ein Wunschbild, eine Imago. Während die Geburt des Schneewittchen jenen tödlichen Riß sichtbar macht, der zwischen der Sphäre des Idealen und der Leiblichkeit verläuft, begegnet die böse Königin dieser Frage in stets neuer, unentschiedener Form. Irgendwann wird sich diese Frage dahingehend entscheiden, daß ihr Leib, insofern er dem Ideal unterliegt, gleichsam ausgelöscht wird. Von daher kommt die Logik des Suspense ins Spiel: Denn nur solange der Spiegel ihr den Rang der Schönheitsköngin zuspricht, ist dieser tödliche Augenblick aufgeschoben. Der Tod erscheint nicht mehr schockartig, sondern er kommt auf leisen Sohlen daher, kein Ereignis, sondern ein schleichender, metastatischer Prozeß: *Schneewittchen aber wuchs heran und wurde immer schöner, und als es sieben Jahre alt war, war es so schön wie der klare Tag, und schöner als die Königin selbst.*

Und so stellt der Augenblick, auf den die Geschichte doch von Anfang an zugesteuert und dessen Elemente sie herausgeformt hat, einen Schock, einen unvorhergesehenen Einbruch dar. *Als diese einmal ihren Spiegel fragte: »Spieglein, Spieglein an der Wand, wer ist die Schönste im ganzen Land?«, so antwortete er: »Frau Königin, Ihr seid die Schönste hier, aber Schneewittchen ist tausendmal schöner als Ihr.« Da erschrak die Königin und ward gelb und grün vor Neid.* Mit diesem Augenblick wird die Abstraktionsdrohung wahr. Konnte sich die Königin im Besitz ihrer Selbstfülle wähnen (Stolz, Übermut, Schönheit), so wird im Neidgefühl ihr Selbst annihiliert. In diesem Augenblick erst wirkt das Gift, wird fühlbar, daß mit dem Versprechen der Schönheit eine Drohung verbunden war, eine Drohung, die um so tiefer geht, als sie nicht den Verlust irgendeines Besitzes markiert, sondern dessen, was man treffender das »Eingemachte« nennt, jene Imago, die sich als SELBSTBILD ins Innere eingeformt hat. *Von Stund an, wenn sie Schneewittchen erblickte, kehrte sich ihr das Herz im Leibe herum, so haßte sie das Mädchen.*

War die Schönheit eine Verheißung, so wird sie in dem Augenblick, da sie von der Person abgezogen wird, zum pulsierenden Mangel (*daß sie Tag und Nacht keine Ruhe mehr hatte*). Dieser Mangel läßt sich, insofern er das Gegenstück eines symbolischen Besitzes ist, nicht im Register der Bedürfnisse abhandeln. In diesem Sinn ist die Rede von der zweiten Natur irreführend. Wo der Wunsch der Vaters des Gedankens ist, hat Mutter Natur ihre Einheit verloren, bewegt man sich im Geltungsbereich und in der Logik des Wahrheitsspiegels. Insofern geht es immer auch um einen *Digitalisierungskonflikt* – und dies erklärt vielleicht den Zauber, den das Märchen noch immer ausübt, schreibt sich dieser Konflikt bis in die Gegenwart fort. So läßt sich ohne Übertreibung sagen, daß sich dieser Konflikt überall dort artikuliert, wo von einer so oder so gearteten »Natur« des Menschen die Rede ist. Strenggenommen müßte man auf jene Ordnung verweisen, deren Kennzeichen das Symbol, oder um es noch drastischer zu sagen: die Maschine ist. Denn an der Maschine hängt die Idee der Freiheit, die Idee der Analyse, die Idee der Kultur – und vor diesem Prospekt wäre es sehr viel angemessener, sich in Hinblick auf das Tier nicht als Natur-, sondern als Maschinenwesen zu begreifen. Oder als phallsche Mutter, je nachdem. Was sich hinter dem Wortspiel der *phallschen Mutter* verbirgt, ist kein psychischer, auch kein geschlechtsspezifischer Typus, sondern jene konkurrierende Reproduktionsordnung, die abstrakte, symbolische Gebilde hervorbringt: all das, was man Geistzeugung – *logos spermatikos* – nennt. Freilich markiert dies nicht bloß eine gedankliche Sphäre, sondern wirkt auf die Menschen zurück. Wenn sich die Königin versichert, Trägerin der Wahrheit zu sein, so versucht sie sich über eine doppelte Entzweiung hinwegzutrösten: daß die Imago nur eine Leihgabe ist, und daß die Zeugungsapparatur des Spiegels ihr nur ein Bild schenken kann statt eines Kindes. In der *phallschen Mutter*, so könnte man sagen, artikuliert sich der Konflikt zwischen der Natur und der Maschine (die ein Betrug an der Natur ist, die Verheißung einer Hypernatur, die für das Mutterglück – oder Mutterunglück – entschädigt).

Dieser Konflikt, so könnte man sagen, ist für unsere Gesellschaft konstitutiv. Um so bemerkenswerter aber ist das Maß seiner Ausblendung (die überall dort manifest wird, wo der philosophische Taschenspielertrick namens »Natur« Urständ feiert). Wenn man schreibt, daß der Mensch ein vernunftbegabtes, sprechendes oder werkzeugmachendes Tier sei, so hat man in dieser Formulierung weniger eine Aussage über den Menschen, als vielmehr eine *Natur der Sache* versteckt, und diese Natur wird zu allerlei höchst unpassenden Gelegenheiten ins Feld geführt. Da wird eine Naturgesetzlichkeit behauptet, wo es um etwas ganz anderes geht. Denn es liegt keineswegs in der Natur des Menschen, daß er Bilder malt, dehydrierte Sojabohnen verspeist oder Programmbögen von DNS-Ketten beim amerikanischen Patentschutzamt anmeldet. Es ist evident, daß die Rede von der »Natur« häufig nur auf einen faulen Zauber hinauslaufen kann, haben wir das Kaninchen, das wir hier aus unserem Zylinder hervorzaubern, doch vorher selbst hineingesteckt.[429] Das, was wir als Natur mißverstehen (und was in Wahrheit doch ein je geschichtliches Korsett ist, in dem wir uns ganz frei und natürlich wähnen), entspricht ziemlich genau dem, was die böse Stiefmutter in ihrem wunderbaren Spiegel vor sich hat.

Nun ließe sich einwenden, daß wir nicht wissen, worin die »Natur« des Menschen besteht, aber daß wir über die gründliche Beobachtung und Messung einiges über die Natur aussagen können. Aber auch diese sogenannte »Natur« ist nur ein Konstrukt, nicht eigentlich Natur, sondern vielmehr ihre *Auslegung*, eine Maschine im Großen. Der Wissenschaftsphilosoph Stephen Toulmin hat dafür ein sehr anschauliches Beispiel gegeben. Man stelle sich einen Ichtyologen vor, also einen Fischkundler, der ein bestimmtes und ziemlich grobmaschiges Netz mit sich führt. Er wird nun, geleitet von den Ergebnissen, die sein Fischfang mit sich bringt, zu allerlei Behauptungen über die Fischwelt gelangen, aber seine Theorie wird immer darauf zurückzuführen sein, daß er sich dieses bestimmten grobmaschigen Netzes bedient. In diesem Sinn geht die Verfertigung des Netzes aller Theorie voraus. Oder anders gesagt: Die Theorie ist – in Form dieses Netzes – schon ausgelegt, bevor sie eingeholt, gelesen und gedeutet werden kann. Das, was wir Natur zu nennen belieben, ist immer eine *Theorie der Natur*, es ist die Technik ihrer Befragung, und so verfährt Wissenschaft auf die nämliche Weise wie auch unsere Märchenkönigin verfährt, wenn sie ihren Wahrheitsspiegel befragt.

Der große Vorzug jedoch, den das Märchenbild gegenüber der Wissenschaftstheorie hat, besteht darin, daß es von den Energien erzählt, die diesem Blick zugrunde liegen. Es erzählt davon, daß das Symbol begehrenswert ist, weil es ein Symbol des *Selbstbildes* ist. Die Episteme ist, als ein symbolisches Korsett, kein abstraktes Wissensfeld, sondern eine Imago, ein Spiegel des Begehrens, in dem sich jeder, der hineinschaut, wiederzuentdecken sucht. Ja, es ist genau dieses Begehren nach dem Besitz des symbolischen Korsetts, welches die Grundlage für das Drama markiert, das sich im Märchen abspielt. Die Schönheit steht stellvertretend für das begehrte Zeichen schlechthin – und genau in diesem Sinn könnte man von einem *Digitalisierungskonflikt* sprechen.[430] Dieser Konflikt entzündet sich freilich erst in dem Augenblick, als der Spiegel der Stiefmutter das Zeichen der Schönheit verwehrt – und da heißt es im Märchen: *Da kehrte sich ihr das Herz im Leibe herum (...) und der Neid und der Hochmut wuchsen wie ein Unkraut in ihrem Herzen, daß sie Tag und Nacht keine Ruhe mehr hatte.*

»Wie ein Unkraut in ihrem Herzen« – das ist eine schöne, fast poetische Beschreibung, wird hier doch, im Bild der wildwuchernden phantasmatischen Widernatur, von jenem Abfall erzählt, der mit der Dezentrierung des Menschen, mit seiner Abhängigkeit von einem Wahrheitsspiegel einhergeht. Das ist eine doppelte Verschiebung: Nicht nur, daß sich die Außenwelt in die Innenwelt gesetzt hat, darüber hinaus ist mit dieser Übersetzung ein Umschlag ins Perverse verbunden: eine hypertrophe, metastasierende Widernatur: Unkraut.[431] Tatsächlich ist diese Widernatur nur die andere Seite jenes Satz, daß *der Wunsch der Vaters des Gedankens* ist. Darin liegt eine innere Notwendigkeit. Dort, wo man auf das Feld der Wunschbilder, der *imagines* und der künstlichen Zeugung gerät, sind die natürlichen Grenzen überwunden. Die Ordnung des Spiegels (und das heißt: jenes symbolischen Raums, in dem die Gesetze der Projektion herrschen) ist die Unendlichkeit: ein unerreichbares Ideal. Wo das Schönheits-Integral versagt, hat man es mit einer Dissoziation dieser Ordnung zu tun. Das vermeintliche Individuum offenbart sich als Dividuum und erlebt am eigenen Leib, wie es sich in seine Einzelteile zerlegt. Hier liegt der Denaturierungskonflikt, der uns Heutige in allerlei Maskierungen heimsucht. Daß wir herausgefallen sind aus der »Natur«, daß unsere Losung nur lauten kann: Oh Wildnis, oh Schutz vor ihr!⁴³²

An dieser Stelle betritt das Schneewittchen nun die schöne, lustige Zwergenwelt, deren Kennzeichen der Diminutiv ist: all die Tellerchen, und Löffelchen und Becherchen. In dieser Verkleinerungsform ist der Vervielfältigungsschrecken, dem das Schneewittchen im Wald ausgesetzt war (*Nun war das Kind im großen Wald mutterseelenallein und es ward ihm so angst, daß es alle Blätter an den Bäumen ansah*), gleichsam zur Ordnung geronnen. In diesem Sinn könnte man die Zwerge auch Apparatschiks nennen: die Ordnung (und der Schrecken dieser Ordnung) ist bei ihnen serialisiert. Damit ist ein wesentliches Charakteristikum unserer Kultur angesprochen – ist es doch ziemlich schwer zuzuschauen, wie einem Huhn auf einer Theaterbühne der Hals umgedreht wird, während man sich andererseits mit Leichtigkeit aus der seriellen Logik der Tierproduktion speisen kann (die aus diesem Grund vorgibt, nicht seriell, sondern nach Gutsherrenart zu verfahren). Zweifellos besteht der große Vorzug der Serienproduktion darin, daß sie im Gesetz der Serie das Vergessen instituiert und das ursprüngliche *crimen* aus dem Blick geraten läßt.

In dem Häuschen war alles klein, aber so zierlich und reinlich, daß es nicht zu sagen ist. Mit den Zwergen und ihrer reinlichen Ordnung kommen zwei neue Element ins Spiel: die Überwindung des Geschlechts und die Arbeit. Wobei diese beiden Elemente ein zusammenhängendes Projekt darstellen: das der synthetischen Reproduktion. Wie uns die Etymologie lehrt, haben die Zwerge kein Geschlecht, sondern sind ungeschlechtliche Wesen, Ding-Wesen, Sachwalter. Es ist nun kein Zufall, daß diese Zwerge Bergleute sind – was in jene mythische Zeit zurückverweist, die bereits im Zeichen des Alphabets angesprochen wurde: die Welt der Korybanten, Daktylen, Priesterschmiede, der metallurgischen Kulte kurzum. In der Zwergenwelt findet das Projekt der synthetischen Reproduktion, das die Geburt des Schneewittchen begleitet (so weiß, so rot, so schwarz), zu seiner industriellen Form. Die Zwerge sind Synthetiker par excellence, ihr Gewerk läßt sich als eine In-vitro-Fertilisation auffassen. Die Metalle, die im Schoß der Muttererde lagern, sind so etwas wie Föten – und so ist der naheliegende (und in der Alchimie fortwirkende) Gedanke, daß die Metalle im Innern der Erde auf natürliche Weise wachsen und reifen, weswegen sie irgendwann zu Kindern (das heißt: zu Gold) werden müssen. Was machen nun die Bergleute? Sie dringen in diesen Mutterschoß ein und entnehmen ihm, vorzeitig, den Fötus. Das heißt: Sie bringen sich auf naturwidrige Art und Weise in den Besitz des Metalls, das sie mit Feuer beschießen (das man sich infolgedessen als eine Zeit- oder Reifungsbeschleunigungsmaschine denken muß). Daß nun Schneewittchen, das synthetische Kind, in die Welt der Zwerge gerät, enthüllt, daß man es mit einer Wahlverwandtschaft zu tun hat.

Abermals: Eine vulgärpsychoanalytische Deutung würde diese Lesart nur dazu benutzen, um ihren Phallus herauszustrecken – indes ist der Zusammenhang doch ein bißchen komplizierter. Von einem phallischen Prinzip zu reden und damit den Mann als solchen zu meinen, geht an der Sache vorbei, besteht das Dilemma der Zwerge doch darin, sich ins Glied zurückzustellen, das nicht mehr ihr eigenes ist – womit man (wenn man das Phallische herbeizitieren will) tatsächlich bei einer Entmannungs- oder Verwichtelungsordnung angelangt ist. Denn um das Projekt der künstlichen Zeugung verfolgen zu können, bedarf es des Zusammenschlusses, der Korporation. Nur als ein großer, künstlicher Leib vermögen die Zwerge ihre Arbeit zu tun. Die Vaterschaft des Gedankens ist mithin geteilt, dosiert – und so ist das Opfer, das die phallische Ordnung ihnen abverlangt, ihre Entmannung. Daß hinter jedem Mann ein anderer steht: der Ersatzmann. Und weil diese Logik in der Zwergenwelt zur Selbstverständlichkeit geworden ist, bereitet auch das fehlende Bett kein Problem. *Der siebente Zwerg aber schlief bei seinen Gesellen, bei jedem eine Stunde, da war die Nacht herum.* Einerseits geschlechtslos, zum anderen mit dem Projekt der künstlichen Zeugung beschäftigt, stellen die Zwerge höchst paradoxe Wesen dar – ein drittes Geschlecht, das an seiner Selbstaufhebung arbeitet, an der Überführung des Männlichen in jene Abstraktheit, die Platon das *Geschlecht der Geräte* genannt hat. Ihr Konflikt, wenn man so will, entspricht jenem Dilemma, das Günther

Anders als kennzeichnend für die moderne Technik überhaupt beschrieben hat: die prometheische Scham (nämlich Schöpfer der Maschine zu sein, aber vor der Perfektion des eigenen Gebildes in Scham zu versinken). Was wiederum den Helden der Technik in einem neuen Licht erscheinen läßt: Prometheus – Gott aller Zwerge.

Insofern ist die Art, wie das schlafende Schneewittchen bei ihnen aufgenommen wird, Ausdruck ihres idealen Begehrens: *»Ei du mein Gott! Ei du mein Gott!« riefen sie, »was ist das Kind schön!«, und hatten so große Freude, daß sie es nicht aufweckten, sondern im Bett fortschlafen ließen.* Die Zwergenbruderschaft reagiert mit so übermäßigem Wohlgefallen auf das Schneewittchen, weil die schöne, unschuldige Jungfrau das Ideal der Übergeschlechtlichkeit verkörpert – etwas, was ja auch die Geschichte der Marienverehrung kennzeichnet. In diesem Sinn dient das Schneewittchen als Spiegel eines idealen Begehrens. Indes hat man es nicht mit einem Sex-Symbol, sondern mit einem Symbol für die Überwindung des Sexus zu tun. Wenn Schneewittchen von den Zwergen in den Dienst genommen wird, so deswegen, weil sie (das logische Kind) selbst den Aspekt des Gerätehaften verkörpert. In einer anderen Märchenfassung nämlich werden die Zwerge als eine Bande von Mädchenmördern hingestellt, die in einer Höhle hausen und jedes weibliche Wesen niedermachen, das sich zu ihnen verirrt. Schneewittchen ist zweifellos etwas anderes als ein beliebiges, weibliches Wesen: *Es hielt ihnen das Haus in Ordnung; morgens gingen sie in die Berge und suchten Erz und Gold, abends kamen sie wieder, und da mußte ihr Essen bereit sein.* Apotheose der Ordnung, der Arbeit, der Geschlechtslosigkeit. In dieser schönen neuen Welt mag es scheinen, als ob sich die Institution des reinen Zeichens durchgesetzt hätte. Jedoch ist dieser Frieden höchst fragil, denn Schneewittchen ist nicht nur die Trägerin und Symbolgestalt dieser Ordnung, sondern auch diejenige, die ihr dunkles Geheimnis in sich trägt, wenn man so will: das Loch im System. *Den Tag über war das Mädchen allein, da warnten es die guten Zwerglein und sprachen: »Hüte dich vor deiner Stiefmutter, die wird bald wissen, daß du hier bist; laß ja niemand herein.«* Hier überlagern sich zwei Motivkreise. Einmal stellt das Treiben der Zwerge, die sich an der Muttererde vergehen und den Müttern ihren Tribut vorenthalten, ein Sakrileg dar. In diesem Sinn übernimmt die Stiefmutter den Part der rachsüchtigen Muttergöttin. Indes (und das ist der zweite Aspekt) ist ihre Mission noch komplizierter, besteht ihr Begehren doch darin, sich wieder in den Besitz ihrer Imago zu bringen. Der Konflikt, der sich nun um das Schneewittchen entspannt, läuft zwischen der phallschen Mutter und den Zwergen, die schon auf der Seite der Technik, also des Ungeschlechtlichen stehen. Die phallsche Mutter reklamiert die symbolische Ordnung für sich, das heißt: sie verweigert sich der Neutralisierung, die im Vektor der technischen Ratio liegt. Es ist kein Zufall, daß zur Ratio auch die Ration gehört, daß wir also unsere Vernunft in kleine Konserven packen und sie mit anderen teilen müssen – eine Art der Gemeinschaftsverpflegung, die zwar bei den sieben Zwergen die Regel, nicht aber im Horizont unserer Königin liegt.

Begnügt sich der Appetit der Königin nicht mit dem Ersatz, sondern zielt aufs Eingemachte, so bezeugen die Mittel, derer sie sich bedient, daß die Wiederherstellung ihrer unumstrittenen Schönheit eine Unmöglichkeit ist (und so ergeht es ihr wie dem König Rhampsinitos, der zum Agenten der Ordnung wird, die ihn bedroht). Statt sich in *ungeschminkter Wahrheit* sonnen zu können, ist sie genötigt, sich im Spiel der Camouflage selbst zur Unkenntlichkeit zu entstellen: die Rolle einer alten Frau und Krämerin einzunehmen. Die Todesdrohung setzt sich in die Dinge hinein, die bunten Schnüre, den Kamm. Daß diese Dinge Schönheitsmittel sind, ist nicht von ungefähr, verrät das Tauschverhältnis doch eine beträchtliche Abstraktionshöhe. Mit dem Tausch betritt man die metonymische Dimension: Eins wird für ein anderes gegeben. Die Struktur der Metonymie ist die Ersetzung – nur daß diese Ersetzung mit einer trügerischen Operation verbunden ist. Insofern der Tausch die Dinge ins Register der Austauschbarkeit stellt, verflüchtigt sich ihre *Essenz*, hat man es nicht mehr mit einer Einmaligkeit, sondern einer gesichtslosen Ware zu tun. Beim zuletzt eingesetzten Mittel, dem auf einer Seite vergifteten Apfel, spielt das Echo des Bildes vom Sündenfall mit hinein. Nur daß es hier nicht mehr um den Apfel geht, den man vom Baum Erkenntnis entwendet hat, sondern um die menschliche Mitgift: Der Apfel, der das Schneewittchen in todesähnlichen Schlaf versetzt, *war so künstlich gemacht, daß der rote Backen allein vergiftet war.* Man hat es hier also mit einer präparierten, d. h. technischen Erkenntnis zu tun (und die hat zwei Seiten, eine, die man verdauen kann, eine andere, die tödlich ist). Weil das Ding und seine Substanz nicht mehr eins sind, spricht die Alte aus, was das Schneewittchen befürchtet: *»Fürchtest du dich vor Gift«, sprach die Alte, »siehst du, da schneide ich den Apfel in zwei Teile; den roten Backen iß du, den weißen will ich essen.«* Der Tausch gelingt, wobei er bezeichnenderweise nicht die Form eines Tauschhandels, sondern eines Geschenkes hat. Diese Gabe versucht jenes Moment der Vervielfältigung aufzuhalten, das mit der Entbindung der *reinen Zeichen*, der Spiegelwelt, auf den Weg gebracht ist. Das Gift wird gleichsam als Antidotum gegen das reine Zeichen verabreicht, es ist der Versuch, ein ins Tödliche hinein raffiniertes Naturkonzentrat gegen das Zeichen in Anschlag zu bringen. Man könnte im Gift gleichsam das Abgetriebene der Natur sehen. Nur gehört die Essenz, um derentwillen es verabreicht wird, bereits der Welt der Zeichen und des Scheins an: Schönheit.

Damit nun steuert die Geschichte auf jenes Bild zu, das wohl den größten Faszinationspunkt des Märchens ausmacht. *Die Zwerglein, wie sie abends nach Hause kamen, fanden Schneewittchen auf der Erde liegen, und es ging kein Atem mehr aus seinem Mund, und es war tot. Sie hoben es auf, suchten, ob sie etwas Giftiges fänden, schnürten es auf, kämmten ihm die Haare, wuschen es mit Wasser und Wein, aber es half alles nichts; das liebe Kind war und blieb tot. Sie legten es auf eine Bahre und setzten sich alle siebene daran und beweinten es, und weinten drei Tage lang.* Alle Wiederbelebungsversuche bleiben jedoch erfolglos: *Da wollten sie es begraben, aber es sah noch so frisch aus wie ein lebender Mensch, und es hatte noch seine schönen roten Backen. Sie sprachen: »Das können wir nicht in die schwarze Erde versenken«, ließen einen durchsichtigen Sarg von Glas machen, daß man es von allen Seiten sehen konnte, legten es hinein und schrieben mit goldenen Buchstaben seinen Namen darauf und daß es eine Königstochter wäre.*

Um dieses Bild geht es: die goldene Schrift auf dem gläsernen Sarg und die schlafende Schönheit darin. Zunächst einmal ist festzuhalten, daß die schwarze Erde jene Zone ist, der man des Schneewittchen nicht anheimgeben will. Analysiert man die Etymologie, die sich um das lateinische *funus* gruppiert, so tritt, neben das Bestattungsritual, das Moment der Verderbnis, der Befleckung, der Tötung (*funestus* – durch Tod oder Mord befleckt, verunreinigt). Genau vor dieser Befleckung, die in einem erweiterten Sinn für die Befleckung alles Irdischen überhaupt steht, gilt es das Schneewittchen zu bewahren. Aus diesem Grund kommt es zur Symbolisierung des aufgehobenen Todes: dem gläsernen Sarg. Bezeichnenderweise fügt sich das Wunderkind dieser Logik, wirkt der Sarg wie eine Kühltruhe oder ein Frischhaltebeutel: *denn Schneewittchen lag eine lange, lange Zeit in dem Sarg und verweste nicht.* Der Leib des Schneewittchen, der gläserne Sarg, und darauf die goldene Schrift mit dem Namen des Schneewittchen, all dies skandiert, in einem einzigen Bild, den Prozeß der Metaphorisierung – wie etwas zum Zeichen wird. In diesem Sinn ist die goldene Schrift auf dem gläsernen Sarg der Fluchtpunkt, auf den die Geschichte zusteuert: die Widerspruchslosigkeit und Makellosigkeit dieses Bildes, das nichts mehr ist als ein Name, eine Metapher. Grab und Graph, die Welt der verderblichen Körper und der metaphysischen Zeichen, haben sich voneinander getrennt. Das Zeichen (die Verheißung der Metaphysik) hat nicht mehr die Funktion eines Epitaphs oder eines *memento mori*, sondern wird zu jener Instanz, die den Tod überwindet. Jener Anfangssatz: *Und wie das Kind geboren war, starb die Königin*, hat sich gleichsam ins Metaphysische überhöht (und schält heraus, was in dem Bild angelegt ist). Wenn das griechische *sarx* Fleisch bedeutet, aber auch den Sarkophag, so wird deutlich, daß das Bild des unverweslichen Leichnams, des gläsernen Sargs und der goldenen Lettern die Gegenkraft darstellt. Das Gesetz des hinfälligen Fleisches ist außer Kraft gesetzt: *Nun lag Schneewittchen lange, lange Zeit in dem Sarg und verweste nicht, sondern sah aus wie wenn es schliefe, denn es war noch so weiß wie Schnee, so rot wie Blut, so schwarz wie Ebenholz.* Das Unverwesliche (so weiß, so rot und so schwarz) verändert das Wesen des Todes. In die Welt der reinen, unkorrumpierbaren Ewigkeiten überführt, erscheint der Tod nurmehr todähnlich, wie eine Form des Schlafes, oder ein Bild.

Es geschah aber, daß ein Königssohn in den Wald geriet und zu dem Zwergenhaus kam, da zu übernachten. Er sah auf dem Berg den Sarg und das schöne Schneewittchen darin, und las, was mit goldenen Buchstaben darauf geschrieben war. Da sprach er zu den Zwergen: »Laßt mir den Sarg, ich will euch geben, was ihr dafür haben wollt.« Es wäre wohl naiv, dem Prinzen ein nekrophiles Begehren zu unterstellen. Tatsächlich ist das Begehren, das sich hier entzündet, nicht auf den Genuß dieses Körpers gerichtet, sondern auf etwas, das sehr viel mehr mit dem zu tun hat, was Kant *Erhabenheit*[433] nennt – und was er, wenn er nicht die Bilder grandioser Natur herbeizitiert, als Unabhängigkeit von allen niederen Beweggründen auffaßt. Genau diese Erhabenheit ist es, welche die schlafende Schönheit auf dem Berg um sich verbreitet. Nicht einer Toten also, sondern der Metapher des Todes begegnet der Prinz, und diese Metapher entzündet eine unstillbare Sehnsucht in ihm, jene Batterie, aus der sich die Aura der *nature morte* speist, Stilleben, Kitsch – kurzum: die Nähe des Todes, die dennoch nicht Tod ist. Insofern ergibt es Sinn, wenn er sagt: *ich kann nicht leben, ohne Schneewittchen zu sehen.* Ein Leben wird für einen Tod hergegeben (was eine Inversion zur Königin ist, die sagt: »*Schneewittchen soll sterben, und wenn es mein eigenes Leben kostet*«). Wenn also der Prinz in *diesen* Wahrheitsspiegel schaut, so hat dies den unbestreitbaren Vorzug, daß er nicht der eigenen Wahrheit ins Gesicht schauen muß, sondern mit der Wahrheit des Anderen vorliebnehmen kann. Das aber heißt: Der Wahrheitsspiegel verliert seinen Schrecken, er wird (wie das Bild, wie das Kino) zur Projektionsmaschinerie. Über das Anschauenkönnen des Todes wird er symbolisch, verliert den Schrecken des Letztgültigen. Mehr noch, insofern das tote Schneewittchen ausschaut wie das blühende Leben, kann sich ein paradoxes Gefühl hineinmischen, eine konjunktivische, hypothetische Liebe.

Der Blick des Prinzen nimmt vieles von dem vorweg, was die Begierde des erkennenden Blickes ausmacht – jenes Blicks, dessen *Erkenntnisinteresse* nicht (im biblischen Sinne) auf die Verschmelzung mit dem Anderen abzielt, sondern die Trennung und Absonderung beabsichtigt, das Differential. Denn gerade dadurch, daß dieser Körper wie tot daliegt, vermag man ihn in aller Ruhe anzuschauen, wie irgendein totes Ding. Dieser Blick hat die Erfahrung gemacht, daß er im Prozeß des Erkennens das zu Erkennende zum Objekt machen, also töten muß. Merkwürdige Dialektik. Hinter einer gläsernen Trennwand geschützt, vermag der Blick des Operateurs sich den Anderen einzuverleiben: symbolische Anthropophagie. In gewisser Hinsicht wiederholt sich im Faszinosum dieses Blicks jene Tötungsabsicht, wie sie im Märchen die Stiefmutter hegt, mit dem Unterschied, daß der Prinz von dieser vernichteten Natur angezogen wird, daß also die Zeichenhaftigkeit des Leichnams, sein Aufgebahrtsein im gläsernen Sarg, zur Ursache seines Begehrens wird. War der Spiegelblick der Königin ein unablässiges Rückversichern, so läuft dieser Blick auf eine beständige Metaphorisierung hinaus: die Arbeit des begrifflichen *clearing,* der wundersamen Verwandlung von Fleisch zum Symbol. Analog. Digital.[434]

Da geschah es, daß sie [die Diener des Prinzen] *über einen Strauch stolperten, und von dem Erschüttern fuhr der giftige Apfelgrütz, den Schneewittchen abgebissen hatte, aus dem Hals. Und nicht lange, so öffnete es die Augen, hob den Deckel vom Sarg und richtete sich auf und war wieder lebendig.* Es ist diese wundersame, märchenhafte Auferstehung von den Toten, die den Konflikt des Märchens löst. Aber was, um die Frage auf den Punkt zu bringen, ist der Konflikt? Und wo liegt (um die Eingangsfrage wieder aufzugreifen) die Verbindungslinie zur Technik? Zunächst einmal ist eine negative Feststellung zu treffen: daß man dem Märchen mit dem, was die Psychoanalyse einen »Familienroman« nennt, nicht beikommen kann. Auf den Fall des Alan Turing bezogen, hat diese Feststellung weitreichende Implikationen, denn sie besagt, daß eine individualpsychologische Lesart notwendig an der Komplexität, auch an der kollektiven Seite des Geschehens vorbeigeht. Der Kern der Geschichte geht nicht auf in der Mär von der verfolgten Unschuld, die von den Seelenabgründen einer bösen, phallschen Mutter verfolgt wird, sowenig wie er auf das Dreieck von Vater-Mutter-Kind, auf Jungsche Archetypen verweist. Vielmehr läßt sich zeigen, daß das Geschehen um jenen kulturellen Sprengsatz angeordnet ist, den der Einbruch des reinen Zeichens bedeutet: Die Verheißung und die Drohung der Abstraktion. Nicht von ungefähr exemplifiziert die Geschichte die vierfache Bedeutung des *sema* – Zeichen, Siegel, Grab und Gewand –, kann man sehen, wie die Details an den Quer- und Verbindungslinien dieser Bedeutungen aufgereiht sind. So besehen ist die Heldin der Geschichte nicht eigentlich das unschuldige Kind, sondern jene Energie, die am Ende in makelloser Form dasteht: das reine, unschuldige Zeichen. Das Zeichen streift seine dunklen Seiten ab, um in jener strahlenden Unschuld zu erscheinen, in der es seit jeher von den Logikern empfangen worden ist.

In diesem Sinn ließe sich das Märchen als ein glückender Verdrängungsprozeß lesen, als jene Geschichte, die das Unbewußte der

Maschine erzählt (sofern sie *mechane*, d. h. Betrug an der Natur ist). Hier liegt wohl auch das Faszinosum, das Männer wie Turing oder Walt Disney an diesen Stoff fesselte. Die universale Maschine, von der Turing träumte, hat die Struktur eines gläsernen Sargs. Was immer digitalisiert ist, liegt dort aufgebahrt wie das Schneewittchen, und vermag jederzeit wieder ins Leben zurückgerufen zu werden. All die Phantasien von Künstlicher Intelligenz, *Artificial Life*, vor allem aber: das Phantasma der Information, folgen diesem Register. Man mag auf die christlichen Aspekte dieser Erweckungsphantasie hinweisen – und tatsächlich fällt es nicht schwer, in den Phantasien von der universalen Maschine Wiedergänger des christlichen Pfingstwunders zu sehen. Aber da das christliche Denken vor allem Logostheologie ist, scheint mir der Rückgriff auf die Logosproblematik, und damit: auf die Grundlegung dieses Gedankengebildes aufschlußreicher. Damit aber ist man bei der Problematik des Zeichens angelangt, das sich aus der Körperlichkeit herausgelöst hat – und in jenem geschichtlichen Umfeld, bei dem ich begonnen habe. So ist es, historisch besehen, vielleicht nicht zufällig, daß diese ältere Problematik sich in dem Augenblick herausschält, da sich das Wort in der universalen Maschine *inkarniert* hat (wie Lacan zu sagen beliebt). Es ist also gerade die Einlösung jener christlichen Gedankenfigur, die den Weg in eine postchristliche Gedankenwelt öffnet, die nicht mehr viel gemein hat mit den Phantasien einer Ada Lovelace, der »Hohepriesterin der Maschine«. Wo jeder *User* wie ein mittelalterlicher Engel durch den Raum fliegen kann, wo die Lettern (die ehedem, als Differential, den Bezirk des Jenseits markierten) selbst Körpercharakter annehmen, hat der Logos seine chiliastische Dimension verloren und sich statt dessen zu einer Realität ausgenüchtert: einem *coolen* Techno-Logos, in dem sich das Abstrakte konkretisiert, und zwar nicht nur in Gestalt der Maschine, sondern für jeden, der seinerseits in den elektromagnetischen Raum eintritt.

Anders als der Kenotaph, das leere Grab des Christentums, ist das Wiederauferstehungsgeschehen des Schneewittchen nicht auf einen göttlichen, zwangsläufig in Dunkelheit gehüllten *impact* zurückzuführen, sondern vollzieht sich vielmehr vor den Augen der Zuschauer, zufällig, in dem Augenblick, da der Sarg zu Boden schlägt. In der Transparenz dieses Geschehens werden die Elemente sichtbar: der gläserne Sarg mit der goldenen Schrift, die schlafende Schönheit, der vergiftete Bissen. In den

Details wiederum bildet sich ein komplexer Prozeß ab, wird das psychische, soziale und gedankliche Drama fühlbar, das mit der Institution des reinen Zeichens verbunden ist: daß die Kultur eine Engelmacherin ist. Jedoch erzählt die Wiederauferstehung des Schneewittchen die pagane Version – geht es doch nicht um das ewige Leben, sondern um eine Wiederauferstehung ins Diesseits: ein Engel, hier und jetzt.

Warum aber, statt eines faustischen Täters, die ahnungslose, von einer bösen Macht verfolgte Unschuld? Im Grunde ist die Antwort schon gegeben. Wenn statt der heroischen Seite eine Erweckungsphantasie waltet, zeigt dies, daß das Phantasma des kontrollierten *Mediums*[434] nicht einmal von seinen überzeugtesten Protagonisten verfolgt wird. Sich mit Schneewittchen zu identifizieren unterstreicht vielmehr, daß das Verhältnis zur symbolischen Ordnung nicht über ein Machtphantasma, sondern über ein *Ohnmachtsgefühl* geht – was im übrigen durch die Tatsache verstärkt wird, daß es Männer sind, die dieser Erweckungsphantasie huldigen. In diesem Sinn ist das Anderssche Paradox von der »prometheischen Scham«[435] durchaus zutreffend. Und vielleicht liegt die Anziehungskraft des Schneewittchen darin, daß es ihm (diesem weiblichen Parsifal) einfach passiert, daß es ohne Schuld und ohne Wissen zu jenem Feld wird, auf dem sich antinomische Kräfte kreuzen, befehden und schließlich wundersam aufklären, und all dies, ohne daß die Hauptfigur je initiativ geworden wäre. Das Angebot der Untätigkeit löscht die Scham aus, setzt an die Stelle des faustischen Pathos ein befreiendes Nichts, eine große Verantwortungslosigkeit. Es ist, als ob sich der Autor einer Geschichte, von der eigenen Phantasie überwältigt, in der selbsterschaffenen Welt verlöre und nichts sehnlicher wünschte, als sich den eigenen Geschöpfen hingeben zu können – was kein Akt der Selbstzeugung mehr wäre, sondern die Sehnsucht, sich selber empfangen zu können. Makellos. Immer neu.

Epilog

Auf dem Schreibtisch liegt alles, wie ich es verlassen habe. Nur der hartnäckig blinkende Anrufbeantworter erinnert daran, daß ich fort gewesen sein muß. Der Körper: eine verlangsamte, zombiehafte Reaktionsapparatur – als ob es für jeden Blick eines doppelten Hinschauens, für jede Bewegung eines doppelten Kraftaufwandes bedürfte. Ich weiß nicht, was mich aus dem Schlaf hat aufschrecken lassen, nicht einmal, ob ich wirklich geschlafen habe. Ich habe die Tür geöffnet, aber niemand war da. Nur ein leises Klirren im Ohr – oder ist es ein kleines technisches Störgeräusch, das im Raum hängt? Draußen bricht ein Sonnenstrahl durch einen dunklen Wolkenhimmel. Beim Blick auf die Uhr denke ich, daß die Zeit nicht zum Tageslicht paßt. Ich weiß nicht, warum ich immerfort auf die Uhr schauen muß, vielleicht bloß, um diese Differenz festzustellen. In mir läuft noch eine andere Zeit, eine ausgebliebene Nacht. Über dem First des Kaufhauses, das ich aus dem Fenster des Arbeitszimmers sehe, erscheint ein kleiner Punkt am Himmel, ein Flugzeug (wie eine nachträgliche Erklärung für meine Abwesenheit). Als es verschwindet, beginnt der Holzboden zu vibrieren – irgendwo, tief unter mir, fährt eine U-Bahn vorbei. Neben meiner offenen Reisetasche liegt die Plastikverpackung des Raumfahrerkostüms, das ich meinem Sohn mitgebracht habe. Ihn darin zu sehen war wie ein Versprechen, daß ich doch wieder in der Gegenwart ankommen würde: ein kleiner Raumfahrer, mit Handschuhen, goldenen Schuhen, einem glänzenden Gürtel und einem seligen Lächeln unter seinem Raumfahrerhelm.

Wenn ich mich frage, warum ich in abgelegene, ferne Zeitzonen zurückgestiegen bin, so ist die Antwort so simpel wie paradox: Der Beweggrund ist nicht eine besondere Passion für die Geschichte, sondern vielmehr der Wunsch nach Geistesgegenwart, der Wunsch, endlich in der Gegenwart anzukommen. Das mag merkwürdig klingen, unterstellt es doch, daß man sich zwar in der Gegenwart befinden kann, aber doch nicht auf der Höhe der Zeit. Aber was hat die Geschichte damit zu tun? – Wenn Wirklichkeit das ist, was wirkt, so gilt es, die Triebwerke zu verstehen, denen wir unterliegen. Nimmt man ein solches Triebwerk in den Blick, so ist man unweigerlich mit einer Vergangenheit konfrontiert – einer Vergangenheit, die nicht ausgestanden ist, sondern in die Gegenwart fortwirkt: das Alphabet, das reine Zeichen, der Projektor der Repräsentation. In gewisser Hinsicht strahlen all diese Triebwerke wie große Meiler in unsere Gegenwart hinein. Wenn man sich die Zeit als eine ausgebreitete Fläche vorstellt, so könnte man sagen, daß wir noch immer mit den Ausläufern ferner Schockwirkungen leben, die wie Meteoriten in die Kultur eingeschlagen sind – und die Erde haben erbeben lassen, bis heute. Und doch liegt zwischen Ursache und Wirkung eine merkwürdige Spaltung. Sind diese Triebwerke am Nachthimmel des Denkens aufgetaucht (auf eine wundersame, dramatische Weise, wie Botschaften aus einer anderen Welt), so liegen sie in der Taghelle wie banale Objekte da – von einer solchen Selbstverständlichkeit, als seien sie immer schon dagewesen. Es ist diese Differenz, die erklären mag, warum die mächtigsten Triebwerke unserer Kultur von einer tiefen Dunkelheit umhüllt sind, warum die umstandslose Eingemeindung und Inbetriebnahme einer Institution des Vergessens gleichkommt (was um so merkwürdiger ist, als sie in einem eklatanten Widerspruch zu der schrebergärtnerischen Besessenheit steht, mit der noch der kleinste und abgelegenste historische Vorgarten bestellt wird).

Hatte ich es mir schon beim Schreiben der *Metamorphosen* zur Aufgabe gemacht, wie eine Art Kamera-Auge jene kurzen Momente in den Blick zu nehmen, da ein geschichtlicher Riß sich ereignet, oder genauer: da ein solches Objekt auf dem Erdboden einschlägt, so verschärfte sich dieser Blick, das Sensorium für die weltabgewandte Seite dieser kulturellen Einbrüche zunehmend. Den größten Augenblick dieser Blindheit jedoch erlebte ich, als ich vor einigen Jahren ein Buch in die Hand bekam, das ein unbekannter Autor verfaßt hatte. Es war nicht mehr ganz neu, aber es hatte einen Titel, der mir auf Anhieb gefiel (*Sign and Design*) – und als ich, noch im Gehen, ein paar Seiten überflog, gab es einen Augenblick unbändiger Verwunderung. Tatsächlich bedurfte es nur dreier Abbildungen, die die Zeichenumdrehung des großen A zeigten, vom Ochsen im Joch zum *arbiträren* Zeichen, um mir die Augen zu öffnen, in welchem Maße ich selbst diesen blinden Fleck in mir trug. Daß ich sechsunddreißig Jahre alt hatte werden, daß ich Wörter wie *Bildsprache* oder den Begriff des *arbiträren Zeichens* als sinnvoll hatte erleben können, aber daß mir stets entgangen war, was doch ein Kind hätte sehen können. Warum? Wie war es möglich, daß ich den Körper des Zeichens immer gesehen hatte – und daß ich ihn doch nicht hatte sehen können? Was waren das für Instanzen, die sich zwischen den unmittelbaren Bildsinn und das Zeichen gestellt hatten? Ich stand da, unter freiem Himmel, auf dem großen Parkplatz vor der Staatsbibliothek, und starrte auf das Buch in meiner Hand – und plötzlich war da die Empfindung vollendeter Geistesgegenwart: das Bewußtsein des Unbewußten, der Gedanke, daß Logik und Alogik tatsächlich eins sind. Das war ein Schock – und rückblickend kommt es mir vor, als ob sich in diesem Augenblick die Staatsbibliothek hinter mir vom Boden gelöst, abgehoben und wie ein Luftschiff davongesegelt sei.

Als ich sieben oder acht Jahre alt war, schenkte mir mein Vater eine alte Schreibmaschine. Sie war leicht lädiert, die Großbuchstaben verrutschten, darüber hinaus blieben die Typen an der Anschlagstelle hängen, so daß, wenn ich allzu schnell tippte, sich die Metallstäbe ineinander verhakten und eine Art Buchstabenknäuel bildeten, das man wieder entwirren mußte. Aber all das war nichts, verglichen mit der Seligkeit, mit der mich dieses Geschenk erfüllte. Irgend etwas war an den Lettern, das mich zutiefst faszinierte und in mir den Wunsch wachrief, Bücher schreiben zu wollen – und so schrieb ich und schrieb und ging immer wieder ins Arbeitszimmer des Vaters, um mir Papiernachschub zu besorgen. Ich weiß nicht, ob mein Vater sich der Tragweite seines Geschenks bewußt war. Gewiß ist, daß ich mir selbst noch sehr viel weniger darüber im klaren war, denn dieser Augenblick war überglänzt von den Phantasien, die das Schreibenkönnen erzeugte. Sehr viel später stellte sich so etwas wie ein Erschrecken ein: eine Art Schreibflugangst, die Empfindung, von einem Wort auf das nächste gleichsam abstürzen zu können. Einige Jahre später (mein Vater lebte schon lange nicht mehr) kam mir die Schreibmaschine wieder in den Sinn. Ich lag auf einer Couch, mit geschlossenen Augen, und war, wie schon viele Tage zuvor, damit beschäftigt, mich an die Räume meiner Kindheit zu erinnern. Über mir stand ein Mikrophon (mein kleiner Analytiker, wie ich es scherzweise nannte), und während es mir geduldig und teilnahmslos zuhörte, lag ich da, beschäftigt, all das, was mir in den Sinn kam, auszusprechen. Wobei das Aussprechen so etwas wie eine Anrufung war, denn indem ich sprach, stellte sich das Bild der Schreibmaschine vor dem inneren Auge wieder her – wie sie da, auf einem ausgemusterten Bürotischchen, in meinem Kinderzimmer gestanden hatte. Als ich die Augen wieder öffnete und das Mikrophon sah (statt eines Analytikers also eine *analytische Maschine*), begriff ich, daß die Kindheitsszene genauso strukturiert war, daß nicht etwa der Vater, sondern daß die Schreibmaschine die Autorität der Schrift verkörpert hatte – daß hier die Autorität, die Seligkeit und der Schrecken der Schrift lauerte.

Vielleicht hat sich, was in älteren Kulturen die Schuld der Lebenden gegenüber ihren Vorfahren war, in der unseren verschoben, ist die Tributpflicht (die sich früher einmal als Ahnenkult artikuliert hat) an jene großen Institutionen übergegangen, die den Bestand unserer Wirklichkeit garantieren. Zweifellos hängt dies damit zusammen, daß die symbolischen Maschinen einen Großteil der Gedächtnisfunktion übernommen haben. Was wissen wir von unserer Familiengeschichte? Vielleicht kennen wir zwei, drei Generationen, aber sehr bald schon verliert sich das Wissen. Das Alphabet jedoch, der Zeitbegriff der mechanischen Uhr, sind strenge, übermächtige Lehrmeister, die eine ferne Vergangenheit ins Diesseits hineinragen lassen – und die, mit jedem Blick auf die Uhr, mit jeder Zeile, die ich schreibe und lese, mir ihren Tribut abverlangen. Aus der genealogischen Schuld, so könnte man sagen, ist eine symbolische Schuld geworden. In diesem Sinn ist die Eingangsfrage: *Wie kommt es, daß ich einer Maschine übertrage, was sie doch keineswegs in sich trägt*, eigentlich schon beantwortet. Denn wenn die symbolischen Maschinen (und nicht die Väter) die Autorität in sich tragen, so stellen sie das Zentrum dar. Diese Einsicht aber hat insofern eine Rückwirkung, als die Fixierung auf den Vater zweifelhaft wird. Nicht um den *Namen des Vaters* geht es also, sondern darum, daß man in seinem Namen der Schrift begegnet. Umgekehrt: Dort, wo man den Vater sucht (und sei es in seiner apokryphen Gestalt, mag man sie »Wissen«, »System« oder »Patriarchat« nennen), wird man unweigerlich auf eine *Apparatur* stoßen, die keinen diesseitigen Repräsentanten mehr kennt. Von daher ist es falsch adressiert, die Verantwortung für diese Maschine dem Vater allein aufzubürden – ist doch ein wesentliches Charakteristikum dieser Sozialaggregate ihre Gesichtslosigkeit, der Umstand, daß sie nicht eigentlich Körper, sondern wesentlich *Antikörper* sind, geschlechtslose, überirdische oder, wenn man so will: engelhafte Wesenheiten. Freilich sind sie deswegen keineswegs unwirklich, im Gegenteil: Wenn wir als Schüler, in alphabetischer Reihenfolge aufgerufen, zur Tafel schritten, so hatte sich schon eine kleine Hoplitenordnung gebildet, waren die ABC-Schützen doch für jene Logik gerüstet, die ihnen irgendwann logische Sätze über die Identität abringen würde.

Über das Alphabet nachzudenken, war, auch wenn es mich aus der Gegenwart heraus und in überaus dunkle Zeitzonen zurückkatapultierte, keineswegs eine Exkursion in entlegene Gefilde – ja, es stand nicht einmal unter dem Rubrum des Geschichtlichen. Vielmehr erschien es mir wie ein Wiederufsuchen von persönlichen Erfahrungen: als ob ich der Zeit vor dem Alphabet wiederbegegnen könnte, nur in anderer, allgemeiner Gestalt. Und dies galt nicht nur für die Frage des Alphabets, sondern für sämtliche Stoffe – erschienen sie mir allesamt wie Vexierbilder eigener Antriebe. Was ist das Faszinosum, dem eigenen Namen in gedruckter, makelloser Gestalt zu begegnen? Worin besteht die Verheißung, etwas *programmieren* zu können? Warum stellt sich, wenn etwas in Geld abgegolten wird (und noch dazu ein Gedanke oder eine Empfindung), sogleich ein Gefühl von Verlust und Todesnähe ein? Und woher rührt schließlich die merkwürdige Leere, der ich jedesmal begegnete, wenn ein Schauspieler aus dem Studio gegangen war und die Arbeit mit seiner Stimme in eine gleichsam chirurgische Dimension überging? All diese Fragen kehrten in verschobener Form wieder. Mehr noch: Nicht selten erschien es mir, als ob eine spezifische geschichtliche Situation eine Art Kristallisations- und Verdichtungspunkt darstellte, einen fernen Spiegel, in dem sich ein Gegenwartsknoten plötzlich auflöste. In diesem Spiegel aber – und das war das eigentlich Befreiende – hatte, was zuvor nur als *psychischer* Knoten, als ein je individueller Tick in Erscheinung getreten war, eine andere Form angenommen, eine Form, die der vermeintlichen Flüchtigkeit einer Empfindung eine konkrete und reale Gestalt wiedergab (so wie die verdrahteten Mönche des Abbé Nollet von der *condition humaine* der Moderne erzählen). In einen solchen Spiegel zu schauen, hieß der *Realität des Psychischen* zu begegnen. Damit hörte das Psychische auf, einen gesonderten Raum zu markieren, war zum anderen ein kollektiver Erfahrungsraum beschritten: als ob man in einen Spiegel schaut, nicht um sich selber, sondern die anderen zu sehen, das, was mich mit allen anderen verbindet.

Daß wir Gründe ins Feld führen und uns dabei auf dem Boden der Tatsachen wähnen, während wir andererseits das Wolkige, Luftig-Atmosphärische als das Gegenbild der Vernunft denunzieren, erscheint mir ein zutiefst befremdlicher Umstand. Denn vor langer Zeit schon hat sich das Denken vom Grund abgelöst, sich seiner familiären, regionalen und schließlich körperlichen Verwurzelung enthoben. Theorie heißt, in ihren Ursprung zurückübersetzt: sorgfältiges, verehrendes Schauen – und wenn wir glauben, die ganze Welt in den Blick nehmen zu können, so deswegen, weil sich der theoretische Blick in Höhen hinaufgeschwungen hat, die nicht mehr dem Landgängerischen entsprechen. Unsere Theorien gleichen Flugapparaturen. Daß wir uns dabei tatsächlicher Satelliten und Flugapparaturen bedienen, ist nur der letzte Beweis für die Insuffizienz des Bodenständigen. Schon in dem Augenblick, da die Welt nicht mehr die Heimstatt der Götter sein konnte, hat der Flug der Zeichen begonnen. Mit diesem Augenblick wandelt der Geist seine Gestalt. Man hat es mit einem Luftwesen zu tun, das – als vermeintlich überirdische Wesenheit – abstrakte Linien in den Himmel einschreibt. In dieser Welt der freischwebenden Konstruktionen grenzt es ans Sinnlose, den Geist in der Metaphorik des *Landgängers* zu beschreiben, muß doch jegliche Theorie notwendig luftig, eine Theorie der Wolke sein. Vielleicht aber – und das ist das Drama der Gegenwart – übersteigen die Bedingungen des Luftverkehrs, so selbstverständlich wir seine Vorteile auch nutzen, das Denken der Menschen, gibt es einen unbändigen Wunsch nach Erdverhaftung (*der Geist ist ein Wühler*, sagt Jaspers). Gleichwohl bedarf es unseres ausdrücklichen Einverständnisses gar nicht. Wir fliegen, so oder so. In den Fernsehsessel zurückgelehnt, bedarf es nur eines leichten Fingerdrucks, und mein Auge katapultiert sich durch den Raum. Freilich: Das »sorgfältige, verehrende Schauen« ist einem kurzweiligen, taktilen Blick gewichen, einer Flüchtigkeit, die dort, wo sie um ihre Bedingung, oder genauer: um ihre Gefährdung nicht weiß, ihrerseits zu einer Gefahr werden kann. Und so kann es passieren, daß sich die Fernbedienung in meiner Hand zu einer kleinen, telematischen Guillotine verwandelt, daß ich mit einem kalten Blick meine Repräsentanten wegzappe und gelangweilt das Elend der Welt in mich hineinknabbere. Mit der Fernbedienung in der Hand folge ich dem, was man die *Entfernung der Welt* nennen könnte. Und doch ist die Flugapparatur nicht als solche zu verdammen, muß die Entfernung der Welt nicht mit ihrer Vernichtung einhergehen, sondern könnte ebensogut der Maßstab sein für einen liebevollen, liebenden Blick. Theorie: das sorgfältige, verehrende Schauen.

Schau mal, das ist eine feindliche Intelligenz, sagt das Kind, und schaut gebannt auf irgend etwas, das ein androides Wesen vorstellen soll. Und dann marschiert ein weißgekleideter Herr (der in meiner Kindheit der Vorsteher von *Bonanza* war) durch eine Stelengruppe, auf der lauter ägyptische Hieroglyphen zu sehen sind, und ich sage, sind das nicht Hieroglyphen? Ja, sagt das Kind, aber das sieht bloß so aus, denn in Wahrheit ist das der Planet Cobol – und dann erzählt es mir eine lange und komplizierte Geschichte, in der eine Wolke vorkommt, die in Wahrheit jedoch eine lebendige Spezies ist (was ist eine Spezies, Papa?), und wenn man in diese Wolke hineingeht, programmiert sie einen um, aber die anderen merken das nicht, weil man noch immer so aussieht wie vorher. Und ich sage, ach, so ist das, und denke, wie gut, daß ich es geschafft habe, das Raumfahrerkostüm mitzubringen. Und daß all das, was ich geschrieben habe, vielleicht nichts weiter ist als ein langer, umständlicher Umweg. Und vielleicht ist dies der Grund, warum ich die Kinderfragen meines Sohnes so liebe, warum es so schön ist, mit ihm spazierenzugehen und über den dreizehnten Herrscher von Cobol zu philosophieren, Captain Apollo und was die Hieroglyphen damit zu tun haben. Einmal versuchte ich ihm zu erklären, warum Menschen denken, daß sie vom Affen abstammen – aber dann fragte er, nachdem er es verstanden hatte, ein wenig ungeduldig, er verstünde nicht, warum es dann überhaupt noch Affen gäbe. Und indem ich ihn anschaue, wie er dasitzt, ganz Auge und Ohr, ertappe ich mich bei dem Wunsch, ihm etwas überlassen zu können, was für ihn eine solche Bedeutung haben könnte wie sie die Schreibmaschine meines Vaters für mich hatte.

Auf dem Schreibtisch: alles, wie ich es verlassen habe. Schwere und tiefe Wolkenmassen schieben sich über das Haus. Für einen Moment kommt es mir vor, als ob der Himmel über mir stillsteht, als ob es vielmehr die Erde ist, die diese Bewegung erzeugt – sehen können, wie sich die Welt dreht. Die Fahnen des Kaufhauses flattern im Wind. Die Lichter der Auslagen spiegeln sich auf dem feuchten Asphalt. Statt der Passanten wandeln Regenschirme aneinander vorbei. Dort, wo das Wolkenmeer zu einer tiefblauen Öffnung aufgerissen ist, schreibt sich ein Kondensstreifen ins Blau des Himmels hinein. Während die Spitze in einer langen und steten Diagonalbewegung emporsteigt, jenem Punkt entgegen, wo sie wieder in den Wolkenmassen verschwinden wird, flockt das Ende der Geraden aus, verwandelt sich ganz langsam zur Wolke zurück. Ich werde aus dem Haus gehen. Es gibt keinen Grund, ich habe nichts vor. Da ist nur der Wunsch, diesen großen, weiten Himmel zu spüren. Nichts sonst.

Bildnachweise

S. 30, Mumie des Pharao Sethos I. (Aus: Renate Germer: *Das Geheimnis der Mumien.* München/New York 1997).

S. 60, Rhyton in Form eines Stierkopfes, 16. Jh. v. Chr., Knossos. (Aus: Alain Lemaître und Erich Lessing: *Griechenland.* Stuttgart/Berlin/Köln/Mainz 1988)

S. 118, Jan van Eyck: *Jungfrau Maria, Genter Altar.* (Aus: *L'opera completa dei Van Eyck.* Hg. von Raffaello Brignetti. Mailand 1968)

S. 142, Henning Burckhardt (1925-1982). Photographie im Besitz des Autors.

S. 154, Antonin Van Dyck: *Charles I on Horseback.* (Aus: Roy Strong: *Van Dyck: Charles I on Horseback.* London 1972)

S. 200, Louis XVI., Kupferstich von Nicollet, 1783. (Aus: Jean-François Chiappe: *Louis XVI.,* 3 Bde. Paris 1987. Bd. 2)

S. 220, Abbé Nollet beim Versuch, eine Leydener Flasche aufzuladen, 1746. (Aus: *Elektrizität.* Hg. von Rainer Knothe. Bausteine für das MVT. Berlin 1996.)

S. 246, Augusta Ada Lovelace. (Aus: *Dorothy Stein: Ada. A Life and a Legacy.* Cambridge 1985)

S. 270, Sigmund Freud mit seiner Tochter Sophie. (Aus: Peter Gay: *Freud. A Life of Our Time.* London/Melbourne 1988)

S. 296, Alan Mathison Turing, 1951. (Aus: Andrew Hodges: *Enigma.* Wien/New York ²1994)

S. 316, Christoph Sanders: *Puppe.* Mit freundlicher Genehmigung des Künstlers.

Anmerkungen

1 »Um einen gesunden und heilsamen Zustand wiederherzustellen, bleibt nur ein Weg, nämlich, das gesamte Werk des Verstehens von Neuem zu beginnen und den Geist von Anfang an nicht seinen eigenen Weg gehen zu lassen, sondern ihn bei jedem Schritt zu leiten; und die Aufgabe wie eine Maschine auszuführen.« (Francis Bacon: *Novum Organon*, Vorwort. In: Bacon: *The Works*. Hg. von James Spedding, R. L. Ellis und D. D. Heat. 14 Bde. London 1857/74, repr. New York 1968. Bd. 1, S. 152)
2 All diese *apparativen Verfehlungen* lassen sich in den nunmehr historischen Texten, die in der Debatte zur »Künstlichen Intelligenz« veröffentlicht worden sind, nachlesen.
3 Vgl. Martin Burckhardt: »Digitale Metaphysik«. In: *Merkur* 6/1988, sowie: »Die Universale Maschine«. In: *Merkur* 7/1990. – Diese beiden Aufsätze entstanden zu einer Zeit, als ich bei der Arbeit mit akustischem Material mit dem *Sampler* konfrontiert wurde.
4 Vgl. David S. Landes: *The Wealth and Poverty of Nations*. Cambridge 1998.
5 In der Gedankenwelt etwa eines Baron d'Holbach bekommt man es mit dem klassischen Modell jener Gedankenwelt zu tun, die auch heute noch unter dem Zeichen »Reduktionismus« herumgeistert. Interessanterweise führt diese Suche nach den letzten Elementen zum Ganzheitsbild. D'Holbach benutzt das Bild der zerbrochenen Uhr, das heißt, des zerbrochenen *élan vital*: »In der Tat, mit Hilfe welcher Argumentation wollte man uns beweisen, daß die Seele, die nur vermittels ihrer Organe empfinden, denken, wollen und wirken kann, Schmerz und Freude kennen oder auch nur das Bewußtsein ihrer Existenz haben könne, wenn die Organe, die sie davon unterrichten, aufgelöst oder zerstört sind? Ist es nicht evident, daß die Seele von der Anordnung der Körperteile und von der Ordnung abhängig ist, auf Grund derer die Teile ihre Funktionen oder Bewegungen ausführen? Wenn also die Struktur der Organe einmal zerstört ist, so muß zweifellos auch die Seele zerstört sein. (...) Man kann das organisch gebaute Wesen mit einer Uhr vergleichen, die sich, einmal zerbrochen, nicht mehr für den Gebrauch, für den sie bestimmt ist, eignet. Sagen, daß die Seele nach dem Tode des Körpers empfinden, denken, genießen, leiden werde, heißt behaupten, daß eine in tausend Stücke zerbrochene Uhr weiterhin schlagen oder die Stunde anzeigen könne. Diejenigen, die uns sagen, daß unsere Seele ungeachtet der Zerstörung des Körpers fortdauern könne, behaupten augenscheinlich, daß sich die Modifikation eines Körpers erhalten könne, nachdem der dazugehörige Gegenstand zerstört ist: was völlig absurd ist.« (Paul Thiry

d'Holbach: *System der Natur*. Frankfurt/M. 1978, S. 213-214)

6   Unzweifelhaft ist diese Gedankenfigur ein Erbe der Geschichtsphilosophie: »Das Denken betrachtet alles in der Form der Allgemeinheit und ist dadurch die Tätigkeit und Produktion des Allgemeinen. In der vormaligen scholastischen Theologie blieb der eigentliche Inhalt, die Lehre der Kirche, ein Jenseits; auch in der protestantischen Theologie blieb die Beziehung des Geistes auf ein Jenseits; denn auf der einen Seite bleibt der eigene Wille, der Geist des Menschen, Ich selbst, und auf der anderen die Gnade Gottes, der Heilige Geist, und so im Bösen der Teufel. Aber im Denken ist das Selbst sich präsent, sein Inhalt, seine Objekte sind ihm ebenso schlechthin gegenwärtig; denn indem ich denke, muß ich den Gegenstand zur Allgemeinheit erheben. Das ist schlechthin die absolute Freiheit, denn das reine Ich ist, wie das reine Licht, schlechthin bei sich; also ist ihm das Unterschiedene, Sinnliches wie Geistiges, nicht mehr furchtbar, denn es ist dabei in sich frei und steht demselben frei gegenüber. Das praktische Interesse gebraucht die Gegenstände, verzehrt sie; das theoretische betrachtet sie mit der Sicherheit, daß sie an sich nichts Verschiedenes sind. – Also: die letzte Spitze der Innerlichkeit ist das Denken. Der Mensch ist nicht frei, wenn er nicht denkt, denn er verhält sich dann zu einem Anderen. Dieses Erfassen, das Übergreifen über das Andere mit der innersten Selbstgewißheit enthält unmittelbar die Versöhnung: die Einheit des Denkens mit dem Anderen ist an sich vorhanden, denn die Vernunft ist die substantielle Grundlage ebensowohl des Bewußtseins als des Äußerlichen und Natürlichen. So ist das Gegenüber auch nicht mehr ein Jenseits, nicht von anderer substantieller Natur.« (G.W.F. Hegel: *Vorlesungen über die Philosophie der Geschichte*. In: ders.: *Werke*. 20 Bde. Frankfurt/M. 1986. Bd. 12, S. 520-521) Dieses Zitat ist deshalb so fruchtbar, weil Denken nicht nur »als die letzte Spitze der Innerlichkeit bezeichnet« wird, sondern weil die spätromantisch-idealistische Begrifflichkeit jenes heiße Erbe suggeriert, das der philosophische Terminus der »Immanenz« eher verschleiert. Das weltumspannende Selbst annihiliert das Andere. Wenn Hegel sagt, »die Vernunft ist die substantielle Grundlage ebensowohl des Bewußtseins als des Äußerlichen und Natürlichen«, so gibt er damit zu erkennen, daß die *Innerlichkeit* selbst zu einer Totalität wird.

7   Nun ist der Begriff des Transzendentalen (insofern er, strukturell gefaßt, ein gleichsam abstraktes *Jenseits* präsupponiert, ungeachtet seiner jeweiligen religiösen Ausprägung) überaus heikel – bietet doch das ausgehende Mittelalter eine prägnante, wiederum sich verschiebende Idee des Jenseits an. Wenn Jacques Le Goff in seinem wunderbaren Buch *Die Geburt des Fegefeuers* davon erzählt, wie der aufstrebende Geist des Kapitalismus die Verlegenheitslösung des Purgatoriums auf den Plan ruft, jene Zwischenwelt also, in der der geldgierige Sünder seine Sünde sozusagen abarbeiten kann – so zeigt sich, daß die Neugliederung der Immanenz auch eine Umgruppierung der Himmels zur Folge hat.

8   »Ich weiß wohl, daß die Tiere viele Dinge besser machen als wir; aber das erstaunt mich nicht; denn dies beweist ja gerade, daß sie natürlich handeln, wie durch die Federkräfte einer Uhr, welche die Zeit viel besser angibt, als unser Urteil uns lehrt. Und ohne Zweifel handeln die Schwalben, wenn sie im Frühling kommen,

in dieser Hinsicht wie Uhren.« (René Descartes: Brief an den Marquis von Newcastle. 23.11.1646. In: *Œuevres*. Hg. von C. Adam, P. Tannery. 12 Bde. Paris 1897-1913. Bd. 4, S. 575)

9   Tatsächlich liegt hier eine Grundfrage, wie E. M. Dijksterhuis feststellt, »weil alle Ausdrücke, die mit dem Wort Mechanik zusammenhängen, (...) jedem seit seiner Schulzeit so vertraut in den Ohren (klingen), daß man kaum das Bedürfnis verspürt, sie näher umschrieben zu sehen, und sie werden denn auch gewöhnlich ohne nähere Erläuterung gebraucht.« (E. J. Dijksterhuis: *Die Mechanisierung des Weltbildes*. Berlin/Heidelberg/New York 1983 [Reprint der Ausg. v. 1956], S. 550) Dijksterhuis, der den Begriff als Leerstelle problematisiert, findet freilich selbst nur zu einer positivistischen Deutung: »Eine auf der Hand liegende Interpretation aller Ausdrücke, die mit dem Wort Mechanik zusammenhängen, besteht darin, daß man auf die Bedeutung von mechane = Werkzeug zurückgeht.« (Ebd., S. 550) In eben diesem Sinn sagt das Wörterbuch, daß eine Maschine eine aus »beweglichen und unbeweglichen Teilen zusammenhängende Vorrichtung sei, die Kraft überträgt oder Arbeitsgänge selbständig verrichtet bzw. Energie aus einer in eine andere Form umwandelt« (Wahrig: Deutsches Wörterbuch). Nimmt man allerdings eine solche Definition, so ist die Differenz zu einem lebenden Körper wesentlich unscharf.

10 Nun ist die Etymologie des Wortes »Zwang« interessant. »Zwang« meint ursprünglich den festen Griff der Faust. Schon der Denkzwang operiert nicht mehr im Feld der Handgreiflichkeit, sondern in jener begrifflichen Sphäre, wo man die Dinge nur auf höchst abstrakte Weise, also lediglich symbolisch im Griff hält. Das Vermögen, Zwang auszuüben, steigt zu Kopf. – Interessanterweise hat das Lateinische keine analoge Bildung: *necessitas*, das Notwendigkeit bedeutet, aber auch Zwang, rührt von *nec-esse*, also von dem her, was fehlt, was ich nötig habe.

11 Eine Beschreibung, die im übrigen eine präzise Demarkationslinie zum Geld als Tauschmittel darstellt. Denn um eine solche Währungsmaschine zum Laufen zu bringen, bedarf es staatlicher Institutionen. Vgl. das Geldkapitel in: Martin Burckhardt: *Metamorphosen von Raum und Zeit. Eine Geschichte der Wahrnehmung*. Frankfurt/M. 1994, S. 75 ff.

12 Der amerikanische Kulturtheoretiker Lewis Mumford hat schon sehr früh den Maschinenbegriff auf soziale Mechanismen appliziert – und hierfür den Begriff der *Megamaschine* verwendet: »In der Ordnung und der Taktik der sumerischen Phalanx, dieser Konzeption der Armee als Maschine, die aus spezialisierten, ineinandergreifenden, einer Befehlszentrale gehorchenden Teilen bestand, lag ein Schema, das für alle Organisationen verwandt werden konnte.« (Vgl. Lewis Mumford: *Die Verwandlungen des Menschen*. Berlin 1960, S. 114) So berechtigt die Idee der »sozialen Maschine« ist, scheint mir doch der Grundgedanke, in den spezialisierten körperschaftlichen Organisationen, den *militärischen Körperhaufen* vor allem, Maschinen zu sehen, die zeichenhafte Seite zu vernachlässigen.

13 Nun wohnt schon der Grundformel der *mechane* eine merkwürdige Ambiguität inne. Denn der Betrug an der Natur legt nahe, daß Natur selbst als Gesetzgeber

in Erscheinung getreten ist, daß man es also mit einem *Monos* zu tun hat (wobei eine solch vereinheitlichende, universalisierende Betrachtungsweise im nichtalphabetischen Kulturkreis eine Undenkbarkeit darstellt). In einem solchen Begriff lauert bereits das Phantasma eines symbolischen Monotheismus. So besehen ist fraglich, ob hinter der Formel der griechischen Naturphilosophie, dem *Alles ist Eins,* sich tatsächlich »Natur« oder nicht vielmehr ihre Bemeisterung, die Weltmaschine verbirgt. Nimmt man das letztere an, wird verständlich, warum der Charakter des Sakrilegs so leicht hat verschwinden können – warum es Descartes keinerlei Skrupel bereitete, von den *natürlichen automata* zu sprechen. Wenn NATUR selbst ein Ganzes darstellt, so deshalb, weil sie bereits vor der Folie der Maschine erscheint. – Eine weitere Linie ist hier gezogen: Wenn die Griechen, in der Morgenfrühe jener Zeit, die sich uns als *Abendland* darstellt, die *mechane* als Betrug an der Natur empfinden, so steht dies in einer gewissen Tradition. Denn dem Betrug an der Natur geht der Betrug an den Göttern voraus, also der Opferraub. Das, was die Griechen *physis* nennen, verheißt eine Welt, in der die Göttervielfalt einem monistischen Prinzip unterworfen, auf das Typenrad der Metaphysik gespannt wird. In diesem Sinn ist es gleichgültig, ob es heißt: *Gott ist einfach* oder die *Natur* – geht es doch wesentlich um ein metaphysisches Projekt, ein Projekt, das im Verlauf der Geschichte viele Namen angenommen hat, Logos, Episteme, das universale Prinzip.

14   Alphabet und Räderwerk sind Gebilde, die an der Schwelle einer Dunkelheit stehen: das Alphabet geht aus dem *dark age* der griechischen Welt hervor, der Räderwerkautomat ist ein gleichsam namenloses Produkt des finsteren Mittelalters (vgl. dazu Burckhardt: *Metamorphosen von Raum und Zeit* [Anm. 11], S. 45 ff.). Wenn auch die Vaterschaft des Computers, der doch in eine Zeit fällt, in der jedem Ding sein Urheber-Logo aufgeklebt wird, zweifelhaft ist, so ist dies ein weiterer, machtvoller Beleg der These.

15   Vgl. Gilles Deleuze/Félix Guattari: *Anti-Ödipus.* Frankfurt/M. 1977.

16   Tatsächlich ist es genau diese Bedeutung, die dem lat. *apparatus* am nächsten kommt. Denn es heißt nicht bloß: Gerüst, Ausrüstung, Werkzeug – sondern in einer vierten, überaus sinnfälligen Bedeutung: Prunk, Pracht. Das heißt: Indem ich eine Apparatur benutze, hülle ich mich in ein Gewand ein, werde, wie man für die Priester sagt, ordiniert, in eine Ordnung hineingestellt, die mich erhöht.

17   »Den Inhalt des Ubw [Unbewußten] kann man einer psychischen Urbevölkerung vergleichen.« (Sigmund Freud: »Das Unbewußte«. In: ders.: *Gesammelte Werke.* Frankfurt/M. ⁴1963. 18 Bde. Bd. 10, S. 294)

18   Freud, der vor der Jahrhundertwende noch von einem »Unbewußtsein« sprach, ist später peinlich darum besorgt, daß es zu keinen terminologischen Grenzverletzungen kommt (und mit Grund, denn hier liegt der Motor seines Systems): »Wir werden auch die Bezeichnung eines ›Unterbewußtseins‹ als inkorrekt und irreführend ablehnen dürfen.« (Freud: »Das Unbewußte«. Ebd., S. 269)

19   Thomas Hobbes: *Vom Körper.* Ausgew. und übers. von Max Frischeisen-Köhler. Hamburg 1967, S. 77. – Immanuel Kant hat dieses Bewegungsgesetz unter der Überschrift *Versuch, die negative Größe in die Weltweisheit einzuführen* behandelt.

20 Vgl. Jacques Lacan: »Homöostase und Insistenz«. In: ders.: *Das Ich in der Theorie Freuds und in der Technik der Psychoanalyse. Das Seminar, Buch 2* (1954-1955). Olten/Freiburg im Breisgau 1980, S. 82.
21 »Diese Tatsache (...) beruht auf der Existenz der parallel zur biologischen Evolution ablaufenden materiellen Evolution, die der Mensch in dem Augenblick hervorbringt, da die Sprache die Grenze des Konkreten überschreitet. Sie hat zur Exteriorisierung des Werkzeugs geführt (die als fundamentale Voraussetzung schon seit langem realisiert ist), zur Exteriorisierung der Muskeln, und schließlich zur Exteriorisierung der Relationsfunktionen eines Nervensystems. Die Zeit exteriorisiert sich, synchron dazu, auf einem parallelen Weg, sie formt jene Gitter, zwischen denen die Individuen eingeschlossen werden, sobald das Relationssystem die Übermittlungsverzögerung auf Stunden, dann auf Minuten und schließlich auf Sekunden reduziert. In den Sektoren, in denen die Grenze erreicht ist, funktioniert das Individuum wie eine Zelle, wie ein Element des kollektiven Programms, es reagiert auf einen Satz von Signalen, der nicht nur seine Gesten oder sein effizientes Denken bestimmt, sondern auch sein Recht auf Anwesenheit kontrolliert, d. h. die Zeiten der Ruhe oder der Muße. Der Primitive arrangiert sich mit der Zeit, die perfekte soziale Zeit arrangiert sich mit nichts und niemand, denn der Raum existiert nur als Funktion der Zeit, die erforderlich ist, um ihn zu durchqueren. Die sozialisierte Zeit impliziert einen humanisierten Raum, der ganz und gar symbolischen Charakter trägt, so wie Tag und Nacht zu festen Stunden über Städte hereinbrechen, in denen Winter und Sommer auf mittlere Maße reduziert und die Beziehung zwischen den Individuen und dem Ort ihrer Tätigkeit eine Sache des Augenblicks geworden ist.« (André Leroi-Gourhan: *Hand und Wort*. Frankfurt/M. 1988, S. 394-395)
22 René Girard hat in seiner Studie *Das Heilige und die Gewalt* sehr ausführlich über den Familienbegriff geschrieben, den er, entgegen der allgemeinen Übereinkunft, nicht als naturgegebenen Klassifikationsterminus, sondern als ein der Natur abgetrotztes *Kulturprodukt* lesen will. »In bezug auf das biologische *Faktum* der menschlichen Fortpflanzung, wir wiederholen es nochmals, kein Unterschied zwischen Kultur und Natur; in bezug auf das *Wissen* aber besteht ganz bestimmt ein Unterschied, und er wirkt sich auf Kosten der Natur aus.« (René Girard: *Das Heilige und die Gewalt*. Frankfurt/M. 1994, S. 326)
23 Klaus Heinrich: »anthopomorphe. Zum Problem des Anthropomorphismus in der Religionsphilosophie«. In: *Dahlemer Vorlesungen*. Basel/Frankfurt/M. 1986. Bd. 2, S. 30.
24 Sergej Bulgakow hat den Engel in Zusammenhang mit den aristotelischen Syzygien als Idee aufgefaßt: »Le Seigneur réalise d'abord les aspects créateurs de sa Sagesse en formant le monde incorporel, il provoque à l'être des figures hypostatiques qui portent tous les types de l'être, ses ›idées‹.« (Sergej Bulgakow: *L'échelle de Jacob*. [1912] Paris 1987, S. 37-38)
25 René Girard: *Das Heilige und die Gewalt* [Anm. 22].
26 Die Frage, mit was für einem Typus von Erzählung man es hier zu tun hat, wirft eine Reihe von klassifikatorischen Fragen auf: Handelt es sich um ein Märchen,

eine Geschichte, wie verhalten sich reale historische Bezüge zu Märchenelementen? Diese Fragen freilich versprechen wenig Gewinn, ist doch zu gewärtigen, daß man erst mit Herodot (der in der Rolle des Ethnologen ein vorgefundenes Material wiedergibt) von einem *Logos der Geschichte* sprechen kann, des weiteren: daß in der Logik der mündlichen Überlieferung keine Autorschaft im heutigen Sinn anzusetzen ist. Meinerseits fasse ich das Märchen des Rhampsinitos als einen *kollektiven Text* auf, den Zeit und Überlieferung geprägt haben. In diesem Sinn verweist dieser Text auf Geschichtliches, ohne jedoch selber Geschichte zu sein.

27 Der Bezug zwischen Schriftzeichen und dem einbalsamierten Leib hat einen durchaus praktischen Aspekt, insofern »in gewissen Zeiten die Mumien aus Billigkeitsgründen in Kartonagen eingewickelt, die aus wertlos gewordenen Papyrusblättern zusammengeklebt waren.« (Vgl. Wilhelm H. Lange: *Das Buch im Wandel der Zeiten.* Wiesbaden 1951, S. 30)

28 Max Weber, zit. nach Falk Wagner: *Geld oder Gott?* Stuttgart 1985, S. 27.

29 Vgl. Georg Simmel: *Philosophie des Geldes*. In: ders.: *Gesamtausgabe*. 24 Bde. Frankfurt/M. 1989. Bd. 6, S. 135-136)

30 In einem Vorgriff auf das Freud-Kapitel läßt sich eine Analogie zwischen der Rhampsinitos-Geschichte und dem Irma-Traum Freuds anmerken, der seinerseits den Augenblick markiert, da sich »dem Dr. Freud das Mysterium des Traums« enthüllt. Hier hat der weit geöffnete Rachen der Frau die Funktion der *vagina dentata*, welche die Logik der Psychoanalyse enthüllt.

31 Ein schlagendes Beispiel, das demonstriert, wie sehr die Volkswirtschaftslehre die Frage der Macht ausblendet, läßt sich anhand eines Exempels von Milton Friedman demonstrieren. Um die Entstehung von Märkten und Preisen zu demonstrieren, setzt Friedman eine Insel voraus, über der ein Hubschrauber Geldsäcke abwirft. Geld fällt vom Himmel, und in diesem Sinn wird es von der klassischen Nationalökonomie immer schon vorausgesetzt. (Vgl. dazu auch Hajo Riese: »Geld: Das letzte Rätsel der Nationalökonomie«. In: Waltraud Schelkle, Manfred Nitsch (Hg.): *Rätsel Geld*. Marburg 1995. S. 45-62, bes. S. 59)

32 Roberto Calasso: *Die Hochzeit von Kadmos und Harmonia*. Frankfurt/M. 1993, S. 230.

33 Der Begriff des »Kulturgottes«, der vor allem im folgenden Kapitel deutlicher herausgearbeitet wird, ist vor der Folie der alten Fruchtbarkeitsgottheiten zu lesen. Gemeint ist, daß die kultische Basis, deren Quelle ehedem die Mysterien der *natürlichen* Reproduktion waren, sich in Richtung künstlicher Reproduktionstechniken verschoben hat. Hier aber liegt ein wesentlicher Unterschied, eine Zäsur. In dem Augenblick nämlich, da die Götterwelt die menschliche Sphäre spiegelt, wird so etwas wie Religionskritik möglich, kann die Sphäre des Religiösen erstmals als Projektionsfläche erfahren werden. Damit aber werden die Götter sterblich, verschiebt sich ihre Sphäre vom Innerweltlichen ins Symbolische, die Welt der Zeichen – präzise ausgedrückt im Begriff der »Schriftreligion«.

34 Eine kleine methodische Bemerkung: Wenn ich im nachfolgenden, aber auch schon im vorangegangenen Kapitel immer wieder zu Ebenensprüngen komme, bei denen unklar ist, ob es sich um eine mythenimmanente oder um eine

historisierende Deutung handelt, so liegt dies in der Natur der Sache. Ganz unzweifelhaft beziehen sich die Mythen auf gesellschaftliche Institutionen, gelegentlich auch auf historische Ereignisse, jedoch lassen sich all diese geschichtlichen Bezüge nur durch die Vermittlung des Mythos erfassen.

35   »Fürwahr die Zahl auch, ein vorzüglich sinnreich Ding, / Erfand ich ihnen und die Fügungen der Schrift, / Ein Denkmal aller Dinge, Musenmutterwerk.« (Aischylos: *Der gefesselte Prometheus.* Übers. von Walther Kraus. Stuttgart 1965, v. 464-466.

36   Herodot: *Historien.* Übers. von Eberhard Richtsteig. München 1961, 5. Buch, Kap. 58.

37   Dieser prekär gewordene religiöse Hintergrund, die Schwund- und Schattenform einer ursprünglichen Tierkraftreligion, scheint bei Homer auf, wenn er davon spricht, daß das den Göttern geschuldete Stieropfer nicht auf die unterjochte Kreatur zielt, sondern auf den Stier, der noch niemals des Menschen Joch getragen hat – allein seine Hörner sind es wert, vergoldet zu werden. Allgemeiner gesagt: Das Stieropfer als solches gilt als nicht mehr ausreichend, es bedarf einer doppelten Herauslösung aus der Gewöhnlichkeit, um das Opfer als solches gelten zu lassen: der ästhetisierenden und abstrahierenden Vergoldung einerseits, der »Wildheit« der Natur andererseits.

38   Man mag den Zusammenhang von Pflug, Alphabetisierung und aufblühender Polis abwegig finden. Freilich hat der Zusammenprall der Kulturen Gelegenheit gegeben, diesen Zusammenhang zu studieren, ohne in die Vorzeiten der Schrift zurückgehen zu müssen, in jene Bereiche, die die Historiker abschätzig die *materielle Kultur* nennen. Als die europäischen Siedler den amerikanischen Westen bevölkerten, trafen sie auf Kulturen, denen der Gebrauch des Rades, des Pfluges, des Webstuhls und der Schrift fremd waren. Die amerikanischen Cherokee nahmen jedoch begierig auf, was die Siedler ihnen voraushatten, und so läßt sich an diesem Stamm, quasi im Zeitraffer, die Entwicklung nachvollziehen – bis hin zu Organisationsformen, welche die Stammeskultur durch kodifiziertes Recht ersetzten. Sequoyah, Sohn eines britischen Händlers, der bei seiner indianischen Mutter aufwuchs und niemals Englisch zu sprechen lernte, begriff, daß das Alphabet der Weißen ihre kulturelle Überlegenheit ausmachte – und so machte er sich in langjähriger Arbeit daran, ein Alphabet für die Indianersprachen zu erarbeiten. Er experimentierte zunächst mit Piktogrammen und mit einer Silbenschrift, entwickelte dann eine eigenes Alphabet. Binnen kurzem war die Hälfte des Stammes alphabetisiert, und die Cherokee gaben sich eine geschriebene Verfassung, sammelten die eigenen Überlieferungen, übersetzten christliche Schriften und gaben eine eigene Zeitung heraus, den *Cherokee Phoenix*. In den Jahren 1837-1839 wurden sie, im großen *Zug der Tränen*, von ihrem Land vertrieben und in Reservaten angesiedelt. Die Schrift des Philosophen Sequoyah überlebte die Zerstörung des Stammes noch um einige Zeit. Vgl. Grant Foreman: *The Five Civilized Tribes.* University of Oklahoma Press 1934.

39   Das heißt: Im Reich der Zeichen gibt es eine Form der Akrokratie. Vgl. Alfred Kallir: *Sign and Design. Die psychogenetischen Quellen des Alphabets.* Berlin 1999.

40 Schon dieser Frauenraub steht in einer Kette. Io wird am Gestade von Argos geraubt und nach Ägypten verschleppt. Desgleichen Medea in Kolchis. – Herodot läßt seine *Historien* mit dieser Folge von Entführungen beginnen. Hier, so heißt es, haben die Spannungen zwischen Europa und Asien begonnen.

41 Bei Herodot, der in diesen Fragen von einer klaren und schlichten Rationalität ist, die einer jeglichen mythologischen Aufladung mißtraut, heißt es: »Von Europa also weiß kein Mensch, woher es diesen Namen hat und wer es war, der ihn offenbar gegeben hat, wenn wir nicht sagen wollen, daß das Land seinen Namen nach der Tyrierin Europe bekommen habe. Vorher war es natürlich namenlos wie die anderen. Aber diese Europe stammte offenbar aus Asien und ist nicht in dieses Land gekommen, das jetzt von den Griechen Europa genannt wird, sondern nur von Phoinikien nach Kreta und von Kreta nach Lybien.« (Herodot: *Historien* [Anm. 36], 4. Buch, Kap. 45) Kreta gilt als ein Teil Asiens, wie man bei Platon nachlesen kann, wo Minos als aus Asien gebürtig vorgestellt wird. Platon: *Gorgias*. Hg. von Kurt Hildebrandt nach der Übersetzung von Friedrich Schleiermacher. Stuttgart 1989, S. 118.

42 Agenor gilt als Zwilling des kleinasiatischen Fruchtbarkeitsgottes Baal oder ist mit ihm identisch, später wird er sogar (als Gott Belos) mit Zeus selbst identifiziert. Indes ist er doch vor allem eine Fruchtbarkeitsgottheit, der, im beständigen Kampf mit dem großen Konkurrenten Mot, dem Gott der Sterilität, auch der Tod als Schicksal beschieden sein kann. – Im Grunde besagt die genealogische Einordnung nicht viel, sie markiert lediglich die Wanderungsbewegung, die in Europa zu ihrem Ende kommt: und das heißt, die im Monotheismus die Gottheit der Fruchtbarkeit sterben läßt.

43 Karl Kerényi: *Die Mythologie der Griechen*. 2 Bde. München [10]1988. Bd. 2, S. 24.

44 Dieser Gedanke korrespondiert mit dem Befund Rémy Bragues, der von einer »sekundären Identität« Europas gesprochen hat. Vgl. Rémy Brague: *Europa. Eine exzentrische Identität*. Frankfurt/M. 1993. Allerdings bleibt Brague beim Befund der kulturellen Heterogenität und der daraus resultierenden Lern- und Aufnahmebereitschaft stehen, im wesentlichen also dem Bild eines gefräßigen Schmelztiegels. Damit aber bleibt unerhellt, daß das Noch-nicht (das Nichtrealisierte, die utopische Sprengkraft) durchaus mit einer Homogenisierungsbewegung einhergeht, die sich keinesfalls in Leihgaben erschöpft. Tatsächlich läßt sich die europäische Eigentümlichkeit sehr viel präziser fassen, wenn man sie nicht an die Geographie bindet, sondern an die *symbolischen Apparate* und die Sehnsüchte, die sie erzeugen. Europa, so besehen, ist ein *portable*, eine imaginäre Landschaft – was der noch immer lesenswerte Novalis-Aufsatz »Das Christentum oder Europa«, eine grandiose Kulturgeschichte en miniature, zum Ausdruck bringt. In diesem Sinn taugt das Alphabet selbst als Modell dessen, was man diffuserweise *europäische Identität* nennt. Ein geschlossener Zeichenkreislauf und zugleich – und eben deswegen – fähig zum Neologismus und prädestiniert, sich sämtliche Sprachen einzuverleiben. In diesem Sinn wäre die These von Harold Innis, der schon in den 50er Jahren von einer *imperialen Kommunikationsmaschine* geschrieben hat (sich jedoch mit der Europa-Problematik nicht ausdrücklich

auseinandergesetzt hat), deutlich angemessener. Merkwürdigerweise fällt das, was als genuin europäisch gilt, stets mit der je avanciertesten Schrifttechnik zusammen.

45   Zit. nach Kerényi: *Die Mythologie der Griechen* [Anm. 43], Bd. 2, S. 31-32.
46   Harold Innis: *Empire and Communication*. Toronto 1950, S. 66.
47   Eine der erstaunlichsten Theorien zur Genese des Alphabets stammt von Alfred Kallir, einem Privatgelehrten, der in den 60er Jahren ein Buch mit dem Titel *Sign and Design. The Psychogenetic Sources of the Alphabet* verfaßt hat [vgl. Anm. 39]. Hier ist der Umstand, daß das Alephzeichen den Stier im Joch (also ein Fruchtbarkeitszeichen) bedeutet, Ausgangspunkt einer großen Untersuchung, bei der die psychische Konnotation der einzelnen Lettern, die sich aus ihrer ursprünglichen, piktogrammatischen Bedeutung ableiten (oder vielmehr: aus ihren Bedeutungen, denn jeder Buchstabe beschreibt ein regelrechtes Sinnfeld), analysiert wird. Was mich – neben der Idee des *Fruchtbarkeitszeichens* – besonders beeindruckt hat, war die Vorstellung, daß die Zeichen der voralphabetischen Zeit nicht als gleichwertig gelesen werden müssen, sondern daß man es mit einer *Hierarchie* von Zeichen zu tun hat, in denen sich wiederum die Hierarchie der sozialen Bedeutungen widerspiegelt (Alpha, das Phalluszeichen, Beta, das Zeichen der Weiblichkeit, etc.). Kallir beschreibt dieses Konzept als Akrokratie, das heißt: Herrschaft des Höheren. Obwohl das Alphabet – insofern es die Zeichen strukturell für gleichwertig ausgibt – dieser Ordnung den Garaus macht, finden sich dennoch Residualformen dieses akrokratischen Prinzips darin. So reflektiert die Reihenfolge der Lettern, die ja im Griechischen auch als Zahlzeichen benutzt wurden, die ihnen zugemessene Wichtigkeit (wobei Alpha, die Eins, das Höchste darstellt). Insgesamt stellt die Kallirsche Theorie, auch wenn sie einer jungianischen Archetypenlehre folgt, die ich nicht teile, eine Plattform dar, der die vorliegenden Gedanken sehr viel verdanken.
48   In der Tragödie des Aischylos, in der es um den Dioskuren-Kampf um Theben geht, taucht dieses Szenario wieder auf. »BOTE: In einen Schild mit Eisenrändern schlachteten / Scharführer, sieben jähe Männer, einen Stier / Und tauchten ihre Hände in des Tieres Mord / Und schwuren einen Eid bei Ares, Enyo und / Dem nach Gemetzel lüsternen Phobos, sei's, die Stadt / Des Kadmos hinzuschmettern und zu plündern, sei's, / Im Tod zu mischen dieses Land mit eigenem Blut.« (Aischylos: *Sieben gegen Theben*, v. 43-48, übers. von Emil Staiger. Stuttgart 1970)
49   Ovid: *Metamorphosen*. Hg. und übersetzt von Hermann Breitenbach. Stuttgart 1971, 3. Buch, v. 97 f.
50   Eine andere Geschichte, die die Brücke nach Kreta schlägt, erzählt davon, wie Apollon, auf der Suche nach Priestern für seinen Orakelort Delphi, ein Schiff auswählt, das von Kreta nach Griechenland unterwegs ist. In der Gestalt eines Delphins schnallt sich der Gott auf das Schiff und lenkt es nach Delphi. Dort werden die Kreter zu Priestern geweiht. – Interessant die Geschichte des Weisen Teiresias, der ein *gender changer* ist und von den Göttern konsultiert wird, um die Relation der weiblichen Lust zur männlichen zu bestimmen (10:1). Von Teiresias heißt er, daß er, um sich zur Frau zu verwandeln, eine weibliche Schlange

51 Vgl. Ulrich v. Wilamowitz-Moellendorf: »Zeus«. In: *Kronos und die Titanen/ Zeus*. Darmstadt 1964, S. 36; Martin P. Nilsson: *The Mycenaean Origin of Greek Mythology*. Berkeley/Los Angeles/London 1972.

      erschlagen, um wieder zum Mann zu werden, eine männliche Schlange getötet habe. (Apollodorus Atheniensis: *Bibliothecae libri tres et fragmenta*. Hg. von Christian Gottlob Heyne. Hildesheim/New York 1974, Buch 1,365)

52 Genau das ist das Thema, das Aischylos in seiner Tragödie des *Gefesselten Prometheus* behandelt, in der Zeus nicht als unumschränkter Götterherrscher, sondern als Usurpator erscheint: »CHOR: (...) Neu sind die Herrn, die auf Olymp / Des Steuers walten, neu das Recht, / Nach welchem Zeus gesetzlos richtet. / Was früher groß, macht er jetzt zunichte« (Aischylos: *Der gefesselte Prometheus* [Anm. 35], v. 149-152).

53 Vgl. Mircea Eliade: *Geschichte der religiösen Ideen*. 4 Bde. Freiburg/Basel/Wien ²1994. Bd. 1, S. 59.

54 Vgl. Kerényi: *Die Mythologie der Griechen* [Anm. 43], Bd. 1, S. 69.

55 Die Etymologie ist aufschlußreich: Retorte geht auf das lateinische *retorquere* zurück, das heißt: *zurückbinden, zurückwerfen, auf den Rücken binden, aufschürzen*. Eben das ist das Schicksal, das der Erdmutter beschieden ist.

56 Hesiod: *Werke und Tage*. In: Joachim Lactacz: *Die griechische Literatur in Text und Darstellung. Archaische Periode*. Stuttgart 1991, v. 148 f. Das Wort »Typus« selbst ist erhellend in diesem Zusammenhang, bedeutet es ursprünglich (in der Kombination typos – antitypos) Hammer und Amboß. Wenn jemand einen *Schlag* in diese oder jene Richtung nimmt, so wirkt schon das Phantasma der Typisierung. So besehen ist es kein randständiges Detail, wenn man sich anschickt, die Unendlichkeit mit diesem Metrum zu messen: neun Tage, so heißt es, brauche ein Amboß, um von der Himmelssphäre auf die Erde hinab zu fallen, neun weitere Tage, um schließlich im Tartaros unterzugehen.

57 Platon: *Minos*. In: ders.: *Sämtliche Werke*. Hg. von Walter F. Otto, neu hg. von Ursula Wolf. 4 Bde. Reinbek bei Hamburg 1994. Bd. 4, v. 320c.

58 Es ist interessant, wie Platon in seinem *Minos* die Verschiebung von der bäuerlichen Ordnung zur Monarchie in ein Verhältnis setzt. So wie der Bauer, indem er die Gesetze des Landes beherzigt, Frucht bringt, so vermag der Gesetzgeber, wenn er die Gesetze der menschlichen Seele beherzigt, fruchtbringend zu wirken. (Platon: *Minos* [Anm. 57], 317d)

59 Apollodorus *Bibliothecae* [Anm. 50], 1. Buch, 9,26.

60 Apollodorus spricht von einem *Ichor*, dem Blutsaft. (Ebd.)

61 Zur Herkunft des Talos gibt es höchst widersprüchliche Deutungen. Einmal heißt es, daß er eine Gabe des Schmiedegottes Hephaistos sei, dann wiederum wird behauptet, Hephaistos selbst sei ein Abkömmling des Talos. Wenn diese, aufgrund oraler Überlieferung notwendig pluralen Deutungen, eine Kernbedeutung haben, so die, daß man es im Fall des Talos mit einer gottähnlichen, titanischen Instanz zu tun hat: dem Inbegriff der Bronzetechnik selbst.

62 Daß eine Kultur das Metall mit der Sonne gleichsetzt, ist keineswegs ungewöhnlich: Noch im 15. Jahrhundert, als Cortés die Azteken nach der Herkunft ihrer

metallenen Waffen fragt, deuten sie gen Himmel, um zu bedeuten: das ist das Feuer des Himmels.

63 Was in der griechischen Sprache ein Synonym für das Menschenopfer war und in Gestalt des sizilischen Tyrannen Phalaris jenen Agenten gefunden hat, der dies in die Realität umsetzte. Die Überlieferung sagt, daß Phalaris die Statue eines bronzenen Bullen besessen und darin Menschen habe umbringen lassen – zuallererst den Bildhauer selbst.

64 Vielleicht muß man, um die eminente Bedeutung zu ermessen, die dieses Verfahren für die Kultur gehabt haben mag, sich vergegenwärtigen, daß die metallurgischen Techniken noch zu den Zeiten des Captain Cook, also im 18. Jahrhundert, den Völkern der Südsee unbekannt waren. In Melanesien waren die eisernen Nägel der britischen Seefahrer so begehrt, daß man im Tausch für einen Nagel die Gunst einer Frau erhielt – was Cook zu strengen Sanktionen der Mannschaft gegenüber veranlaßte, scheuten sich seine Matrosen doch nicht, selbst den Nägeln ihres eigenen Schiffes auf den Leib zu rücken. Entscheidender jedoch als dieser Tauschhandel (in dem nur die kulturelle Scheidelinie, das Potentialgefälle aufscheint, das mit dem Bronzezeitalter verbunden war) scheint mir der melanesische Blickpunkt. Denn die Melanesier benutzten die Nägel keineswegs als Gebrauchsgegenstände, sondern schickten sich an, sie als Kultgegenstände zu nutzen und zu sakralisieren. (Diesen Hinweis verdanke ich dem Ethnologen Karl Heinz Kohl, der einen Vortrag über die Verwendung europäischer Artefakte gehalten hat, Literaturwerkstatt Berlin, 16.5.98)

65 Vgl. Kerényi: *Mythologie der Griechen* [Anm. 43], Bd. 1, S. 75. – Um das Kind zu schützen, gibt Rhea dem Vater Kronos einen Stein an seiner Statt. Vgl. Apollodorus *Bibliothecae* [Anm. 50], 1. Buch, Kap. 9. Hesiod: *Theogonie*. In: ders.: *Sämtliche Gedichte*. Übers. und erläutert von Walter Marg. Zürich/Stuttgart 1970, v. 485 ff.

66 Vgl. Eliade: *Geschichte der religiösen Ideen* [Anm. 53], Bd. 1, S. 128.

67 Bei Apollodorus ist von den Nymphen Ida und Adrastia die Rede, den Töchtern des Melissus oder der Melissa. Das wiederum bedeutet *Biene*. Vgl. Apollodorus *Bibliothecae* [Anm. 50], 1. Buch, Kap. 1.16.

68 Hier wäre eine Bemerkung zur Symbolwerdung angebracht. Wenn heute von der »Überdeterminiertheit« der Symbole gesprochen wird, so ist damit gemeint, daß ein Symbol eine Reihe unterschiedlicher Bedeutungsebenen in sich vereint.

69 Der HOMO-GEN: Von Menschen erzeugt, aber auch Mensch, der sich selbst zeugt. Auf dieser Ebene entspricht der Begriff dem, was in der Philosophie *Immanenz* heißt – indes geht er, indem er den Rückbezug auf die Subjekt-Konstitution unterstreicht, darüber hinaus. Zuletzt kommt hinzu, daß diese Selbstzeugung nicht einer beliebigen Lebensführung unterliegt, sondern stets im Zeichen einer Produktions- und Reproduktionsordnung steht, deren Signatur wesentlich eine Homogenisierungslogik ist.

70 Man erinnere sich an die biblische Geschichte des goldenen Kalbs, die ja einen realen historischen Hintergrund hat und eine religiöse Krisenzeit beschreibt, die von den Zeiten des Exodus bis zur Herrschaft des König Jerobeam I. (10. Jahrhundert v. Chr.) reicht.

71 Vgl. Ovid: *Metamorphosen* [Anm. 49], 7. Buch, v. 102 ff.
72 Wenn das *symbolon* das Zusammengeworfene markiert, dem jene synthetische Kraft eignet, wie sie mit dem Namen der Harmonia verbunden ist, so hat es sein dialektisches Gegenprinzip im *diabolon*, das für das Zerwürfnis, das Trennende steht. Und wirklich wird der Preis, den Jason mit seinen Heldentaten erringt, Medea nämlich, diesen anderen Teil der Geschichte erzählen. Darin steht sie keineswegs einzig da. Auch das Haus des großen Kulturstifters Kadmos wird von Katastrophen, den Furien der Dissoziation heimgesucht. Zerlegte, zerteilte Gliedmaßen, allüberall. Es sind die Töchter des Kadmos, die von der Kraft des *diabolon* heimgesucht werden: Im bacchantischen Wahn zerreißt Agaue den Sohn mit bloßen Händen, Autonoë sammelt die Knochen des von Hunden zerfleischten Sprößlings zusammen, Ino schließlich wirft ihren Sohn Melikertes (den Honigschneider) in einen kochenden Kessel und stürzt sich gemeinsam mit ihm in die Tiefe, ins Meer. Vgl. Apollodorus *Bibliothecae* [Anm. 50], 1. Buch, Kap. 9.2. In dieser Fassung ist der Bezug zum Prozeß der verlorenen Form überdeutlich.
73 Der Reinigungsprozeß, die Purifikation, wird zu einem pyrotechnischen Akt. – Wilamowitz-Moellendorf weist darauf hin, daß die »ursprüngliche Natur« des Zeus der Blitz ist und daß Pindar, so oft er von diesem olympischen Zeus redet, ihn nur als solchen kennt. Vgl. Wilamowitz-Moellendorf: »Zeus« [Anm. 51], S. 28. In diesem Sinn könnte man die Versetzung des Zeus in den Himmel als einen Reflex auf die Abstraktionsbewegung sehen, die mit dem Prozeß der verlorenen Form einhergeht.
74 Das *simulacrum cerea* – ein Wachspüppchen zum Zaubern. – Desgleichen wird *cera* (Wachs) als metonymische Bezeichnung für das Ahnenbild benutzt.
75 Ovid: *Metamorphosen* [Anm. 49], 3. Buch, v. 272 f.
76 Ein Analogon des Dionysos-Mythos ist die Geschichte der Metis und der Geburt der Athene, die man wie Dionysos auch als eine zweifach Geborene auffassen kann. Metis, der *kluge Rat*, geht mit der Athene schwanger, wird aber von Zeus verschluckt – weil er fürchtet, daß sie ein Wesen gebären könne, das stärker sei als sein Blitz. So gebiert er die Athene ohne Mitwirkung seiner Gattin, aus dem Kopf (wozu die Erzähler je nachdem Hephaistos oder Prometheus aufmarschieren lassen; ihre Aufgabe – eine etwas brachiale Form der Geburtshilfe – besteht darin, Gottvater Zeus mit einer Axt den Schädel zu spalten, um auf diese Art und Weise die Athene ans Tageslicht springen zu lassen.
77 Euripides: *Die Bakchen*. Übers. v. Oskar Werner. Stuttgart 1968, v. 25.
78 »Dionysos: Darin übertölpelt ich ihn, daß er *mich* zu fesseln *schien,* / Doch mich nicht berührte, nur in falscher Hoffnung sich erging. / An der Krippe, dort, wo er mich einschloß, fand er einen Stier. / Diesem warf er Stricke um die Knie und Hufe fest herum, / ließ, wutschnaubend, Schweiß in Strömen niedertropfen von dem Leib. / Biß die Lippen mit den Zähnen, während ich, ganz nah dabei / Ruhig sitzend, mir es ansah. Grad in diesem Augenblick / Warf das Haus in Trümmer Bakchos, legt' an seiner Mutter Grab / Feuer. Der, kaum sah er's, faßt' es, daß sein Haus in Flammen stand, / Lief bald hier-, bald dorthin, rief den Dienern zu: ›Vom Flusse holt / Wasser her!‹ Ein jeder Diener war am Werk;

vergebne Müh! Mittendrin läßt Not er Not sein, weil er glaubt, ich wär entflohn, / Stürzt, sein Unheilsschwert in Eile packend, in das Haus hinein. / Da schafft Bromios – er wohl war es, meine Meinung sag ich nur – / Schafft ein Trugbild in dem Hofe; der, darauf sich stürzend, stürmt / Her und sticht, durchbohrt nur klare Luft und glaubt, er morde mich.« (Euripides: *Bakchen* [Anm. 77], v. 615 ff.)

79 Bedenkt man, daß im *typos* der Hammer steckt (der seinerseits von der Gußtechnik abgelöst wird), so weist sich hier die Grenze dieser Wortprägungen. Wenn etwas nach dem Schlage des Genotyps gedacht wird, so ist ausgeblendet, daß auch das Modell des genetischen Codes möglicherweise ein Unterschlagenes hat. Der Molekularbiologe Erwin Chargaff, dessen *Essays on Nucleic Acids* (1963) wegbereitend für die Entdeckung der DNS waren, hatte für den Wissenschaftspositivismus seiner Schüler Watson und Crick nur den Ausdruck der *Genpanscherei* übrig.

80 Auf Kreta und im archaischen Griechenland wurden Feuerfeste gefeiert, bei denen lebendes Wild ins Feuer getrieben wurde. Welcher Gottheit diese Feste dienten, bleibt unklar. (Vgl. Walter Burkert: *Griechische Religion der archaischen und klassischen Epoche*. Köln/Mainz 1977, S. 60)

81 Friedrich Nietzsche: *Die Geburt der Tragödie. Der griechische Staat*. Mit einem Nachwort von Alfred Baeumler. Stuttgart ^{8}1976, S. 98.

82 Pausanias: *Beschreibung Griechenlands*. Hg. von Ernst Mayer. München 1972, 1. Buch, Kap. 20.3.

83 Xenophanes: Fragment 34. In: *Die Vorsokratiker*. Hg. und übersetzt von Jaap Mansfeld. Stuttgart 1986. 2 Bde. Bd. 1, S. 225.

84 Nicht von ungefähr ist Dionysos, als *leidender Dionysos*, immer wieder mit Christus in Verbindung gebracht worden. Freilich ist die gemeinsame Passionsgeschichte ihrerseits nur eine Erscheinungsform eines tieferliegenden Problems: und zwar der Tatsache, daß beide nicht *von dieser Welt sind*. Ist die Scheinhaftigkeit des Dionysos evident, so haben vor allem die Gnostiker die *Jenseitigkeit* des Menschensohns herausgearbeitet, und zwar dadurch, daß sie seinen irdischen Leib als bloße Erscheinung auszuweisen bemüht waren und ihn in einen nicht durchs Fleisch korrumpierbaren Lichtleib kleideten. Wenn man, um die Überschneidung beider Götterschicksale zu kennzeichnen, auf einen theologischen Begriff kommen müßte, so wäre hier vom *Doketismus* zu sprechen.

85 Man hat sich Minos, wie viele der vorschriftlichen Kulturhelden, als eine Sammelperson zu denken. Minos ist mithin der Name der kretischen Priesterkönigsgenealogie, die von 2500-1500 auf Kreta herrscht.

86 In der Idäischen Höhle, die als die Geburtshöhle des Zeus gilt, werden bronzene Kriegswerkzeuge unter blutigen Opfern geweiht. Alle acht Jahre, so geht die Überlieferung, habe Minos die Höhle aufgesucht, um mit seinem Vater Zeus Zwiesprache zu halten und seine Königsmacht zu erneuern. Vgl. Walter Burkert: *Griechische Religion der archaischen und klassischen Epoche* [Anm. 80], S. 56-57.

87 Vgl. Eliade: *Geschichte der religiösen Ideen* [Anm. 53], Bd. 1, S. 130.

88 Gelegentlich heißt es auch, daß Minos, verhext von seiner eifersüchtigen Gattin, seine zahlreichen Geliebten mit Schlangen, Skorpionen und Tausendfüßlern

getötet habe. Apollodorus: *Bibliothecae* [Anm. 50], 3. Buch, Kap 15.1, Antoninus Liberalis 41.

89 Bei Homer erscheint Minos als ein ehrwürdiger, gerechter Herrscher, der ein goldenes Zepter in der Hand hält und sich mit Zeus berät, Platon insbesondere macht ihn zu einem Kulturheros geradezu mosaischen Zuschnitts. Dieser andere Teil der Überlieferung, der mit dem Bild des Tyrannen so gar nicht in Übereinstimmung zu bringen ist, zeigt nur, daß Minos eine zerrissene Gestalt ist, das Symbol einer zerrissenen Ordnung.

90 »Aber die Schmach des Hauses, sie wuchs: man erkannte der Mutter / Grauses Vergehn an des Kindes entsetzlicher Doppelgestaltung. / Minos beschließt, diesen Fleck seiner Ehe zu tilgen: er will ihn / In einem Bau mit finstern, gewundenen Gängen verschließen.« (Ovid: *Metamorphosen* [Anm. 49], 8. Buch, v. 155 f.)

91 Auf kretischen Darstellungen sieht man Priester, die Stiermasken tragen.

92 Platon: *Menon*. Kap. 39. In: ders.: *Menon. Euthydemos. Kratlyos.* Übers. von Friedrich Schleiermacher. München 1964, 97d.

93 Vgl. Françoise Ducroux: »Der Künstler, Meister des Lebens und des Sehens«. In: *Daedalus. Die Erfindung der Gegenwart.* Hg. von Gerhard Fischer, Klemens Gruber, Nora Martin, Werner Rappel. Basel/Frankfurt/M. 1990, S. 33 ff.

94 Der Kontext, in dem die Stelen des Dädalus bei Sokrates/Platon erscheinen, ist überaus erhellend, trennt Platon doch säuberlich die beiden Aggregatzustände dieser Artefakte. Als gebundene, d. h. begreifbare und *festgestellte* Artefakte kommt ihnen Wert zu, nicht aber dort, wo sie ihr unheimliches Eigenleben führen. »SOKRATES: Also, ein losgelassenes Werk von ihm zu besitzen, das ist nicht eben sonderlich viel wert, gerade wie ein herumtreiberischer Mensch, denn es bleibt doch nicht; ein gebundenes aber ist viel wert, denn es sind gar schöne Werke. Worauf das nun geht? Auf die richtigen Vorstellungen. (...) Und deshalb nun ist die Erkenntnis höher zu schätzen als die richtige Vorstellung, und es unterscheidet sich eben durch das Gebundensein die Erkenntnis von der richtigen Vorstellung.« (Platon: *Menon* [Anm. 92], S. 55)

95 Ovid: *Metamorphosen* [Anm. 49], 8. Buch, v. 233.

96 »Wie er den Hügel ihm wölbt, erblickt ihn / Aus dem schlammigen Sumpf das geschwätzige Rebhuhn: da wippt es / Mit dem Gefieder und läßt durch Gesang seine Freude erkennen, / Damals ein einzigartiges Tier, das man früher nicht kannte, / Jüngst ein Vogel geworden, dir, Daedalus, ewige Schande!« (Ebd., 8. Buch, v. 236 ff.)

97 Der Zirkel, der im Altägyptischen Kerkel heißt, geht zurück auf die beiden indogermanischen Sprachwurzeln Ker und Kel. Ker – das heißt: *nach vorn werfen*, und von daher leitet sich ab: *kara* – der Kopf, *karas* – Horn, *karymbos* – höchster Punkt; und griechisch *korone* – die Krone, die auf den verweist, der sich all das zurechtlegt, auf den Menschen, die Krone der Schöpfung; *krikos, kirkos* (Kirche), *kyklos, krypta*. Der Schädel. Kel – das heißt »Verstecken« und weist ins Verborgene. Cella – Zelle, Keller. Das ist der Raum, in dem ich mich verstecke, es ist aber auch der Helm, unter dem ich mein Haupt verberge, das Verhohlene, die Hülle, die Höhle. Der Schutzraum. – Die Etymologie der Kerkel, Zirkel läßt sich wie

eine Präfiguration jenes Bildes lesen, das für die Geschichte des Dädalus wesentlich wird: des Minotaurus im Labyrinth. Die fruchtbare Höhle des Denkens, Geistkatakombe, Kopfinnenraum.

98   Diese Zuschreibung basiert indes schon auf der Umcodierung, die das Labyrinth durch das sagenhafte Labyrinth des Dädalus erfahren hat. Als autologischer Raum erscheint das Labyrinth schon als Prototyp der modernen Räume, folglich spricht man vom ersten *geometrischen* Raum oder vom Algorithmus etc. (vgl. dazu Pierre Rosenstiehl: »Geometer Daedalus«. In: *Daedalus. Die Erfindung der Gegenwart* [Anm. 93], S. 26). Wie intensiv der Nachhall dieser logischen Form war, wird daran ersichtlich, daß die mittelalterlichen Kathedralenarchitekten das Labyrinth zum Ausweis des eigenen Schöpfertums erkoren und im Kirchenraum abbildeten.

99   Vgl. Walter Burkert: *Griechische Religion der archaischen und klassischen Epoche* [Anm. 80], S. 56.

100 Roberto Calasso: *Die Hochzeit von Kadmos und Harmonia* [Anm. 32], S. 76.

101 Die Verbindung mit Dionysos wird sehr viel plausibler, wenn man sich vergegenwärtigt, daß beide Figuren dem gleichen Problembereich angehören: einer Reproduktionsordnung, die sich von den herkömmlichen Formen gelöst hat und statt dessen – mit dem zweifach geborenen Gott – bereits dem prometheischen Phantasma folgt.

102 Das Phantasma des künstlichen Lebens durchzieht alle Schichten und Seitenstränge des Mythos. Ein Bruder der Ariadne ist Glaukos. Von Glaukos wird erzählt, daß er als Kind in ein Honigfaß geraten und dabei umgekommen sei. Minos ruft einen Wahrsager zu Hilfe, Polyeidos, der mit dem Leichnam in eine Höhle gesperrt wird, mit dem Auftrag, ihn wiederzubeleben. In dieser uterinalen Situation nähert sich eine Schlange dem Honigfaß, und Polyeidos, der Wahrsager, tötet sie. Eine zweite Schlange nähert sich, und Polyeidos bemerkt, wie sie die erste mit einem Blatt berührt und wieder zum Leben erweckt. Mit diesem Blatt versehen ist es Polyeidos, dem Vielsehenden, möglich, den im Honig erstickten Glaukos wiederzubeleben. Ein Interpret hat diesen Mythos, überaus plausibel, als eine Geheimlehre der Metallurgen gedeutet. Vgl. Arnulf Braune: *Menes, Moses, Minos*. Essen 1988, S. 125 ff.

103 Diese Kultur, in ihrer grundlegenden Differenz, hat schon den »barbarischen« Zeitgenossen der Griechen Rätsel aufgegeben. Herodot gibt das Befremden der persischen Geschichtskundigen wieder, die der griechischen Neigung, um einer Frau willen in den Krieg zu ziehen, mit vollendeter Ignoranz gegenüberstehen: »Ihre [der Perser] Meinung sei: Frauen zu rauben, sei Sache ungerechter Menschen, sich um Rache für Geraubte zu bekümmern, Sache Unverständiger, sich um Geraubte gar nicht zu kümmern, Sache Verständiger; denn offenbar würden sie nicht geraubt, wenn sie es selber nicht wollten.« (Herodot: *Historien* [Anm. 36], 1. Buch, Kap. 4)

104 Um einen Einwand vorwegzunehmen: Es ist gewiß unbestritten, daß die Entwicklung der Schriftsysteme im zweiten Jahrtausend eine deutliche Tendenz zur phonetischen Notation aufweist, ein Argument, das die besondere Stellung, die hier dem Alphabet zugemessen wird, zu relativieren scheint. Indes gibt es

einen wesentlichen Unterschied (einen Unterschied, der für das metallurgische Novum der Gußtechnik der *verlorenen Form* ebenso gilt). Das Alphabet markiert jenen Abschließungsprozeß, in dem das Zeichen nichts ist als Laut. Im geschlossenen System gibt es keinen Einfluß mehr, der von außen hereindringt. Das Alphabet ist damit zum *Selbstlauter* geworden. Erst über diesen Prozeß entsteht die Illusion der Autologie, das heißt: einer inhärenten Kraft, die ihrerseits zeugungskräftig wird.

105 Vgl. dazu Burckhardt: *Metamorphosen von Raum und Zeit* [Anm. 11].

106 Wie sehr der Kreis das Denken der Griechen bestimmte, wird deutlich, wenn man sich vor Augen hält, daß auch die Flugbahn eines Pfeiles als ein Kompositum von Kreisbewegungen aufgefaßt wurde.

107 Auch der Aristotelische Begriff der Entelechie, nach der die Materie sich der Form gemäß artikuliert, die im Samenkorn angelegt ist, folgt diesem Muster.

108 Das »höchste Buch«, so hat Novalis einmal formuliert, gleiche »einem Abcbuch«. Vgl. Novalis: *Werke*. Hg. von Paul Kluckhohn und Richard Samuel. Darmstadt 1960 ff., Bd 2, S. 610.

109 »Das erste [harmonisch] Zusammengefügte, die Eins, in der Mitte der Kugel, heißt ›Herd‹.« [Aus Philolaos Schrift] In: *Die Vorsokratiker* [Anm. 83], Bd. 1, S. 153).

110 Heraklit, Fragment 46. In: *Die Vorsokratiker* [Anm. 83], Bd. 1, S. 259. – Es ist interessant zu sehen, daß Heraklit ein besonderes Sensorium für die Verborgenheit, das heißt: die Abstraktion dieses Prozesses hat. Nicht nur heißt es bei ihm, daß Natur sich verborgen zu halten pflege, darüber hinaus verknüpft er sein heiliges Feuer mit der Figur des Zeus, in jenem monotheistischen Sinn, wie ihn Wilamowitz-Moellendorf ins Auge gefaßt hat: »Das eine Weise, das einzig und allein ist, ist nicht bereit und doch wieder bereit, mit dem Namen des Zeus benannt zu werden.« (Ebd. Bd. 1, S. 257)

111 Vgl. Anm. 92.

112 Platon: *Kratylos*, übers. von Friedrich Schleiermacher. München 1964, S. 120.

113 Ebd., S. 149.

114 »Der Buchstabe R also, wie ich sage, schien dem, welcher die Benennung festsetzte, ein schönes Organ für die Bewegung, indem er sie durch seine Rührigkeit selbst abbildet; daher bedient er sich desselben hierzu auch gar häufig. Zuerst schon in Strömen und Strom stellt er durch diesen Buchstaben die Bewegung dar; ebenso in Trotz und in rauh, und in allen solchen Zeitwörtern wie rasseln, reiben, reißen, zertrümmern, krümeln, drehen.« (Ebd., S. 153)

115 »Haben wir nun auch diese alle wohl kennengelernt: dann müssen wir verstehen, nach Maßgabe der Ähnlichkeit zusammenzubringen und aufeinander zu beziehen, sei nun einzeln eines auf eines zu beziehen oder mehrere zusammenmischend auf eines, wie die Maler, wenn sie etwas abbilden wollen, bisweilen Purpur allein auftragen und ein andermal wieder eine andere Farbe, dann aber auch wieder viele untereinander mengen, wenn sie zum Beispiel Fleischfarbe bereiten oder etwas anderes der Art, je nachdem, meine ich, jedes Bild jeden Färbestoffs bedarf. So wollen auch wir die Buchstaben den Dingen auftragen, bald einem einen,

wenn uns das nötig scheint, bald mehrere zusammen, indem wir bilden, was man Silben nennt, und wiederum Silben zusammensetzend, aus denen Wörter, Haupt- und Zeitwörter zusammengesetzt werden, und aus diesen endlich wollen wir dann etwas Großes, Schönes und Ganzes bilden, wie dort das Gemälde für die Malerei, so hier den Satz oder die Rede für die Sprach- oder Redekunst, oder wie die Kunst heißen mag.« (Platon: *Kratylos* [Anm. 112], S. 151)

116   Wenn Sokrates, dieser nicht-schreibende Philosoph, zugleich als einer der großen Schriftkritiker gilt, der den *toten Buchstaben* der gesprochenen Sprache nachordnet, so liegt darin gar kein Widerspruch. Denn worum es sich bei dieser Frage handelt, ist die – von der Letter idealtypisch verbürgte – Existenz eines metaphysischen Wesens, das sich in der Welt nur in korrumpierter Form zu artikulieren vermag. Hier kommt vielmehr die mächtige Gedankenfigur vom *Buch der Natur* ins Spiel, die sich nicht auf Papyrusrollen oder in Buchdeckel pressen läßt. Der Körper selbst wird zum *stylos*. »SOKRATES: Denn einige sagen, die Körper wären die Gräber der Seele, als sei sie darin begraben für die gegenwärtige Zeit. Und wiederum, weil durch ihn die Seele alles begreiflich macht, was sie andeuten will, auch deshalb heißt er mit Recht so gleichsam Greifer oder Griffel.« (Ebd., S. 122)

117   Diese *Welt, in Anführungszeichen gesetzt*, ist in einem Schriftsystem wie dem chinesischen nicht denkbar (und so ist es vielleicht kein Zufall, daß China bis ins neunzehnte Jahrhundert unserer Zeitrechnung hatte warten müssen, bis sich jemand seiner erbarmte und die erste Chinesische Grammatik verfaßte).

118   Platon: *Kratylos* [Anm. 112], S. 109.

119   Dieser Exteriorisierungsgedanke (der klandestin immer auch einen Evolutionsgedanken birgt) ist gleichsam ein Leitmotiv der historischen Anthropologie. Vgl. André Leroi-Gourhan: *Hand und Wort*. Frankfurt/M. 1988.

120   Der Begriff des *Mediums*, auch wenn er eine ausgenüchterte, funktionale Beschreibung des Werkzeugbegriffs ist, setzt die Idee des Werkzeugs doch darin fort, das Medium als ein *Mittleres* auf einen Zweck hin zu lesen. Damit präsupponiert auch das Medium, daß derjenige, der sich des Mediums bedient, es *im Griff* hat.

121   In der zeitgenössischen Variante, die sich dahingehend unterscheidet, daß das Reich der Letter durch die elektromagnetische Schrift abgelöst wird, läßt sich bei einem flüchtigen Studium von Pornoproduktionen verfolgen: kein Film, der nicht mit dem *künstlichen Auge* der Kamera operierte

122   Hier ist ein Detail der Ödipus-Tragödie interessant, die Tatsache nämlich, daß Ödipus keine Grabstätte hinterläßt. Diese intellektuelle Seite ist in der Freudschen Verkindlichung des Ödipus stets zu kurz gekommen. Nicht nur, daß Ödipus die Thebaner von der Schreckensherrschaft der Sphinx befreit, indem er ihr Rätsel löst (und damit das gnostische Projekt inauguriert: *Erkenne, daß du ein Mensch bist*), dieser Prozeß der Selbsterkenntnis setzt sich auch dort fort, wo es um die Aufdeckung des *crimen* geht. So schleudert Ödipus dem Teiresias entgegen, daß er »durch Geist« es treffe, »nicht durch Vogelflug« (Sophokles: *König Ödipus*. In: ders.: *Tragödien*. Übers. von J. J. Ch. Donner. München 1970, v. 399) Diese kleine Verschiebung, die den Flug des Gedankens an die Stelle des Vogelflugs

setzt, weist die Tragödie des Ödipus als eine intellektuelle Tragödie aus. Denn die Geschichte des Ödipus ist mit der Blendung keineswegs zu Ende. Sophokles zeichnet im *Ödipus auf Kolonos* das Bild eines geläuterten Weisen. Ödipus flieht vor den Nachstellungen seiner Thronfolger, die ihn aus Theben vertrieben haben, zu Theseus, der ihm Exil gewährt. Am Ende begleitet Theseus, der Stiertöter, den Weisen und Gerechten in einen heiligen Hain. Ödipus stirbt grablos: »Doch keinem Menschen sage je, wo mein Gebein / Verborgen ruhe, noch in welches Ortes Hut. / Und stärkre Schutzwehr ist er euch für alle Zeit / Vor euren Nachbarn als der Schild und Söldner viele.« (*Ödipus auf Kolonos*, v. 1552 f.) Als die Töchter des Ödipus, Antigone und Ismene, das Grab des Vaters zu sehen begehren, verweigert ihnen Theseus dies, mit der Begründung, »daß jenem Bezirk / kein Sterblicher je sich nähere«. Weil das Grab des Ödipus unbekannt bleibt, vermag es zum Denkmal des Kollektiven zu werden. Gemäß der Sokratischen Formel, daß man den eigenen Körper zum *Griffel der Seele* macht, wird der grablose Ödipus zu einer Art Kummerkasten, in den die Gemeinschaft all das hineinschreibt, was die einzelnen an sich selbst nicht zu artikulieren vermögen.

123 Es ist bemerkenswert, daß in der Zeit vom 8. bis 7. Jahrhundert, da Alphabet und geprägte Münze in die Funktion eines universalen Äquivalents rücken, auch die griechische Götterwelt eine Umcodierung hin zur Universalisierung erlebt, und zwar dergestalt, daß sich »der alte Blitzgott in diesen Weltenherrn verwandelt«. (Wilamowitz-Moellendorf: »Zeus« [Anm. 51], S. 33)

124 Ich verdanke diesen Begriff Cornelius Castoriadis, der die blinden Flecke der abendländischen Identitäts- und Mengenlogik untersucht hat. Vgl. Cornelius Castoriadis: *Gesellschaft als imaginäre Institution*. Frankfurt/M. ²1991.

125 Heraklit, Fragment 54.

126 Aristoteles: *Metaphysik*. Hg. und kommentiert von Horst Seidl. Hamburg ³1989, 1005b.

127 Benutzte man die Termini der Semiotik, so fallen in der Münze Signifikant (der Nennwert) und Signifikat (das Gewicht) zusammen. Darüber hinaus hat man es – mit dem Aufdruck des Souveräns – mit einem Signifikanten zu tun, der auf mehrere Signifikate zugleich verweist: einmal auf die emittierende Instanz selbst, zum zweiten auf den Produktionsprozeß – daß man es mit einem *seriellen* Objekt zu tun hat –, und schließlich darauf, daß der Emittent der Münze das Ineinanderfallen von Signifikant und Signifikat garantiert, daß die Münze also zum *Nennwert* genommen werden kann. – Dieses kleine Gedankenspiel, das noch erheblich verkompliziert werden könnte, wenn man die Problematik der Souveränität (ihr Legitimationsproblem) hinzunimmt, erwähne ich nur, um deutlich zu machen, mit welch einer groben Apparatur man es bei dem Begriffspaar von Signifikant und Signifikat zu tun hat.

128 »Wenn sie [die Ägypter] auch nur ein einziges schwarzes Haar an dem Stier sehen, betrachten sie ihn als nicht rein. Es untersucht dies aber ein hierzu verordneter unter den Priestern, wobei der Stier aufrecht steht oder auf dem Rücken liegt; hierbei zieht er ihm die Zunge heraus, ob sie frei ist von bestimmten Kennzeichen (...). Er beschaut auch die Haare des Schwanzes, ob sie nach der

Natur gewachsen sind. Wenn das Tier von all diesem frei ist, kennzeichnet er es mit Byblos, indem er diesen um die Hörner bindet, dann Siegelerde drauflegt und den Ring daraufdrückt. Dann führen sie es weg. Die Strafe für einen, der einen nichtgezeichneten Stier geopfert hat, ist der Tod.« (Herodot: *Historien* [Anm. 36], 2. Buch, Kap. 38)

129 Der Teufel, so wie wir ihn kennen, ist gewiß ein Gebilde des Christentums. Gleichwohl geht das Konzept – wie schon die Herkunft des Wortes belegt – weiter zurück. Der griechische *diabolos* ist der Verleumder, der Zwietrachtsäende. Ein Beleg, wie sehr das Teuflische als das Gegenprinzip des Symbolischen gewirkt hat, liefert die Gnosis. Hier ist der Teufel nicht ein moralischer Versucher, sondern der Demiurg. Hier fällt das Konzept des Teuflischen mit der Schöpfung, d. h. der Materialität selbst zusammen. Ein jeder Körper ist teuflisch, nur weil er körperlich ist und nicht symbolisch. Man könnte sagen, daß der innere Widerspruch des *Logos* (Menschenwerk zu sein, diese Beschaffenheit aber verleugnen zu wollen) in der Gnosis zu seiner radikalsten Form gefunden hat.

130 Vgl. dazu insbesondere Castoriadis: *Gesellschaft als imaginäre Institution* [Anm. 124], S. 376 ff.

131 Es scheint mir Charakteristikum der großen Symbolmaschinen zu sein, daß sie, genealogisch, in Dunkelheit gehüllt sind. Ob es das Alphabet ist, das mittelalterliche Räderwerk oder der Computer, stets ist die Vaterschaft dunkel, unbekannt oder strittig.

132 Vgl. dazu Oswyn Murray: *Das frühe Griechenland*. München 1982, S. 170 ff. – Marshall McLuhan hat diesen Aspekt, die Synchronizität von Typographie und Heeresordnung, immer wieder unterstrichen. Vgl. Marshall McLuhan: *The Gutenberg Galaxy*. London 1962, S. 219 f.

133 Murray: *Das frühe Griechenland* [Anm. 132], S. 172.

134 Nietzsche hat, anläßlich einer Kritik des Sokrates, das Wesen dieser Philosophie als Anti-Instinkt beschrieben: »Während doch bei allen produktiven Menschen der Instinkt gerade die schöpferisch-affirmative Kraft ist und das Bewußtsein kritisch und abmahnend sich gebärdet: wird bei Sokrates der Instinkt zum Kritiker, das Bewußtsein zum Schöpfer – eine wahre Monstrosität per defectum!« (*Geburt der Tragödie* [Anm. 81], S. 118)

135 »Frösche, die um einen Sumpf herum Sitzung halten, oder Regenwürmer, die sich in einem kotigen Winkel versammeln und ... behaupten. Wir sind es, denen Gott alles zuerst offenbart und verkündigt; die ganze Welt und die Bahn der Himmelskörper läßt er im Stich und kümmert sich auch nicht um die weite Erde, sondern regiert uns allein. [Sie sind] Regenwürmern ähnlich, die erklären: Es gibt einen Gott, nach ihm kommen dann wir, ... und alles ist zu unserem Dienst bestimmt.« (Celsus, zit. nach Peter Brown: *Die Keuschheit der Engel*. München 1994, S. 191)

136 Man könnte die Frage aufwerfen, ob hier nicht ein Widerspruch zwischen der Autonomiesetzung des Körpers und seiner durch die Taufe vollzogenen Aufnahme in die christliche Gemeinschaft vorliegt. – Strukturell besehen muß die Antwort hier zweifellos Ja lauten. Historisch besehen jedoch ist die Entwicklung einer

dominierenden christlichen Gemeinschaft eine relativ späte Entwicklung, die man Ende des 4. Jahrhunderts ansetzen kann. Erst zu dieser Zeit formieren sich die Mönche als Mönchsgruppen, die einem gemeinsamen Gelübde und einem *Schema* [d. i. ursprünglich der dunkle Mantel des Mönchs] entsprechen. In der Frühzeit des Christentums überwiegt die individuelle, wenn man so will: emanzipatorische Lesart. Das ist nicht weiter verwunderlich, eignet sich die christliche Lehre ihres Universalitätsanspruchs wegen vorzüglich dazu, gegen die konkreten Gesellschaftsbande der Antike in Stellung gebracht zu werden.

137 Brown: *Die Keuschheit der Engel* [Anm. 135], S. 256. Dieses großartige Werk erzählt die Geschichte des Frühchristentums als Sozialgeschichte, vor allem macht es deutlich, worin die große Anziehungskraft der christlichen Botschaft bestand.

138 Hermas, ein Autor des 2. Jahrhunderts, ist der Protagonist dieser Lehre: »Den vorweltlichen heiligen Geist, der die ganze Welt geschaffen hat, ließ Gott in einer Fleischesnatur wohnen, die er auserwählt hatte. Diese Fleischesnatur, in der der heilige Geist wohnte, diente dem Geist durch heiligen und ehrbaren Wandel und befleckte den Geist in keiner Weise. Da sie nun ein gutes und ehrbares Leben geführt, mit dem Geist zusammengearbeitet und bei keinem Werke lässig gewesen war, sondern sich als zuverlässig und männlich bewährt hatte, nahm er sie zum Genossen des heiligen Geistes an. Denn Gott gefiel der Wandel dieser Menschennatur, weil sie sich nicht befleckt hatte, solange sie auf Erden den heiligen Geist in sich trug. Da beriet er sich darüber mit dem Sohn und den heiligen Engeln, damit auch diese Fleischesnatur, die dem Geist so trefflich gedient hatte, ein Wohnung erhielte und es nicht schiene, als sei sie um den heiligen Lohn gekommen.« (Zit. n. Delius: *Geschichte der Marienverehrung*. München/Basel 1963, S. 35)

139 Dies ist, theologisch gesehen, die sogenannte Rekapitulationslehre, die vor allem auf Irenäus von Lyon zurückgeht. So wie Adam in Jesus, dem *neuen Adam*, der göttlichen Gnade teilhaftig wird, so wird auch Maria, die *neue Eva*, vom Sündenfall erlöst. »Und wie jener Adam, das erste Geschöpf, aus der unbebauten und noch jungfräulichen Erde (*de adhuc virgine*), – denn noch nicht hatte Gott es regnen lassen und kein Mensch hatte die Erde bebaut (Gen. 2,5) – Wesenheit hatte und durch die Hand gebildet worden ist, – d. h. durch den Logos Gottes... so nahm der Logos selbst, in sich Adam rekapitulierend, aus Maria hervorgehend, welche noch Jungfrau war, geziemend den Ursprung zur Rekapitulation Adams.« (Irenäus zit. nach Delius: *Geschichte der Marienverehrung* [Anm. 138], S. 61)

140 Origines, der Wesentliches zur Lehre der Ohrenbefruchtung und zur Logostheologie beigetragen hat, bringt diese Frage auf den Punkt: »Was wäre es für ein Zeichen, wenn eine junge Frau gebären würde und nicht eine Jungfrau? Welchem Weib kommt es mehr zu, den Immanuel oder Gott zu gebären, einer solchen, die durch Beiwohnung nach Frauenart empfangen habe, oder einer noch reinen und unbefleckten Jungfrau?« (Origines: *Contra Celsum*, zit. nach Delius: *Geschichte der Marienverehrung* [Anm. 138], S. 69) Um diese gedankliche Position zu beschreiben, könnte man von einem theologischen *Symbolismus* sprechen. Dabei ist interessant, daß dieser Symbolismus nicht auf naturalistische Argumentations-

muster antwortet, sondern auf die gnostische *Scheinlehre*: Origines denkt an die Doketen, »welche ihn [Christus] zwar als Gott bekennen, aber nicht zugeben, daß er eine menschliche Seele und einen irdischen Leib angenommen habe. Sie behaupten unter dem Schein, dem Herrn Jesus gleichsam eine höhere Ehre anzutun, daß alles, was er getan habe, mehr getan scheine, als wirklich getan wurde. Sie stellen weiter die Behauptung auf, daß Christus nicht von der Jungfrau geboren sei, sondern als Mann von dreißig Jahren in Judäa erschienen sei. Andere glauben zwar, er sei aus der Jungfrau hervorgegangen, aber sie sind der Ansicht, daß die Jungfrau mehr gemeint hat, zu gebären, als wahrhaftig geboren habe (...) Wie sollten sie nicht fern von der Kirche zu setzen sein!« (Ebd., S. 68) – Vor dieser Ausgangslage ist die Entwicklung des Dogmas zu lesen: hat man es doch mit einem Symbolismus zu tun, der seinerseits auf einen Schein antwortet. Delius schreibt: »Alle diese Vorstellungen, die mehr oder minder gnostischen Einschlag aufweisen, sind günstige Ansatzpunkte einer besonderen Betonung der Maria in Richtung auf die Lehre von der Jungfrauengeburt und beständigen Jungfrauschaft gewesen. (...) Der Doketismus ist also eine wichtige Voraussetzung, um von einer Jungfrauengeburt zu reden.« (Ebd., S. 43) Überaus aufschlußreich für das Verständnis des Dogmas ist nun der Umstand, daß auf der Basis des origineischen Symbolismus eine erneute Naturalisierung des Symbols stattfindet. So schreibt Rufinus von Aquileja († 410): »Die Geburt Christi durch Maria war keine wundersame Anomalie gewesen, so wie Athene gewaltsam dem Haupt des Zeus entsprungen war. In der Empfängnis, der Geburt und dem Nähren Christi war jeder menschliche physische Prozeß respektiert worden, mit Ausnahme des leidenschaftlichen Aktes der Zeugung durch den Mann und des Aufstoßens des Schoßes bei der Geburt.« (Zit. nach Klaus Schreiner: *Maria. Jungfrau, Mutter, Herrscherin*. München 1994, S. 64-65)

141 In einem gnostischen Fragment lautet eine Rede Jesu an die Jünger in Galiläa: »Damals erschien ich der Jungfrau Maria in der Gestalt des Erzengels Gabriel (...) ging ich, das Wort, hinein und ward Fleisch.« (Zit. nach Delius: *Geschichte der Marienverehrung* [Anm. 135], S. 42)

142 Vgl. dazu John Bugge: *Virginitas. An Essay in the History of a Medieval Idea*. Den Haag 1975.

143 Im ganzen Hochmittelalter gibt es – diesen Hinweis verdanke ich dem Kunsthistoriker Wolfgang von Löhneysen – nur eine einzige Kirche, die Jesus geweiht ist.

144 Die Professoren der Universität von Paris, die ursprünglich die Kathedralschule von Notre-Dame war, veranstalteten großartige Prozessionen, bei denen sie Mariengesänge anstimmten. Vgl. Jacques Verger: *Les universités au moyen âge*. Paris 1973.

145 »Wären wir doch daran gewöhnt, Automaten zu sehen, die all jene unsere Handlungen vollendet nachahmen, die sie nachzuahmen vermögen, und sie für nichts anderes als Automaten zu halten, so hätten wir keinen Zweifel, daß all die vernunftlosen Tiere ebenfalls Automaten sind, denn wir würden finden, daß sie sich von uns in genau den gleichen Dingen unterscheiden, wie ich es auf S. 56 der Methode beschrieben habe. Und ich habe insbesondere in meiner Abhandlung

über die Welt abgeleitet, daß all die Organe, die für einen Automaten erforderlich sind, um all jene unsere Handlungen nachzuahmen, die wir mit den Tieren gemein haben, sich im Körper der Tiere finden.« (René Descartes, Brief an Mersenne, 30. Juli 1640. In: ders.: Œuvres. Hg. von C. Adam und P. Tannery. 12 Bde. Paris 1897-1913. Bd. 3, S. 121)

146 Thomas Hobbes: *Vom Körper*. Ausgew. und übers. von Max Frischeisen-Köhler. Hamburg 1967, S. 77.

147 Diese Wendung der Marienfigur hin zum Buchdruck läßt sich an den Bildern der Frührenaissance wunderbar studieren. Die *annunziatio*, d. h., der Augenblick, da der Engel erscheint, um die Geburt des Menschensohns zu verkünden, ist vielleicht das meistgemalte Motiv dieser Zeit. Läßt ein Maler wie Melchior Broederlam zu Anfang des 15. Jahrhunderts – der Theologie des Origines gemäß – Gottvater einen goldenen Strahl ins Ohr der Jungfrau hinabsenden, einen Strahl, auf dem wiederum ein Miniaturjesuskind reitet, so kann man an den Bildern verfolgen, daß diese göttliche Insemination zunehmend vom Buch übernommen wird, so weit, daß schließlich die Abbildung der *lesenden* Maria genügt, um das komplizierte Bedeutungsfeld aufzurufen. Ich habe dies an anderer Stelle bereits genauer analysiert, begnüge mich also mit dem Verweis. Vgl. Martin Burckhardt: »Muttergottes. Weltmaschine«. In: *Metis*, Januar 1997.

148 Vgl. Lucien Febvre, Henri-Jean Martin: *L'apparition du livre*. Paris 1958. Sowie: Abbot P. Usher: *History of Mechanical Inventions*. Boston 1959. – Was die Technologie des Mittelalters anbelangt, so hat die Arbeit von Lynn White, jr. deutlich gemacht, daß man hier durchaus von einer »industriellen Revolution« sprechen kann. Lynn White, jr.: *Medieval Religion and Technology. Collected Essays*. Berkeley/Los Angeles/London 1978.

149 Wilhelm H. Lange: *Das Buch im Wandel der Zeiten*. Wiesbaden 1951, S. 47.

150 Der Vergleich der Maria mit dem Papier geht bis in die Antike zurück. So schreibt Jakob von Serugh (451-521): »Maria ist uns erschienen wie ein versiegelter Brief, in welchem die Geheimnisse und Tiefen des Sohnes verborgen sind. Ihren heiligen Leib bot sie dar wie ein reines Blatt, und das Wort schrieb sich selbst leiblich darauf. Der Sohn ist das Wort, und sie, wie wir gesagt haben, der Brief, durch welchen der ganzen Welt die Vergebung mitgeteilt wurde. Sie ist nicht ein solcher Brief, der erst nach seiner Aufzeichnung versiegelt worden ist, sondern ein solcher, den die Dreieinigkeit zuerst versiegelt und dann beschrieben hat. Er wurde versiegelt und beschrieben und alsdann auch gelesen, ohne aufgebrochen zu werden: denn ungewöhnlich erhabene Geheimnisse hatte der Vater in ihm geoffenbaret. Ohne Verletzung des Siegels trat das Wort ein und wohnte ihr bei; dieser Wunderbaren findet sich die Jungfräulichkeit des Leibes mit Fruchtbarkeit vereinigt.« (Zit. nach Schreiner: *Maria. Junfrau, Mutter, Herrscherin* [Anm. 140], S. 33)

151 Bereits im 8. Jahrhundert wurden in Korea mit Hilfe beweglicher Typen aus Holz, also im xylographischen Verfahren, Massendrucksachen mit einer Auflage von über 10.000 Exemplaren hergestellt. In Europa taucht die Xylographie erst im Laufe des 14. Jahrhunderts auf, offenbar als Folge der Papierverbreitung.

152 »Die entscheidende Erfindung Gutenbergs besteht also in der Schaffung dieses Gießinstruments.« (Lange: *Das Buch im Wandel der Zeiten* [Anm. 149], S. 52)
153 »Die Problematik, die Matrize von einer Patrize zu gießen, wenn man aus der Matrize dann auch die Typen gießen will, liegt im Schmelzpunkt und in der Trennfähigkeit von zwei Gießmetallen: das Metall für die Matrize müßte, um beim Gießen der Typen nicht zu erweichen, eine andere Legierung mit entscheidend höherem Schmelzpunkt aufweisen als Typenmetall.« (Claus W. Gerhardt: *Geschichte der Druckverfahren. Teil II. Der Buchdruck*. Stuttgart 1975, S. 34-35) – Strukturell betrachtet liegt hier eine Verwandtschaft zum Prozeß der *verlorenen Form* vor.
154 Die Verdinglichung des *lebendigen Wortes*, wie sie sich in der Drucktechnik materialisiert, ist tatsächlich die Entsprechung der scholastischen Methode, deren Bewegungsgesetz Formalisierung darstellt. Vgl. dazu vor allem Walter J. Ong: *Ramist Method and the Commercial Mind*. Cambridge 1968, S. 167.
155 Eine Studie des mittelalterlichen und frühneuzeitlichen Druckerwesen weist eine Reihe von Initiationsriten auf, die ihre Verwandtschaft zu christlichen Praktiken nicht verleugnen können. So wird der Gautscher, dessen Aufgabe die Papierglättung ist, nach seiner Lehrzeit in dem dafür nötigen Wassertrog untergetaucht und *getauft*.
156 Der Begriff der *Sexmaschine* ist zweideutig. Er kann sich einmal auf den Körper beziehen, der sich als Objekt zur Libidomaschine aufgelöst hat, aber ebenso auf jenen introjizierten Mechanismus, der als psychologische Größe, als ein Mechanismus der Lüste waltet. Tatsächlich ist dieser Doppelaspekt nicht aufzuheben. Worauf es vielmehr ankommt, ist die Tatsache, daß sich die Sexmaschine in scharfer Differenz zur *physis* artikuliert. Nicht von ungefähr ist das Tabu, das mit der Sexmaschine einhergeht, die natürliche Reproduktion. Hier liegt der Kerngedanke einer sehr tiefen und eigenwilligen Geldtheorie, die Pierre Klossowski verfaßt hat. Klossowskis höchst origineller Gedanke liegt darin, daß er die Abspaltung der Sexualität von der Ordnung der Reproduktion als den Augenblick erfaßt, da das Begehren zur Münze wird. Vgl. Pierre Klossowski: *Die lebende Münze*. Berlin 1998.
157 Damit wäre man wieder bei den frühchristlichen Eremiten angelangt, freilich unter den Bedingungen der Massengesellschaft und unter der Maßgabe, daß das *Alphabet des Herzens* durch ein *Alphabet der Wollust* ersetzt worden ist. – Zur Frage der Identitätsproliferation vgl. auch Hillel Schwartz: *The Culture of the Copy*. Cambridge 1996.
158 In Ermangelung medizinischer Kompetenz möchte ich hier auf eine Erörterung der klinischen Seite des *Phantomschmerzes* verzichten (zumal die Neurologen selbst befinden, daß es für das Phänomen keine Erklärung gebe). Eine Möglichkeit wäre gewiß, dem neurologischen Vektor folgend, das Phänomen auf der Ebene der Hirnrepräsentanz abzuhandeln. Allerdings genügt bereits eine flüchtige Konsultation, um sich darüber klarzuwerden, daß die Verlagerung in die *Nerventätigkeit* das Problem keineswegs löst, wird man doch sofort mit der Frage konfrontiert, inwieweit der Körper eine zerebrale Repräsentanz finde, wie der

159 »Die Natur verstummt auf der Folter; ihre treue Antwort auf redliche Frage ist: Ja! ja! Nein! nein! Alles übrige ist vom Übel.« (J. W. v. Goethe: *Maximen und Reflexionen*. In: *Gesammelte Werke*. Hg. von Erich Trunz und Hans Joachim Schrimpf. Hamburg 1953 ff. Bd. 12, S. 434)

Mechanismus der zerebralen Körperrepräsentation funktioniert. Das Gehirn aber ist ein sehr viel dunklerer Kontinent als die menschliche Anatomie.

160 Interessanterweise benutzt William von Ockham, in einer Abhandlung über die göttliche Schöpferfreiheit, das Bild des Sterns. Gott könne, so heißt es, dem Menschen das »intuitive Wissen« einer Sache vermitteln, also das Bild eines Sterns ohne den Stern selbst.

161 Was den Begriff des »Kollektivleibs« anbelangt, verdanke ich Christina von Braun wesentliche Anregungen – nicht zuletzt den Mut, so etwas wie ein »kollektives Unbewußtes« denken zu können. Vgl. Christina von Braun: *Nichtich. Logik, Lüge, Libido*. Frankfurt/M. 1985.

162 Vgl. Burckhardt: *Metamorphosen von Raum und Zeit* [Anm. 11], S. 20-103. Hier sind die Gedanken zu Kathedrale, Räderwerk und der Problematik des Geldes im Mittelalter sehr viel ausführlicher dargestellt.

163 Dies ist die These, die Johan Huizinga deutlich gemacht hat. (Johan Huizinga: *Herbst des Mittelalters*. Stuttgart ⁵1939).

164 Es gibt eine afrikanische Ameisenart, die sich eines anderen Stammes dadurch bemächtigt, daß sie in dessen Bau eindringt, die Königin tötet und die eigene Königin an ihre Stelle setzt. Im Laufe der Zeit wird die ganze Population des Ameisenstammes durch Angehörige der Eindringlinge ersetzt. – Dies erscheint mir, ungeachtet meines Widerwillens allen *biologistischen* Vergleichen gegenüber, ein ganz treffendes Bild, um den Prozeß der *schleichenden Veränderung* zu verdeutlichen.

165 Von diesem Gedanken ausgehend, der ja bereits an das *übersprungene Opfer* im Alpha anschließt, müßte man die symbolischen Apparaturen unter einem kultisch-religiösen Gesichtspunkt betrachten. Worin – das wäre die Hauptfrage – besteht das Opfer, das eine gemeinschaftsstiftende Institution einfordert?

166 Diese Spaltung findet sich im Denken der Scholastiker überall wieder. Zur mittelalterlichen Geldtheorie vgl. Raymond de Roover: *La pensée économique des scolastiques*. Montreal/Paris 1971.

167 Die Frage ist, ob dies *à la longue* möglich ist. Man könnte z. B. das Geldsystem als die Haut des Gesellschaftskörpers auffassen. Zu dieser Auffassung würde sich der Schumpetersche Gedanke fügen, daß man das Geldwesen als das Symptom der gemeinschaftlichen Verfaßtheit lesen müsse. Vgl. Joseph A. Schumpeter: *Das Wesen des Geldes*, Göttingen 1970, S. 1. – Geht man von dieser Hypothese aus, zeigt sich, daß das Geld zwar ein Desiderat des aufblühenden mittelalterlichen Kapitalismus ist, im Theoretischen aber zugleich einen blinden Fleck, ja geradezu ein Gedankentabu darstellt. Das scholastische Nachdenken über das Geld, mit der großen Ausnahme Nicolas von Oresmes, dessen Geldtheorie von einer unerhörten Modernität ist (vgl. Nicolas von Oresme: *Traktat über Geldabwertungen*. Berlin 1999), beschäftigt sich ausschließlich mit einer Frage, in der

Geld als Problem gar nicht erscheint: mit der Frage des gerechten Preises. – Dies hat, wenn der Vergleich erlaubt ist, einiges mit zeitgenössischen Theorien zur Gerechtigkeit gemein, die mit größter Souveränität die symbolischen Apparaturen, damit aber das *ökonomische Subjekt* der Gegenwart ignorieren. Das »ökonomische Subjekt« aber, so hat Pierre Klossowski dies einmal in eine Formel gebracht, »ist das, was es kann, nicht, was es will«. Auf eine ähnliche Weise entzieht Schumpeter die Geldpolitik der Sphäre des bloßen *Wollens,* und zwar dadurch, daß er die Tatsachen, und nicht die Absichten sprechen läßt.»Dabei ist die Tatsache und nicht die Absicht der Beeinflussung das Entscheidende. Ein Fürst, der die Münze verschlechtert, hatte nicht notwendig die Absicht, den Geldwert zu ändern. Ein verschwenderisches Parlament denkt meist gar nicht an die Wirkung seiner Handlungsweise auf die Währung. Beide aber treiben Währungspolitik im Sinne der oben implizierten Definition.« (Schumpeter: *Das Wesen des Geldes*, ebd.) Geht man, in der Analyse der Kluft, die sich zwischen dem tatsächlich agierenden ökonomischen Subjekt und dem, was es an guten Absichten hat, auftut, noch einen Schritt weiter, könnte man sagen, daß das Geldsystem (als symbolische Haut des Gemeinschaftskörpers) zugleich auch sein Unbewußtes darstellt.

168   Vgl. Jacques Le Goff: »The Usurer and the Purgatory«. In: *The Dawn of Modern Banking.* New Haven/London 1979, S. 38.
169   Vgl. Jacques Le Goff: *Die Geburt des Fegefeuers.* Stuttgart 1984.
170   In der Darstellung folge ich der vorzüglichen Beschreibung von C. V. Wedgwood: *The Trial of Charles I.* Leicester 1974.
171   Es wäre interessant, die Bildung von geschichtlichen Werkzeugen unter dem Gesichtspunkt der Kartographie zu lesen. Wenn, wie mir ein Geograph einmal sagte, die perfekte Landkarte den Maßstab 1:1 hätte, also eine Zwillingswelt wäre, wäre die *perfekte Geschichtsschreibung* nichts anderes als die Wiederholung des Geschehens selbst – ein Zustand, dem wir uns (über die audiovisuellen und textuellen Reproduktionen der Ereignisse) ja tatsächlich annähern. Da die Wahrnehmung dieser Zwillingswelt eben den Betrag von Lebenszeit kostet, den das Ereignis selbst in Anspruch genommen hat, ließe sich das perfekte Archiv als eine Vernichtung der Gegenwart auffassen. – Dieser abstrus anmutende Gedanke jedoch ist nur eine extreme Formulierung des historischen Dilemmas, das darin besteht, daß jeder Historiker sich bereits bei der Auswahl seines Materials bestimmter theoretischer Vorannahmen bedient – nicht zuletzt deswegen, um Geschichte überhaupt erfassen zu können. Die Notwendigkeit, sich auf das Wesentliche zu beschränken (aber was ist das Wesentliche?), hat insofern eine neue Schärfe bekommen, als unsere Gegenwart (anders als die Mangelökonomien der Vergangenheit) nicht mehr ein Zuwenig an Material, sondern ein Zuviel produziert – was Alexander Kluge zu dem schönen Filmtitel *Der Angriff der Gegenwart auf die übrige Zeit* veranlaßt hat.
172   Eine der Merkwürdigkeiten, welche die Diskussion um Daniel Goldhagens *Hitlers willige Vollstrecker* begleitet haben, ist die merkwürdige Fixierung auf den Vollstrecker, das heißt: den Henker. Nun zeigt die Moderne, daß der Henker selbst einer aussterbenden Gattung angehört (s. auch das folgende Kapitel zur

Guillotine). Wird heute eine Exekution vollstreckt, so zieht man es vor, eine Anzahl von Personen einen Knopf betätigen zu lassen. Keine dieser Personen jedoch weiß, ob es ihre Hand war, die den tödlichen Akt ausgelöst hat – womit man sich trefflich exkulpieren kann. Der »menschliche Faktor« besteht in diesem Fall gerade darin, daß die Tat zwar geschehen ist, daß es aber – psychologisch gesehen – niemand gewesen ist. Die Tat wird der Maschine, dem System übertragen. Eben dieser Mechanismus ist, wie der Fall Adolf Eichmanns zeigt, konstitutiv für die nationalsozialistische Massenvernichtung. Vor diesem Hintergrund aber mag man sich des Eindrucks nicht erwehren, daß die *Goldhagen-Debatte* gerade deswegen so intensiv geführt wurde, weil sie es (unter dem Bild des *Henkers*) erlaubte, das Geschehen auf der Ebene der Individualpsychologie – und das heißt: unterhalb seines eigentlichen Komplexitätsgrades abzuhandeln.

173 Vgl. Margery Corbett u. Ronald Lightbown: *The Comely Frontispiece. The Emblematic Title-Page in England 1550-1660*, London/Hentley/Boston 1979, S. 229.

174 John Aubrey: »Thomas Hobbes«. In: ders.: *Ein Porträt aus John Aubrey's Brief Lifes*. Berlin 1984, S. 12 f.

175 Thomas Hobbes: *Behemoth oder Das Lange Parlament*. Hg. von Herfried Münkler. Frankfurt/M. 1991, S. 12.

176 Ebd., S. 47.

177 Ebd., S. 49. – An anderer Stelle schreibt Hobbes: »Sie schrieben großer Bücher über scholastische Theologie, die kein anderer, auch sie selbst nicht, verstehen konnten« – was in der Tat eine kaum überbietbare Selbstverblendung signalisiert. Ebd., S. 26.

178 Thomas Hobbes: *Leviathan*. Hg. von Iring Fetscher. Frankfurt/M./Berlin/Wien 1966, S. 67.

179 Indem er die Scholastik unter einen Generalverdacht stellt, leugnet Hobbes die transzendentale Dimension (wie sich mit der *Geldillusion* artikuliert); dennoch hindert ihn seine antischolastische Frontstellung keineswegs daran, die alte Dichotomie zwischen Himmel und Erde dem politischen System selbst einzuschreiben, und zwar über die Dichotomie von »natürlicher« und »politischer« Person, wie sie die Neuzeit insgesamt charakterisiert: »so befiehlt er [der König] dem Volk im allgemeinen nie anders als durch ein vorangegangenes Gesetz und als eine politische, nicht als natürliche Person« (*Behemoth* [Anm. 175], S. 57-58). Die Argumentationslinie geht also dahin, die Macht nicht mehr über die Religion, sondern über eine allgemeine Vernunft zu legitimieren, die sich (als das Allgemeine, Politische) an die Stelle der Religion gesetzt hat. Im 18. Jahrhundert wird man hier von einem *Naturrecht* sprechen.

180 Und doch zeigt Hobbes dort, wo er sein logisches Messer ansetzt, um den *Aberglauben* zu bekämpfen, eine erstaunliche Intuition. In einer *tour de force* durch die Antike bleibt er bei einer Geschichte stehen, die Diodorus über das äthiopische Königtum erzählt. Dort war es Sitte, daß die Priester zu bestimmten Zeiten Boten zu ihrem König schickten, um ihn zu bitten zu sterben. Gewiß ist dies für Hobbes ein Zeichen des äußersten Aberglaubens, und er beglückwünscht jenen äthiopischen

König, der, anstatt sich geduldig in sein Opfer zu fügen, seinerseits die Priesterkaste opferte. Der Umstand, daß er diesen Beleg überhaupt heranzieht, zeigt jedoch, wie sehr er den Fall des englischen Königs als eine Art Opfer auffaßt. (Vgl. Hobbes: *Behemoth* [Anm. 175], S. 97) – Das Beispiel führt – wenn man es nicht wie Hobbes als Beleg eines kollektiven Irrsinns liest, sondern eine untergründige Vernunft hier ansetzt – zur Opfertheorie René Girards, der auf die *Opferfunktion* des Königs hingewiesen hat. Bei den Moro-Nabe in Zaire wird die Ordination des Königs mit den Worten zelebriert: »du bist Exkrement / Du bist Abfallhaufen, / du kommst, um uns zu töten, / Du kommst, um uns zu retten.« »Der König«, so schreibt Girard, »hat eine reale Funktion, und zwar die des kultischen Opfers.« Vgl. Girard: *Das Heilige und die Gewalt* [Anm. 22], S. 160.

181 Im Gebrauchswert, der bei Marx unmittelbar an die aristotelische Lehre vom *arbiträren* Zeichen anschließt, das gleichwohl ein »künstlicher Reichtum« ist, kann man eine Verlängerung des intrinsischen Wertbegriffs ansetzen.

182 Vgl. Burckhardt: *Metamorphosen von Raum und Zeit* [Anm. 11], S. 75 ff.

183 Geld ist ein Omnibus. Wenn ich einsteige, unterwerfe ich mich einer allgemeinen Verkehrsordnung. Natürlich könnte ich weiterhin zu Fuß gehen. Ich steige ein, weil der Omnibus meine *Freizügigkeit* steigert. Es gibt natürlich Leute, die diese Art der Fortbewegung nicht mögen, die lieber gehen oder stumpfsinnig auf ihrer Scholle herumsitzen. Anderseits müssen sie in dem Augenblick, da Omnibusse kursieren, ihrerseits mit der Freizügigkeit der anderen rechnen. Kann schon sein, daß man ihnen ins Haus fällt, einfach so, oder daß ihnen der Knecht mit einem Omnibus durchgeht. Hört man oft. Man sieht den Leuten nicht mehr an, wo sie herkommen. Das Wesentliche bei einem Omnibus ist natürlich die Frage, wer am *Steuer* sitzt, wer da die Taxe einzieht. Obwohl man natürlich nicht weiß, was für einen Profit die da für sich selber rausziehen. Grundsätzlich bin ich natürlich der Meinung, daß man zum Nulltarif fahren können müßte. Oder schwarz. Natürlich würde ich selbst gerne am Steuer sitzen.

184 Der Begriff war schon im Lateinischen geläufig – meint aber hier (in schöner Anschaulichkeit) den Behälter, in dem die Steuereinnahmen verwahrt werden: also Geldkorb, Kasse, Staatskasse.

185 Ernst H. Kantorowicz: *Die beiden Körper des Königs*. München ²1994, S. 192. – Das Buch von Kantorowicz, das lange Zeit als ein obskures, dunkles Werk galt, ist noch immer eine grandiose Lektüre – und hat, in der Fülle des Materials, meine Betrachtungen entscheidend mitgeprägt.

186 Paston, zit. nach Kantorowicz: *Die beiden Körper des Königs* [Anm. 105], S. 187.

187 Ebd., S. 197.

188 Ebd., S. 201-202.

189 Vgl. ebd., S. 40.

190 Man hat es zugleich mit einer Spaltung und Verdopplung sämtlicher Aspekte zu tun. Baldus, ein Jurist des 14. Jahrhunderts, spricht folgerichtig von *zwei* Kronen: »die Krone fällt dem Sohn in Kontinuität zu, auch wenn die äußere Krone eine Handauflegung und feierliche Handlung verlangt« (zit. nach Kantorowicz: *Die beiden Körper des Königs* [Anm. 185], S. 339).

191 Es ist interessant, daß diese thaumaturgische Wirkung zugleich auch dem Blut der Gehenkten zugewiesen wird. (Vgl. Guy Lenôtre: *Die Guillotine*. Berlin 1997) Das heißt: Dort, wo die Sphäre der Souveränität in die Erscheinung tritt, in Gestalt des Königs wie in der souveränen Vollstreckung des Todesurteils, werden wunderbare Kräfte vermutet.

192 Jean zu Tillet: *Recueil des roys des France*. Paris 1618. Zit. nach Kantorowicz: *Die beiden Körper des Königs* [Anm. 185], S. 421.

193 Pierre Grégoire: *De republica* 6, c. 3, Nr. 7, zit. nach Kantorowicz: *Die beiden Körper des Königs* [Anm. 185], S. 417 f.

194 Nur ein kleines, im übrigen wahllos herausgegriffenes Beispiel, zu welchen Irrtümern das Verfehlen dessen verleitet, was ich *faute de mieux* »Phantomschmerz« genannt habe. So versucht ein Historiker, in einer Würdigung der Cromwellschen Revolution, den Puritanismus als eine Vorform des wissenschaftlichen Zeitalters zu lesen: »This emphasis on the rationality and law-abidingness of the universe greatly expedited the long task of expelling magic from everyday life: miracles were driven back to the epoch of the primitive church. It prepared for the Newtonian conception of God the great watch-maker, and a universe first set in motion by external compulsion but then going by its own momentum.« (Christopher Hill: *God's Englishmen. Oliver Cromwell and the English Revolution*. London 1970) Setzt man indessen voraus, daß die *Uhrwerkmetapher* im Uhrwerk ihren Ursprung hat und daß man dieses Uhrwerk als einen Denkzwang verstehen kann, der nur die Gestalt einer Sache angenommen hat, so kommt man zu dem Schluß, daß das wissenschaftliche Denken seinen Ursprung im Mittelalter hat – und daß die nahegelegte Kausalität von *protestantischem Geist* und *geistiger Klarheit* so nicht stimmen kann. Darüber hinaus ist auch die Vorstellung des geschichtlichen Fortschrittes zweifelhaft. Die Mechanisierung der Neuzeit stellt vielmehr den sonderbaren Fall einer Rationalität dar, die sich gegen eine gesellschaftlich instituierte Rationalität durchsetzt, also gleichsam *wider Willen*, unbewußt.

195 Kantorowicz: *Die beiden Körper des Königs* [Anm. 185], S. 233.

196 Die Geschichte des Repräsentationbegriffs selbst, der die Herrschaftssprache der Neuzeit markiert, ist überaus erhellend. Tatsächlich kann man sich nichts Entgegengesetzteres denken als die beiden folgenden Punkte: Konnte Thomas Aquin die *repraesentatio* im 13. Jahrhundert als das »Verzeichnis der geretteten Seelen im Buch des Lebens im Himmel« begreifen, so ist diese theologische Dimension bei Hobbes vollends verstummt, scheint hier nurmehr der Stellvertretungsgedanke auf: eins durch ein anderes. Sein Zeitgenosse, der deutsche Philosoph Johann Clauberg (der seinerseits, nach einem Studium in Holland, die cartesianische Philosophie nach Deutschland brachte), gibt diesem Gedanken seine letzte Spitze. Um klarzumachen, was er unter einer »objektiven« (d. h. repräsentationalen) »Realität« einer Idee versteht, benutzt er das Beispiel einer Münze, deren Wert völlig willkürlich ist und allein durch die Autorität ihres Emittenten zustandekommt. (Vgl. *Hist. Wörterbuch der Philosophie*. Bd. 8, Repräsentation, S. 804) Repräsentation ist nurmehr Definitionsmacht, Auslegung

der Wirklichkeit. Diese beiden Eckpunkte nun markieren das Feld. Ist bei Thomas von Aquin die *repraesentatio* die Widerspiegelung eines göttlichen Ratschlusses, der gleichsam nur in gebrochener Form möglich ist, so setzt man sich an diese Stelle. Die Repräsentation ist nicht mehr eine Spiegelung *von etwas*, sondern wird als gleich autologisch, als wirklichkeitsproduzierend gedacht. Hier nun wiederholt sich – auf anderer Ebene – jenes konstitutionelle Vergessen des *Körpers des Zeichens*, wie wir es auch im Falle des Alphabets haben beobachten können. Wenn zuvor vom Geld als der *Totenmaske Gottes* die Rede war, so hat sich, mit dem 17. Jahrhundert, Gott in die Münze gesetzt. – In der Tat ist für das Verständnis des Repräsentationsbegriffs wesentlich, unter welchen historischen Vorzeichen man sich der Frage nähert. Michel Foucault, um ein prominentes Beispiel zu nennen, hat sich dem Begriff der *Repräsentation* vor dem Prospekt des 17. Jahrhunderts genähert, mit dem Effekt, daß er eine subtile Analyse der Stellvertretungslogik vorgelegt hat – ohne jedoch in die tieferen, das heißt: religiös besetzten Sphären des Begriffs vorzudringen. Die Inkonsistenz seiner Argumentation hängt dabei mit der Fixierung auf das 17. Jahrhundert zusammen – und damit auf die Stellvertretungsfunktion der Repräsentation. Daher kommt es wohl, daß Foucault – obschon er doch mit Velazquez' *Las Meninas* den Akt der Spiegelung analysiert – an der Logik der Zentralperspektive vorbeigegangen ist, daß er darüber hinaus auch den Umstand übergeht, daß der Spiegel bereits bei Jan van Eyck, also im frühen 15. Jahrhundert, in die Malerei eingeführt wird. (Vgl. Michel Foucault: *Die Ordnung der Dinge*. Frankfurt/M. 1971)

197 Vgl. vor allem das große Œuvre von Dame C. V. Wedgwood [Anm. 170]. – Zur Ikonographie des Königs vgl. Roy Strong: *Van Dyck: Charles I on Horseback*. London 1972.

198 Man muß sich das Bild seines Vaters James I. vor Augen halten, um die Differenz zu ermessen. James I., obzwar ein kluger Regent, war doch in seiner verschwenderischen Lebensführung alles andere als ein Vorbild der Disziplin. Darüber hinaus war der Umstand, daß er in einem mehr oder minder offenen Konkubinat mit einem Günstling lebte, seinem Ansehen nicht gerade förderlich. Dennoch bekannte er, in Worten, die ans Blasphemische grenzen, aber durch ihre Offenheit einnehmen: »I, James, am neither God nor angel, but a man like many other. Therefore I act like a man and confess to loving those [Buckingham] dear to me more than other man. You may me be sure that I love the Earl of Buckingham... Jesus Christ did the same and therefore I cannot be blamed. Christ had his John and I my George.« (Zit. nach Chester Carlton: *Charles I. The Personal Monarch*. London/Boston/Melbourne 1983, S. 23) Daß hier die christologische Dimension des Königtums genutzt wird, die persönliche Marotte des Herrschers (Buckingham) zu entschuldigen, wäre für seinen Sohn Charles undenkbar gewesen.

199 Es sind Bücher, die von der Wirklichkeit erzählen. Und so macht sich Charles irgendwann, wie ein Troubadour, mit dem Herzog von Buckingham im Gefolge auf, um am Hofe Philipps III. um die Infanta zu freien. Diese Torheit wird von der spanischen Bürokratie abgewehrt.

200 Selbst der Attentäter des geliebten Freundes Buckingham, Felton, wird, obschon

er eines schaurigen Todes stirbt, nicht gefoltert. Im Gegenteil, Charles sucht ihn im Gefängnis auf, um seine Motivation zu ergründen.

201 Die Anklage wirft ihm vor, »the ›upholding of a personal interest of Will, power and pretended prerogative to himself and his family against the public interest, common right, liberty, justice and peace of the people of this nation‹. He was thus responsible for ›all the treasons, murders, rapines, burnings, spoils, desolations, damages and mischiefs to this nation, acted and committed in the said Wars, or occasioned thereby‹«. Vgl. Wedgwood: *The Trial* [Anm. 170], S. 222-223.

202 So schreibt der Historiker Karl Heinz Metz: »Als ›zehnter Mann in Waffen‹ zähmte er die Gewalt, indem er sie in seine ausschließliche Verfügung brachte, ein wahrhafter ›Leviathan‹, der nun all jenen entgegenstand, die weiterhin ›alles‹ für möglich hielten. Er rekonstruierte Politik als Bedingungsgefüge: Er ordnete die Gewalt der Politik unter. Die Cromwellsche Politik gründete auf der erfolgreichen Monopolisierung der Gewalt, doch blieb sie in ihrem Wesen Furcht, direkt über Zwang und Zwangsdrohung, indirekt über die Furcht vor einer erneuten Pluralisierung der Gewalt, d. h. vor einem neuen Bürgerkrieg.« (Karl Heinz Metz: *Oliver Cromwell*. Göttingen/Zürich 1993, S. 21 f.)

203 Eine Briefschreiberin der Zeit gibt die Predigt eines Satirikers wieder, der sich über den religiösen Furor der Puritaner belustigt: »There are some men that believe they are or at least may be so pure in spirit by saving grace as to be sanctified, and be so much filled with the Holy Ghost as to have spiritual visions, and ordinarily to have conversation with God, believing God to be a common companion to their idle imaginations. But this opinion proceeds from an extraordinary self-love, self-pride and self-ambition, as they are the only fit companions for God himself and that not any of God's creatures are or were worthy to be favoured but they, much less to be made of God's privy council, as they believe they are – as to know his will and pleasure, his decrees and destinies, which indeed are not to be known, for the Creator is too mighty for a creature to comprehend him.« (Margaret, Duchess of Newcastle: *Sociable Letters*. Hg. von James Fitzmaurice. New York 1997 [Nachdruck der Ausgabe 1664], S. 159) – Als Cromwell und seine Clique an die Macht gelangen und schließlich (übrigens keineswegs erfolglos) Außenpolitik betreiben, beschwert sich der schwedische Gesandte Christopher Bonde über die Unbildung dieser Männer: »It is a scandal they have no one who can write a decent line of Latin, but the blind Miltonius must translate anything they want done from English to Latin, and one can easily imagine how it goes.« (M. Roberts (Hg.): *Swedish Diplomats at Cromwell's Court 1655-56*. Camden Society, 4th series, vol. 36, 1988, S. 114)

204 »[We do not want] a captain to lead us back into Egypt if there be such a place – I mean metaphorically and allegorically so – that is to say, returning to all those things that we think we have been fighting against... I am confident that the liberty and prosperity of this nation depends upon reformation ... make it a shame to see men to be bold in sin and profaneness, and God will bless you... Truly these things do respect the souls of men, and the spirits, which are the men. The mind is the man. If that be kept pure, a man signifies somewhat...«

(Oliver Cromwell: Rede an das Parlament, 17.9.1654, zit. nach Barry Coward: *Cromwell*. London/New York 1991, S. 143)
205 Cromwell berichtet von einem Erweckungserlebnis, aus dem er, *the chief of sinners*, als ein anderer hervorgegangen sei. Daß die Frage der Schizophrenie durchaus ein Gewicht hat, läßt sich daraus ermessen, daß diese Konversion nicht einem jugendlichen Geist, sondern einem dreißigjährigen Mann widerfahren ist. Voraus ging eine lange Phase der Depression. Cromwell sei, so einer seiner Ärzte, aus den *bodenlosen Tiefen der Melancholie* aufgetaucht, von Todesphobien und halluzinatorischen Wahrnehmungen des Kreuzes ist die Rede.
206 Zit. nach Metz: *Oliver Cromwell* [Anm. 202], S. 38.
207 »The good people likewise, even our most cordial friends in the Nation, beholding our turning aside from that path of simplicity we had formerly walked in and been blessed in, and thereby much endeared to their hearts, – began now to fear and withdraw their affections from us, in this politic path which we had stepped into, and walked in to our hurt, the year before. And as a farther fruit of the wages of our backsliding hearts, we were also filled with a spirit of great jealousy and divisions amongst ourselves; having left that Wisdom of the Word, which is first pure and then peaceable.« (Thomas Carlyle: *Oliver Cromwell's Letters and Speeches, with elucidations*. 4 Bde. New York 1974. Bd 1, S. 314-315)
208 Ebd., S. 315 [Übersetzung M.B.].
209 Ebd., S. 317.
210 Ebd.
211 Ebd., S. 317 f.
212 Zit. nach Metz, *Cromwell* [Anm. 202], S. 49.
213 Ebd., S. 46.
214 Ebd., S. 82.
215 John Milton stellt die Frage: »why may not the people's act of rejection be as well pleaded by the people as the act of God, and the most just reason to depose him.« (John Milton: *The Tenure of Kings and Magistrates*. 1649. In: ders.: *Complete Prose Works*. 8 Bde. Hg. von Don Marion Wolfe. New Haven 1973. Bd. 3, S. 211.
216 Vgl. R. H. Tawney: *History and Society*. London/Henley/Boston 1978.
217 Carl Schmitt: *Land und Meer*. Köln 1981.
218 Geoffrey Parker weist auf die Entwicklung zu immer größeren stehenden Heeren hin. Ludwig XIV. hat im Jahr 1691 273.000, fünf Jahre später 395.000 Mann unter Waffen. Diese Zahlen sind, verglichen mit den »kleinen Kriegen« des 15. und 16. Jahrhunderts, unerhört, vor allem weisen sie auf die Monopolisierungstendenz des neuzeitlichen Staates hin. Während die Städte der Renaissance Befestigungsanlagen unterhielten, wurden diese in der zweiten Hälfte des 17. Jahrhunderts geschleift. Vgl. Geoffrey Parker: *The Military Revolution. Military Innovation and the Rise of the West, 1500-1800*. Cambridge/New Rochelle/Melbourne/Sydney 1988, S. 45.
219 Während im frühen siebzehnten Jahrhundert das Ideal der Akzise waltet, d. h. einer klandestin auf Güter veranlagten, minimalen Steuer, so kommt mit dem Absolutismus Ludwigs XIV. die Vorstellung einer gleichförmig auf alle verteilten

Steuer auf. Fritz Karl Mann bringt die Einführung des *Systems* in die Steuerordnung mit dem *cogito* des Descartes, dem Primat der Theorie vor der Praxis, in Verbindung. Vgl. Fritz Karl Mann: *Steuerpolitische Ideale. Vergleichende Studien zur Geschichte der ökonomischen und politischen Ideen und ihres Wirkens in der öffentlichen Meinung 1600-1935* [1937]. Darmstadt 1978.

220 Das, was sich in der *New Model Army* Cromwells als »Berufung« artikuliert, wandelt sich am Ende dieses Jahrhunderts (in vergesellschafteter, ausgenüchterter Form) zum Einberufungsbefehl.

221 Hobbes' Deutung ist interessant. Er sieht die Einführung des Gebetbuches als einen Schritt zur *Vereinheitlichung*, also im Sinne des Staatsmonopolismus. Vgl. *Behemoth* [Anm. 175], S. 36.

222 Ebd., S. 32.

223 In den *Metamorphosen von Raum und Zeit* habe ich die Geschichte des Templerordens dargestellt, der von Philipp le Bel 1316 zerschlagen wurde – mit dem einzigen Hintergedanken, sich in den Besitz des Ordensvermögens zu bringen.

224 Vgl. Hill: *God's Englishmen* [Anm. 194], S. 29.

225 Gustav Adolph stellt im frühen 17. Jahrhundert erstmals Listen der wehrfähigen Bevölkerung auf. Vgl. Parker: *The Military Revolution* [Anm. 218], S. 48.

226 Vgl. Mann: *Steuerpolitische Ideale* [Anm. 221], S. 58. – Ähnlich äußert sich Kantorowicz: »Auch im Frühmittelalter war die Besteuerung etwas Außergewöhnliches, immer ad hoc Verordnetes, denn Steuern wurden nicht an einem bestimmten Datum fällig, sondern bei Wiederkehr eines bestimmten Ereignisses. Feudale Zahlungen wurden fällig als Lösegeld für den Herrn, beim Ritterschlag seines ältesten Sohnes, als Mitgift für seine älteste Tochter und, zögernd, seit dem 12. Jahrhundert für die Verteidigung des Reiches im Notfalle (casus necessitatis).« (Kantorowicz: *Die beiden Körper des Königs* [Anm. 185], S. 289) Interessant in diesem Zusammenhang ist die Lehre Jean Bodins, der die Einnahmequellen des Staates auflistet. An erster Stelle nennt er die Domänen; dann 2. die Kriegsbeute; 3. Geschenke von Freunden und Untertanen, testamentarische Verfügungen und »Dons gratuits«; 4. die Zuschüsse der Verbündeten in der Form von Pensionen, Subsidien und Tributen. Darauf folgte 5. der Staatshandel; denn trotz zahlreicher Bedenken – so meint Bodin – stehe es dem Fürsten besser an, Händler als Tyrann zu sein. Erst an 6. Stelle werden die Ein- und Ausfuhrzölle und an 7. Stelle die Steuern der Untertanen genannt. (Vgl. Mann: *Steuerpolitische Ideale* [Anm. 219], S. 40) Diese Liste macht klar, daß die allgemeine Steuer, die heute den Löwenanteil des Steueraufkommens darstellt, im 16. Jahrhundert eine nachgeordnete, geradezu marginale Rolle spielt.

227 So schreibt R. H. Tawney mit einem Sinn für das politische Tagesgeschäft: »The creation by the Stuarts of a parvenu nobility, like the sale of baronetics to knights and esquires with an income from land of 1,000 a year, if politically a blunder, showed some insight into economic realities.« (Tawney: »The Rise of the Gentry«. In: ders.: *History and Society* [Anm. 216], S. 85-128, bes. S. 111)

228 Der Schatzmeister Lionel Cranfield an Charles: »I beseech Your Lordship to take especial care to bring as much of the portion in money with the fleet as is possible.

I dare not write how much it will concern the King.« (Zit. nach Tawney: *Business and Politics under James I*. New York 1976, S. 235)

229 Ebd.

230 Beim Versuch, die königlichen Finanzen zu reformieren, kommt Cranfield, der als Entrepreneur einen kühlen Blick auf derlei Bilanzen zu werfen gewohnt ist, zu dem Schluß, daß der König seinen Untertanen – gelegentlich sogar für sein eigenes Geld – Wucherzinsen bezahle (»The King payeth usury to his own subjects, and sometimes for his own money«, zit. nach Tawney: *Business and Politics under James I*. [Anm. 228], S. 151).

231 Louis IX. äußert sich im 13. Jahrhundert dazu in bemerkenswerter Klarheit: »ne prens tailles, ny aydes de tes sugets, si urgente nécessité et evidente utilité ne te le fait faire, et pour iuste cause, et non pas volontairement; si tu fais autrement tu ne seras pas reputé Roy, mais tyran«. (Zit. nach Mann: *Steuerpolitische Ideale* [Anm. 219], S. 41)

232 Tawney hat das Porträt des Schatzmeisters Lionel Cranfield entworfen, als eines überaus fähigen, ökonomisch denkenden Mannes, der gleichwohl vor der unlösbaren Aufgabe stand, die Finanzen der Krone zu sanieren, sie vor den Extravaganzen des Herrschers sowie vor dem rücksichtslosen Bereicherungswillen der *Staatsdiener* zu bewahren. Cranfield, dieser loyale Diener der Krone, wird 1624 zum Opfer eines Verfahrens, bei dem er der Bestechlichkeit, des Mißbrauchs seines Amtes etc. angeklagt, eingekerkert und zur Zahlung der höchsten je verhängten Summe, 20.000 Pfund, verurteilt wird. Vgl. Tawney: *Business and Politics under James I*. [Anm. 228], S. 151.

233 Zit. nach Parker: *The Military Revolution* [Anm. 218], S. 62.

234 Ebd., S. 7.

235 Vgl. Marc Bloch: *Die Feudalgesellschaft*. Frankfurt/M./Berlin/Wien 1982, S. 390.

236 Das ist ein Argument, das auch Max Weber in seiner berühmten Studie *Die protestantische Ethik und der Geist des Kapitalismus* einräumt, und zwar mit dem Verweis auf den Zisterzienserorden. Interessanterweise blieb diese Einschränkung wirkungsgeschichtlich folgenlos, statt dessen erscheint, in grober Verkürzung des historischen Zusammenhangs, der Protestantismus als wesentliche historische Triebkraft. Diese Position aber ist kaum haltbar – vor allem hat sie nachhaltig dazu beigetragen, die vorprotestantische Welt mit einer retroaktiven Verdunkelung zu überziehen. Mit diesem Gedankenschleier versehen verfehlt man aber die ambivalente Rolle, die der Klerus im 13., 14. Jahrhundert ausgefüllt hat: daß er nämlich nicht nur Bewahrer der christlichen Werte, sondern auch der Träger der Ratio war, eine Funktion, die weder von den weltlichen Regenten noch von irgendeiner anderen gesellschaftlichen Instanz hätte übernommen werden können. Alfred von Martin hat in seiner *Soziologie der Renaissance* ([1931] München ³1974) dafürgehalten, im Klerus des 14. Jahrhunderts die einzig rationale Instanz zu sehen.

237 Wenn Huldrych Zwingli in Zürich die Lehre vertrat, daß die Gesellschaft der Gläubigen selbst Blut und Wein verkörpere, so ist, theologisch gesehen, der Endpunkt der Ontologisierung markiert: Die Gemeinschaft selbst ist ein

metaphysischer Leib, unabhängig von der Einstellung des einzelnen Gläubigen. Die Radikalität dieser Lehre ist evident: Nunmehr verkörpert die *communitas* den Leib Jesu.

238   Zit. nach Hill: *God's Englishmen* [Anm. 194], S. 244.
239   »Rom, das die Welt so gut geordnet hat, / Besaß zwei Sonnen einst, die beiden Wegen / Erstrahlten, dem der Welt und Gottes Pfad.« (Fegefeuer, 16. Gesang 106 f.)
240   Vgl. dazu Harry A. Miskimin: *Cash Credit and Crisis in Europe, 1300-1600*. London 1989; Marc Bloch: »Le problème de l'or au moyen age«. [In: *Annales* 1933, Nr. 19, S. 1-34] In: ders.: *Mélanges historiques*. Paris 1963; Robert S. Lopez: *The Dawn of Modern Banking*. New Haven/London 1979; Carlo M. Cipolla: *Money, Prices and Civilization in the Mediterranean World*. Princeton 1956.
241   In der ökonomischen Theorie wird dieser Übergang als Ersetzung des Stoffwertes durch den Marktwert beschrieben (Schumpeter: *Das Wesen des Geldes* [Anm. 167], S. 49), aber ebensogut kann man (mit Ernst Cassirer) von der Ersetzung des Substanzbegriffs durch den Funktionsbegriff sprechen (vgl. Ernst Cassirer: *Substanzbegriff und Funktionsbegriff*. [1910] Darmstadt 1969, S. 49). Was man bei diesen Formeln bedenken muß, deren Abstraktionshöhe einen großen historischen Übergang auf zwei Punkte zusammenschnurren läßt, ist die Tatsache, daß dazwischen der Untergang einer Welt, einer *episteme* liegt, ein Untergang, der sich tatsächlich in roher, sinnloser Gewalt entlädt.
242   Schumpeter: *Das Wesen des Geldes* [Anm. 167], S. 60.
243   Vgl. Hajo Riese: »Geld: Das letzte Rätsel der Nationalökonomie« [Anm. 31], S. 47.
244   In Anbetracht der Tatsache, daß die primordiale Funktion des Staates in der *Produktion des Scheins* besteht, wird der von Hobbes vorgeschlagene Kontraktualismus problematisch: »Es ist eine wirkliche Einheit aller in ein- und derselben Person, die durch Vertrag eines jeden mit jedem zustande kam, als hätte jeder zu jedem gesagt: Ich autorisiere diesen Menschen oder diese Versammlung von Menschen und übertrage ihnen mein Recht, mich zu regieren, unter der Bedingung, daß du ihnen ebenso dieses Recht überträgst und alle ihre Handlungen autorisierst. Ist dies geschehen, so nennt man diese zu einer Person vereinigte Menge Staat, auf lateinisch *civitas*. Dies ist die Erzeugung jenes großen Leviathan oder besser, um es ehrerbietiger auszudrücken, jenes sterblichen Gottes, dem wir unter dem unsterblichen Gott unseren Frieden und Schutz verdanken.« (Hobbes: *Leviathan* [Anm. 178], S. 134)
245   Diese Brüchigkeit des Hobbesschen Theoriegebäudes, das die reine Macht voraussetzt wie Descartes sein *cogito* setzt, ist bereits den Zeitgenossen aufgefallen: Harrington weist darauf hin, daß die Armee (also die Verkörperung dieser Macht) eine Bestie mit einem großen Magen sei: »An Army is a beast with a great belly« (James Harrington: *Oceana*. Hg. von S.B. Liljegren. Heidelberg 1924, S. 20). Bezeichnenderweise ist die Frage der Steuer ein wesentliches Anliegen der *Oceana*.
246   Vgl. Oresme: *Traktat über Geldabwertungen* [Anm. 167], S. 65.
247   Ebd., S. 51.
248   Arno Borst hat die Vervielfältigung der Heiligengestalten unter dem Gesichtspunkt

der Vergesellschaftung beschrieben: Die Heiligengestalten sollten im »europäischen Mittelalter weithin die Aufgaben übernehmen (...), die in neueren Zeiten von Staat und Gesellschaft beansprucht werden, nämlich die Wahrung von Eintracht und Frieden innerhalb eines Gemeinwesens und die Sicherung seiner Selbständigkeit und Freiheit gegen äußere Widersacher.« (Vgl. Arno Borst: *Barbaren, Ketzer und Artisten*. München 1988, S. 309 f.)

249 Auch heute gehört Oresme in der ökonomischen Lehre noch nicht zum Bestand der *klassischen Theorie*. Eine große und kenntnisreiche Würdigung, freilich etwas positivistisch angehaucht, gibt Émile Bridrey: *Nicole Oresme. La Théorie de la Monnaie au XIVe siècle*. Genf 1978 (Nachdr. Paris 1906), S. 213.

250 Otto Pächt hat im Œuvre des Jan van Eyck auf die Vermeidung des Goldes hingewiesen. Vgl. Otto Pächt: *Van Eyck*. München 1989, S. 16. Der Renaissancetheoretiker Leon Battista Alberti schreibt:»Es kommt vor, daß Derjenige, welcher in seinen Bildern viel Gold anwendet, vermeint, diesen dadurch Hoheit zu verleihen; ich lobe dies nicht. Selbst wenn Jemand jene Dido des Virgil malte, die einen goldenen Köcher, goldiges Haar in ein Goldnetz geschlungen, ein Purpurkleid mit einem goldenen Gürtel besitzt und deren Pferd einen goldenen Zaum, sowie jede andere Sache aus Gold hat, so wünsche ich doch nicht, daß er Gold selbst anwende, da es mehr Bewunderung und Lob dem Künstler einbringt, den Glanz des Goldes durch Farben nachzuahmen.« (Leon Battista Alberti: *Drei Bücher über die Malerei*. In: ders.: *Kleinere kunsttheoretische Schriften*. Übers. von Hubert Janitschek. Osnabrück 1970, S. 138) Vgl. auch die Bildbesprechung des Simone Martini in Burckhardt: *Metamorphosen* [Anm. 11], S. 92 ff.

251 Dem korrespondiert einer weitere Bedeutung der mittelalterlichen *repraesentatio*, nämlich die »Barzahlung«.

252 Die Klage eines Wirtschaftshistorikers ist hier bezeichnend: »Für sie [die zeitgenössischen Wirtschaftswissenschaftler] hat die politische Ökonomie aufgehört, ein moralisches und politisches Wissen zu sein. Ihr Ziel ist es, den Räderwerkmechanismus zu zeigen und wie ihre Räder funktionieren, unter mehr oder weniger idealen Bedingungen.« (Raymond de Roover: *La pensée économique des scolastiques*. Montreal/Paris 1971, S. 10-11) Läßt man den vergangenheitsseligen Gestus de Roovers beiseite, so ist doch der Verweis auf das Räderwerk interessant. Auch Denker, die sich sehr viel stärker um den Geschmack der Zeitgenossenschaft bekümmern, kommen auf merkwürdige, meist unfreiwillige Parallelen. So spricht Dirk Baecker etwa, mit besonderem Verweis auf die Zeitstrukturen des Geldes, von der *Unruhe des Kapitalismus*, ohne jedoch zu bedenken daß die Unruhe das entscheidende Triebwerk des Räderwerks ist (was vor dem Hintergrund, daß die universale Maschine des Räderwerks der Logik des Computers Platz gemacht hat, für mich ein Grund wäre, diese Metapher tunlichst zu vermeiden).

253 Vgl. das Werk von Carlo Cipolla.

254 So schreibt von Hayek, am Ende eines langen Denkerlebens, das den Grundfragen der Ökonomie gewidmet war: »Es ist außergewöhnlich, aber wahr, daß konkurrierende Währungen bis vor kurzem nie ernsthaft untersucht worden sind. Die vorhandene Literatur gibt keine Antwort auf die Frage, warum ein Regie-

rungsmonopol auf die Geldversorgung überall als unerläßlich angesehen wird, oder ob dieser Glaube einfach von dem unerklärten Postulat herrührt, innerhalb jedes gegebenen Territoriums müsse eine einige Art von Geld in Umlauf sein.« (Friedrich von Hayek: *Die Entnationalisierung des Geldes.* Tübingen 1977, S. 6)

255 Hayek: *Die Entnationalisierung des Geldes* [Anm. 254], S. 16.

256 Diese Frage ist um so prekärer, als das House of Commons, auf das sich die Richter Bredshaw und Cook berufen, selbst einer Säuberung unterworfen worden war. In der Anklageformel: »My Lord, in behalf of the Commons of England and all the people thereof I accuse Charles Stuart ...« liegt bereits eine Schwäche. Die Antwort des Königs, der während der gesamten Verhandlungsdauer seinen Hut aufbehält, ignoriert die Klagebegründung, sondern zielt folgerichtig auf die Legalität: »Ich würde gerne wissen, welche Macht mich hierher beruft, welche Autorität, ich meine: welch *rechtmäßige* Autorität. Es gibt unrechtmäßige Autoritäten auf der Welt, Diebe und Wegelagerer...« Der vorsitzende Richter fordert den König auf, »im Namen des englischen Volkes, dessen *gewählter* König Sie sind«, auf die Klagebegründung zu antworten. Charles entgegnet darauf, daß England niemals ein wählendes, sondern über tausend Jahre ein erbliches Königtum gewesen sei, woraus er folgert, »daß ich mehr für die Freiheit meines Volkes einstehe als einer meiner vorgeblichen Richter«. Der Richter Bradshaw moniert daraufhin, daß der Angeklagte das Gericht beleidige, was ihm in seinen Umständen nicht zukomme. (Vgl. Wedgwood: *The Trial of Charles I.* [Anm. 170], S. 221 ff.)

257 Ein aufschlußreicher Text, weil darin der Todesstoß über die Ridikülisierung läuft, ist Galileo Galileis *Beschreibung von Dantes Hölle.* Hier wird der symbolische Raum Dantes in die Logik der Geometrie übersetzt – was einige komische Effekte nach sich zieht.

258 Vgl. Novalis: »Die Christenheit oder Europa«. In: ders.: *Werke und Briefe.* Hg. von Andreas Kelletat. München 1962, S. 399.

259 Kulturell besehen stellt China den interessanten Fall einer Kultur dar, die sich eines Wissens wieder entledigt – oder es mit vollem Bewußtsein nicht zur Kenntnis nimmt. Vgl. David S. Landes: *The Wealth and Poverty of Nations.* Cambridge 1998.

260 Shakespeares *Kaufmann von Venedig* wäre unter diesem Gesichtspunkt eine hochergiebige Lektüre. Wenn Shylock auf *seinem Schein*, das heißt der Einlösung der Geldschuld durch jenes Pfund Fleisch, das ihm der großherzige Antonio verschrieben hat, beharrt, so markiert diese Gleichung den tödlichen Ernst des Symbols. »Ich haß ihn«, sagt Shylock, »weil er von den Christen ist, / Doch mehr noch, weil er aus gemeiner Einfalt / Um sonst Geld ausleiht, und hier in Venedig / Den Preis der Zinsen uns herunterbringt.« (1. Akt, 3. Szene) Dagegen Antonio: »Willst du dies Geld ausleihen, leih es nicht / Als deinen Freunden; / denn wann nahm die Freundschaft / Vom Freund Ertrag für unfruchtbar Metall?« Hier artikuliert sich die mittelalterliche Lehrmeinung, daß Geld, als eine unfruchtbare Wesenheit, keinen Mehrwert gebären könne. – Scheinen die Fronten klar abgesteckt, so ist das Resultat überaus verwirrend. Die Unerbittlichkeit Shylocks führt am Ende dazu, daß er Tochter, Darlehen und die Hälfte seines Gutes

verliert – und zwar, das ist wesentlich, nicht über eine Beugung des Rechtes, sondern qua Gesetz selbst. Der *betrogene Betrüger* bringt die anderen in den Genuß eines Gutes, das ihnen sonst nicht anstünde. Vor diesem Hintergrund bekommt jene subtile Ökonomie der Kästchen, wie sie in der Parallelhandlung der Porzia ausgeführt ist, eine ganz andere Bedeutung. Zwar ist hier (am Bleikästchen exemplifiziert) die äußere Dürftigkeit Ausweis seines inneren Wertes, dennoch ist die Sprache des Wechsels unüberhörbar. So sagt Bassanio, nachdem seine Wahl ihm die Porzia beschert hat: »dies Getümmel / Des Preises, fragt er sich, ›gilt es denn mir?‹ / So, dreimal holdes Fräulein, steh ich hier / Noch zweifelnd, ob kein Trug mein Auge blend't / Bis ihr bestätigt, zeichnet, anerkennt.« (3. Akt, 2. Szene, zit. nach der Übers. von August Wilhelm Schlegel. Stuttgart 1998)

261 H. G. Koenigsberger, George L. Mosse, G. Q. Bowler: *Europe in the Sixteenth Century.* London/New York ²1989, S. 133.

262 Vgl. Arno Borst: *Ketzer, Barbaren und Artisten.* München 1988.

263 Harold Innis und in seinem Gefolge Marshall McLuhan ziehen eine Verbindungslinie von der Gutenbergschen Druckerpresse zu den Bürgerkriegen des 16. und 17. Jahrhunderts: »The effect of the discovery of printing was evident in the savage religious wars of the sixteenth and seventeenth centuries. Application of power to communication industries hastenend the consolidation of vernaculars, the rise of nationalism, revolution, and new outbreaks of savagery in the twentieth century.« (Harold Innis: *The Bias of Communication*, Toronto 1951, S. 29)

264 »*Redner*: Wenn nicht in den Büchern der Weisen Weisheitsnahrung ist, wo ist sie dann? *Laie*: Ich sage nicht, daß sie dort nicht ist, sondern ich sage, daß sie in ihrer natürlichen Reinheit nicht dort gefunden wird. Denn die sich zuerst daran machten, über die Weisheit zu schreiben, nahmen das Wachstum nicht aus Bücherfutter, das es noch nicht gab, sondern durch natürliche Nahrung wurden sie vollkommene Männer. Und diese sind den anderen, die meinen, aufgrund von Büchern vorangekommen zu sein, in der Weisheit weit voraus. *Redner*: Obwohl ohne Bücherstudium vielleicht manches gewußt werden kann, so doch keineswegs die schwierigen und bedeutenden Gegenstände, da die Wissenschaften durch Hinzufügungen gewachsen sind. *Laie*: Das ist es ja, was ich sagte: daß du von einer Autorität geführt und getäuscht wirst. Irgend jemand hat dieses Wort geschrieben, und du glaubst ihm. Ich aber sage dir: die Weisheit ruft draußen auf den Straßen, und es ist ihr Rufen, daß sie selbst in den höchsten Höhen wohnt.« (Nikolaus von Kues: *Der Laie über die Weisheit.* Hg. von Renate Steiger. Hamburg 1988, S. 5) Hans Blumenberg hat von der *neuen Unmittelbarkeit* des Cusaners gesprochen. (Vgl. Hans Blumenberg: *Die Lesbarkeit der Welt.* Frankfurt/M. 1986, S. 60) Diese »Unmittelbarkeit« läßt sich auf das Verhältnis des einzelnen zu Gott übertragen: Es gibt keine vermittelnde Gemeinschaft mehr, sondern nur die Unmittelbarkeit vor Gott.

265 Vgl. Guy Lenôtre: *Die Guillotine.* Berlin 1996, S. 95 ff.

266 Georg Büchner: *Dantons Tod.* 2. Akt, 4. Szene.

267 Hier ist Guy Lenôtres *Guillotine und die Scharfrichter zur Zeit der Französischen Revolution* eine erhellende Lektüre, beschreibt sie doch das historische Geschehen

nicht unter dem Blickpunkt der einen oder anderen Parteiung, sondern gruppiert sie um die Geschehnisse, die mit der Guillotine zusammenhängen. Vor diesem Hintergrund aber kommen Details in den Blick, die sich schwerlich mit dem Revolutionspathos zusammenbringen lassen.

268 Bezeichnenderweise faßt Freud seinen *psychischen Apparat* als eine optische Apparatur auf: »Wir bleiben auf psychologischem Boden und gedenken nur der Aufforderung zu folgen, daß wir uns das Instrument, welches den Seelenleistungen dient, vorstellen wie ein zusammengesetztes Mikroskop, einen photographischen Apparat u. dgl. Die psychische Lokalität entspricht dann einem Orte innerhalb eines Apparats, an dem eine der Vorstufen des Bildes zustande kommt. Beim Mikroskop und Fernrohr sind dies bekanntlich zum Teil ideelle Örtlichkeiten, Gegenden, in denen kein greifbarer Bestandteil des Apparates gelegen ist.« (Sigmund Freud: *Die Traumdeutung*, Frankfurt/M. 1994. S. 527)

269 Schon bei Rousseau, also in der Mitte des 18. Jahrhunderts, wird der Repräsentationsbegriff problematisiert: »Ich behaupte also, daß die Staatshoheit, die nichts anderes als die Ausübung des allgemeinen Willens ist, nie veräußert werden kann und sich das Staatsoberhaupt als ein kollektives Wesen nur durch sich selbst darstellen kann. Die Macht kann wohl übertragen werden, aber nicht der Wille.« (Jean-Jacques Rousseau: *Der Gesellschaftsvertrag*. Hg. von Heinrich Wittstock. Stuttgart 1969, S. 54) Bei Schelling, ein halbes Jahrhundert später, heißt es: »Wie kommt es, daß (...) die bis zur Täuschung getriebenen Nachahmungen des sogenannt Wirklichen als im höchsten Grade unwahr erscheinen, ja den Eindruck von Gespenstern machen, indes ein Werk, in dem der Begriff herrschend ist, ihn mit der vollen Kraft der Wahrheit ergreift, ja ihn erst in die wirkliche Welt versetzt?« (F. W. J. Schelling: *Über das Verhältnis der bildenden Künste zu der Natur*. Hamburg 1983, S. 15) Bei Hegel schließlich wird das Faktum der Repräsentation zum Beleg der Nichtidentität: »denn wo das Selbst nur repräsentiert und vorgestellt ist, da ist es nicht wirklich; wo es vertreten wird, ist es nicht.« (Georg Friedrich Wilhelm Hegel: *Phänomenologie des Geistes*. Hg. von Georg Lasson. Leipzig ²1921, S. 382)

270 An der Vorstellung des Projektors wird die Grenze der Dekonstruktion sinnfällig. Dekonstruktion heißt: Zerlegung des phantasmatischen Projektors. Allerdings rührt man eine solche Apparatur erst an, wenn man über einen besser funktionierenden Projektor verfügt oder beschäftigt ist, ihn in Gedanken zusammenzusetzen. Damit aber bewegt man sich schon im Feld einer neuen phantasmatischen Konstruktion. – Dem entspricht, daß die Dekonstruktion vor allem den tradierten Formen zuteil wird, während den »neue Medien« selten eine dekonstruktive Lektüre, sondern in der Regel eine ungerechtfertigte Apotheose zuteil wird: der *hype*.

271 Vor diesem Hintergrund ist es erhellend, daß Leon Battista Alberti, der Theoretiker der Renaissance, dem Maler empfiehlt, seinen Blick zu verschleiern, und zwar dadurch, daß er sich einen Schleier vors Auge halten möge, in den ein Koordinatensystem eingewebt ist. Dieses Vademecum verrät weniger den Geist der Kunst als vielmehr den zutiefst mechanischen Aspekt dieser Bildform – jene Grundierung, die ein jedes Bild zu übermalen bestrebt ist. Man hat es im Grunde

mit einem Doppelbild zu tun, einem Bild, das seine Aura und seine Freiheit nur dort entfaltet, wo es die Bedingung seiner Möglichkeit (seinen Schleier, sein Koordinatensystem) zu verhüllen vermag. Ein jedes Bild ist in diesem Sinne ein Projektionszusammenhang, bei dem der Betrachter zwar die Projektion zu Gesicht bekommt, das Innenleben des Projektors aber nicht gewahrt.

272   Liest man die Briefe des jungen Camille Desmoulins, der sich in den Tagen der Bastille-Erstürmung als Volkstribun und Demagoge entdeckt, so vermittelt sich die Idee dessen, was heutzutage unter dem Begriff des *Spontis* firmiert. Vgl. Gustav Landauer: *Briefe aus der französischen Revolution*. Berlin 1999, S. 101 ff.

273   Das Verdienst kommt, unabhängig voneinander, Georg Ewald von Kleist und dem Leydener Physiker Georg Musschenbroek zu, der ein Jahr später die, von daher benannte, Leydener Flasche entdeckte. Gerade die Unabhängigkeit dieser beiden »Entdeckungen«, wie man sie in vergleichbarer Form auch in der Entwicklung der Photographie beobachten kann, erhellt, daß man es hier mit Denkfiguren zu tun hat, die gleichsam in der Luft liegen – also weniger auf ein bloß individuelles als vielmehr ein allgemein epistemologisches Tableau verweisen.

274   Musschenbroek fährt fort, indem er den Versuch beschreibt: »Ich hatte an zwei Seidenfäden eine Eisenflasche aufgehängt, die mittels einer Glaskugel, die man schnell drehte und mit den Händen rieb, elektrisiert worden war. Am anderen Ende hing ein Kupferfaden, dessen Ende in einer runden Vase hing, die zum Teil mit Wasser gefüllt war und die ich in der rechten Hand hielt. Mit der anderen Hand versuchte ich Funken aus der Eisenflasche zu ziehen. Urplötzlich verspürte ich in der rechten Hand einen solch gewaltigen Schlag, daß mein ganzer Körper wie durch einen Blitzschlag erschüttert wurde.« (Musschenbroek an Reaumur, Januar 1746, zit. nach Jean Torlais: *Un physicien au siècle des lumières: l'Abbé Nollet*. Argueil 1987, S. 65)

275   Dies war auch den Zeitgenossen durchaus bewußt. Für Tibere Cavallo gab die große Entdeckung dieser »wunderbaren Flasche im denkwürdigen Jahre 1745 der Elektrizität ein völlig neues Gesicht«. (Tibere Cavallo: *Traité complet de l'électricité*. Paris 1785, S. XXIII)

276   Zit. nach Torlais: *Un physicien au siècle des lumières: l'Abbé Nollet* [Anm. 274], S. 68.

277   Es ist das große Verdienst Kants, die Erkenntnis aus den Himmeln der Metaphysik in eine irdische Topographie gebracht zu haben: »Unsere Vernunft ist nicht etwa eine unbestimmbar weit ausgebreitete Ebene, deren Schranken man nur so überhaupt erkennt, sondern muß vielmehr mit einer Sphäre verglichen werden, deren Halbmesser sich aus der Krümmung des Bogens auf ihrer Oberfläche (der Natur synthetischer Sätze a priori) finden, daraus aber auch der Inhalt und die Begrenzung derselben mit Sicherheit angeben läßt. Außerhalb dieser Sphäre (Feld der Erfahrung) ist nichts für sie Objekt, ja selbst Fragen über dergleichen vermeintliche Gegenstände betreffen nur subjektive Prinzipien einer durchgängigen Bestimmung der Verhältnisse, welche unter den Verstandesbegriffen innerhalb dieser Sphäre vorkommen können.« (Immanuel Kant: *Kritik der reinen Vernunft*. Berlin und Wien 1924, S. 384) In gewisser Hinsicht markiert die mathematische

Ausdrucksweise auch die Grenze Kants, der das Versprechen, die Geschichte der reinen Vernunft zu schreiben (und damit ihre Vehikel in Augenschein zu nehmen), schuldig geblieben ist. – Hier wäre Gaston Bachelard zu nennen, der die moderne Epistemologie an die Elektrizität geknüpft hat. (Vgl. Gaston Bachelard: *Epistemologie*. Berlin/Frankfurt/M./Wien 1971) Freilich schreibt Bachelard in gewisser Hinsicht an einer *hard science*-Variante. Der Gegenpol wäre der soziologische Gemeinplatz, wie etwa Rorty ihn definiert: »To construct an epistemology is to find the maximum amount of common ground with others. The assumption that an epistemology can be constructed is the assumption that such common ground exists.« (Richard Rorty: *Philosophy and the Mirror of Nature*. Princeton, New Jersey 1980, S. 316)

278 Émile Durkheim: *The Division of Labour in Society*. London 1984, S. 370.

279 Zur französischen Revolution gehört, sinnigerweise, auch die Metrisierung der Welt. Vgl. Denis Guedj: *Die Geburt des Meters*. Frankfurt/M. 1995.

280 Der Begriff der Echtzeit ist strenggenommen irreführend. Denn tatsächlich ist die Differenz zwischen den Raumpunkten nicht aufgehoben, sondern durch die Beschleunigung nur dermaßen minimiert, daß das menschliche Zeitempfinden überlistet wird und sich die Illusion eines in »Echtzeit« schwingenden Raums einstellt.

281 »Ein Netzwerk ist ein System von Knoten und Bändern, das sich anhand seiner Topologie und Architektur beschreiben läßt. Es hat eine sowohl physische als auch logische Form, insofern es zugleich durch physikalische Verbindungen als auch durch Regelsätze kontrolliert wird, die den Austausch von Energie und Information kontrollieren. Die Ausdehnung elektronischer Netzwerke ist begleitet von einem weitverbreiteten Gebrauch des Netzwerkes als eines logischen Musters oder einer Metapher, etwas, mit dem sich gut denken läßt. Als Metapher erfüllt das Wort mehrere Rollen, beschreibt es Faserstrukturen, Kupferkabel oder Radio, Freundschaftsbindungen privater Natur und informelle Beziehungen [Seilschaften] in politischen Organisationen, um nur einiges zu nennen. Derart weit verbreitet scheint es fast, daß das Wort bisweilen seine ursprüngliche Bedeutung verliert, nämlich als eines Objektes, in dem Drahtfäden in der Form eines Netzes zusammengestellt sind: ein Sinn, der in der Folge auch die Systeme von Flüssen, Kanälen und Eisenbahngeleisen einschloß. Diese grundlegende Bedeutung eines Ensembles von Linien und Kreuzungen, von Knoten und Verbindungen, gibt der Idee eines Netzwerks in komplexen, dichten und besonders interaktiven Gesellschaften eine weite Anwendbarkeit.« (G. J. Mulgan: *Communication and Control. Networks and the New Economies of Communication*. Cambridge/Oxford 1991, S. 20 [Übersetzung, M.B.]) Die Freisetzung des Netzwerks als bloße Metapher führt nicht selten dazu, daß sich hier – ganz ähnlich der Dialektik der *natürlichen Automata* bei Descartes – ein Körperbild einschleicht. So bezeichnete A. R. Bennett in einer Rede an die British Association im Jahr 1895 den Kommerz als das Lebensblut Britanniens und die Straßen, Eisenbahngleise und Wasserwege als »the arteries through which blood is conducted, while the telegraph and the telephone may be compared to the nerves which feel out and determine the

course of that circulation« (zit. nach Carolyn Marvin: *When Old Technologies Were New.* New York 1988, S. 141).

282 So schreibt Freud: »Die Masse erscheint uns so als ein Wiederaufleben der Urhorde« – und wenig später: »Wir müssen schließen, die Psychologie der Masse sei die älteste Menschenpsychologie.« (Sigmund Freud: *Massenpsychologie und Ich-Analyse.* Frankfurt/M. 1967, S. 63)

283 Vor diesem Hintergrund stellt sich die Frage, ob es zulässig ist (wie dies etwa Habermas in seinem *Strukturwandel der Öffentlichkeit* getan hat), die Mediengeschichte als Fortschrittsgeschichte zu lesen, ohne die tiefe Zäsur in Augenschein zu nehmen, die mit dem Aufkommen der elektrisierten Öffentlichkeit verbunden ist. (Vgl. Jürgen Habermas: *Strukturwandel der Öffentlichkeit.* Neuwied/Berlin ⁵1971) Wenn es so ist, daß sich das Kollektiv über die gemeinsame Schrifterfahrung bildet, so artikuliert sich mit dem Riß zwischen der Druck-Schrift und dem, was ich die elektromagnetische Schrift nenne, eine Zäsur zwischen zwei Kollektiventwürfen, von denen der letztere (der Entwurf einer *Weltgesellschaft*) nur in Andeutungen faßbar wird. Jean-François Lyotard hat diesen Zusammenhang – unter dem Rubrum der Telegraphie – deutlich gemacht: »Die Schule lehrt die künftigen Bürger die Schrift. Welche Institution aber wäre damit beauftragt, die Telegraphie zu lehren? Ist überhaupt eine Institution für die Telegraphie der Menschen denkbar? Ist die Idee der Institution nicht an den Staat und an die Schrift und die Lektüre geknüpft? Das heißt: an das Ideal eines politischen Körpers?« (Jean-François Lyotard: »Logos et tekhnè, ou la telegraphie«. In: ders. *L'Inhumain.* Paris 1988, S. 61 [Übersetzung, M.B.])

284 Auf einer intuitiven Ebene reflektiert die Rede von den *Drahtziehern* durchaus die Beschaffenheit des neuen Gesellschaftsgefüges. So schreibt John Stuart Mill über die Tyrannei des bürokratischen Systems, »which leaves no free agent in all France, except the man at Paris who pulls the wires«. (John Stuart Mill, zit. nach James R. Beniger: *The Control Revolution. Technological and Economic Origins of the Information Society.* Cambridge, Mass./London 1986, S. 14)

285 Es entbehrt nicht einer gewissen Ironie, daß der Abbé Nollet von Louis XV. zum Erzieher seiner Kinder gemacht wurde und daß der Dauphin, der spätere Louis XVI., der über Jahre seinem Einfluß ausgesetzt war, sich anschickte, die Apparaturen auseinanderzunehmen und wieder zusammenzusetzen, was in ihm einen solch nachhaltigen Eindruck hinterließ, daß die Feinmechanik, insbesondere die Verfertigung von Schlössern, zu seiner Lieblingsbeschäftigung wurde – was Marie-Antoinette zu der tiefsinnigen Bemerkung veranlaßte, daß sie in seiner improvisierten Werkstatt wohl kaum als Vulkan, aber ebensowenig als Venus in Erscheinung treten könne. Vgl. Torlais: *Un physicien au siècle des lumières* [Anm. 274], S. 165.

286 Priestley schreibt, daß »es weniger die Wirkung des Genies ist, als die Gewalt der Natur, welche die Bewunderung hervorruft, die wir ihr zollen«. (Joseph Priestley: *The History and Present State of Electricity.* London 1767. Nachdruck der Ausgabe von 1775; New York/London 1966. 2 Bde., Bd. 1, S. XII [The Sources of Science, No. 18])

287 Insofern ist es nicht verwunderlich, daß zeitgenössische Evolutionstheoretiker der *Information* Unsterblichkeit attestieren. »Sämtliche Spielarten des Lebens haben einen gemeinsamen Ursprung. Der Ursprung ist die Information, die in allen Lebewesen nach dem gleichen Prinzip organisiert ist.« (Manfred Eigen: *Stufen zum Leben*. München/Zürich 1987, S. 50) In der Welt des Evolutionstheoretikers Richard Dawkins sind die jeweiligen Specimen nur die Vehikel, die der genetische Code – d. h. die Information – nutzt, um sich selbst Unsterblichkeit zu verschaffen. Vgl. Richard Dawkins: *The Extended Phenotype*. Oxford/San Francisco 1982.

288 Es ist in diesem Zusammenhang nicht unerheblich, daß Freud sich mit Vorliebe der Metaphorik des Drucks (der Neuauflage, der Neubearbeitung, des Prachtbandes) bedient. Vgl. Sigmund Freud: *Bruchstück einer Hysterie-Analyse*. In: ders.: *Gesammelte Werke* [Anm. 17], Bd 5, S. 279-280.

289 Wie sich zeigen wird, ist diese Dimension auf überaus problematische, verdeckte Weise im Freudschen Denken anwesend – was ja den Weg zur Lacanschen Lesart, oder radikaler noch: zu den Wunschmaschinen von Deleuze/Guattari geöffnet hat. Vgl. *Anti-Ödipus*. Frankfurt/M. 1977.

290 Rousseau spricht bezeichnenderweise von einer *höchsten Intelligenz*, die, wie Joseph de Maistre scharfzüngig bemerkt, eine Art Gottesmaschine darstellt: »Um die für das Wohl der Völker am besten geeigneten Grundsätze der Gesellschaft aufzufinden, bedürfte es eines höheren Geistes, der alle Leidenschaften der Menschen überschaute und keine derselben empfände; dem jede Beziehung zu unserer Natur fehlte und der trotzdem aus dem Grunde von ihr Kenntnis besäße; dessen Glück von uns unabhängig wäre und der dennoch Neigung hätte, sich mit dem unsrigen zu beschäftigen (...) « (Jean-Jacques Rousseau: *Der Gesellschaftsvertrag* [Anm. 269], S.72; vgl. auch Joseph de Maistre: *De la Souveraineté du peuple. Un anti-contrat social* [1795]. Hg. und kommentiert von Jean Louis Darcel. Paris 1992, S. 116)

291 Diese Verschiebung läßt sich gleichwohl nicht in einem unmittelbar historischen Sinn lesen. Tatsächlich gilt die Elektrizität bis weit ins 19. Jahrhundert hinein als eine göttliche Substanz, so daß der Gedanke, einen Menschen auf diese Weise zu exekutieren, als eine Entweihung dieser wunderbaren Substanz diskutiert wird. – Anderseits belegt die zeitnahe Serialisierung des Todes durch die Guillotine, daß die Verschiebung der Souveränität (von der *potence,* dem Galgen, zum elektrischen Stuhl) bereits im 18. Jahrhundert anhebt.

292 Freud: *Massenpsychologie und Ich-Analyse* [Anm. 282], S. 63.

293 Wenn Joseph Goebbels davon sprach, daß der *Rundfunk das braune Haus, der Tempel des Nationalsozialismus* sei (in einer Rede an die Mitarbeiter des WDR, 1933), so verrät diese Sakralisierung des Mediums die Einsicht, daß die Souveränität in der Moderne sich über die mediale Übertragungsapparatur herstellt.

294 Hier wird deutlich, daß man an die Stelle der klassischen Dichotomien *ternäre* Ordnungen setzen muß

295 J. H. Winkler: *Die Eigenschaften der electrischen Materie und des electrischen Feuers, aus verschiedenen neuen Versuchen ercläret, und, nebst etlichen neuen Maschinen*

zum Electrischen beschrieben, Leipzig 1745, S. 66. – Winkler war zudem derjenige, der den Aspekt des Telematischen klar erfaßt und beschrieben hat: »Zum anderen kann man durch Hülfe der Electricität in einer Entfernung, so groß, als man sie auf dem Erdboden verlanget, in einem jeden bestimmten Puncte der Zeit eine Wirkung hervorbringen, z. B. ein Geschütz losbrennen, oder ein Zeichen geben.« Vgl. J. H. Winkler, *Grundriß zu einer ausführlichen Abhandlung von der Electricität.* Leipzig 1750.

296 Im Grunde macht die musikalische Note (die in der herkömmlichen Notation nur Zeitwert und Tonhöhe markiert) den Übergang noch sehr viel deutlicher.

297 In der Geschichte der Elektrizität läßt sich diese Logik immer wieder beobachten. So schreibt Carl Friedrich Gauß, nachdem ihm 1833 die Konstruktion einer telegraphischen Apparatur gelungen ist, an Alexander von Humboldt: »Im gegenwärtigen Jahre habe ich meine Apparate hauptsächlich für den Elektromagnetismus gebaut, ferner für die Induktion, die sich damit auf das schönste meßbar machen läßt. In der allerletzten Zeit sind wir beschäftigt mit galvanomagnetischen Versuchen in großem Maßstab. Eine Drahtverbindung zwischen der Sternwarte und dem Physikalischen Kabinett ist eingerichtet; ganze Drahtlänge ca. 5000 Fuß. (...) Die Wirkung ist sehr imponierend, ja sie ist jetzt zu stark für meine eigentlichen Zwecke. Ich wünschte nämlich zu versuchen, sie zu telegraphischen Zeichen zu gebrauchen, wozu ich mir eine Methode ausgesonnen habe; es leidet keinen Zweifel, daß es gehen wird, und zwar wird mit einem Apparat ein Buchstabe weniger als eine Minute erfordern.« (Carl Friedrich Gauß: Brief an Alexander von Humboldt, Göttingen, 13.6.1833. In: *Carl Friedrich Gauß. Der »Fürst der Mathematiker« in Briefen und Gesprächen.* Hg. von Kurt R. Biermann. München 1990, S. 153)

298 Vgl. Gaston Bachelard: »Die Epistemologie der Physik«. In: ders.: *Epistemologie.* Berlin/Frankfurt/M./Wien 1971, S. 51-52 [ausgew. Texte]. – Es ist kein nebensächliches Detail, daß die Computer der vierziger und fünfziger Jahre, wie sie Turing und von Neumann entwarfen, sich zur Speicherung der Informationen Vakuumröhren bedienten. Selbstverständlich wurde die Vakuumröhre als das Analogon der Hirnzelle aufgefaßt. Vgl. John von Neumann: *Die Rechenmaschine und das Gehirn.* München ²1965, S. 48.

299 »SALVIATI Beachtet, daß ich von einer vollkommen runden Kugel und einer ausgezeichnet glatten Ebene gesprochen habe, um damit alle äußeren und zufälligen Hindernisse auszuschließen. Ebenso möchte ich denn auch, daß Ihr von der Luft absehst, welche insofern ein Hindernis bildet, als sie dem Durchschneiden einen Widerstand entgegensetzt, desgleichen von allen anderen zufälligen Hemmnissen, wenn etwa solche vorhanden sein sollten.« (Galileo Galilei: »Dialog über die Weltsysteme«. In: ders.: *Siderius nuntius.* Hg. und eingel. von Hans Blumenberg. Frankfurt/M. 1965, S. 180)

300 Der analoge Prozeß läßt sich auch dort beobachten, wo es nicht um die Frage der Übertragungssubstanz, sondern um die Frage der Übertragungs*logik* geht. Jacquards Webstuhl, der an die Stelle des Zeichens das Loch setzt, folgt derselben Bewegung, ebenso wie die Räderwerkwalzen, die sich im Laufe des 19. Jahrhunderts

in Lochkarten verwandeln. Vgl. Burckhardt: *Metamorphosen* [Anm. 11], S. 242 f.

301 Hier liegt der Bezug zur romantischen Naturphilosophie, zu Schelling, Schleiermacher, Novalis, Ritter. Liest man die Texte, die die mystische Vereinigung mit der Weltseele feiern, so läßt sich unschwer die Erfahrung des Elektroschocks, oder allgemeiner gesprochen: die nervöse Entgrenzung wiedererkennen: »Ich liege am Busen der unendlichen Welt: ich bin in diesem Augenblick ihre Seele; denn ich fühle alle ihre Kräfte und ihr unendliches Leben wie mein eigenes; sie ist in diesem Augenblick mein Leib, denn ich durchdringe ihre Muskeln und ihre Glieder wie meine eigenen, und ihre innersten Nerven bewegen sich nach meinem Sinn und meiner Ahndung wie die meinigen.« (Friedrich Schleiermacher: *Über die Religion. Reden an die Gebildeten unter ihren Verächtern*. Göttingen ⁶1967. 2. Rede, S. 64)

302 Die Rezeption der mystischen Texte, von Meister Eckhart bis Jakob Böhme, ist ein deutlicher Indikator dafür, daß das *gnostische Tableau* seine Virulenz entfaltet.

303 Vgl. Torlais: *Un physicien au siècle des lumières: l'Abbé Nollet* [Anm. 274]. – Benjamin Franklin führt in einer Vorlesung aus, daß »eine künstliche Spinne, durch elektrisches Feuer animiert, sich wie eine wirkliche Spinne verhalte«. (Benjamin Franklin: »Course of Experiments«. In: ders.: *Writings*. New York 1987, S. 355)

304 Charles F. Briggs, Augustus Maverick: *The Story of the Telegraph and a History of the Great Atlantic Cable*. New York 1858, S. 12-13. – Wenig später heißt es im selben Text: »The inspired author of the Book of Job exclaims in an interrogatory, meant to bear the burden of the impossible, ›Canst thou send lightnings that they may go, and say unto Thee, here we are?‹ But this is precisely what science has done in the Electric Telegraph.« (Ebd., S. 21)

305 Heidegger hat die *conditio humana* als »Wesen der Ferne« beschrieben. »Und so ist der Mensch, als existierende Transzendenz überschwingend in Möglichkeiten, ein Wesen der Ferne. Nur durch ursprüngliche Fernen, die er sich in seiner Transzendenz zu allem Seienden bildet, kommt in ihm die wahre Nähe zu den Dingen ins Steigen. Und nur das Hörenkönnen in die Ferne zeitigt dem Dasein als Selbst das Erwachen der Antwort des Mitdaseins, im Mitsein, in dem es die Ichheit darangeben kann, um sich als eigentliches Selbst zu gewinnen.« (Martin Heidegger: *Vom Wesen des Grundes*. Frankfurt/M. ⁶1973, S. 54)

306 Hier könnte man jene Gedanken, die die Patristik zur Frage von Zeit und Ewigkeit eingenommen hat, als Gedankenmodell benutzen.

307 Vgl. Pierre Levi: *Die kollektive Intelligenz*. Berlin 1998. Dieses Buch läßt sich gleichsam als die Übertragung des Weltseele-Phantasmas auf die realen Kommunikationsbedingungen in Zeiten des Internets lesen. Die leitende Phantasie (wie sie auch die »Graswurzelbewegung« der Internet-Pioniere vertritt) besteht in der Bildung utopischer Gemeinschaften, die selbstorganisiert in herrschaftsfreien Räumen miteinander kommunizieren. Sehr viel zweideutiger indes erscheinen die neuen Kommunikationsverhältnisse, wenn man sie unter ökonomischen Gesichtspunkten betrachtet. Vgl. Dan Schiller: *Digital Capitalism. Networking the Global Market System*. Cambridge/London 1999. Hier spricht Schiller, der

das Netz mit der Theorie des Neoliberalismus zusammendenkt, von einer faktischen Balkanisierung und vergleicht die abgeschlossenen Binnenräume des Internets (die Intranets) mit der Parzellierung des Gemeinwesens, wie dies im Vor-Bürgerkriegs-England des 17. Jahrhunderts der Fall war. (Vgl. ebd., S. 77)

308 Marshall McLuhan: *Die magischen Kanäle. Understanding Media.* Dresden/Basel ²1995, S. 375-376.

309 Vgl. Benjamin Franklin: *Briefe von der Elektrizität.* Aus dem Englischen übersetzt, nebst Anmerkungen von C. Wilcke. Leipzig 1758, S. 73.

310 Die beiden Kinnerly-Lectures, die Benjamin Franklin im Jahr 1751 hielt, sind insofern ein interessanter Beleg, als hier in kürzester Form die Überzeugungen ebenso wie die befremdlichen, allein der Elektrizität zugeschriebenen Phänomene hintereinander aufgelistet sind. Franklin legt dar: »(...) II. Daß das elektrische Feuer ein wirkliches Element ist, das sich von all denen bis dato bekannten und benannten Elementen unterscheidet, daß es aus der Materie hervorgeholt werde (nicht erzeugt), und zwar durch die Reibung mit Glas und anderem. – III. Daß es eine außerordentlich feine Flüssigkeit ist. – IV. Daß es keine wahrnehmbare Zeit benötigt, um große Raumentfernungen zu durchqueren. – V. Daß es innig mit der Substanz all der anderen Flüssigkeiten und Festkörper unseres Globus vermischt ist. – VI. Daß unsere Körper jederzeit soviel Elektrizität enthalten, um ein Haus in Brand zu setzen. – VII. Daß es, obschon es unbrennbare Materie erhitzt, selbst keine fühlbare Hitze aufweist. – VIII. Daß es sich von der gemeinen Materie darin unterscheidet, daß sich seine Teile gegenseitig nicht anziehen, sondern abstoßen. – IX. Daß es stark von jeglicher Materie angezogen wird. – X. Eine künstliche Spinne, die durch das elektrische Feuer belebt worden ist, und sich wie eine wirkliche Spinne verhält. – XI. Ein beständiger Sandregen, der sich ebenso schnell erhebt wie er fällt. (...) – XIII. Ein Blatt vom schwersten Metall, das in der Luft schwebt, wie man es von Mohammeds Grab behauptet. – XIV. Eine Erscheinung wie Fische, die in der Luft schwimmen. – XV. Daß dieses Feuer im Wasser leben wird, und daß ein Fluß nicht ausreicht, um den kleinsten Funken davon zu löschen.« (Vgl. Benjamin Franklin: »Course of Experiments« [Anm. 303], S. 355 f. [Übersetzung M.B.]) In der zweiten Lektion wird ein *elektrisiertes Geldstück* angekündigt, das niemand annehmen will; wie man jemandem ein Geldstück aus dem Mund zieht, ohne ihn zu berühren; wie man einer Dame funkensprühende Blicke entlockt; wie man mit der Elektrizität ein sauberes Loch in ein Papier brennt, Metall schmilzt, Tiere tötet (»wenn einer der Gesellschaft ein solches zu diesem Zweck opfern möchte«), wie eine Maschine mittels des elektrischen Feuers acht Glocken antreibt etc.

311 Vgl. Max Jammer: *Das Problem des Raumes. Die Entwicklung der Raumtheorien.* Darmstadt 1960, S. 160 ff. – Ludwig Lange schlägt, um die Revolutionierung des Raumkonzepts zu beschreiben, andere Formulierung vor: Der absolute und unbewegliche Raum wird durch einen *Raum in Bewegung*, ein Trägheitssystem ersetzt.

312 »Was die Legitimität dieses Verfahrens anbelangt, so soll als allgemeines Prinzip der Sprache (und nicht als Besonderheit allein der Mathematik) angemerkt werden,

daß es uns gestattet ist, Symbole zu benutzen, um mit ihnen darzustellen, was immer wir darstellen wollen – Dinge, Operationen, Beziehungen.« (George Boole: »On Certain Theorems in the Calculus Variations« [1838]. Zit. nach Desmond MacHale: *George Boole. His life and work*. Dublin 1985, S. 50 [Übersetzung, M.B.]). Vor diesem Hintergrund ist plausibel, daß Boole als der Begründer der Informationswissenschaft angesehen wird. Vgl. McHale, ebd., S. 72.

313 Vgl. Erwin Schrödinger: *Die Struktur der Raum-Zeit*. Darmstadt 1987, S. 11.

314 Brief an Woronzow Greig, 15. November 1844, Somerville Papers, Bodleian Library, Oxford University, Dep. c. 367, zit. nach Dorothy Stein: *Ada. A Life and a Legacy*. Cambridge 1985, S. 142-143 [Übersetzung, M.B.])

315 Brief an William King [Lord Lovelace], 15. September 1843, Lovelace Papers 166, fol. 74, zit. nach Dorothy Stein: *Ada* [Anm. 314], S. 126.

316 Vgl. die Biographie von Dorothy Stein: *Ada* [Anm. 314].

317 Ich würde so weit gehen, in der bereits erwähnten Booleschen Formel $x = x^2$ die Formel der modernen Hysterie zu orten. Diese Formel hat eine zugleich reale wie phantasmatische Seite. Steht sie einerseits für die grenzenlose Produktivität der digitalen Gesellschaftsmaschine, so ist sie andererseits – auf der Ebene der Zeugung – eine tiefe Demütigung.

318 Die Vernachlässigung, die Babbage, aber mehr noch George Boole erfahren haben, ist eine Merkwürdigkeit ersten Ranges, die eine eigene Analyse verdiente. Es spricht für sich, daß Babbages Autobiographie nicht ins Deutsche übersetze wurde, bis ich dies (gemeinsam mit meinem Bruder Wolfram Burckhardt) selbst veranlaßt habe.

319 Vgl. Doris Langley Moore: *Ada. Countess of Lovelace, Byron's Legitimate Daughter*. London 1977. – Christopher Evans: *The Making of the Micro*. London 1981. – Die Mystifikationen um Ada, die nicht von ungefähr (als apokryphe Gestalt) als Name einer Programmiersprache der Nachwelt überkommen ist, sind in der Tat höchst erstaunlich und wären eine eigene Betrachtung wert. Dorothy Stein, die eine vorzügliche Biographie zu Ada Lovelace vorgelegt hat, hat ein Großteil dieser Mystifikationen untersucht und ein sehr viel nüchterneres Bild gezeichnet. Die folgenden Gedanken gehen von Dorothy Steins Ausführungen aus.

320 »Miss M bewundere ich«, so schreibt er an die Tante der jungen Miss Milbanke, die ihm gut bekannte Lady Melbourne, »weil sie eine gescheite Frau ist, eine liebenswerte Frau und von vornehmer Geburt, denn in diesem letzten Punkt habe ich immer noch ein paar ererbte normannische und schottische Vorurteile, wenn ich heiraten soll. Was die Liebe anbelangt, das gibt sich in einer Woche (vorausgesetzt, die Dame besitzt einen vernünftigen Anteil daran); außerdem fährt eine Ehe besser mit Achtung und Vertrauen als mit Romantik (...)« (George Gordon Byron: *In seinen Briefen und Tagebüchern*. Hg. von Cordula Gigon. Zürich/Stuttgart 1963, S. 144). Und an anderer Stelle, noch ein wenig prosaischer: »Wenn Ihre Nichte verfügbar ist, würde ich sie vorziehen; wenn nicht, die erste beste Frau, die nicht aussieht, als ob sie mir in Gesicht spucken würde.« (Ebd., S. 146)

321 Byron: *In seinen Briefen und Tagebüchern* [Anm. 320], S. 128.

322 »Wie gern hätte ich doch ein mathematisches Kind, und denk', was für ein

Vergnügen wäre es, es zu unterrichten, und wie fähig wäre ich darin, wenn es alt genug dafür ist (denn im ersten Jahr, so denke ich, sollte ich damit nicht beginnen).« (Augusta Ada Lovelace, Somerville Papers, Bodleian Library, Oxford University. Brief an Mary Somerville, 10. April 1836. Zit. nach Dorothy Stein: *Ada* [Anm. 314], S. 57)

323 Vgl. Stein: *Ada* [Anm. 314].

324 Wenn ich, was ich nur sehr zurückhaltend tue, psychoanalytisch argumentiere, so hat man es hier nicht mit einem klassisch narzißtischen Verhalten zu tun (bei dem es um die Besetzung des Selbst mit einer vergrößernden Imago geht), sondern um das eigentlich deterritorialisierte Selbst, das sich erst, über eine Größenphantasie zweiter Ordnung, restituiert. Es ist also nicht die Identifikation mit einem Elternteil, sondern die Identifikation mit einem dritten, einem eigentlich apersonalen Bild: hier wunderbar ausgedrückt im Wunschbild des »mathematischen Kindes«.

325 Augusta Ada schreibt, achtzehnjährig, einen Aufsatz darüber, daß das Gebot »Du sollst deinen Vater und deine Mutter ehren« in dem Maße abnehmen müsse, in dem das Kind-Sein verschwindet – ein Gedankengang, der in seiner Berufung auf die Ökonomie des Gefühls verrät, daß hier die Frage nach einer grundlegenden Schuld gestellt wird.

326 So schreibt Ada über einen ihrer Meinung nach nicht tauglichen Phrenologen: »Ich bin der Meinung, daß er in Bezug auf meine Person in vielerlei Hinsicht versagte. Eines meiner typischen Charaktermerkmale traf er sehr geschickt & sehr exakt, sprich: meinen maßlosen Schmerz & meine außerordentliche Verlegenheit, was die geringste Herabsetzung durch andere betrifft, sowie die Tendenz, gewisse Umstände in bemerkenswertem Ausmaß aufzubauschen & zu übertreiben. – Er verweilte sehr lange bei der angeblichen Vorherrschaft meiner Gefühle über die übrigen Komponenten meiner Person. Hier liegt er nunmehr falsch. Dem Intellekt steht zumindest ein ebenbürtiger Anteil zu, wenn er nicht gar den endgültigen Sieg davonträgt, was er meiner Meinung nach tut. Er versicherte mir, daß die Organe der Kampfeslust, der Destruktivität, der Selbstachtung, der Hoffnung, der Disziplin & der Zeit in keinerlei Proportion zum Rest meines Kopfes stünden; einmal abgesehen von meiner Entschlossenheit, dem Pflichtgefühl & der Kausalität sei mein Charakter ein gänzlich schwacher. – Ob es sich wohl einrichten läßt, daß wir in Paris von der dort ansässigen Koryphäe phrenologisiert werden?«

327 Augusta Ada Lovelace, Brief an Mrs. Barwell, 13. Dezember 1840, Lovelace Papers. Zit. nach Stein: *Ada* [Anm. 314], S. 66.

328 Vgl. Charles Babbage: *Passages from the Life of a Philosopher*. In: ders.: *Works*. London 1989, Bd. 11, S. 2. [Deutsche Ausgabe: Charles Babbage: *Passagen aus einem Philosophenleben*. Berlin 1997]

329 Babbage: *Passages* [Anm. 328], S. 340.

330 Vgl. ebd., S. 89-90.

331 »Jeder Satz Lochkarten, der für eine bestimmte Formel gemacht worden ist, wird für alle künftigen Zeiten diese Formel berechnen, welche Konstanten es auch immer sein mögen. Daher wird die Analytische Maschine über einer Bibliothek

ihrer selbst verfügen. Jeder Kartensatz, der einmal gemacht worden ist, wird für alle Zukunft jene Kalkulationen reproduzieren, für die er einmal programmiert worden ist.« (Ebd., S. 90)

332 »Thus the Analytical Engine first computes and punches on cards its own tabular numbers. These are brought to it by its attendant when demanded. But the engine itself takes care that the right card is brought to it by verifying the number of that card by the number of the card which is demanded. The engine will always reject a wrong card by continually ringing a loud bell, and stopping itself until supplied with the precise intellectual food it demands.« (Ebd., S. 92)

333 Bei einer Abstimmung im House of Common gibt es nur eine einzige Stimme, die sich für Babbages Fortsetzungsprojekt stark macht.

334 So lautet der Brief einer Neunzehnjährigen: »at this moment I can hardly hold my pen from the shaking of my hand, though I cannot complain of being what people call ill.... When I am weak, I am always so exceedingly terrified at nobody knows what, that I can hardly help having an agitated look & manner.« (Brief an Mary Somerville, 20. Februar 1835. Zit. nach Stein: *Ada* [Anm. 314], S. 51)

335 »Wie weit ich wirklich und ausdauernd zu einem Sinn von religiöser Pflichterfüllung gelange, wird allein die Zeit weisen, ich selbst kann mir dabei nur mißtrauen... Sie haben sehr viel über das Thema gesprochen, daß wir unsere Imaginationen und Gedanken kontrollieren müssen. Ich denke jetzt oft daran, zumal ich nicht umhin kann einzusehen, daß dies eine Hauptpflicht für jemand in meinen Umständen ist... Ich muß aufhören, das Leben als Lust und Selbstgratifikation zu begreifen; und es gibt nur eine Form der Anregung, nämlich: das des Studiums und des intellektuellen Fortkommens. Ich denke, daß allein die sehr gründliche & intensive Hingabe an Fächer meine Imagination davor bewahrt, sich zu verirren, oder die Leere zu füllen, die die Lust auf Unterhaltung in meinem Geist hinterlassen hat. (...) Wenn Sie mir den großen Gefallen tun könnten, mir die Wohltat Ihres Rates zuteil werden zu lassen, welches das ratsamste Studienfeld für mich wäre, so wäre ich Ihnen überaus dankbar. – Ich darf sagen, daß ich die Zeit zu meiner Verfügung habe und gewillt bin, mich jeder Mühe zu unterziehen. Ich denke, daß das erste ein Kurs durch die Mathematik sein könnte – das heißt: Euklid, Arithmetik und Algebra; da ich keine vollständige Anfängerin in diesen Fächern bin, denke ich, daß keine ernsten Schwierigkeiten auftreten werden, insbesondere wenn ich in besonders extremen Fällen auf Sie zurückkommen kann. (...) Kurzum, hier bin ich, bereit unterwiesen zu werden!« (Brief an Dr. King. Lovelace Papers, 9. März 1834. Zit. nach Stein: *Ada* [Anm. 314], S. 42-43 [Übersetzung Björn Bossmann])

336 Michel Foucault hat, wie ich finde, diesen Zusammenhang für das 19. Jahrhundert überaus treffend dargelegt. Vgl. Foucault: *Sexualität und Wahrheit*. Bd. 1. Frankfurt/M. 1977.

337 Brief an die Mutter, 6. Februar 1841, Lovelace Papers 42, fol. 12. Zit. nach Stein: *Ada* [Anm. 314], S. 86.

338 Schon das Schreiben, mit dem sie Babbage um mathematische Unterweisung angeht, zeigt in gewisser Hinsicht eine sonderbare Verlagerung, stellt sie nicht als

die Bittstellerin vor, sondern als eine etwas heikle Person, ein delikates Nervenkostüm, das auf eine bestimmte Art und Weise behandelt werden muß: »Ich habe mir überlegt, im nächsten Jahr Unterricht in der Stadt zu nehmen, aber die Schwierigkeit besteht darin, den Mann zu finden. Ich habe eine besondere Weise zu lernen & denke, daß es ein besonderer Mann sein muß, um mich mit Erfolg zu unterrichten. Halten Sie mich nicht für eingebildet, denn ich bin gewiß die letzte, die übergroß von sich denkt; jedoch glaube ich, daß ich die Kraft habe, im Verfolg derartiger Dinge so weit zu gehen, wie ich will, und wo sich ein solch entschiedener Geschmack artikuliert, ja, ich sollte fast sagen: eine Leidenschaft, ist die Frage zu stellen, ob dem nicht immer auch eine dementsprechende Portion natürlichen Genies entspricht.« (Brief an Babbage, November 1839; Add. Mss 3791, fol. 87. Zit. nach Stein: *Ada* [Anm. 314], S. 65 [Übersetzung Björn Bossmann])

339 Babbage selbst erwähnt die »Zusammenarbeit« bezeichnenderweise in seiner Autobiographie nur ein einziges Mal.

340 Brief an William King [Lord Lovelace], 15. September 1843, Lovelace Papers 166, fol. 74. Zit. nach Stein: *Ada* [Anm. 314], S. 126.

341 »I have the most painful & ardent desire & aspiring after perfection and achievement in SOMETHING, ... & these in the want & struggle to vent & express much deep-hidden & undeveloped power & feeling; & yet I can as yet find nothing that fixes & forces me in any way that could let to definite & complete results.« (Ebd., S. 142-143)

342 Es ist interessant, daß ihre Mutter, als es ihr gelungen ist, sich die Pflegehoheit über die sterbende Tochter zu verschaffen, noch immer alles daransetzt, ihr allerlei Geheimnisse zu entreißen.

343 Vgl. Lacan: »Das Drängen des Buchstabens und die Vernunft seit Freud«. In: ders.: *Schriften 2*. Ausgew. und hg. von Norbert Haas. Olten/Freiburg 1975, S. 15-55. – Peter Gay schreibt: »With much justice, Freud's project has been called Newtonian.« Vgl. Peter Gay: *A Life of Our Times*. London/Melbourne 1988. S. 79.

344 Freud: *Neue Folge der Vorlesungen zur Einführung in die Psychoanalyse* (1933). In: ders.: *Gesammelte Werke* [Anm. 17], Bd. 15, S. 80.

345 Dieser kategorische Ausschluß freilich stellt ein latentes Problem dar, dem sich Freud immer wieder stellen muß: »Ich will Ihnen nur verraten, daß ich auf längst eingeschlagenen Wegen endlich die Auflösung des Rätsels von Zeit und Raum und den so lange gesuchten Mechanismus der Angstentbindung gefunden habe.« (Brief an Ferenczi, 31. Juli 1915. Zit. nach Ilse Grubrich-Simitis: »Metapsychologie und Metabiologie«. In: Freud: *Übersicht der Übertragungsneurosen*. Hg. und ediert von Ilse Grubrich-Simitis. Frankfurt/M. 1985, S. 87) Im Jahr 1916 schreibt Freud: »Aber die Traumarbeit setzt überhaupt, wo es angeht, zeitliche Beziehungen in räumliche um und stellt sie als solche dar. Man sieht etwa im Traum eine Szene zwischen Personen, die sehr klein und weit entfernt erscheinen, als ob man sie durch das umgekehrte Ende eines Opernglases betrachten würde. Die Kleinheit wie die räumliche Entfernung bedeuten hier das gleiche, es ist die Entfernung in der Zeit gemeint.« (29. Vorlesung, Revision der Traumlehre. In: Freud: *Studien-*

ausgabe. Bd. 1, S. 452) – Einige Jahre später heißt es im Aufsatz »Das Unbewußte«: »Die Vorgänge des Systems Ubw sind zeitlos, d. h. sie sind nicht zeitlich geordnet, werden durch die verlaufende Zeit nicht geändert, haben überhaupt keine Beziehung zur Zeit. Auch die Zeitbeziehung ist an die Arbeit des Bw-Systems geknüpft. (...) Fassen wir zusammen: Widerspruchslosigkeit, Primärvorgang (Beweglichkeit der Besetzungen), Zeitlosigkeit und Ersetzung der äußeren Realität durch die psychische sind die Charaktere, die wir an zum System Ubw gehörigen Vorgängen zu finden erwarten dürfen.« (Freud: »Das Unbewußte« [Anm. 17], S. 286)

346 »(...) wo ich den Anderen kaum entbehren kann und Du der einzige Andere, der *alter,* bist.« (Freud an Fließ, 21. Mai 1894. In: Sigmund Freud: *Briefe an Wilhelm Fließ 1887-1904.* Hg. von Jeffrey Moussaieff Masson. Frankfurt/M. 1986. Brief 42, S. 66.

347 Freud an Fließ, 2.4.1896. In: Sigmund Freud: *Briefe an Wilhelm Fließ 1887-1904* [Anm. 346], Brief 93, S. 190.

348 Es ist interessant, daß Freud das Unbewußte in Anlehnung an Nietzsche und Groddeck zum »Es« umtauft – als wäre er bestrebt, die persönliche Urheberschaft durch einen ausdrücklichen Verweis auf andere aufzuheben.

349 Vgl. hier vor allem die Habilitationsschrift von Odo Marquard, der die Freudsche Lehre in die Tradition der Transzendentalphilosophie stellt. (Odo Marquard: *Transzendentaler Idealismus, Romantische Naturphilosophie, Psychoanalyse.* Köln 1987, S. 237)

350 Ludwig Binswanger: Bericht seines zweiten Besuches in Wien 15.-26.1.1910. In: Sigmund Freud / Ludwig Binswanger: *Briefwechsel 1908-1938,* Frankfurt/M. 1992, S. 261)

351 Vgl. Jean Laplanche: »Menschendasein und Zeit«. In: *Philosophie und Psychoanalyse.* Hg. von Ludwig Nagl/Helmuth Vetter/Harald Leupold-Löwenthal. Frankfurt/M. 1990, S. 173.

352 Immanuel Kant: Vorrede zur zweiten Auflage der *Kritik der reinen Vernunft.*

353 Freud: »Das Unbewußte« [Anm. 17], S. 77-78.

354 Vgl. *Studien zur Hysterie.* – Zu den Schriften der Frühzeit vgl. Rainer Spehlmann: *Sigmund Freuds neurologische Schriften.* Berlin/Göttingen/Heidelberg 1953.

355 Vgl. einige Titel seiner neurologischen Publikationen. Zu Fragen des Nervensystems: *Beobachtungen über Gestalt und feineren Aufbau der als Hoden beschriebenen Lappenorgane des Aals; Über den Ursprung der hinteren Nervenwurzeln im Rückenmark von Ammocoetes (Petrmyzon Planeri); Über Spinalganglien und Rückenmark des Petromyzon; Notiz über eine Methode zur anatomischen Präparation des Nervensystems; Über den Bau der Nervenfasern und Nervenzellen beim Flußkrebs* – Dann seine Arbeiten zum Kokain *Über Coca* etc. – Es gibt verschiedene Aufsätze, die sich mit dem Gehirnaufbau beschäftigen (hierzu gehört auch die oft erwähnte Arbeit zur Aphasie), dann einige Publikationen, die *Lähmungen* behandeln – auch hier in enger Verbindung mit neurologischen Fragen.

356 Sigmund Freud: *Abriß der Psychoanalyse* [1938]. In: ders.: *Gesammelte Werke* [Anm. 17], Bd 17, S. 126.

357 Zur Biographie: Peter Gay: *A Life of Our Times* [Anm. 343]. – Ernest Jones: *Das Leben und Werk von Sigmund Freud*. Bern/Stuttgart 1960. – Max Schur: *Freud. Living and Dying*. London 1972. – Didier Anzieu: *Freuds Selbstanalyse und die Entdeckung der Psychoanalyse*. Bd. 1. München/Wien 1990. Anzieu beschreibt insbesondere den intellektuellen Weg Freuds.

358 »Ich bin hier ziemlich allein mit der Aufklärung der Neurosen. Sie betrachten mich so ziemlich als einen Monomanen, und ich habe die deutliche Empfindung, an eines der großen Geheimnisse der Natur gerührt zu haben.« (21. Mai 1894. In: Freud: *Briefe an Wilhelm Fließ* [Anm. 346], Brief 42, S. 67)

359 Brief vom 26. April 1895. Ebd., S. 127.

360 20. Oktober 1895. Ebd., Brief 78, S. 149-150.

361 Im Artikel »Aphasie« verweist Freud auf das merkwürdige Detail, daß das Rückenmark an eine größere Anzahl von Nervenfibern angeschlossen ist als das Gehirn selbst. Daraus folgt notwendig, daß das, was das Gehirn entgegennimmt, keine vollständige *Repräsentation* des Sinnesapparates darstellen kann, vielmehr findet etwas statt, was man im Register der Informationsverarbeitung eine Reduktion von *Information* nennt. Es ist dieser Hintergrund, der Freud vom »unbewußten Vorstellungsleben« sprechen läßt – wobei sich die Unbewußtheit schon aus dem Potentialgefälle der Reizmenge ergibt. – In der Freud-Deutung ist dieser Aspekt als *Biologismus* zwar wohlbekannt, gleichwohl werden die physiologischen Prämissen Freuds für die Konstruktion seines Begriffsapparates unterbewertet. (Vgl. Jean Laplanche: *Leben und Tod in der Psychoanalyse*. Olten/Freiburg 1974, S. 13)

362 Freud selbst artikuliert im Begriff der *Kontaktschranke* eine Vorform dessen, was Sherrington 1897 unter dem Titel *Synapse* einführen wird. Es ist interessant, daß die Freudsche Kontaktschranke in der Entwicklung seines theoretischen Gebäudes die Logik des Widerstands und der Verdrängung regelt.

363 Vgl. Paul Ricœur: *Die Interpretation*. Frankfurt/M. 1974, S. 86.

364 Sigmund Freud: *Entwurf einer Psychologie*. In: *Gesammelte Werke*. Nachtragsband. Frankfurt/M. 1987, S. 387.

365 Ebd.

366 Dem korrespondiert im übrigen, daß jene Quantität (also die Primärenergie, die Freud im *Entwurf* vorschlägt und die gleichsam ein mathematisches Gewand trägt) keinerlei Spezifizierung erfährt, sondern daß pauschal von »geringen, großen« oder »übergroßen« Quantitäten die Rede ist. Wie Ricœur treffend bemerkt: »Eine wahrlich seltsame Quantität!« (Paul Ricœur: *Die Interpretation* [Anm. 363], S. 87) – Laplanche schreibt: »Nun zur Quantität. Von ihr kann man keine Spezifizierung oder Beschreibung geben. Sie ist reine Quantität ohne irgendein Element, das sie ›qualifizieren‹ könnte. Über diese freie Quantität wird in der Freudschen Doktrin nie etwas Genaueres gesagt; sie bleibt eine Art hypothetisches X.« (Jean Laplanche: *Leben und Tod in der Psychoanalyse* [Anm. 361], S. 85).

367 Freud: *Entwurf einer Psychologie* [Anm 364], S. 388.

368 Freud: *Gesammelte Schriften*, Leipzig/Wien/Zürich 1924. Bd VI, S. 194.

369 Lacan, der einen tiefen Sinn für den frühen, *energetischen* Freud hat, hat diese

merkwürdige Dialektik deutlich bemerkt, wenngleich er sie nicht dem *Entwurf* zuordnet: »Das Realitätsprinzip besteht darin, uns unsere Lüste zu verschaffen, jene Lüste, deren Tendenz gerade die ist, zum Aufhören zu kommen.« (Jacques Lacan: »Der Kreislauf«, In: ders.: *Das Ich in der Theorie Freuds und in der Technik der Psychoanalyse. Das Seminar, Buch 2* (1954-1955). Olten/Freiburg 1980, S. 112)

370 »Wie unwillkürlich denkt man hier an das ursprüngliche, durch alle Modifikationen festgehaltene Bestreben des Nervensystems, sich die Belastung durch Qn zu ersparen oder sie möglichst zu verringern. Durch die Not des Lebens gezwungen, hat das Nervensystem sich einen Qn-Vorrat anlegen müssen. Dazu [hat es] eine[r] Vermehrung seiner Neurone bedurft, und diese mußten undurchlässig sein. Nun erspart es sich die Erfüllung mit Qn, die Besetzung, wenigstens teilweise, indem es die Bahnungen herstellt. Man sieht also, die Bahnungen dienen der Primärfunktion [des Nervensystems].« (Freud: *Entwurf einer Psychologie* [Anm 364], S. 393)

371 Vgl. ebd., S. 399.

372 Ebd., S. 401.

373 »Ich sehe nur einen Ausweg, die Grundannahme über den Qn Ablauf zu revidieren. Ich habe denselben bisher nur als Übertragung von Qn von einem Neuron zum andern betrachtet. Er muß aber noch einen anderen Charakter haben, zeitlicher Natur, denn auch den anderen Massenbewegungen der Außenwelt hat die Mechanik der Physiker diese zeitliche Charakteristik gelassen, ich heiße dieselbe kurz: die Periode.« Wie aber wird dies Periode registriert? Freud kommt nun zu der Auffassung, daß auch die Sinnesorgane (Auge, Ohr etc.) eine Eigenperiode haben, nur daß diese, sozusagen als Grundschwingung des Apparates, nicht ins Bewußtsein dringt. Bleiben sie nach innen gleichsam *blinde Flecke*, so wirken sie nach außen als Filter. »Die Sinnesorgane wirken nicht nur als Q-Schirme wie alle Nervenendapparate, sondern auch als Siebe, indem sie nur von gewissen Vorgängen mit bestimmter Periode Reiz durchlassen.« Registriert dieser »Sinnesapparat Abweichungen von dieser psychischen Eigenperiode«, so kommen diese als »Qualitäten zum Bewußtsein«. (Freud: *Entwurf einer Psychologe* [Anm 364], S. 402-403)

374 Vgl. ebd., S. 390.

375 Sigmund Freud und Josef Breuer: *Studien über Hysterie*. Frankfurt/M. ⁷1979, S. 8.

376 Freud an Fließ, 15. Oktober 1895. In: Freud: *Briefe an Wilhelm Fließ* [Anm. 346], Brief 76, S. 147.

377 6. Dezember 1896. Ebd., Brief 112, S. 217-220.

378 21. September 1897. Ebd., Brief 139, S. 283-284.

379 Ebd., S. 286.

380 Ebd.

381 22. Dezember 1897. Ebd., Brief 151, S. 315.

382 Vgl. Laplanche: *Leben und Tod in der Psychoanalyse* [Anm. 361], S. 54.

383 Das wäre das Argument, das gegen Odo Marquards tiefsinnigen und lesenswerten Ansatz vorzubringen ist. Unzweifelhaft steht Freud in der philosophischen

Tradition des 19. Jahrhunderts; er verdankt ihm die Denkfigur des Unbewußten, die Transzendentalphilosophie, die Elektrizität etc. – dennoch ist er derjenige, der in seiner radikalen Formulierung des Unbewußten dieses 19. Jahrhundert verabschiedet hat.

384 Dies tritt insbesondere in der Schule Lacans hervor, der unter den Freud-Exegeten nicht nur der besessenste Zeichentheoretiker ist, sondern ganz offenbar ein stark katholisches Erbe in sich trägt. »Damit wir das Auftreten der Disziplin der Linguistik an einem Punkt festmachen können, sagen wir, daß diese wie jede Wissenschaft im modernen Sinn besteht in dem konstituierenden Moment eines Algorithmus. Dieser Algorithmus ist:
S/s
zu lesen als: Signifikant über Signifikat, wobei das »über« dem Balken entspricht, der beide Teile trennt.
Das so geschriebene Zeichen verdanken wir Ferdinand de Saussure, obwohl es in dieser streng reduzierten Form sich in keinem der Schemata findet (...), die eine Gruppe von Schülern voll Ehrfurcht unter dem Titel *Cours de linguistique générale* zusammen herausgegeben hat – eine Publikation von höchstem Rang (...) Deshalb erweist man ihr zu Recht die Ehre der Formalisierung S/s, in der sich über die Vielfalt der Schulen hinweg der Einschnitt zeigt, mit dem die moderne Linguistik beginnt.« (Lacan: »Das Drängen des Buchstabens« [Anm. 343], S. 21)

385 Vgl. Judith Le Soldat: *Eine Theorie des menschlichen Unglücks. Trieb, Schuld, Phantasie*. Frankfurt/M. 1994, S. 20. – Der Traum von Irmas Injektion ist von unzähligen Interpreten analysiert worden. Vgl. insbesondere Jacques Lacan: »Der Traum von Irmas Injektion«. In: ders.: *Das Ich in der Theorie Freuds und in der Technik der Psychoanalyse. Das Seminar, Buch 2* (1954-1955). Olten/Freiburg 1980, S. 195); Erikson: »Das Traummuster der Psychoanalyse«. In: *Der unbekannte Freud*. Hg. von Jürgen vom Scheidt, München 1974; Anzieu: *Freuds Selbstanalyse und die Entdeckung der Psychoanalyse* [Anm. 357], S. 39 ff.

386 Vgl. Freud: *Die Traumdeutung* [Anm. 268], S. 111-112.

387 Das »gibt ihm seinen Ammoniakgeruch, wenn man es sich an der Luft zersetzen läßt«, schreibt Lacan, der sich hier kundig gemacht hat, und der nicht von ungefähr stets ein besonderes Sensorium für die Logos-Problematik an den Tag gelegt und z.B. den »Logos«-Aufsatz Heideggers ins Französische übersetzt hat. Vgl. dazu Elisabeth Roudinesco: *Jacques Lacan*, Paris 1993, S. 299 ff.

388 Freud an Fließ, 4. Mai 1896. In: Freud: *Briefe an Wilhelm Fließ* [Anm. 346], Brief 96, S. 195)

389 Vgl. Anzieu: *Freuds Selbstanalyse* [Anm. 357], S. 45.

390 Freud: »Das Unbewußte« [Anm. 17], S. 294.

391 22. Dezember 1897. In: Freud: *Briefe an Wilhelm Fließ* [Anm. 346], Brief 151, S. 314.

392 Vgl. Erikson: »Das Traummuster der Psychoanalyse« [Anm. 385], S. 74. – Le Soldat hat dies zu der These zugespitzt, »daß Freud im Sommer 1895 ohne jeden Zweifel das Rätsel des Traums entdeckte, nicht aber das Geheimnis seines eigenen Traumes. Das Verdrängte in ›Irmas Injektion‹ ist ihm nicht aufgegangen.«

393 Freud: *Neue Folge der Vorlesungen zur Einführung in die Psychoanalyse* (1933). In: ders.: *Gesammelte Werke* [Anm. 17], Bd. 15, S. 80.

394 Aus den Protokollen der Wiener Psychoanalytischen Vereinigung. 132. Protokoll. 22. Februar 1911. In: *Freud im Gespräch mit seinen Mitarbeitern*. Frankfurt/M. 1984, S. 124. – Daß Freud einen geschichtsphilosophischen Anspruch verfolgt, scheint in seinem Werk überall durch. Dabei wird Geschichte zu einer Form der Neurosenlehre. Den vielleicht merkwürdigsten, aber auch ehrlichsten Ausdruck hat dieses Unterfangen in dem von Ilse Grubrich-Simitis wiederaufgefundenen Manuskript *Übersicht der Übertragungsneurosen* aus dem Jahr 1915 angenommen. Jenes Diktum von den Übereinstimmungen im Seelenleben der Wilden und der Neurotiker, wie es *Totem und Tabu* als Untertitel beigegeben ist, wird hier im Geschichtsprozeß erfaßt und fortgeschrieben. Das in Angriff genommene Problem ist die Frage, unter welchen Bedingungen Geschichte überhaupt hat entstehen können, wie jene kulturellen Institutionen sich haben herausbilden können, denen es zunehmend gelingt, das Unbewußte in Schach zu halten und zur Sublimierung zu zwingen: das Inzesttabu, die Geburt der Sprache, das Patriarchat. Die Geschichte, die Freud erzählt (oder phantasiert, je nachdem), ist die Geschichte der Urhorde, von der Eiszeit an, und sie umfaßt, auf dem Weg von der Angst bis zur Hysterie und zur Zwangsneurose, die Geburt der Sprache und des Patriarchats, sie geht von der Zeit der *dementia praecox* über zur Vatermordszene, wo die in homoerotischer Paranoia zusammengeschlossenen Unterdrückten sich zusammenrotten, den Vater zu morden – um ihm alsbald, nach vollzogener Tat, in melancholisch-manischer Weise das Kulturdenkmal zu errichten: Religion, Sitte usf. Das wesentliche an dieser Geschichte, die man eine psychoanalytische Menschheitsgeschichte nennen könnte, ist die Reihenfolge. Diese Reihenfolge ist durchaus nicht kontingent, sondern markiert, in Freuds Vorstellung, eine Abfolge, die notwendig durchlaufen werden muß. Denn: »Vom einzelnen wird gefordert, alle Verdrängungen zu leisten, die vor ihm schon geleistet wurden.« [Vgl. dort Fußnote 54] In dieser Reihenfolge nimmt die Libido, als *prima materia* und absolute Energie, den ersten Platz ein: Dann erst folgt die Entwicklung des Bewußtseins (Angsthysterie), der Körper-Sprache (Hysterie), der Sprache (Zwangsneurose), die Geburt der Gesellschaft (Paranoia und Homosexualität) und schließlich, nach der vollzogenen Vatermordszene, die Entwicklung und Verinnerlichung des Kulturbegriffs als Vaterersatz (Melancholie-Manie). Das Entscheidende an dieser Reihenfolge ist, daß die Errichtung der kulturellen Institutionen im wesentlichen als eine Konversion von Libido begriffen wird, als Hemmung und Umwandlung jener ersten und absoluten Energie.

395 Im Aufsatz *Das Unbewußte* fragt er sich, ob die unbewußten Seelenvorgänge überhaupt zu einer Einheit zusammengefaßt werden können oder ob man genötigt ist, »nicht nur ein zweites Bewußtsein in uns anzunehmen, sondern auch ein drittes, viertes, vielleicht eine unabschließbare Reihe von Bewußtseinszuständen, die sämtlich uns und miteinander unbekannt sind«. (Freud: »Das Unbewußte« [Anm. 17], S. 269) Diese Frage entspricht nun (auf das Unbewußte gerichtet) exakt jenem Problem, das Kant in seinen *Metaphysischen Anfangsgründen der*

Naturwissenschaft behandelt: daß nämlich die Naturwissenschaft, wenn sie nicht ihren Begriff von Natur klärt, sich in so viele Naturwissenschaften aufzuspalten drohte, als es Dinge gibt. (Vgl. Immanuel Kant: *Metaphysische Anfangsgründe der Naturwissenschaft*. Erlangen 1984, S. III [Reprint der Originalausgabe Riga 1786])

396 Andrew Hodges: *Enigma*. Wien/New York ²1994.

397 Das Projekt der universalen Maschine an eine einzelne Figur, nämlich an Turing zu heften, halte ich für abwegig. Tatsächlich geht es hier um einen kollektiven Vorgang, der zudem weit ins 19. Jahrhundert, zu Charles Babbage und George Boole, zurückreicht.

398 Turing hatte zeitlebens eine besondere Vorliebe für Gifte. Beim Pilzesammeln war er entzückt zu erfahren, daß der giftigste Knollenblätterpilz *Amanita phalloides* genannt wird. Kurz vor seinem Tod, als er weitgehend mit naturphilosophischen Spekulationen beschäftigt war, nannte er die wachstumshemmende Chemikalie »Gift« – was anzeigt, daß er darin ein Prinzip der Gegen-Natur sah. Ein Jahr vor seinem Tod, anläßlich eines Schatzsuchespiels, hatte Turing für seine rätsel- und spielwütigen Mathematikerkollegen ein Spiel vorbereitet, bei dem die Spieler zwei Getränke austrinken mußten. Und zwar waren die Flaschen so präpariert, daß die Aufschrift auf dem Etikett erst sichtbar wurde, nachdem die Flasche geleert worden war. Turing hatte für dieses Spiel zwei Flaschen präpariert, eine trinkbare, die er *Gifttrank*, eine übelriechende, die er *Trankopfer* nannte.

399 Vgl. Richard Schickel: *Disneys Welt*. Berlin 1997, S. 34.

400 Vgl. Hodges, *Enigma* [Anm. 396], S. 44.

401 Am Ende des II. Weltkrieges entwirft Turing eine Verschlüsselungsapparatur, die hocheffizient ist – und fast ohne Bedienungspersonal auskommt. Freilich wird sie nicht in Betrieb genommen, ganz offenbar weil es den Militärs an Vorstellungsvermögen ermangelt, daß ein so massives Gesellschaftsgebilde, wie es die Dechiffrieranstalten sind, weitgehend durch eine Maschine ersetzt werden kann. Der Name, den Turing dieser Maschine gibt, ist jedoch überaus erhellend: Delilah. Diese Namensgebung verrät, daß sein Maschinenprojekt ein Depotenzierungsprojekt ist. – Eine andere Namensgebung für eine Maschine (einen Frequenzanalysator) lautet ABORT Mark 1.

402 Bevor Turing sich weitgehend naturphilosophischen Fragen widmet, denkt er über *Erziehungsprogramme* für seinen Computer, die *boy machine*, nach. – Die Metaphorik, wo von Schulinspektoren, Lehrverfahren etc. die Rede ist, beschreibt gleichsam eine Anamnese, eine nachträgliche Mechanisierung und Umcodierung des eigenen Entwicklungsweges. Turing nimmt dabei stets die Position der Autorität ein – was ein Analytiker wohl die *Identifikation mit dem Feind* nennen würde.

403 Vgl. Hodges: *Enigma* [Anm. 396], S. 545.

404 »Tatsächlich könnte man sagen, daß das Maschinen-Verhalten, das er [Turing] beschrieb – ein Verhalten ohne Relation zur Tat – nicht so sehr die Fähigkeit zu denken als die Fähigkeit zu träumen war.« (Hodges: *Enigma* [Anm. 396], S. 491)

405 Postum ist diese Strategie durchaus aufgegangen, kursiert die Vorstellung, Turing sei vom englischen – oder irgendeinem anderen – Geheimdienst ermordet worden.

406 Das ist die Geschichte, die Albert Camus im *Mythos des Sisyphos* erzählt hat.
407 »Im Juni 1954 erkannte niemand ein Symbol in dem Apfel, den er aß, gefüllt mit dem Gift der vierziger Jahre. Ohne Kenntnis der Umstände hatte das Symbol keine Bedeutung und konnte ebensowenig interpretiert werden, wie die anderen winzigen Fingerzeige, die er hinterließ.« (Hodges: *Enigma* [Anm. 396], S. 599 f.) Hodges, so könnte man sagen, sieht im vergifteten Apfel die Verdichtungsform all jener zeitlichen Umstände, die Turings Leben beeinträchtigten. »Er hatte«, so heißt es an anderer Stelle, »von zwei verbotenen Früchten gegessen, von jener der Welt und des Fleisches.« (S. 603) Vor dieser Folie ist Turing doppeltes Opfer: einmal der verbotenen Homosexualität, zum anderen des Umstandes, daß Wissenschaft in der Zeit der Atombombe und der Informationskriege nicht unschuldig bleiben kann. Was Hodges jedoch, obschon er sämtliche Details getreu wiedergibt, ausblendet, ist die Symboldimension, die der Apfel für Turing gehabt haben mag (der schon als Kind zu wissen behauptete, daß die verbotene Frucht des Paradieses kein Apfel, sondern eine Pflaume gewesen sei).
408 Es ist erstaunlich, daß jede Computergeschichte in den Initialen, mit denen sie die Geschichte des Computers beginnen läßt, ihr Geheimnis verrät. Paul E. Ceruzzi, der die jüngste Geschichte des modernen Computers vorgelegt hat, datiert den Anfang auf das ENIAC-Projekt zurück, dem, wie er sagt, ersten funktionstüchtigen Computer. Damit freilich, von einer Positivität ausgehend, wird unterschlagen, daß ein Teil dieser Bemühungen weit hinter das zurückfallen, was an gedanklicher Arbeit bereits geleistet worden ist – was nur zur Folge hatte, daß die Ingenieure Eckert und Mauchley über Hardware zu lösen versuchten, was gedankliche Arbeit hätte leisten können (*was man nicht im Kopf hat, das hat man in den Beinen*). Erstaunlicherweise schlägt sich dieses Verfehlen auch in der Beschreibung nieder, wofür schon der erste Satz beredtes Zeugnis liefert: »Computers were invented to compute.« (Vgl. Peruzzi: *A History of Modern Computing 1945-1995*. Cambridge 1998) Aber genau diese Einschränkung auf die Funktion der Rechenmaschine verfehlt den Charakter der Universalen Maschine, die nicht in einem bestimmten Zweck sich erschöpft, sondern als *Werkstatt* fungiert, die alle erdenklichen Werkzeuge in einer bestimmten, nämlich digitalen Form aufnehmen kann.
409 Volker Grassmuck: »Die Turing-Galaxis«. In: *Lettre International*. – In dieselbe Richtung, mit einem Luhmannschen Zungenschlag, weist Norbert Bolz: *Jenseits der Gutenberg-Galaxis*. München 1993.
410 Unter dem Gesichtspunkt, daß auch die Mathematik keine *reine* Wissenschaft darstellt, sondern in ihren Zahlensystemen das Denken ihrer Zeit spiegelt (ein Gedanke, der Cassirer zur Philosophie seiner *symbolischen Formen* gebracht hat), würde ich der Booleschen Absage an den *Repräsentanten* eine privilegierte Position einräumen. Boole spricht folgerichtig von der »Induktion« als dem höchsten geistigen Vermögen: »That process of mind by which we are enabled to discover general truths is called Induction. It is the highest exercise of our intellectual powers: and it is that which most specially distinguishes the mind of a man from that of the lower creatures. When through its operation, a science has been brought to that state in which Astronomy now is, a reverse process, to which we

give the name Deduction, becomes possible.« (George Boole: »The right Use of Leisure«. Zit. nach Desmond MacHale: *George Boole. His life and work.* Dublin 1985, S. 42). Ersetzt man den Begriff der Induktion durch den der *Einbildungskraft*, so artikuliert sich hier präzise die Inversion, wie Kant sie in der Philosophie vorweggenommen hat: der Vorrang der synthetischen Urteile a priori vor den empirischen, abgeleiteten Urteilen.

411 Für die Programmierer: So gelingt es Turing, durch Multiplikation mit 0 oder 1 bedingte Verzweigungen (das heißt: Entscheidungsbäume) zu realisieren. Sein Trick besteht darin, »so zu tun, als ob die Instruktion tatsächlich Zahlen wären« – und so wird, über die Multiplikation mit 0 oder 1 ein *switch* gesetzt. Zwar war Turing damit den meisten Computerspezialisten seiner Zeit um Jahre voraus, gleichwohl ist die Homogenisierung des mathematischen Raums (die keinen Unterschied zwischen Zahlen und Dingen macht) eine Leistung Booles. Und im Denken Booles werden die 0 und die 1, in alter religiös-philosophischer Manier, als das *Nichts* und das *Universum* aufgefaßt.

412 Vgl. Hodges: *Enigma* [Anm. 396], S. 435.

413 Man könnte die grundlegende, epistemologische Frage stellen, ob die Begründung der modernen Biologie im 18. Jahrhundert als eine Hinwendung zum »Leben« gelesen werden kann, oder ob sie nicht vielmehr vor der Folie der Apparatur gelesen werden muß. – Im Falle Turings und des Informationsbegriffs, wie er ihn in *On Computable Numbers* entwickelt, verschiebt sich das Primat eindeutig zugunsten der Apparatur. Im Jahr 1943 wird Turings Arbeit von den beiden Chicagoer Neurologen W. S. McCulloch und W. Pitts aufgegriffen, die sich ihrerseits daranmachen, die Neuronen in logischer Hinsicht zu beschreiben. Wenig später wird dies John von Neumann, dem amerikanischen Computerpionier ungarischer Herkunft, als Argument dienen, die Analogie von Hirn und elektrischer Schaltung darzulegen: »Nervenimpulse können offensichtlich als (zweiwertige) Markierungen im früher besprochenen Sinn betrachtet werden: Das Fehlen eines Impulses kann als ein Markierungswert (z. B. durch 0 bezeichnet), das Vorhandensein als ein anderer Markierungswert (durch 1 bezeichnet) interpretiert werden, was natürlich auf ein bestimmtes Axon (oder vielmehr auf alle Axone eines bestimmten Neutrons) bezogen und möglicherweise in einer spezifischen Zeitrelation zu anderen Vorgängen gesehen werden muß.« Daraus schlußfolgert er: »Das Neuron ist also ein Organ, das bestimmte physikalische Größen, nämlich Impulse, aufnimmt und abgibt. Nur bei Empfang gewisser gleichzeitiger Kombinationen von Impulsen wird es zur Aussendung eines eigenen Impulses angeregt, sonst nicht. Die Regeln, die den Zusammenhang zwischen Eingangs- und Ausgangsimpulsen beschreiben, sind die Regeln, die das Verhalten des Neurons als aktives Element bestimmen. Ganz offensichtlich handelt es sich hier um die Beschreibung der Funktion eines digitalen Elements. Daher ist die ursprüngliche Behauptung, daß das Nervensystem *prima facie* digitaler Natur ist, gerechtfertigt.« (John Neumann: *Die Rechenmaschine und das Gehirn*. München ²1965, S. 47-48)
Es ist augenfällig, daß die Konstruktion des *Elektronenhirns*, die noch einmal in

	der Debatte um die Künstliche Intelligenz zu großer Blüte kommen sollte, vor allem einen epistemologischen Rückkopplungsmechanismus darstellt.
414	Jacques Lacan: »Psychoanalyse und Kybernetik. Oder von der Natur der Sprache«. In: ders.: *Das Seminar. Das Ich in der Theorie Freuds und in der Technik der Psychoanalyse.* Freiburg 1980, S. 385.
415	Liest man zeitgenössische Evolutionsbiologen, so ist die perennierende Idee die *Ewigkeit der Information.* So schreibt Manfred Eigen: »Sämtliche Spielarten des Lebens haben einen gemeinsamen Ursprung. Der Ursprung ist die Information, die in allen Lebewesen nach dem gleichen Prinzip organisiert ist.« (Manfred Eigen: *Stufen zum Leben.* München/Zürich 1987, S. 50)
416	Hodges: *Enigma* [Anm. 396], S. 75.
417	Turings Argument ist cartesianisch durch und durch: Wenn Denken das Vorrecht einer unsterblichen Seele ist, was sollte Gott abhalten, es einer Maschine einzupflanzen? Vgl. Hodges: *Enigma* [Anm. 396], S. 480.
418	Ebd, S. 484.
419	»[Die logische Problemlösung] ist nur ein Vorgeschmack auf das, was kommen wird, und nur ein Schatten von dem, was sein wird. Wir müssen etwas Erfahrung mit der Maschine haben, bevor wir ihre Fähigkeiten wirklich kennen. Es mag Jahre dauern, bis wir uns an die neuen Möglichkeiten gewöhnen, aber ich kann nicht einsehen, warum sie nicht jeden beliebigen Bereich, der normalerweise vom menschlichen Intellekt erfaßt wird, betreten und schließlich darin unter gleichen Bedingungen konkurrieren sollte. Ich denke, man kann die Grenzlinie nicht einmal bei Sonetten ziehen, obwohl der Vergleich vielleicht ein bißchen unfair ist, weil ein von einer Maschine geschriebenes Sonett besser von einer anderen Maschine gewürdigt werden wird.« (Interview mit der *Times*, 1949, zit. nach Hodges: *Enigma* [Anm. 396], S. 468)
420	In einer Radiosendung (kurz vor seinem Verfahren) plaudert Turing über die Fragen, die der Maschine gestellt werden könnten. Ein Gesprächspartner fragt: »Müssen die Fragen Rechenaufgaben sein, oder kann ich sie fragen, was sie zum Frühstück hatte?« »Oh ja, alles«, sagte Alan, »und die Fragen müssen nicht wirklich Fragen sein, nicht mehr als die Fragen bei Gericht wirkliche Fragen sind. Sie kennen die Sorte: ›Geben Sie doch zu, daß Sie nur vorgeben ein Mann zu sein!‹ Das wäre ganz in Ordnung.« (Zit. nach Hodges: *Enigma* [Anm. 396], S. 520)
421	Es ist interessant, daß diese Trennung nunmehr auch die *Gender*-Theorien beschäftigt, vgl. vor allem das Œuvre von Judith Butler, die die »Programmierbarkeit« des Geschlechts zum Angelpunkt ihres Denkens macht.
422	Vgl. Sherry Turkle: *The second Self. Computers and the Human Spirit.* New York 1984, sowie dies.: *Leben im Netz. Identität in Zeiten des Internet.* Reinbek bei Hamburg 1988. Außerdem das Cyborg-Manifest der Donna Haraway: »A Cyborg Manifesto: Science, Technology, and Socialist Feminism in the Late Twentieth Century«. In: dies.: *Simians, Cyborgs and Women: The Reinvention of Nature.* New York 1991, S. 149-181 [dt.: *Die Neuerfindung der Natur. Primaten, Cyborgs und Frauen.* Frankfurt/New York 1995].
423	Wasserlöslich deshalb, damit sich die kryptischen Botschaften etwa im Falle einer

Schiffsversenkung von selbst auflösen würden. Vgl. das Kapitel »Unter Strom« im diesem Band.

424   Seit dem Jahr 1962 gibt es in Michigan die sogenannte Cryonics-Bewegung, deren Mitglieder sich (zum Preis etwa eines Halbjahresgehaltes) einfrieren lassen. – Die Motive der Aspiranten sind unterschiedlich, sie rechnen auf Fortschritte in Medizin und Wissenschaft. Die Publikationen des Gründers R. C. E. Ettinger, *The Prospect of Immortality*, und zuletzt *From Man to Superman*, sprechen eine unmißverständliche Sprache. Es geht um das Phantasma der Unsterblichkeit – getragen vom Vertrauen auf die Fortschritte der Cryochirurgie etc.

425   Der zustechenden Nadel kann man ihre phallische Bedeutung zwar nicht absprechen, die Verhüllung im Symbol unterstreicht jedoch, daß es um eine Umcodierung der befleckten in eine unbefleckten Empfängnis geht – die Konversion des Schmerzes in seine Ästhetisierung.

426   Vgl. Alfred Tarski: »Der Wahrheitsbegriff in den formalisierten Sprachen«. In: *Logik-Texte. Kommentierte Auswahl zur Geschichte der modernen Logik.* Hg. von Karel Berka und Lothar Kreiser. Berlin 1971, S. 447-559.

427   Die Formel lautet: X ist wahr, wenn und nur wenn p ist. Hier steht p für eine Variable, die für alle Sätze steht, x für eine Variable, die für den Namen oder die Beschreibung dieses Satzes steht.

428   Interessant wiederum sind die Beispiele, die aus dem Geltungsbereich von Tarskis semantischer Wahrheitsdefinition herausfallen. Eine wesentliche Schwachstelle sind die »egozentrischen« und deiktischen Wörter wie Ich, Du, hier, jetzt etc., die, als Joker der Person und ihrer relativen Situierung in der Welt, nicht faßbar sind, sowenig wie ihre stets unscharfen Beweggründe: *glauben lieben hoffen*. Ein weiteres Problem ergibt sich in der Sphäre ästhetischer oder moralischer Urteile. Wenn sich über Geschmack streiten läßt, ist Einigkeit über das, was *schön* ist, nicht zu erzielen. Vor diesem Hintergrund ist es klar, daß Tarski die Gültigkeit seines Theorems auf artifizielle, künstliche Sprachen einschränken muß – das heißt: auf Sprachen, die dem entsprechen, was die heutigen *Programmiersprachen* sind. – An diesem Punkt freilich wird deutlich, worin der Wunsch besteht, der hier zum Vater des Gedankens geworden ist. Tarski, wie Frege, Carnap und Quine ein Vertreter der analytischen Philosophie, folgt dem Bild der *Mechanisierung der Sprache*. Vor dem Hintergrund dieses Begehrens wird plausibel, daß man der *semantischen Wahrheitsdefinition* all das zu opfern bereit ist, was das *humanum* des Sprechens und der Sprache ausmacht: den Sprecher selbst. – Nur ein kurzes Beispiel für den Trugschluß, der mit der Institution künstlicher Sprachen verbunden ist: »Wie sich Denken in der natürlichen Sprache ausspricht, so werden Algorithmen in Programmiersprachen kodiert. Dabei legt allein schon das gemeinsame Wort ›Sprache‹ eine große Ähnlichkeit beider Sprachformen nahe; und auch die praktische Anwendung deutet darauf hin, daß zwischen natürlicher und künstlicher Sprache kein grundsätzlicher Unterschied besteht: Schließlich lassen sich ja tatsächlich viele geistige Prozesse in Programmiersprachen algorithmisch fassen und durch Computer berechnen.« (Martin Scherb: *Künstliche und natürliche Sprache*. Hildesheim/Zürich/New York 1992, S. 3)

429 Vgl. Jacques Lacan: »Homöostase und Insistenz«, in: ders.: *Das Ich in der Theorie Freuds und in der Technik der Psychoanalyse. Das Seminar, Buch 2.* Olten/Freiburg im Breisgau 1980. S. 82. – Die vorliegenden Gedanken sind nicht unwesentlich von Lacan beeinflußt, freilich nicht dort, wo man – der verwandten Spiegelthematik wegen – vermeinen könnte, sondern dort, wo Lacan den phantasmatischen Naturbegriff untersucht. Was ich ihm verdanke (vor allem dem Vortrag »Freud, Hegel und die Dampfmaschine«) ist die Einsicht, daß man die modernen Biowissenschaften vor der Folie der Maschine, hier: der Dampfmaschine, lesen muß.

430 Das *Digitale* ausschließlich an den Computer zu heften, verrät eine gewisse Zeitblindheit. Ebenso könnte man im Falle der mechanischen Uhr von einem digitalen Prinzip reden (vgl. Burckhardt: *Metamorphosen* [Anm. 11], S. 56 f.) Das digitale Prinzip, das sich nicht von ungefähr vom lat. *digitus,* dem Zeigefinger, herleitet, umfaßt einen sehr viel größeren Raum, einen Raum, der vor allem das Körperideal der Maschine und des Zeichens mit einbezieht.

431 Hält man sich die Grundformel des Computers vor Augen, das Boolesche $x=x^2$, so hat man es hier mit der Formel der Hypertrophie zu tun. Vor diesem Hintergrund sind die Ängste, die man den digitalen Simulakra gegenüber hegt, auch als *Unkraut im Herzen* aufzufassen. – Jean Baudrillard vor allem ist ein Denker, der das Moment des Hypertrophen durchskandiert, und nicht von ungefähr zur Gedankenfigur der Metastase gelangt ist.

432 Um einem Mißverständnis vorzubeugen: Mit dieser Beschreibung soll nicht die Geschichte einer verlorenen Einheit erzählt werden. Nichts ist weniger natürlich als die Natur, die, wie im Alphabetkapitel erzählt, als eine symbolische Maschine gedacht werden muß. Konzentriert man sich aber auf die innerpsychische Seite, so ist es doch so, daß hier das Scheinbild des *verlorenen Paradieses* entsteht. Natur in diesem Sinn ist eine *franziskanische* Natur – eben so, wie sie im Märchen durchweg erscheint, wo den Tieren die Aufgabe der Empathie aufgebürdet wird (sie tun dem Kind nichts zuleide, sondern beweinen es vielmehr: *Und die Tiere kamen auch und beweinten Schneewittchen, erst eine Eule, dann ein Raabe, zuletzt ein Täubchen*).

433 »Und hierin liegt eben das Paradox: daß bloß die Würde der Menschheit, als vernünftiger Natur, ohne irgend einen andern dadurch zu erreichenden Zweck, oder Vortheil, mithin die Achtung für eine bloße Idee, dennoch zur unnachlaßlichen Vorschrift des Willens dienen sollte, und daß gerade in dieser Unabhängigkeit der Maxime von allen solchen Triebfedern, die Erhabenheit derselben bestehe, und die Würdigkeit eines jeden vernünftigen Subjekts, ein gesetzgebendes Glied im Reich der Zwecke zu seyn.« Immanuel Kant: *Grundlegung zur Metaphysik der Sitten.* Reprint des Originals. Riga 1785. Erlangen 1984, S. 84-85.

434 Eine für diesen Zusammenhang aufschlußreiche Passage, die von der Phantasie der Transparenz erzählt, findet sich bei Descartes: »Unter anderem bemühte ich mich, weil ich außer den Sternen keine andere Lichtquelle auf der Welt kannte als das Feuer, all das ganz klar verständlich zu machen, was zu seiner Natur

gehört, wie es entsteht, wie es sich nährt, wie es manchmal nur warm ist, ohne zu leuchten und manchmal nur leuchtet, ohne warm zu sein, wie es verschiedenen Körpern verschiedene Farben und andere Eigenschaften verleihen kann, wie es einige davon schmilzt, andere härtet, wie es sie fast alle verzehren und in Asche und Rauch verwandeln kann, und schließlich wie es aus dieser Asche allein durch die Gewalt seiner Tätigkeit Glas erzeugt: denn diese Umwandlung von Asche in Glas schien mir so wunderbar zu sein wie kein anderes Geschehen in der Natur.« (René Descartes: *Von der Methode.* Übers. und hg. von Ludger Gäbe. Hamburg 1969, S. 73-75) Vor diesem Hintergrund wird auch das Ende des Märchens faßbar. Denn als die böse Königin, von einer unstillbaren Neugierde erfaßt, die junge Königin bei der Hochzeit zu sehen, den Raum betritt, wird sie von einer Art Stupor erfaßt: *Und wie sie hineintrat, erkannte sie Schneewittchen, und vor Angst und Schrecken stand sie da und konnte sich nicht regen.* Diese Reglosigkeit wird, sozusagen in einer Inversion des Wiederbelebungsgeschehens, zu einer tödlichen Bewegung – wird sie doch in rotglühende Schuhe gesteckt und muß tanzen, bis sie tot umfällt.

435 Vgl. Günther Anders: *Die Antiquiertheit des Menschen.* (2. Bde) München ⁵1980. Bd. 1, S. 94-95. Dies ist im übrigen ein Argument, das sich auch gegen die große Studie Hans Blumenbergs *Arbeit am Mythos* vorbringen ließe, worin Blumenberg (neben der allgemeinen These, daß ein Mythos deswegen und so lange Mythos sei, als man sich an seiner Widerständigkeit und Dunkelheit abarbeitet) die Meinung vertritt, daß Prometheus (Faust) der einzige veritable Mythos sei, der in der Moderne gelte.

68